Der Abschied des Kommenden

Eine Auslegung
der johanneischen Abschiedsreden

von

Christian Dietzfelbinger

J.C.B. Mohr (Paul Siebeck) Tübingen

Die Deutsche Bibliothek - CIP-Einheitsaufnahme

Dietzfelbinger, Christian:
Der Abschied des Kommenden : eine Auslegung der johanneischen Abschieds-
reden / von Christian Dietzfelbinger. - Tübingen : Mohr, 1997
  (Wissenschaftliche Untersuchungen zum Neuen Testament ; 95)
  ISBN 3-16-146687-X
NE: GT

© 1997   J.C.B. Mohr (Paul Siebeck) Tübingen.

Das Werk einschließlich aller seiner Teile ist urheberrechtlich geschützt. Jede Verwertung
außerhalb der engen Grenzen des Urheberrechtsgesetzes ist ohne Zustimmung des Verlags
unzulässig und strafbar. Das gilt insbesondere für Vervielfältigungen, Übersetzungen, Micro-
verfilmungen und die Einspeicherung und Verarbeitung in elektronischen Systemen.

Das Buch wurde von Martin Fischer in Tübingen aus der Times-Antiqua gesetzt, von Gulde-
Druck in Tübingen auf alterungsbeständiges Werkdruckpapier der Papierfabrik Niefern ge-
druckt und von der Großbuchbinderei Heinr. Koch in Tübingen gebunden.

ISSN 0512-1604

Wissenschaftliche Untersuchungen
zum Neuen Testament

Herausgegeben von
Martin Hengel und Otfried Hofius

95

Im Gedenken an
Ulrich Dietzfelbinger
* 31.12.1953
† 19.7.1995

Inhaltsverzeichnis

B. Die zweite Rede 15,1–16,15
Die Gemeinde in der Welt

C. Die dritte Rede 16,16–33
Die eschatologische Freude der Gemeinde in der Angst der Welt

D. Die vierte Rede 17,1–26
Das Gebet Jesu für die Gemeinde

Vorwort

Die vorliegende Auslegung der johanneischen Abschiedsreden mutet dem Leser zu, daß er sich mit seinem Denken und Empfinden in die Welt hineinbegibt, aus der diese Reden hervorgewachsen sind, und daß er lernt, sich in dieser Welt zurechtzufinden, sich in ihr zu bewegen und mit eigenen Augen zu sehen, was zu sehen ist. Mit allen Möglichkeiten seines Verstehens soll er auf das achten lernen, was hier gesagt wird und wie es gesagt wird und von wem es zu wem gesagt wird. Der Leser soll instandgesetzt werden zu fragen, welcher Geschichte die Abschiedsreden entwachsen sind und welche Geschichte sie erzeugt haben. Ihm soll dabei nichts von den Schwierigkeiten erspart bleiben, die diese Texte dem in sie Eindringenden bereiten. Er soll sich mit den Widerständen auseinandersetzen, die diese sich vielfach verschließenden Reden auch dem willigen Leser entgegensetzen. Er soll gegen die Resignation ankämpfen, die ihn angesichts unbeantwortbarer Fragen nicht selten anfallen will, und er darf, will er wirklich verstehen, in seinem Fragen nicht nachlassen. Er wird schließlich nicht ohne Antwort bleiben.

Denn wenn er genügend Mühe aufgewendet hat, wird er erkennen, daß die Mühe sich lohnt. Wer gewissenhaft liest und fragt, wird einen Zugang finden zu diesen Reden, und wenigstens stellenweise wird sich ihm der geschichtliche Raum öffnen, aus dem sie hervorgegangen sind und in dem sie gelebt und gewirkt haben. Er wird dann Menschen begegnen, die in den Abschiedsreden zu Wort kommen – nicht daß er ihre Namen und ihr Gesicht zu sehen bekäme. Aber er begegnet ihnen in ihren Ängsten und ihren Hoffnungen; er nimmt die Denkanstrengung wahr, die hier geleistet worden ist, das Aussprechen und das Angehen der eigenen Problematik von der einst empfangenen und jeweils sich erneuernden Christuserfahrung her. Wer die johanneischen Abschiedsreden liest, trifft fragende und manchmal sehr bedrängte Menschen an, die nach Antwort suchen und die, so behaupten sie, nicht ohne Antwort bleiben. Sie fragen, wie sie in der sie umgebenden feindlichen Welt bestehen können, und sie lassen sich von dieser Frage ins Zentrum des christologischen Problems führen. Damit begegnet dem Leser der Abschiedsreden die johanneische Christologie, in der das neutestamentliche Nachdenken über Christus einen Höhepunkt eigener Art erreicht hat. Er begegnet aber auch der Welt, gegen die die Gemeinde der Abschiedsreden sich zur Wehr setzt. »Welt« ist die Synagoge, dazu wohl auch die hellenistische Welt jenseits der Synagoge. In diese Welt ist die Gemeinde hineinverflochten, mit ihr liegt sie im Streit. Die Frage bleibt nicht aus, ob die Gemeinde, indem sie gegen diese Welt kämpft, auch für sie kämpft, und diese Frage ist von unverbrauchter Aktualität. Auch bestätigt sich dem in die Abschiedsreden eindringenden Leser die alte Erfahrung, daß es Auseinandersetzung nach außen nicht ohne Auseinandersetzung nach innen gibt, und sie nimmt in den Abschiedsreden einen breiten Raum ein. Man hat ja in der Gemeinde, in der die Abschiedsreden entstanden und lebten, keine uniforme Gruppierung vor sich. Sehr unterschiedliche Meinungen stoßen aufeinander, und alsbald erhebt sich die Frage, woher der innere Meinungsstreit entsteht, wie und mit welchen Mitteln er ausgetragen wird und wie die Gemeinde aus ihm hervorgegangen ist.

Die Abschiedsreden des Johannesevangeliums, die auf den Leser zuerst wie eine einförmige, kaum sich bewegende Masse wirken, sind also mit geschichtlicher Lebendigkeit bis an den Rand gefüllt. Aus ihnen tritt etwas vom Leben der johanneischen Gemeinde hervor, in ihnen zeigt dieses Leben seine Problematik. Daß der Leser die Lebendigkeit spüre, die sich in den Abschiedsreden äußert, das ist das Ziel meiner Bemühung. Ich habe versucht, aus dem vor langer Zeit niedergeschriebenen Wort die dahinterstehende Geschichte hervortreten zu lassen, also die literarische Fläche in geschichtliches Leben zu überführen. Wie weit ist dieser Versuch gelungen? Er wurde von dem Wissen her unternommen, daß vergangene Geschichte, wenn sie wach und kritisch mit- und nacherlebt wird, die Möglichkeiten der eigenen Geschichte ins Bewußtsein hebt, ihre Gefährdungen und ihre Chancen erfassen lehrt. Dabei war mein Blick immer auch auf die heutige Kirche gerichtet. Wenn sie wahrnimmt, was die damalige johanneische Kirche an Gefährdung erlebt hat und wie sie ihrer Gefährdung begegnete, dann kann ihr das helfen, ihre eigene Gefährdung wahrzunehmen, und müßte sie dann nicht auch ihre heutige Problematik und ihre Möglichkeiten klarer erfassen? Im Hintergrund stand bei dieser Bemühung die Zustimmung zu dem Satz, daß »die Zukunft der Theologie in der Exegese des Neuen Testaments« liegt (Ulrich Körtner, Theologie in dürftiger Zeit, München 1990, S. 52)

Das Buch geht auf verschiedene Seminare und Vorlesungen zurück, die ich seit 1978 an der Evang. theol. Fakultät der Tübinger Universität gehalten habe. Der gesamte Inhalt ist mehrfach mit Studenten bedacht worden, ist durch den Filter ihrer Kritik gegangen, mußte sich vor ihren Fragen bewähren. Studenten standen mir auch bei der vorliegenden Ausarbeitung meiner Überlegungen vor Augen, ebenso die Pfarrer, die sich um diese schwierigen Texte bemühen. Sollte das Buch dem einen oder anderen eine Hilfe zum eigenen Verstehen und zum Ausarbeiten von Predigten über Stellen aus den johanneischen Abschiedsreden werden, dann ist damit eine der Absichten erreicht, die mich bei der Arbeit leiteten. Von dieser Absicht her erklärt sich der in den einzelnen Teilen jeweils begangene Weg. Er führt von den Fragen der Übersetzung über einen ersten

Überblick zur fortlaufenden Texterklärung, aus der dann die einzelnen historischen und theologischen Besinnungen erwachsen. Dabei bin ich auf den Vorwurf gefaßt, daß Aufgabe und Grenze der Exegese teilweise mißachtet worden seien. Aber ist es nicht das Ziel jeder, der biblischen wie der nichtbiblischen Exegese, den alten Text so zum Sprechen zu bringen, daß er den heutigen Leser in möglichst gleicher Weise anspricht, wie er den antiken Leser angesprochen hat? Die johanneischen Abschiedsreden wollten damals als theologische Meditationen verstanden werden. Dann kann es nicht falsch sein, wenn sie heute so bedacht werden, daß sie den Leser zu erneuter theologischer Meditation führen.

Es handelt sich bei diesem Buch um eine Bemühung, die sich ihrer Unabgeschlossenheit bewußt ist. Ein Gedicht, falls es sich um ein gelungenes Gedicht handelt, ist in sich vollendet; nichts ist hinzuzufügen; es ruht und wirkt im Vollendeten seiner Form. Eine Exegese, zumal die Exegese eines biblischen Buches versteht sich als Glied einer Kette. Sie wird zwar alles ihr Mögliche aufbieten, aber nie wird sie Abgeschlossenheit anstreben. Sie soll im Gegenteil andere zu eigenem und tieferen Eindringen und zu besserem Verstehen des Textes führen, so wie sie ihrerseits das aufgenommen und verarbeitet hat, was andere vor ihr gesehen und gefunden haben. Es sei die Hoffnung ausgesprochen, daß das Unabgeschlossene, das Unvollkommene dieses Buches andere zu weiteren Versuchen an den Abschiedsreden und zur Auseinandersetzung mit ihnen anregt.

Beim Erstellen des Manuskripts habe ich die mir nötige Hilfe erfahren. Es war Frau Gerlinde Feine, die mich in die Geheimnisse der heute unerläßlichen Computerbenützung eingeführt hat und die immer dann zur Stelle war, wenn meine bescheidenen Kenntnisse mit der Vielfalt der Computermöglichkeiten nicht zurechtkamen. Was ich dann niederschrieb, hat mein Vetter, Studiendirektor i.R. Helmut Nicol, mit der ihm eigenen Sorgfalt und Kritik gelesen. Ihm ist es zu danken, wenn das Problem der Leserlichkeit den Leser bei der Lektüre nicht zu sehr belastet. Den genannten Helfern gilt mein Dank. Ich habe mich um eine Sprache bemüht, die dem Thema angemessen ist. Das Johannesevangelium geht in einer sehr einfachen Sprache einher; es bietet das einfachste Griechisch des Neuen Testaments. Wie kommt es, daß in dieser Sprache sich eine christologische Besinnung von besonderer Tiefe auszudrücken vermag? Sollte der heutige Leser und Autor dadurch zu der Einsicht gebracht werden, daß inhaltlich Schweres so lange bedacht werden muß, bis es zu einer einfachen Sprache gefunden hat und daß es erst dann zu einem gewissen Ziel gekommen ist? – Den Herren Martin Hengel und Otfried Hofius danke ich für Ihr großzügiges Entgegenkommen, mit dem sie die Aufnahme meines Skriptums in die Reihe »Wissenschaftliche Untersuchungen zum Neuen Testament« besorgt haben.

Ein Hinweis für den Umgang mit der genannten Literatur sei noch angefügt. In den Anmerkungen werden die Kommentare nur mit dem Namen der Autoren angegeben. Für andere Literatur wurde ein Kurztitel gewählt. In beiden Fällen gibt das Literaturverzeichnis Auskunft über die genauen Titel. Nur selten herangezogene Bücher wurden nicht ins Literaturverzeichnis aufgenommen. In der Anmerkung, in der sie genannt sind, finden sich alle nötigen Angaben. – Register und Inhaltsverzeichnis zusammen sollen dem Leser helfen, wenn er sich über bestimmte Einzelheiten kundig machen möchte. Bei der Schreibweise der Abkürzungen habe ich mich nach den üblichen Regeln gerichtet.

Tübingen, im Herbst 1996   Christian Dietzfelbinger

Einleitung

1. Die johanneischen Abschiedsreden – ihr Wesen und ihre Besonderheiten

Abschiedsreden – das sind die Worte, die man einander in der Gewißheit oder der Erwartung sagt, daß dies die letzte Gelegenheit ist, sich etwas zu sagen. Wo diese Gelegenheit als Anlaß verstanden wird, einander das Beste zu geben, was man sich geben kann, wird in der Stunde des Abschieds die Liebe in das gesprochene oder geschriebene Wort einströmen: »Scheidende lieben sich am heißesten, und alles Schöne und Gute, was sie sich in langem Zusammenleben getan, preßt sich in den letzten Augenblick«[1]. Abschied, das Ende langer Vertrautheit, kann zu der Gelegenheit werden, bei der gefaßte Beherrschtheit Worte und Gesten bestimmt: »Sehn wir uns wieder, nun, so lächeln wird, wo nicht, so war dies Scheiden wohlgetan«. Und der Angeredete erwidert: »Sehn wir uns wieder, lächeln wir gewiß; wo nicht, ist wahrlich wohlgetan dies Scheiden«[2]. Man mag aus neuerer Zeit zu den Abschiedsreden, deren sich zu erinnern einem Menschen zur Wachheit und besonner Verantwortung hilft, die Moabiter Sonette von Albrecht Haushofer zählen[3], und in dem Sammelband »Du hast mich heimgesucht bei Nacht« finden sich genug Zeugnisse eines Abschieds, in dem Tapferkeit der Seele, Verantwortung der Vernunft und die Tragkraft der Liebe sich äußern[4].

Aber die Stunde des Abschieds kann auch ganz anders besetzt sein. Lang angestaute Abneigung kann zu Wort kommen; die Gleichgültigkeit eines abgestorbenen Herzens kann sich dokumentieren; die Unfähigkeit zu vertrauendem Loslassen kann stummen oder schrillen Ausdruck finden. Dann und wann ist der Abschiednehmende so von Groll und Enttäuschung besetzt, daß er die anderen, die noch Bleibenden, mitnehmen möchte in das Nichts, das er vor sich sieht. Die Abschiedsrede wird dann zu dem Ort, an dem die Verkehrtheit und Leere eines Menschen an den Tag kommt, und die bisher gelebte Nichtigkeit eines Menschen äußert sich noch einmal in seiner letzten Rede. Der Satz

---

[1] ADALBERT STIFTER, Feldblumen, in: ders., Studien, München 1950, S. 109.

[2] SHAKESPEARE, Julius Caesar V 2.

[3] ALBRECHT HAUSHOFER, Moabiter Sonette, 3. Aufl., München 1987 (dtv 10099).

[4] H. GOLLWITZER/R. SCHNEIDER/K. KUHN, Du hast mich heimgesucht bei Nacht, 2. Aufl., München 1955.

»fromme Männer haben im Tode gute Eingebungen«[5] trägt seine Einschränkung in sich selbst: Nicht jedem Abschied entspringen gute Eingebungen. Der Mensch bleibt bis zu seiner letzten Stunde ein seinem Irrtum, seiner Eitelkeit und seiner Verfehltheit ausgesetzter Mensch, und nicht jedem ist es gegeben, in dieser letzten Stunde der Wahrheit, der Gelassenheit, der Liebe das Wort zu lassen. Man tut also gut daran, auch sog. letzte Worte eines Menschen in dem distanzierten Wissen zu hören, daß seine Fehlsamkeit den Menschen bis zuletzt begleitet und daß sie auch der letzten Stunde ihr Siegel aufprägen kann. Andererseits hält sich solche Distanz für die Möglichkeit offen, daß in der letzten Stunde eines Menschen Wahrheit sich Raum verschafft, daß Verkehrtes seine Gewalt verliert und daß Blick und Wort des Abschiednehmenden zur Echtheit des Ursprünglichen befreit werden.

Das Thema dieses Buches sind die Abschiedsreden Jesu im Evangelium des Johannes, und wir fragen, ob wir uns ihnen von der eben beschriebenen Voraussetzung her nähern können. Man kann das Problem so formulieren: Begegnet nach dem Willen des Evangelisten in den Abschiedsreden Joh 13,31–17,26 die Wahrheit, die Jesus zu verkündigen und darzustellen hatte, in letztgültiger Weise? Wird der Abschied Jesu als die Gelegenheit verstanden, bei der das Wesen Jesu, seine Sendung zu den Menschen und sein Sein für sie zu einem letztverbindlichen Ausdruck kommen? Man hat diese Fragen zunächst ohne Rückhalt zu bejahen. Denn Johannes stellt sehr bewußt Jesus dar, wie er als Abschiednehmender seine Jünger klärend in die letzten Fragen einführt. In den Abschiedsreden bringt der Christus des Johannesevangeliums sich und seine Botschaft abschließend und damit Zukunft eröffnend zum Ausdruck. Indem er an das Ende seiner Sendung kommt, läßt er diese Sendung, ihre Geltung für die Gemeinde und für die Welt zu ihrem Ziel kommen.

Auf der anderen Seite sollten wir uns darüber Rechenschaft geben, daß der Christus des Johannesevangeliums nicht als eine historische Persönlichkeit zu uns spricht, die in der Stunde des Abschieds den Blick in ihr Inneres freigibt und dem Hörenden den Reichtum ihres Wesens vermittelt. Geht man von dieser Voraussetzung her an die johanneischen Abschiedsreden heran, wird man an ihnen vorbeigehen. Denn in ihnen begegnet uns nicht der historische, der vorösterliche Jesus in seinen letzten Äußerungen an seine historischen Jünger. Vielmehr läßt in Joh 13,31–17,26 der Evangelist, wohl zusammen mit seinen Schülern, Christus so vor seine Leser hintreten, wie er ihn in langem Nachdenken und in heftigen Auseinandersetzungen nach außen und nach innen sehen gelernt hat (S. 222f). Der Christus des Johannesevangeliums ist der von Gott Gesendete, dessen Existenz in seinem Gesendetsein aufgeht, der darum von nichts anderem als davon lebt, daß er den Willen des Vaters tut und sein Werk vollendet (4,34), und das Werk des Vaters besteht in nichts anderem als in der

---

[5] Shakespeare, Der Kaufmann von Venedig I 2.

Sendung Jesu. Jetzt aber nimmt der Gesendete, seinen Tod vor sich sehend, Abschied, und es stellt sich die Frage, was nun mit der Sendung geschieht. Bricht sie ab und bleibt sie Fragment, ein großer, aber nicht zum Ziel gelangter Entwurf? Oder vollzieht sich in diesem Abschied die Vollendung des Weges, auf den Jesus gesandt wurde? Wenn das zweite gemeint ist, hat man weiter zu fragen: Inwiefern vollendet sich die Sendung Jesu gerade in seinem Abschied? Ist sie in dem Sinn vollendet, daß sie als abgeschlossenes Ganzes vorliegt, das nun der Vergangenheit angehört, als ein zu Ende gegangener Akt der Geschichte, den man betrachten, auf sich wirken lassen, dessen Wirken auf Welt und Geschichte man erwägen kann? Oder vollendet sich in diesem Abschied die Sendung Jesu in der Weise, daß sie sich fortsetzt in die Zukunft der Welt und der Gemeinde? Der Text läßt keinen Zweifel daran, daß er dies meint: Mit dem Abschied Jesu öffnet sich die Zukunft, erhält die Sendung Jesu eine neue Gestalt – in der Sendung der Jünger.

Damit ist gesagt, daß der Abschied Jesu nicht nur ihn als den Abschiednehmenden betrifft, sondern auch die Zurückbleibenden, die Jünger, die Gemeinde. Wie erleben und verarbeiten sie den Abschied Jesu? Wie werden sie als die von Jesus in der Welt Zurückgelassenen und von der Welt Bedrängten ihre Existenz in der Welt bewältigen? Oder ist das Alleingelassenwerden der Jünger die Voraussetzung für ihr Selbständigwerden und die von daher mögliche Weltbewältigung? Dann wäre das Weggehen Jesu aus der Welt und von der Gemeinde nicht ein zu fürchtendes, sondern ein zu begrüßendes Geschehen. Es nützt euch, daß ich fortgehe, heißt es in 16,7.

Solche Überlegungen skizzieren die Voraussetzung, von der her wir uns den johanneischen Abschiedsreden nähern. Wir lesen sie also nicht als Enthüllung einer hochgespannten Seele, nicht als letztes Zeugnis eines großen Menschen, und wir erwarten von ihnen nicht Offenbarung apokalyptischer Geheimnisse durch einen überirdischen Himmelsboten. Wir lesen sie vielmehr als theologische Reflexionen eines urchristlichen Autors, die mit dem Anspruch einhergehen, daß hier die Christusbotschaft bis zu ihren letztmöglichen Äußerungen vorangetrieben wurde, daß also in diesen Reflexionen ein letztverbindliches Wort Christi zu hören ist. Dann stellt sich uns die Aufgabe, die in Joh 13,31–17,26 vorliegenden Besinnungen inhaltlich zu erhellen, ihren Anspruch zu analysieren und ihn auf seinen Grund hin abzufragen. Gelingt die Lektüre der Abschiedsreden in der angedeuteten Perspektive, dann werden wir beim Hineingehen in die Welt johanneischen Denkens diese Welt – unbeschadet ihrer unaufhebbaren Eigenheit – als eine uns nahe Welt erfahren, und der Anspruch, der in den Abschiedsreden enthalten ist, könnte sich als ein sehr gegenwärtiger Anspruch erweisen.

2. Die Unbekanntheit der johanneischen Abschiedsreden

Der Abschnitt Joh 13,31–17,26 gehört zu den unbekanntesten und besonders
schwer zugänglichen Teilen des Neues Testaments und des Johannesevangeliums. Solche Behauptung wird nicht dadurch widerlegt, daß einzelne Sätze
aus den Abschiedsreden sehr wohl bekannt sind und in der Sprache christlicher
Frömmigkeit ihre Heimat gefunden haben (vgl. 14,2.6.9.19.27; 15,5.13.16;
16,2.12.21 f.33; 17,3.15.17.21). Weitgehend unbekannt sind die Abchiedsreden
als größere gedankliche Zusammenhänge. Ihr Charakter als Anrede an eine
bestimmte Gemeinde, die geschichtliche Situation, der sie entstammen, ihre
ursprünglichen Absichten sind kaum ins christliche Bewußtsein eingedrungen.
Das ist der Grund, weshalb von ihnen so wenig Wirkung ausgegangen ist, daß
man fast von ihrer Wirkungslosigkeit sprechen muß, hätte nicht die Rede vom
Parakleten wenigstens an einigen Stellen der Kirchengeschichte tiefe Spuren
hinterlassen.

Es war der kalabresische Abt Joachim von Fiore (gest. 1202), der durch die johanni-
sche Rede vom Parakleten zu seiner Lehre von den drei Reichen, dem des Vaters, des
Sohnes und schließlich des Geistes inspiriert wurde. Die Rede vom dritten Reich geht
auf diesen Erleuchteten zurück, dessen Lessing in seinem Essay über die Erziehung des
Menschengeschlechts gedenkt[6], und seine, Joachims Schuld ist es nicht, daß man in
unserem Jahrhundert so schmählichen Mißbrauch mit dieser Rede getrieben hat. Der
Paraklet, der heilige Geist ist es, der nach dem Reich des Vaters (von Abraham bis Za-
charias), nach dem Reich des Sohnes (von Christus bis etwa zum Jahr 1260 n. Chr.) das
Reich des Geistes herbeiführt, das bis zum Jüngsten Gericht dauern und in dem echte
Spiritualität zur Herrschaft kommen wird[7]. Wir kennen die machtvolle Wirkung dieser
Zukunftsschau Joachims, und hier bekommt man etwas von der Wirkungsgeschichte
der johanneischen Abschiedsreden, genauer: eines Elements dieser Reden, zu spüren.

Aber welche Wirkung geht heute von den Paraklettexten, von den Abschiedsreden insgesamt aus? Wir denken an den Einfluß, den etwa die Bergpredigt in der
Kirche auszuüben vermag, ein Einfluß, der sogar von Zeit zu Zeit die Grenzen
der Kirche überschreitet. Wir nennen die Gleichnisse Jesu, die ihre Kraft bewähren, indem aus ihnen heute wie immer die Anrede Jesu in unverbrauchter
Unmittelbarkeit hervortreten kann. Wir erinnern uns an die großen Bewegun-
gen, die die paulinische Theologie im Lauf der Kirchengeschichte auszulösen
vermochte, und schließlich übersehen wir nicht die großen, wenn auch manchmal wunderlichen Anstöße, die von der Apokalypse des Johannes ausgegangen
sind. Vergleichbares ist den johanneischen Abschiedsreden verwehrt geblieben.
Ihre Einwirkung auf das Selbstverständnis der Kirche, von der sie vom Anfang
bis zum Ende sprechen, ist verschwindend gering, und daß sie das Handeln der

---

    [6] G.E. Lessing, Die Erziehung des Menschengeschlechts § 87.
    [7] A. Dempf, Sacrum Imperium, Darmstadt 1954 (1. Aufl. 1929), S. 269–284; R.E. Ler-
ner, TRE 17, 84–88; K. Löwith, Weltgeschiche und Heilsgeschehen, Stuttgart 1961 (Urban-
Bücher 2), S. 136–147; zur Wirkung Joachims auf neuere europäische Denker s. Löwith
190–195; Moltmann, Kommen 163f.

Kirche in der Gegenwart in irgendeiner Weise inspirieren oder ihm eine bestimmte Richtung geben, wird auch der Gutwilligste nicht behaupten. Bedenkt
man, daß die Abschiedsreden des Johannesevangeliums von ihrem eigenen
Wollen her Reden über die Kirche und an die Kirche sind, Reden über ihr Wesen
und ihren Auftrag, gerät man, fragt man nach der Verwirklichung dieses Wollens, in fatale Beklemmung. Die Abschiedsreden haben in ihrer eigentlichen
Absicht so gut wie keinen Platz im Gedächtnis und im Handeln der Kirche
gefunden. Man hat sich damit begnügt, sog. Kernsätze herauszugreifen. Aber
die Ziele, auf die sie gerichtet waren, die Möglichkeiten christlichen Selbstverständnisses und der Weltbewältigung, die sie erschließen, die großen theologischen Anstöße, die in ihnen enthalten sind, blieben und bleiben unbeachtet.

Das gilt, selbst wenn man die gegenwärtigen kirchlichen Einheitsbestrebungen mit
dem »ut omnes unum sint« von 17,21 in Verbindung bringt. Mehr als die Funktion
einer äußeren Anregung wird man diesem Wort kaum zuschreiben können, und davon,
daß das besondere johanneische Verständnis von Einheit im Zusammenhang von c. 17
sich bei jenen Bestrebungen geltend mache, kann keine Rede sein.

Nun sind die Inhalte der Abschiedsreden tatsächlich schwer zugänglich. Aber
sie sind nicht unzugänglich; gewissenhafter Bemühung öffnen sie sich. Sie
können zum Sprechen gebracht werden, und dann geben sie sich zu erkennen
in der Eindrücklichkeit ihres Wollens. Sie lassen sich, selbst wenn sie zunächst
verschlossen erscheinen, aufschließen, und dann zeigt sich ihre eigenartige
Mächtigkeit, das Besondere, das innerhalb des Neuen Testaments nur ihnen
eigen ist, das aber als Teil des Ganzen sein Recht innerhalb der Kirche hat, und
es bekommt der Kirche nicht gut, wenn sie diesen Teil vergißt.

3. Andere Abschiedsreden

a) Abschiedsreden im Neuen Testament

In Abschiedsreden sammeln sich die Gedanken über das Abbrechen bisheriger
Verbindung, über das Schicksal des Fortgehenden und das der Zurückbleibenden, über das Vergehen oder Bleiben des Werkes, das der Fortgehende hinter-
läßt. Weil Abschied als bewußt erlebter, als gefürchteter oder erwünschter Vorgang dem Erleben und damit der Reflexion des Menschen zugehört, verwundert es nicht, daß Abschiedsreden in allen Bereichen der Menschheit zu finden
sind. Wir beschränken uns hier fast ausschließlich auf Abschiedsreden in der
Welt der Bibel und bedenken jetzt die entsprechenden Reden, die das Neue
Testament neben Joh 13,31–17,26 noch aufzuweisen hat.

Dabei blicken wir zuerst auf andere Abschiedsworte Jesu. Hier ist zunächst
an die apokalyptische Rede in Mk 13 (vgl. Mt 24; Lk 21) zu denken, die Matthäus durch die antipharisäische Rede c. 23 und die Gleichnissammlung c. 25
zu einem in ihrem Umfang an Joh 13–17 gemahnenden Abschiedsmonolog

Jesu erweitert hat. Inhaltlich freilich haben diese synoptischen Abschiedsreden mit ihren johanneischen Verwandten nichts zu tun. Man könnte versuchen, das mit dem verschiedenen Ort der jeweiligen Texte erklären: Die großen synoptischen Abschiedsreden haben ihren Platz *vor* den Passionsereignissen, auch vor dem letzten Mahl Jesu und der Seinen, dem das Johannesevangelium seine Abschiedsreden zuordnet, und Jesus hat vor jenem Mahl eine andere Rede gehalten als nachher. Aber bei der dem Lukas eigenen Abschiedsrede in Lk 22,21–38 hilft diese Erklärung nichts: Sie schließt ebenfalls an das letzte Mahl Jesu an und hat doch mit Joh 13–17 nichts gemein. Derselbe Sprecher sagt zur selben Zeit am selben Ort bei Lukas etwas völlig anderes als bei Johannes, Beweis genug dafür, daß die Evangelisten nicht historisch gehaltene und historisch fixierbare Reden referieren wollen.

Man muß in diesem Zusammenhang auch einzelne Abschieds*worte* Jesu nennen wie Mk 14,41. Die sog. sieben Worte Jesu am Kreuz tragen den Charakter von Abschiedsworten. Auch kann man fragen, ob nicht im Johannesevangelium die Stellen 7,34; 12,30–36; 13,12–20 als Abschiedsworte anzusehen sind.

Zahl und Mannigfaltigkeit der Abschiedsreden Jesu nehmen zu, wenn man die *nach*österlichen Abschiedsworte heranzieht. Im Zusammenhang österlicher Christophanien spricht der Auferstandene die Empfänger der Ostererscheinungen an, gibt Weisung für die Zukunft, um sich dann den ihn Schauenden zu entziehen. Hierher gehören Mt 28,18–20 und vor allem Lk 24,44–49, aber auch Apg 1,3–8 und Mk 16,14–19. Aus dem Johannesevangelium sind die Stellen 20,17.22 f.29, wohl auch 21,19 zu erwähnen.

Man kann bezweifeln, ob jeder der hier angeführten Texte auch gattungsgeschichtlich als Abschiedsrede zu beurteilen ist (dazu s. S. 9). Nicht zu bezweifeln aber ist die Vielzahl von Abschiedsreden und Abschiedsworten Jesu im Neuen Testament, und dies sollte nicht verwundern. In einem Buch, das so sehr auf den Weg Jesu und besonders auf das Ende dieses Weges, auf Tod und Abschied Jesu also konzentriert ist, kann es nicht ausbleiben, daß man jenen Abschied oft und dann auch verschieden deutet. In der Vielfalt der Abschiedsreden, die nach inhaltlicher Gleichheit nicht fragt, dokumentiert sich die Vielfalt, in der das früheste Christentum sich mit dem Tod Jesu auseinandergesetzt hat.

Neben den Abschiedsreden Jesu bietet das Neue Testament auch Abschiedsreden anderer, des Paulus etwa, als er sich in Milet von den Ältesten der ephesinischen Gemeinde verabschiedete (Apg 20,17–35)[8]. Der zweite Timotheusbrief gibt sich in Teilen als Abschiedsbrief des Paulus an Timotheus; der zweite Petrusbrief will eine Art Testament des Petrus sein (1,12–15), und neuerdings hat man den Kolosserbrief als stilisiertes Testament des Paulus verstehen wollen[9], eine freilich fragwürdige Theorie. Abschiedsworte

---

[8] Vgl. H. J. MICHEL, Die Abschiedsrede des Paulus an die Kirche Apg 20,17–38 (StANT 33) München 1973.

[9] W. SCHENK, Christus, das Geheimnis der Welt, als dogmatisches und ethisches Grundprinzip des Kolosserbriefes, in: EvTheol 43 (1983), S. 139.154 f.

hört man von Stephanus (Apg 7,56.59 f), und nicht vergessen sei das Nunc dimittis des Simeon in Lk 2,29–32. Damit sind wir schon ziemlich am Ende mit den Abschiedsreden des Neuen Testaments, die nicht Jesus zugeschrieben werden. Das Verhältnis zu der Vielzahl der Abschiedsreden und -worte Jesu sagt genug : Im Neuen Testament haben neben den Abschiedsreden Jesu die letzten Worte anderer nur geringes Gewicht.

b) Abschiedsreden in alttestamentlich-jüdischer Tradition

Die neutestamentlichen Abschiedsreden haben ihre Vorläufer in der Tradition Israels[10]. Im Alten Testament und im Judentum finden wir eine nicht geringe Anzahl von Abschiedsreden, deren Form und Inhalt zum Verstehen neutestamentlicher Abschiedsreden helfen kann. Einiges sei aufgezählt.

Jakob hält, bevor er stirbt, eine ausführliche Abschiedsrede in Gen 49[11]. Joseph begnügt sich in seiner Sterbestunde mit wenigen Worten (Gen 50,24 f), während die Abschiedsrede des Mose Dtn 31–34 umfaßt, und dies ist nicht genug; denn das gesamte Deuteronomium versteht sich als Testament, als Abschiedsrede des Mose an sein Volk. Als Josua das Ende seiner Lebenszeit spürte, versammelte er alle Stämme Israels und verabschiedete sich von ihnen mit zwei ausführlichen Reden (Jos 23 f). Samuel, da er von der Leitung des Volkes zurücktrat und man das Königtum Sauls errichtete, nahm mit einer inhaltsschweren Rede Abschied von Israel (1Sam 12). David verabschiedet sich von Salomo und gibt ihm Weisung für die demnächst zu treffenden Maßnahmen (1Kön 2,1–9). Von Davids letzten Worten spricht ausdrücklich 2Sam 23,1–7; sie sind in die Form eines Psalms gekleidet, während in 1Chr 28 f Davids letzte Worte in ausführlichen Anordnungen über Tempelbau und Thronnachfolge ergehen. Ein inhaltlicher Zusammenhang mit 2Sam 23,1–7 besteht nicht (s.o. zum Verhältnis von Lk 22,21–38 zu Joh 13–17).

Indem wir hier, nicht anders als bei den neutestamentlichen Abschiedsreden, gewisse Widersprüche wahrnehmen – von einem und demselben Menschen werden zwei ganz unterschiedliche Reden mitgeteilt; das Deuteronomium, diese große Rechtssammlung aus Israels Königszeit, stellt sich als Testament des Mose dar –, zeigt sich uns etwas vom Charakter dieser Reden. Sie sind literarische Gebilde und sie wollen es sein, sekundär angefertigt, Zeugnisse für die Hoffnungen und Befürchtungen derer, die sie verfaßten. Also dürfen und sollen sie ihrer Absicht gemäß gelesen werden, nicht oder nur sehr bedingt als Äußerungen derer, denen sie in den Mund gelegt werden, sondern als Überlegungen derer, die sie den Großen der Vergangenheit in den Mund gelegt haben und die für ihre Sorgen und Erwartungen die Autorität jener Großen in Anspruch nahmen. Natürlich ist die Möglichkeit nicht auszuschließen, daß das letzte Wort eines antiken Menschen auch historisch getreu überliefert werden konnte. Aber darauf war, anders als heute, die Absicht der Tradenten nicht ge-

---

[10] BECKER 525 f.

[11] Sie hat ein Echo eigener Art in den Chagall-Fenstern des Hadassa-Hospitals in Jerusalem gefunden, auch und wieder ganz anders in THOMAS MANNS Roman Joseph und seine Brüder, Fischer-Verlag 1975, S. 1330–1344.

richtet. Das Typische des abschiednehmenden Menschen oder was man für sein Typisches hielt und wünschte – das ist Gegenstand der Abschiedsrede.

Das eben Gesagte gilt auch von der Fülle der Abschiedsreden, die sich in der frühjüdischen, der sog. zwischentestamentlichen Literatur finden. Wir zählen sie nicht alle auf[12], erwähnen nur, daß ein ganzes Buch, die sog. Testamente der zwölf Patriarchen, sich als Sammlung von Abschiedsreden der Jakobssöhne an ihre Nachkommen darstellt[13]. Man setzt die Niederschrift dieses Werkes in der Zeit zwischen 200 und 174 v. Chr. an und lokalisiert es im hellenistischen Judentum Ägyptens. Die Söhne Jakobs von Ruben bis Benjamin, die uns in den Geschichten der Genesis entgegentreten, ergreifen in den Zwölfertestamenten das Wort, um die Lehren vorzutragen, die um das Jahr 180 v. Chr. bei den Juden Ägyptens verhandelt wurden, und sie tragen diese Lehre mit der Autorität der Jakobssöhne vor, denen als Sterbenden Offenbarung der letzten Wahrheiten gewährt wird. – Damit öffnet sich uns ein weiterer Einblick in jene Abschiedsliteratur. Theologische, politische, ethische Anliegen der jeweiligen Gegenwart werden in das Wort großer Gestalten gefaßt, deren unbezweifelbare Autorität in der vergangenen Geschichte wurzelt. Die Absicht dieses Verfahrens liegt auf der Hand: Gegenwärtige Probleme werden von der Autorität jener Gestalten her bedacht und einer Lösung zugeführt.

Man fragt sich, ob die Zeitgenossen dieses Verfahren in seiner Absicht und seiner Durchführung nicht durchschaut und es so seiner Wirkung beraubt haben. Nun ist es wahrscheinlich, daß wenigstens den Gebildeten der literarisch-fiktive Charakter dieser Abschiedsreden bekannt war. Nirgendwo aber hört man, daß man an dieser Art von Schriftstellerei Anstoß genommen hat. Also hat man die Gattung Abschiedsrede als eine Weise akzeptiert, in der Lehre sich in ihrer Gewichtigkeit und ihrem Anspruch darstellte.

Entsprechendes gilt von der apokalyptischen Literatur des Judentums, die grundsätzlich pseudonym in die Öffentlichkeit gebracht wurde und dabei bedeutenden Männern der Vergangenheit zugeschrieben wurde, Henoch, Abraham, Mose, Elia, Esra, Baruch. Zwar nahm vermutlich ein Teil der zeitgenössischen Leser die literarische Fiktion, damit auch die fiktive Verfasserangabe, für bare Münze. Es ist aber nicht vorstellbar, daß die Gebildeten die Vorgänge nicht durchschauten. Von einem Protest hören wir indessen nichts. Also war man mit dem Verfahren einverstanden.

Ein Beispiel für den skizzierten Tatbestand – verbindliche Belehrung durch gegenwärtige Lehrer, die eine längst vergangene Gestalt aus der Geschichte Israels das gegenwärtige Anliegen vertreten lassen – sei hier referiert. In den Antiquitates Biblicae Pseudo-Philos (auch Liber Antiquitatum Biblicarum genannt) hält Debora vor ihrem Tod eine Rede an das Volk, in der sie zu bestimmten Problemen Stellung nimmt. Ist nach dem Tod noch Buße möglich? Hat der böse

---

[12] Vgl. den Überblick bei BECKER 525f; dazu E. STAUFFER, Die Theologie des Neuen Testaments, Stuttgart 1941, S. 327–330. Ausführlich jetzt WINTER, Vermächtnis 125–204.

[13] J. BECKER, in: JSHRZ III 1–163; zur Datierung und Lokalisierung s. S. 23–27.

Trieb Macht auch noch über den toten Menschen? Können die Verstorbenen für die Lebenden Fürbitte leisten? Hat es also Sinn, auf die Verdienste und die Fürbitte der Väter zu hoffen (AntBibl 32,1–5)? Das waren Fragen, von denen fromme Kreise des palästinischen Judentums um 100 n. Chr. bewegt wurden [14]. Der Autor beantwortet sie durch den Mund der Prophetin Debora aus Ri 4,4. Jeder Denkende unter den zeitgenössischen Lesern konnte sich über dieses literarische Verfahren orientieren, und er hat es als legitime Weise der Belehrung hingenommen. – Man wird sich der Frage stellen, ob das hier Beobachtete nicht auch für das Verstehen der johanneischen Abschiedsreden von Belang ist.

4. Inhalte der Abschiedsreden

Abschiedsreden üben bestimmte Funktionen aus. Wenn sie das in einem einigermaßen geschlossenen Kulturkreis über längere Zeit hin tun, kann es nicht ausbleiben, daß sich allmählich eine Gleichheit des Themenkreises herausbildet, auf der die Gattung »Abschiedsrede« beruht. Die geforderten Funktionen schaffen sich ein bestimmtes Themenrepertoire. Zwar wird man nicht die Vielfalt der alttestamentlich-jüdischen Abschiedsreden leugnen; jede hat ihr eigenes Gesicht. Ebenso wenig aber ist eine gewisse Gemeinsamkeit der Themen zu übersehen, wobei natürlich nicht alle Themen in jeder Abschiedsrede anklingen müssen. Dafür hat J. Becker eine eindrückliche Übersicht erstellt und neuerdings hat M. Winter in einem forschungsgeschichtlichen Rückblick das Problem ausführlich behandelt [15]. Wir nennen die wichtigsten Themen.

- Der Abschiednehmende spricht von der Nähe seines Sterbens, von der bevorstehenden Reise zu Gott. Ausdrücklich wird also die Abschiedssituation dem Hörer und Leser vor Augen gestellt, damit er das Folgende als *Abschieds*rede höre (AntBibl 33,2; Apg 20,25). Der johanneische Christus gibt die Situation in 13,31–33 an.
- Die Adressaten der Rede werden genannt, ein kleinerer oder größerer Kreis. So sammelt der Familienvater seine Kinder um sich (Gen 49,1; TestRub 1,2), der Volksführer die Stämme seines Volkes (1 Sam 12,1). Der abschiednehmende Jesus weilt im Kreis seiner Jünger, um ihnen die Füße zu waschen (Joh 13,1–11).
- Manchmal wird eine letzte Mahlzeit veranstaltet als Ausdruck noch einmal zu erlebender und zu praktizierender Gemeinschaft (Jub 22; 35,27; 36,17f).

---

[14] Die AntBibl sind um 100 n. Chr. verfaßt worden, vgl. CHR. DIETZFELBINGER, in: JSHRZ II 95 f. 198–200.

[15] WINTER, Vermächtnis 9–35; auf S. 205–213 bietet WINTER einen Einblick in die Geschichte der Gattung Abschieds- oder Vermächtnisrede; ihren Ursprung habe sie im Sterbebettsegen gehabt; vgl. Gen 27,1–40 (WINTER 41–50). Dazu auch BECKER 526–529 und die Angabe zu STAUFFER in Anm. 12. Zur Nähe und zum Unterschied zwischen johanneischen Abschiedsreden und der alttestamentlich-jüdischen Abschiedsrede vgl. WINTER 311–317.

Wir denken daran, daß die johanneischen Abschiedsreden im Zusammenhang mit dem letzten gemeinsamen Mahl Jesu mit den Jüngern (13,2 δεῖπ-
νου γινομένου) stehen (vgl. auch Lk 22,21–38).

– Der Abschiednehmende kann seine Selbstentlastung zum Thema machen.
Habe ich euch übervorteilt? fragt Samuel in 1Sam 12,3, und das Volk muß
beteuern: Du hast uns nicht bedrückt. Ähnlich versichert Paulus, daß er der
Gemeinde von Ephesus nichts vorenthalten habe und daß er darum rein sei
vom Blut aller (Apg 20,20f.26f). Zwar wirkt diese Bemerkung etwas isoliert im Zusammenhang dieser Abschiedsrede[16]; aber grundsätzlich paßt sie
in eine solche Rede. Vermutlich erklärt sich Lk 22,35 von diesem Hintergrund her: Jesus läßt in seiner Abschiedsrede die Jünger bestätigen, daß er
sie nie dem Mangel preisgegeben hat.

– Im gegebenen Fall kann der Abschiednehmende auch sich selber anklagen
und Reue zeigen – ein erbauliches Exempel für die lesenden Zeitgenossen;
so vielfach in den Testamenten der zwölf Patriarchen, etwa TestRub 1,3ff;
TestSim 2,1ff.

– Der Scheidende bedenkt die Lage der Zurückbleibenden – ein häufiges und
variables Thema der Abschiedsreden. Die Verlassenen brauchen Trost, brauchen vor allem Mahnungen für die Zukunft. Darum sind so gut wie alle
Abschiedsreden voll von Paränesen. Versprechungen werden den Zurückbleibenden abgenommen, Segen und Fluch wird ihnen vorgelegt (Dtn 28–
30). Man denkt an Joh 13,34f; 14,1–3.27.

– Einen sehr schmalen Platz im Themenrepertoire der alttestamentlich-jüdischen Abschiedsreden nimmt die Fürbitte des Scheidenden für die Seinen
ein (AntBibl 19,8f; 21,2–6; Jub 22,27–30; vita Adae 50). Hier setzt Joh 17
einen eigenen Akzent.

– Ein zentrales Element der Abschiedsreden ist das Problem der Traditionsbe-
wahrung: Wie wird das, was der Scheidende geschaffen hat, für die Zukunft
erhalten? Wir werden dieser Frage im Zusammenhang der Parakletsprüche
begegnen.

– Das nächste Element ist Teil des eben genannten. Wenn ein herausragender
Mensch die Gemeinschaft verläßt, die er bisher geleitet hat, wird man nach
dem Nachfolger fragen: Wer ist es, der in Zukunft die Funktionen des Scheidenden ausüben wird? Mose ist tot – wer soll künftig das Volk führen (Ant
Bibl 20,2f)? Die Antwort wird von Gott gegeben, indem er dem Josua gebietet, die Gewänder der Weisheit des Mose anzuziehen und sich mit dem Gür-
tel seines Wissens zu gürten. Als Josua dieser Weisung folgte, wurde er fähig, an die Stelle des Mose zu treten. Freilich wird das im Fall von AntBibl
20 nicht in die Abschiedsrede des Mose hineinverlegt, sondern in die jener

---

[16] ROLOFF, Apostelgeschichte 304 deutet sie auf »Schuld am ewigen Tod eines Menschen«.

Rede folgende Erzählung (vgl. noch Dtn 31,3.23; etwas anders AssMos 1,6–9; 10,15). Die Frage der Nachfolge, damit die Frage nach dem Schicksal der Zurückbleibenden ist ein Hauptthema der johanneischen Abschiedsreden: Wer wird die von Jesus verlassene Gemeinde als Gemeinde erhalten?

– Mit der Nachfolge- und Traditionsfrage ist wie von selbst das Problem der Zukunft insgesamt angesprochen: Wenn eine machtvolle Führergestalt die Gefährten verläßt, muß sich das Problem der Zukunftsbewältigung stellen (Apg 20,29f). Die Apokalypsen widmen sich diesem Thema bevorzugt. So ist es nicht verwunderlich, daß in jüdischen Abschiedsreden sich gern apokalyptisches Gut ansiedelt (AntBibl 19,6f.14–16), auch wenn die Gattung der Abschiedsreden von der der Apokalypsen zu unterscheiden ist. Wie steht es damit in Joh 13–17? Daran, daß die Frage nach der Zukunft der Gemeinde im Zentrum der johanneisch Abschiedsreden steht, besteht kein Zweifel; aber apokalyptisches Gedankengut bleibt fern.

– Schließlich wird der Vorgang des Abschieds geschildert, Tod und Begräbnis des Scheidenden (AntBibl 19,16; Test Seb 10). Das leistet bei Johannes die Passionsgeschichte.

5. Das Gewicht der Abschiedsreden

Es gäbe die besondere Gattung Abschiedsrede nicht, wenn man ihr nicht ein besonderes Gewicht zugemessen hätte. Das haben zu einem Teil schon die vorhergehenden Überlegungen gezeigt. Was dort nebenher bedacht wurde, soll jetzt ins Zentrum treten. Wir beschränken uns auf das Wesentliche.

Nicht nur die jüdische Antike kennt die Abschiedsrede. In der gesamten Antike ist das genus dieser Rede da, und die neben den neutestamentlichen Abschiedsreden berühmtesten und wirkkräftigsten Beispiele der Gattung sind Platons Apologie des Sokrates und, intensiver und intimer, der Dialog Phaidon, der stilgemäß mit dem Bericht vom Tod des Sokrates endet, ein Tod, der dem Inhalt der Abschiedsrede in tiefer Würde entspricht. Auch die nichtjüdische Antike kennt und begründet die besondere Dignität der Abschiedsrede: »Itaque adpropinquante morte multo est divinior« (sc. homo; Cicero, De div 1,63). Es war »gemeinantike Anschauung, daß in specie mortis der Mensch für besondere göttliche Offenbarung geöffnet sei«[17]. Steht der Mensch im Angesicht des Todes schon im Wirkungskreis der Gottheit, dann kann ihm diese überirdisches, göttliches Wissen verleihen, und das gibt er in der Abschiedsrede an die Seinen weiter. Diese haben dann nicht nur eine pietätvoll zu bewahrende Äußerung des Sterbenden gehört, sondern – hat nicht die Gottheit aus dem Sterbenden gesprochen? – eine letztgültige Offenbarung[18].

---

[17] M. Hengel, Zwischen Jesus und Paulus, in: ZThK 72 (1975), 194 Anm. 143.

[18] In den Herakliden des Euripides eröffnet Eurystheus vor seinem Tod den Zuhörern einen alten χρησμός des Apollon: Als Toter noch werde er, Eurystheus, seiner Vaterstadt

Der heutige Mensch, durch seine Rationalität der Empfindung für das Zukunftsträchtige eines Abschieds weitgehend beraubt, begegnet solchen Gegebenheiten wie rudimentären Hinterlassenschaften einer fremden und vergangenen Welt. Es ist schon viel, wenn er für die Erwägung offen ist, daß man letzte Worte und Briefe eines bedeutenden oder geliebten Menschen mit einer gewissen Ehrfurcht aufzunehmen und zu bewahren hat. Denn im Letzten, das ein Mensch von sich gibt, könnte sein Reifstes enthalten sein. Man kann Beispiele dafür aufzählen, Bachs Kunst der Fuge, Mozarts Requiem, die Phantasie in f-moll (op. 103) von Schubert oder seine letzte Klaviersonate (op. 960). Man wird fragen, ob nicht von bestimmten Briefen Bonhoeffers in dem Band »Widerstand und Ergebung« darum solche Wirkung ausgeht, weil man ihnen abspürt, daß sie in der sehr bewußten Bereitschaft des Todes und des Abschieds geschrieben wurden.

Eine schmale Brücke des Verstehens also, nicht sehr tragfähig, aber immerhin vorhanden und begehbar, verbindet das Empfinden, das wir einer Abschiedsrede gegenüber aufbringen können, mit der religiösen Ehrfurcht, in der der antike Mensch die letzte Rede großer und inspirierter Menschen achtete. Daraus erwächst die Aufgabe: Wir sollten unsere Verstehensmöglichkeiten gegenüber den johanneischen Abschiedsreden so erweitern, daß wir ihrer ursprünglichen Absicht, auch der Weise, in der sie ursprünglich gehört wurden, gewahr werden.

6. Das Problem der Zahl und der Gliederung

Im jetzigen Text bilden die verschiedenen Teile der johanneischen Abschiedsreden *eine* große Rede, beginnend mit der Ansage der Verherrlichung Jesu und des Vaters, die sich in der Passion ereignet (13,31 f), und endend mit dem Gebet, daß die zu Jesus Gehörenden seine Herrlichkeit sehen möchten, die darin ihren Grund und Inhalt hat, daß der Vater den Sohn liebt (17,24–26). Dazwischen liegt das weite Feld jener Reden, z.T. Dialoge Jesu mit den Jüngern (13,36–14,31; 16,16–33), z.T. Monologe Jesu, und beide Arten der Rede kreisen vor allem um das künftige Geschick der Jünger (13,31–14,31; 15,1–17; 15,18–16,4a; 16,4b–15). Ganz entschieden gilt diese Ausrichtung auf die Zukunft für das Gebet in c. 17. So scheint ein von *einem* Thema beherrschter Zusammenhang vorzuliegen, der von 13,31 bis 17,26 reicht, und tatsächlich wollen in der Jetztgestalt des Johannesevangeliums die verschiedenen Abschnitte der Abschiedsreden als *eine* große Rede Jesu verstanden werden (s. S. 359 ff).

---

beistehen (EURIPIDES, Die Kinder des Herakles 1026–1037). – Die Andersartigkeit der griechisch-römischen Abschiedsreden gegenüber den alttestamentlich-jüdischen skizziert WINTER, Vermächtnis 39–41.

Ein untergeordnetes Problem ist mit der Erwägung gegeben, ob 13,1–30 (Fußwaschung, Verratsansage und Identifizierung des Verräters) zu den Abschiedsreden zu rechnen ist. Man kann das tun. Wir beschränken uns aber auf die eigentlichen Abschieds*reden.*

Alsbald stellt sich die Frage, ob die Jetztgestalt der johanneischen Abschiedsreden auch ihre Erstgestalt war oder ob diese Reden, wie vermutlich das ganze Johannesevangelium, einem Entstehungsprozeß ausgesetzt waren, in dem sie allmählich zu ihrem jetzigen Umfang herangewachsen sind[19]. Man kann dieser Frage nicht entgehen und man sollte ihr nicht entgehen wollen. Denn schon ein erstes aufmerksames Lesen der Abschiedsreden läßt erkennen, daß wir hier nicht einen bei aller Mannigfaltigkeit der Themen in sich stimmigen Gesamtzusammenhang vor uns haben, in dem ein Element aus dem anderen hervorwächst, ein Gedanken zwingend den anderen aus sich heraussetzt, wie man das innerhalb einzelner Abschnitte beobachten kann. Wie soll man sich, um das Auffallendste zu nennen, erklären, daß nach 14,31, der Aufforderung zum Aufbruch, noch eine Reihe von Reden folgt, die den Aufbruch (18,1) unmotiviert hinausschieben? Dazu werden neben dem Thema des Abschieds auch Themen verhandelt, die mit Abschied nichts zu tun haben (15,1–17; 15,18–25), und Anliegen kommen zur Sprache, die unabhängig vom Fortgehen Jesu ihr Gewicht haben. Wir nehmen also wahr, daß die johanneischen Abschiedsreden, die in ihrer Jetztgestalt zwar *eine* zusammenhängende Rede sein wollen und als solche zu würdigen sind, auch als eine Mehrzahl verschiedener Reden angesehen werden können, und man wird beide Gesichtspunkte zu bedenken haben.

Wir nennen zuerst die Abschnitte, die sich ohne Mühe als einheitliche Zusammenhänge erkennen lassen. So bildet 13,31–14,31 ein in sich geschlossenes und abgeschlossenes Stück. Ebenso ist man sich darin einig, daß 17,1–26, das sog. hohepriesterliche Gebet, ein in sich abgerundetes Ganzes ist. Uneinigkeit besteht im Blick auf c. 15 und 16. Bultmanns allzu verwegene Neueinteilung dieser Kapitel hat mit Recht keine Nachfolge gefunden[20]. Brown läßt die überlieferte Textfolge gelten und sieht in c. 15 und 16 die zweite Abschiedsrede nach 13,31–14,31, die er dreifach untergliedert[21]:

1. 15,1–17 Der Weinstock und die Reben
2. 15,18–16,4a Der Haß der Welt gegen Jesus und seine Jünger
3. 16,4b–33 Dublette zu 13,31–14,31
   a) 16,4b–15 Jesu Fortgehen und das Kommen des Parakleten
   b) 16,16–33 Jesu Rückkehr: Freude und Verstehen der Jünger

---

[19] Zur Einführung in dieses Problem vgl. etwa BROWN XXIV–XL. Überblick über das Problem bei HOEGEN-ROHLS, Johannes 82–92.

[20] BULTMANN 7*.

[21] BROWN 546.

Brown erkennt also in den Abschiedsreden drei große Teile: 13,31–14,31; 15,1–16,33; 17,1–26. Im zweiten, in sich uneinheitlichen Teil meint er, drei einigermaßen geschlossene Themenbereiche finden zu können. Diesen Vorschlag mag man als Modell benützen mit dem Vorbehalt, daß im Umgang mit dem Text sich die Korrekturbedürftigkeit des Modells erweisen könnte, wie denn andere Autoren mit etwas anderen Gliederungen von c. 15 und 16 arbeiten.

Wir variieren Browns Einteilung von c. 15 und 16 nur wenig, wenn wir 16,16–33 als eigene Reflexion verstehen, die zahlreiche Motive aus der ersten Rede aufnimmt und sich damit als deren Weiterführung darstellt. Den Abschnitt 15,1–16,15 verstehen wir als in sich differenzierte Einheit, die als dreigeteilte Rede über das Thema »Die Gemeinde in der Welt« einhergeht.

15,1–17 Das Bleiben der Gemeinde an Jesus
15,18–16,4a Das Gegeneinander von Gemeinde und Welt
16,4b–15 Der Paraklet als Beistand der Gemeinde gegenüber der Welt

Die Exegese von c. 15 und 16 muß die vorgelegte Gliederung als eine plausible Lösung des Problems erweisen.

A. Die erste Rede 13,31–14,31
Abschied und Kommen des Offenbarers

13,31–14,31 ist, sagten wir oben, ein geschlossenes Stück. Die Rede setzt nach dem Weggehen des Judas ein (13,30); jetzt erst kann Jesus den Jüngern, die wirklich Jünger sind, das sagen, was er als Abschiednehmender zu sagen hat. Ebenso deutlich ist der Schluß der Rede erkennbar. Durch 14,30f wird das Vorhergehende gegen jede Redefortsetzung abgegrenzt; auf 14,30f kann eigentlich nur die Passionsgeschichte folgen. Wir lassen das damit angezeigte Problem – 13,31–14,31 als Teil einer von 13,31 bis 17,26 reichenden Rede – jetzt beiseite und bedenken im Folgenden den Abschnitt als einen sich selbst genügenden Zusammenhang, als – um ein späteres Ergebnis vorwegzunehmen – die ursprünglich einzige und vom Evangelisten selbst verantwortete Abschiedsrede. Ihr Inhalt bezeugt diesen Charakter.

(a) Die Einleitung 13,31–38 kündigt den Jüngern den Weggang Jesu an (v. 31–33), nennt die wechselseitige Liebe als das die Jünger kennzeichnende und sie vor der Welt ausweisende Verhalten (v. 34f) und spricht in Auseinandersetzung mit Petrus vom Charakter des angekündigten Weggangs (v. 36–38).

(b) In 14,1–3 wird das Thema der Rede angeschlagen: Das Fortgehen und das erneute Kommen Jesu. Dieses Thema wird in 14,4–26 nach seinen drei Seiten hin ausgeführt.

(c) 14,4–11 spricht vom Fortgehen Jesu, wobei Jesus sich als den Weg zum Vater und darin als Vergegenwärtigung des Vaters darstellt. – v. 12–17 spricht von den durch die Jünger weiterzuführenden Werken Jesu, wobei in v. 16f der Paraklet als die Größe genannt wird, unter deren Leitung jene Werke getan werden können. – In 14,18–26 wird das erneute Kommen Jesu bedacht (v. 18–24) und die Gemeinde wird als die kraft des Parakleten Jesus verstehende Gemeinde beschrieben (v. 25f).

(d) Der Schluß der Rede, in dem ihre einzelnen Elemente noch einmal anklingen (v. 27–31), findet jetzt seine Fortsetzung in 15,1–17, einer Besinnung über das Wesen der Gemeinde. In einem früheren Traditionsstadium folgte auf 14,31 vermutlich die Passionsgeschichte c. 18f.

In der Rede 13,31–14,31 bietet sich johanneische Christologie sub specie des Fortgehens Jesu, seines Todes also in strenger Konzentration dar. Wir falten den überaus verdichteten Inhalt auf, indem wir zuerst jeweils einen exegetischen Durchgang absolvieren, dem sich die interpretierende Erfassung des Textes anschließt.

I. Exegetischer Teil

1. Einleitung der Rede 13,31–38

a) Einführung

Der Abschnitt ist dreigeteilt (s.o.), und es stellt sich die Frage nach dem Zusammenhang der drei Teile. Denn längst hat man erkannt, daß v. 36–38 unmittelbar an v. 31–33 anschließt, daß also v. 34f etwas Zusammengehörendes unterbricht.

(1) Die Benennung Jesu als Menschensohn, dreizehnmal im Johannesevangelium, begegnet in den Abschiedsreden nur hier. Da wir hier nicht den Komplex »Menschensohn im Johannesevangelium« zu bedenken haben[1], begnügen wir uns mit der Beobachtung, daß in 12,23 wie in 13,31 vom Verherrlichtwerden des Menschensohns gesprochen wird und daß das Verb »erhöhen (ὑψόω), mehrfach für die Erhöhung, damit für die Verherrlichung Jesu gebraucht (3,14; 8,28; 12,32.34), immer den Titel Menschensohn verlangt. Im Unterschied dazu verlangen die eigentlichen Verherrlichungsaussagen (mit dem Verb δοξάζω) diesen Titel nicht unbedingt; er kann sich aber mit ihnen verbinden, und er tut es in 12,23; 13,31. Damit wird eine gewisse Nähe zu dem himmlischen Menschensohngestalt von Dan 7,13 sichtbar, auch zu den synoptischen Menschensohn-Worten, die vom erhöhten (und wiederkommenden) Menschensohn sprechen (Mk 8,38; 13,26f; 14,62; Mt 10,23; 13,41; 19,28; 25,31; Lk 12,8f; 17,24.26.30; 18,8). Das Johannesevangelium kennt offenbar die Grundzüge der jüdischen und synoptischen Menschensohntradition und baut sie in seinen christologischen Entwurf ein.

Textkritisch umstritten ist v. 32a. Die Auslassung des Satzes, der nur das vorher Gesagte in die Form eines Bedingungssatzes bringt, ist leichter erklärbar als eine spätere Hinzufügung; also wird man ihm Ursprünglichkeit zuerkennen[2]. Dann ergibt sich eine Folge von fünf Zeilen.

νῦν ἐδοξάσθη ὁ υἱὸς τοῦ ἀνθρώπου	Jetzt wurde der Menschensohn verherrlicht
καὶ ὁ θεὸς ἐδοξάσθη ἐν αὐτῷ·	und Gott wurde durch ihn verherrlicht;
εἰ δὲ ὁ θεὸς ἐδοξάσθη ἐν αὐτῷ,	Wenn aber Gott durch ihn verherrlicht wurde,
καὶ ὁ θεὸς δοξάσει αὐτὸν ἐν αὐτῷ	wird Gott auch ihn durch sich verherrlichen
καὶ εὐθὺς δοξάσει αὐτόν.	und er wird ihn alsbald verherrlichen.

---

[1] Schnackenburg I 411–423.
[2] Brown 606.

Die umstrittene mittlere Zeile fungiert als Scharnier, das den Übergang von den passiven zu den aktiven Sätzen markiert. Indem sie die zweite Zeile wiederholt, wird sie auch zur Basis der zwei letzten Zeilen, die mit ihrem Futur den Blick auf die Passion lenken. So ergibt die Zeilenfolge einen »geschlossenen, fast poetischen Spruch«[3].

(2) v. 34f ist durch eine doppelte Idee konstituiert. Zunächst wird vom Gebot der wechselseitigen Liebe gesprochen, die auf der Liebe Jesu zu den Jüngern gründet (v. 34; vgl. 15,12; 1Joh 3,16; etwas abgewandelt 1Joh 4,11.19). Während aber sonst das Gebot der geschwisterlichen Liebe in sich selbst ruht, wird ihm in 13,35 eine zusätzliche Aufgabe zugesprochen: Alle Menschen sollen an der bei den Jüngern geübten geschwisterlichen Liebe die Zugehörigkeit der Jünger zu Christus erkennen.

Der erste ἵνα-Satz in v. 34. gibt den Inhalt des neuen Gebots an. Der zweite ἵνα-Satz wiederholt den ersten, verstärkt ihn aber durch das »auch ihr«, das auf das »wie ich euch geliebt habe« zurückgreift und die wechselseitige Liebe der Jünger in einer hier offen bleibenden Weise in der Liebe Jesu zu den Jüngern gründen läßt (s. zu 15,12ff)[4].

(3) v. 36–38 knüpft mit dem Verb ὑπάγω (ich gehe fort) an v. 33 an und setzt sich mit der Behauptung Jesu auseinander, daß die Jünger ihm nicht jetzt, sondern erst später nachfolgen können (die Zusage an Petrus v. 36 Ende ist als Zusage an jeden Jünger zu verstehen). Dabei wird jetzt behauptete und getätigte Nachfolge als vorzeitig usurpierte Nachfolge disqualifiziert und in eigenartige Beziehung zur Verleugnung des Petrus gebracht. Die Idee der Verherrlichung, die v. 31f beherrscht hat, wird zwar in der Rede vom Weggehen Jesu, das ein Gehen zum Vater ist, sachlich weitergeführt, kommt aber nicht mehr eigens zu Wort.

b) Exegese

(1) v. 31–33. Mit v. 31 wird die folgende Rede an die Szene von der Verratsansage angeschlossen (13,21–30). Jesus hatte nicht nur von seinem Auslieferer, dem παραδιδούς gesprochen (v. 21), ihn identifiziert und damit dem Satan die Inbesitznahme des Judas ermöglicht (v. 26f). Er hatte ihn auch mit dem Befehl, »was du tust, das tue bald« an sein Werk geschickt – Ausdruck der Souveränität, mit der der johanneische Christus in die Passion hineingeht. Judas war daraufhin in die Nacht hinausgegangen, in der sich an ihm das Gericht vollzieht. Mit dem Begriff »Nacht« wird dieses Gericht geschildert; einer Einzelbeschreibung in der Weise von Mt 27,3–10; Apg 1,16–20 bedarf es nicht. Da-

---

[3] Schnackenburg III 55; Schulz 178 spricht von einem Hymnus, Heitmüller 832 von einem Triumphlied.

[4] Zum Aufbau von v. 34 vgl. Bultmann 403 Anm. 6; Schnackenburg III 60f.

mit, daß Judas sich als den Jesus Ausliefernden betätigt (18,2.5), stürzt er in die
Nacht der Heillosigkeit (17,12b), und so ist er der Gerichtete[5].

Jesus hingegen gewährt diese Nacht, in der nach Lk 22,53 die Finsternis
Gewalt gewinnt, den Schritt in die Endgültigkeit der Verherrlichung, der Doxa.
Eben dies erklärt er in v. 31. Damit kommt eine zentrale Idee des Johannesevangeliums zu Wort: Daß in der Passion Jesu sich seine Verherrlichung vollzieht. Und da, wie v. 31 Ende sagt, in der Verherrlichung Jesu auch Gott verherrlicht wird, ist es die Passion Jesu, in der zusammen mit Jesus auch Gott
verherrlicht wird.

Versucht man, v. 31f mit den Ohren der zeitgenössischen Synagoge zu hören, die in enger und sehr problematischer Nachbarschaft zur johanneischen
Gemeinde lebte[6], dann gibt der Abschnitt ein besonderes Element seines Inhalts preis. Für die Synagoge war die Passion Jesu – man wußte natürlich, daß
sie im Tod Jesu am Kreuz zu ihrem traurigen oder, je nach dem Standort des
Urteilenden, erwünschten Ziel kam – nicht nur das Scheitern eines Menschen,
der sich in seinem Recht und in seinen Möglichkeiten vermessen hatte. Die
Passion war für sie auch der Beweis für Jesu Nicht-Messianität, war der eindeutige Beleg dafür, daß es nichts war mit dem Anspruch Jesu. Er war am
Kreuz gestorben, und seinen Tod am Kreuz konnte man von Dtn 21,22f her
deuten: Dieser Gekreuzigte war am Fluch der Tora gestorben. Gründlicher
konnte, von jüdischer Tradition her gesehen, der in der nachösterlichen Verkündigung erneuerte Anspruch Jesu nicht entkräftet werden.

Es spricht viel dafür, daß mit der Berufung auf Dtn 21,22f die Synagoge unmittelbar
nach der Passion der Jesus-Verkündigung der Gemeinde entgegentrat, konnte man doch
kaum eine wirksamere Waffe gegen diese Verkündigung finden als jene Schriftstelle,
die es erlaubte, von dem gekreuzigten Jesus als von einem von der Tora Gottes Verfluchten zu sprechen. Paulus hat als Verfolger der Gemeinde vermutlich mit Dtn 21,22f
argumentiert, und durch weniges wird das Zentrum seines Damaskuserlebnisses in so
helles Licht gerückt wie durch die Beobachtung, daß er, Christ geworden, eben diese
Schriftstelle dazu benützt, um die durch Christus geschehene Wende der Welt zu charakterisieren[7].

Daß das Johannesevangelium von dieser auf Dtn 21,22f sich gründenden Polemik der Synagoge gegen die Jesus-Verkündigung wußte, geht aus 19,31 hervor, wo die jüdische Meinung referiert wird: Der am Holz hängende Jesus
wäre, bliebe er über Nacht hängen, ein Fluch für das Land. Die johanneische

---

[5] Eine fatale Umdeutung des johanneischen Judasgeschehens findet sich bei K. BECK-
MANN, Funktion und Gestalt des Judas Iskarioth im Johannesevangelium, in: BThZ 11 (1994)
181–200: »Judas, der für Johannes ... der seine ewige Erwählung treu erfüllende jüdische
Mensch ist, ist das Ja Gottes zu seinem Bund mit Israel zum Wohl der ganzen Schöpfung«
(S. 200). Zu 13,30: »Nachdem Judas Jesu Brot angenommen hat, geht er als Träger verbor-
gener Herrlichkeit in die Finsternis, um deren Erhellung zu betreiben« (S. 192).

[6] WENGST, Gemeinde 152.

[7] Vgl. DIETZFELBINGER, Berufung 33–42.

Rede von der Erhöhung Jesu durch die Kreuzigung ist eine Antwort auf das synagogale Argumentieren mit Dtn 21,22 f, und damit fügt sich die Rede von der Verherrlichung Jesu durch die Passion in die Aktualität der zeitgenössischen Gegebenheiten. Mit dieser Rede wendet sich der Evangelist an die Synagoge: Der Jesus, von dem ihr behauptet, er habe mit seiner Passion den Beweis seines Scheiterns bei Gott und seiner Verwerfung durch ihn geliefert, hat gerade in diesem Geschehen seine Verherrlichung, seine Erhöhung zu Gott erfahren. Nun enthält zwar unser Text keine direkte Anrede an die Synagoge. Er reflektiert aber innergemeindlich die synagogale Polemik und die johanneische Antwort darauf (ausführlich dazu S. 290 ff).

Dreimal ist in v. 31 f von »verherrlichen« in der Form des Aorists die Rede (ἐδοξάσθη), zweimal in der Form des Futurs (δοξάσει). Welche Beziehung besteht hier zwischen Aorist und Futur[8]? Mit dem Beginn der Passion ist das Ziel des Weges erreicht, auf den Jesus von seinem Vater gesandt wurde[9]. Insofern ist die Vergangenheitsform »jetzt wurde der Menschensohn verherrlicht« am Platz. Andererseits ist die Verherrlichung im Augenblick der Abschiedsrede kein schon abgeschlossener Vorgang. So sehr sie mit dem Beginn der Passion in Kraft getreten ist, so sehr bedarf sie des abschließenden Aktes, und der ereignet sich an der Stelle, an der der Sterbende sein »es ist vollbracht« ruft (19,30). Insofern muß von Verherrlichung auch in der Form der Zukunft gesprochen werden (S. 286–288).

v. 33. Mit der Deutung der Passion als der Verherrlichung Jesu, in der sich auch die Verherrlichung Gottes vollzieht, setzt die Abschiedsrede ein. Als *Abschieds*rede ist sie damit noch nicht kenntlich gemacht. Das besorgt v. 33, in dem Jesus in bemerkenswerter Härte den Jüngern den bevorstehenden Abschied ankündigt, und nur der wissende Leser versteht, daß dieser Abschied die Verherrlichung einschließt. – Mit der vertraulichen Anrede »Kinder« beginnend – sie begegnet nur im johanneischen Schrifttum[10] – führt Jesus die Jünger in die Unerbittlichkeit des bevorstehenden Abschieds ein.

Dabei meint ἔτι μικρόν (noch kurze Zeit) die Frist vom gegenwärtigen Augenblick bis zur Stunde des Todes, ohne daß auf die Abwesenheit der Jünger während des Hannasverhörs (18,19–23), des Pilatusprozesses (18,28–19,16a) und der Kreuzigung (19,16b–30) geachtet würde. Zeitlich genau betrachtet setzt das Nicht-mehr-Sehen mit der Verhaftung Jesu ein (18,8). – Bei den Jüngern wird ein völliges Nichtverstehen der Passion vorausgesetzt, nicht ganz passend zu der Äußerung von 12,32, wo man mit der Anwesenheit der Jünger zu rechnen hat (vgl. 12,21 f: Wenn Philippus und Andreas da sind, sind auch die anderen Jünger da). Darüber hinaus waren die Jünger auch Zeugen jenes an die Juden gerichteten Wortes 7,33 f, wie von 13,33 her anzunehmen ist. Aber diese Zeugenschaft vermittelte, so setzt v. 33 voraus, kein Verstehen.

---

[8] THÜSING, Erhöhung 234–239.
[9] Zur Sendung bei Johannes s. BULTMANN, Theologie 385–392; J. A. BÜHNER, EWNT I 342; H. RITT, EWNT III 161 f.
[10] Vgl. A. OEPKE, ThWNT V 637 f.

In 7,33f (auch 8,21f) spricht Jesus ebenso offen wie in 13,33 von seinem
Weggehen (immer mit dem Verb ὑπάγειν) und davon, daß die Juden[11] ihn zwar
suchen, aber nicht finden werden, weil sie dorthin, wohin Jesus geht – zum
Vater –, nicht gelangen können. Auf diese Absage reagieren die Gesprächspartner mit dem grotesken Mißverständnis von 7,35f, das hier auf sich beruhen
kann. Indem Jesus die Jünger in v. 33 an diese Szene erinnert, stellt er sie für
einen Augenblick mit den Juden auf eine Stufe: Sie können so wenig wie jene
dorthin gehen, wohin er geht. Abgemildert wird die Härte dieser Ansage durch
die in v. 36 vorgenommene Differenzierung: Was von Petrus gilt, daß er Jesus
jetzt nicht folgen kann, daß er ihm aber später folgen wird, gilt, wie das Gesamte der Rede zeigt, von den Jüngern überhaupt.

v. 33 spricht aber nicht nur von der Unmöglichkeit, daß die Jünger Jesus auf
seinem Weg zum Vater jetzt begleiten können. Ebenso und mit gleicher Entschiedenheit spricht der Satz von der Endgültigkeit des Abschieds. Die bisherige Beziehung der Jünger zu Jesus gerät an ihr unwiderrufliches Ende, so wie
auch die Beziehung Jesu zu den Juden laut 7,33f abbricht. Indes wird diese
Gleichstellung zwischen den Jüngern und den Juden, auch abgesehen von v. 36,
sofort eingegrenzt. Die Juden bleiben angesichts des angekündigten Fortgehens Jesu die Nichtverstehenden, und sie beweisen das durch die verfehlte
Erörterung von 7,35f. Die Jünger dagegen, obwohl ihrerseits Nichtverstehen-
de, empfangen im folgenden die eingehende Belehrung Jesu über seinen Abschied und über die Zeit danach, damit sie ihr Nichtverstehen hinter sich lassen
können. Hier endet die Gleichstellung der Jünger mit den Juden.

(2) v. 34f. In v. 36 protestiert Petrus gegen die Behauptung von v. 33, daß der
Abschied Jesu die unwiderrufliche Trennung der Jünger von ihm zur Folge hat,
die Aufhebung der bisher mit ihm gelebten Beziehung. Aber v. 34f schiebt
zwischen diese eng zusammengehörenden Sätze das Gebot der wechselseitigen Liebe der Jünger untereinander, das als neues Gebot benannt wird und das
seine Begründung darin hat, daß Jesus die Jünger geliebt hat. Wird dieses Gebot von den Jüngern befolgt, dann wird es zum Erkennungsmerkmal der Jünger
nach außen. Ihre Liebe untereinander, ihre tätige Verantwortung füreinander
zeichnet sie so aus, daß sie darin von allen – πάντες meint alle, die nicht zur
Gemeinde gehören – als Jesusjünger erkannt werden. Die in der Gemeinde
praktizierte Liebe verleiht dieser Gemeinde eine Qualität, durch die sie sich
unübersehbar von der Außenwelt abhebt und kraft deren sie von dieser Außenwelt als eine von Liebe bestimmte Gemeinschaft erkannt und, so wird man
hinzufügen müssen, bestaunt wird.

Das Liebesgebot in v. 34f spricht von der wechselseitigen liebenden Verantwortung innerhalb der Gemeinde und schaut über den Bereich der Gemeinde

---

[11] Wir gebrauchen den Begriff »Juden«, der in den Abschiedsreden sonst nicht mehr
begegnet, hier ohne weitere Klärung. Sie erfolgt im Zusammenhang von 15,18ff.

nur insofern hinaus, als die Menschen außerhalb der Gemeinde aus der in der Gemeinde praktizierten Liebe die eben genannte Folgerung ziehen sollen. Die Idee, daß man Liebe auch dem Draußenstehenden, dem Feind gar zu gewähren habe, liegt außerhalb des Texthorizonts. Darüber ist im Zusammenhang von 15,12–17 zu sprechen (S. 148 ff). Jetzt ist ein anderer Aspekt des johanneischen Liebesgebots zu bedenken: Wieso wird es als *neues* Gebot bezeichnet? Wir bedenken das Problem unter drei Aspekten.

(a) Das Alte Testament kennt das Liebesgebot sehr wohl und dies in nicht geringer Breite und Tiefe (vgl. Ex 23,4f; Dtn 22,1–4; Lev 19,17f). Der Nächste, der Volksgenosse ist zu lieben, aber auch der Fremdling hat ein Recht auf schützende Zuwendung (Ex 22,20–23; Lev 19,33) ebenso wie der Schwache und Arme (Ex 22,25 ff). Begründet wird solche Ausweitung des Liebesgebots mit dem Verweis auf Israels frühere Fremdlingschaft in Ägypten (Ex 23,9; Lev 19,34). Dazu tritt als letzte und autoritative Begründung der Satz: Ich bin Jahwe, euer Gott[12]. Auch das Gebot in Lev 19,18 »du sollst deinen Nächsten lieben wie dich selbst« wurzelt in dem Sein und Verhalten Jahwes gegenüber Israel und für Israel. Das nachalttestamentliche Judentum hält an dieser Grundeinstellung und der ihr entwachsenden ethischen Verpflichtung in vielfältigen Variationen fest[13].

Also haben wir im Liebesgebot mit einem alten und der johanneischen Gemeinde längst bekannten Gebot zu tun. Weshalb wird es hier ein neues Gebot (καινὴ ἐντολή) genannt[14]? Bultmanns theologische Interpretation bleibt beispielhaft: Neu ist das Liebesgebot nicht, weil es mit Jesus in besonderer Eindringlichkeit in die Menschheitsgeschichte eingetreten wäre, sondern weil es »das Gesetz der eschatologischen Gemeinde ist«[15], die als solche der neuen Welt angehört und also, paulinisch gesprochen, neue Schöpfung (2Kor 5,17), καινὴ κτίσις ist und deren interne Beziehungen durch Christus eröffnet und bestimmt sind, durch den Christus, der die neue Welt heraufgeführt und das neue Gebot zur Lebensweise der neuen Schöpfung gemacht hat[16].

(b) Mit dieser nicht aufgebbaren Einsicht ist der Begriff »neu« in unserem Zusammenhang freilich erst nach *einer* Seite hin interpretiert. Er ist auch Ausdruck der Auseinandersetzung mit der Synagoge. Jeder jüdische Zeitgenosse mußte aufhorchen, wenn das altbekannte Liebesgebot von einer mit Jesus verbundenen Gruppe, die überwiegend aus Juden bestand, als *neues* Gebot be-

---

[12] Vgl. W. Zimmerli, Grundriß der alttestamentlichen Theologie (ThW 3), 2. Aufl., Stuttgart 1975, S. 118 f.

[13] A. Nissen, Gott und der Nächste im antiken Judentum (WUNT 15), Tübingen 1974, S. 219–329.

[14] Zur Literatur über das Problem vgl. Schnackenburg III 59 Anm. 15.

[15] Bultmann 405; vgl. auch J. Baumgarten, EWNT II 570.

[16] Zu καινός im Neuen Testament s. J. Behm, ThWNT III 450–453; Baumgarten, EWNT II 563–571.

hauptet wurde, begründet in der Liebe Jesu zu den Seinen[17]. Gilt das Liebesgebot nicht darum, weil Jahwe der Herr Israels ist und weil er das Gebot, daß innerhalb Israels Liebe zu walten habe, im Alten Testament niedergelegt hat? Nein, erwidert der johanneische Text, nicht im Alten Testament ist die wahre Begründung des Liebesgebots zu finden, sondern in der Liebe Jesu zu den Seinen und darin, daß in der Liebe Jesu die Liebe Gottes in die Geschichte eintrat (15,9f). – Wir geben uns Rechenschaft über die hier zutage tretende Distanz zur alttestamentlich-jüdischen Tradition. Sie ist in der synoptischen Perikope über das Doppelgebot der Liebe (Mk 12,28–34) abwesend, und mit großer Entschiedenheit unterstreicht Mt 22,40, daß im Liebesgebot die gesamte alttestamentliche Tradition sich zusammenfasse. Demgegenüber behauptet das Johannesevangelium in gewollter Polemik, es anders und besser zu wissen: Das zentrale Merkmal der Gemeinde, die wechselseitige Liebe, entspringt der Geschichte und dem Gebot Jesu, und die einst gültige alttestamentliche Begründung des Gebots wird zur Seite geschoben. Welche Haltung gegenüber dem Alte Testament tut sich hier kund? Wir lassen die Frage offen, müssen aber wenigstens dies notieren, daß auf johanneischer Seite die anderswo gemeinsam von Juden und Judenchristen vertretene Herkunft des Liebesgebots aus dem Alten Testament nicht vertreten wird[18].

(c) Eigens zu bedenken ist die Idee von v. 35, die sich so im Neuen Testament nicht mehr findet, die sich aber in der Geschichte des christlichen Selbstverständnisses kräftig ausgewirkt hat (vgl. aus dem Herrnhuter Lied »Herz und Herz vereint zusammen« die Zeilen »und allein von deinem Brennen nehme unser Licht den Schein/, also wird die Welt erkennen, daß wir deine Jünger sein«).

Sie wird von Brown aufgenommen: »Thus, as long Christian love is in the world, the world is still encountering Jesus«[19]. Aber auch ein selbstkritisches Moment kann dem Satz entnommen werden: »Die Jünger existieren nicht …, wenn sie einander nicht lieben«[20].

Die Idee von v. 35 ist zu uns zu vertraut, als daß unsere Ohren ohne weiteres die darin enthaltene, das Selbstverständnis der Gemeinde berührende Differenzierung hören könnten. Hier wird erklärt: Jünger erweisen sich darin als Jünger, daß sie ihr Verhältnis zueinander in der von Jesus empfangenen Liebe gestalten. Wir begegnen darin einer grundlegenden Entschränkung des Jüngerbegriffs, seiner Loslösung von historischen Vorgaben (Ähnliches begegnet in

---

[17] Zu καθώς in kausaler Bedeutung vgl. BDR 453,2; Br. s.v. 3.

[18] 1Joh 2,7f gibt die von Joh 13,34f vertretene Position nicht auf. παλαιά heißt das Liebesgebot dort nicht, weil es aus dem Alten Testament abgeleitet würde, sondern weil es zur alten Gemeindetradition gehört (vgl. KLAUCK, 1Joh 121f; G. KLEIN, ›Das wahre Licht scheint schon‹, in: ZThK 68 (1971), 261–326, hier S. 304–307.

[19] BROWN 614.

[20] BARRETT 443.

15,8.26; s.d.) Alle Bedingungen des Jüngerseins, wie man sie sonst in frühchristlicher Tradition findet – Verbindung mit dem Zwölferkreis; besondere
von Jesus empfangene Belehrung (Mk 4,11); ein den Jüngerkreis kennzeich-
nendes Gebet (Lk 11,1); soziologische Daseinsnormen wie Aufgeben des Be-
rufs (Lk 5,11), Verlassen des Besitzes und der Familie (Lk 9,61 f; 14,33) – all
das entfällt gegenüber dem einen Kriterium: Daß man untereinander sich von
der aus Gott kommenden Liebe Jesu bestimmen läßt. – Ähnliches findet sich,
ohne die polemische Abgrenzung des Johannesevangelium, noch in Mk 3,35;
8,34, allerdings ohne die Verwendung des Jüngerbegriffs.

(3) v. 36–38 befaßt sich mit der den Jüngern jetzt auferlegten Unmöglichkeit,
Jesus bei seinem Weggang zu folgen. Dem Petrus, der als Exempel der anderen
Jünger beteuert, er könne Nachfolge jetzt leisten, führte sie auch in den Tod,
wird seine Verleugnung angekündigt, sein faktisches Nein zur Nachfolge.
    v. 36f. Die Frage des Petrus an Jesus »wohin gehst du?« entspringt, wie
v. 37 erkennen läßt, dem entschlossenen Willen des Petrus, Jesus auf dem von
ihm in v. 33 verschlüsselt angegebenen Weg auch um den Preis des Lebens zu
folgen: Wenn Petrus den Weg Jesu kennt, wird er ihn auch gehen. Die Antwort
Jesu ist differenziert: Jetzt kann Petrus nicht folgen; er wird es später tun. Damit wird wie in 21,18 f auf den Märtyrertod des Petrus angespielt. Das ὕστερον
(später) meint also eine Zukunft weit jenseits des »noch kurze Zeit« von
v. 33[21]. – Des Petrus Nachfolge ist zwar *jetzt* nicht möglich. Aber das in der
Gegenwart Unmögliche wird in einer nicht weiter bestimmten Zukunft möglich werden. Alsbald fragt man, weshalb Nachfolge, noch dazu mit der Qualität
der von Petrus behaupteten Todesbereitschaft, nicht schon in der Gegenwart
als echte Nachfolge anerkannt werden kann. Petrus jedenfalls will nicht erst in
einer unbestimmten Zukunft, sondern in der konkreten Gegenwart (ἄρτι) seine
todesmutige Nachfolge leben. Ist daran gedacht, daß Petrus bereit ist, sein Leben einzusetzen, um Jesus vor dem Tod zu bewahren?[22]
    v. 38. Fragend nimmt Jesus die Behauptung des Petrus auf und beantwortet
sie mit einem Nein von äußerster Schärfe. Mag Petrus seine Todesbereitschaft
beweisen, wie er will – die von ihm gewollte Weise von Nachfolge wird ihn in
die Verleugnung führen, vielmehr: Sie ist selbst schon Akt der Verleugnung.
Dabei bezweifelt Jesus nicht den Willen und die Fähigkeit des Petrus zum
Martyrium. Aber er erklärt das von Petrus ins Auge gefaßte Martyrium zu einem Element der Verleugnung.

---

[21] Die wichtigste außerneutestamentliche Quelle für das Martyrium des Petrus ist 1Cl
5,1–7. Auch IgnRöm 4 ist zu nennen: Rom ist für Ignatius »die Märtyrermetropole« (R.
STAATS, Die martyrologische Begründung des Romprimats, in: ZThK 73 [1976], 469); vgl.
noch ascJes 4,3.
[22] So DODD, Tradition 56.

Martyrium, die vollendetste Form von Nachfolge (vgl. IgnRöm 4,1 f; 6,1–3), »die höchste Möglichkeit sittlicher Verwirklichung«[23], gerät hier in den Horizont einer sehr anderen Beurteilung. Nach dem Grund dafür befragt wird man zunächst an v. 33 denken: Jetzt geht Jesus fort, wohin ihm niemand folgen kann, dorthin, wo er nach v. 31 f die vollendete Verherrlichung erfährt, und das ist ein Geschehen, das jetzt nur ihm widerfahren kann. Jeder, der ihm dabei gleichzeitig werden will, wird zwangsläufig auf einen Fehlweg gedrängt. Indem Petrus das jetzt nicht Mögliche verlangt, muß er in vorzeitige und also verfehlte Nachfolge geraten. Aber mit dieser Auskunft ist nur Vorläufiges gesagt, ist man noch nicht am Ziel dessen, was der Text zu sagen hat (S. 92–94).

c) Der Vergleich mit Mk 14,26–31[24]

Die Szene mit der Ansage der Petrusverleugnung hat bei Markus ihren Platz auf dem Weg vom Abendmahlssaal zum Ölberg. Lukas, der die Verleugnungsansage wie Johannes in seine freilich ganz eigen gestaltete Abschiedsrede einbaut (Lk 22,31–34), lokalisiert sie im Abendmahlssaal. Dabei dürfte er eine eigenständige Tradition über diese Szene verwendet haben[25].

In Mk 14,27 f sagt Jesus voraus, daß alle Jünger an ihm Anstoß nehmen würden, womit sich Sach 13,7 erfülle, daß er aber nach der Auferstehung ihnen nach Galiläa vorausgehen werde. Hier schaltet sich Petrus ein und versichert, ohne die Galiläa-Bemerkung zu beachten, daß Jesu Voraussage vielleicht für die anderen zutreffe, daß aber er sich von solchem Anstoß-Nehmen freihalten werde. Daraufhin kündigt Jesus ihm sein Verleugnen an, ein Akt, der über das Anstoß-Nehmen weit hinausgeht (v. 30). Petrus erwidert mit dem Satz, der Joh 13,37 Ende ziemlich nahe steht: Wenn ich mit dir sterben müßte, so will ich dich nicht verleugnen. Die anderen Jünger schließen sich dieser Beteuerung an.

Man spürt sofort die Eigenständigkeit des Mk-Textes gegenüber der johanneischen Fassung. Aber zunächst seien die Übereinstimmungen notiert: Der Zeitpunkt, nämlich nach dem Mahl; der Dialogcharakter der Szene; die Todesbereitschaft des Petrus; der Zusammenhang von Verleugnung und Hahnenschrei; das »Amen, ich sage dir«; Petrus als Wortführer, aber auch als der Jünger, der am entschiedensten der Selbsttäuschung unterliegt. – Das sind beträchtliche Übereinstimmungen. Ihnen stehen gewichtige Differenzen gegenüber.

– Der verschiedene Ort der Szene: Unterwegs zum Ölberg – im Raum des letzten Mahles.

---

[23] J. FISCHER, Die apostolischen Väter, Erster Teil, 9. Aufl., Darmstadt 1986, S. 134.
[24] BROWN 614–616; DODD, Tradition 55f.
[25] G. KLEIN, Rekonstruktion und Interpretation (BEvTh 50), München 1969, S. 57f; DODD, Tradition 56.

– Der Anlaß für den Dialog: Jesu Ansage des allgemeinen Anstoß-Nehmens – die von Jesus behauptete Unmöglichkeit, ihm zu folgen.

– Das Nachfolgeproblem, im johanneischen Text im Zentrum stehend, fehlt bei Markus. Dafür fehlt bei Johannes wie bei Lukas der für Markus wichtige Begriff des Anstoß-Nehmens (σκανδαλισθῆναι).

– Die Idee eines späteren Folgens ist bei Markus zwar da, aber in sehr anderer Ausformung, nämlich in der Ansage des Zusammentreffens in Galiläa. Damit wird auf die Erscheinung des Auferstandenen vor dem Zwölferkreis angespielt (vgl. etwa Mt 28,16–20). Die johanneische Ankündigung, daß Petrus Jesus später nachfolgen wird, unterscheidet sich also erheblich von der mk Fassung. Lk 22,32 bringt eine eigene Ausformung derselben Idee: Die verheißene zukünftige Nachfolge verbindet sich mit dem Auftrag, die Brüder zu stärken.

Das Ineinander von Übereinstimmungen und Unterschieden läßt es als sicher erscheinen, daß Johannes wenn nicht den mk Text, so doch die ihm zugrunde-liegenden Traditionen gekannnt hat, und an der Art, in der er sie verarbeitet, tritt die von ihm verfolgte Tendenz zutage. Der johanneische Petrus möchte unter allen Umständen und sogar um den Preis des eigenen Lebens mit Jesus gehen, und so widerspricht er entschieden der Behauptung Jesu, er, Petrus, könne ihm jetzt nicht nachfolgen. Damit wehrt er sich gegen die im johannei-schen ὕστερον (später) enthaltene Konzession, die weder von Markus noch von Lukas ins Spiel gebracht wird und in der offenbar das johanneische Inter-esse enthalten ist. Was kann man diesem Element entnehmen?

Jesus verläßt die Jünger. Ihr bisheriges Verhältnis zu ihm kommt an sein unwiderrufliches Ende: Sie können seinen Weg nicht mitgehen. Eben dieses Ende der bisherigen Beziehung will Petrus nicht wahrhaben; er möchte sie unter allen Umständen für die Zukunft festhalten, und ist nicht das Martyrium das geeignete Mittel dazu? Aber dieses Vorhaben, erwidert Jesus, kann nicht gelingen, und wenn Petrus doch das jetzt Unmögliche ins Werk setzen will, wird er sich auf den Weg der Verleugnung begeben. – In dieser Tendenz, mit der das Johannesevangelium sich sowohl vom mk wie vom lk Text abhebt, liegt vermutlich das Ziel, auf das v. 36–38 hinaus will. Allerdings meldet sich alsbald die Frage zu Wort, welche Tendenz der Evangelist mit seiner Umdeu-tung der Tradition verfolgte. Die Antwort könnte in dem betonten »Später« zu suchen sein.

d) Das Ganze und seine Teile

Es ist noch die Einheitlichkeit der Einleitung 13,31–38 zu bedenken. Eindeutig liegt in v. 31–33.36–38 ein sehr dichter Zusammenhang vor: Die Verherrli-chung Jesu, die durch die Passion geschieht und in der gleichzeitig sich die

Verherrlichung des Vaters ereignet (v. 31 f), führt notwendig zum Abschied Jesu von den Jüngern, zum nicht rückgängig zu machenden Ende der bisherigen Beziehung zwischen Jesus und den Jüngern, ein Ende, das Petrus nicht wahrhaben will (v. 36–38).

Diese in sich logische Gedankenfolge wird durch v. 34 f unterbrochen. Aber nun ist zu fragen, ob solche Unterbrechung sich nicht doch jener Gedankenfolge einfügen läßt. Dann stünde der Originalität von v. 34 f nichts im Weg. Man kann Gründe für eine ursprüngliche Zugehörigkeit von v. 34 f zum jetzigen Text anführen: Mit dem Liebesgebot vermittle der fortgehende Jesus der Gemeinde die ihr gemäße Möglichkeit, in der Welt zu existieren und sich in ihr zu behaupten, und die bleibende Beziehung zu dem fortgegangenen Christus werde eben darin gelebt, daß die Gemeinde das Liebesgebot befolgt[26]. Aber v. 34 f, für sich genommen, ist nicht von dem Interesse bewegt, der Gemeinde angesichts von v. 33 die Möglichkeit einer bleibenden Beziehung zu Jesus zu demonstrieren. Die Absicht des Abschnitts geht darauf aus, das Liebesgebot aus seiner alttestamentlich-jüdischen Begründung herauszunehmen, es in der Person und Geschichte Jesu zu verankern und seine Verwirklichung zum Wesensmerkmal der Gemeinde zu erklären; damit erfolgt eine entschiedene Abgrenzung von der Synagoge. Jenes andere Interesse – die Gemeinde wird durch das Liebesgebot in ihrer Beziehung zu Jesus erhalten – ist v. 34 f nicht von seinem eigenen Inhalt her, sondern ausschließlich durch seinen jetzigen Kontext zuteil geworden. Von daher ist es geraten, in v. 34 f ein ursprünglich eigenes Textstück zu sehen, das sekundär in den jetzigen Zusammenhang versetzt wurde.

Aber nicht nur v. 34 f selbst erweist den kleinen Abschnitt als vermutlichen Einschub. Der weitere Kontext führt zum gleichen Urteil. Denn der befaßt sich zwar von 14,18 ff an intensiv mit der Frage einer neuen Beziehung der Glaubenden zu dem weggegangenen Jesus. Aber nirgends richtet sich dabei der Blick auf das Medium der innergemeindlichen Liebe, in der die Gemeinde jene Beziehung erfahren soll, auch nicht in 14,15.21.23 (s.d.). Nie außerhalb von 13,34 f wird der geschwisterlichen Liebe der Glaubenden die Aufgabe zugeschrieben, in der Situation der Trennung zwischen Jesus und Gemeinde die Verbindung mit Jesus zu wahren und nach außen zu demonstrieren.

Diese Überlegungen sprechen entschieden für den sekundären Charakter von v. 34 f innerhalb der Abschiedsrede. Dabei handelt es sich nicht um einen unjohanneischen Text. Daß v. 34 f dem Umkreis johanneischen Denkens zugehört, geht aus der Verflechtung dieses Wortes mit 1Joh 2,5.7 f. 3,10 f.16 f.23; 4,7 f.10 f.19–21; 5,2 hervor. Allein die Ursprünglichkeit oder Nichtursprünglichkeit des Textes im *jetzigen Zusammenhang* steht zur Frage, und die Waagschale neigt sich zur Nichtursprünglichkeit hin. Dann hat also ein Späterer in den Zusammenhang der ersten Abschiedsrede ein zusätzliches Element einge-

---

[26] Vgl. BULTMANN 402 f; BROWN 614; SCHNELLE, Abschiedsreden 66.

fügt, das die Härte von v. 33 abschwächen soll, das damit freilich die Eindeutigkeit der ursprünglichen Aussage aufweicht.

Indem man sich dies klar macht, gesteht man auch die Möglichkeit weiterer Einschübe in den ursprünglichen Text zu. Man muß also mit Schülern des Evangelisten rechnen, die sein vermutlich nicht vollendetes Werk nach seinem Tod bearbeitet und herausgegeben haben. Daß man für solche Sicht offen sein muß, beweist c. 21, erwiesenermaßen ein Anhang, der aus dem johanneischen Schülerkreis stammt[27]. Andere Stellen des Johannesevangeliums erwecken ähnliche Überlegungen. Man wird gleichwohl, die Plausibilität dieser Überlegungen bejahend, sie nur sehr zurückhaltend und in solchen Fällen geltend machen, in denen sich die Hypothese einer redaktionellen Überarbeitung mit Überzeugungskraft aufdrängt. Das ist in v. 34f der Fall[28].

2. Das Thema 14,1–3

Liest man 13,31–38 (unter Vernachlässigung von v. 34f) mit der Suche nach klärenden Antworten – was ist unter Verherrlichung zu verstehen? Weshalb kann Petrus Jesus jetzt nicht nachfolgen, sondern erst später? Warum muß jetzt gewollte Nachfolge in Verleugnung führen? –, dann fällt der thetische Charakter dieser Sätze auf. Es wird behauptet, nicht interpretierend geklärt. Und wo eine Erklärung laut wird (v. 36 Ende), entpuppt sie sich alsbald als neue Behauptung, die neue Fragen aus sich heraussetzt. Auch beschränkt sich der Abschnitt, anders als 14,1–31, auf das Thema des Weggehens, und nichts ist zu hören von einem erneuten Kommen des Weggehenden. In all dem zeigt sich der Einleitungscharakter von 13,31–38. Hier wird der Raum abgesteckt, aus dem sich die eigentliche Abschiedsrede entwickelt. Ihr Thema ist in 14,1–3 enthalten.

a) Einführung

Während v. 1 an die Schwere des Abschieds erinnert, richtet v. 2f den Blick auf den Grund, der das Bewältigen des Abschieds ermöglicht. Umstritten ist Ursprünglichkeit und Bedeutung von v. 2b (εἰ δὲ μή): wenn nicht, würde ich euch dann sagen, daß ich hingehe, euch den Platz zu bereiten? Der bei Nestle-Aland abgedruckte Text gibt einen plausiblen Sinn: Jesus versichert die Jünger einer Zukunft über seinen Abschied hinaus. Daß das Haus des Vaters mit seinen vielen Wohnungen existiert, ist Voraussetzung dafür, daß der weggehende Jesus dieses Haus aufsuchen und in ihm die zukünftigen Wohnungen der Jünger herrichten kann.

---

[27] Vgl. HENGEL, Frage 224f.
[28] Vgl. BECKER, Abschiedsreden 220, und die sorgfältige Begründung bei SCHNACKENBURG III 59.

Brown[29] allerdings besteht darauf, daß das ὅτι zu entfallen hat und hinter ὑμῖν ein Punkt zu setzen ist. Dann lautet der Text:

> In meines Vaters Haus sind viele Wohnungen.
> Wäre es anders, hätte ich euch das gesagt (d.h. ich hätte euch gewarnt).
> Jetzt gehe ich weg, um einen Platz für euch zu bereiten.

Am Sinn des Satzes ändert sich dabei kaum etwas. Bequem wäre es, könnte man v. 2b gänzlich weglassen. Man bekäme dann einen in sich geschlossenen und logischen Text: Im Haus meines Vaters sind viele Wohnungen, und wenn ich hingehe und euch den Platz bereite, so will ich wiederkommen …[30]. Aber kein Textzeuge gibt ein Recht, v. 2b zu streichen. Ausführlich bespricht G. Fischer das Problem mit dem Ergebnis, daß v. 2b zum ursprünglichen Text gehört und daß durch v. 2b die Bemerkung v. 2a mit dem Thema des Weggehens verknüpft wird[31]. So wird man bei dem von Nestle-Aland gebotenen Text bleiben. – Neuerdings hat sich Winter des Problems angenommen[32] und vorgeschlagen, εἶπον ἄν nicht als Irrealis der Vergangenheit, sondern der Gegenwart zu lesen: wenn es nicht so wäre (daß viele Wohnungen im Haus des Vaters da sind), würde ich euch dann sagen, daß ich (jetzt) weggehe, um euch den Platz herzurichten? – Das ist ein plausibler Vorschlag.

Das Präsens πάλιν ἔρχομαι in v. 3 hat als Weissagung futurischen Sinn[33] und steht auf einer Ebene mit dem formalen Futur παραλήμψομαι πρὸς ἐμαυτόν[34]. Das vorhergehende καί hat ein gewisses finales Gefälle: Ich will wiederkommen, um euch zu mir zu nehmen[35].

Mit der Rede von den Wohnungen im Haus des Vaters führt der Autor den Leser in die Welt jüdisch-christlicher Enderwartung. Vielfältig spricht jüdische Hoffnung von den himmlischen Wohnungen der Gerechten[36], und darin spiegelt sich die weite Kreise bewegende Frage nach dem Verbleib der Verstorbenen. Nun ist das eine allgemein menschliche Frage, die in der Antike vielfach bedacht wird, auch in den Mysterien und in der Philosophie[37]. Es ist nicht geraten, für diese Frage nur menschliche Phantasie und Angst vor dem Vergehen verantwortlich zu machen. Vielmehr wird hier ein unauslöschbares Verlangen des Menschen aufgenommen und verhandelt, das in allen Zeiten und Kulturen lebendig ist, und noch in der verneinenden Skepsis des modernen Agnostikers

---

[29] BROWN 617.619f.

[30] So BULTMANN 462; BECKER, Abschiedsreden 221.

[31] G. FISCHER, Die himmlischen Wohnungen (EHS.T 38), Bern-Frankfurt/M. 1975, S. 27–38.

[32] WINTER, Vermächtnis 143–146.

[33] BDR 323,1 und Anm. 3.

[34] In einem antiken Trostbrief wird παραλαμβάνω entsprechend gebraucht: Gott nimmt die Seele zu sich, wenn es ihr frommt (DEISSMANN, Licht vom Osten 144).

[35] BDR 442, 3.

[36] BULTMANN 464 Anm. 5; BILL IV 1138–1142; BOUSSET-GRESSMANN, Religion 282–285; H. BIETENHARD, Die himmlische Welt im Urchristentum und im Spätjudentum (WUNT 2), Tübingen 1951, S. 173–177.

[37] W. BURKERT, Antike Mysterien, München 1990, S. 27–34; PLATONS Phaidon 113d–114c.

bezeugt es seine Dauer[38]. Daß es in dieser Frage einheitliche Antworten nicht geben kann, liegt auf der Hand. Zu verschieden sind die Voraussetzungen, von denen her gedacht, zu verschieden auch die Ziele, auf die geschaut wird. Nicht einmal das Judentum konnte und wollte zu diesem Thema einheitliche Vorstellungen entwickeln. Man teilte den Frommen unter den Verstorbenen ihren Platz im Paradies zu oder in der himmlischen Stadt, während die Gottlosen in der Unterwelt zu bleiben haben oder in den Hades hinabgestoßen werden[39]. – Ein besonderes Profil erhält die Besinnung über das Schicksal der Verstorbenen im Zusammenhang der Rede vom Zwischenzustand, der Epoche zwischen dem individuellen Tod und dem Gericht am Ende der Zeiten. Nach verbreiteter Auffassung ist für die Frommen ein Ort der Ruhe vorgesehen, für die Gottlosen, denen der Ruheort vorenthalten wird, ein Platz vorläufiger Verdammnis, oder sie müssen unter Qualen umherschweifen, klagend und trauernd auf sieben Arten (4Esr 7,80)[40]. – Wie will der johanneische Text die traditionelle Rede von den Wohnungen im Haus des Vaters verstanden wissen?

b) Exegese

Die Frage, was mit den Jüngern nach dem Weggang Jesu geschehen werde, wurde in 13,31–33.36–38 nicht bedacht – vielleicht der Grund für die Einfügung von v. 34f: Die Existenz der Jünger nach dem Abschied Jesu wird unter die Regel der Liebe gestellt. 14,1–3 erhebt das Vermißte zum Thema: Dem Fortgehen Jesu wird sein erneutes Kommen gegenübergestellt, und dadurch wird das tödlich Bedrängende des Abschieds Jesu aufgehoben.

v. 1. Zunächst wird in Anknüpfung an 13,31–33.36–38 die unmittelbare Folge des Abschieds für die Jünger benannt: Die Erschütterung des Herzens, die Angst der Verlassenheit. Ihr soll sich der Glaube widersetzen. 14,4–26 ist dann als Explikation des hier geforderten Glaubens zu verstehen.

Das eigenartige Nebeneinander der zwei Imperative »glaubt an Gott und glaubt an mich« spricht nicht von zwei zu addierenden Glaubensakten, sondern von dem einen Glauben an Gott, der als Glaube an Jesus gelebt wird. Denn Glaube an Gott wird, johanneisch gedacht, seiner selbst bewußt als Glaube an Jesus, und wer an Jesus glaubt, glaubt damit an Gott. Davon wird in

---

[38] Vgl. den Vers von Matthias Claudius: »O du Land des Wesens und der Wahrheit, unvergänglich für und für! Mich verlangt nach dir und deiner Klarheit, mich verlangt nach dir«. Als Beleg für die verneinende Skepsis, die jenes Verlangen nicht zum Verstummen bringen kann, diene Gottfried Benns Gedicht Aus Fernen, aus Reichen.

[39] Ein schönes Beispiel für die Verschiedenheit der jenseitigen Aufenthaltsräume bietet äthHen 22; vgl. auch äthHen 39,4ff; 45,3; 71,15ff; 4Esr 4,35; 7,32.80.95.101.

[40] Hierher gehört die Rede von den promptuaria, den Vorratskammern der Gerechten (AntBibl 32,13; andere Namen: dormitio 19,12; requies 28,10; pausatio 49,6; dormitio 19,12; pax 23,13; sinus matrum 40,4).

14,8–11 in kritischer Differenzierung gesprochen, von der in v. 1 noch nichts
zu spüren ist.

Damit entfällt Bultmanns Vorschlag, wonach πιστεύετε als Indikativ zu lesen und der
zweite Satz als Antwort auf den ersten zu deuten ist: Glaubt ihr an Gott? Dann glaubt
ihr auch an mich[41]. v. 8–11 verlangt die oben gegebene Interpretation, wobei das καί in
konsekutivem oder epexegetischen Sinn verstanden werden kann[42]: Glaubt an Gott
und glaubt daher auch an mich, oder besser: Glaubt an Gott und zwar so, daß ihr an
mich glaubt.

v. 2f. Während v. 1 der Krise des Abschieds mit der sehr allgemein gehaltenen
Glaubensforderung begegnet, gibt v. 2f einen speziellen Glaubensinhalt sehr
traditionellen Charakters an. Die Sätze entstammen dem Arsenal jüdisch-
christlicher Apokalyptik. Im Haus des Vaters, dem Himmel, befinden sich die
für die Gerechten vorgesehenen Wohnungen (ein Aufenthalt für die Ungerechten interessiert nicht in einem Zusammenhang, der nur die Jünger anspricht).
In dieses Haus des Vaters wird Jesus gehen, um die dort befindlichen Wohnungen für die Seinen herzurichten, vielleicht um ihnen dort Wohnrecht zu verschaffen. τόπος meint dann nicht nur Platz, sondern auch Gelegenheit, Möglichkeit für jemanden[43].

Man überlegt, weshalb ein solches Herrichten nötig ist und wie es sich vollzieht. Nun
wird das Verb ἑτοιμάζειν (im Johannesevangelium nur hier) im Neuen Testament
mehrfach benützt für die Ansage, daß das künftige Heil (oder Unheil) »bereitet« ist
oder »bereitet« wird (Mt 25,34.41; 1Kor 2,9; Hb 11,16; 1Pt 1,4f; Offb 12,6; 21,2)[44],
und schon in Jes 40,3 LXX ergeht der Befehl »bereitet (ἑτοιμάσατε) den Weg des
Herrn« im Zusammenhang einer eschatologischen Heilsansage. Entsprechend wird
das Wort in 14,2f gebraucht.

Man hat sich diese Wohnungen so realistisch vorzustellen, wie das in jüdisch-
christlicher Apokalyptik üblich war. Nichts berechtigt an dieser Stelle zu
einem spiritualistischen Verständnis jener Wohnungen als »spiritual positions
in Christ«[45] im Sinn des paulinischen In-Christus-Seins. Daß die in v. 2f waltende räumliche Vorstellung später, nämlich in v. 23, ins Spirituelle gewendet
wird (s.d.), ist eine Sache für sich, die man nicht unbesehen in v. 2f eintragen
darf.
Wenn Jesus den Jüngern das Wohnrecht in den Wohnungen des Vaters verschafft hat, wird er wieder kommen – es wird von der Parusie gesprochen –, um
die Seinen in diese Wohnungen zu holen, in die er selbst in einer nicht weiter
bestimmten Weise gehört. Die Trennung, von der 13,31–33.36–38 in schmer-
zenden Worten zu reden wußte, ist damit aufgehoben.

---

[41] BULTMANN 463 und Anm. 1.
[42] BDR 442, 2b.d; 442, 6a.
[43] FISCHER, Wohnungen 87; H. KÖSTER, ThWNT VIII 207f.
[44] Vgl. FISCHER, Wohnungen 85f.
[45] So R. GUNDRAY, In my fathers house are many Μοναί, in: ZNW 58 (1967), 70.

c) Das traditionsgeschichtliche Problem von v. 2f

Das in v. 2 f entworfene Bild hat seine Entsprechungen im Neuen Testament.
Man denkt an 1 Thess 1,9 f; 4,13–17; Hb 9,28; auch an Mk 13,24–27, jene Ansage vom Kommen des Menschensohns auf den Wolken mit großer Kraft und
Herrlichkeit, und mit ihm kommen seine Engel, die er ausschickt, um die Auserwählten aus den vier Himmelsrichtungen zusammenzuführen – wohin? An
den Ort, der in Joh 14,2 f die »Wohnungen im Haus des Vaters« genannt wird.
Mt 25,34 ist von einer ähnlichen Vorstellung geprägt, und wenn der Lazarus
von Lk 16,22 ff von den Engeln in den Schoß Abrahams getragen und dort wohl-
bewahrt wird, dann ist man nicht weit weg von Joh 14,2 f. Also fügt sich die
Themenangabe von v. 2 f in die vielfältige urchristliche Rede von der eschatologischen Zukunft der Glaubenden ein[46]. Eine Einheitlichkeit, gar eine Einför-
migkeit dieser Rede wird man vernünftigerweise nicht erwarten, so wenig wie
man eine Einheitlichkeit jüdischer Endzeithoffnung erwarten darf. Aber der
das Verschiedene umschließende Rahmen ist erkennbar, der die Mannigfaltigkeit der Bilder zu einer gewissen Einheit zusammenführt, und dieser Rahmen
ist die vom Jesusgeschehen her bestimmte Christologie. Durch sie unterscheidet sich christliche Apokalyptik von jüdischer.

Mit Auferstehung und Himmelfahrt verläßt Jesus den Bereich des Irdischen,
um als Verherrlichter (13,31 f) in das himmlische Heiligtum einzugehen und
sich dort zur Rechten Gottes niederzulassen (Hb 10,12) oder um vor Gott für
die Seinen einzutreten (Röm 8,34; Hb 7,25) oder um den Kampf gegen die
widergöttlichen Weltmächte zu führen (1 Kor 15,24 f; Offb 19,11 ff) oder um
den Seinen Wohnrecht im Haus des Vaters zu verschaffen (Joh 14,2 f; vielleicht
gehört der Begriff πολίτευμα von Phil 3,20 in diesen Zusammenhang). Wenn
das alles vollendet ist, erfolgt die Parusie, und danach zieht Jesus mit den Seinen endgültig in die Gottesherrschaft ein.

Indem aber der Abschnitt v. 2 f sich so einfügt in allgemein urchristliche
Erwartungen, offenbart er seine Besonderheit innerhalb des Johannesevangeliums. Denn die Eschatologie dieser Schrift, von der wir später noch zu sprechen
haben, hat sich von der urchristlichen, apokalyptisch bestimmten Eschatologie
weitgehend gelöst, nicht um sie zu eliminieren, sondern um sie von ihrem Zentrum, der Person Jesu her, neu zu interpretieren. Wenn nun in v. 2 f unerklärt die
üblichen urchristlich-apokalyptischen Elemente begegnen, dann gibt sich dieser Abschnitt als Sonderstück, wenn nicht als Fremdkörper innerhalb des Johannesevangeliums zu erkennen. Wie soll man damit umgehen? Die zu 13,34 f
wahrscheinliche Erklärung, es handle sich um einen späteren Einschub, ist im
Fall von v. 2 f nicht nur unwahrscheinlich, sondern unmöglich. Denn v. 2 f hat
für die Rede 13,31–14,31 die Funktion des Themas, das nicht nachträglich ein-

---

[46] Vgl. die ausführliche Darstellung der religionsgeschichtlichen Verwurzelung von
14,2 f bei WINTER, Vermächtnis 146–155.

gefügt werden konnte. Dann bleiben noch zwei Möglichkeiten, die Frage nach der Herkunft von v. 2 f zu antworten.

– Entweder hat der Autor ein vorjohanneisches, urchristlich-apokalyptisches Traditionsstück verwendet, »einen gut gebauten, in sich geschlossenen Spruch«[47], den er im folgenden interpretiert.
– Oder er hat selbst v. 2 f aus älterem Material geschaffen, in das er auch Eigenes hat einfließen lassen[48]. So entspricht v. 3c (damit ihr seid, wo ich bin) einem häufig im Evangelium verwendeten Motiv (7,34.36; 8,21 f; 12,26; 13,33.36; 17,24). Auch in dem singulären μοναί mag man die Eigenart des Evangelisten finden, der οἰκία schon in 8,35 als Bild benützt hat, wie auch die Gottesbezeichnung »mein Vater« typisch johanneisch ist (2,16; 5,17.34 u.ö.).

Wie hat man zu entscheiden? Da man apokalyptische Traditionsstücke im Johannesevangelium sonst nicht findet, da ferner v. 2 f überlegt gestaltete Basis für 14,4–26 zu sein scheint, wird man zu der Ansicht neigen, daß der Autor hier gewollt traditionelle Sprache spricht und sie zum Thematext komponiert. Auf diesem Thema baut er dann seinen Entwurf über das Gehen und Kommen Jesu auf und demonstriert damit, daß die alte apokalyptische Tradition jetzt neu und anders als früher zu verstehen ist und daß man ihr gerade auf diese Weise und nicht durch uninterpretiertes Wiederholen gerecht wird.

Die Schwierigkeit, die sich dem Leser bietet, wenn er auf v. 2 f stößt, ist also gewollt, und gewollt ist die heftige Spannung, in der v. 2 f zum Vorausgehenden steht. Vom Schmerz der Trennung, von der Unwiderruflichkeit des Abschieds ist in v. 2 f nichts zu spüren. Unerfindlich ist es, weshalb Petrus sich mit solcher Hartnäckigkeit gegen jene Trennung wendet, wenn sie doch laut v. 2 f alsbald ein Ende findet. Zwar meldet sich die Gefährdung, durch die die Jünger infolge jenes Abschieds geraten, in v. 1 noch einmal zu Wort; aber in v. 2 f schrumpft sie zu einer bloßen Episode zusammen: Jesus geht nur fort, um den Jüngern die eschatologischen Wohnungen zu bereiten, und sowie er das getan hat, wird er wiederkommen, um die Jünger das von ihm erworbene Heimatrecht in seiner unmittelbaren Nähe genießen zu lassen. Gegensätzlicher als in 13,31–33.36–38 und in 14,2 f kann man kaum über das Thema des Weggehens Jesu sprechen. Wie hat man mit diesem Gegensatz umzugehen?

Wir halten zunächst fest, daß wir in v. 2 f das auszulegende Thema der Rede zu sehen haben. Indem dieses Thema in sichtlichem Widerspruch zur Einleitung formuliert wird, erweckt es die Spannung des Lesers, der nach der Lösung des Widerspruchs fragt. Solcher Themacharakter von v. 2 f wird durch die folgende Überlegung bestätigt: Wollte der Abschnitt v. 2 f die genügende und befriedende Antwort auf die ratlose Erregung der Einleitung sein, wollte er also

---

[47] BECKER 461; vgl. auch ders., Abschiedsreden 221.
[48] So FISCHER, Wohnungen 105–114.

aus der endgültigen Aufhebung des bisherigen Verhältnisses zwischen Jesus und den Jüngern ein begrenztes, darum leicht zu verkraftendes Zwischenspiel machen (wie der Wortlaut von v. 2 f nahezulegen scheint), dann hätte die Abschiedsrede mit 14,3 ihr Ziel erreicht, und allenfalls gewisse »Ausführungsbestimmungen« hätten in ihr noch Platz. Aber es wird sich zeigen, daß mit 14,4 ff die eigentliche Auseinandersetzung erst beginnt und daß tatsächlich v. 2 f nur das Stichwort für diese Auseinandersetzung angibt und nicht die lösende Antwort auf die belastenden Fragen enthält, die 13,31–33.36–38 entspringen.

Wir halten fest: Der Evangelist hat die apokalyptisch-traditionellen Auskünfte von v. 2 f an der Stelle in die Abschiedsrede eingefügt, an der sie als Aufmerksamkeit heischendes, nach Interpretation verlangendes Thema zu gebrauchen sind. Auf 14,2 f gestützt unternimmt er es, dem in der Einleitung genannten Problem zu begegnen: Der Verlassenheit der Gemeinde in der Welt, die sich als die nicht verlassene Gemeinde erkennen und verstehen soll.

3. Hauptteil der Rede: Jesu Fortgehen, sein weitergehendes Wirken, sein erneutes Kommen 14,4–26

Unter drei Aspekten wird das in 13,31–38 angesagte Fortgehen Jesu bedacht: Der Fortgehende als der Weg zum Vater (v. 4–11); die Existenz der Gemeinde nach dem Fortgehen Jesu (v. 12–17); v. 18–26 richtet den Blick auf das erneute Kommen Jesu. Wir wenden uns der ersten Entfaltung des Themas zu.

a. Erste Entfaltung: Jesus als der Weg zum Vater 14,4–11

α) Einführung

Man könnte v. 4 noch zum Teil »Thema« ziehen[49], da erst mit v. 5 die dialogisch bestimmte Passage beginnt, in der die Klärung der aus dem Thema herauswachsenden Fragen angestrebt wird. Aber v. 4 setzt sich vom Thema sichtlich ab, indem er durch seine Behauptung die Frage von v. 5 provoziert. So empfiehlt es sich, v. 4 und 5 zusammenzunehmen und vom Thema zu trennen. – Die enge Zusammengehörigkeit von v. 4 und 5 wird durch eine gewisse sprachliche Härte in v. 4 f bestätigt. Man erwartet nach v. 2 f die Formulierung: Ihr kennt den *Ort*, zu dem ich gehe; vom *Weg* zu diesem Ort war bisher nie die Rede. Wie kann er plötzlich zum Gegenstand der Verhandlung werden? Die Antwort liefert v. 6, wo das Wort »Weg« ins Zentrum tritt. Weil also in v. 6 das Stichwort »Weg« verhandelt wird, dieses Stichwort aber der Vorbereitung bedarf, muß es in v. 4 f eingeführt werden. Und es *kann* in v. 4 f eingeführt werden, weil es sich, wenn auch nicht ganz glatt, aus der Rede von Jesu Gang zu

---

[49] So Bultmann 462; Brown 624 charakterisiert v. 4 als Übergangsbemerkung.

den himmlischen Wohnungen ergibt. In dem doppelten πορεύεσθαι von v. 2f, in der Rede von den Wohnungen in einem jenseitigen Bereich ist die Vorstellung eines Weges dorthin unausgesprochen enthalten. v. 4f benennt das in v. 2f Unausgesprochene.

Die sprachliche Härte von v. 4 (wohin ich gehe, kennt ihr den Weg) findet ihren Reflex im handschriftlichen Befund. P66* und andere Textzeugen erläutern den von Nestle-Aland bevorzugten Text: Wohin ich gehe, wißt ihr, und den Weg kennt ihr auch. Das ist sicher eine nachträgliche Verbesserung des ursprünglichen Textes, der, wenn auch mühsam, durch das Wort »Weg« nachträglich die Rede vom Ziel, von den himmlischen Wohnungen, anreichert.

Thomas begegnet in den Zwölferlisten (Mk 3,18; Mt 10,3; Lk 6,15; Apg 1,13), dazu in Joh 11,16; 14,5 und in der Siebenerliste 21,5, immer in Nebenfunktionen. Im Zentrum steht er in 20,24–29. Historisch weiß man so gut wie nichts von ihm. Die gnostische Legende machte ihn zum Zwillingsbruder Jesu und ließ ihn Autor aller möglichen Schriften sein[50]. Er habe im Iran missioniert, den man später mit Indien verwechselte, und so wurde Thomas zum Apostel Indiens; sein Grab verehrt man in Mylapore bei Madras[51]. Im Zusammenhang unserer Abschiedsrede ist er einer der vier fragenden Jünger. Daraus und aus 20,24–29 geht hervor, daß er dem Johannesevangelium als Typos einer bestimmten Haltung und weniger als historische Figur wichtig war.

Philippus wird in den Zwölferlisten nach Andreas an fünfter Stelle genannt. Dreimal begegnet er zusammen mit Andreas im Johannesevangelium (1,40.43; 6,6–8; 12,22). Diese Verbindung der zwei Jünger könnte mit einer kirchengeschichtlichen Gegebenheit zusammenhängen: Daß die zwei »sich später bedeutsam an der Evangelisation der Griechen beteiligten«[52]. Eine bedenkenswerte Vermutung identifiziert den Philippus des Zwölferkreises mit dem Philippus aus dem Siebenerkreis von Apg 6,5, der als Missionar in Samaria tätig war (Apg 8,5ff), den »Kämmerer aus dem Mohrenlande« getauft hat (8,26–40) und später in Cäsarea am Meer wohnte (21,8). Dann wäre ein Mitglied des Zwölferkreises, Träger eines griechischen Namens, in den ersten Jahren der Jerusalemer Gemeinde in den griechisch sprechenden Siebenerkreis hinübergewechselt, der durch die Stephanusverfolgung zersprengt wurde[53]. Wie dem Thomas, so wurde auch dem Philippus später ein Evangelium zugeschrieben, ebenso die sog. Philippusakten[54].

---

[50] Die Kindheitserzählungen des Thomas (SCHNEEMELCHER, NTA I 349–361); das koptische Thomasevangelium (NTA I 93–113; ALAND, Synopsis 517–530); die Thomasakten, die das berühmte Perlenlied enthalten (NTA II 289–367).

[51] H.W. BARTSCH, RGG V 856; H.W. GENSICHEN, RGG III 708f.

[52] SCHLATTER 267; s. auch SCHNACKENBURG II 478f.

[53] M. HENGEL, Zwischen Jesus und Paulus, in: ZThK 72 (1975), S. 177; skeptisch dagegen ROLOFF, Apostelgeschichte 133.

[54] SCHNEEMELCHER, NTA I 148–173; II 430–432; G. SCHNEIDER, EWNT III 1020f.

In v. 7 stellt sich ein textkritisches Problem[55]. Verschiedene Handschriften lassen den Satz im Irrealis erscheinen (vgl. den kritischen Apparat): Wenn ihr mich erkannt hättet (oder erkennt), hättet ihr auch den Vater erkannt (erkenntet ihr auch …). Aber alles spricht dafür, daß der Satz ursprünglich im Realis stand. Die Jünger können ja erkennen, und im folgenden werden sie dazu aufgefordert, ihre Erkenntnisfähigkeit zu betätigen.

In v. 10b.c liegt, wie manchmal im Johannesevangelium, verkürzte Rede vor. Wir vervollständigen den Satz:

Die Worte, die ich euch sage, rede ich nicht von mir selbst; *es sind ja die Worte des Vaters* (7,12; 12,49);

der Vater, der bleibend in mir ist, tut, *indem ich sie tue,* seine Werke (5,30.36).

In so verkürzter Rede wird nicht nur das Ineinander von Wort und Werk dargestellt, sondern auch das Ineinander dessen, was der Vater und was der Sohn tut.

β) Exegese

v. 4f. Die Spannungen zwischen Einleitung, Thema und Ausführung des Themas werden auch an dem inhaltlichen Weiterdrängen von v. 4f spürbar. Hieß es in 13,33: Ihr werdet mich vergeblich suchen – und darin ist eingeschlossen, daß die Jünger den Ort nicht kennen, zu dem Jesus sich aufmacht, und folglich auch nicht den Weg, den er dorthin geht –, so behauptet Jesus in v. 4, die Jünger wüßten Weg und Ziel seines Fortgehens, was sie doch nach 13,33 nicht wissen. Damit werden sie zu dem Widerspruch herausgefordert, den Thomas ins Wort faßt. Die Spannung zwischen v. 4 und 13,33 ist also gewollt, ist ein überlegter Kunstgriff: Etwas erst zu Klärendes – das Wohin Jesu und sein Weg – wird als bereits Geklärtes behauptet. Der dadurch provozierte Einspruch eröffnet den klärenden Dialog. Ein ähnliches Verfahren wird in 3,3–8 angewendet.

– Jesus spricht ein überaus gefülltes Wort aus, wobei er scheinbar voraussetzt, der Gesprächspartner verstehe das Bildwort (3,3).
– Der aber mißversteht gröblich, da sein Denken auf einer dem Jesuswort ganz unangemessenen Stufe stehen geblieben ist (3,4).
– Die Äußerung des Mißverständnisses gibt Jesus die Gelegenheit zu klärender Weiterführung, die den beschränkten Verstehenshorizont des Partners entschränken soll (3,5–8).

Der Sachverhalt wird dadurch noch komplizierter, daß die Behauptung von v. 4, die sich mit 13,33 stößt, mit 14,2f sehr wohl harmoniert, vorausgesetzt man versteht v. 2f im Sinn konventionell-apokalyptischen Denkens. Diesem gibt v. 2f keine Rätsel auf: Jesus geht den Weg in den Himmel, und jeder

---

[55] Ausführlich dazu SCHNACKENBURG III 75f; BULTMANN 469 Anm. 3; BDR 360 Anm. 4.

christliche Zeitgenosse konnte sich diesen Weg vorstellen; Apg 1,9–11 ist Beleg für eine solche Vorstellung, auch 1Pt 3,19.22 und die vielen Stellen, die vom Sich-Setzen Christi zur Rechten Gottes sprechen[56].

Ist von v. 2f her die Behauptung von v. 4 berechtigt, dann muß freilich die Antwort des Thomas in v. 5 als Ausdruck unbegreiflichen Unverständnisses erscheinen. Hat Thomas überhaupt zugehört? Dagegen ist von der Einleitung her seine Antwort gerechtfertigt: Wie sollen die Jünger, deren Nichtwissen in 13,33 zutreffend charakterisiert wurde, auf einmal Jesu Weg und Ziel kennen? Wir beobachten also ein eigenartiges Schweben der Thomasfrage zwischen Berechtigung und Nichtberechtigung, ein schriftstellerisch sicher beabsichtigtes Schweben. Aus ihm entwickelt sich die mehrschichtige Lösung des Problems.

(1) v. 6f enthält die erste Schicht der Lösung. Von der Themafunktion von v. 2f her erwartet man eine klärende Äußerung über den Weg Jesu, über sein Ankommen und Wirken im Haus des Vaters (vgl. Hb 9,24; 10,12f). Die Erwartung wird enttäuscht. Zwar konzentriert sich die Rede auf das Stichwort »Weg« (das freilich alsbald zur Seite gelegt wird), aber sie tritt aus dem in v. 2f gegebenen Rahmen völlig heraus. Horcht ein an Jesus glaubender Jude die Sätze von v. 2f auf die in ihnen wohnende Wegvorstellung ab, dann sieht er vor sich den Weg, den Jesus vom Kreuz oder vom Grab oder vom Ölberg aus (Apg 1,12), unter Umständen durch die Unterwelt (Röm 10,7; Eph 4,9; 1Pt 3,19; 4,6), in den Himmel, das Haus des Vaters gegangen ist (vgl. auch Phil 2,9). Eben diese Wegvorstellung, die v. 2f prägt, wird in v. 6 gründlich zur Seite geschoben: Ich selbst bin der Weg, sagt der johanneische Christus, um alsbald hinzuzufügen, daß der, der diesen Weg begeht, in gewissem Sinn schon am Ziel, nämlich beim Vater ist. Weg und Ziel sind also miteinander verschränkt. Damit wird die Thomasfrage gründlich umgebogen. Hatte Thomas nach dem Weg gefragt, den *Jesus* gehen werde, so spricht Jesus vom *Glaubenden*, der in Jesus seinen Weg erkennen soll. Dazu tritt ein gegenüber v. 2f ganz neues Moment, das Moment des Ausschließlichen, das in v. 6b enthalten ist (niemand kommt …). Es beruht auf dem Positivum, daß Jesus der Weg zum Vater ist. Wenn er es ist, kann kein anderer neben ihm dieser Weg sein.

Der in v. 6 enthaltene Exklusivitätsanspruch ist in Mißkredit geraten – kein Wunder angesichts des politischen und geistigen Mißbrauchs, den man im Namen der sog. Absolutheit des Christentums mit ihm getrieben hat. Wie aber hat man nicht mißbräuchlich, sondern verantwortlich mit ihm umzugehen – falls man es nicht gleich vorzieht, ihn zu eliminieren? Es bietet sich der Weg historischer Erklärung und damit theologischer Entschärfung an. In der Auseinandersetzung mit der Synagoge und ihrer Verneinung Jesu habe die johanneische Gemeinde gar nicht anders gekonnt, als dem die These von der Ausschließlichkeit Jesu entgegenzusetzen. In einer Situation dage-

---

[56] NESTLE-ALAND 756.

gen, in der die Verneinung Jesu nicht zu aktueller Gefährdung der Gemeinde wird, in der Atmosphäre religiöser Toleranz also entfalle auch der Anspruch der Exklusivität. – Aber ein solcher Ausweg kann nur auf den ersten Blick bestechen; er umgeht das Problem. Natürlich gehört Jesus in die menschliche Geschichte, und als Element dieser Geschichte hat er Anteil an der Relativität alles geschichtlichen Geschehens und unseres darauf bezogenen Erkennens. Verkörpert und vollzieht sich aber in Jesus das Geschehen, in dem die Liebe Gottes als die Grundmacht der Welt die Geschichte der Menchen in einen neuen Horizont stellt (s. zu 15,9f), dann ist damit wesenhaft die Frage verbunden, ob es innerhalb unserer Geschichte ein gleichwertiges Geschehen abseits der Jesusoffenbarung gegeben hat und geben kann. Es bedarf keines Nachweises, daß sowohl das Johannesevangelium als auch das Neue Testament insgesamt die Frage verneint. Wo Liebe als Liebe *Gottes*, als die schöpferische und heilende Macht schlechthin sich manifestiert, ist jeder Blick nach einer anders gearteten und von anderswoher kommenden Liebe nicht nur unnötig, sondern auch unmöglich geworden. – Aber was besagt das für das Problem von religiöser Macht und religiösem Machtmißbrauch, das sich in der Tat mit v. 6 verbunden hat? Nun war zur Zeit der johanneischen Gemeinde ein politischer oder geistiger Mißbrauch von v. 6 nicht möglich, und hätte jemand den Gedanken erwogen, daß die Jesusverkündigung zu einer Unterdrückung anderer Religionen, d.h. auch bestimmter andersdenkender Menschen führen könnte, hätte ihm ungläubiges Erstaunen geantwortet, und dies nicht nur darum, weil die Vorstellung einer konstantinischen, mit politischer Macht ausgestatteten und sich durchsetzenden Kirche damals nicht gedacht werden konnte. Von ganz anderen Bereichen her mußte (und muß) die Idee einer gewaltsamen Durchsetzung der Jesusoffenbarung als Absurdität erscheinen. Die in Jesus in die Geschichte eingetretene Wahrheit würde in ihrem Wesen zerstört werden, wenn sie mit Gewalt, also mit Zerbrechen des entgegenstehenden menschlichen Willens durchgesetzt würde. Das in Jesus vergegenwärtigte Leben kann nicht durch Lebenszerstörung vermittelt werden, und die in Jesus sich konkretisierende Liebe wird aufgehoben, wenn sie anders als in der Unantastbarkeit des anderen, konkret: des Andersdenkenden gelebt wird. Sie wird eher sich als geduldig hoffende und tragende oder auch trauernde Liebe darstellen, als daß sie sich äußeren Zwangs bedient und damit sich selbst und ihren Ursprung verrät. – Solche Erkenntnis ist im theologischen Denken des Johannesevangeliums zwar nicht entfaltet und sie brauchte damals nicht entfaltet zu werden. Sie ist aber der Sache nach darin enthalten. Die Frage freilich, ob und wie diese Erkenntnis gelebt wird, muß an die johanneische Gemeinde und nicht nur an sie gerichtet werden.[57]

Hat der Evangelist das Ich-bin-Wort selbst entworfen oder hat er es einer ihm vorliegenden Tradition entnommen? Der Text verwendet von den drei Jesus zugesprochenen Prädikaten Weg – Wahrheit – Leben nur das erste. Nicht daß Johannes an Jesus als dem Träger von Wahrheit und Leben kein Interesse hätte; Sätze wie 8,31; 11,25 bezeugen dieses Interesse als zentrales Stück johanneischer Theologie. Aber im jetzigen Zusammenhang findet der Evangelist für die Stichworte »Wahrheit« und »Leben« keine Verwendung. Der Kontext zwingt ihn zur Konzentration auf »Weg«. Warum hat er die zwei anderen Prädikate dann in seinen Text aufgenommen? Die Antwort lautet: weil das Bildwort mit seinen drei Prädikaten bereits vor der Entstehung unseres Textes existierte. Das aber heißt, daß es einer Tradition entstammt, die dem Evangelisten vorlag.

---

[57] Es sei hingewiesen auf die grundlegende Besinnung über Toleranz und Offenbarung bei BULTMANN 288 f und auf den aus verschiedenen Gründen beachtlichen Aufsatz von W. HARNISCH, »Toleranz« im Denken des Paulus? in: EvTheol 56 (1996), S. 64–82; vgl. auch die Erwägungen bei DETTWILER, Gegenwart 166–168.

Er hat sie unverändert übernommen, aber nur zu einem Teil ausgewertet. Zu demselben Schluß führt das in dem Ich-bin-Wort ausdrücklich angesprochene Element der Ausschließlichkeit Jesu. Im Kontext hat es nur eine beiläufige Funktion (so sehr das Johannesevangelium die Ausschließlichkeit der Jesus-Offenbarung vertritt; vgl. 10,1–5.11–13 und die anderen Ich-bin-Worte), während v. 6, nimmt man ihn isoliert, die Ausschließlichkeit Jesu zum Zentrum hat. Das bestätigt, daß v. 6 dem Evangelisten vorlag[58] und daß er ihn unverändert in seinen Gedankengang übernahm, in den er sich nur mit einem Teil seines Inhalts einfügt.

Vergegenwärtigen wir uns jetzt den v. 6 bestimmenden Interpretationsvorgang. Gefragt war in v. 5 nach dem Weg, den Jesus in die himmlischen Wohnungen zurückzulegen hat. In v. 6 bleibt nicht nur jede Erklärung über das Haus des Vaters aus. Es wird auch die räumliche Wegvorstellung durch die Person Jesu ersetzt, und statt vom Haus des Vaters, zu dem Jesus sich laut v. 2f aufmacht, ist die Rede vom Vater selbst. Der aber wohnt nicht an einem fixierbaren Ort, befinde sich der auch im Himmel. Er ist vielmehr durch Jesus und nur durch ihn erreichbar. – Was ist damit aus v. 2f geworden? Die räumlichen Elemente – Weg, Haus, Wohnung – wurden durch personhafte Größen – Jesus, Vater – ersetzt; das Räumliche wird also personal interpretiert. Aber damit nicht genug. Ist Thomas daran interessiert, auf welchem Weg *Jesus* geht und wohin er geht, so ist die Antwort Jesu in v. 6 daran interessiert, daß der *Glaubende* seinen Weg findet, und er findet ihn, indem er Jesus als den Weg erkennt. – Was ist von solcher Interpretation zu halten? Ist sie ein Gewaltakt, Ausdruck eines unerlaubten Umgangs mit der Tradition? Oder äußert sich in solchem Umbiegen des Überlieferten eine vertiefte Verantwortung gegenüber der Tradition? In jedem Fall handelt es sich um einen sehr überlegten Vorgang.

v. 7 geht von der mit v. 6 gewonnenen Position aus einen Schritt weiter. Die Vorstellung vom Weg, die in v. 6 ins Personale aufgelöst wurde, wird nun gänzlich verlassen; sie kommt im corpus der Rede nicht mehr vor. Dafür tritt das in v. 6 gemeinte Ziel jetzt auch sprachlich ins Zentrum: Das Erkennen Jesu, in dem das Erkennen des Vaters geschieht. Solches Erkennen meint nicht den intellektuellen Akt des Sich-Orientierens über einen Menschen oder einen Gegenstand. Vielmehr benennt es eine Beziehung, und zwar eine gelingende, die Ganzheit der Partner umgreifende Beziehung[59], die freilich – das intellektuelle Moment wird nicht eliminiert – vom Bewußtsein erfaßt und reflektiert wird. Nicht selten läßt sich das neutestamentliche γινώσκειν (erkennen) mit »erfahren« wiedergeben, etwa in Phil 3,10, wo ebenfalls das intellektuelle Moment seine Funktion hat (s. zu 17,3).

Also erklärt Jesus in v. 7: Wenn ihr in die mir und euch gemäße Beziehung zu mir getreten seid und mich verstehend erfahren habt, dann werdet ihr auch meinen Vater verstehend erfahren. Die zu v. 6 bemerkte Einheit von Weg und

---

[58] BECKER 551.
[59] BULTMANN, ThWNT I 711 f.

Ziel – wer den Weg begeht, der Jesus ist, hat das Ziel, den Vater schon erreicht – wird in v. 7 in neuer Sprache und ohne das Bild vom Weg vorgestellt.

Mit v. 7 rühren wir an das Zentrum der johanneischen Christologie: In Jesus vergegenwärtigt sich der Vater. Von diesem Zentrum her wird das Johannesevangelium von Anfang bis zum Ende durchdrungen. Jesus ist in solcher Intensität Repräsentant des Vaters, daß im Erkennen Jesu sich das Erkennen des Vaters ereignet[60].

Während in v. 7a den Jüngern dieses Erkennen des Vaters *verheißen* wird (vgl. das Futur γνώσεσθε), wandelt sich in v. 7b das Futur ins Präsens (γινώσκετε) und sogar ins Perfekt (ἑωράκατε): ihr erkennt jetzt schon[61], ja ihr habt schon gesehen, was zu sehen ist (sehen und erkennen fallen hier wie in v. 9 zusammen). Das verheißene zukünftige Erkennen muß in dem Augenblick zum gegenwärtigen Erkennen werden, in dem Jesus das Erkennen gewährt, und er gewährt es, indem er sich den Jüngern vorstellt als den Weg zum Vater; also gewährt er es jetzt. Aber haben die Jünger nicht schon früher Jesus und also in ihm den Vater erkannt (vgl. 1,41–51; 2,11; 6,66–71)? Das Perfekt »ihr habt gesehen« versichert folgerichtig, daß man, wann immer man Jesus wirklich erkannt und gesehen hat, in ihm auch den Vater gesehen hat.

Zwar kennt Johannes nicht anders als Markus (etwa 8,14–21) ein gravierendes Jüngerunverständnis, das sich dem Erkennen Jesu und damit des Vaters in den Weg stellt; die Sätze 2,22; 12,16; 13,33.36–38; 16,29–32 (s.d.) gehören hierher. Aber er hält dieses negative Jüngerbild nicht mit einer überall demonstrierten Konsequenz durch, und so finden sich bei ihm auch Stellen, die ein Verstehen der Jünger innerhalb der vorösterlichen Geschichte Jesu signalisieren (1,49; 2,11; 4,42.53; 6,67–69; 9,38; 11,27). Das Perfekt »ihr habt gesehen« ist also gerechtfertigt.

(2) v. 8 f. Ist damit nicht das Ziel der Interpretation erreicht, was das Thema Fortgehen betrifft? Der von Thomas nicht gewußte Weg kann jetzt gewußt werden: Jesus selbst ist der Weg, und das Ziel des Weges, das Haus des Vaters, vielmehr der Vater selbst ist in Jesus erreicht. Warum schließt der erste Abschnitt »Jesus als der Weg zum Vater« nicht mit v. 7? Offenbar weil mit der Auskunft von v. 7 ein Problem angesprochen ist, das nach weitergehender Interpretation verlangt, und die Aufforderung des Philippus »zeige uns den Vater« verrät tatsächlich ein Verstehensdefizit, eine Möglichkeit des Mißverstehens, die abgewehrt werden muß. Etwas nicht genügend Geklärtes soll also geklärt werden. Worum handelt es sich?

---

[60] Umfassend, auch in seinen kulturgeschichtlichen Voraussetzungen dargestellt bei BÜHNER, Der Gesandte 209–235.

[61] ἀπ' ἄρτι heißt nach BULTMANN 470 und Anm. 1 nicht »von jetzt an«, sondern »jetzt schon« (so auch 13,19). Anders Br. s.v. ἄρτι 3; unklar BROWN 621. Der Kontext, vor allem das Perfekt »ihr habt gesehen« verlangt die BULTMANN'sche Übersetzung; so auch SCHNAKKENBURG III 76.

Des Philippus Forderung knüpft an das Wort Jesu an, daß in ihm der Vater erkennbar und sichtbar werde. Indem Philippus seine Forderung ausspricht, zeigt er, der die Jünger insgesamt vertritt, sein Unverständnis gegenüber v. 7 an. Die Bitte »zeige uns den Vater« besagt, daß Philippus das zu Sehende, den Vater in Jesus, trotz v. 6f nicht sieht. Also bittet er, daß Jesus den Vater in einem besonderen Akt sichtbar macht. Dabei geht er von der Voraussetzung aus, daß Gott der schlechthin Jenseitige, der menschlichem Sehen und Erkennen grundsätzlich Entzogene ist, und er traut Jesus zu, daß er das Unmögliche möglich macht, daß er den jenseitigen Vater im Diesseitigen sichtbar werden läßt. Dazu aber bedarf es eines wunderhaften Aktes, einer exzeptionellen Gottesschau. Jesus soll also eine Theophanie herbeiführen etwa in der Art des Sinaigeschehens oder des Elia-Erlebens von 1 Kön 19,11–13 oder einer besonderen prophetischen oder mystischen Vision. Vermag Jesus Gott in dieser besonderen Weise zu vermitteln, dann gilt das ἀϱϰεῖ ἡμῖν (es genügt uns). Dann hat er sich als den Weg zum Vater legitimiert, als den, der kraft eigener Verbundenheit mit Gott die Jünger Gott schauen lassen kann.

Gottesschau in Ekstasen, in mystischer Versenkung oder in philosophischem Erkennen bot sich dem suchenden Menschen der Antike in vielfacher Form an. Auch das Judentum kennt die Begnadung einzelner, die in den Himmel erhoben wurden und Gott schauten (ApkAbr 15–29). Und weiß nicht das Neue Testament seinerseits davon (vgl. Offb 1,9–20; 4,1–5,14; Apg 7,55f; vor allem 2Kor 12,2–4)[62]?

Während in der Thomasfrage v. 5 sich Verstehen und Nichtverstehen einigermaßen die Waage hielten, überwiegt bei Philippus das Unverständnis, das von Jesus ausdrücklich getadelt wird (v. 9). Eigentlich müßte Philippus längst verstanden haben, da er die Gegenwart Jesu schon so lange, seit 1,43, erlebt hat. Was von Philippus gilt, gilt ebenso von den anderen Jüngern; darum die Formulierung: So lange bin ich bei *euch* … Dabei geht die Forderung des Philippus – wir sagten es – von einer grundsätzlich berechtigten Voraussetzung aus, daß nämlich Gott für die Menschen tatsächlich der schlechthin Jenseitige, der ihnen gänzlich Entzogene ist. Freilich ist er ihnen so sehr entzogen, daß auch eine besondere Gottesschau dieses Entzogensein Gottes nicht aufheben könnte, es sei denn, Gott verläßt von sich aus seine Jenseitigkeit und macht sich diesseitig. Eben dies ist, sagt das Johannesevangelium, mit der Sendung Jesu geschehen. Nicht in einer falschen Voraussetzung also liegt der Irrtum des

---

[62] BROWN 632; ausführlicher BULTMANN 470 Anm. 4; G. DAUTZENBERG, Urchristliche Prophetie (BWANT 104), Stuttgart 1975, S. 198–225; s. auch BARRETT-THORNTON, Texte zur Umwelt des Neuen Testaments (UTB 1591, Tübingen 1991, S. 298–303. Xenophon (in Memorabilia IV 3,13f) erzählt, daß Sokrates dazu aufgefordert habe, nicht auf eine Theophanie zu warten; »es genüge, die Werke der Götter zu sehen und zu verehren« (CICERO, De natura deorum, hg. von Ursula Blank-Sangmeister (Reclams Universal-Bibliothek Nr. 6881), Stuttgart 1995, S. 381 Anm. 74.

Philippus, sondern in der Blindheit, in der er Jesus nicht erkannt hat und erkennt als den, in dem der jenseitige Gott diesseitig, der Unanschaubare anschaubar geworden ist, und dies gerade nicht im Akt einer wunderhaften Theophanie. Vielmehr in dem Menschen Jesus, dessen Rede man hört und für dessen Tun man Zeuge ist, hat sich der Vater längst gezeigt. Dies wird in v. 9b ausgesprochen: Wer mich gesehen hat, hat den Vater gesehen. Ein weiteres und darüber hinausgehendes Sichtbarmachen des Vaters ist nicht nur unmöglich; es ginge an dem in Jesus erfolgten und gültigen Sichtbarwerden des Vaters vorüber. Wie kann man also angesichts des den Vater repräsentierenden Jesus verlangen: Zeige uns den Vater?

Man kann und muß v. 9b auch umkehren: Wer in dem vom Vater gesendeten Jesus nicht den sendenden Vater erkennt und zwar ganz ohne mystische oder ekstatische Außerordentlichkeiten, der geht nicht nur am Erkennen Jesu vorbei; er erkennt auch den Vater nicht, der sich in der Person Jesu erkennen lassen will. Wer der jenseitige, menschlichem Zugriff entzogene Gott ist, muß und kann an dem Menschen Jesus erkannt werden, und außerhalb dieses Menschen zieht Gott sich in die Unerkennbarkeit zurück. So wahrt der Text indirekt das Moment der Ausschließlichkeit, das in v. 6 enthalten ist.

Mit v. 9 ist das verfehlte Anliegen des Philippus abgewehrt, und wir beobachten dabei die johanneische Weise, eine sachliche Unklarheit zu beseitigen. Die Forderung von v. 8 erwuchs ja aus der Rede von Jesus als dem Weg zum Vater. Dabei blieb die Frage offen, wie Jesus dieser Weg ist und sein kann. Auf sie antwortet v. 9: Insofern ist Jesus der Weg zum Vater, als in ihm der Vater anschaubar und erfahrbar geworden ist und jeweils anschaubar und erfahrbar wird. Wer also mit Jesus in der Beziehung wirklichen Erkennens (v. 7) lebt, dem ist auch die entsprechende Beziehung zum Vater erschlossen. – γινώσκειν und ὁρᾶν fungieren in v. 9 wie in v. 7 als fast gleichbedeutende Begriffe.

(3) v. 10f. Reicht die in v. 8f erarbeitete Klärung aus? v. 10f antwortet: Nein, und es wird, nun ohne einen besonderen Jüngereinspruch, ein mögliches Mißverständnis von v. 9b aufgegriffen, und gleichzeitig kommt eine neue Seite des christologischen Problems an den Tag. Das Mißverständnis könnte – v. 10b.c weist darauf hin – der Frage gegenüber entstehen, wie man das Verhältnis Jesus-Gott zu denken habe. Wenn, wer Jesus sieht, den Vater sieht, ist dann etwa Jesus mit dem Vater eins im Sinn einer geheimnisvollen substantiellen Identität, und ist folglich das, was man an dem Menschen Jesus sieht, die Bedingtheiten seiner menschlichen Existenz, nur das zufällige Mittel, mit dessen Hilfe sich Gott in die Sphäre des Irdischen begibt, um in ihr anschaubar werden zu können? Dann wäre Jesus als irdischer Mensch belanglos gewesen; wesenhaft wäre er der in Menschengestalt verhüllte Gott. Sein Menschsein wäre zeitweilige Verhüllung Gottes gewesen, ein vorläufiger, schließlich überflüssig gewordener Notbehelf. So oder so ähnlich haben wenig später die im ersten

Johannesbrief bekämpften Gegner die Gestalt des irdischen Jesus interpretiert,[63] und es mag sein, daß die Gefahr einer Art von Doketismus – der irdische Mensch Jesus ist nur sehr bedingt der Repräsentant Gottes – sich schon im Horizont des Autors von 13,31–14,31 abzeichnete.

Mit v. 10b.c wird diese doketische Interpretation der Gestalt Jesu entschieden abgewehrt. Der Autor läßt am echten Menschsein Jesu und an der Gegenwart Gottes im Menschen Jesus keinen Zweifel. So erläutert er den Satz »wer mich sieht ...« in v. 10a zunächst mit der in Frageform gesetzten reziproken Einheitsformel[64] (vgl. S. 330–332). Mit der suggestiv formulierten Frage »glaubst du nicht, daß ich im Vater bin und der Vater in mir ist?« gibt er eine erste Interpretation des Satzes v. 9b. Man ist dann auf dem Weg, v. 9b zu verstehen, wenn man die innige und unauflösliche Verbindung zwischen Jesus und dem Vater verstanden hat: Jesus wohnt im Vater und der Vater wohnt in Jesus. In einem nächsten Schritt wird dieser der bildhaften Sprache angehörende Satz kommentiert und gefüllt (v. 10b.c): Jenes Sein Jesu im Vater und des Vaters Sein in Jesus wird darin konkret, daß, was Jesus redet, die Rede des Vaters ist, und das, was Jesus tut, Tun des Vaters ist.

Darin klingt eine frühere christologische Äußerung an. Seitdem der johanneische Christus in 5,19f die Beziehung zwischen dem Vater und dem Sohn eingefangen hatte in das Bild von dem Sohn, der vom Vater alles lernt, was dieser weiß und kann, und dem der Vater alles zeigt, was er selbst zu tun vermag, kehrt dieses Thema unermüdlich wieder: Ich rede nicht von mir selbst, sagt Christus, sondern ich rede die Worte dessen, der mich gesandt hat. Ich tue nichts von mir aus, sondern wie mich der Vater gelehrt hat, so handle ich (8,28; 12,49). In dem so gelebten Verhältnis zwischen dem Vater und dem Sohn ereignet sich die Offenbarung des Vaters im Sohn. Dabei sind Reden und Tun zwar nicht schlechthin identisch, jedoch in einer Weise aneinander gerückt, daß sie austauschbar werden[65], wie denn in 8,28 das Tun mit dem Reden alterniert und in 15,22.24 neben die Worte als ihr Komplement die Werke treten. Die verkürzte Redeweise in v. 10b.c (S. 35) ist Beleg für dieses Alternieren.

Der verfehlten Behauptung einer substanziellen Identität zwischen Gott und Jesus setzt also v. 10 die Rede von einer funktionalen Identität entgehen. Mit Jesus tritt Gott so in die Welt ein, daß bei Jesus das Wort des Vaters vernehmbar und das Tun des Vaters manifest wird. Das hebt Jesu Geschichtlichkeit, sein durchaus irdisches Menschsein nicht auf, sondern setzt es voraus. Jesu irdische

---

[63] KLAUCK, 1Joh 37–39; U.B. MÜLLER, Die Menschwerdung des Gottessohnes (SBS 140), Stuttgart 1990, S. 90ff.

[64] BÜHNER, Der Gesandte 215; BULTMANN 560 spricht von Reziprozitätsformel, SCHNACKENBURG III 78 von reziproker Immanenzformel. Ihre verschiedenen Ausprägungen in den Abschiedsreden und im ersten Johannesbrief sind bei BROWN 602f übersichtlich zusammengestellt.

[65] BULTMANN, Theologie 412–415. BROWN 622: Worte und Werke sind »complementary but not identical.«

Geschichte und wirkliches Menschsein sind ja der Ort, an dem der jenseitige Gott ins Diesseits eintritt, der Ungreifbare begreifbar wird. – Auf dieser Basis wird in v. 11a die Einheitsformel wiederholt, wandelt sich die Frage von v. 10a zu dem für den Glaubenden verbindlichen Imperativ. Denn die Jünger haben in Jesu Wort und Werk das Wort und Werk des Vaters empfangen. Nun sollen sie das Geschehene anerkennen. Indem sie das tun, glauben sie.

Zu v. 11b. Es ist schwierig, für diesen Satz in der Strenge des Zusammenhangs einen Platz zu finden. Er scheint überflüssig, sogar widersprüchlich zu sein. Denn v. 10b.c ruht auf der Einheit und Gleichgewichtigkeit von Wort und Werk Jesu. v. 11b dagegen argumentiert von einem gewissen Gegensatz zwischen den zwei Größen her: Wenn ihr meinem Wort, daß ich im Vater bin und der Vater in mir ist, nicht glaubt, dann glaubt wenigstens meinen Werken. Hier wird offensichtlich den Werken größere Überzeugungskraft zuerkannt als den Worten.

Es gibt eine einzige Parallele dazu im Johannesevangelium. In 10,37f, wo ebenfalls mit der reziproken Einheitsformel operiert wird und wo wie in 14,11b dem bloßen Wort Jesu das Werk als das beweiskräftigere Mittel entgegengestellt (der Satz κἂν ἐμοὶ μὴ πιστεύητε – wenn ihr mir nicht glaubt – kann schwerlich etwas anderes meinen als: wenn ihr meinen Worten nicht glaubt).[66] Wie erklärt sich diese auffallende Übereinstimmung? – Durch den Kontext von 10,37f wird die Gegenüberstellung zwischen dem redenden Jesus und seinen Werken verständlich, wobei der Begriff »Werke« nicht auf die Wunder beschränkt werden darf. Die Werke meinen die Gesamtheit der Sendung Jesu, von der die Wunder ein Teil sind. An seinem Gesendetsein also wird Jesus als der Sohn erkannt (v. 36), der in der Einheit mit dem Vater lebt (v. 30), wie umgekehrt an den Werken, also an Jesu Sendung der Vater als der Sendende erfahren wird. Nun kann man v. 37f als Element eines auf Streit hin angelegten Dialogs auf doppelte Weise interpretieren. Zuerst: Wenn ich nur als der von mir selbst redende Jesus vor euch stünde und mich von den Werken, das ist: von meiner Sendung gelöst hätte, wenn ich etwa als Prophet aufträte, der seine eigene Ehre, d.h. sich selbst sucht (7,18a; die Idee ist auch in 8,28 enthalten), dann glaubt mir nicht. Wenn dagegen mein Reden eins ist mit meinem Tun, wenn mein Reden also Funktion meiner Sendung ist, dann glaubt mir, vielmehr: dann glaubt nicht mir, sondern meiner Sendung, d.h dem, der mich gesandt hat. – Die andere Möglichkeit der Interpretation rechnet damit, daß der Autor in v. 37f mit dem Mittel der Ironie arbeitet: Meinen Worten, die doch die Worte des Vaters sind, glaubt ihr nicht. Dann empfehle ich euch den Glauben an meine Werke, konkret an die Wunder, die ihr bestaunt. Aber wenn ihr euch von meinen Wundertaten zum weiteren Fragen nach mir bewegen laßt, dann werdet ihr unweigerlich auf meine Sendung stoßen und erfahren, daß ich der vom Vater Gesandte bin. Das aber schließt ein, daß meine Worte die Worte des Vaters sind. Bei dieser Interpretation dient die Gegenüberstellung von Wort und Werk nur als Mittel, sie alsbald wieder aufzuheben.

Die Idee von v. 37f hat, wie man auch interpretiert, im Rahmen von 10,30–39 einen akzeptablen Platz. Das läßt sich von derselben Idee im Rahmen von 14,4–11 nicht sagen. Nicht nur daß sie für 14,4–11 nichts austrägt; sie erscheint auch als Fremdkörper innerhalb des Gedankengangs. Zudem bleibt sie im weiteren Verlauf der Rede folgenlos. So sollte man überlegen, ob nicht v. 11b als nachträgliche Bemerkung anzusehen ist. Fragt man nach dem Motiv der nicht sehr geschickten Einfügung, bietet sich die Antwort an: Man wollte 14,4–11 zur möglichst exakten Parallele von 10,30–39 ausgestalten, wo ebenfalls die enge und analogielose Verbindung Jesu zu Gott verhan-

---

[66] BULTMANN, Theologie 413.

delt wird und wo man dem Leser auf dem Weg über das Bedenken der Werke, also der Sendung Jesu, den Zugang öffnen will zum Verstehen der Worte Jesu, die von jener Verbindung sprechen. – Sicheres läßt sich nicht sagen. Sicher ist aber, daß v. 11b zum Gedankengang von v. 4–11 nichts beiträgt.

Wir bedenken der Weg der Exegese und blicken auf die Stationen zurück, die er im Abschnitt 14,4–11 berührt hat.

v. 4f setzte mit seiner provozierenden Behauptung und der darauf antwortenden Thomasfrage den Dialog in Gang: Wohin geht Jesus und welchen Weg nimmt er dabei? Damit wird das scheinbar eindeutige Thema v. 2f aufgenommen und problematisiert.

Mit v. 6f wird der erste Interpretationsschritt getan: Jesus selbst ist der Weg zum Vater, und geht man mit ihm, dann ist das Ziel des Weges, der Vater, schon erreicht. Dabei verschiebt sich das Interesse von der Frage nach dem Weg Jesu hin zu dem Weg des Glaubenden. Er soll verstehen, daß in Jesus der Vater selbst zu erkennen ist.

v. 8f. Daraus erwächst die Frage: Wie kann in Jesus, mag er auch der Weg zum Vater sein, dieser als der schon Gegenwärtige erfahren werden? Bedarf es dazu nicht einer Sonderoffenbarung? Die soll Jesus vermitteln. Aber diese Forderung wird abgewiesen. Einer besonderen Gottesschau bedarf es nicht, weil der Mensch Jesus der Ort ist, an dem Gott geschaut wird.

v. 10f. Das setzt die weitere Frage nach dem Wie des Gegenwärtigseins Gottes in Jesus aus sich heraus. Jeder Gedanke an eine substanzhafte Identität wird ausgeschlossen. Vielmehr: Im Tun Jesu handelt Gott und im Reden Jesu spricht Gott. Man kann das funktionale Identität nennen.

Wir registrieren die Stringenz dieses Gedankengangs, in dessen Verlauf ein christologischer Denkprozeß in strenger Logik vorangetrieben wird. Er verläuft zwar ohne inhaltlichen Bezug zur Abschiedssituation. Aber mithilfe des Wegmotivs (Jesus geht fort) und dessen Umprägung wird er mit beträchtlichem Geschick der Situation des Abschieds eingefügt.

b) Zweite Entfaltung: Die weiterzuführenden Werke Jesu 14,12–17

α) Einführung

v. 12 eröffnet den neuen Abschnitt mit der unterstreichenden Formel »amen amen, ich sage euch«. Das Partizip ὁ πιστεύων (der Glaubende) nimmt den Imperativ πιστεύετε von v. 11a auf und erhellt ihn in seinen Konsequenzen. Während aber das Verb »glauben« in v. 10f auf das Erfassen des Verhältnisses Jesus-Vater gerichtet ist, bedenkt es in v. 12 die Möglichkeit und Aufgabe, die sich dem Glaubenden stellt: Die Jünger werden die Werke Jesu fortsetzen, sie sogar übertreffen. Dabei wird die in v. 6–11 vernachlässigte Situation des Abschieds wieder ins Gedächtnis des Lesers zurückgerufen.

Scheinbar ohne Zusammenhang folgt v. 13. Aber der Eindruck täuscht. v. 13 gibt das Woher an, von dem den Jüngern die Möglichkeit gewährt wird, die Werke Jesu fortzusetzen und größere Werke als er zu tun: Dem Bittenden öffnet sich diese Möglichkeit. Dagegen ist v. 14 bloße und blasse Wiederholung von v. 13. Nicht wenige Textzeugen lassen ihn aus. Sollte er ursprünglich sein, hat er die Aufgabe, v. 13 in seiner hohen Bedeutung zu unterstreichen. v. 15 enthält mit den Stichworten ἀγαπᾶν (lieben) und ἐντολή (Gebot) eine Vorankündigung von v. 21.23, und man hat gefragt, ob es sich dabei um eine verfrühte Notiz, also eine sekundäre Einfügung handle[67]. Aber gibt nicht v. 15 mit v. 13 zusammen die innergemeindliche Voraussetzung an, von der her die Jünger die Werke Jesu weitertreiben? v. 16f führt mit der Rede vom Parakleten eine überraschende und bisher nicht genannte Größe in das Johannesevangelium ein, die nur in den Abschiedsreden (14,25f; 15,26f; 16,7–11.12–15) begegnet. Hat der Paraklet mit den »größeren Werken« zu tun? – So uneinheitlich der Abschnitt v. 12–17 sich dem ersten Blick darbietet, so wohldurchdacht zeigt er sich näherem Zusehen im Gedankengang und in seinem Anschluß nach rückwärts und vorwärts.

Einige Einzelheiten seien der Exegese vorausgeschickt.

– Die Formel »amen amen, ich sage euch« (v. 12) wird im Johannesevangelium 25 mal laut. Sie geht auf die einfachere Formel ἀμὴν λέγω ὑμῖν zurück, die der Sprache Jesu angehört haben dürfte. Die johanneische Verdoppelung des ἀμήν verdankt sich wohl liturgischer Übung[68]. Eine vermutlich von Jesus selbst gebrauchte Wendung hält sich also in der frühchristlichen Tradition durch, und das Johannesevangelium fügt sich dieser Tradition ein.
– v. 13. ὅ τι ἄν: was auch immer; das ἄν unterstreicht weniger das Unbestimmte als das Umfassende der Wendung und bedingt den Konjunktiv αἰτήσητε[69]. Das ἐν bei ἐν τῷ υἱῷ ist instrumental zu verstehen: Der Vater wird durch den Sohn verherrlicht; vgl. die aktive Formel: Jesus verherrlicht den Vater (17,1.4).
– In v. 15 bereitet das Futur τηρήσετε gewisse Schwierigkeiten. Verschiedene Handschriften setzen den Imperativ Aorist. Andere lesen den Konjunktiv, lassen also das Verb von ἐάν abhängig sein; der Hauptsatz beginnt dann erst in v. 16: Wenn ihr mich liebt und meine Gebote haltet, dann werde ich ... Allerdings ist dabei nach με ein καί einzufügen und das καί am Anfang von v. 16 mit »dann« zu übersetzen. So erreicht man eine enge innere Verbindung zwischen v. 15 und der Ansage des Parakleten in v. 16[70]. Aber damit wird ziemlich tief in den am besten bezeugten Text eingegriffen. Das ist nicht geraten, da er einen erträglichen Sinn gibt: Wenn ihr mich liebt, werdet ihr meine Gebote halten.

---

[67] BECKER, Abschiedsreden 224f stellt mit v. 14 auch v. 15 unter das Urteil »sperriges Strandgut«; v. 15 sei nicht in der Lage, »seine Zugehörigkeit zum Kontext zu erweisen«. Wirklich nicht? Auch MÜLLER, Parakletenvorstellung 41 Anm. 37 rechnet v. 15 der Redaktion zu.

[68] So SCHNACKENBURG I 318. Zum Problem der Formel vgl. vor allem JEREMIAS, Theologie 44f; BROWN 89f; problematisch SCHULZ 91–94; als Einführung kann H.W. KUHN, EWNT I 166–168 dienen.

[69] Br s.v. ὅστις 1bβ; BDR 380,1.

[70] So BROWN 638; anders BULTMANN 474 Anm. 4; BARRETT 451.

– Mit v. 16 wird der Paraklet in die Rede eingeführt: Helfer, Fürsprecher. Wir verzichten auf eine exakte Übersetzung (S. 202f) und bleiben bei der Bezeichnung Paraklet, die nicht auf einen Bedeutungsinhalt festgelegt ist. – εἰς τὸν αἰῶνα kann einfach mit »für immer« übersetzt werden (4,14)[71]; das schwere Wort »Ewigkeit« muß
nicht mitgehört werden.

β) Exegese

Der Abschied Jesu, die mit ihm verbundene und gefürchtete Verlassenheit der
Jünger (13,33), war im christologischen Disput von v. 6–11 zurückgetreten.
Jetzt schiebt sich das Zurückgetretene, freilich nie Vergessene in den Vordergrund und formt sich zu der Frage: Wie sieht das Schicksal der Jünger nach
Jesu Weggang aus? Wie können die Jünger, die Jesus auf seinem Weg jetzt
nicht zu folgen vermögen, ihre Existenz als Jünger ohne ihn durchhalten? Diese in 13,33.36 schon enthaltene, in 13,34f, wie wir meinen, vorzeitig beant-
wortete Frage tritt nun ins Zentrum. Es liegt auf der Hand, daß damit die Frage
nach der Existenz der Gemeinde nach Ostern gestellt ist.

(1) v. 12 schlägt das Thema der »größeren Werke« an. Ganz anders als in
13,34f und kühner als dort wird in v. 12 den Jüngern die Bewältigung der Existenz in der Abwesenheit Jesu zugesagt. Nicht weit davon entfernt, in Ratlosigkeit, Ohnmacht und Verwirrung unterzugehen (v. 1), werden sie doch als Glaubende die Werke Jesu fortsetzen; sie werden sogar noch größere Werke als
Jesus vollbringen. Denn – die Begründung dafür wird genannt – »ich gehe zum
Vater«. Der Sprecher ist sich der Erstaunlichkeit dieser Zusage bewußt. Darum
leitet er sie mit jener Beteuerungsformel ein, die er in der ersten Abschiedsrede
nicht mehr gebraucht; sie begegnet erst wieder in 16,20.23. Man kann daran
das Gewicht ermessen, das für den Autor auf v. 12 liegt. Gültig ist diese Zusage
freilich nur für den Glaubenden, konkret für den, der glaubt, daß Jesus im Vater
ist und der Vater in ihm (v. 10). Es ist dieser Glaube, kraft dessen das Weggehen Jesu nicht nur nicht zur Katastrophe des Jüngerkreises führt, sondern zur
Bedingung für wahres Jüngerseins wird. Spürt der Leser, wie in diesen Sätzen
das Wesen der nachösterlichen Gemeinde bedacht wird?

Daß dem Jünger das Werk des Meisters aufgetragen ist, weiß auch die synoptische Tradition, und solches Wissen spricht sich etwa in dem Satz aus: »Wer euch hört, der hört
mich, und wer euch nicht anerkennt, erkennt mich nicht an« (Lk 10,16). Dieses Logion,
das in verschiedener Weise ausgeformt wurde (Mt 10,40; Joh 13,20), ruht auf dem Prinzip der sog. Substitution: Der Bote gilt so viel wie sein Auftraggeber, und so eignen ihm
auch dessen Potenzen[72]. In v. 12 wird dieses Prinzip in eine bestimmte Richtung hin
ausgelegt: Der Jünger tut das Werk des Meisters. Dieses Thema gehört in den großen

---

[71] Br s.v. αἰών 1b.
[72] BÜHNER, Der Gesandte 250f; P. HOFFMANN, Studien zur Theologie der Logienquelle
(NTA 8), 3. Aufl., Münster 1982, S. 285f.

Zusammenhang »Jesusgeschichte und Jüngergeschick«[73]. In 2Kor 5,19f hat Paulus es im Blick auf seine Person entfaltet, und in Röm 14,3; 15,7 überträgt er die Idee, daß der Jünger das Werk des Meister zu tun hat, auf die Gemeinde. In der Rede vom Leib Christi läßt er sie den Ort sein, an dem sich die Hingabe Christi an die Welt, das Werk Jesu also fortsetzt[74]. Der Ekklesiologie wird so »ein Strukturelement der Christologie verliehen«[75].

Von da aus gesehen sagt v. 12 nichts, was nicht auch anderswo im Urchristentum und in der Kirche überhaupt gesagt werden kann und muß. Aber v. 12 gibt dieser Idee eine doppelte, sehr eigene Ausprägung. Das Tun der Jünger, in dem sich das Tun Jesu fortsetzt, wird ausdrücklich in die nachösterliche Epoche versetzt, wird vom Eintreten der nachösterlichen Epoche abhängig gemacht. Dazu tritt die Qualität des den Jüngern verheißenen Werkes: *Größere* Werke als Jesus werden sie tun. Diese zwei Besonderheiten bedingen einander. Was ist in ihnen enthalten?

Wir fragen zuerst, was überhaupt unter den Werken Jesu zu verstehen ist. Zwar spricht das Johannesevangelium unentwegt von den Werken Jesu[76], weniger häufig indes von ihrem Inhalt; das Interesse hängt daran, daß in Jesu Werken die Werke des Vaters geschehen. In 5,21f aber definiert der johanneische Christus das ihm vom Vater übertragene Werk ausdrücklich: Daß er die Toten erwecke und das Gericht ausübe. Man wird für das Erwecken vom Tod, das auch Lebendigmachen ($\zeta\omega o\pi o\varepsilon\tilde{\iota}\nu$) genannt wird, nicht nur an die Auferweckung des Lazarus in c. 11 denken, sondern auch an die Heilung des Gelähmten (5,1ff) und des Blindgeborenen (9,1ff), mehr noch an Worte wie 8,51 (wer mein Wort bewahrt, wird den Tod in Ewigkeit nicht schmecken) und 5,24f. Von dem von Jesus ausgeübten Gericht spricht 3,18–21, auch 5,27.30; 12,47f, und die Rede an die Juden in 8,37ff (s. auch 8,26) ist eine einzige das Gericht ankündigende und vollziehende Rede.

Wir fragen weiter: Wie sollen und werden die Jünger die Werke Jesu weiterführen? Welche Mittel stehen ihnen zur Verfügung? Die Antwort leitet sich von der Frage ab, wie der johanneische Christus sein erweckendes und richtendes Tun vollzieht. Die Auskunft ist eindeutig und einhellig: Durch sein Wort (5,24f; 6,63b.68; 8,51; 12,47–50: 14,23f; aber auch Sätze wie 10,25f). Von vornherein wird man vermuten, daß die Jünger das Werk Jesu in der diesem Werk entsprechenden Weise weiterführen werden, also durch das Wort. Nun wird zwar nur in 17,20 ausdrücklich vom Logos der Jünger gesprochen. Aber das ändert nichts daran, daß laut dem Johannesevangelium die Jünger mittels des ihnen aufgetragenen Wortes das Werk Jesu in die Zukunft verlängern sollen. Bei der Besprechung des Parakletkomplexes wird das deutlich genug werden.

---

[73] Vgl. den gleichnamigen Aufsatz von H. TH. WREGE, in: Der Ruf Jesu und die Antwort der Gemeinde (FS für J. Jeremias), hg. von E. LOHSE, Göttingen 1970, S. 259–288.

[74] E. KÄSEMANN, Paulinische Perspektiven, 2. Aufl., Tübingen 1972, S. 198f.200f.

[75] HOEGEN-ROHLS, Johannes 155.

[76] BROWN 525–532; SCHNACKENBURG I 347–350.

Jetzt läßt sich die Frage beantworten, weshalb den Werken der Jünger das Prädikat »größer« zuerkannt wird und weshalb sie ausdrücklich in der nachösterlichen Epoche angesiedelt werden. Die nachösterliche christliche Verkündigung wird Leben schaffen und von ihr wird das Gericht ausgehen und dies umfassender, als es bei Jesus der Fall war. Denn Jesu vorösterliches Wirken war eingeengt durch die zeitliche und räumliche Beschränkung dieses Wirkens. Es war eingebunden in den geographischen Raum Galiläas, Samarias und Judäas und in die Zeit, die der irdischen Sendung Jesu zugemessen war. Mit Ostern entfällt diese Beschränkung. Wie das Wirken der Jünger, das sachlich genau dem Wirken Jesu entspricht, über die Grenzen des Judentums hinausgeht (dies ist ein entscheidendes Element in der Griechenperikope 12,20–23), so erstreckt es sich zeitlich in eine nicht begrenzte Zukunft. Nicht eine höhere oder andere Qualität des Jüngerwirkens ist es also, die mit dem »größer« zum Ausdruck gebracht wird, sondern jene räumliche und zeitliche Entschränkung, und die erfolgt mit der österlichen Beauftragung (20,23)[77]. Dem Osterereignis wird also epochale Bedeutung zugeschrieben nicht nur für den Weg Jesu, sondern ebenso für die Beauftragung der Jünger und für ihr Wirken. Damit kommt ein später zu bedenkendes Problem – die Gemeinde als nachösterliche Gemeinde – in den Blick.

Mit v. 12 ist Neues in die Rede eingedrungen. Den erschrockenen Jüngern (13,31–14,1) wird nicht nur zugesagt, daß sie als Glaubende den Abschied Jesu unbeschadet überstehen können (14,6–11). Vielmehr wird ihnen jetzt dieser Abschied als die Bedingung für ihr eigenes Wirken als Jünger vor Augen gestellt. Von daher wird der von Petrus gefürchtete und verneinte Abschied Jesu (13,36–38) zu einem heilvollen und für die Jünger nötigen Geschehen; der Satz v. 28 (wenn ihr mich liebtet, würdet ihr euch freuen, daß ich zum Vater gehe) kündigt sich an. Was von 13,33 her als Ereignis des Schreckens und Existenzverlustes die Jünger bedrohte, erscheint jetzt als Basis für ihre Jüngerexistenz, in der sich das Wirken Jesu entschränkt fortsetzt.

(2) v. 13–15 spricht von der Voraussetzung der »größeren Werke«, soweit sie auf der Seite der Gemeinde liegt. Dabei ist v. 13 von Haus aus ein selbständiges Jesuswort, die Zusage unbedingter Erhörung enthaltend, die bei Johannes

---

[77] Im Sinn solcher Entschränkung also ist der Begriff »größere Werke« zu verstehen, nicht im Sinn einer inhaltlichen Andersartigkeit oder einer quantitativen und qualitativen Steigerung. Nicht sehr exakt spricht SCHLATTER 295 nicht nur von der Sammlung der Kirche, sondern von dem Kampf, »den die Christenheit gegen Krankheit und Siechtum führte«. Unkorrekt BAUER 181, der den Evangelisten nicht nur »an die Missionserfolge seiner Religion in der Welt denken« läßt, sondern »auch an die zahlreichen Wunder und seltsamen Manifestationen des Geistes«, die sich damals in den christlichen Gemeinden ereigneten; davon findet sich im Johannesevangelium nichts. Auch SCHNELLE, Abschiedsreden 67 denkt an »die Missionserfolge der johanneischen Gemeinde«; aber angesichts von 15,18ff (s.d.) sollte man beim Konstatieren solcher Erfolge zurückhaltend sein.

noch in 15,7.16; 16,23 f wiederkehrt. Brown zieht außerdem 16,26; 1Joh 3,21 f; 5,14 f heran und bietet eine sorgfältige Aufgliederung der einzelnen Logien[78].

Traditionsgeschichtlich sind diese Zusagen vielleicht auf Mt 7,7 f zurückzuführen, wo Jesus, sich der Bettlersprache bedienend, dem Glaubenden das uneingeschränkte Erhörtwerden und Empfangen göttlicher Antwort und Hilfe verspricht[79]. Zu beachten ist, daß jene Zusage in Mk 11,23 f (Mt 21,21 f) dem Wort vom Berge versetzenden Glauben angefügt ist und daß sie in Mt 18,19 f der glaubenden Gemeinde überhaupt zuteil wird. Im johanneischen Bereich wird sie an das Bleiben an Jesus gebunden (15,7) oder an das Fruchtbringen (15,16) oder an das eschatologische Kommen Jesu (16,23 f) oder an die Uneingeschränktheit der Gottesbeziehung (1Joh 3,21 f; 5,14 f). Die unbedingte, von Jesus einst proklamierte Erhörungszusage hat also in verschiedenartige Zusammenhänge Eingang gefunden, von denen sie jeweils ihre Prägung und Füllung erfährt.

Welche Funktion hat jene Zusage, die mit dem Abschied Jesu unmittelbar nichts zu tun hat, in v. 13 ? Die Antwort ergibt sich von v. 12 her. Bei den Jüngern der nachösterlichen Zeit, bei der nachösterlichen Gemeinde also kommt das Werk Jesu zu einer Entfaltung, die es in vorösterlicher Zeit nicht fand. Die nachösterliche Gemeinde ist der Ort, an dem das Wirken Jesu erst zu seiner wahren Gestalt gelangt. Derartiges zu äußern ist nicht ungefährlich. Wird damit nicht dieser Gemeinde ein übersteigertes Selbstbewußtsein suggeriert? Die vorösterliche Zeit und ihre Tradition ist bedeutungslos gegenüber unserer gegenwärtigen Erfahrung. Wir leben in der Zeit der Erfüllung, wir sind selbst die schon Erfüllten, zum Ziel und zur ewigen Herrschaft Gelangten (1Kor 4,8). Es gab in der frühen Christenheit genug enthusiastisch geprägte Gruppen, deren Selbstbewußtsein man charakterisieren könnte mit dem Satz: Bei uns ist das Werk Christi bereits zur Vollendung gekommen; mit johanneischen Worten gesprochen: Wir vollbringen die größeren Werke[80].

v. 13 bestreitet das Recht zu solchem Selbstbewußtsein nicht, stellt aber klar: Daß die Gemeinde der Ort ist, an dem die »größeren Werke« getan werden, verdankt sie nicht ihrer religiösen Mächtigkeit und Begeisterung, sondern darin erfährt sie das weitergehende Wirken Christi an ihr. Um dieses Wirken hat sie zu bitten, und sie kann darum in der Zuversicht des fraglosen Erhörtwerdens bitten. Dazu also hat der Autor das eigentlich selbständige Logion vom unbedingt erhörten Gebet hier eingeführt und so hat er dem unbestimmten »was immer ihr bitten werdet« seine Bestimmtheit gegeben: Die Gemeinde, weit davon entfernt, von sich aus der »größeren Werke« mächtig zu sein, soll darum bitten, daß sie diese Werke tun kann. Indem sie darum bittet, empfängt sie mit unbedingter Zuverlässigkeit die Befähigung zu dem, worum sie bittet.

---

[78] BROWN 634.

[79] JEREMIAS, Theologie 34 f.186 f.

[80] WOLL, Departure 236 f geht wohl etwas zu weit, wenn er in der Abwehr einer enthusiastischen Haltung, wie sie etwa in Mk 13,6 zutage tritt, eine der zentralen Absichten der ersten Abschiedsrede sieht. Aber in v. 13 ist diese Absicht am Werk.

Dann aber vollbringt sie die »größeren Werke« nicht als ihre eigenen, sondern als die ihr von Jesus gewährten Werke.

Damit wird die kleine Spannung zwischen 5,20 (Jesus als Subjekt der größeren Werke) und 14,12 (die Gemeinde als ihr Subjekt) ausgeglichen, ein Beispiel dafür, wie sorgfältig der Evangelist Bezüge herstellen und Unebenheiten ausgleichen konnte. Er hat das freilich nicht immer getan.

So schützt der Autor die Gemeinde davor, daß sie durch jenes Selbstbewußtsein in gefährliche Selbstüberschätzung gerät. Er unterstreicht das: Nicht sie, sondern der Vater wird durch die »größeren Werke« verherrlicht. Jesus wird als der eigentliche Täter der »größeren Werke« konstatiert, und wenn in der nachösterlichen Gemeinde das Wirken Jesu seine entschränkte Fortsetzung findet, dann ereignet sich dabei *sein* Werk und nicht das einer religiös überschäumenden Menschengruppe. Denn indem Jesus der Gemeinde sein künftiges Tun anvertraut, führt er die Verherrlichung des Vaters, die sein Werk ausmacht, weiter. Also gründet das Selbstbewußtsein der Gemeinde nicht in ihrem religiösen Vermögen, sondern darin, daß in ihrem Wirken der Vater in der Welt verherrlicht wird.

Der Begriff verherrlichen (δοξάζειν), mit dem die Rede begann (13,31f), wird im Zusammenhang der Rede nur noch hier verwendet (vgl. dagegen sein fünfmaliges Vorkommen in c. 17). Die Verherrlichung des Vaters, auch wenn sie nicht das zentrale Thema dieser Rede ist, wird nicht vergessen.

Wir übergehen den nur wiederholenden v. 14 und bedenken den vermutlich doch ursprünglichen v. 15 (S. 45). Er spricht, auf v. 21.23 vorausweisend, von der inneren Verfassung der Gemeinde, in der sie zur Fortsetzung des Jesuswerkes befähigt wird. Dabei ist, wie v. 21 zeigt, »meine Gebote halten« identisch mit »mein Wort halten«, und dies meint nichts anderes als »glauben«. Wir beobachten bereits hier die Nähe zwischen ἀγαπᾶν (lieben) und πιστεύειν (glauben), und folgern, daß für Johannes beim Glauben auch die im Lieben angesprochene emotionale Seite des Menschen beteiligt ist (s. zu v. 21). So verstanden entfaltet v. 15 das Partizip ὁ πιστεύων εἰς ἐμέ (der an mich glaubt) von v. 12 und definiert zusammen mit v. 13 die gemeindliche Voraussetzung, die zum Tun der »größeren Werke« befähigt: Bitten und Glauben.

(3) v. 16f spricht vom Parakleten, und kraft des Zusammenhangs wird er als das Instrument vorgestellt, mit dessen Hilfe die Gemeinde von Gott her zum Tun der »größeren Werke« instandgesetzt wird[81]. Jesus wird das Bitten der Jünger (v. 13) in sein eigenes Bitten dem Vater gegenüber aufnehmen. Auf diese Bitte hin wird der Vater den Parakleten zu den Jüngern senden. Nun hat das über ihn im folgenden Gesagte zwar von Haus aus mit den »größeren Wer-

---

[81] WOLL, Departure 231: »The authority of the disciples ... is grounded in the promise of ›another Paraclete‹«.

ken« nichts zu tun. Aber durch den Zusammenhang wird der Paraklet zu der Größe, die die Gemeinde zur Fortsetzerin des Werkes Jesu macht.

Es ist die Rede vom »anderen Parakleten«. Damit wird indirekt Jesus als der erste Paraklet benannt: Da er fortgegangen ist, kommt nun der andere Paraklet. Hier zeigt der Satz »denn ich gehe zum Vater« (v. 12) seine andere Seite. War der Weggang Jesu in v. 12 die Bedingung dafür, daß der Gemeinde sich die Möglichkeit erschließt, Jesu Werk fortzusetzen, so erscheint er jetzt als Bedingung für die Sendung des Parakleten. Beide Elemente vereinen sich: Nach dem Weggang Jesu wird der Paraklet gesandt, der die Gemeinde zum Tun der »größeren Werke« befähigt.

Daß Jesus indirekt als der erste Paraklet erscheint, bleibt im Zusammenhang folgenlos. Seine Benennung als Paraklet in 1Joh 2,1 könnte Beleg für eine alte, für das Johannesevangelium überholte Traditionsstufe sein[82]. Paraklet ist hier nie Jesus selbst, sondern der vom Vater oder von Jesus (15,26) zur Gemeinde gesendete Geist. – Zu einer knappen und vorläufigen Charakterisierung des johanneischen Parakleten ist v. 26f mitheranzuziehen.

– Der Vater sendet den Parakleten auf Jesu Bitten hin (v. 16), d.h. er sendet ihn im Namen Jesu (v. 26). Eine Konkurrenz zwischen Jesus und dem Parakleten wird damit ausgeschlossen, wie es auch keine Konkurrenz gibt zwischen den Werken Jesu und denen der Gemeinde. Hat man hie und da solche Konkurrenz empfunden? Hat man Geist-Erfahrung und Berufung auf Jesus gegeneinander ausgespielt?

– Der Paraklet bleibt für immer bei der Gemeinde. Die drei Präpositionalverbindungen in v. 16f μεθ' ὑμῶν, παρ' ὑμῖν, ἐν ὑμῖν sollen die Intimität und Beharrlichkeit spüren lassen, in der der Paraklet sich mit der Gemeinde verbindet[83]. Es wird damit wie durch das γινώσκειν (v. 7) der enge und verstehende Umgang der Gemeinde mit dem Parakleten beschrieben.

– Der Welt ist solcher Umgang verwehrt; mit ihr verbindet sich der Paraklet nicht. Ihrem Wesen nach ist sie außerstande, ihn zu erfassen. Daran zeigt sich ein Unterschied zwischen Jesus und dem Parakleten. Jesus wurde in die Welt gesandt (3,16) und wußte sich als Licht der Welt (8,12). Der Paraklet dagegen ist von der Welt schroff getrennt.

– Aber wovon wird gesprochen, wenn vom Parakleten gesprochen wird? Er ist, sagt v. 17, der Geist der Wahrheit (πνεῦμα ἀληθείας). Davon rührt seine Fremdheit der Welt gegenüber her, die nach 8,44 von der Lüge beherrscht wird. v. 26 nennt den Parakleten πνεῦμα ἅγιον (heiliger Geist), und hier wird wieder ein Vorgang der johanneischen Interpretation sichtbar: Vom Parakleten – der Titel wurde noch nie erwähnt; was sich mit ihm verbindet,

---

[82] KLAUCK, 1Joh 104f.

[83] Genaueres zum johanneischen Gebrauch von μετά – ἐν – παρά bei M. E. BORING, The Influence of Christian Prophecy on the johannine Portrayal of the Paraclete and Jesus, in: NTS 25 (1979), p. 114 n. 1; ferner HOEGEN-ROHLS, Johannes 107.

ist unbekannt – wird die Hülle der Unbekanntheit weggezogen, und es zeigt sich, daß die neu eingeführte Größe der Gemeinde längst bekannt ist: Der Paraklet ist identisch mit dem heiligen Geist.

– Was tut der Paraklet? Laut v. 16 tut er sein Werk, indem er mit, bei und in der Gemeinde ist und bleibt. Eindringlich stellt sich diese Rede dem Schrecken entgegen, den das Fortgehen Jesu auslöst. Indem der Paraklet den Platz einnimmt, den vorher Jesus inne hatte, wird jener Schrecken aufgehoben. Denn – in v. 26 kommt die andere Seite des Parakletwerks zur Sprache – er lehrt in genauer Entsprechung zu Jesus und vergegenwärtigt das Wort Jesu.

– Von daher kann man das Wesen des Parakleten anfangsweise definieren: Er wird den Jüngern als gültiger Ersatz für den fortgegangenen Jesus verheißen, und mit seiner Hilfe werden sie das Abwesendsein Jesu bewältigen. Dieses Bewältigen manifestiert sich im Vollbringen der »größeren Werke«, darin also, daß sich im Reden und Tun der Gemeinde das Lebendigmachen und Richten Christi fortsetzt. Muß von daher nicht das Fortgehen Jesu als ein positives Geschehen verstanden werden?

Mit der Einführung des Parakleten ist die Argumentation von 14,12–17 zum Ziel gekommen. Der unerläßliche Weggang Jesu, der die Gemeinde zur verlassenen Gemeinde macht, führt durch das Werk des Parakleten dazu, daß die Gemeinde, obwohl ihrer früheren Beziehung zu Jesus beraubt, einen Status gewinnt, in dem sie sich auf neuer Ebene erfährt. Sie erfährt sich als die Gemeinde, der die Fortführung des Werkes Jesu anvertraut ist, und sie erfährt den abwesenden Jesus als den, der ihr durch den Parakleten zu jenem neuen Status und Wirken verhilft. Dann aber rückt der gefürchtete Abschied unter die Frage, ob nicht erst durch ihn die Jünger zu wirklichen Jüngern werden. v. 26 wird dazu Näheres sagen.

Wieder bedenken wir den Weg der Exegese.

Anders als in dem Abschnitt v. 4–11, der sich fast nicht mit der Abschiedssituation, dafür mit dem Weg Jesu, vielmehr mit Jesus als dem Weg befaßt hat, wird in v. 12–17 die Bewältigung des Abschieds zum Thema. Das Fortgehen Jesu ist Voraussetzung für das Kommen des Parakleten, damit Voraussetzung für den nachösterlichen Status der Gemeinde: Sie wird zum Ort der »größeren Werke«. Der uneingeschränkten Erhörung ihrer Bitte bewußt empfängt sie den Parakleten als Helfer, der als Vertreter Jesu immer bei ihr sein wird.

Wie in v. 4–11 läßt sich auch hier die Stringenz des Gedankengangs nachweisen.

v. 12. Jesus sagt den Jüngern zu, daß sie als Glaubende dieselben Werke wie er tun werden und daß sie sie umfassender als er tun werden.

v. 13–15. Diese Zusage, die bedenklich leicht von Gruppen des frühchristlichen Enthusiasmus für ihr die Welt überspringendes Selbstbewußtsein in Anspruch genommen werden kann, wird an den zum Vater gehenden Jesus gebun-

den. Sein Bitten ist es, das der Gemeinde das Tun der »größeren Werke« ermöglicht, und diesem Bitten entspricht die Gemeinde, indem sie die Jesu Gebote bewahrende und so ihn liebende Gemeinde ist.

Wie befähigt der zum Vater gegangene Jesus die Gemeinde zu jenem Tun?
V. 16 f antwortet: Durch den Parakleten.

c) Dritte Entfaltung: Das erneute Kommen Jesu 14,18–26

α) Einführung

Erkennbar drängt die Abschiedsrede darauf, daß der Abschied Jesu nicht zum
angstbesetzten Akt wird, sondern zum Anlaß tieferen Erkennens Jesu (14,4–
11), auch zum Anruf an die Gemeinde, die gestellte nachösterliche Aufgabe
wahrzunehmen (14,12–17). Mit v. 18 tritt ein neues Element in diese Ab-
schiedsbewältigung ein: Die Rede vom erneuten Kommen Jesu (v. 18–21),
verbunden mit der Reflexion über eine Sonderfrage (v. 22–24), der sich eine
weitere Äußerung über den Parakleten anschließt (v. 25 f). – Dabei steht die
Äußerung über den Parakleten, v. 16 f eingeschlossen, in so enger Parallele zu
der über das Wiederkommen Jesu, daß beide austauschbar erscheinen. Wenn
der Paraklet die Jünger dazu ermächtigt, das vor Ostern eingeschränkte Tun
Jesu zu seiner eigentlichen Wirkung zu bringen, wozu bedarf es dann noch des
Wiederkommens Jesu? Die Frage läßt sich umkehren: Wenn Jesus, indem er
wiederkommt, die Seinen nicht verwaist bleiben läßt (v. 18), wenn er ihnen das
Leben gewährt, das er selbst empfangen hat (v. 19f), dazu auch die Liebe des
Vaters (v. 21), kraft deren Vater und Sohn bei den Jüngern wohnen (v. 23),
wozu bedarf es dann noch des Parakleten? Was kann er den Jüngern vermitteln
über das hinaus, was ihnen der wiederkommende Jesus vermittelt? Haben wir
zwei ursprünglich eigenständige Ideen vor uns?

Wir haben in v. 18–26 mit einem primär österlichen Text zu tun. In ihm wird
auch vom Wiederkommen Jesu gesprochen, ein Thema, das eigentlich unter
die Überschrift »Parusie« gehört. v. 25 f fügt zudem das Thema von der Sendung des Geistes an, das dem Komplex »Pfingsten« zuzuordnen ist. Drei
Schichten urchristlicher Erfahrung und Hoffnung, Ostern, Pfingsten und Parusie schieben sich in 14,18–26 ineinander.

Welchen Weg wird der Leser in v. 18–26 geführt? Am Anfang steht die
Zusage von v. 18: Der jetzt Abschiednehmende wird zu den Jüngern kommen.
v. 19 ergänzt: Dieses erneute Kommen wird den Jüngern, nicht der Welt, in
kurzer Zeit widerfahren. Dabei wird mit dem Schlußsatz (ich lebe und ihr werdet leben) dieses Kommen Jesu mit dem johanneischen Begriff des Lebens in
Verbindung gebracht. v. 20 gibt dem, was »Leben« meint, seine Füllung: Die
Jünger werden Jesus in seiner Einheit mit dem Vater erkennen, ja sie werden
selbst an dieser Einheit partizipieren. Schließlich qualifiziert v. 21 jenes wech-

selseitige Einwohnen durch das Stichwort »lieben«. Überraschend schließt sich daran die Verheißung: Ich werde mich dem Liebenden zeigen. Diese Verheißung leitet zum nächsten Komplex über (v. 22–24), der durch eine offenbar aktuelle Frage eingeleitet wird: Warum kann nicht die Welt, sondern nur der Liebende den Auferstandenen sehen? v. 23 f gibt die doppelte Antwort: Der Liebende ist es, zu dem der Vater und der Sohn kommen; der Nichtliebende kann solches Kommen nicht erfahren. Von da wendet sich der Blick wieder auf den Parakleten (v. 25 f). Spricht v. 16 f von seinem Sein bei der Gemeinde, so v. 26 von der Aufgabe, die er in der Gemeinde wahrnimmt.

Wieder soll die Exegese durch Vorwegnahme einiger Einzelheiten entlastet werden.

v. 18. Der Verwaiste (ὀρφανός) steht als Typus des Schutzbedürftigen oft neben der Witwe (Ex 22,21); Ps 146,9 fügt den Fremdling hinzu. Vielfach wird »Waise« übertragen gebraucht für den Schüler, den der Lehrer verläßt. Die berühmteste Stelle dafür findet sich bei Platon, Phaidon 116a: »Daß wir nun gleichsam des Vaters beraubt als Waisen das übrige Leben hinbringen würden«[84].

v. 20. Die Formel ἐν ἐκείνῃ τῇ ἡμέρᾳ hat ihre Vorgeschichte im Alten Testament. »An jenem Tag«, dem eschatologischen Gerichtstag, wird Jahwe sich endgültig durchsetzen gegen menschliches Sich-Überheben, sei es das der Völker, sei es das des einzelnen[85]. Der erste literarische Beleg für die Rede vom Tag Jahwes ist Am 5,18–20, und die Formel »an jenem Tag« findet man erstmals in Jes 2,11.17, dann in Sach 12,3 f.6.8 f; 14,6. Das apokalyptische Judentum bedient sich ihrer (etwa äth Hen 45,3 f; 63,3.8) und auch das rabbinische Judentum kennt sie[86]. Im Neuen Testament findet apokalyptische Erwartung und Sprache eine differenzierte und durch das Christusgeschehen umgeprägte Fortsetzung. ἡμέρα ist auch hier terminus für den eschatologischen Gerichtstag[87]. Die Formel »an jenem Tag« begegnet außerhalb des Johannesevangeliums in Mt 7,22; Lk 10,12; 17,31; 2Thess 1,10; 2Tim 4,8. Auch die Stellen Röm 2,16; Mk 13,32; Lk 21,34; 2Tim 1,12 sind hierher zu ziehen. Im Johannesevangelium findet man die Formel noch in 16,23.26 (anders 5,9); gleichbedeutend ist die Wendung »am letzten, am jüngsten Tag« in 6,39.40.44.54; 11,24; 12,48 (anders 7,37). In welchem Sinn will die Formel »an jenem Tag« bei Johannes verstanden werden?

v. 21. Zwischen den Wendungen »die Gebote haben« und »die Gebote halten« besteht keine Differenz. ἐντολὰς τηρεῖν ist ein traditioneller Ausdruck, der im Judentum (Tob 14,9; Sir 29,1), dann vor allem bei den Rabbinen Stichwort für den Gesetzesgehorsam war. Er begegnet, etwas abgewandelt, in ähnlicher Bedeutung in Mt 19,17; 23,3; Apg 15,5; Jak 2,10[88]. Das Johannesevangelium bietet eine Abwandlung eigener Art. Wenn an Menschen die Aufforderung ergeht, Gebote zu bewahren, so hat diese Wendung keinen Bezug mehr zur Tora, sondern ist gleichbedeutend mit »das Wort oder die Worte bewahren« (τὸν λόγον τηρεῖν), wobei es sich um das Wort und Gebot des Vaters (8,55; 15,10; 17,6) oder, häufiger, um das Wort und Gebot Jesu handelt (8,51 f; 14,15.21.23 f; 15,10.20; 17,6). Dieses Gebot zielt aber nicht auf eine bestimmte Vor-

---

[84] Vgl. BULTMANN 478 Anm. 1; H. SEESEMANN, ThWNT V 486–488.
[85] E. JENNI, THAT I 715.723 f; zum Gesamtproblem vgl. SCHNACKENBURG II 533–535.
[86] BILL I 468.
[87] BULTMANN, Theologie 79; W. TRILLING, EWNT II 300–302.
[88] BROWN 640; H. RIESENFELD, ThWNT IX 140 f.143 f; G. SAUER, THAT II 986; G. SCHRENK, ThWNT II 549–551; M. LIMBECK, EWNT I 1124 f.

schrift, sondern meint die Glaubensforderung (nur in 13,34f enthält »Gebot« eine inhaltliche Weisung; ein weiterer Beleg für den sekundären Charakter dieser Sätze?). Nicht anders ist das Gebot Gottes oder das Wort Jesu zu erfüllen als damit, daß man an Jesus als an den von Gott Gesendeten glaubt und daß man in ihm den Sohn erkennt, in dem der Vater sichtbar wird (14,9).

Man fragt, wie die Synagoge auf solche Verwendung von »Gebot« und »Gebote halten« reagieren mußte. Der Begriff ἐντολή, von Anfang an auf die Tora bezogen, wird in der johanneischen Gemeinde in Anspruch genommen für die Forderung des Glaubens an Jesus, wie denn laut 5,46 jeder, der Mose richtig hört, an Jesus glauben wird. Jesus, dessen Tod man mit der Tora begründete und rechtfertigte (19,7), soll das eigentliche Ziel der Tora sein. Unschwer kann man sich die synagogale Reaktion auf solche Umdeutung von »Gebot« vorstellen.

ἐμφανίζειν ἑαυτόν heißt im Judentum und in der LXX, auch im klassischen Griechisch »sich offenbaren«[89]. Passivisch gebraucht heißt es »sich zeigen« (Sap 1,2). In Mt 27,53 gerät das Passiv allerdings in den Umkreis der Osterereignisse, und nahe hierher gehört das in Hb 9,24 gebrauchte Passiv ἐμφανισθῆναι, das die Konsequenz des österlichen Eingehens Jesu in das himmlische Heiligtum beschreibt. Vielleicht ist auch an die Wendung ἐμφανής γενέσθαι zu erinnern, das in Apg 10,40 terminus für die Ostererscheinungen ist. In Röm 10,20 wird dieselbe Wendung für die Christusoffenbarung überhaupt benützt[90].

v. 22. Judas, der letzte der in dieser Abschiedsrede genannten Jünger, taucht nur in den Zwölferlisten von Lk 6,16; Apg 1,13 auf. Man setzt ihn, um ihm einen Platz auch in den anderen Listen zu sichern, gern mit Thaddäus bzw. Lebbäus (Mk 3,18) gleich[91]. Später hat man in ihm den Herrenbruder Judas von Mk 6,3 sehen wollen, eine sicher unerlaubte Kombination[92]. – Schwierig ist die Wendung καὶ τί γέγονεν ὅτι zu beurteilen. Soll man einfach mit »weshalb?« übersetzen oder etwas differenzierter »was ist denn passiert, daß …?«[93] Es handelt sich um ein adverbielles τί; das vorausgehende καί drückt die Verwunderung des Fragenden aus und dient als Einleitung des Fragesatzes[94]: Wie kommt es nur, daß …?

β) Exegese

Mit v. 18 setzt die Rede neu ein[95]. Die Worte »ich komme zu euch« beziehen sich auf die entsprechenden Worte in v. 3 (πάλιν ἔρχομαι) zurück. Nachdem

---

[89] Für diese Notizen bin ich den philologischen Belehrungen von O. Hofius verpflichtet. Vgl. ferner Bultmann/Lührmann, ThWNT IX 7,34ff; O. Michel, Der Brief an die Hebräer (KEK XIII), 13. Aufl., Göttingen 1975, S. 324f; Bultmann 481 Anm. 1.

[90] Man hat überlegt, ob ἐμφανής γενέσθαι eine alte Interpretation des ὤφθη von 1Kor 15,5ff ist. Dann hätte man mit einem entschieden österlichen terminus zu tun; so K.H. Rengstorf, Die Auferstehung Jesu, 4. Aufl., Witten 1960 S. 57; zurückhaltend J. Blank, Paulus und Jesus (StANT XVIII), München 1968, S. 159; ablehnend Hofius (s. vorige Anm.). Zustimmend dagegen J. Neugebauer, Die eschatologischen Aussagen in den johanneischen Abschiedsreden (BWANT 140), Stuttgart 1995, S. 125.

[91] Zahn 571.

[92] Schnackenburg III 92; M. Limbeck, EWNT II 484.

[93] Bultmann 481 Anm. 3; Zahn 571 Anm. 44.

[94] Schnackenburg III 92 Anm. 101; BDR 299,3 und Anm. 3; 442,5bβ und Anm. 17; vgl. auch Br s.v. γίνομαι I 3a.

[95] Gegen Brown 637, der den Einschnitt zwischen v. 14 und v. 15 setzt. Aber die Begründung für v. 18a liegt in v. 18b, nicht in v. 16f.

das Thema des Weggehens Jesu und seiner weiterzuführenden Werke abgeschlossen ist, wird jetzt das Thema des Wiederkommens bedacht.

Man fragt, weshalb das πάλιν von v. 3 in v. 18 fehlt. Deshalb etwa, weil das Kommen
in v. 18 von dem in apokalyptischer Sprache beschriebenen Kommen in v. 3 unterschieden werden soll?

Mit dem Stichwort »Waisen« geht die Rede noch einmal auf die bedrückende
Schwere des Abschieds und auf die Verlassenheit der Gemeinde ein; 13,33
wird also hier so wenig wie in v. 12–17 ausgelöscht (vgl. auch v. 27 Ende).
Aber der Verlassenheit der Zurückgebliebenen stellt sich nun das tröstliche
»Ich komme zu euch« entgegen. Damit scheint im Grund alles gesagt, was zu
sagen ist, so wie in v. 6f alles zum Thema »Weg« gesagt zu sein schien (s.d.).
Aber wieder verlangt ein derart umfassender Satz nach präzisierender Interpre-
tation, und so wird er zum Anlaß und Ausgangspunkt der folgenden Sätze.

(1) v. 19f gibt erste Auskunft über das Wie des erneuten Kommens Jesu. Zuerst
wird die zeitliche Frage angesprochen: Wann erfolgt jenes Kommen? Läßt
man sich die Antwort von v. 3 geben, wird man an die apokalyptische Zukunft
verwiesen, an das Ende der Geschichte also, und der Begriff »an jenem Tag«
scheint in dieselbe Richtung zu deuten[96]. Aber das μικρόν (kurze Zeit) zwingt
zu einer anderen Deutung. Es meinte in 13,33 die Frist vom gegenwärtigen
Augenblick bis zur Todesstunde Jesu. Von einem ähnlichen Sinn muß das
μικρόν auch hier gefüllt sein, mit einer gewissen Nuance freilich. Während in
13,33 den *Jüngern* gesagt wurde, daß Jesus nur noch kurze Zeit bei ihnen sei,
und dann würden sie ihn vergeblich suchen, gilt dieser negative Inhalt des
μικρόν hier nur der Welt: In kurzem wird sie ihn nicht mehr sehen, wird er ihr
gänzlich entzogen sein. Für die Jünger dagegen hat das μικρόν in v. 19 einen
ausschließlich positiven Sinn: In kurzem werden sie ihn sehen[97]. Nur das Futur
γνώσεσθε (ihr werdet erkennen) erinnert noch an eine gewisse, aber nicht
mehr ins Gewicht fallende Frist des Nichtsehens und Nichtverstehens im Sinn
von 13,33. Wann ist diese kurze Frist abgelaufen und wann tritt das verheißene
Sehen ein? Die Antwort lautet – es ist nicht die ganze, aber es ist die jetzt zu
gebende Antwort: Das Sehen der Jünger wird sich an Ostern ereignen.

Diese Zusage des österlichen Sehens wird in v. 19b begründet; man kann das
ὅτι nicht anders denn als kausale Konjunktion verstehen[98]. Die Jünger werden
Jesus sehen, weil er ihnen an Ostern als der Lebendige entgegentreten wird.
Seine Lebendigkeit aber erfaßt und umschließt die Jünger; als der Träger des
Lebens (5,26; 6,35.63b.68) bezieht er sie in seine österliche Existenz ein. Das
Futur »ihr werdet leben« in seinem Verhältnis zum Präsens »ich lebe« sagt dar-

---

[96] ZAHN 568f legt v. 19f entsprechend aus.
[97] Zum futurischen Sinn des Präsens vgl. ZAHN 569; BDR 323.
[98] BULTMANN 478 Anm. 7.

über hinaus, daß die Jünger Leben haben, indem sie es von Jesus empfangen, während Jesus sein österliches Leben unmittelbar vom Vater entgegennimmt.

v. 19b hat eine gewichtige Vorgeschichte, die in die Anfänge christlicher Erwartung zurückführt. Jesu Auferstehung wurde als Eröffnungsakt für den neuen Äon geglaubt; denn sie zieht, so geht aus 1Kor 15,20–23; 2Kor 4,14 hervor, mit apokalyptischer Notwendigkeit die Auferstehung der Glaubenden nach sich. Diese Grunderkenntnis mußte zu mannigfacher Abwandlung locken, und dabei trat auch die Gegenwärtigkeit des Lebens, das in der Auferstehung Jesu für die Glaubenden ans Licht gekommen ist, ins Bewußtsein (Röm 5,10; 6,4; 2Kor 5,14f; Gal 2,20; Phil 3,10, Kol 2,12f). v. 19b liefert die johanneische Abwandlung jenes Grundsatzes: In dem Augenblick, in dem der Glaubende Jesus als den von den Toten Erweckten sieht, empfängt er selbst das in der Auferstehung Jesu zur Herrschaft gekommene Leben. Der ursprünglich apokalyptische Charakter des Satzes ist völlig abgestreift worden.

v. 20. Die Formel »an jenem Tag«, im Neuen Testament durchweg im Rahmen apokalyptischen Denkens gebraucht (S. 54), bekommt jetzt einen Platz in einem nicht-apokalyptischen Kontext. Für 14,10 gehört die Erkenntnis, daß Jesus im Vater ist und der Vater in ihm, in die Gegenwart der Jünger, und auch 10,38 fordert diese Erkenntnis für die Gegenwart ein. In 17,21.23 wird das Sein der Glaubenden im Sohn, damit ihr Erkennen der Einheit zwischen Gott und Jesus zwar erst erbeten, und wer bittet, blickt in die Zukunft, in der das Erbetene empfangen werden möge. Aber diese Zukunft wird für die Gemeinde der Gegenwart erhofft, nicht für die der apokalyptischen Endzeit. Entsprechendes gilt für das »an jenem Tag« gewährte Erkennen von v. 20. Es wird mit dem in v. 19 beschriebenen österlichen Sehen verknüpft: Wenn die Jünger Jesus als den kraft des Ostergeschehens Lebendigen sehen, dann werden sie ihn in seinem Einssein mit dem Vater erkennen. Der Satz läßt sich umkehren: Indem sie Jesus in seinem Einssein mit dem Vater erkennen, erleben sie Ostern.

Die apokalyptische Formel ἐν ἐκείνῃ τῇ ἡμέρᾳ wandelt sich also zum Element einer österlichen Ansage. Aber ihre apokalyptische Dimension, der in ihr enthaltene Horizont des Endgültigen verschwindet nicht, sondern überträgt sich auf das Osterereignis. Wir werden Zeugen eines gewichtigen hermeneutischen Vorgangs. Durch die Verwendung einer apokalyptischen Formel für Ostern empfängt Ostern die Qualität apokalyptischer Endgültigkeit.

Das österliche Wiederkommen Jesu befähigt die Jünger dazu, der Glaubensforderung von v. 10f nachzukommen und also das Einssein zwischen Gott und Jesus zu erkennen. Aber in v. 20 ist die Einheitsformel von v. 10 erweitert worden. Die Jünger werden in das zwischen Gott und Jesus waltende Einwohnen einbezogen: Sie sind in Jesus und er in ihnen, und damit ist, wie v. 20 vermuten läßt und v. 23 ausdrücklich sagt, Gott in ihnen. Der Text läßt diese Erweiterung in Ostern, in dem johanneisch interpretierten Ostern gründen. Wie Jesu Leben seinen Ursprung darin hat, daß er in und aus der Einheit mit dem Vater lebt (und so tut er die Werke des Vaters und spricht er dessen Worte), so empfangen die Jünger Leben, indem sie in die zwischen Gott und Jesus bestehende Einheit aufgenommen werden. In dem ihnen zugesagten österlichen Erkennen erfahren sie sich als diejenigen, die ihrerseits in der den Vater und den Sohn verbindenden Einheit ihren Platz haben.

Jetzt zeigt sich die sorgfältig durchdachte Struktur von v. 19f. Der ὅτι-Satz von v. 20b führt den ὅτι-Satz von v. 19 erklärend weiter, und entsprechend wird mit der Formel »an jenem Tag« die zeitliche Angabe von v. 19 präzisiert, so wie das Sehen von v. 19 durch das Erkennen von v. 20 vertieft wird. Österliches Leben empfängt Jesus dadurch, daß er »im Vater« ist. Österliche Existenz empfangen die Jünger damit, daß sie »in Jesus« sind. Denn dadurch werden sie ihrerseits in das Im-Vater-Sein Jesu versetzt. – Damit ist v. 18 ausgelegt. Das Wiederkommen des jetzt Abschiednehmenden ereignet sich an Ostern, und Ostern ist der Akt, in dem die Jünger Jesus als den Lebendigen erfahren und darin selbst zu Lebendigen werden.

v. 21 ist Ergänzung, die von der Frage geleitet wird: In welchem Status und von welcher Voraussetzung her wird den Jüngern solche Erfahrung zuteil? Die Antwort lautet: Wer die Gebote Jesu hält, liebt ihn, und der Jesus Liebende wird vom Vater und von Jesus geliebt werden, und dem Liebenden wird Jesus sich offenbaren. Man denkt an Dtn 6,4–6 und an das Gebot, daß Gott zu lieben ist. Der johanneische Text biegt diese Weisung auf Jesus um, nicht um Dtn 6,4–6 aufzuheben, sondern um das alttestamentliche Gebot zu seinem eigentlichen Sinn zu führen: Die Liebe zu Gott erfährt in der Liebe zu Jesus ihre Realisierung. Wieder (s. S. 55) fragt man sich, wie die Synagoge auf einen solchen Umgang mit dem Gebot der Gottesliebe reagieren mußte.

Von Liebe zu Jesus spricht das Johannesevangelium nicht oft (8,42; 14,15.21.28; 16,27; 21,15f). Solche Liebe lebt auf einer anderen Ebene als die Jesus-Minne der mittelalterlichen Mystik, auf anderer Ebene auch als die Jesusliebe, die sich etwa in dem Lied »Ich will dich lieben, meine Stärke« ausspricht: Ich will dich lieben, schönstes Licht, bis mir das Herze bricht. »Jesus lieben« ist gleichbedeutend mit »sein Wort halten« (v. 15: seine Gebote halten), und wer das Wort Jesu hält, der glaubt an ihn als an den von Gott Gesendeten, wie denn in 16,27 φιλεῖν (lieben) neben πιστεύειν (glauben) steht. Liebe zu Jesus ist also Ausdruck einer Beziehung, in der Jesus als der von Gott Kommende und zu Gott Zurückkehrende, als der eine Repräsentant des Vaters verstanden wird.

Warum aber wird »glauben« durch »lieben« interpretiert (s. zu v. 15)? ἀγαπάω ist wie φιλέω ein emotional gefülltes Verb, das innere Nähe und Beschlagnahmtsein eines Menschen durch einen anderen ansagt, Betätigung und Erfüllung tiefen menschlichen Bedürfens. Indem Johannes in diesem Verb die Beziehung des Glaubenden zu Christus einfängt, zeigt er deren emotionale Dimension an: In der Christusbeziehung erfährt die Beziehungsfähigkeit eines Menschen, seine Bedürfnis nach Nähe, nach einem bis ins Letzte verläßlichen Gegenüber eine ganz eigene Erfüllung. In Christus, bei dem die Bejahung der Welt durch Gott ihre geschichtliche Manifestation findet, findet der Glaubende eine das Ganze seines Seins tragende Bejahung. Was Liebende untereinander erfahren und sich gewähren, hat seine Ur-Entsprechung in dem Verhältnis zwischen Christus und dem an ihn Glaubenden[99].

---

[99] BULTMANN 482: »… daß in der Vollendung des Glaubensverhältnisses das Liebesverlangen erfüllt ist«.

Die Frage, in welchem Status ein Mensch Empfänger österlichen Erkennens und Lebens wird, ist damit beantwortet: Im Status dessen, der im Zugewandtsein zu Jesus als dem Vergegenwärtiger des Vaters die Erfüllung seines tiefsten Bedürfens empfängt. Überraschend und über das Gesagte hinausgehend folgt die weitere Verheißung: Ich werde mich ihm offenbaren. Daß damit, nicht anders als in v. 19f, von den Ostererscheinungen gesprochen wird, beweist v. 22. Denn dort wird auf ein urchristliches Problem angespielt, das sich mit der Frage befaßt, weshalb nur einem begrenzten Kreis Erscheinungen des Auferstandenen zuteil geworden sind (s. zu v. 22).

Die Verheißung »ich werde mich ihm offenbaren« – ihr österlicher Sinn ist durch den Kontext festgelegt – sagt also inhaltlich nichts anderes als die parallelen Verheißungen des Sehens und Erkennens in v. 19f. Neu ist aber, daß sie ausdrücklich und nur dem Liebenden gilt – eine singuläre Äußerung. Neu ist gegenüber v. 19f auch die Form, in der vom Empfänger der Verheißung gesprochen wird. Waren in v. 19f die Jünger in der 2. Person Plural angesprochen worden, so treten jetzt an die Stelle des deutlich ausgrenzenden Pronomens ὑμεῖς (ihr) die nicht abgrenzenden Partizipien ἔχων, τηρῶν, ἀγαπῶν (der Habende, Bewahrende, Liebende), und in v. 23 geht die Wendung »ihr in mir und ich in euch« (v. 20) in den Satz über »wir werden zu *ihm* kommen und Wohnung bei *ihm* machen«, der eine weder zeitlich noch räumlich noch numerisch eingegrenzte Gruppe anspricht. Was ereignet sich hier? Liest man die Abschiedsrede auf der Erzählebene, als Rede beim Abschied Jesu in der Nacht der Gefangennahme, dann sind die Hörer dieser Rede und damit die Empfänger der in ihr enthaltenen Verheißung die aus dem Johannesevangelium bekannten Jünger, primär der Zwölferkreis (6,67; 20,19.24). Aber nun war von vornherein klar, daß diese Rede im Blick auf die nachösterliche Gemeinde entworfen worden ist, und das manifestiert sich in v. 21 durch die entgrenzende Redeweise, die den Kreis der Empfänger von Ostererscheinungen ausweitet: Jeder, der Jesu Gebote hält und ihn liebt, wird von ihm geliebt werden, und das besagt hier: Er wird den Auferstandenen sehen. Wir werden uns später Rechenschaft über den damit vollzogenen hermeneutischen Schritt geben.

In v. 19–21 wurde das Ostereignis in eine bestimmte Richtung ausgelegt. Der an Ostern wiederkommende Christus läßt sich von denen sehen und erkennen, denen er das vom Vater empfangene Leben vermittelt. Als der, der »im Vater« ist, ist er in den Seinen, und wer ihn so verstehend bejaht, der liebt ihn. Also ist der ihn Liebende der ihn wahrhaft Sehende und Erkennende. Damit ist v. 18, die Verheißung des Wiederkommens, auf johanneischer Ebene erschöpfend erklärt.

(2) v. 22–24 sichert das in v. 18–21 Gesagte nach einer bestimmten Richtung hin ab. Dabei greift v. 22 eine Frage auf, die offenbar eine gewisse Beunruhigung hervorgerufen hatte. Die Antwort darauf ergeht in der großen Ansage von

v. 23: Zu dem ihn Liebenden werden der Vater und der Sohn kommen, um
Wohnung bei ihm zu machen. Am Nicht-Liebenden muß diese Zusage vorübergehen (v. 24).

v. 22 enthält die vierte und letzte Jüngerfrage innerhalb der ersten Abschiedsrede. Auch sie entspringt mangelndem Verstehen, dem von Jesus aufge-
holfen wird. Judas, ausdrücklich von Judas Iskariot unterschieden, fragt Jesus,
warum er als Auferstandener sich nur den Seinen offenbaren will und nicht der
Welt. Welchem geschichtlichen Anlaß ist diese im Neuen Testament singuläre
Frage entsprungen? Wahrscheinlich ist sie Reflex antichristlicher Polemik, in
Jüngerbesorgnis gehüllt, und noch in dieser Verhüllung ist Kritik und Hohn
solcher Polemik vernehmbar: Die Rede von Jesus dem Auferstandenen ist un-
glaubwürdig, weil sie nur von der Zeugenschaft seiner Anhänger getragen
wird. Deren Zeugnis aber ist von durchsichtigem Interesse bestimmt: Die alte
Anhänglichkeit an Jesus läßt den Getöteten zum Lebendigen werden. Hätte
sich Jesus nach der Kreuzigung seinen Feinden gezeigt, der jüdischen Behörde
etwa, die ihn dem Pilatus überstellt hat, dem römischen Statthalter selbst, wenigstens irgendwelchen Unbeteiligten, dann könnte die christliche Verkündigung der Auferstehung überzeugen. Von den gegebenen Voraussetzungen her
aber ist solche Verkündigung lediglich der Versuch, das Scheitern Jesu nachträglich in einen Triumph umzuwandeln, ein gänzlich unglaubwürdiger Versuch.

Daß urchristliche Osterverkündigung da und dort auf solche Reaktion stieß, kann man
nicht nur darum annehmen, weil solche Reaktion sich wie von selbst nahelegte. Synagogale Besorgnis brauchte nur nach der bequemsten Argumentation gegen die christliche Osterverkündigung zu fragen, und sofort ist der Einwand zur Hand: Wer ist Zeuge
für die angebliche Auferstehung Jesu? Seine Anhänger, niemand sonst, Menschen, die
am Weiterleben der Jesusbewegung interessiert sind; also ist er in deren Phantasie und
Interesse auferstanden. Daß es eine derartige Argumentation tatsächlich gab und daß
davon die Gemeinde ernsthaft beunruhigt wurde, geht auch aus Apg 10,40f hervor. In
apologetischer Rede wird hier referiert, weshalb der Auferstandene nicht dem ganzen
Volk erschienen sei, sondern nur dem engsten Jüngerkreis. Dies hatte seinen Grund
nicht in jenen synagogalen Verdächtigungen, sondern in der Vorherbestimmung
Gottes. – Freilich bleiben bei solcher Apologetik zu viele Angriffsflächen ungeschützt.
Darum läßt das Petrusevangelium, um die Mitte des 2. Jh. im Orient verfaßt, in einem
dramatischen Akt den auferstandenen Jesus vor den das Grab bewachenden Soldaten
erscheinen, vor dem Hauptmann der Grabeswache, auch vor den Ältesten der Juden.
Diese also werden Zeugen der Auferstehung Jesu, unverdächtige Zeugen, und sie geben ihr Erleben an Pilatus weiter, der sich entsprechend beeindruckt zeigt[100]. Aber ist
nicht schon Mt 27,62–66; 28,4.11–15 zu solcher Apologetik unterwegs? Die Grobheit
der Argumente, die das Petrusevangelium einsetzt, zeigt den Grad der Verlegenheit an,
die man dort empfand, wo Gegner der Gemeinde ihrer Osterverkündigung mit der
Bemerkung begegneten, als Auferstandener sei Jesus nur von solchen gesehen worden,

---

[100] Chr. MAURER, in: SCHNEEMELCHER, NTA I 180–188. Der Bericht über die Erscheinung des Auferstandenen in PE 35–49.

die Interesse an seinem Auferstandensein hatten. – Daß solches Argument im Gesamtrahmen frühchristlicher Geschichte nicht schlechthin zutrifft, beweisen Paulus, der als Feind Jesu seine Begegnung mit dem Auferstandenen hatte (Gal 1,13–16), und der Herrenbruder Jakobus, der seinem Bruder zunächst ablehnend gegenüberstand und durch eine österliche Christophanie für die Gemeinde gewonnen wurde (1 Kor 15,7; Apg 1,14)[101]. Aber diese Ausnahmen haben weder auf Apg 10,40 f noch auf Joh 14,22 Einfluß (so fern ist Paulus dem Horizont der johanneischen Gemeinde; man wußte von ihm, aber man hat sich nicht mit ihm befaßt), und so tragen sie für unsere Exegese nichts aus.

v. 23 f enthält die johanneische Antwort auf den beschriebenen Einwand gegen die christliche Osterverkündigung, und dabei wird ein Blick in das hermeneutische Konzept des Evangelisten ermöglicht. Er begegnet jenem Einwand nicht mit kluger oder ängstlicher oder grober Apologetik, sondern er enthüllt seine gänzliche Unangemessenheit, und so hebt er ihn aus den Angeln. Er tut das, indem er darlegt, was Ostererfahrung in ihrem Zentrum ist und wie sie vermittelt wird. – Wir bedenken zuerst die enge Verzahnung von v. 23 f mit dem Vorhergehenden.

Das Futur ἐλευσόμεθα (wir werden kommen) stellt den Bezug zu v. 18 (ich komme zu euch) her. Gleichzeitig wird v. 18 ausgeweitet: Indem der Sohn kommt, kommt auch der Vater. Solche Ausweitung ergibt sich zwingend von v. 7–11, vor allem von v. 20 (ich im Vater) her. Das Sehen und Erkennen des Wiedergekommenen durch die Jünger (v. 19 f) erhält seine Entsprechung im Kommen des Vaters und des Sohnes zu den Sehenden und Erkennenden, und dem in der Liebe zu Jesus sich äußernden Glauben (v. 21) antworten der Vater und der Sohn damit, daß sie sich bei dem Liebenden niederlassen und wohnen. Damit wird v. 21 aufgenommen. – Der Begriff μονή (Wohnung) bezieht sich auf die μοναί (Wohnungen) von v. 2 f (s.d.). Aber während jene Wohnungen in v. 2 f ihren Platz im Himmel haben, werden sie in v. 23 bei den Glaubenden errichtet, ja die Glaubenden selbst sind die Wohnungen. – v. 24 gibt dem bisher leer gebliebenen Begriff »Kosmos« (v. 17.22) endlich seine Füllung. Kosmos ist überall dort, wo Jesus nicht geliebt, wo also sein Wort nicht gehalten, wo er nicht als der vom Vater Gesendete verstanden wird. Und wer Jesu Wort nicht bewahrt, bewahrt das Wort des Vaters nicht. v. 24b ist einer der klassischen Sätze johanneischer Christologie, mit einer spürbaren antisynagogalen Spitze versehen: Im Wort des von der Synagoge vorösterlich und nachösterlich Verworfenen wird das Wort des Vaters hörbar.

Jetzt spricht v. 23 f als Antwort auf das in v. 22 zu Wort gekommene Problem, das der johanneischen Gemeinde offenbar zu schaffen machte. Wie der Liebende nicht zu irgendwem, sondern nur zu der Geliebten kommt, die ihrer-

---

[101] Für Paulus vgl. DIETZFELBINGER, Berufung 58.65; für Jakobus vgl. W. PRATSCHER, Der Herrenbruder Jakobus und die Jakobustradition (FRLANT 139), Göttingen 1987, S. 32–34.

seits Liebende ist, so kommen der Vater und der Sohn nur zu den Liebenden, damit zu den von ihnen Geliebten, und bei ihnen, nicht anderswo machen sie Wohnung. Wo anders als beim Liebenden kann der Geliebte, der seinerseits Liebender ist, sich niederlassen? Der Nichtliebende steht ja außerhalb der Möglichkeit, liebend zu verstehen und zu empfangen. Er ist unfähig zum Sehen und Erkennen des Geliebten, unfähig zur Kommunikation, zum Aneinander-Anteil-Haben. – Von dieser menschlichen Grundgegebenheit her wird nun das Ostergeschehen gedeutet, wird auch die Frage beantwortet, weshalb der Auferstandene sich nur den Seinen offenbar macht. Wenn Glaube durch Liebe zu Jesus interpretiert werden kann, dann gelten für das Sehen und Erkennen des Glaubens, also auch für das Erfahren Christi als des Auferstandenen die Regeln der Liebe. Dann ist vom Wesen des Christusgeschehens her – es ist ein Geschehen, das in der Liebe seinen Ursprung hat (3,16; 15,9f) – nichts anderes denkbar, als daß Christus nur den Liebenden, den Glaubenden also erscheint. Der Nichtliebende ist unfähig, ihn als den Auferstandenen zu begreifen. Aber wenn es der Jesus Liebende ist, der Jesus als den Auferstandenen zu sehen bekommt, wird dann nicht der Kreis der alten Osterzeugen aufgesprengt und in die Gegenwart erweitert? Es besteht kein Grund, daran zu zweifeln, daß der Evangelist sich über die Tragweite solcher Interpretation von Ostern im klaren war (S. 75–78). – Einige Absicherungen sind noch zu anzufügen.

Wir interpretierten v. 23f als Kommentar zu v. 18, als Auslegung des Ostergeschehens – mit welchem Recht? Stellt nicht der sichtliche Bezug von v. 23 zu dem apokalyptischen Stück von v. 2f auch v. 23f in den apokalyptischen Horizont der traditionellen Parusieerwartung, so daß das Kommen des Vaters und des Sohnes in v. 23 auf das endzeitliche Kommen hin auszulegen ist[102]? Dann wäre v. 23f in den Horizont etwa von Mk 13,24–27 zu rücken. Aber v. 23 ist zweifellos Antwort auf die Frage von v. 22, und die betrifft das Ostergeschehen. Also ist auch v. 23 auf Ostern zu beziehen, ist dann als weitere Auslegung von v. 19f zu verstehen. Andererseits ist v. 23 tatsächlich eine Ansage der Parusie, freilich der Parusie in johanneischem Verständnis, nach dem auf Ostern das Gewicht des endzeitlichen Wiederkommens Jesu liegt: Mit Ostern ist die Parusie in die Gegenwart eingetreten.

Die Unstimmigkeit in der Rede von den Wohnungen (laut v. 2f sind sie im Himmel, laut v. 23 auf der Erde) ist von Johannes ebenso überlegt in den Text eingebracht worden wie jenes Schillern zwischen Ostern als einem Datum der Vergangenheit und der mit Ostern schon geschehenen Parusie. Wie das Kommen Jesu am Ende der Zeiten in das Ostergeschehen hereingeholt wird, so werden die eschatologischen Wohnungen in die Gegenwart des an Gott glaubenden und Jesus liebenden Menschen verlegt. Nicht in ferner apokalyptischer Zukunft werden sie bezogen, sondern jetzt, im Akt österlichen Sehens und Er-

---

[102] So Zahn 571f

kennens. Und nicht die Glaubenden ziehen in sie ein, sondern sie selbst werden Wohnungen für den Vater und den Sohn (so wie Jesus nach v. 5f nicht einen unabhängig von ihm existierenden Weg geht, sondern selbst Weg ist). Jene Wohnungen – nach v. 2f Räume an jenseitigen Orten – sind in Wahrheit die Menschen, in denen sich der Vater und der Sohn niederlassen. Genau besehen hat der Evangelist davon schon in v. 20 gesprochen, als er die österliche Existenz der Jünger als das Sein der Glaubenden in Christus und das Sein Christi in ihnen beschrieb.

Das bei aller Vorbereitung auffällige Nebeneinander von Vater und Sohn, das in der urchristlichen Parusieerwartung sonst keinen Platz hat, erklärt sich von v. 2f, vielmehr von der johanneischen Interpretation des dort gebrauchten Bildes her. Die himmlischen Wohnungen im Haus des Vaters – der Sohn besorgt das Wohnrecht für die Seinen – er holt sie in diese Wohnungen: Dies alles wird in v. 23 in die gegenwärtige Existenz verlegt, die von Ostern erhellt und durch Christus, die Vergegenwärtigung Gottes bestimmt wird. Es ist nur sachgemäß, wenn sie als Wohnung für den Sohn *und* den Vater beschrieben wird.

(3) v. 25f. Die Wendung »dies habe ich zu euch gesagt« markiert jeweils einen Einschnitt (15,11; 16,4.33) oder einen Beginn (16,1)[103]. Die Bemerkung richtet den Blick wieder auf die Zeit nach Jesu Fortgehen. Wie wird sein Fortsein verarbeitet? Wird es in v. 18–24 durch das erneute Kommen Jesu tragbar gemacht und verwandelt, so in v. 25f durch Sendung und Werk des Parakleten. Beides steht jetzt nebeneinander, soll sich wechselseitig ergänzen.

v. 26. Der Paraklet, in v. 16f in die Rede eingeführt, ist, sagt v. 26, identisch mit der bekannten Größe heiliger Geist (S. 51f). Gleichzeitig schiebt der Evangelist die Funktion des Geistes in den Vordergrund, die in den Verben »lehren« und »erinnern« enthalten ist, und er unterstreicht mit dem Relativsatz »den der Vater in meinem Namen senden wird« die enge, in v. 17 vorausgesetzte, aber nicht ausgesprochene Bindung des Parakleten an Jesus. So führt er das Ergebnis der Bitte Jesu von v. 16 vor Augen. Und während in v. 16f vom *Sein* des Parakleten in der Gemeinde die Rede war, wird jetzt sein *Werk* an und in der Gemeinde zum Thema.

Wir bedenken die zwei Verben lehren (διδάσκειν) und erinnern (ὑπομιμνῄσκειν) im Johannesevangelium, um ihre Bedeutung in v. 26 bestimmen zu können. Beide Verben können wie im klassischen Griechisch[104] mit einem persönlichen und einem sachlichen Objekt verbunden werden.

διδάσκω und διδαχή. Das Substantiv begegnet zweimal: 7,16f und 18,19. In 7,16f liegt das Gewicht darauf, daß die Lehre Jesu als die Lehre *Gottes* begriffen wird, wobei Lehre identisch ist mit Wort, Verkündigung. Was der Sohn sagt, sagt er, weil der Vater es sagt (14,24b). In 18,19, im Hannasverhör, ist »Lehre« entsprechend zu verstehen: In

---

[103] SCHNACKENBURG III 104.
[104] BDR 155, 1.

der Verkündigung Jesu wird letztverbindliche Anrede Gottes laut, das Wort, das dem Menschen Leben und das ihn damit für sich selbst erschließt. – Zum Verb: Jesus lehrt in der Synagoge (6,59; 18,20) oder im Tempel (7,14.28; 8,20). Man hält es auch für möglich, daß er die Griechen lehren will (7,35). Daß Jesus lehrt, wie der Vater ihn gelehrt hat (8,28), kann von 5,19f her nicht anders sein und ist Voraussetzung und tragendes Element der johanneischen Christologie. Was ist von daher über das Lehren des Parakleten zu sagen?

Das Verb ὑπομμνῄσκω begegnet im Aktiv nur hier. Das Medium μιμνῄσκεσθαι (sich erinnern) steht in 2,17.22; 12,16. Wir gehen von 2,22 aus. Nach Ostern verstanden die Jünger, daß Jesus, als er vom Abbruch und vom Wiedererrichten des Tempels sprach, gar nicht an den Tempel, sondern an seinen »Leib«, an sich selbst gedacht hat, daß er also im Tempelwort von seinem Tod und seiner Auferstehung gesprochen hat. Bezeichnend ist dabei der ausdrücklich angegebene Zeitpunkt des Verstehens: nach Ostern. Von daher wird man auch das zeitlich nicht deutlich fixierte »sich erinnern« in v. 17 als nachösterlichen Erinnerungsakt verstehen müssen. Denn wenn die Jünger die Tempelreinigung sofort mit ihrer in Ps 69,10 angedeuteten Folge, dem Tod Jesu in Verbindung gebracht hätten, dann hätten sie alsbald und also vor Ostern die innere Notwendigkeit der Passion verstanden. Das aber taten sie nicht. Also gehört das Sich-Erinnern von v. 17 auf dieselbe zeitliche Ebene wie das Sich-Erinnern in v. 22[105]. In 12,16 wird das verstehende Gedenken wieder betont in die nachösterliche Zeit (als Jesus verherrlicht worden war) verlegt. – Auch das dem Parakleten zugeschriebene Erinnern der Jünger in 14,26 gehört der nachösterlichen Epoche an; der Paraklet ist ja eine erst nachösterliche Größe.

Worauf bezieht sich inhaltlich das Lehren und Erinnern des Parakleten[106]? Der Text antwortet: ἃ εἶπον ὑμῖν (was ich euch gesagt habe). Der Paraklet wird also nachösterlich lehren, was Jesus vorösterlich lehrte. Wo wird die Lehre des Parakleten laut? Es gibt nur die eine Antwort: in der Gemeinde, konkret: in Lehre und Verkündigung der Gemeinde, in der der Paraklet wirkt. Der Paraklet wird also dafür sorgen, daß die Verkündigung Jesu in der Verkündigung der Gemeinde ihre Fortsetzung findet. Dazu ist sie erst nach Ostern fähig, weil erst nach Ostern der Paraklet zu ihr kommt und sie »erinnert an alles, was ich euch gesagt habe«. Dabei hat das Erinnern des Parakleten nach dem, was sich aus 2,17.22; 12,16 ergibt, nicht das bloße Erinnern und Einschärfen der früheren Jesustradition zum Ziel. Es handelt sich vielmehr um ein Erinnern, das in ein vorher nicht gekanntes Verstehen hineinführt. Der Paraklet löst, sagt v. 26 also, einen Erkenntnisprozeß aus, in dessen Verlauf die Jünger in das ihnen vorher verschlossene Jesuswort eindringen und zum Begreifen seines Sinnes vorstoßen. Dieses Geschehen hat in der nachösterlichen Gemeinde seinen Platz. In ihr wird das Jesuswort durch Vermittlung des Parakleten verstanden; in der Verkündigung der Gemeinde wird es laut.

---

[105] Mit BULTMANN 87 gegen SCHNACKENBURG I 362.

[106] Vgl. HOEGEN-ROHLS, Johannes 115–117. Dort auch (Anm. 88) Erwägungen über die enge Zusammengehörigkeit von Lehren und Erinnern. Man kann das καί in v. 26 epexegetisch verstehen.

Über die Tragweite dieser Sätze von v. 26 werden wir später zu sprechen haben. Immerhin können wir jetzt schon die Parallele zu den »größeren Werken« von v. 12 erspüren. Nach Ostern, hieß es dort, und unter der Leitung des Parakleten werden die Jünger jene »größeren Werke«, das eigentliche Tun Jesu an der Welt vollbringen (s. zu v. 12). Dem entspricht v. 26 genau: Nach Ostern werden die Jünger das Wort Jesu in seinem ganzen und wahren Sinn begreifen und verkündigen. Das überaus Positive der nachösterlichen Epoche wird also in v. 26 in ähnlicher Weise herausgearbeitet wie in v. 12–17.

Erneut bedenken wir den zurückgelegten Weg.

v. 18 enthält die Zusage, die den gesamten Abschnitt eröffnet. Er entfaltet den Inhalt von v. 18 nach verschiedenen Seiten.

v. 19–21. Dem Abschied wird das österliche Wiederkommen Jesu folgen. Die Jünger werden Jesus als den Lebendigen sehen, von dem sie ihrerseits Leben empfangen. Dieses wird darin bestehen, daß sie ihn in seinem Sein im Vater erkennen, und dabei wird sich ihnen sein Sein in ihnen und ihr Sein in ihm erschließen (v. 19 f). Eben dadurch werden sie zu solchen, die Jesus lieben (v. 21).

v. 22–24. Die Bemerkung v. 21 bietet Anlaß zu der Frage, weshalb nur die Jesus Nahestehenden ihn sehen werden. Die Antwort in v. 23 f weitet die der Liebe zugeschriebene Rolle noch aus: Nicht nur daß der Auferstandene sich dem Liebenden zeigen wird. Ihm, nur ihm gilt das Kommen des Vaters und des Sohnes. Er nur kann zur Wohnung des Vaters und des Sohnes werden.

v. 25 f. Der einem eigenen Traditionsbereich zugehörende Parakletspruch wird an das Vorhergehende so angeschlossen, daß das Tun des Parakleten seinen Ort in der Gemeinde hat, die durch das Ostergeschehen zur sehenden, erkennenden und liebenden Gemeinde geworden ist. Spricht v. 19–21, auch v. 22–24 von dem, was die Gemeinde mit Ostern empfängt, so spricht v. 25 f von der der empfangenden Gemeinde zugewiesenen Aufgabe. Der Paraklet setzt sie dafür instand[107].

Zum Verhältnis von v. 25 f zu v. 18–24. Die zwei Gedankenreihen waren ursprünglich nicht miteinander verbunden (S. 53). Während in v. 18–24, genauer: in v. 18–21 das Fortgehen Jesu, der Abbruch der vorläufigen Beziehung zwischen ihm und den Jüngern durch sein erneutes Kommen gewandelt wird zum Gewinn einer durch Sehen, Erkennen und Lieben qualifizierten Beziehung, wird in v. 25 f jenes Fortgehen durch den Parakleten und das von ihm vermittelte Verstehen und Verkündigen aufgefangen. Der jetzt vorliegende Text scheint durch das Nebeneinander der zwei Ideen überladen. Indes wurden die beiden Weisen der Passionsbewältigung vom Evangelisten so aufein-

---

[107] Man kann überlegen, ob kraft der jetzigen Komposition v. 18–24 von v. 25 f her auszulegen ist: Der Geist ist es, der »die nachösterliche Präsenz Jesu vermittelt« (so HOEGEN-ROHLS 159). Aber das ist unwahrscheinlich. Schon in v. 16 f liegt das Gewicht darauf, daß die Gemeinde durch den Parakleten der Ort der »größeren Werke« wird. So vermittelt der Paraklet nach v. 26 auch nicht das Ostergeschehen, sondern das nachösterliche Verstehen der Jünger.

ander bezogen, daß eine neue Einheit zustande kam: Der Geist führt die Jünger in der neuen Epoche, die ihnen durch Ostern erschlossen wurde. Hier vollendet sich, was sich schon in sehr früher Tradition ankündigte, etwa im Nebeneinander von 1 Kor 15,6 (die Erscheinung vor den 500 Brüdern) und Apg 2,1 ff (Sendung des Geistes zur Gemeinde)[108]. Joh 20,19–23 führt das Ende dieser Traditionsentwicklung vor Augen: Der an Ostern erneut zu den Jüngern kommende Jesus verleiht ihnen den Geist. Ostern und Pfingsten sind *ein* Geschehen.

4. Der Schluß der Rede 14,27–31

Das in v. 2 f gegebene Thema ist in 14,4–26 in einer mehrschichtigen und zielgerichteten Interpretation entfaltet worden. Neues ist nicht mehr zu sagen. So finden wir in v. 27–29 lediglich eine paränetische Zusammenfassung, in v. 28 eine Konzentration der bisher zur Sprache gebrachten Motive. v. 30 f enthält die Überleitung zur Passionsgeschichte.

v. 27. Mit dem Stichwort εἰρήνη (Friede), hier erstmals im Johannesevangelium begegnend (noch in 16,33; 20,19.21.26), wird das umfassend Positive des gefürchteten Abschieds auf seinen Begriff gebracht. Gerade indem Jesus die bisherige Beziehung zu den Jüngern beendet und die Seinen in eine neue, ihnen noch nicht bekannte Existenz entläßt, verleiht er ihnen Frieden, Schalom. In diesem Frieden werden sie zu Menschen, die den Weg Jesu – es ist der Weg in die Schande des Kreuzes – als den Weg zum Vater erkennen, werden sie ihn in seiner Einheit mit dem Vater erfahren, werden sie zum Tun der »größeren Werke« ermächtigt, werden sie zur Gemeinde derer, bei denen der Paraklet für immer bleibt und wirkt. Sie werden Jesus als den Wiederkommenden sehen, werden dank des Parakleten ihn und seine Rede endlich ganz begreifen. So trägt das Stichwort Friede die Botschaft der gesamten Rede in sich.

Ausdrücklich ist von εἰρήνη ἡ ἐμή (*mein* Friede) die Rede, und es versteht sich, daß der Kosmos solchen Frieden nicht verleihen kann. Er kann ihn aber auch nicht in Frage stellen und zerstören. Der von Jesus gewährte Friede kann und soll darum inmitten des von der Welt ausgehenden Unfriedens gelebt werden. Daran erinnert die Aufforderung »euer Herz erschrecke nicht und verzage nicht«, eine Erinnerung an v. 1, der von v. 27 her gelesen als Vorgriff auf diesen Satz wirkt. Die dort kaum verstehbare Aufforderung, in v. 27 durch μὴ δειλιάτω verstärkt, kann jetzt auf Verstehen rechnen.

Die Einlösung dieser Friedensverheißung erfolgt zunächst in 20,19.21, wo der Auferstandene mit dem Friedensgruß in die Mitte der sich fürchtenden Jünger tritt und an die Stelle ihrer Furcht seinen Auftrag setzt. Jene Einlösung erneuert sich in der jewei-

---

[108] Vgl. K. HOLL, Der Kirchenbegriff des Paulus in seinem Verhältnis zu dem der Urgemeinde, in: K.H. RENGSTORF, Das Paulusbild in der neueren deutschen Forschung (WdF XXIV), 3. Aufl., Darmstadt 1982, S. 148 Anm. 6; J. KREMER, Pfingstbericht und Pfingstgeschehen (SBB 63/64), Stuttgart 1973, S. 232 ff; JEREMIAS, Theologie 291 f; SCHNACKENBURG III 87 f; WOLL, Departure 232–234.

ligen Gegenwart der Jünger, wenn Christus sein »Friede sei mit euch« in ihre Angst hineinspricht (s. 16,20–24).

v. 28 faßt die gesamte Rede zusammen. ὑπάγω ist der terminus für Jesu Abschied. Aber während er in 13,33.36 nichts anderes ausdrückte als das Fortgehen Jesu und das Ende der bisherigen Gemeinschaft zwischen Jesus und den Jüngern, ist er hier verbunden mit der Wendung »ich komme zu euch« (ἔρχομαι πρὸς ὑμᾶς), die in v. 18 das österliche Wiederkommen und in v. 23 das Kommen des Vaters und des Sohnes zu den Liebenden ansagt.

Der Begriff ὑπάγω erfährt also einen erkennbaren Bedeutungswandel. Das gilt auch für das »ich komme wieder« von v. 3. Sprach der Ausdruck dort ursprünglich von der apokalyptisch vorgestellten Parusie Jesu, so erhält er jetzt im Rückblick dieselbe Bedeutung wie das österliche ἔρχομαι in v. 18.23.28. Auch das Verb πορεύεσθαι hat an diesem Prozeß Anteil. Ist es in v. 2 Element apokalyptischer Zusage ohne ausdrückliche Zielangabe, so ist es in v. 12 mit seinem Ziel verbunden, und darum ist in v. 28 Jesu Gehen Anlaß für die Freude der Jünger.

Mit v. 28 werden also die Zuhörer aufgefordert, das Ganze der Rede zu reflektieren und dann (v. 28b) die Konsequenzen zu ziehen. Dazu sind sie als Liebende in der Lage; denn als Liebende sind sie auch Glaubende, und als solche bejahen sie den Abschied Jesu als die Voraussetzung seines erneuten Kommens, bejahen sie den Abbruch der vorläufigen Gemeinschaft als Voraussetzung der eigentlichen Gemeinschaft, in der wirkliches Erkennen seinen Ort hat. Aber sind die Jünger tatsächlich Liebende in dem hier gemeinten Sinn? Der in v. 28 gebrauchte Irrealis wird zur eindringlichen Frage an die Hörer. Daß das Gehen Jesu zum Vater die Bedingung darstellt für sein erneutes und endgültiges Kommen, bedarf der Einsicht in den Satz »denn der Vater ist größer als ich«. Ist diese Einsicht da?

Zum Irrealis εἰ ἠγαπᾶτέ με ... ἄν[109]: Das Imperfekt, auch für den Irrealis der Vergangenheit benutzbar, meint hier korrekt den Irrealis der Gegenwart: Wenn ihr mich liebtet, freutet ihr euch darüber, daß ich zum Vater gehe.

v. 28b, vergleichbar dem textkritisch freilich sehr umstrittenen Halbvers 10,29a (mein Vater, der sie mir gegeben hat, ist größer als alles), war ein Hauptargument der Arianer in den christologischen Auseinandersetzungen der alten Kirche[110], obwohl er sich von johanneischer Theologie her gesehen dafür nicht eignete. Er ist nicht von einem metaphysischen Interesse her gestaltet und vertritt im jetzigen Zusammenhang keinen Subordinatianismus.

Größer als Jesus ist der Vater insofern, als von ihm das gesamte Christusgeschehen seinen Ausgang genommen hat und in ihm sein Ziel findet: Wie er Jesus gesandt hat und wie Jesus sich als den von ihm Gesandten weiß, so erwartet er nun den zurückkehrenden Sohn, um seine Verherrlichung zu vollenden (17,1–5); so sendet er auch den Parakleten, der das Christusgeschehen zu

---

[109] BDR 360.
[110] SCHNACKENBURG II 386; III 97–99; BARRETT 380f.

seiner entschränkten Wirkung bringen wird und die Gemeinde zum Ort der
»größeren Werke« werden läßt. Größer ist der Vater darin, daß zwar Jesus die
Gebote des Vaters hält (15,10); aber nie wird gesagt, daß der Vater die Gebote
des Sohnes hält; und der Sohn tut die Werke des Vaters, nicht der Vater die
Werke des Sohnes. Das so verstandene Größersein des Vaters schränkt das
Offenbarersein Jesu nicht ein, sondern ist seine Bedingung, und so widerspricht v. 28b nicht der Einheitsaussage von 10,30, sondern gibt ihren Ursprung an[111].

v. 29 arbeitet mit einem häufig verwendeten Motiv: Ein zukünftiges Ereignis wird angesagt, damit es, wenn es sich einstellt, von den Betroffenen als
etwas bereits Gewußtes verstanden und verarbeitet werden kann (vgl. 13,19;
16,1.4; Mk 13,23). In der Erinnerung daran, daß das jetzt Erlebte von Jesus
früher angekündigt wurde, wird auch die Souveränität und Verläßlichkeit des
Ankündigenden den Lesern bewußt, eine Idee, die vielleicht aus Dt-Jes in jüdisches und frühchristliches Denken eingeflossen ist (Jes 43,10; 46,10f). Für
v. 29 heißt das: Jesus sagt sein Weggehen und sein österliches Kommen an,
schwer zu ertragende und zu begreifende Vorgänge, solange man sie vor sich
hat. Wenn aber das Angekündigte eintritt, wenn die Jünger sich in der Krise des
Alleingelassenseins vorfinden, dann sollen sie dieser Krise als Wissende gefaßt und verstehend begegnen. Und wenn sie des Auferstandenen ansichtig
werden, dann sollen sie die Wende begreifen, die sich damit für sie vollzieht:
Sie treten in ein neues Verhältnis zu Jesus ein, im Vergleich zu dem das frühere
Verhältnis etwas ganz und gar Vorläufiges, jetzt Abzulegendes war.

πρίν wird nicht selten mit dem Infinitiv bzw. mit dem AcI konstruiert (4,49; 8,58 u.ö.)[112];
ὅταν mit Konj. Aorist, wenn die Handlung des Nebensatzes der des Hauptsatzes vorausgeht.

v. 30f bringt die Überleitung zur Passionsgeschichte. Der Satz »ich habe nicht
mehr viel mit euch zu besprechen« ist eine konventionelle Abschlußformel
(16,12; 3Joh 13). Der Herrscher der Welt tritt jetzt in Aktion und zwar im Tun
des Judas (18,2.5b). Im Aspekt Gottes aber kommt dabei die Sendung Jesu zur
Vollendung. Ein Ausgleich zwischen den zwei Aspekten – die Passion als Werk
des Satans und als die die Sendung vollendende Tat Jesu – wird nicht hergestellt. Er ist aber in der folgenden Überlegung angelegt: Für Jesus trägt der
Abschied, dieser vom Satan herbeigeführte Abschied keinen Schrecken in
sich; denn der Satan hat keinen echten Anspruch auf ihn. Er ist nur Ausführen-

    [111] Ch. K. Barret, The Father is greater than I, in: Neues Testament und Kirche (FS für
R. Schnackenburg), 1974, S. 144–159: Bühner, Der Gesandte 215; Thüsing, Erhöhung
210 f; Brown, Ringen 43 f führt so unterschiedliche Aussagen wie 14,28 Ende und 10,30 auf
verschiedene Traditionsstufen innerhalb der johanneischen Gemeinde zurück. Solche Stufen mag es tatsächlich gegeben haben. Nur gilt für v. 28, daß etwaige frühere Differenzen in
einer neuen Einheit völlig aufgegangen sind.
    [112] BDR 395,1 und Anm. 1; Br s.v. 1b.

der eines Geschehens, das ohne ihn in Gang gesetzt wurde, in das er sich zwar illegitim eingeschaltet hat, an dessen Ende aber seine Entmachtung steht (12,31; 16,11).

ὁ τοῦ κόσμου ἄρχων ist Bezeichnung für den Satan noch in 12,31; 16,11[113] (vgl. noch 1Kor 2,6.8; 2Kor 4,4; Eph 2,2; 6,1).[114] Daß der Satan die Welt beherrscht, ist im Neuen Testament eine Randaussage. Dem Judentum mußte sie ursprünglich fremd sein, da sie dem alttestamentlichen Schöpfungsglauben widerspricht. In der sog. zwischentestamentlichen Literatur dringt die Satanologie in das für dualistisches Denken sich öffnende Judentum und von daher auch in neutestamentliche Schriften ein. Bei Johannes ist der Satan »Personifizierung des ansonsten unbegreiflichen Unglaubens der Welt«[115]. – ἐν ἐμοὶ οὐκ ἔχει οὐδέν: An mir hat er nichts[116], das meint: Er hat kein Anrecht an mir, keinen Anspruch auf mich[117]. Das doppelte οὐ hebt die Verneinung nicht auf, sondern verstärkt sie[118].

Vom Ziel der Passion spricht v. 31. Jesus bejaht sie, weil er der Eine ist, der in der Einheit mit Gott lebt und ihm in Liebe zugehört. Wie er immer das Wort des Vaters sprach und das Werk des Vaters wirkte (14,10.21b), so vollzieht er jetzt in der Passion abschließend und vollendend den Willen des Vaters bis dorthin, wo er das »Es ist vollbracht« (19,30) spricht und wo seine Verherrlichung und die des Vaters ihr Ziel erreicht. – οὕτως ποιῶ (so tue ich) zeigt an, daß der eigentlich Aktive nicht der Satan ist, sondern Jesus. Der Unterschied zu Mt 26,54 (so muß es geschehen), wo von gehorsamer Hinnahme gesprochen wird, ist nicht zu überhören. – Auf dieses Geschehen schauend soll schließlich der Kosmos Jesus und seinen Weg verstehen lernen. Indem die Rede mit diesem Satz endet, schließt sie, wenn auch nur an ihrem Rand, den Kosmos in die Zukunft ein, auf die sie blickt. Der blinde Kosmos (v. 17.19.22.24) ist – diese Hoffnung findet hier einen wenn auch sehr zurückhaltenden Ausdruck – nicht unheilbar blind. Die Sätze 3,16f; 4,42; 6,33.51; 8,12; 10,36 sind nicht vergessen.

ἀλλ' ἵνα ist eine Ellipse (vgl. zu 15,25): Sondern dies geschieht, damit der Kosmos erkenne, daß ich den Vater liebe und so handle, wie der Vater mir aufgetragen hat[119].

Damit ist die Vorbereitung der Jünger auf die Passion vollzogen, und es kann eigentlich nichts anderes folgen als die Passionsgeschichte. Der Aufruf »steht auf, laßt uns von hier weggehen!« verlangt als Fortsetzung den Bericht von 18,1: »Nachdem Jesus das gesagt hatte, ging er weg mit seinen Jüngern …«. Es folgt aber der große Abschnitt c. 15–17. Das damit gegebene Problem wird später besprochen (S. 252).

---

[113] Vgl. Br s.v. ἄρχων 3.
[114] BULTMANN 330 Anm. 1.
[115] ONUKI, Gemeinde 180; vgl. noch BILL II 552; SCHNACKENBURG II 490f; BULTMANN 330 Anm. 2.
[116] Br s.v. ἔχω I 7a.
[117] BILL II 563; SCHLATTER 303; ausführlich BULTMANN 488 Anm. 2.
[118] BDR 431,2.
[119] BDR 448,7 und Anm. 8.

II. Interpretation und Geschichte

Welche Interessen, Erfahrungen, Auseinandersetzungen der johanneischen
Gemeinde haben an der Entstehung und Formung der erste Abschiedsrede mit-
gewirkt? Mit dieser Frage – sie hatte sich schon im exegetischen Teil gemeldet
und ohne das Hören auf ihr Dreinreden war Exegese nicht möglich – gehen wir
an den zweiten Teil unserer Besinnung über 13,31–14,31. Was aber in Teil I
sich nur stellenweise zu Wort meldete, tritt jetzt ins Zentrum. Wir fragen also
nach den Hoffnungen, Bedürfnissen, Ängsten, die in 13,31–14,31 ihren Ausdruck gefunden haben. Vor allem fragen wir nach dem theologischen Willen,
der hier am Werk war, wie er mit den vorhandenen Überlieferungen umging
und wie er sich zu den Anforderungen der Gegenwart stellte. Der Text spricht
davon nur indirekt. Aber wie man einem Brief nicht nur die direkt ausgespro-
chenen Mitteilungen entnehmen kann, sondern auch den nicht ausgesproche-
nen Hintergrund, die verschwiegenen Hoffnungen und Ängste, so läßt sich aus
unserer Abschiedsrede einiges über die innere Lage der Gemeinde und die
Absichten ihres Leiters heraushören.

1. Der Aufbau der Rede

Der Exegese liegt die jetzt ausdrücklich zu bedenkende Gliederung zugrunde
(S. 13f). Stellt man sie sich in einem gedrängten Überblick vor Augen, steht
man vor dem strengen und logischen Aufbau der Rede. Das scharf abgegrenzte
Thema »Fortgehen, Wirken, Wiederkommen Jesu« findet eine breit auslanden-
de Durchführung, die sich zahlreicher neuer Motive bedient: Die Verleugnung
des Petrus; das Verhältnis Jesus-Vater; die größeren Werke; der Paraklet; das
Ineinander von Ostern und Parusie; der Einwand von v. 22. Bei einigen dieser
Motive fragt man, was sie mit dem Thema zu tun haben. Lenken sie nicht von
ihm ab? Aber bei näherem Hinsehen wird man gefesselt von der Beobachtung,
wie die Rede sich durch die ihr z.T. fremden Motive von ihrem Thema nicht
abbringen läßt, wie sie im Gegenteil gerade die scheinbar themafremden Motive zur Vertiefung und Aktualisierung des Themas einsetzt. Wir vergegenwärtigen uns die Gliederung.

Einleitung 13,31–38
Passion als Verherrlichung Jesu, gleichzeitig als Aufhebung
des bisherigen Verhältnisses zu den Jüngern; Petrus als Typus
des sich dagegen wehrenden Jüngers.

Thema 14,1–3
Der Abschied Jesu von den Jüngern erfolgt als sein Aufstieg
zu den himmlischen Wohnungen; dort erwirbt er für die Jünger
das Wohnrecht, um dann zurückzukehren und sie in
diese Wohnungen zu bringen.

Hauptteil 14,4–26
Das Fortgehen Jesu, seine weiterzuführenden Werke, sein Wiederkommen

Der Fortgehende als der Weg zum Vater v. 4–11	*Die weiterzuführenden Werke Jesu* v. 12–17	*Das erneute Kommen Jesu* v. 18–26
v. 4f. Behauptung: Ihr kennt den Weg zu Gott.		v. 18. Zusage des Wiederkommens.
v. 6f. Jesus selbst ist der Weg zum Vater, und wer Jesus erkennt, erkennt den Vater.	v. 12. Die Zusage der größeren Werke.	v. 19–21. Das Ostergeschehen wird entfaltet: Jesus wird von den Jüngern gesehen, erkannt und geliebt.
v. 8f. Wie kann man in Jesus den Vater erkennen?	v. 13–15. Die größeren Werke sind an das Gewähren Jesu und an die Liebe zu ihm gebunden.	v. 22–24. Denn nur den Liebenden gilt das Kommen des Vaters und des Sohnes.
v. 10f. Darin, daß Jesus das Wort des Vaters spricht und das Werk des Vaters tut.	v. 16f. Die Befähigung zum Tun der »größeren Werke« erfolgt durch den Parakleten.	v. 25f. Die liebende Gemeinde wird vom Parakleten zu ihrer Aufgabe instandgesetzt.

Schluß der Rede 14,27–31

Wir beobachten eine auffallende Parallelität im Hauptteil der Rede. Sie würde zur vollendeten Parallelität, wenn man in der mittleren Spalte v. 12 als ermutigende Behauptung den drei folgenden Schritten voranstellen und neben v. 4f und v. 18 setzen dürfte. v. 13 würde dann Jesus als den Ursprung der »größeren Werke« nennen; v. 15 gäbe die innere Verfassung der Gemeinde an, die diese Werke tut; v. 16f bliebe in seiner Funktion unverändert. Aber dies bleibt bloße Vermutung.

2. Der Wille zur Interpretation

Die streng aufgebaute Rede stellt sich dem Leser als streng durchdachte theologische Erörterung dar, die sich bestimmten christologischen Themen widmet. Man fragt alsbald, wo eine solche Erörterung ihren geschichtlichen Ort hat, wo also in der hier begegnenden Weise theologische Probleme aufgeworfen und durchdacht werden. Sicher gewinnt man in 13,31–14,31 wie im gesamten Johannesevangelium einen Einblick in die theologische Bewegtheit der johanneischen Gemeinde. Aber setzt nicht solche Bewegtheit eine Gruppe voraus, in der die die Gemeinde bewegenden Fragen besprochen und einer Antwort zugeführt werden? Damit stehen wir vor dem Problem der johanneischen

Schule, deren Existenz durch 21,24 f erwiesen und darüber hinaus durch andere Beobachtungen im Johannesevangelium wahrscheinlich gemacht wird. Dem johanneischen Schülerkreis schreibt man die Bearbeitung und Herausgabe des Johannesevangeliums zu, das von seinem Hauptautor offensichtlich nicht bis zur Veröffentlichung vorangebracht werden konnte[120]. Aber dieser Schülerkreis muß schon vor dem Werk der Redaktion und Herausgabe eine Funktion gehabt haben. Begegnet man ihm etwa im Diskussionscharakter von 13,31–14,31, in den vier Jüngereinreden in 13,36–38; 14,4 f.8 f.22 und im interpretierende Vorwärtsdrängen von v. 6–11.18–24? Der sich hier dokumentierende Wille zur Interpretation, der uns in der Exegese ständig begegnete, sei jetzt in einem knappen Überblick vor Augen gestellt.

(1) Er wird schon in den ersten Sätzen laut, wenn die bevorstehende Passion als Akt der Verherrlichung Jesu und des Vaters dargestellt wird. Der Tod Jesu mußte in der Gemeinde wieder und wieder bedacht werden, nicht nur im Blick auf die synagogale Polemik, die den Tod Jesu als Beweis seines Scheiterns und seiner Nichtmessianität verstand (S. 18.290–292). Auch der Glaube an Jesus mußte sich ständig der Frage nach dem Warum und dem Ziel dieses Todes stellen.

(2) Die in der Gesamtkirche bekannte Tradition von der Verleugnung des Petrus wird einer tiefgreifenden Neuinterpretation unterzogen. Verleugnung erschöpft sich demnach nicht in dem, was man herkömmlicherweise unter Verleugnung versteht, Absage an Jesus und die ihm geschuldete Nachfolge, ein Akt also, dessen Negativität am Tage liegt. Petrus geht ja, sagt 13,36–38 (s.d.), der Verleugnung entgegen als einer, der todesmutig zur Nachfolge bereit ist und der solchen Mut demonstriert, indem er sich der Preisgabe Jesu, damit der Auflösung der bisherigen Beziehung zu ihm mit allen Kräften widersetzt. Aber so verstandene Nachfolge, sagt der johanneische Text, führt in die Verleugnung. Damit wird die alte Tradition von der Verleugnung des Petrus in eine beunruhigend neue Richtung gelenkt. In welcher Absicht geschieht das?

(3) In v. 2 f begegnete uns eine Äußerung frühchristlicher Apokalyptik. Erschöpfte sich die Absicht des kleinen Abschnitts darin, die Zukunft Jesu apokalyptisch zu verarbeiten, dann hätte die Rede mit v. 3 ihr Ziel und Ende erreicht. Nun aber stellt sich der folgende Abschnitt v. 4–26 als eine überlegte Neuinterpretation der in v. 2 f enthaltenen apokalyptischen Äußerung dar. Wie in v. 6 f die Wegvorstellung ins Personale transponiert, wie »Weg« von einer räumlich verstandenen Strecke in die Person Jesu hineinverlegt wird, das gehört zu den kühnsten Interpretationsvorgängen, die das Neue Testament aufzuweisen hat. Dem schließen sich die Bemühungen um die christologischen Fragen an (v. 8–11): Wie kann in Jesus Gott sich vergegenwärtigen? Bedarf es dazu einer wunderhaften Theophanie? Nein, sagt v. 8 f, sondern in Jesus als der bekannten

---

[120] HENGEL, Frage 219–224; BROWN XXXVI–XXXVIII; CULPEPPER, School passim; K. BERGER, Exegese des Neuen Testaments (UTB 658), Heidelberg 1977, S. 230–234.

irdischen Gestalt ist der Vater in die Welt eingetreten. Sofort erwächst daraus die nächste zu klärende Frage: Wie kann Gott im irdischen Menschen Jesus da sein? Hat man mit einer substantiellen Einheit beider zu rechnen, wobei dann das Irdische zur bloßen und schließlich abzutuenden Hülle des Himmlischen würde? Nein, lautet die Antwort in v. 10f; die Einheit zwischen Gott und Jesus und das Sich-Vergegenwärtigen Gottes in Jesus ist damit gegeben, daß im Wort Jesu das Wort des Vaters ergeht und in Jesu Tun das Tun des Vaters geschieht.

(4) Während in v. 12–17 das hermeneutische Problem zurücktritt – Geist der Wahrheit, heiliger Geist (v. 26) wird auf die Parakletgestalt hin interpretiert –, beherrscht es v. 18–24 in jedem Satz. Das traditionell verstandene Ostergeschehen wird neu ausgelegt, indem das österliche Leben Jesu gedeutet wird als sein Sein im Vater, das österliche Leben der Glaubenden als ihr Sein in Jesus (v. 20). Der apokalyptische Horizont, in dem die frühe Kirche Ostern erlebt und begriffen hat, wird zum Horizont gegenwärtigen österlichen Sehens, Erkennens und Lebens. Die apokalyptische Wendung »an jenem Tag« wird auf eine Parusie hin ausgelegt, die nicht ans Ende der Tage gehört, sondern die sich ereignet, indem Jesus jetzt geliebt und sein Wort jetzt gehalten wird. Ein weiterer Interpretationsvorgang verbindet sich damit: Die alte Wendung »das Gebot halten«, die jüdischer und wohl auch judenchristlicher Torafrömmigkeit Ausdruck gibt, wird jetzt gleichbedeutend mit der neuen Wendung »das Wort Jesu halten« (s. zu v. 15). Und welcher Tendenz werden die tradierten Ostererscheinungen dienstbar gemacht, wenn sie laut v. 21 nicht auf die alten Osterzeugen beschränkt werden, sondern wenn jeder Glaubende als Osterzeuge angesprochen wird (S. 62)? Schließlich kann man auch an der Art, in der der Evangelist dem polemischen Einwand gegen die christliche Osterverkündigung begegnet (v. 22f), seinen Willen zur Interpretation erspüren. Er verzichtet auf jede Apologetik, und solcher Verzicht hat seinen Grund in einem eigenen Verstehen dessen, was Osterglaube ist; denn nicht von einem objektivierenden Denken und nicht vom Statuieren greifbarer Beweise her kann Ostern begriffen werden. Solche Art Denken und Beweisen vermag die Osterverkündigung nicht zu erfassen, kann sie folglich auch nicht in Frage stellen. Dann aber ist eine Apologetik unnötig und unangemessen, die mit demselben Instrumentarium arbeitet wie ihr Gegenspieler. Im Zusammenhang damit erfährt der Begriff der himmlischen Wohnungen eine Interpretation, die die apokalyptische Vorstellungswelt gründlich hinter sich läßt (S. 62f).

(5) Kann man die Beunruhigung nachspüren, die für Menschen der frühen Gemeinde von solchem Umgang mit der Tradition ausgehen mußte? Dabei ist es nicht denkbar, daß der Autor dieser Rede nicht wußte, in welchem Maß er sich von der überlieferten Sicht entfernte und welch gefährlicher Dynamik er frühchristliches Denken aussetzte, wenn er ihm derartige neue Verstehensmöglichkeiten erschloß. Was hat den Autor zu solchen Kühnheiten geführt? Wir nähern uns einer Antwort, indem wir zuerst fragen, wodurch der hier sich doku-

mentierende Willen zur Interpretation aufgeweckt wurde. Hinter Interpreta-tions*vorgängen* stehen immer Interpretations*bedürfnisse*, und diese erwachsen aus bestimmten Notwendigkeiten, Entwicklungen, Konstellationen. Sie ent-stehen dort, wo bisherige Verstehensmöglichkeiten ihre überzeugende Kraft verlieren, wo darum nach neuen Perspektiven gesucht und wo das neu Erkann-te neu formuliert werden muß. Interpretationsbedürfnisse verraten etwas von sich auflösenden Selbstverständlichkeiten und sich verschiebenden Fragen, von Zweifel und Suchen, von Gruppen und Gegengruppen, die sich miteinan-der auseinandersetzen und um ihre jeweils voneinander abweichenden Er-kenntnisse streiten. Ohne konkreten Anlaß hätte der Evangelist Ostern nicht neu interpretiert, hätte er die Figur des Parakleten nicht in sein Evangelium eingeführt, hätte er jene christologische Erörterung nicht vorgetragen.

(6) In diesen Zusammenhang gehört die Häufung der Jüngerunverständnisse in 13,31–14,31, die jeweils zur Klärung eines bisher unverstandenen Problems eingesetzt werden (S. 35 f; nimmt man 13,6 ff.28 f dazu, hat man mit sechs Un-verständnisszenen zu tun).

Becker unterscheidet die Mißverständnisse der Juden von den Unverständnissen der Jünger[121]. Diese entspringen einem graduellen Mangel an Einsicht, den Jesus meist sofort zu beheben sucht (11,23–27;13,6–10.36–38; 14,4f.8–11.22–24; 16,16–22.29–32). Aber nicht behoben wird, worauf Becker nicht eingeht, das sich in 13,28 f äußernde Unverständnis; denn 13,31–33 ist schwerlich die klärende Antwort darauf. Eine ähn-liche Frage stellt sich an 6,5 ff; 11,11–13; 13,36–38. Zwar steht die grundsätzliche Kor-rigierbarkeit des Jünger-Unverständnisses nicht in Frage; in Frage steht aber der Erfolg der Korrektur. Dabei gibt es Nuancen. Nach 2,22; 12,16 stoßen die Jünger erst nach-österlich zum wirklichen Verstehen vor, das umfassend vom Parakleten gewährt wird (14,26). Martha dagegen versteht sofort (11,27). Nicht bedacht wird die Reaktion der Jünger 6,5 ff; 11,11–13; c. 14.
In den Mißverständnissen der »Juden« stellt sich der notorische Unglaube der Welt, ihre Blindheit gegenüber der Offenbarung dar. Die Welt kann auf das Wort, das von jen-seits der Welt her in die Welt eindringt, nur von der Verstehensebene der Welt her reag-ieren und muß darum mißverstehen. Hier ist vor allem an 6,41 f; 7,33–36; 8,21 f; 8,56–58; 12,27–36 zu denken. Bei 6,51 f; 8,31–33.51–53 ist es dagegen fraglich, ob diese Äußerungen, wie Becker es tut, den Mißverständnisszenen zuzurechnen sind. Wehren sich hier die Gesprächspartner nicht gegen sehr wohl Verstandenes? Außerdem hat man auf Abstufungen gefaßt zu sein. So wird man überlegen, ob nicht das verfehlte Fragen des Nikodemus (3,3–5) und der Samaritanerin (4,10–15) angesichts von 7,50–52; 19,39 und 4,25–30.39–42 sich der Gruppe der korrigierbaren Jünger-Unverständnisse nähert. Zu beachten ist auch, daß das Mißverständnis der Juden in 2,18–22 noch nicht von der Äußerung bewußter Feindschaft getragen ist. Ins Fließen geraten die Grenzen zwischen Mißverständnis und Unverständnis vollends in 4,31–34. Dort reagieren die Jünger in der Weise des Mißverständnisses, wie es sonst den Juden zugeschrieben wird, und von einem schließlichen Verstehen verlautet nichts. Nicht zu übersehen ist endlich, daß der in 13,36–38 aufbegehrende Petrus in seinem verhängnisvollen Unverständnis gefangen

---

[121] BECKER 161–163; ferner BULTMANN 560 s.v. Mißverständnisse; ders., Theologie 397 f; CULPEPPER, Anatomy 152–165; H. LEROY, Rätsel und Mißverständnis (BBB 30), Bonn 1968.

bleibt, wie 18,10f.17.25–27 beweist; erst 21,15–19 markiert den Wandel zum Verstehen hin. So ist es zweifelhaft, ob man mit dem Becker′schen Satz, daß die eine Ausnahme von 4,31 ff die Regel bestätige, an jener strengen Unterscheidung zwischen Unverständnis und Mißverständnis, damit auch an der pauschalen Verankerung der jüdischen Mißverständnisse im johanneischen Dualismus festhalten darf.

Welchem Anliegen könnte die Häufung der Unverständnisszenen in c. 13f dienen? Bedenkt man, daß die Jünger in den Abschiedsreden die spätere Gemeinde repräsentieren, dann ist zu vermuten, daß in den genannten Szenen mißverständliche und zu klärende Fragen der johanneischen Gemeinde behandelt werden. Indem ihr das Unverständnis der damaligen Jünger und gleichzeitig der Jesus vor Augen gestellt wird, der diesem Unverständnis ein Ende bereitet, werden ihre eigenen Fragen aufgenommen und einer Antwort zugeführt. Zusammen mit dieser Gemeinde ist es der Leser und Hörer des Johannesevangeliums, in dem sich der nötige Klärungsprozeß, der Schritt vom Nichtverstehen zum Verstehen vollziehen soll. Vielleicht sollte man noch konkreter vermuten, daß in die Unverständnisszenen von c. 13f Diskussionen der johanneischen Schule eingeflossen sind. Zeichnet sich etwa in der Frage des Jüngers und der Antwort Jesu das johanneische Schulgespräch ab, in dem um Klärung des Unverstandenen oder nicht mehr Verstandenen, um Neuinterpretation des fraglich Gewordenen gerungen wird?

In jedem Fall haben wir in dieser ersten Abschiedsrede nicht die Meditation eines großen Einzelnen vor uns, der einem esoterischen Zirkel Einblick gibt in die Tiefe seines weltabgewandten Denkens. Zwar ist die in c. 13f zur Form gelangte theologische Denkarbeit ohne die Person des Evangelisten nicht denkbar. Aber gleichzeitig ist sie Ergebnis von Auseinandersetzung innerhalb der Gemeinde, vielleicht zum Ziel gebrachte Diskussion des johanneischen Schülerkreises, Ausdruck eines entschiedenen Willens, sich neuen Fragen zu stellen, überlieferte Inhalte in neue Perspektiven zu rücken und sie neu zu sagen. Wir bedenken die wichtigsten dieser Inhalte.

3. Osterglaube

Wir folgen den verschiedenen Aspekten, in denen in v. 18–24 christlicher Osterglaube neu ausgelegt wurde: Wer ist Osterzeuge? Wie wird Ostern vergegenwärtigt? Wie ist das Verhältnis zwischen Ostern, Pfingsten und der Parusie zu sehen[122]?

---

[122] Dazu ausführlicher: DIETZFELBINGER, Osterglaube 66–79.

a) Wer ist Osterzeuge ?

Apg 10,37–43 definiert eindeutig: Die Apostel, die Jesus begleitet haben von
den Tagen des Täufers an bis zu den Ereignissen von Passion und Ostern; allenfalls treten noch die Emmausjünger dazu (Lk 24,13–35). Nur die diesem Kreis
Zugehörigen sind Osterzeugen. In ähnliche Richtung, indes nicht mit der gleichen Eindeutigkeit geht die Antwort der überlieferten Ostergeschichten: Ein
begrenzter Kreis von Menschen, einige Frauen, die Jünger des Zwölferkreises.
Paulus in 1Kor 15,5–7, aber auch die diesem Abschnitt zugrundeliegende vor-
paulinische Tradition schließen sich dem an: Die Zwölf, die Apostel, der Herrenbruder Jakobus; unscharf wird der Kreis der Osterzeugen durch jene 500
Brüder (1Kor 15,6). Im allgemeinen sind Osterzeugen auch Menschen, die zur
Verkündigung des Auferstandenen berufen werden. Paulus, der sich in 1Kor
15,8 selbst in die Gruppe der Osterzeugen einreiht[123], ist dafür das Hauptbei-
spiel. Als Osterzeuge wird er Urheber des Osterglaubens derer, die seine Verkündigung verstehend annehmen. Diese anderen glauben nicht aufgrund unmittelbarer Ostererfahrung; ihnen wird keine österliche Christusvision zuteil
wie den in 1Kor 15,5–8 Aufgezählten oder den Emmausjüngern; sie werden
nicht vom Auferstandenen angesprochen wie Maria von Magdala (Joh 20,11–
17). Vielmehr glauben sie aufgrund der Predigt, die von jenen Oster-Urzeugen
ihren Ausgang nahm. Sehr eindeutig erklärt sich Matthäus dazu: Die Verkündigung jener Urzeugen ist die Basis für das Glauben und Verstehen der später
Hörenden und Glaubenden (Mt 28,16–20).

Darin also ist man sich in allen Schichten der frühen Überlieferung einig:
Der Kreis der Osterzeugen ist personell begrenzt, wobei die Grenzen nicht
überall in gleicher Weise gezogen sein müssen. Daraus ergibt sich, daß jener
Kreis auch zeitlich begrenzt ist. Für Lukas ist das Ende der Ostererscheinungen
mit der Himmelfahrt Jesu (Apg 1,9–11) erreicht; von jetzt an wird Ostern ausschließlich im Wort der Osterzeugen faßbar. Paulus denkt in die gleiche Richtung; für ihn enden die Ostererscheinungen mit der von ihm erlebten Christophanie (1Kor 15,8). Dies hat zur Konsequenz, daß der Gruppe der Osterzeugen
die spätere Gemeinde gegenübersteht. Sie hört die Verkündigung jener Zeugen, versteht und verarbeitet sie, begreift von daher Jesus als den Auferstandenen und gibt dieses Begreifen weiter. Die Vorordnung des Erstzeugnisses (=
Urzeugnis) vor dem abgeleiteten Osterzeugnis der Späteren wird nicht hinterfragt.

Sollte man in der johanneischen Gemeinde davon nichts gewußt haben? Das
ist undenkbar angesichts des Austauschs, in dem die frühchristlichen Gruppen
miteinander verbunden waren. Es ist auch undenkbar von den Ostertraditionen
her, die der Evangelist übernahm und in denen jene Rangfolge verankert war.

---

[123] DIETZFELBINGER, Berufung 56–60.

Der zwingende Beweis dafür, daß er diese Rangfolge kannte, ist die entschlossene Auflösung, der er sie unterzog. Die Jünger in den Abschiedsreden sind für ihn – wir wiederholen – nicht nur die Angehörigen des historischen Zwölferkreises. Sie sind gleichzeitig Symbol der späteren Gemeinde. Dann aber liegt es auf der Hand, daß dieser Gemeinde die Zusagen von 14,18–24 gelten. Ihr wird gesagt, daß demjenigen, der an Jesus glaubt und ihn liebt, der Auferstandene erscheint. Osterzeuge ist also nicht nur der, der es im historischen Sinn ist. Osterzeuge ist jeder, der Jesus glaubend versteht und liebend an ihm festhält (14,21). Der so Glaubende ist – nichts Geringeres wird damit gesagt – hinsichtlich des Osterereignisses von gleichem Rang wie der, der einer Ostererscheinung in der Weise der Ostergeschichten oder von 1 Kor 15,5 ff gewürdigt wurde. Jener Zuordnung und Rangfolge originale Osterzeugen – glaubende Gemeinde bedarf es nicht mehr.

Was geschieht hier? Die Begrenzung der Ostererscheinungen auf den historischen Kreis der ersten Jünger und Zeugen wird aufgesprengt. Osterzeuge ist jeder, der Jesus liebt, und die Jesus Liebenden sind nicht nur in der vorösterlichen Geschichte Jesu und in den vergangenen Passionsereignissen zu suchen. Sie finden sich ebenso in den späteren Generationen der christlichen Kirche. Ihnen wird das Sehen und Erfahren des Auferstandenen zugesprochen. Wir werden später die Tragweite dieser Behauptung – sie ergeht aus dem Mund Jesu – zu bedenken haben und merken jetzt nur an, daß v. 21 uns wieder den Willen des Evangelisten, überkommene Traditionen zu interpretieren und zu aktualisieren, spüren läßt.

Dabei war Johannes durchaus bereit, die Erstmaligkeit der Ostererscheinungen, wie sie in 1 Kor 15,5 ff sich darbietet, anzuerkennen. Er tat das, indem er in c. 20 die alten Ostertraditionen übernahm, sie zwar bearbeitete, aber eben damit akzeptierte und nicht für überholt erklärte[124]. Aber solche Erstmaligkeit der Ostererscheinungen ist nicht Einzigkeit, und sie verleiht nicht eine Originalität der Zeugenschaft, die den Späteren verwehrt ist. Vielmehr sind diese Späteren originale Osterzeugen wie die Ersten. Darauf zielt das Pathos von 14,18 ff ab.

Die Entschränkung, die der Evangelist mit dem Begriff »Osterzeuge« vornahm, hat keine Analogien im Neuen Testament. Jeder, der in dem von der Welt verworfenen Jesus den Sohn erkennt, jeder, der in der Gestalt und Geschichte Jesu die Vergegenwärtigung des Vaters glaubt, ist Osterzeuge vom Rang derer, die in 1 Kor 15,5–8 oder in den Ostergeschichten genannt werden.

Hätte man dem Evangelisten entgegengehalten, daß zur originalen Osterzeugenschaft eine österliche Christophanie in der Weise von 1 Kor 15,5–8 gehöre, dann hätte er erwidert, daß die Christuserfahrung der späteren Gemeinde, das Erkennen Jesu als des Repräsentanten des Vaters jenen Christophanien mindestens gleichkommt. Von dieser Einsicht her faßt er jene Christuserfah-

---

[124] DIETZFELBINGER, Osterglaube 6 f.

rung in 14,18–24 in österliche Terminologie und damit schreibt er ihr dieselbe Qualität und Unmittelbarkeit zu, die man der Ostererfahrung der frühen Jüngergruppen zuschrieb. Die spätere Gemeinde ist, sagt Johannes, gegenüber der Generation der Erstzeugen nicht im Nachteil. Sie erfährt Christus als den Auferstandenen zwar ohne Christusvisionen, aber in gleicher Intensität, wie ihn jene Erstzeugen erfahren haben. An die Stelle der historisch vergangenen Auferstehungserscheinungen tritt für den Evangelisten der in der jeweiligen Gegenwart verstehende Glaube, in dem Christus sich der Gemeinde nicht weniger als den Auferstandenen mitteilt, als er es in den Christusvisionen etwa von 1Kor 15,5–8 tat. Jeder Glaubende, heißt das, ist originaler Osterzeuge. Aber wie kann derartiges gedacht werden?

b) Wie wird Ostern vergegenwärtigt?

Hinter Interpretations*vorgängen* stehen Interpretations*bedürfnisse*, sagten wir, und wir fragen jetzt: Von welchen Notwendigkeiten und Motiven ließ sich der Evangelist leiten als er jedem an Jesus Glaubenden die Qualität des originalen Osterzeugen zusprach? In der Thomasgeschichte (20,24–29) ist ein erster Hinweis darauf enthalten. Thomas weigert sich, auf die Autorität der anderen Jünger hin zu glauben, und er besteht auf der Originalität seines Glaubens, der nicht auf der Zuverlässigkeit der anderen, sondern auf Christus selbst gründet. Darum verlangt er, daß der Auferstandene sich ihm in seiner Lebendigkeit erweise. Hierin gibt ihm der Evangelist recht.

Dem entspricht das Problem, dem Johannes mit der Figur des Parakleten begegnet: Wie können spätere christliche Generationen eine Christusbeziehung gewinnen, die der Christusbeziehung der ersten Generation an Qualität gleichkommt? Es ist, sagt Johannes, der Paraklet, der der späteren Gemeinde das Verständnis Jesu und seiner Botschaft erschließt, und er erschließt ihr ein Verständnis, das das Verstehen der vorösterlichen Jünger weit übersteigt (vgl. den Exkurs über den Parakleten S. 220ff).

Aber die Frage spitzt sich zu: Wie kann der Osterglaube der Späteren ohne die Erfahrung von Ostererscheinungen Osterglaube im vollen Sinn sein? In 14,18–26 antwortet der Evangelist: Kraft der vom Parakleten vermittelten eigenen Ostererfahrung tritt die spätere Gemeinde in dieselbe Qualität und Unmittelbarkeit des Osterglaubens ein, in der die ersten Osterzeugen lebten; sie bedarf also keiner Ostererscheinungen, und es ist auch nicht die Zuverlässigkeit der Tradition, die sie am Erleben der Erstzeugen Anteil haben läßt. – Wir fragen jetzt nicht danach, in welche Art des Umgangs mit der Tradition sich Johannes damit begibt, und wir fragen auch nicht nach den Gefahren, die einem solchen Umgang innewohnen. Wir achten vielmehr auf die Chancen, die er eröffnet.

Vermutlich waren die Ostergeschichten, wie wir sie bei den Synoptikern finden, für Johannes real geschehene Ereignisse, und es ist ganz unwahrscheinlich, daß er als antiker Mensch vom Zweifel an der Tatsächlichkeit des Berichteten erfaßt war. Aber es mußte in ihm ein ungewöhnliches Empfinden für notwendige Entwicklungen gelebt haben, auch ein Gespür für das Ungenügen hergebrachter Sinngebungen und für die Richtung, in der nach neuen Sinngebungen zu suchen ist. So hat sich ihm die Einsicht eröffnet, daß nicht die Traditionen die Gültigkeit und Wahrheit der Christusverkündigung und so auch des Ostergeschehens garantieren können, daß es vielmehr der Paraklet ist, der, sich an die Traditionen anlehnend oder sie übergehend, die heute gültige und verpflichtende Christuserkenntnis vermittelt. Auf Ostern angewendet heißt das: Nicht der Rückgriff auf die überlieferten Ostergeschichten und also nicht der Glaube an die Zuverlässigkeit der ersten Osterzeugen ist Basis des heute zu lebenden Osterglaubens. Solcher Glaube bedarf der eigenen Erfahrung Christi als des Auferstandenen, und das ist eine durch den Parakleten zugängliche und gewährte Erfahrung.

Damit wurde die Autorität der überlieferten Ostererzählungen relativiert, allerdings nicht bis dahin, daß der Evangelist sie zur Seite schöbe. Er läßt sie im Gegenteil zu Trägern eines weitergeführten Verständnisses von Ostern werden, aber eben *seines* Verständnisses von Ostern. Als Beispiel sei die Geschichte von der Erscheinung des Auferstandenen vor den Jüngern (20,19–23) genannt. In ihr verschiebt sich das Gewicht vom Phänomen der Erscheinung und vom Problem der Identität Jesu hin zur Geistbegabung und Beauftragung der Jünger. Hier liegt das Interesse des Evangelisten und er hat es mit Geschick und einiger Mühe erreicht, daß die alten Ostertraditionen seinen theologischen Absichten dienstbar wurden[125].

In 14,18–24 ist er dieser Mühe enthoben. Ohne Überliefertes neu deuten zu müssen, kann er in der von ihm gestalteten Rede sein Verständnis von Ostern in seinen Grundzügen entfalten. Das einstige Osterereignis erneuert sich im Akt des Glaubens und der Liebe zu Jesus, setzt sich so in die Gegenwart des Glaubenden fort, und es bleibt dabei Ostern in seiner Ursprünglichkeit. Wer verstehen lernt, daß der getötete Jesus nicht im Tod blieb, sondern daß der Schritt in den Tod für ihn der Schritt in die Doxa des Vaters war (s. zu 13,31 f), der hat damit Ostern erlebt. Wer gegenüber dem, der in den Fluch des Kreuzestodes gestürzt wurde, zu dem Bekenntnis des Thomas »mein Herr und mein Gott« (20,28) vorstößt, der hat Ostern nicht nur erlebt, sondern auch verstanden. Solche österliche Erkenntnis wird dem heute Glaubenden in der gleichen Qualität gewährt wie den ersten Osterzeugen. Deren zeitlicher Vorrang ist kein qualitativer Vorrang, und folglich ist der heute gewährte und gelebte Osterglaube nicht abgeleiteter oder geliehener Glaube; er ruht nicht auf dem Zutrauen zur Glaubwürdigkeit der ersten Osterzeugen, sondern ist originaler Osterglaube.

---

[125] Dietzfelbinger, Osterglaube 8–51.77–79.

Weil der auferstandene Christus der gegenwärtige Christus ist, macht er sich dem heute Glaubenden ebenso unmittelbar kund wie denen, die zeitlich gesehen die ersten Osterzeugen waren.

Wir versuchen, uns Rechenschaft über den hier zu beobachtenden Denkvorgang zu geben. Johannes weiß: Auferstehung Christi und Erfahrung des Auferstandenen ist nicht ein Geschehen, dessen man in der Objektivität des von außen zuschauenden und kontrollierenden Betrachters gewahr wird. Vielmehr gehört das Wahrnehmen Christi als des Auferstandenen in eine Gottes- und Christusbeziehung, die durch den Begriff der Liebe qualifiziert und erhellt wird (s. zu v. 21): Der von Gott oder Christus geliebte und bejahte Mensch ist es, der Christus als den Lebendigen begreift, und in solchem Begreifen wird er selbst ein Liebender, der verstehend Christus als den Lebendigen erfährt. Indem er erkennt, daß Christus »in Gott«, dem Inbegriff der Lebendigkeit (5,26) ist (v. 20), erkennt er ihn als den Auferstandenen und Lebendigen; und wer Christus so erkennt, ist seinerseits »in Gott«, ist aus dem Tod ins Leben hinübergegangen (5,24). Wird Auferstehung Jesu so begriffen, dann ist sie ihrem Wesen nach kein Ereignis, dem man in der Distanz des objektiven Beobachters entgegentreten und dessen Passiertsein man aufgrund bestimmter objektiver Kriterien konstatieren kann. Auferstehung Christi ist dann auch kein Geschehen, das man, wenn die Kontrolle nichts zutage fördert, der Unwirklichkeit bezichtigen kann. Derartige Polemik hat den Bereich gar nicht wahrgenommen, in dem Auferstehung erfahrbar ist.

Die Überlegung sei erlaubt, ob und in welcher Weise das johanneische Verstehen von Ostern dem heutigen Menschen bei seinem Verstehen von Ostern helfen kann. Was könnte für das Verständnis von Ostern gewonnen werden, wenn man der johanneischen These Gültigkeit einräumt: Osterglaube kennt zwar das Problem der sog. historischen Fakten (Nachweis des leeren Grabes; Objektivität der Auferstehungserscheinungen) und setzt sich damit auseinander. Aber er ruht nicht auf diesen Fakten, sondern auf einer sehr anderen Basis.

Schließlich fragen wir noch, in welchem sozialen Raum solcher Osterglaube seiner selbst bewußt wird. An den Bereich des Visionären und Ekstatischen werden wir dabei nicht zu denken haben. Nicht daß es in der johanneischen Gemeinde nicht auch Visionäre und Ekstatiker gegeben hätte; die gab es vermutlich überall in der frühen Kirche. Aber wie Johannes dem Ekstatischen in seinem Evangelium keinen Platz ließ und das Visionäre auf das von der Tradition her nicht Übergehbare beschränkte (20,11–18.19–23.24–29), so hat er Ostererfahrung, wie er sie verstand, sicher nicht aus diesem Raum hervorgehen lassen. Auch das Wort »selig sind, die nicht sehen und doch glauben« (20,29) spricht nicht dafür, daß er den Osterglauben in Visionen oder Ekstasen gründen ließ. Dagegen können wir beobachten, wie er das Wirken des Geistes vom Ekstatischen weg auf das neu verkündigte und verstandene Wort verlegte (vgl. S. 215–217). Dieses Wort aber wird gesagt und aufgenommen – oder zurückgewiesen (vgl. v. 24) – in der missionarischen Verkündigung und im Gottesdienst der Gemeinde. Damit dürfte für den Evangelisten der Raum für das österliche Sehen und Erkennen des Auferstandenen (v. 19f.21) angegeben sein. Im gottesdienstlichen Hören und Verstehen erschließt sich der Gemeinde die Lebendigkeit Christi; hier erlebt sie Christus als den Auferstandenen. Hier begreift sie ihn als Brot und als Licht der Welt, als Auferstehung und Leben, hier erlebt sie ihn als den Weg, auf dem gehend sie dem Vater nahe ist, und als den Weinstock, an dem bleibend sie Leben empfängt. – Nebenher registrieren wir dabei die hohe Geltung des Gottesdienstes im johanneischen Bereich, auch den Anspruch, den man an die Verkündigung stellte. Sie erschöpfte sich weder in treuem Referieren des Überlieferten noch in der Proklamation einer neuen heilbringenden Ethik noch im Darbieten einer korrekten Lehre. Vielmehr ist Verkündigung dann Verkündigung, wenn in ihr Christus in die Gegenwart der Hörer eintritt und sich ihrem Verstehen erschließt.

c) Ostern, Pfingsten und Parusie

Die Exegese führte zu der eigenartigen Beobachtung, daß von Ostern teilweise in einer Sprache erzählt wird, in der sich sonst apokalyptische Erwartung ausspricht (s. zu v. 20.23f). Damit wird die traditionelle Rede vom apokalyptischen Wiederkommen Jesu (14,2f) in die von Ostern bestimmte Gegenwart hereingezogen. Ebenso zeigte sich in der engen Verbindung zwischen der Rede von Auferstehung und der Gabe des Parakleten ein Ineinanderfließen von Ostern und Pfingsten, das in seinen Wurzeln in die frühe Ostererfahrung hineinreicht (S. 66). Wir befassen uns zunächst mit dem Aneinanderrücken von Ostern und Parusie. In welches Verhältnis werden diese zwei Akte des Christusgeschehens gerückt? Was will Johannes mit dem durchaus Ungewöhnlichen, auch Problematischen, daß er für *präsentisches* Geschehen *apokalyptische* Sprache gebraucht?

Nach Bultmann gibt damit der Evangelist der Erkenntnis Ausdruck, »daß Ostern und die Parusie das gleiche Geschehen sind«[126]. Aber damit ist die Frage, warum und wozu Johannes sich solchem Denken ergibt, nicht beantwortet.

Vielleicht führt die folgende Erwägung weiter: Apokalyptik spricht vom Endgültigen, von der Wende, die für den Kosmos wie für den einzelnen Menschen die letzte Entscheidung bringt. Indem Johannes österliches Geschehen in apokalyptischer Sprache darbietet, erklärt er: Wenn Ostern erfahren, wenn also Christus als der Lebendige erkannt wird, dann wird damit Ostern als das über

---

[126] BULTMANN 482; s. auch S. 479 und ders., Theologie 411: Daß »die Parusie für Johannes nicht ein bevorstehendes dramatisch-kosmisches Ereignis ist, versteht sich von selbst«.

die Welt und ihre Geschichte entscheidende Ereignis verstanden; die Welt ist
überwunden (16,33b), der Satan ist entmächtigt (14,30), die kosmische Welten-
wende ist da.

Nach zwei Seiten hin konnte der Evangelist mit solcher Qualifizierung des Ostergeschehens wirken. Er konnte damit auf Verunsicherungen innerhalb der Gemeinde
eingehen ebenso wie er sich gegen Einwände der Synagoge wehren konnte. Die verunsicherte Gemeinde fragte: Wo erleben wir die in der Verkündigung zugesagte
Todesüberlegenheit (5,24f) angesichts einer Welt, in der der Tod trotz der Auferstehung
Jesu ungehindert weiter herrscht? Die johanneische Antwort lautet: Indem Christus als
der Auferstandene erfahren wird, wird er nicht nur als der erfahren, der »im Vater« ist
(v. 20), als Träger des eschatologisch gültigen, unzerstörbaren Lebens (5,26). Sondern
wer ihn in dieser Weise erkennt, findet sich selbst vor als einen, der »in ihm« ist und
also desselben Lebens teilhaftig wird wie er. Damit aber wird ihm jetzt die Auferstehung zuteil, die herkömmlicherweise erst vom Jüngsten Tag erwartet und mit dem apokalyptisch verstandenen Parusiegeschehen (1Thess 4,15f) verbunden wird (11,24–26).
Das mit solcher Auferstehung jetzt gewährte Leben ist freilich innerhalb der die Gemeinde bedrängenden Welt der Feindschaft und des Todes zu leben. Aber das ist kein
Einwand gegen die Realität dieses Lebens, sondern gibt den Raum an, in dem es jetzt
jeweils empfangen wird und sich bewährt.

   Die Synagoge wendet dagegen ein: Nichts hat der von euch als Messias verkündigte
Jesus verändert. Die Welt ist die gleiche geblieben; die vom Messias zu erwartende
Wende der Welt ist nicht eingetreten. Darin liegt Beweis genug dafür, daß es mit der
Messianität Jesu nichts ist, und der ihm von der Gemeinde zuerkannte Titel »Sohn
Gottes« ist Lästerung Gottes (10,36)[127]. Die johanneische Antwort lautet: Mit der Sen-
dung des von euch verworfenen und auf eure Veranlassung hin getöteten Jesus ist von
Gott her die letztgültige Entscheidung über die Welt, damit auch über euch eingeleitet
worden. Darum eignet dem Leben, das er in sich trägt und das er den Seinen vermittelt,
eschatologische Qualität. Darum ist der, der nicht an ihn glaubt, dem Gericht verfallen
(3,18b) und auf ihm liegt das Gerichtsurteil des Jüngsten Tages (3,36); denn er glaubt
Gott nicht (14,24). Darum hat das Ostergeschehen das Gewicht apokalyptischer Endgültigkeit.

Neben die Parusie-Ansage von v. 23 tritt also, mit ihr eng verbunden, in v. 24
die Ansage des Gerichts. Es vollzieht sich an dem, der das Wort des Sohnes
nicht hören will, das doch das Wort des Vaters ist (12,49f; 14,10), und es vollzieht sich nicht erst in der noch ausstehenden apokalyptischen Zukunft. Es
vollzieht sich immer dort, wo einer, das Wort des Sohnes hörend, sich ihm
verweigert und sich damit vom Leben ausschließt. Nichts anderes meinen die
johanneischen Gerichtsworte, die sich über das ganze Evangelium verteilen
(3,18b.36; 5,22.27.30; 8,16.28a; 12,48; 16,8–11). Wenn im Sohn das ewige,
schöpferische Wort (1,1–3) Fleisch geworden ist (1,14), wenn er als das wahrhaftige Licht die Finsternis der Welt in die Schranken fordert (1,9–12), dann
ereignet sich in der Verweigerung ihm gegenüber das letzte Gericht.

---

[127] Zur zeitgenössischen jüdischen Messiaserwartung vgl. G. VERMES, Jesus der Jude,
Neukirchen 1993, S. 115–125.

Wie Ostern und Parusie aneinanderrücken, so auch Ostern und Pfingsten. Denn mit dem Weggang Jesu zum Vater, mit Ostern also verbindet sich die Sendung des Parakleten, und mit ihm wird der Gemeinde das pfingstliche Verstehen gewährt (v. 26), dazu die Befähigung, Jesus als den von Gott Gesendeten in der Welt zu verkündigen und sein Werk – Leben gewähren und Gericht ausüben – in der Welt fortzuführen. Ostern, Pfingsten und Parusie werden so zu *einem* in sich differenzierten und sich wiederholenden Geschehen.

Damit aber wird klar, daß der Evangelist Ostern, so sehr er es ein bestimmtes Ereignis sein läßt, aus der Einmaligkeit eines vergangenen geschichtlichen Geschehens herausnimmt und es in ein jeweils neu zu erlebendes Geschehen verwandelt. So wenig er die Geschichtlichkeit des Osterereignisses bestreitet, so wenig läßt er Ostern lediglich jenes vergangene Geschehen sein. Vielmehr erneuert sich für ihn Ostern im jeweiligen österlichen Erkennen, das dem Glaubenden und Liebenden zuteil wird. Und so wenig Ostern sich in die beobachtbare Objektivität eines kontrollierbaren Ereignisses einzwängen läßt, so wenig auch in die historische Einmaligkeit eines vergangenen Aktes. Dann aber darf auch Pfingsten nicht als einmal passiertes, der Vergangenheit angehörendes Geschehen verstanden werden. Das, was wir Pfingsten nennen, ereignet sich laut Johannes jeweils dann, wenn der Paraklet die Gemeinde zum Verstehen Jesu befähigt und zum Verkündigen des Jesuswortes ermächtigt. Ebenso ist die Parusie aus der Einmaligkeit eines apokalyptischen Zukunftsaktes herausgenommen. Parusie geschieht, wenn Jesus zusammen mit dem Vater bei dem Glaubenden Wohnung macht (v. 23), dann also, wenn ein Mensch in der Liebe zu Jesus ihn und seine Sendung verstanden hat und für sich gelten läßt.

4. Die Gemeinde als nachösterliche Gemeinde[128]

a) Das Problem

Der eigentliche Adressat unserer Abschiedsrede ist, wie wir wissen, die nachösterliche Gemeinde, konkret: die johanneische Gemeinde, wobei das, was ihr gilt, der Gemeinde überhaupt gilt. Indem der Evangelist den abschiednehmenden Jesus in der Nacht vor der Passion zu den Jüngern reden läßt, spricht er seine eigene Gemeinde an, vielmehr: Er läßt Jesus zu der johanneischen Gemeinde sprechen, die Jahrzehnte später um Klärung ihrer Fragen, um ihr Selbstverständnis als Gemeinde ringt. Die Zeit des seiner Passion entgegengehenden Jesus und die Zeit der Gemeinde, die zwei Generationen später nach der Basis ihrer Existenz fragt, verschmelzen miteinander. Wir erleben hier den Vorgang der »hermeneutischen Horizontverschmelzung«, bei dem der Horizont der Jesuszeit und der Zeithorizont der johanneischen Gemeinde ineinan-

---

[128] Vgl. Dietzfelbinger, Werke 27–47.

derfließen[129]. Fragt man nach dem Recht, von dem her der Evangelist den abschiednehmenden Jesus zu der zwei Generationen später lebenden Gemeinde sprechen läßt, stößt man auf die ihm vom Parakleten erteilte Bevollmächtigung, worüber später zu sprechen ist. In gewissem Maß gilt das auch für die synoptischen Evangelien; denn auch in ihnen machen sich Fragestellungen der späteren Gemeinde bemerkbar und sie wirken mit an Gestalt und Inhalt dieser Evangelien. Aber Johannes macht das, was die Synoptiker mehr nebenher tun, bewußt und rückt es ins Zentrum. Es ist die Problematik der nachösterlichen Gemeinde, die er in unserer Abschiedsrede reflektiert.

Günstiger Ausgangspunkt für die Erörterung dieser Problematik ist die Rede von den »größeren Werken« (s. zu 14,12f). Sie erklärt, daß erst nach Ostern das Werk Jesu zu seiner nicht mehr eingeschränkten Geltung kommt. Denn erst nachösterlich wird die Gemeinde fähig, das Werk Jesu zu verstehen und es in ihrem eigenen Werk zu neuer Wirklichkeit zu bringen. Damit ist gesagt, daß Gemeinde wirkliche Gemeinde erst nach Ostern sein kann, und was sie als Gemeinde zu tun hat, vermag sie erst nach Ostern zu tun. Die Jünger vor Ostern, die Begleiter Jesu und Zeugen seines Wirkens, sind also nur in sehr eingeschränktem Sinn Gemeinde. – Wir fragen: Welcher Anlaß hat zu einer solchen Behauptung geführt? Von vornherein ist zu vermuten, daß das so stark Behauptete Gegenstand von Bedenken und Auseinandersetzung war. In der johanneischen Gemeinde muß sehr bewußt die Frage bedacht worden sein, wie die Gemeinde nach Passion und Ostern, nach Jesu Weggang, überhaupt Gemeinde sein könne, und das war nicht nur die Frage der johanneischen Gemeinde. Wodurch wurde sie hervorgerufen?

Vor Ostern gab es verschiedene Gruppen von Jesusanhängern. Die Ostererfahrung ließ sie die Katastrophe des Karfreitags überstehen, und die zunächst mit einer ganz kurzen Frist rechnende Parusie-Erwartung verhieß den baldigen öffentlichen Herrschaftsantritt Christi. Die bis dahin währende Zeit der Abwesenheit des Messias Jesus schien leicht durchstehbar zu sein; für eine eigene Besinnung über das Selbstverständnis der Jesusanhänger bestand kein Bedarf. Als aber aus der Kürze Länge wurde, als das Wiedererscheinen Christi und seine öffentliche Darstellung vor der Welt ausblieb, als die erwartete Teilhabe der Gemeinde an der Herrschaft Christi (Mt 19,28; 1Kor 6,2f; 2Tim 2,12; Offb 20,4) immer ungreifbarer wurde, mußte die Frage erwachen, wie die vergeblich wartende Gemeinde in der sich weiter ausdehnenden Weltzeit als Gemeinde existieren und wie sie die sich hinziehende Abwesenheit Christi bewältigen könne. Die vorösterliche Epoche, in der Jesus leibhaftig gegenwärtig war, seine Jünger belehrte und sie beschützte (Lk 22,35), erschien als die Ur- und Vor-

---

[129] Dazu ausführlich ONUKI, Gemeinde 12f.96f.140–143.163–166.195.208. Das Buch von CHR. HOEGEN-ROHLS, Johannes, weist eindringlich und im einzelnen den nachösterlichen Standpunkt, damit auch das Interesse an der nachösterlichen Gemeinde im Johannesevangelium nach.

bildzeit der Gemeinde; aber diese Epoche war unwiderruflich vergangen. Auf sie folgte erschreckenderweise nicht alsbald die eschatologische Vollendung der vorösterlich gelebten Verbindung mit Jesus. Wie kann die Gemeinde diese Zeit ohne Christus verkraften? Worauf hat sie sich einzustellen?

Mustert man die erste Abschiedsrede auf die angedeutete Problematik durch, bemerkt man ihre Gegenwärtigkeit in fast jedem Satz. Sie ist da in dem Verhalten des Petrus (13,36–38, s.d.), der sich eine andere Beziehung zu Jesus als die vorösterlich gelebte nicht denken kann, der darum bereit ist, seine physische Existenz dranzugeben, um diese Beziehung zu bewahren, der von diesem Verlangen so besetzt ist, daß er Jesu Verheißung einer nachösterlichen und ganz anders strukturierten Nachfolge nicht zu verstehen vermag. Indem der Evangelist die vorösterliche, in unmittelbarer Verbindung mit Jesus gelebte Beziehung so weit abqualifiziert, daß ein Festhalten an dieser Beziehung der Verleugnung Jesu gleichkommt, gibt er die Schwere der Problematik zu erkennen: Wenn man festhält, was nicht festzuhalten ist, verliert man das Neue, das Eigentliche, das sich in der nachösterlichen Epoche anbietet. Damit stellt er die nachösterliche Beziehung zu Jesus weit über die vorösterliche. Mit welchem Recht und in welcher Absicht? – Wie gewichtig das Thema »die nachösterliche Gemeinde als die eigentliche Gemeinde« war, geht auch aus 14,7f hervor. ἀπ᾽ ἄρτι (Anm. 61), mit dem Weggehen Jesu also werden die Jünger erkennen, daß in Jesus der Vater selbst zu sehen und zu erfahren ist. Im vorösterlichen Stadium, in der Epoche des leibhaftigen Zusammenseinsins mit Jesus, haben die Jünger das nicht erkannt; sie haben es – darauf liegt der Ton – nicht erkennen *können*. Wenn schließlich in 14,18ff das nachösterliche Jüngersein beschrieben wird als die Existenz, in der die Jünger eschatologisch gültiges Leben empfangen (v. 19), in der sie, nachdem sie das Verhältnis Gott-Jesus erkannt haben, in dieses Verhältnis einbezogen werden (v. 20), in der sie dann die Liebe des Vaters und des Sohnes (v. 21), schließlich das Kommen des Vaters und des Sohnes (v. 23) erleben, dazu die Gabe des Parakleten empfangen (v. 26), damit auch den Frieden, den die Welt nicht geben kann (v. 27), – dann erweist sich, daß nicht nur die Rede von den »größeren Werken«, sondern die gesamte erste Abschiedsrede beherrscht ist von dem Willen des Evangelisten, der nachösterlichen Gemeinde ihre Existenz als *legitime*, als die eigentliche Gemeinde verständlich und verpflichtend zu machen.

Solche intensive Bemühung muß ihren Grund haben. Er liegt, vermuten wir, in der Verunsicherung, die sich an nicht wenigen Stellen des Neuen Testaments abzeichnet: Wie kann die Gemeinde ohne die vor Ostern sichtbar und machtvoll erfahrene Gegenwart Jesu Gemeinde sein? Wie kann sie in der Welt als Gemeinde existieren, ohne daß die vorösterliche Gegenwart Jesu ihre Steigerung und Vollendung in der mit der Parusie einsetzenden Gegenwart des Erhöhten empfangen hat? Von der damit charakterisierten Epoche spricht der Evangelist, von der Zeit, in der der vorösterliche Jesus nicht mehr da ist und in der die Gemeinde ohne ihn in der Welt existiert. Wenn er also in 14,28 den Weggang Jesu, das Ende seiner erfahrbaren Gegenwart als Anlaß zur Freude behauptet, wenn er in v. 29 die Passion als Gehen zum Vater interpretiert, als einen Schritt, der von den Jüngern nicht zu fürchten, sondern zu begrüßen ist, dann spürt man die Intensität dieser Überlegungen. Die Fülle der Argumente, die der Gemeinde ihre nachösterliche Existenz, ihre Existenz ohne die sichtbare Gegenwart Jesu als die wahre christliche Existenz erweisen soll, verrät den Druck der dahinter stehende Frage, wie jenes echte Gemeindesein möglich ist. Man kann die Frage zusammenfassen: Wie kann der fortgegangene Christus für die Gemeinde zum gegenwärtigen Christus werden, der das Sein der Gemeinde in der Welt zu einem erfüllten Sein werden läßt?

b) Frühchristliche Antworten und die Gegenwärtigkeit des Problems

Das war nicht die Frage der johanneischen Gemeinde allein. Sie mußte jeder denkenden Gruppe der frühen Christenheit bewußt werden. Man hat sich ihr in recht verschiedener Weise gestellt und dementsprechend verschiedene Antworten gefunden.

– Am Anfang stand die einfachste Lösung: Der Fortgegangene wird wieder kommen, in naher oder nächster Zukunft, und wird dann seine jetzt noch verborgene Herrschaft öffentlich ausüben. Dies ist die Lösung der apokalyptisch orientierten Christologie, die viele Schichten des Neuen Testaments durchzieht und die sich am kräftigsten in der Offenbarung des Johannes ausspricht. Aber auch Paulus kennt sie und lebt mit einer Schicht seines Denkens in ihr (1 Kor 15,50f; 1 Thess 4,13–17) und in der synoptischen Tradition begegnet sie oft (etwa Mk 9,1; 13,24–27; Lk 17, 20–37). Matthäus sucht diese an den Anfang gehörende Problemlösung in einigen seiner Gleichnisse zu erneuern (Mt 24,42–25,30) und der 2 Pt möchte ihr unter sehr veränderten Bedingungen wieder Geltung verschaffen (2 Pt 3,1–13). Wo man in der Hoffnung auf diese Lösung lebte, ertrug man das jetzige Abwesendsein Christi als bloßes Zwischenspiel, das man wartend und gehorsam durchzustehen hat und durchstehen kann (S. 32).

– Anders, souveräner ist die Weise, in der etwa die hymnische Christologie die anscheinend christuslose Gegenwart bewältigt. Laut Phil 2,6–11; Kol 1,15–20; Eph 1,20f; 1 Tim 3,16; 1 Pt 3,22 ist Christus bereits der kosmische Weltherrscher, dem die Weltmächte huldigen, und die Frage, ob sich in dieser Huldigung bereits ihre endgültige Unterwerfung unter Christus vollzieht oder ob sie erst ihren Anfang markiert[130], ist von geringem Belang für eine Christologie, in der die Gemeinde Christus als den zwar verborgenen, aber

---

[130] Vgl. O. Hofius, Der Christushymnus Philipper 2,6–11 (WUNT 17), Tübingen 1976, S. 33f.41–56. Hofius möchte in Phil 2,10f eine Zukunftsaussage sehen.

gegenwärtigen Weltherren weiß. In solchem Bewußtsein erlebt man in der Weltüberlegenheit Christi die eigene Weltüberlegenheit (1Kor 3,21–23; Röm 8,31–38) und man weiß sich zur Verkündigung solcher Christusherrschaft in der noch unwissenden Welt beauftragt (Mt 28,18–20).

– Eine besondere Weise der gegenwärtigen Christusverbindung wird erlebt, wenn man im Herrenmahl den Leib des Erhöhten empfängt und so sich als Teil dieses Leibes erfährt (1Kor 10,16f), oder wenn man in der Taufe des Geistes teilhaftig wird und dabei dem Kyrios übereignet und in das eschatologische Gottesvolk eingegliedert wird, teilhabend wie an seinem Tod so auch an seiner Auferstehung (Kol 2,12f). Wird nicht auch im Gottesdienst die Trennung zwischen der irdischen Gemeinde und dem himmlischen Kyrios so gründlich überwunden, daß selbst Ungläubige davon angerührt werden und bekennen müssen: Wirklich ist Gott in eurer Mitte (1Kor 14,25)? Jedenfalls ist der frühchristliche Kultus eine der Weisen, in der die Gemeinde ihr In-der-Welt-Sein bewältigt und das Getrenntsein vom Kyrios als aufgehobene Trennung erfährt. »Hier erlebte man den Einbruch göttlicher Wirklichkeit, Epiphanie des Kyrios und Präsenz des Pneuma, und gewann damit selbst Anteil an der göttlichen Welt und am göttlichen Wesen«[131].

– Ähnlich wird die durch das Weggehen Jesu enstandene Leere bewältigt, wenn Paulus die korinthische Gemeinde lehrt, sich als Leib Christi zu verstehen, beauftragt dazu, das Sich-Mitteilen Christi in der Welt weiterzuführen und weiterzuleben. Befähigt wird sie dazu durch die Geistesgaben, die das gegenwärtige Wirken Christi in der Gemeinde vermitteln (Röm 12,3ff; 1Kor 12,4ff). Die Gemeinde ist der Bereich der Welt, in dem Christus jetzt schon sich als Kyrios durchgesetzt hat. In der Gemeinde wird er erlebt als der Nahe, dessen Dynamis in der Gegenwart erfahren wird (1Kor 5,4f; 2Kor 13,3f). Wo man sich so sieht, hat offensichtlich das leibhafte Abwesendsein Christi seine Bedrohlichkeit verloren.

– Bei Lukas kommt das Problem zu unmittelbarer, auch dem heutigen Leser zugänglichen Anschauung. Der dritte Evangelist schiebt eigens die Szene der Himmelfahrt Jesu ein (Lk 24,50f; Apg 1,9–11), um der Gemeinde die Zeit des irdischen Jesus als abgeschlossene Zeit einzuschärfen. Aber der von Jesus getrennten Gemeinde wird der Geist verheißen, durch den das Getrenntsein von Jesus neutralisiert, in bestimmter Hinsicht aufgehoben wird (Apg 1,8). Denn der Geist befähigt die Jünger, das Werk Jesu in der Welt missionierend und bezeugend, handelnd und leidend weiterzuführen. Weil sie vom Geist Ergriffene sind, darum sind sie Ort und Instrument des Wirkens Christi in der Welt[132], und so ist der Abwesende bei ihnen anwesend.

---

[131] R. DEICHGRÄBER, Gotteshymnus und Christushymnus in der frühen Christenheit (StUNT 5), Göttingen 1967, S. 203.

[132] E. SCHWEIZER, ThWNT VI 407–412; F. BOVON, Luc le théologien, Neuchâtel-Paris 1978, S. 425.

– Einseitig, aber ungemein eindrücklich beweist sich der Geist als der große
Helfer, als Träger christlichen Selbstbewußtseins in der Zeit des Getrennt-
seins von Jesus in dem Logion von der unvergebbaren Sünde (Lk 12,10).
Kraft des Geistes, d.h. kraft der vom Geist inspirierten Verkündigung werden frühere Entscheidungen gegen Jesus für relativ erklärt, zieht selbst die
Verwerfung Jesu in der Kreuzigung für die Jesus verwerfenden Menschen
kein endgültiges Urteil gegen diese Menschen nach sich[133]. Erst wer die vom
Geist verantwortete Verkündigung der Gemeinde verwirft, wird ein endgültig Verworfener sein. Die hier sprechende Gemeinde versteht und präsentiert
sich als Trägerin des Geistes, darum als Inhaberin eschatologisch-richterli-
cher Vollmacht, und das kommt nahe an Joh 5,20; 14,12; 16,8–11 heran.
Dabei ist offensichtlich: Eine Gemeinde, die sich so versteht, hat das Abwesendsein Jesu bewältigt. Sie weiß: Erst nachösterlich, also in der Zeit des
abwesenden Jesus kommt der richtende Charakter seines Wortes zu voller
Geltung, und insofern ist Jesus jetzt als Abwesender wirkungsvoller anwesend als der Jesus der vorösterlichen Epoche.

– Ganz anders hingegen sieht die Gemeinde, in der Mk 2,18–20 zu seiner jetzigen Form gefunden hat, ihre Lage[134]. Sie verteidigt und begründet ihre
neue Fastensitte (v. 20) mit der Abwesenheit Jesu, durch die die Gegenwart
als Zeit der Trauer qualifiziert wird. Die vorösterliche Zeit, die Zeit des mit
den Seinen lebenden Jesus, in der das Fasten keinen Platz hatte (v. 19a), wird
als Freuden- und Erfüllungszeit der jetzigen Epoche der Trauer und darum
des Fastens schroff gegenübergestellt. In der Gemeinde von Mk 2,18–20
wird also das Abwesendsein Jesu nur als Defizit empfunden; von einer positiven Verarbeitung dieser Abwesenheit etwa in der Art der paulinischen Dialektik von der Kraft, die in der Schwachheit empfangen wird (2Kor 12,10b),
ist nichts zu erkennen. Vielleicht wird diese Abwesenheit in apokalyptischer
Erwartung der bald eintretenden Endereignisse ertragen (s.o.). Damit schließt
sich der Kreis der verschiedenen Möglichkeiten und Versuche, die Gegenwart des abwesenden Jesus zu denken und zu erfahren.

Das beschriebene Problem ist nicht auf die Gemeinde zur Zeit des Neuen Testaments beschränkt. Es begleitet die Kirche durch ihre Geschichte und hat
seine berühmteste Fassung in Lessings Abhandlung »Über den Beweis des
Geistes und der Kraft« gefunden[135]. Das Wort vom garstigen breiten Graben,
»über den ich nicht kommen kann, so oft und ernstlich ich auch den Sprung
versucht habe«, ist die negative Seite der Haltung, deren positive Seiten in

---

[133] H.Th. Wrege, Die Überlieferungsgeschichte der Bergpredigt (WUNT 9), Tübingen
1968, S. 164.172.

[134] Zur Traditionsgeschichte von Mk 2,18–20 vgl. J. Jeremias, ThWNT IV 1095f;
Gnilka, Markus I 111f.

[135] G.E. Lessing, Gesammelte Werke, Bd. 8, Berlin 1956, S. 9–16.

neutestamentlicher Zeit wir eben an uns vorüberziehen ließen. Lessing gibt den Grund an, weshalb er, der nachösterliche Mensch, keine verbindende Brücke zum vorösterlichen Jesus finden und also nicht der Überzeugung huldigen kann, daß die nachösterliche Gemeinde den vorösterlichen Jüngergruppen gegenüber nicht im Nachteil oder wenigstens nur in einem zu relativierenden Nachteil sei. Er hat an der Unmittelbarkeit, in der die ersten Jünger Jesus erfuhren, keinen Anteil. Darum steht er außerhalb des Verhältnisses, in dem jene Jünger zu Jesus standen, und keine historische Zuverlässigkeit der Jesusgeschichte kann die Unmittelbarkeit jenes Verhältnisses wiederbringen. Wer nicht mit Christus selbst, sondern nur mit Nachrichten über Christus zu tun hat, wie sollte dem die Christusbeziehung der ersten Jünger gelingen? Mit Lessing gesprochen: »Wenn ich zu Christi Zeiten gelebt hätte, ... so würde ich zu einem von so lange her ausgezeichneten ... Mann allerdings so viel Vertrauen gewonnen haben, daß ich völlig meinen Verstand dem seinigen unterworfen hätte ... Aber ich, ... der ich in dem 18ten Jahrhunderte lebe«[136], der ich, heißt das, von Christus nur durch andere höre, ohne mich aus der Unmittelbarkeit seiner Gegenwart heraus von ihm überzeugen lassen zu können, wie sollte ich an ihn glauben können in der Weise, in der die Zeitgenossen an ihn glaubten? – Ein Beispiel für die bleibende Lebendigkeit des Problems ist Jacob Burckhardts briefliche Äußerung: »O hätte ich gelebt zur Zeit, als Jesus von Nazareth durch die Gauen Judas wandelte, – ich wäre ihm gefolgt und hätte allen Stolz und Übermut aufgehen lassen in der Liebe zu ihm und hätte nach Selbständigkeit und eigener Geltung nicht weiter gefragt, – denn was hätte es geschadet, als Einzelwesen verlorenzugehen neben ihm. Aber achtzehn Jahrhunderte trennen unsere Sehnsucht von ihm«[137]. Die Frage, in welchen Ausprägungen Lessings und Burckhardts Klagen heute bedacht werden, ist legitim. Ihr schließt sich allerdings die Frage an, weshalb bei diesen Autoren jene neutestamentlich vielfältig gelebte Einsicht sich gar nicht findet: Daß Christus nach Ostern ebenso oder besser als vor Ostern zu erkennen ist und daß die vorösterliche Unmittelbarkeit einer neuen, vertieften und erweiterten Beziehung zu weichen hat.

c) Die johanneische Antwort

Johannes ist nicht der einzige neutestamentliche Autor, der das Problem des abwesenden Jesus, damit das Problem der Gemeinde nach dem Weggehen Jesu bedenkt und der danach fragt, wie der Abwesende zum Anwesenden wird. Aber er ist derjenige unter den neutestamentlichen Zeugen, der das Problem am entschiedensten bedenkt und der es der souveränsten Lösung zuführt. Er

---

[136] Lessing 10.
[137] Brief an Willibald Beyschlag vom 14.1.1844, in: J. Burckhardt, Zum Sehen geboren ..., hg. von O. Jancke, München 1946, S. 19.

geht seine Aufgabe an, indem er die Jünger der ersten Abschiedsrede, Jünger des vorösterlichen Jesus also, von dem abschiednehmenden Jesus als Menschen angesprochen werden läßt, deren Jüngerschaft sich erst jenseits der Passion erfüllen wird, dann nämlich, wenn sie den fortgegangenen Jesus als den wahrhaft Anwesenden und jeweils neu Kommenden begreifen werden. Damit unterscheidet Johannes überlegt zwischen einer vorösterlichen und einer nachösterlichen Christuszugehörigkeit, zwischen einem vorösterlich und einem nachösterlich begründeten Sein der Gemeinde und verleiht allein der nachösterlichen Christuszugehörigkeit das Siegel der Echtheit.

Dabei richtet er seinen Blick nicht auf eine konkrete vorösterliche Gemeindegruppe – welche Anschauung könnte er von ihr gehabt haben? Vielmehr spricht er die zeitgenössische Gemeinde an. Sie ist es, die das Abwesendsein Christi als Bedrängnis und Verunsicherung erfährt und die von der Frage nach der Möglichkeit und den Kriterien einer nachösterlichen Christusbeziehung umgetrieben wird.

Der Evangelist geht mit dieser Frage so um, daß er sie als gelöste Frage darstellt. Größere Werke als die in der vorösterlichen Zeit durch Jesus geschehenen werden der Gemeinde als Frucht ihres nachösterlichen Jüngerseins verheißen. Osterzeugen werden die Glaubenden der späteren Zeit sein in nicht geringerem Maß als die Erstempfänger einer österlichen Christophanie. Damit erklärt Johannes die vorösterliche Epoche, die Zeit des geschichtlichen Jesus und der Beziehung zu ihm, zur Epoche der geringeren Werke, der eingeschränkten Christusbeziehung. Vorösterliche Christuserkenntnis kommt nachösterlicher Christuserkenntnis nicht gleich, steht hinter ihr entschieden zurück. *Verfehlt ist also das Verlangen nach vorösterlicher Jüngerschaft, als ob sie eines Vorteils teilhaftig gewesen wäre gegenüber der nachösterlichen Kirche –* man vergleiche damit die oben zitierten Äußerungen Lessings und Burckhardts. *Verfehlt ist es, sich nach den angeblichen Prärogativen der vorösterlichen Jüngergruppe zu sehnen, verfehlt auch, im vorösterlichen Jüngersein Vorbild und Basis gegenwärtigen Jüngerseins zu sehen und haben zu wollen.*

Denn – und daran läßt sich die Verschiebung der Gewichte ermessen – erst die nachösterliche Gemeinde kann wirkliche Gemeinde sein. Erst sie ist befähigt, im Sohn den Vater zu erkennen (s. zu 14,8–11), weil zu ihr und nicht zu den vorösterlichen Jüngern der Paraklet gesendet wird, der die Jünger das Wort Jesu in seinem ganzen Sinn begreifen und verkündigen läßt (14,26), der der Gemeinde in ihrer Existenz in der Welt beisteht (14,16f), der – wir gehen über die erste Abschiedsrede hinaus – ihr in Verfolgungen hilft (15,26f), den siegreichen Prozeß Gottes gegen die Welt führt (16,8–11), schließlich die Gemeinde in die Fülle der Wahrheit führt und sie in den jeweiligen Stadien ihrer Geschichte die Stimme Christi vernehmen läßt (16,12–15). Erst der nachösterlichen Gemeinde wird das echte Sehen Jesu zuteil, das im Gegensatz zu 1Kor 15,5–8 nicht auf den engen Kreis der Erstzeugen beschränkt ist, derer also, die mit

Ausnahme des Paulus schon vorösterlich in Beziehung zu Jesus standen. Dieses echte Sehen Jesu steht nach Ostern jedem offen, der Jesus liebt (14,18–21), der sich ihm verstehend öffnet. Darum ist es die nachösterliche Gemeinde, der das Kommen des Vaters und des Sohnes zugesagt wird, die gewürdigt wird, Wohnung des Vaters und des Sohnes zu werden.

Zwar bringt Johannes mit solchen Überlegungen kein gänzlich neues Element in das Selbstverständnis der neutestamentlichen Gemeinden. Wir haben oben in den verschiedenen Versuchen, die nachösterliche Existenz zu bewältigen, da und dort auch ein hohes Selbstbewußtsein dieser Gemeinde angetroffen, die sich ihrer Überlegenheit über die vorösterliche Zeit gewiß ist. Der johanneischen Unterscheidung zwischen vorösterlichem und nachösterlichen Wirken Jesu kommt Matthäus ziemlich nahe, wenn er die Verkündigung des irdischen Jesus entschieden auf Israel begrenzt (10,5f; 15,24), während die Botschaft des Auferstandenen in die alle Völker umfassende Ökumene vorstößt (28,18–20). Man könnte in diesem matthäischen Entwurf ohne Mühe die johanneische Steigerung von den vorläufigen Werken zu den »größeren Werken« wiederfinden, und vom lukanischen Missionskonzept läßt sich Ähnliches sagen[138]. Entsprechendes gilt von der markinischen Theorie des Jüngerunverständnisses: Vor Passion und Ostern sind die Jünger einer fast absoluten Verstehensunfähigkeit unterworfen, in der sogar das Verstockungswort von Jes 6,9f, das eigentlich den Draußenstehenden, den Nichtglaubenden gilt (4,11f), auf sie hin gesprochen wird (8,17f; s. noch 4,13b; 4,40; 6,52; 7,18a). In der Zeit nach Ostern dagegen ist ihnen verstehende Verkündigung zugänglich. Denn dann, mit dem Bekenntnis des heidnischen Hauptmanns zu Jesus als dem Gottessohn (15,39), ist die Epoche angebrochen, in der aus Nichtverstehenden Verstehende werden[139]. Was unterscheidet die markinische und matthäische Konzeption von der johanneischen?

Nun sollte die Nähe des johanneischen Entwurfs zu den Entwürfen anderer nicht verwundern. Johannes ist wie Matthäus, Markus und Lukas Angehöriger der neutestamentlichen Gemeinde und er will es sein. Die Grundfragen der Gesamtkirche sind auch die seinen. Innerhalb dieser Gemeinsamkeiten aber bestehen Differenzen, in denen sich die Eigenart des jeweiligen Verfassers oder der jeweiligen Gruppe darstellt. Mit solchen Differenzen rechnend fragen wir: Welche Absichten verfolgt Johannes, wenn er mehr als die anderen Evangelisten die Jünger ratlos sein läßt angesichts des Weggehens Jesu (14,5.18), verängstigt (14,1.27), hilflos der neuen Situation gegenüber (13,33; 14,22), trotzig am Bisherigen festhaltend (13,36f)? Welcher Konzeption ist er verpflichtet, wenn er Passion, Abbruch des Bisherigen, Verherrlichung nennt

---

[138] F. HAHN, Das Verständnis der Mission im Neuen Testament (WMANT 13), 2. Aufl., Neukirchen 1965, S. 111f.
[139] R. PESCH, Das Markusevangelium I (HThK II 1), 3. Aufl., Freiburg 1980, S. 275f.

(13,31), wenn er versichert, daß man vor dem Kommenden, dem zu Fürchtenden sich nicht fürchten muß (14,1), sich vielmehr darüber freuen sollte (14,28), da dieses gefürchtete Weggehen Jesu Voraussetzung ist für sein erneutes Kommen und für sein dauerndes Bleiben, damit auch für das wirkliche Sehen und Erkennen der Jünger und ihre verstehende Beziehung zu ihm, die mit dem Stichwort »lieben« bezeichnet wird (14,18–21)? Auf welches Ziel ist Johannes aus, wenn er die Differenzen zwischen vorösterlichem und nachösterlichen Glauben in der beschriebenen Weise unterstreicht, wenn er den tiefen Bruch, den die nachösterliche Epoche von der vorösterlichen trennt, nicht nur bewußt macht und ertragen, sondern bejahen lehrt, weil durch ihn vorläufige Christusbeziehung durch vollendete, vielmehr sich jeweils vollendende Christusbeziehung abgelöst wird?

d) Verfehlte Nachfolge

Wir vergegenwärtigen uns die Grundsätzlichkeit der johanneischen Sicht an der Umdeutung der Szene, in der Jesus die Verleugnung des Petrus ankündigt, und wir ziehen die Konsequenzen aus der Exegese von 13,36–38 (s.d.). Petrus begehrt gegen Jesu Weggehen auf und gegen die Behauptung, daß die Jünger Jesus auf seinem Weg jetzt nicht folgen, die bisherige Beziehung zu ihm nicht mehr leben können. In der Petrusfrage v. 36a spricht sich also nicht so sehr Unwissenheit über den Weg Jesu aus als vielmehr Protest gegen jene Behauptung, damit Protest gegen das angeblich notwendige Ende der bisherigen Beziehung. Solchem Protest gegenüber bekräftigt Jesus in seiner Anrede an Petrus (v. 38) noch einmal das in v. 33 Gesagte. Der Zusatz in v. 36 »du wirst mir später folgen« nimmt davon nichts zurück. Jesu Passion, d.h. seine Verherrlichung ist ein Geschehen, das ihm allein zukommt; sein Weg zum Vater ist für die Jünger jetzt nicht begehbar. Später zwar wird Petrus diesen Weg, den Weg in den Tod als Weg der Nachfolge gehen. Aber dieses »Später« – wir beantworten die Frage, mit der der Abschnitt über den Vergleich zwischen Mk 14,26–31 und Joh 13,36–38 endete (S. 25) – gehört in die nachösterliche Epoche. Erst in ihr kann Petrus zum wirklichen Verstehen Jesu und also zu echter Nachfolge fähig werden.

Petrus bleibt uneinsichtig. Für ihn ist Nachfolge sehr wohl von den jetzigen Voraussetzungen her praktizierbar, und dabei täuscht er sich nicht oberflächlich über den Ernst der Stunde. Er rechnet damit, daß die Nachfolge, zu der er bereit ist, das Widerfahrnis des Todes einschließt. Was ist an der Bereitschaft zu einer zu solcher Hingabe bereiten Nachfolge zu tadeln? Jesu Antwort, die solche Nachfolge als Element der Verleugnung bezeichnet, vermißt an Petrus sicher nicht hochgestimmte Religiosität und persönlichen Mut. Aber sie macht dem Leser klar, daß Nachfolge im Sinn des Petrus, Nachfolge, in der man auf einer Ebene mit dem vorösterlichen Jesus bleiben und das mit Passion und

Ostern eingetretene Neue nicht Basis der Existenz sein läßt, verfehlte Nachfolge ist. Das bringt der Evangelist zum Ausdruck, indem er der von Petrus intendierten Nachfolge das Enden in der Verleugnung ansagt. Er greift damit auf die Verleugnungsszene (18,17ff), aber auch auf 18,10f voraus, und in johanneischer Perspektive wird der Schwerthieb, der des Petrus todesmutigen Nachfolgewillen beweist, zum Symbol verfehlter Nachfolge.

Jetzt kommt man dem johanneischen Aussagewillen auf die Spur. Gelänge die von Petrus gewollte Nachfolge, die auf Bewahrung Jesu aus ist, gelänge es Petrus, Jesus vor dem Zugriff der Verhaftenden, damit vor dem Weg in die Passion zu schützen, dann hielte er Jesus in der jetzigen, der vorösterlichen Weise seines Seins fest. Er würde Jesu Abschied, seinen Weg zum Vater, damit seine Verherrlichung verhindern. Die in 14,4–26 dargestellte neue Beziehung zwischen Jesus und den Seinen käme nicht zustande. Es würde die vorösterliche, also die vorläufige und ungenügende Christusbeziehung verewigt, die Chance neuen und echten Verstehens verbaut. Was wir oben über Wesen und Aufgabe der nachösterlichen Gemeinde gesagt haben, der Empfang des Parakleten, das Tun der »größeren Werke« – nichts davon könnte sich realisieren. – Diese Möglichkeit, die Johannes in 13,36–38 an der Gestalt des Petrus durchspielt, war offenbar eine Möglichkeit seiner eigenen Gemeinde, und der Evangelist weiß von einer nachösterlichen Art des Festhaltens am vorösterlichen Jesus, die die echte, nachösterlich möglich gewordene Christusbeziehung vereitelt, mindestens erschwert.

»Die Vergangenheit als solche kann nicht festgehalten werden … Wer bei dem durch historische Erinnerung rekonstruierten ›historischen Jesus‹ verweilen will, muß bald inne werden, daß er ohne ihn ist. Die Offenbarung ist als ϰρίσις aller Geschichte nicht ein der Weltgeschichte einverleibtes Kapital, sondern steht der Geschichte als ständige Zukunft gegenüber«[140].

Natürlich verwirft der Evangelist nicht jeden Rückgriff auf den vorösterlichen Jesus und die Jesustradition. Er schreibt ja selbst eine wenn auch sehr eigenwillige Geschichte des vorösterlichen Jesus, und notwendig bedient er sich dabei älterer, vorösterlicher Traditionen (s. S. 220–222). Aber er verwirft einen Umgang mit diesen Traditionen, der in ihnen den gültigen und tragenden Zugang zu Christus sieht und der sich damit der Christusbeziehung verschließt, die Johannes durch den nach Ostern gesendeten Parakleten und durch das jeweils jetzt sich ereignende Kommen des Vaters und des Sohnes nachösterlich gewährt sieht. – Das hat keiner der anderen Evangelisten getan. Sie haben den Schritt der Glaubenden über die Passion hinaus bedacht und bejaht. Sie haben das Mehr der nachösterlichen Christusbeziehung dargestellt und das Ungenügen und Unverständnis der vorösterlichen Jüngerexistenz unterstrichen. Aber nie haben sie das verbunden mit einer Warnung vor dem Festhalten am vor-

---

[140] BULTMANN 377.

österlichen Jesus, und nie haben sie eine verfehlte Bindung an ihn beschworen, wie Johannes das in 13,31–14,31 und am entschiedensten in 13,36–38 tut. Worin hat diese johanneische Eigenart ihren Ursprung?

e) Der geschichtliche Anlaß

Die besprochenen Erwägungen des Evangelisten kommen nicht ohne geschichtlichen Anlaß zustande. In ihnen spiegeln sich bestimmte Fragen einer bestimmten Gemeinde in einer bestimmten Situation wider. Wie weit läßt sich diese Situation ertasten? Im Vordergrund steht der Zuspruch, dessen die johanneische Gemeinde in ihrer Bedrängnis bedurfte. Nirgends im Neuen Testament wird diese durch das Abwesendsein Jesu verursachte Bedrängnis, wird also die Verlassenheit der Gemeinde in der Welt so intensiv reflektiert wie in den johanneischen Abschiedsreden (S. 217–220). Dieser verlassenen Gemeinde wird gesagt: Eure Verlassenheit ist der Raum und die Gelegenheit für ein neues Sehen Jesu, für das Gewahrwerden seines Seins im Vater und ihres Seins im Sohn (14,18–20). In eure Verlassenheit wird der Paraklet gesandt werden, der dafür sorgt, daß in eurer Verkündigung die Verkündigung Jesu ihre sachgemäße und entschränkte Fortsetzung findet. – Die Verlassenheit der Gemeinde wandelt sich also in die Vorbedingung, in der die Gemeinde der neuen Gegenwart Christi inne wird, und ohne die Erfahrung jener Verlassenheit wäre das neue Erleben Christi nicht möglich. Wer sie umgehen will, begeht den Weg einer verfehlten Nachfolge.

Hier wandelt sich der Zuspruch in Warnung, und man kann ihren Anlaß erschließen. Die Distanzierung von einem bestimmten Modell des Umgangs mit der Tradition, die Schärfe, mit der das von Petrus intendierte Modell der Nachfolge abgewehrt, die Bestimmtheit, mit der die nachösterliche Gemeinde vom vorösterlichen Jüngersein abgesetzt wird, all das muß einen konkreten geschichtlichen Hintergrund haben. Er dürfte in einer innerkirchlichen Auseinandersetzung zu suchen sein, in dem Streit mit einer anderen frühchristlichen Auffassung und Gruppe, die die oben beschriebene Abwesenheit Jesu anders zu bewältigen sucht. Vermutlich unter Berufung auf Petrus insistiert sie mit Nachdruck auf den vorösterlichen Traditionen und dem vorösterlichen Jesusbild: Im vorösterlichen Jesus, im Bewahren seiner Worte habe man das Fundament der nachösterlichen Gemeinde zu sehen, und nur so könne sie nachösterlich Gemeinde sein, daß sie vorösterliche Nachfolge praktiziere und vorösterliche Traditionen weiterführe, gewiß auf neuer, höherer Ebene; denn der Lehrer, von dem diese Tradition ausging, ist jetzt als der Kyrios erwiesen, dem von Gott alle Macht im Himmel und auf Erden gegeben wurde (Mt 28,18). Umso entschiedener hat man sich nach seinen Worten, nach allem, was er gesagt hat (Mt 28,19), zu richten. Zurückzuweisen ist also der Versuch, einen qualitativen Unterschied zwischen vorösterlicher und nachösterlicher Jüngerschaft zu konstruieren und diesen Unterschied in johanneischer Weise gar zum Gegensatz zu steigern, Nachfolge, die sich an vorösterlichen Maßstäben ausrichtet, in der schier verleumderischen Manier von 13,36–38 abzuwerten und christliche Existenz auf ein neues, nachösterliches Christuswort zu gründen, mag man als dessen Urheber auch den Parakleten behaupten.

So könnte der Hintergrund ausgesehen haben, der sein Teil zum Zustandekommen von 13,31–14,31 beigetragen hat: Die Alternative zwischen einer christlichen Gruppe, die sich auf die Traditionen des vorösterlichen Jesus stützt und von ihnen her ihr nachösterliches Gemeindesein gestaltet, und der von Johannes geleiteten Gruppe, die erklärt, daß nachösterliche Existenz sich nicht im bewahrenden Festhalten des Früheren bewältigen läßt, weil ihr im Parakleten und in einer vertieften Christuserfahrung ihr Fundament gegeben ist. Denn es reicht nicht, die alte Jesustradition festzuhalten und jeweils zu aktualisieren; es reicht nicht, von den vergangenen Taten Jesu zu erzählen und sie in missionarischer Werberede zu vergegenwärtigen. Vielmehr ist Jesus jetzt neu zur Sprache zu bringen, und im Reden und Tun der Gemeinde wird nicht nur an das Einstige erinnert; vielmehr geschehen hier die heute aktuellen Werke Christi, und sie geschehen als die »größeren Werke«.

Kann man die so erschlossene Gegengruppe wenigstens annähernd bestimmen? Im Rahmen von 13,31–14,31 werden Namen aus dem Zwölferkreis genannt und dies immer mit kritischer Tendenz: Simon Petrus, Thomas, Philippus, Judas. Nicht daß die Träger dieser Namen persönlich Vertreter der von Johannes kritisierten Haltung gewesen wären; sie waren damals wahrscheinlich längst tot. Aber es ist zu vermuten, daß der Evangelist im Gegenüber zu einer Gruppe oder zu mehreren Gruppen lebte, die sich auf die genannten Vertreter des Zwölferkreises oder auf diesen Kreis insgesamt und auf die von ihm autorisierten Traditionen beriefen: Im Bewahren dieser Traditionen und im Gehorsam gegen sie sei die Gemeinde Gemeinde und bewahre sie sich als Gemeinde. – Daß man mit solchen Vermutungen nicht eine Konstruktion ohne Fundament errichtet, kann man aus der synoptischen Tradition erschließen, die sehr bewußt die Jesustradition und die Jesusverkündigung in der Geschichte vor Ostern verankert, ungeachtet aller nachösterlichen Erweiterungen und Aktualisierungen. Für Lukas sind die zwölf vorösterlichen Jünger Fundament der nachösterlichen Gemeinde. Die Meinung des Evangelisten Matthäus zu diesem Thema hat man in dem Satz zusammengefaßt: »Wahre Jüngerschaft ist nach ihm zu allen Zeiten nur als Rückgang auf den historischen Jesus möglich«[141]. Aber schon in der Logienquelle ist die Absicht am Werk, die vorösterlichen Jesusworte in ihrer Verbindlichkeit und ihrem die spätere Gemeinde

---

[141] U. Luz, Die Jünger im Matthäus-Evangelium, in: J. Lange, Das Matthäusevangelium (WdF 525), Darmstadt 1980, S. 394.

konstituierenden Charakter zu erweisen[142]. Man kann noch einen Schritt weiter nach rückwärts gehen: Was ist natürlicher als dies, daß die vorösterlichen Jünger alsbald nach Ostern sich für die Erhaltung und Interpretation der alten Jesustraditionen verantwortlich wußten und sich dafür einsetzten[143]? Am augenfälligsten tritt uns das Insistieren auf dem, was der irdische Jesus gesagt hat, bei Matthäus und schon in den von ihm verwendeten Traditionen entgegen. Auf die Worte des Irdischen werden nach Matthäus »die Jünger verpflichtet, wie er schon den Bergprediger betonen und den Auferstandenen bekräftigen läßt«[144]. Dabei wird Petrus eine Schlüsselrolle zugeschrieben. Er gilt »als Garant für die Autorität gesetzlicher und disziplinarischer Vorschriften«[145], und als Traditionsträger behält er, behält mit ihm der vorösterliche Jüngerkreis und also auch die vorösterliche Jesustradition ihre grundlegende Bedeutung für die nachösterliche Gemeinde.

Demgegenüber weiß Johannes, und sein Schülerkreis weiß es mit ihm, daß diese Position nicht mehr ausreicht, und wo sie als ausreichend und alleingültig vertreten wird, muß dagegen gestritten werden. Die vorösterlichen Traditionen tragen – dies ist Befürchtung und Überzeugung des Evangelisten – nicht mehr die Kapazität zum Bewältigen der Gegenwart in sich. Das überlieferte Jesuswort ist zu schmal, als daß es die neue Situation der Gemeinde tragen und Fundament der Nachfolge sein könnte. Es bedarf des neuen, durch den Parakleten vermittelten Christuswortes, das die Gemeinde in die ihr jetzt geltende Wahrheit zu führen vermag (16,13–15). – Man kann den polemischen Ton nicht überhören. Der gegenwärtige Christus, den der Evangelist zum Sprechen bringen will, spricht nicht oder nicht in gegenwärtiger Verbindlichkeit durch das alte Wort der vorösterlichen Jesustradition. Um ihn zum Sprechen zu bringen, bedarf es eines neuen Wortes, bedarf es der vom Parakleten gewährten heutigen Christusrede (S. 222f).

Solche Überlegungen verstehen sich als Antwort auf eine bestimmte Situation. Nun wissen wir zwar nicht, auf welches konkrete Gegenüber hin der Evangelist seine Gedanken über die nachösterliche Gemeinde entwickelt hat. Aber man kann zuverlässig wissen, daß es ein solches Gegenüber im Umkreis der frühen Christenheit gegeben hat. Man kann die Grundtendenz dieses Gegenübers erfassen und man versteht den Evangelisten beim Formulieren und Entfalten seines Gegenentwurfs.

---

[142] A. POLAG, Die Christologie der Logienquelle (WMANT 45), Neukirchen 1977, S. 187–192.

[143] POLAG 189f.

[144] Chr. BURCHARD, Versuch, das Thema der Bergpredigt zu finden, in: Jesus Christus in Historie und Theologie (FS für H. Conzelmann), hg. von G. STRECKER, Tübingen 1975, S. 408.

[145] R. HUMMEL, Die Auseinandersetzung zwischen Kirche und Judentum im Matthäus-Evangelium (BEvTh 33), 2. Aufl., München 1963, S. 60.62f; vgl. auch P. HOFFMANN, Der Petrusprimat im Matthäus-Evangelium, in: LANGE (Anm. 141) 419f.429.

5. Umformung der Eschatologie

Schließlich ist in diesem Zusammenhang der Beitrag zu erwägen, den 13,31–14,31 zum Problem der johanneischen Eschatologie liefert.

a) Die Streitfrage

Der Tatbestand wird seit langem gesehen[146]: Zwei scheinbar oder wirklich sich widersprechende Aussagereihen stehen sich gegenüber. Nach der einen ist das traditionellerweise von der Zukunft erwartete Heil der Endzeit bereits in die Gegenwart eingetreten, und weithin ist das Johannesevangelium von dem Pathos erfüllt, daß in der Geschichte Jesu und in dem ihn vergegenwärtigenden Wort sich das Eschaton verwirklicht habe und sich weiter verwirkliche. Leben ist bereits gewährt (6,54a; 8,12.51; 10,10.28; 17,3); Auferweckung der Toten ist geschehen und geschieht (5,25); Gericht und Tod liegen hinter den Glaubenden (3,18f; 5,24); der noch ausstehende physische Tod ändert daran nichts (11,25f). Folglich ist auch der Satan eine bereits gerichtete Größe (12,31; 14,30; 16,11), und was Offb 20,7–10 vom zukünftigen apokalyptischen Drama erwartet, ist, genau besehen, schon eingetreten, so daß die Vorstellung einer endzeitlichen Schlacht (Offb 16,16; 19,11–21) ebenso entfällt wie das Zusammenstürzen des Kosmos (Mk 13,24f; 2Pt 3,10) oder das Erscheinen des Antichrist als Element eines apokalyptischen Dramas (2Thess 2,3–10). Auch die als Höhepunkt dieses Dramas erwartete Parusie Jesu (Mt 25,31ff; Mk 13,26f; 1Thess 4,13–17; 2Thess 1,7f; Offb 19,11ff) ist kein Ereignis der Zukunft mehr, da sie sich jetzt, im Hören des Wortes ereignet (Joh 14,23). Folglich ist jetzt auch die Zeit des Gerichts über die Nichtglaubenden (3,36b; 14,24).

Dieser Aufzählung ist nun die andere Reihe entgegenzusetzen. Auferstehung und Gericht sind Ereignisse der Zukunft, und man hat sich auf sie einzustellen (5,28f; 6,39.40.44.54; 12,48). Auch in 12,26 (wo ich bin, soll auch mein Diener sein) richtet sich der Blick in die Zukunft. Dasselbe gilt für 17,24.26, nicht dagegen, wie wir sahen, für 14,2f.

Viel von der Buntheit und der geschichtsumspannenden Weite jüdisch-christlicher Apokalyptik ist dabei freilich nicht übrig geblieben. Genau genommen ist nur die Zukünftigkeit der individuellen Auferstehung festgehalten[147]. Aber unverkennbar ist das Interesse an dieser Zukünftigkeit.

---

[146] BULTMANN 306–309.479–481.561 s.v. Eschatologie; ders., Die Eschatologie des Johannesevangeliums, in: ders., Glaube und Verstehen Bd. I, 2. Aufl., Tübingen 1954, S. 134–152; SCHNACKENBURG II 530–544; BROWN CXV–CXXI; ders., Ringen 41f; BLANK, Krisis 172–182; G. RICHTER, Präsentische und futurische Eschatologie im 4. Evangelium, in: ders., Studien zum Johannesevangelium (BU 13), 1977, Nr. XV; umfassende Darstellung bei J. FREY, Die johanneische Eschatologie Teil I: Ihre Probleme im Spiegel der Forschung seit Reimarus (Diss.), Tübingen 1995.

[147] KÄSEMANN, Wille 37.

Der Streit geht nun darum, ob die zweite Aussagereihe als originaler Beitrag des Evangelisten anzusehen ist; dann hätte er eine gewollte Dialektik zwischen präsentischer und futurischer Eschatologie entworfen. Oder ob sie als sekundäre Korrektur anzusehen ist, aus dem Schülerkreis stammend, der der Unerhörtheit der präsentischen Eschatologie die traditionell-futurische Perspektive ausgleichend beigesellte.

Hier sei W.G. Kümmel genannt, der als Anwalt der ersten Auffassung spricht[148]. Auch bei Johannes, sagt Kümmel, darf »die Erwartung der futurischen Heilsvollendung« nicht fehlen. Denn der Evangelist weiß, daß die Welt, obwohl durch Christus besiegt (16,33), weiterbesteht, daß der Satan, obzwar gerichtet, nicht vernichtet ist, daß die Glaubenden zwar jetzt (1,14) die Doxa Christi schauen (was übrigens auch bei Paulus gegenwärtig empfangene Gabe ist, vgl. 2Kor 3,18), daß der Welt aber diese Doxa verborgen ist. Folglich wartet Johannes mit der gesamten Urchristenheit »auf das Sichtbarwerden der Herrlichkeit des Christus vor den Augen der Welt«, und darum stellt er »neben die stark betonten Gegenwartsaussagen die Hinweise auf die futurische Heilsvollendung«. Von da aus kann man 5,28f als ursprünglichen Bestandteil von 5,19–30 interpretieren[149].

Wir formulieren die Alternative so deutlich wie möglich: Sah der Evangelist seine Aufgabe darin, jene Spannung zwischen gegenwärtigem und zukünftigen Heil, zwischen anhebender und zum Ziel gelangter Vollendung zu thematisieren? Oder lag ihm alles daran, die *Gegenwärtigkeit* von Heil und Gericht darzustellen, und diente ihm die Vernachlässigung des Zukunftsaspekts geradezu als Mittel zu diesem Zweck? Dann freilich müßten alle oder die meisten Aussagen jener zweiten Reihe der auf Ausgleich bedachten Redaktion des Schülerkreises zugeschrieben werden. Zu dieser Frage liefert 13,31–14,31 einen erhellenden Beitrag.

b) Der Beitrag von 13,31–14,31

Wir gehen von 14,2f aus, diesem vermutlich vom Evangelisten geschaffenen Stück, das ganz aus der Vorstellungswelt frühchristlicher Apokalyptik gestaltet ist (s.d.). Den durch den bevorstehenden Abschied verunsicherten Jüngern wird mit dem baldigen Wiederkommen Jesu auch ihre Heimholung ins himmlische Vaterhaus verheißen. Unmittelbar nach diesen Sätzen setzt der Prozeß der Interpretation ein, in deren Verlauf die räumliche Wegvorstellung ins Personale umgesetzt, die Vorstellung vom Weg durch die Person Jesu ersetzt wird (s. zu 14,5–7). Das Wirken Jesu im Haus des Vaters konkretisiert sich in der Gabe der größeren Werke und in der Bitte an den Vater, den Parakleten zu senden (14,12–17). Schließlich verlegt 14,18–24 das in v. 2f apokalyptisch gezeichnete Wiederkommen Jesu zunächst auf Ostern, darüber hinaus in die

---

[148] W.G. KÜMMEL, Die Theologie des Neuen Testaments nach seinen Hauptzeugen (GNT 3), Göttingen 1976, S. 261f.

[149] Ausführlich äußert sich BLANK, Krisis 172–182, zu dieser Stelle.

jeweilige Gegenwart des Glaubenden (14,23 f). Natürlich erstreckt sich solche Gegenwart in die Zukunft; ohne sie gäbe es jene Gegenwart nicht. Aber diese Zukunft hat mit der apokalyptisch verstandenen Zukunft jüdisch-christlicher Enderwartung wenig mehr zu tun.

Man kann den Willen des Evangelisten nicht übersehen, der diese Interpretation lenkt. Er nimmt absichtlich traditionell-apokalyptische Wendungen auf, um sie von gegenwärtiger Erfahrung her mit neuer Bedeutung zu füllen. Mit dieser Absicht stellt sich die erste Abschiedsrede neben 11,20–27, jenen Dialog zwischen Jesus und Martha, der daraus hinausläuft, Auferweckung der Toten, die man traditionellerweise vom Jüngsten Tag erwartet, in die Gegenwart hereinzuziehen. Ich weiß, sagt Martha, daß mein Bruder auferstehen wird in der Auferstehung am Jüngsten Tag, und Jesus erwidert: *Ich* bin die Auferstehung und das Leben. Was man vom Jüngsten Tag erhofft – Leben für immer (εἰς τὸν αἰῶνα) – , das wird dem an mich Glaubenden jetzt und nicht erst in der apokalyptisch gedachten Zukunft gegeben. Der zu erwartende Einwand – der unvermeidliche physische Tod, der Infragesteller allen Lebens, auch des von Jesus vermittelten – wird zurückgewiesen und zwar von der Qualität jenes dem Glaubenden jetzt gewährten Lebens her. Es ist von der Art, daß der physische Tod es nicht tangieren kann. Also ist es von ganz anderer Art, als die herkömmliche Erwartung es sich vorstellt. In 17,3 wird diese andere Art thematisiert.

Die Umsetzung apokalyptischer Zukunftserwartung in gegenwärtige Erkenntnis und Erfahrung erfolgt sowohl in 11,20ff als auch in c. 14 in der Form des Dialogs. Er setzt jeweils mit einer traditionellen Äußerung ein, die von apokalyptischem Denken und Hoffen der frühen Christenheit bestimmt ist. Aber im Verlauf des Dialogs führt Jesus den Partner aus dem von der Tradition gesetzten Rahmen hinaus in einen neuen Horizont, in dem das von der Tradition Gesagte verwandelt wird und so in einem neuen Licht erscheint. Man wird in 13,31–14,31 Zeuge dafür, wie die Frage nach dem Weg in die himmlischen Wohnungen auf eine ganz neue Ebene gehoben wird, wie »Weg« sich in eine Person verwandelt, und geschieht nicht mit den himmlischen Wohnungen dasselbe? Sie realisieren sich in den Glaubenden, bei denen der Vater und der Sohn sich niederlassen (v. 23). Das besondere Anliegen von 11,20ff ist darin zu sehen, daß an die Stelle des gespannten Fixiertseins auf einen zukünftigen Zeitpunkt (vgl. Mt 24,42) das jetzige Bereitsein für das jetzige Kommen des Vaters und des Sohnes tritt. Wieder stellt sich die Frage, ob nicht in der Gesprächsform, in der die Probleme in 11,20ff und 13,31–14,31 abgehandelt werden, sich das Gespräch der johanneischen Schule abbildet, die jene Probleme in ihren Gesprächen bedenkt und klärt (S. 71 f).

Hilfreich für die Entscheidung in der oben genannten Alternative ist c. 14 darum, weil hier anders als etwa in 5,24–29[150], auch in 6,39ff, sich nicht die

---

[150] Bultmann 196 f.

Frage einer sekundären Bearbeitung stellt. In c. 14 äußert sich ausschließlich
der Autor selbst zum Problem. Alles ist konzentriert auf das in der jeweiligen
Gegenwart erfolgende Kommen Jesu; die Sprache läßt erleben, wie apokalyptische Zukunftserwartung in die Erfahrung gegenwärtiger Erfüllung überführt
wird; nichts weist darauf hin, daß der Evangelist dem in der Gegenwart sich
vollendenden Heil das vollendete Heil der Zukunft gegenüberstellen wollte,
wie Kümmel annimmt. Für ein von Johannes gewolltes dialektisches Gegenüber von präsentischer und futurischer Eschatologie liefert also 13,31–14,31
den Gegenbeweis.

c) Der geschichtliche Kontext

Man kann den Grund dafür finden, weshalb dem Evangelisten an einer solchen
Dialektik nicht gelegen ist. Natürlich hat er die apokalyptische Eschatologie
gekannt, die ja auch – anderes ist nicht vorstellbar – in seiner Gemeinde lebte.
Es sind zwei Gründe, die ihn veranlassen, das Gewicht so gut wie ausschließlich auf die präsentische Eschatologie zu legen.

Zuerst ist der schon erwähnte Streit mit der Synagoge zu nennen. Die Synagoge erwidert auf die Christusverkündigung der Gemeinde: Nichts hat euer
Jesus, der angebliche Messias, bewegt (S. 82). Die Welt ist nach ihm dieselbe,
die sie vorher war. Schwerter sind nicht zu Pflugscharen geworden, sondern
schlagen weiterhin Wunden und töten wie seit jeher, während doch vom Messias das große Friedensreich eröffnet wird[151]. Also ist Jesus nicht der Messias.
Darauf antwortet Johannes: Der von euch mißachtete und verworfene Jesus ist
in Wahrheit die Wende der Welt, der Repräsentant des Vaters in der Welt. In
seinem von euch verursachten schmählichen Tod hat er den Schritt in die Doxa
des Vaters getan. Mit ihm ist darum die eschatologische Entscheidung in die
Welt eingetreten; in ihm hat sich der große Umbruch der Zeiten ereignet. Sinn-
los ist es darum, auf endzeitliche Befreiungskriege und Ähnliches zu hoffen.
Wer in Jesus den Messias sieht, steht in der von Gott gewährten eschatologischen Existenz. Anderswo und auf andere Weise ist sie nicht zu gewinnen.

Der andere Grund, weshalb Johannes die präsentische Eschatologie vertritt,
ist eine ebenfalls schon bedachte innerkirchliche Erfahrung, die Enttäuschung
angesichts der ausbleibenden Parusie. Mit dieser Enttäuschung setzte man sich
im frühen Christentum in sehr verschiedener Weise auseinander[152], und die
Auseinandersetzung darüber dauert an bis zum heutigen Tag. Johannes begegnete dem Problem nicht etwa in der Weise von Mk 13,30: Parusie sei zwar
nicht in nächster Zukunft zu erwarten, aber noch zu Lebzeiten der jetzigen

---

[151] Zur jüdischen Messiaserwartung s. Anm. 127 und M. HENGEL, Die Zeloten (AGJU I),
2. Aufl., Leiden-Köln 1976, S. 235–318.
[152] Vgl. E. LOHSE, Grundriß der neutestamentlichen Theologie, Stuttgart 1974, S. 59–61.

Generation. Und schon gar nicht geht er den Weg von 2Pt 3,8f, auf dem man sich der Frage nach dem Zeitpunkt enthoben sah, ohne die Erwartung eines solchen Zeitpunktes aufgeben zu müssen. Vielmehr erklärt er die auf einen bestimmten oder unbestimmten Termin fixierte Parusie-Erwartung für überholt. Parusie ist ja mit Ostern schon eingetreten und sie tritt jeweils ein, wo der Glaubende das Kommen des Vaters und des Sohnes erfährt (S. 62.81–83). Wie die Auferstehung des Glaubenden, so ist auch die Parusie Christi ein gegenwärtiges Geschehen, und sie ereignet sich, indem die Gemeinde erlebt, wie Christus sie in ihrer jeweiligen Bedrängnis und Trauer aufsucht und dadurch Trauer in Freude verwandelt (16,20–22). Die Absicht des Evangelisten liegt auf der Hand: Die herkömmliche Parusie-Erwartung, die von Enttäuschung zu Enttäuschung ging, soll abgelöst werden durch das Sich-Einstellen auf das Eintreten Christi in die jeweils heutige Wirklichkeit.

Der Tatbestand ist überraschend genug: Der Evangelist, der in einem apokalyptisch durchsättigten Zeitalter lebt, kümmert sich um apokalyptisch qualifizierte Zukunft nicht. Er schiebt, was im Urchristentum vielfach Gegenstand und Ziel leidenschaftlicher Erwartung war, bewußt und rigoros zur Seite und bestreitet dieser Erwartung den zentralen Platz, den sie vielfach und wohl auch in der johanneischen Gemeinde innehatte. Erklären läßt sich diese neue Perspektive am ehesten von jenen zwei oben besprochenen Gründen her, und wir spüren die überlegte Intensität, mit der der Evangelist sein Anliegen vertrat. Mit der präsentischen Eschatologie konnte er hoffen, den Argumenten der Synagoge auf hohem Niveau begegnen zu können: Mit Christus, in dem Gottes Gegenwart sich darstellt, ist die eschatologische Wende der Welt eingetreten, und um der Realität Gottes willen, die sich in Christus ereignet, muß gesagt werden, daß mit ihm das Endgericht da ist und sich in der Begegnung mit ihm jeweils vollzieht: Wer nicht an ihn glaubt, ist ein schon Gerichteter (3,18). Auf der anderen Seite konnte der Evangelist hoffen, mit der präsentischen Eschatologie die Gemeinde aus einem unfruchtbar gewordenen Warten auf die sich apokalyptisch vollendende Zukunft herausführen zu können. Wenn Parusie schon eingetreten ist und immer eintritt, wo die Gemeinde das Kommen Christi in ihre Mitte erfährt, wozu dann sich fixieren auf ihre apokalyptische Gestalt, die sich vielleicht nie oder erst in fernster Zukunft realisieren wird und die – gewichtiger – durch die gegenwärtig zu erfahrende Parusie, durch das jeweilige Kommen Christi in die Gegenwart der Gemeinde überholt ist?

Solche präsentische Eschatologie ist nicht eine nur johanneische Besonderheit. Man begegnet ihr bei Paulus in 2Kor 5,17; 6,2; Gal 4,4, auch in 2Kor 3,18. Derselbe Paulus, der in entschiedener apokalyptischer Erwartung lebte (1Thess 4,13ff; 1Kor 15,20–28; 15,51f; 2Kor 5,1–10), konnte in überlegter Dialektik von der Gegenwärtigkeit des Heils sprechen. In der Paulusschule setzt sich das fort, und die Sprache wird deutlicher (Kol 2,12f; 3,1; vor allem Eph 2,5f). Der dem Paulus wichtige eschatologische Vorbehalt – wir sind, zwar gerechtfertigt, noch nicht mit Christus auferstanden, sondern leben in der Vorläufigkeit dieses Äons (Röm 6,3f) – ist in Kol und Eph aufgegeben. Im frühchristlichen Enthusiasmus konnte solches Selbstverständnis – wir leben in der Gegenwärtigkeit des Heils, und was dem noch entgegensteht, ist der zu vernachlässigende Rest einer Scheinwelt – zu einer weltvergessenen oder weltverachtenden Haltung führen, deren Gefährlichkeit Paulus erkannt und bekämpft hat (1Kor 4,8; in paulinischer Tradition steht 2Tim 2,18). Geht nicht die Rede von der Gegenwärtigkeit des Heils letztlich auf Jesus zurück, der von der Gottesherrschaft als von einer gegenwärtigen und nicht bloß zukünftigen Größe sprach (Lk 10,23f; 11,20)? Zwar hat sie sich in der Welt noch nicht durchgesetzt, aber sie ist dabei, es zu tun und schon hat sie ihren Fuß in die geöffnete Tür gesetzt. Das Selbst- und Sendungsbewußtsein Jesu ist davon bestimmt, und vor allem in seinen Gleichnissen läßt er seine Zuhörer die Gegenwart von Gottesherrschaft in ihrem Anspruch und in ihrer Beglückung erleben. – Das Neue bei Johannes ist also nicht die Rede von der Präsenz eschatologischen Heils, sondern die Ausschließlichkeit, in der er das Gewicht auf die Gegenwart legt, um dadurch einem Warten auf apokalyptische Zukunft den Boden zu entziehen. In der Auseinandersetzung mit der herkömmlichen jüdischen und judenchristlichen Eschatologie, die ihm fragwürdig und unfruchtbar geworden ist, entwickelt Johannes seine in der Gegenwart sich erfüllende Eschatologie, die mit innerer Notwendigkeit aus seiner Christologie hervorwuchs. »Die urchristliche Eschatologie, durch die Botschaft Jesu und sein Wirken vorbereitet, durch Ostern in Naherwartung verwandelt, war stets christologisch orientiert. Bei Johannes ist aber die Eschatologie nicht mehr der Horizont der Christologie, sondern umgekehrt die Christologie der Horizont der Eschatologie. In Christus ist das Ende der Welt nicht nur nahegekommen, sondern bleibend gegenwärtig«[153].

d) Zukunft und Welt

Hat Johannes der apokalyptisch verstandenen Zukunft keine Geltung lassen wollen, so geriet doch Zukunft als Dimension menschlichen Daseins nicht aus seinem Blick. Das Wissen von Zukunft ist mit der menschlichen Existenz innerhalb bewußt erlebter Geschichte gegeben. Es läßt sich nicht aufheben, selbst wenn die Gegenwart als Zeit der Erfüllung verstanden wird: Erfüllte Gegenwart bedarf ständig der Zukunft, um jeweils erlebt werden zu können. So verstandener Zukunft ist das Johannesevangelium fraglos geöffnet. Indem der Evangelist für seine zeitgenössische Gemeinde und ihre gegenwärtige Problematik schreibt, schreibt er auch für die Zukunft der Gemeinde. Denn gegenwärtiger Glaube lebt, indem er aus der Zukunft seine Vergewisserung erhofft, und der in der Gegenwart zur Gemeinde kommende Christus ist derselbe, der ihre Zukunft bestimmt[154]. So empfängt auch gegenwärtiger Unglaube sein Gericht, indem er sich dem von Christus erschlossenen Leben verschließt.

---

[153] KÄSEMANN, Wille 41f.

[154] Vgl. ONUKI, Gemeinde 161f: Die der Gemeinde gewährten Verheißungen »sind für die Gegenwart nur so gegenwärtig«, daß sie »auf weitere noch ausstehende Erfüllung in der Zukunft offen bleiben«. In diesem Zusammenhang spricht ONUKI vom »›Immer-Wieder‹ der johanneischen Reflexion auf das Schicksal der Offenbarung Gottes und auf die damit verbundene Erfahrung der Gemeinde ... in der Welt«.

Man muß weite Passagen des Johannesevangeliums in diesen Horizont rücken, und vielleicht erhält der umstrittene Satz 8,28a von daher seine Bedeutung: Die Erhöhung des Menschensohns ans Kreuz, einmal geschehen, wiederholt sich im Unglauben der Welt, und so wiederholt sich auch das ins Gericht führende Erkennen jeweils dann, wenn der Unglaube seiner selbst ansichtig wird[155].

Das konkrete Schicksal der Welt, der differenzierte Gang ihrer Geschichte ist dabei aus dem Gesichtskreis des Evangelisten weitgehend verschwunden. Ein Interesse nicht nur am Ende, sondern am Verlauf der Geschichte, wie es sich in der synoptischen Apokalypse (Mk 13; Mt 24; Lk 21), auch in der Apg und, freilich in ganz anderer Weise, in Offb findet, sucht man bei Johannes vergeblich. Ist ihm das Schicksal der Welt gleichgültig geworden? Aber es ist fraglich, ob man in der Vorstellungswelt des Evangelisten bleibt, wenn man behauptet, daß »der Gedanke an eine restituierte Schöpfungswelt aufgegeben worden ist«[156]. Schwerlich kann der, nach dessen Ansicht alles, was ist, aus der schöpferischen Macht des Logos hervorging (1,1–3), die Welt mit Ausnahme der Glaubenden in der Leere des Nichts enden lassen. Johanneische Polemik gegen den sich vor Gott verschließenden Kosmos kann nicht zur gnostischen Verneinung der Schöpfung werden. Andererseits ist nicht zu übersehen, daß man im Johannesevangelium vergeblich nach der Rede vom neuen Himmel und der neuen Erde (Offb 21,1) sucht, wo dann endgültige Gerechtigkeit wohnt (2Pt 3,13). Das Interesse gilt tatsächlich nicht dem konkreten Schicksal der Welt und ihrer Völker, sondern den in der Welt verstreuten und aus der Welt zu sammelnden Kindern Gottes (11,52), die den guten Hirten kennen und seine Stimme hören (10,14.27f), den aus dem Geist Geborenen (3,8), den Nachfolgenden (8,12). »The goal of world history is not a new heaven und and a new earth … but the gathering of souls into their heavenly home«[157].

Trotzdem läßt sich nicht bestreiten, daß Gott auch für das Johannesevangelium der der Welt zugewandte Gott ist (3,16; ausführlich S. 178). Darum hat die Rede vom Heil für die Welt, von ihrem endlichen Erkennen und Glauben wenigstens einen gewissen Platz im Evangelium (12,47; 14,31; 17,21.23), und die Benennung Jesu als des σωτὴρ τοῦ κόσμου (Retter der Welt 4,42) kann nicht dadurch entschärft werden, daß man den Titel der vorjohanneischen Tradition zuweist[158]. Das nicht aufgebbare Wissen, daß die Welt, mag sie noch so heillos in Finsternis geraten sein (1,5; 3,19), Schöpfung Gottes ist, erlaubt kein Eliminieren der Welt aus der Verantwortung des Evangelisten. Darum hält er auch die Gemeinde fest in ihrer Sendung in die Welt (20,21; vgl. auch 17,18).

---

[155] BARRETT 348 bedenkt die mangelnde Eindeutigkeit dieses Satzes; s. auch SCHNAKKENBURG II 256f.
[156] KÄSEMANN, Wille 133.
[157] BROWN 780.
[158] Wie BECKER 216 das tut.

Konkretionen bleiben freilich aus. Daß die Zukunft der Welt im Denken des Johannesevangeliums am Rand steht, daß sie laut und grell als der Bereich der Finsternis, des Unten (8,23) erscheint[159], daß von einer das Ganze umfassenden restituierten Schöpfungswelt in der Tat nicht gesprochen wird, ist nicht bestreitbar. Die Erklärung dafür ist am ehesten in den Erfahrungen der Gemeinde mit der Welt zu suchen, von denen vor allem in 15,18–16,4a die Rede ist (s.d.). Zwar gilt der Satz: »Die Erde bleibt als Gottes Schöpfung der Raum seines Rufes«[160]. Aber dieser Ruf verhallt weitgehend im Unglauben der Welt, und das Johannesevangelium nimmt das in gewisser Resignation zur Kenntnis.

Auch die sekundären futurischen Aussagen innerhalb des Evangeliums (S. 97) ändern daran nichts. Erkennbar wird das schon daran, daß sie den Leser nicht in den universalen Rahmen apokalyptischer Hoffnung versetzen. Sie fügen nur das Element der zukünftigen individuellen (6,39.40.44.54) und einmal der allgemeinen Auferstehung (5,28f) in das Evangelium ein. Offenbar hat man im Schülerkreis das beunruhigende Fehlen des Zukunftsaspekts empfunden und versucht, mit den genannten Einfügungen dem Mangel abzuhelfen. Aber darauf hat man sich beschränkt. Kein Versuch wird unternommen, das apokalyptische Weltendrama in seiner Buntheit und Erregtheit zu erneuern. Man kann darin einen Akt des Respekts gegenüber dem Evangelisten sehen, dessen Sicht man durch die Wiedereinführung des Zukunftselements nur behutsam korrigieren wollte.

Daß man dabei keine sehr glückliche Hand hatte, zeigt nicht nur die Stereotypie der Sätze in 6,39.40.44.54, sondern auch die nicht gelungene Integration von 5,28f in den Kontext[161]. Die Integration wäre dann gelungen, wenn man den Zukunftsaspekt als notwendiges Element einer präsentischen Eschatologie erwiesen hätte. Das war wohl der Wille der Redaktion. Faktisch aber hat sie nur traditionell-apokalyptische Sätze der präsentischen Eschatologie des Evangelisten an die Seite gestellt. Eine Ausnahme macht 12,26b, vielleicht ebenfalls ein redaktioneller Text[162]. Von besonderem Gewicht sind die Sätze in 17,24.26. Sie eröffnen einen eigenen Aspekt, über den im Zusammenhang von c. 17 zu sprechen ist.

Apokalyptik hat also keinen oder nur einen eng beschränkten Platz im Johannesevangelium. Man mag das begrüßen oder bedauern. In keinem Fall aber sollte man übersehen, daß damit Welt und Geschichte, die großen Themen apokalyptischen Denkens, weitgehend ausgeklammert werden. Auch Mißtrauen gegen apokalyptische Weltdeutung innerhalb der Kirche kann nicht daran vorübergehen, daß jene Themen von der christlichen Botschaft nicht weniger be-

---

[159] BULTMANN, Theologie 378–385.
[160] KÄSEMANN, Wille 131f.
[161] BLANK, Krisis 172–182, der das Gelingen dieser Integration und damit den primären Charakter von 5,28f beweisen möchte, leistet ungewollt das Gegenteil.
[162] BECKER 448f.

troffen werden als die Themen des individuellen menschlichen Daseins. Wir werden in dem scheinbar weltabgewandten c. 17 einer anderen Perspektive begegnen, in der die Weltverantwortung des Glaubens zum Bewußtsein gebracht wird (S. 332 ff).

B. Die zweite Rede 15,1–16,15
Die Gemeinde in der Welt

I. Das Wesen der Gemeinde 15,1–17

1. Einführung

Die Probleme der Übersetzung, der Gliederung und der Textgattung werden der eigentlichen Exegese vorgeschaltet, um sie zu entlasten.

a) Wörter und Begriffe

v. 2. τὸ κλῆμα Ranke, Rebe[1]; in der Bedeutung nahe bei ὁ κλάδος Zweig. – Zur Konstruktion von v. 2: Anakoluth nach πᾶς ist eine sich vom Semitischen her erklärende Sprachgewohnheit[2].

v. 3. διά mit Akk. wegen, nicht: durch[3].

v. 6. ἐβλήθη – ἐξηράνθη: ein sog. futurischer Aorist, wie er nach einer futurischen Bedingung (vgl. etwa Mt 18,15b) verwendet werden kann[4]. – ξηραίνω im Passiv oder Medium: dürr werden, austrocknen. – Wer ist Subjekt von συνάγουσιν und βάλλουσιν? Ist an Engel gedacht, die die Verworfenen ins ewige Feuer werfen (Mt 13,41f)? Oder ist »man« als Subjekt anzunehmen?

v. 7. In der Wendung ὃ ἐάν ist ἐάν = ἄν, wie oft[5].

v. 8. ἐδοξάσθη: Man kann von einem proleptischen Aorist (s. auch zu v. 6) sprechen[6]. – ἵνα nämlich daß; das Wort steht für einen erklärenden Infinitiv; man kann es auch zu einem Konditionalsatz auflösen: Darin wird der Vater verherrlicht, wenn ihr ...[7] – γένησθε: werden oder sich erweisen?

v. 9. καθώς hat hier wie oft (auch bei Paulus) nicht nur vergleichende, sondern ebenso begründende Bedeutung, also nicht nur: wie, sondern auch: weil; so auch in v. 10[8].

v. 12. Zu ἵνα bei v. 8.

v. 13. »Der ἵνα – Satz ist ... Exposition zum Demonstrativpronomen« ; Übersetzung: »Eine größere Liebe hat niemand als die, daß er sein Leben für seine Freunde läßt«[9]. –

---

[1] J. BEHM, ThWNT III 756f.
[2] BDR 466,3 und Anm. 4.
[3] So allerdings SCHLATTER 306; dagegen BROWN 660.
[4] BDR 333,2 und Anm. 7; ausführlich BROWN 661.
[5] BDR 107,1 und Anm. 3; Br s.v. ἐάν II.
[6] BROWN 662.
[7] Br. s.v. II 1e; BDR 394,3 und Anm. 3
[8] BULTMANN 291 Anm. 3; BDR 453,2; BORIG, Weinstock 59.
[9] BAUER 192.

Die Wendung ψυχὴν τιθέναι trägt zwei Bedeutungen in sich: a) Leben einsetzen, riskieren; b) Leben hingeben (διδόναι); diese Doppelheit wird in 10,11.17 aktuell[10]. Hat man an Jes 53,10 MT zu denken[11]?

v. 16. τιθέναι τινὰ εἴς τι jmdn zu etwas bestimmen[12].

b) Gedankengang und Gliederung

Die Rede von v. 1–8, in deren Zentrum eine Selbstdarstellung Christi steht, setzt mit dem auf Christus bezogenen Weinstockbild ein. Wir haben drei Gleichungen vor uns: Jesus = der Weinstock; der Vater = der Winzer; die Jünger = die Reben. Das Stichwort καθαίρω in v. 2 führt zu der Aussage v. 3, die das Bild verläßt: Die Reinheit der Jünger verdankt sich dem Wort Jesu. v. 4 lenkt zum Bild zurück. Der Imperativ »bleibt in mir« verbindet sich mit der Warnung vor dem Nicht-Bleiben. In dem negativ gehaltenen v. 4b ist die mit dem Fruchtbringen gegebene Verheißung unüberhörbar enthalten. v. 5 bringt das Ganze auf seinen zusammenfassenden Ausdruck und fügt die Begründung hinzu: Ohne mich könnt ihr nichts tun. Drohung und Verheißung wiederholen sich in v. 6f auf anderer Ebene. Im Bleiben an Jesus verherrlicht der Jünger den Vater (v. 8).

v. 9–11. Durch die Begriffe ἀγαπάω und ἀγάπη (v. 9) kommt noch anderes als nur eine neue Nuance in den Text. Mit derselben Liebe, die er vom Vater empfangen hat, hat Jesus die Jünger geliebt – das war in v. 1–8 nicht gesagt worden. In dieser Liebe sollen die Jünger bleiben, und sie können das, indem sie die Gebote Jesu halten, so wie er die Gebote des Vaters gehalten hat (v. 10). Was ist hier unter »Gebot« zu verstehen? Scheinbar sperrig fügt sich in v. 11 die Zusage der vollendeten Freude an. Aber die Zugehörigkeit von v. 11 zum Vorhergehenden wird durch die Einleitung von v. 11 (ταῦτα λελάληκα ὑμῖν) sichergestellt.

v. 12–17. In v. 12 wird der in v. 10 vermißte Inhalt der Gebote nachgetragen: Liebe, und zwar die gegenseitige Liebe der Jünger. Alsbald wird das Maß dieser Liebe angegeben: Die Bereitschaft zur Lebenshingabe an die Freunde (v. 13). Das Stichwort φίλοι führt in v. 14f zu einer Besinnung über das Wesen von Freundschaft im Gegensatz zum Wesen der Sklaverei, während v. 16 eine Abgrenzung vornimmt: Nicht der Jünger, sondern Jesus ist es, der Freundschaft begründet. Der Jünger lebt diese Freundschaft, indem er Frucht bringt (v. 8) und in der in v. 7 angedeuteten Christusbeziehung bleibt. v. 17 wiederholt v. 12.

Ohne Schwierigkeiten bietet sich die Gliederung an. v. 1–8: Die Bildrede vom Weinstock. v. 9–11: Das Bleiben in der Liebe. v. 12–17: Die Freunde

---

[10] BULTMANN 282 Anm. 2.

[11] JEREMIAS, Abba, Göttingen 1966, S. 206.

[12] Br s.v. I 2b.

Jesu[13]. Man kann auch anders gliedern und viele Exegeten gliedern anders. Dabei sind wir uns darüber klar, daß alle unsere Gliederungsraster nachträglich an den Text herangetragen werden. Der antike Autor hat zwar nicht weniger logisch gedacht als der moderne; aber er unterlag nicht unserem Zwang zur sichtbaren Einteilung und zur Übersicht. Wenn die hier vorgelegte Gliederung nachprüfbar dem Gedankengang folgt und ihn in knappen Sätzen zusammenfaßt, dann ist sie gerechtfertigt. Wir sehen, wie v. 1–8 vom Weinstockbild und von der daraus abgeleiteten Wesensbeschreibung des Jüngers beherrscht ist, während v. 9–11 das in v. 1–8 verheißene und geforderte Fruchtbringen durch das Stichwort »Liebe« präzisiert. Dieses Stichwort erfährt in v. 12–17 seine Auslegung und Anwendung. Die drei Abschnitte innerhalb von v. 1–17 gehören also eng zusammen, ergänzen einander, und doch hat jeder sein eigenes Gewicht.

c) Die Gattungsfrage

Wir haben in v. 1–8 nicht mit einem Gleichnis (Mk 4,26–29) oder einer Parabel (Mt 20,1–15) im Sinn der synoptischen Jesusgleichnisse zu tun. Durch das doppelte ἐγώ εἰμι ist unser Abschnitt diesen Gattungen von vornherein entfremdet. Jesus hat in seinen Gleichnissen nie direkt, sondern höchstens indirekt von sich gesprochen[14]. Wir haben auch nicht mit einer Allegorie zu tun[15], wie sie etwa in Mt 13,36–43.49f; Gal 4,21–31; Offb 17,3–6 begegnet. Denn eine Allegorie will in verhüllter Rede Eingeweihten eine Erkenntnis vortragen, die nicht für alle gedacht ist (Offb 17,3–6). Sie setzt darum nicht schon am Anfang mit der Deutung ein, sondern bringt sie, wenn überhaupt, am Schluß oder in gehörigem Abstand (vgl. Mt 13,24–30 mit 13,36–43). Dagegen wird in 15,1–8 das Gemeinte sofort genannt: Der Weinstock bin ich. Darüber hinaus verbieten es die bildlosen Sätze v. 3.4a.5b.7.8, in 15,1–8 eine Allegorie zu sehen.

Aber wie soll man den Abschnitt literarisch bestimmen? E. Schweizer hat den Begriff der Bildrede vorgeschlagen (auch für die Hirtenrede in 10,1ff). Das ist freilich nur eine Verlegenheitsauskunft; aber die hat sich durchgesetzt[16]. Dabei liegt dem jetzigen Text möglicherweise eine ältere christologische Tradition zugrunde, die sich mit einer allegorisierenden, aber schon enthüllenden Deutung zu einer eigenartigen Einheit verschmolzen hat. Derartiges

---

[13] Vgl. ONUKI, Gemeinde 119. Anders BROWN 674ff: v. 1–16.7–17; SCHNACKENBURG II 107f und IV 156f: v. 1–11.12–17; so auch WINTER, Vermächtnis 274; BECKER 576: v. 1–8.9–17; BARRETT 458ff verzichtet auf eine Unterteilung.

[14] Dazu vgl. W. HARNISCH, Die Gleichniserzählungen Jesu (UTB 1343), Göttingen 1985, S. 304.

[15] Zur Allegorie s. W. HARNISCH 42–62; J. JEREMIAS, Die Gleichnisse Jesu, 9. Aufl., Göttingen 1977, S. 64–88.

[16] E. SCHWEIZER, Ego eimi (FRLANT 56), 2. Aufl., Göttingen 1965, S. 112–114; der Begriff schon bei BAUER 189; vgl. auch SCHNACKENBURG III 108, vor allem VAN DER WATT, »Metaphorik« in Joh 15,1–8, in: BZ (NF) 1994, 67–80.

findet sich im Neuen Testament nur in Joh 10 und 15. Kann man etwas über die Vorgeschichte der Bildrede sagen? Es gibt keinen Anhalt für die Vermutung, daß Elemente einer originalen Jesusparabel sich in v. 1–8 erhalten haben[17]. Folglich muß man annehmen, daß der Autor ein altes Bildwort aufgenommen und christologisch gefüllt hat. Alsbald stellt sich die Frage, woher er dieses Bildwort hat, dessen Absicht zutage liegt: Die Weinstockrede will das, was Jesus ist und was die Gemeinde in ihrem Verhältnis zu Jesus ist, mithilfe des Bildes vom Weinstock präzisieren und paränetisch und polemisch aktualisieren. Wir fragen: Wo in der Umwelt des Johannesevangeliums wird das Stichwort Weinstock theologisch ausgewertet?

Als 1919/20 Texte der mandäischen Gemeinschaft herausgegeben und bearbeitet wurden, meinte man vielfach, jetzt endlich den religionsgeschichtlichen Mutterboden der johanneischen Sprache und der johanneischen Gemeinde, damit auch der Weinstockrede gefunden zu haben[18]. – Die Mandäer, eine wenigstens bis vor kurzem noch bestehende Gemeinschaft, am Euphrat und Tigris und am Schatt el Arab wohnend, gehen vermutlich auf Johannes den Täufer und die von ihm sich ableitenden Gruppen zurück. Angeblich umfaßt diese Gemeinschaft 15000 Mitglieder, die vor allem als Gold- und Silberschmiede arbeiten[19]. Ihre eigenartige, gnostisierende Mythologie enthält überraschende Parallelen zu johanneischen Texten, darunter auch zu 15,1–8: »Der Weinstock, der Früchte trägt, steigt empor; der keine trägt, wird abgeschnitten«[20]. »Ich bin ein einsamer Rebstock, der in der Welt steht«[21]. Hier also, im Zusammenhang einer Klage, findet sich die Verbindung von »Ich bin« und »Weinstock«.

Aber die Hoffnung, im Mandäismus den oder einen Wurzelboden des johanneischen Denkens gefunden zu haben, erfüllte sich nicht. Exakte Versuche und Vergleiche haben das gezeigt[22]. Weinstock ist bei den Mandäern kein beherrschender Titel für den aus der Lichtwelt Gesendeten. Für die Jünger Jesu als Reben am Weinstock Jesus gibt es keine mandäische Analogie. Frucht bringen meint im mandäischen Schrifttum so viel wie »Gnosis lernen«, hat also mit dem johanneischen Verständnis von καρπὸν φέρειν (15,8.16) nichts zu tun. »Aus all dem folgt, daß sich eine religionsgeschichtliche Einwirkung der mand. Texte auf das joh. Weinstockbild in keinem Bezug und an keiner Stelle mit einigermaßen genügender Sicherheit erkennen läßt«[23]. Dieses negative Urteil verbietet es auch, das Ich-bin-Wort in 15,5 von mandäischen Entsprechungen her zu erklären. War ein anderes Ergebnis zu erwarten, da ja die mandäischen Texte anerkanntermaßen viel später entstanden sind als das Johannesevangelium (die frühesten Texte werden ins 3. Jh. datiert[24])? Man hat darauf erwidert, daß der mandäische Mythos längst vor seiner schriftlichen Fixierung entstanden sei und also sehr

---

[17] So BROWN 668 f; dagegen mit Recht SCHNACKENBURG III 113 Anm. 27. BARRETT 460: Reflexionen über ein traditionelles Bild. Man sollte auch nicht, um 15,1–8 mit der synoptischen Jesusverkündigung in Beziehung zu setzen, auf Mk 12,1–12; Mt 20,1–15; 21,28–31 rekurrieren. Dort wird vom Wein*berg*, nicht vom Wein*stock* gesprochen.

[18] BULTMANN, Bedeutung passim, vor allem 59–97; BAUER 189.

[19] C. COLPE, RGG IV 709–711; RUDOLPH, Gnosis 366–394.

[20] BULTMANN, Bedeutung 73 Anm. 31.

[21] BORIG, Weinstock 141.

[22] BORIG 135–187, vor allem 171–186.

[23] BORIG 173.

[24] RUDOLPH, GNOSIS 383.

wohl älter als das Johannesevangelium sein könne[25]. Eben diese Auffassung läßt sich nicht halten: Die Mandäer haben sich ihren Mythos erst spät angeeignet[26].

Wo hat man dann den Boden zu suchen, dem das Weinstockbild entwachsen ist? Hier hat sich die alte Antwort bestätigt: Im Alten Testament und im Judentum[27].

Israel wird im Alten Testament nicht nur im Bild des Weinbergs erfaßt (Jes 5,1–7; 27,2–5), sondern häufiger noch im verwandten Bild des Weinstocks (Hos 10,1; Jer 2,21; Ez 15; 19,10–14; Ps 80,9–12.15f). Dieser Sprachgebrauch setzte sich in der sog. zwischentestamentlichen Literatur des frühen Judentums fort (etwa 4Esr 3,23; AntBibl 12,8f; 18,10; griechBar 1,2 u.ö). Laut Jos bell V 210 waren an dem Tor, das von der Vorhalle des Tempels in den eigentlichen Tempel führte, goldene Weinstöcke – wahrscheinlich nur einer – angebracht, ein Symbol für Israel[28]. Der Zusammenhang, in dem Israel als Weinstock bezeichnet wird, ist meist heilsgeschichtlich bestimmt: Gott hat das Volk als guten Weinstock gepflanzt, aber Israel verweigert die Frucht; erst im Eschaton wird es, was es sein soll: Der fruchtbringende Weinstock Gottes.

Nun sind die Unterschiede zwischen dem alttestamentlich-jüdischen Weinstockbild und dem Wesen und der Funktion des Weinstocks in Joh 15 unübersehbar. Wird dort Israel, ein Kollektiv also, als Weinstock angesprochen, so erhält in Joh 15 eine Einzelgestalt diese Ehrenbezeichnung, und Gott steht fraglos auf ihrer Seite. Kritisches Gegenüber ist er nicht wie im Alten Testament für den Weinstock, sondern nur für die untauglichen Reben. – Für die Individualisierung der Weinstockmetapher in Joh 15 gibt es ein vereinzeltes alttestamentliches Beispiel: Während in Ez 15 das Kollektiv Israel als der untaugliche, nur noch zum Verbranntwerden taugende Weinstock begegnet, ist es in Ez 17 ein einzelner, der König Zedekia, der den untauglichen Weinstock repräsentiert. – Auf allerdings schmaler Basis ist in jüdischer Tradition auch das kritische Verhältnis Gottes zum Weinstock in ein positives Verhältnis verwandelt worden: In Sir 24,23f vergleicht sich die Weisheit, die fraglos auf die Seite Gottes gehört (prv 8, 22–31), mit einem Weinstock, und in syrBar 36–40, einer zwischen 100 und 130 n. Chr. entstandenen jüdischen Schrift, findet man die einzige bekannte Stelle in jüdischer Literatur, die den Messias ins Bild des Weinstocks faßt. Immerhin rückt auch in Ps 80,15–18 der Messias sehr nahe an den Weinstock Israel heran[29]. – »Weinstock« begegnet also in alttestmentlich-jüdischer Tradition als sehr bewegliche Metapher, und nun braucht man sich im Blick auf Joh 15 nur folgendes vorzustellen:

---

[25] BULTMANN, Bedeutung 97.

[26] COLPE 711; BORIG 182–186.

[27] So schon SCHLATTER 304; ferner BILL II 495.563f. Neuere Literatur dazu: BORIG 95–97; N. A. DAHL, Das Volk Gottes, 2. Aufl., Darmstadt 1963, S. 53.287 Anm. 20; O. H. STECK, Israel und das gewaltsame Geschick der Propheten (WMANT 23), Neukirchen 1967, S. 270 Anm. 7; JAUBERT, L'image 93–96.

[28] Vgl. MICHEL-BAUERNFEIND, De Bello Judaico Bd. II 1, Darmstadt 1963, S. 138f.253 Anm. 77.

[29] JAUBERT 94; zu syrBar vgl. A. F. J. KLIJN, Die syrische Baruch-Apokalypse, in: JSHRZ V 103–191, vor allem S. 144–147.

– »Weinstock«, in der Tradition bekannt als Gegenstand eschatologischer Hoffnung – das Israel der Endzeit als fruchtbringender Weinstock –, traf mit den starken christologischen Impulsen zusammen, die in der johanneischen Gemeinde am Werk waren. Es konnte kaum ausbleiben, daß »Weinstock« für Jesus in Anspruch genommen wurde, und damit wurde jene in Ez 17 schon einmal vorgenommene Individualisierung kraftvoll und für den christlichen Bereich endgültig vollzogen. Der Weinstock Christus wurde hier zum uneingeschränkt positiven Symbol fruchtbarer Lebendigkeit.

– Dabei wird die im Alten Testament und im Judentum vielfach vorhandene und paränetisch genützte negative Komponente im Weinstockbild – Israel als der unfruchtbare Weinstock – nicht aufgegeben, aber sehr differenziert eingesetzt. Nicht der Weinstock selbst, aber manche Reben an ihm können unfruchtbar werden. Die Möglichkeit einer verfehlten Jüngerschaft wird damit in bezwingender Eindringlichkeit zur Geltung gebracht.

– Gleichzeitig wird, unbeschadet der vorgenommenen Individualisierung, die kollektive Komponente des Weinstockbildes gewahrt und aktualisiert: Die Glaubenden sind die Reben am Weinstock. Sie stehen jetzt dort, wo einst das alttestamentliche Gottesvolk stand, und sie werden gefragt, ob sie jene Negativität von damals wiederholen und endgültig machen wollen oder ob sie, dem wahren und eschatologischen Weinstock Jesus zugehörend, von ihm die Lebenskraft empfangen, die zum erfüllten und fruchtbringenden Leben führt (v. 8.11).

2. Die Rede vom Weinstock 15,1–8

a) Exegese

v. 1 fungiert sichtlich als Vorspiel zu v. 5. In *einem* aber geht v. 1 über v. 5 hinaus, in der Erwähnung des Vaters als des Winzers. Zwar verschwindet er von v. 2 an aus der Szene und betritt sie erst am Schluß wieder (v. 8). Aber es wird nicht vergessen, daß er mit tiefer Selbstverständlichkeit der wirkende und legitimierende Hintergrund dessen ist, was im gesamten Abschnitt bedacht wird. – Ohne Einleitung spricht Jesus von sich als dem wahren Weinstock. Ist in dem exklusiven ἀληθινή eine polemische Nuance enthalten, Abwehr eines Anspruchs, der mit anderen Vorstellungen vom Weinstock verbunden ist?

v. 2. Das in sich ruhende Bild von v. 1 gerät in Bewegung. Man sieht den Weinstock mit der Vielfalt seiner Reben, beobachtet den sich um die Reben bemühenden Winzer.

Dabei lohnt sich ein Blick auf die künstlerische Form des Satzes[30].

$$\pi\tilde{\alpha}\nu\ \varkappa\lambda\tilde{\eta}\mu\alpha\ \dot{\epsilon}\nu\ \dot{\epsilon}\mu o\grave{\iota}\ \mu\grave{\eta}\ \varphi\dot{\epsilon}\varrho o\nu\ \varkappa\alpha\varrho\pi\grave{o}\nu\quad \alpha\check{\iota}\varrho\epsilon\iota\quad \alpha\dot{\upsilon}\tau\acute{o}$$
$$\varkappa\alpha\grave{\iota}\ \pi\tilde{\alpha}\nu\qquad\qquad\qquad \tau\grave{o}\ \varkappa\alpha\varrho\pi\grave{o}\nu\ \varphi\dot{\epsilon}\varrho o\nu\ \varkappa\alpha\theta\alpha\acute{\iota}\varrho\epsilon\iota\ \alpha\dot{\upsilon}\tau\acute{o}.$$

---

[30] Vgl. BORIG 71.

Nicht nur das Wortspiel αἴρει – καθαίρει verdient Beachtung, sondern auch der angezeigte Chiasmus in seinem Verhältnis zur gleichen Abfolge von Prädikat und Objekt
am jeweiligen Zeilenschluß. Man spürt den überlegten Aufbau der Rede.

Ein traditionelles Bild findet eine neue Anwendung. Altes Testament und jüdische Tradition beschreiben Gott als den, der Israel als seine Pflanzung gründet,
umsorgt, bewahrt, der freilich diese Pflanzung auch ausreißen und verbrennen
kann, wenn sie die Frucht verweigert (Ex 15,17; Ps 44,2f; Jer 11,17; 18,9 u.ö.).
Dieses Bild, im Alten Testament mehrfach für Israel als den Weinstock Gottes
gebraucht, wird jetzt – jeder Leser weiß, daß mit den Reben auf die Jünger
angespielt wird – auf diese angewendet: Sie werden vom Vater kritisch gesich-
tet. Es ist nicht zu übersehen: Nicht die Qualität des Weinstocks steht in Frage,
sondern nur die der Reben. Damit wird den Reben eine gewisse Selbständigkeit gegenüber dem Weinstock zugesprochen, und das gibt dem Abschnitt eine
eigentümliche Spannung.

Aus der v. 2 beherrschenden Alternative Vernichtung oder zunehmende
Fruchtbarkeit erwächst die Frage, was zu tun ist, damit die Reben nicht wegge-
schnitten und weggeworfen, sondern beschnitten und so zu vermehrter Fruchtbarkeit gebracht werden. Die Antwort auf diese Frage – man erwartet sie in v. 3
– findet sich erst in v. 4. Welche Funktion hat dann v. 3?

v. 3 gibt dem Gedankengang mit seinem Unterstreichen des schon gewährten Reinseins eine unerwartete Wendung. Das Weinstockbild wird gänzlich
verlassen. Das Wort als Mittel der bereits vollzogenen Reinigung hat im Weinstockbild keinen Platz, und es fällt schwer, innerhalb v. 1–8 eine sinnvolle
Funktion für die Idee von v. 3 zu finden. Denn die ῥήματα in v. 7 haben nicht
die Aufgabe der Reinigung, und während v. 2 von einem *Reinigungsprozeß*
spricht, dem die Reben unterworfen werden und der bei günstigem Verlauf
zum Fruchtbringen führt, spricht v. 3 von einem schon erreichten *Zustand* des
Reinseins. Von da aus wird die Frage aktuell, ob der eindrucksvolle Indikativ
von v. 3, so schwer er theologisch wiegen mag, als Teil des originalen Textes
oder als spätere Zutat anzusprechen ist.

Vielfach beurteilt man v. 3 als Zusatzbemerkung eines Späteren, die durch das Stichwort καθαίρω v. 2 angeregt wurde und die die Idee der Reinheit von v. 2 mit den Rein-
heitsaussagen von 13,10 verbinden soll[31]. Der Charakter von v. 3 als Zusatz wird auch
mit seiner inneren Nähe zu so bedingungslosen Aussagen wie 1Joh 3,6.9; 4,4 begründet[32]. Und fällt nicht v. 3 der Reinigung der Jüngergemeinde durch den *Vater* (v. 2)
geradezu in den Arm?

Nun hat der für v. 3 verantwortliche Bearbeiter – wir rechnen mit einem solchen – seine Notiz nur anbringen können, weil ihm der Kontext des Johannes-

---

[31] So BROWN 676f; SCHNACKENBURG III 111. Anders BORIG 41; ONUKI, Gemeinde 120
und Anm. 276.
[32] BECKER, Abschiedsreden 233–235; dort Näheres zum Verhältnis von 15,1–17 zum ersten Johannesbrief.

evangeliums in gewisser Weise entgegenkam. Der Ruf zum Bleiben (v. 4), an
dessen Dringlichkeit v. 2.5.6 keinen Zweifel läßt, ergeht an den Glaubenden,
der, wenn er denn wirklich glaubt, schon ein Reiner ist; er ist es wegen des
Wortes, das er gehört und verstehend aufgenommen hat. Denn das Wort vermittelt, johanneisch gedacht, den Glauben und der Glaube versetzt in den Stand
echten Lebens (5,24; 6,63; 8,31.51; 12,47–50; 14,23; 17,17). So fügt sich v. 3
ins Gesamte des Johannesevangeliums ein. Aber auch vom engeren Kontext,
der von der zu reinigenden (v. 2), an Jesus bleibenden und von ihm Leben empfangenden Gemeinde spricht, konnte Anregung zu der Reinheitsaussage von
v. 3 ausgegangen sein. Dabei fügt v. 3 diesem Kontext eine eigene Nuance zu:
Das von Jesus ausgehende Wort, kraft dessen die Gemeinde schon gereinigt ist.

Mit v. 4 findet v. 2 seine Fortsetzung. Die schon aus 14,10.20 bekannte Immanenzformel oder reziproke Einheitsaussage (S. 330–332) wird in den Impe-
rativ μείνατε ἐν ἐμοί (bleibt in mir) integriert, und der erhält in v. 4b seine
Begründung. Gleichzeitig wird die Aufforderung zum Bleiben an Jesus gefüllt
und fundiert durch das verheißende ἐγὼ ἐν ὑμῖν (ich in euch). Das führt zu der
Frage nach dem Verhältnis des Imperativs zu der mit ihm verknüpften Verhei-
ßung. Verschiedene Möglichkeiten werden erwogen.
– Bleibt in mir, dann will (werde) ich in euch bleiben.
– Bleibt in mir, damit ich in euch bleibe.
– Bleibt in mir, weil (oder wie) ich in euch bleibe.

Becker, der sich für die erste oder zweite Möglichkeit entscheidet, zieht daraus fatale
Konsequenzen: »Erst beides zusammen, Heilsgabe und Wandel, machen den Erlö-
sungsvorgang aus. Nur so ist man vor dem Gericht sicher … Erwählung und Wandel
gemeinsam besorgen den Heilsstand«[33], und schon steht Joh 15 neben dem Jakobus-
brief und seinem Unverständnis der paulinischen Dialektik von Erwählung und Wandel. Davon kann keine Rede sein, gleich welche Übersetzungsmöglichkeit man wählt.
Man sollte die ganz andere Problematik paulinischer Theologie nicht ins Johannesevangelium eintragen. Daß das bei Paulus auch biographisch bedingte Pathos der
Rechtfertigung ohne Werke des Gesetzes bei Johannes nicht zum Ausdruck kommt,
macht diesen noch nicht zum Synergisten.

Johanneisch gesehen sind alle drei Übersetzungsmöglichkeiten akzeptabel, und
in verschiedener Nuancierung bringen sie zum Ausdruck, daß das Bleiben an
dem Weinstock Jesus, die Zugehörigkeit zu Christus das menschliche Ja verlangt und daß dabei die menschliche Existenz in ihrem Wissen um sich selbst
eingefordert wird. Das hat mit Synergismus nicht einmal in seiner mildesten
Form zu tun. Denn der Glaube spricht den Menschen auf sein verstehendes
Bejahen an, und »es gibt kein Bleiben in ihm … ohne Fruchtbringen, aber auch
kein Fruchtbringen ohne Bleiben in ihm … Was gefordert ist, ist schon ge-
schenkt«[34].

---

[33] BECKER 579; vgl. noch S. 142 Anm. 105.
[34] BULTMANN 412.

In v. 4b ist der Vergleich, der in warnender Negativität einhergeht (οὐ – μή – οὐδέ – μή), formal und inhaltlich in gleicher Vollendung durchgeführt[35]. Dabei wird die Idee einer naturhaften Zugehörigkeit zu Christus, entsprechend der naturhaften Zugehörigkeit der Rebe zum Weinstock, gründlich zerstört, damit auch die Idee, daß der Jünger mit naturgegebener Selbstverständlichkeit seine Frucht bringe. Freilich wird damit das Weinstockbild zu einem Teil in Frage gestellt. Denn daß die Rebe als Teil des Weinstocks zum Weinstock gehört, versteht sich von selbst; sie gehört naturhaft zu ihm. Daß aber der Jünger an Christus bleibt und als ein an Christus Bleibender Frucht bringt, ist kein naturgegebener Vorgang, sondern ein Geschehen, das Bewußtsein und Willen des Jüngers beansprucht. Damit wird die Funktion des Weinstocksbildes eingegrenzt. Das ist beabsichtigt.

Wie auch ein leiser Widerspruch zu v. 2 in Kauf genommen wird. Dort wurde erwogen, daß eine am Weinstock haftende Rebe unfruchtbar werden könnte. In v. 4 dagegen ist es schon das Bleiben an Christus, das Haften an ihm, dem unbedingte Fruchtbarkeit verheißen wird. Soll man von hier aus auf einen gewissen Entwicklungsprozeß der Bildrede schließen: Eine vorgegebene Christologie wurde in ein vorgegebenes Bild eingepflanzt?[36] Das Einfügen von v. 3 kann dann als Fortsetzung dieses Prozesses verstanden werden.

v. 5 enthält das eigentliche Ich-bin-Wort. Bemerkenswert ist die Verknüpfung mit dem Kontext. Durch das οὐ δύνασθε in v. 5c wird der Bogen zum οὐ δύναται von v. 4b geschlagen; die Worte »viele Frucht« knüpfen an καρπὸν πλείονα von v. 2 an. Die Zusammengehörigkeit mit v. 6 liegt auf der Hand. So erweist sich v. 5 in seiner Verbindung mit v. 4 als eine überaus kunstvoll gestaltete literarische Einheit[37], und von neuem stellt sich die Frage, wie weit hier mit vorgegebenen Elementen gearbeitet und daraus etwas Eigenes geschaffen wurde. Die Frage spitzt sich zu: Hat das Ich-bin-Wort ursprünglich ein Eigenleben geführt und ist sein jetziger Ort Ergebnis eines literarischen Prozesses?

v. 5–8 ist nicht, wie Becker meint, eine Wiederholung des Abschnitts v. 1–4[38], sondern seine überlegte Weiterführung. Das zeigt sich darin, daß erst in v. 5 sich das Weinstockbild uneingeschränkt entfalten kann. Denn erst jetzt und zwar mittels v. 4 ist dieses Bild gegen eine Mißdeutung abgesichert: Als ob die an Jesus Bleibenden mit naturhafter Notwendigkeit Frucht bringen müßten. Nur der wissend und wollend an Jesus Bleibende vermag, was er soll. Man kann eine innere Verbindung zu v. 2 herstellen: Im fruchtbringenden Bleiben an Jesus kommt das reinigende Werk des Vaters zum Ziel.

v. 5c führt das Gesagte zu einer genau besehen schwer erträglichen Zuspitzung, und ein gewisser fatal-erbaulicher Umgang mit diesem Wort kann es

---

[35] Borig, Weinstock 69.
[36] Vgl. die parallele Überlegung bei Bühner, Der Gesandte 178 f.
[37] Borig 69 f.
[38] Becker 579.

zum Instrument eines unglaubwürdigen kirchlichen Machtanspruchs verfälschen: Als ob der Mensch, der sich außerhalb des mit der Kirche gleichgesetzten Christusbereiches stellt, nichts Echtes und Hilfreiches schaffen könnte, als ob jedes menschliche Tun außerhalb des Christusglaubens der Lüge und Minderwertigkeit verfallen wäre, als ob der Mensch ohne Christus seiner intellektuellen und moralischen Möglichkeiten verlustig ginge. Damit verfehlt man den Inhalt dieses Wortes. Von woher erhält es Inhalt und Wahrheit?

Wir bedenken zuerst die Lage der johanneischen Gemeinde, in die v. 5c hineingesprochen worden ist. Der Satz ist Ausdruck eines bedrohlichen Konflikts. Vermutlich hatte man sich mit einer der Abfallbewegungen auseinanderzusetzen, von denen die Gemeinde heimgesucht wurde (6,66f)[39]. Den Gemeindeangehörigen, die unter dem Druck der Synagoge sich von der Gemeinde lösen und wieder in die Synagoge zurückkehren, wird erklärt, daß ein Mensch, der seine von Christus empfangene Existenz aufgibt und sich von dem Frucht gewährenden Weinstock Christus löst, dem in v. 5c angesprochenen Nichts verfällt. Als aktuelle Warnung wird also v. 5c geschichtlich verständlich. Die Frage nach der darüber hinaus beanspruchten Gültigkeit von v. 5c ist damit noch nicht beantwortet (S. 118–120).

v. 6 gießt das in v. 5c Gemeinte in die Sprache der jüdisch-christlichen Apokalyptik[40], in der das Endgericht mit den Begriffen des Hinausgeworfenwerdens (Mt 25,30) und Verbranntwerdens im ewigen Feuer (Mt 3,10; 13,42.50; Offb 19,20; 20,10.14) geschildert wird und wo das Gesammeltwerden der Bösen zum Gericht dem Gesammeltwerden der Guten zum Heil entspricht (Offb 19,17; Mt 13,41.49; Mk 13,27). Alsbald stellt sich die Frage, ob diese apokalyptischen Begriffe hier ihre traditionell-apokalyptischen Inhalte bewahrt haben. Aber v. 6 faßt nicht ein den Kosmos umfassendes Gericht am Ende der Zeiten ins Auge, sondern beschreibt das Urteil, das der aus dem Bleiben an Christus herausfallende, die Gemeinde verlassende Mensch auf sich zieht. Damit liegt v. 6 auf der Linie der sog. präsentischen Eschatologie von 3,18f; 5,24–27; 8,51; 11,25f; 14,18–24 (S. 97ff). – Auffallenderweise kennt der Text kein Drittes neben Bleiben und Fruchtbringen einerseits und dem Nicht-Bleiben und Verderben andererseits, so wenig wie es in 3,18f ein Drittes neben Glauben und Nichtglauben gibt. Zwischenstadien und geschichtliche Nuancen werden absichtlich nicht bedacht. So wird einfach konstatiert: Im Nicht-Bleiben ereignet sich das Herausfallen aus Christus als der Leben gewährenden Wirklichkeit, damit das Verfallen an das Nichts. Ist es richtig, v. 6 mit dem Rückzug mancher Christen aus der Gemeinde in die Synagoge in Zusammenhang zu bringen, dann kann man aus der Heftigkeit der Polemik auf den Grad der erlebten Verunsicherung schließen.

---

[39] Wengst, Gemeinde 123–127.
[40] Schlatter 306f.

v. 7. Der Drohung folgt die Verheißung in der Form der bedingungslosen Erhörungszusage (vgl. 14,13). Das Weinstockbild, in v. 6 noch gegenwärtig, ist verlassen, und nur das Wort μένειν (bleiben) verbindet formal v. 7 mit dem Vorhergehenden. Die inhaltliche Verbindung steht dabei nicht in Frage. Dem Satz »ohne mich könnt ihr nichts tun« und seiner Konkretion in v. 6 entspricht v. 7 sehr exakt: Im Bleiben an mir werdet ihr alles empfangen, wessen ihr bedürft.

v. 7 nimmt die reziproke Einheitsaussage von v. 4f auf und variiert sie. Statt dem ἐγὼ ἐν ὑμῖν von v. 4f ist in v. 7 die Rede von den Worten Jesu, die in den Jüngern bleiben sollen; das ἐγώ wird also durch ῥήματά μου (meine Worte) ersetzt. Was spricht sich hier aus?

Es genügt nicht die Erinnerung an 14,10[41], wo ebenfalls auf die Einheitsaussage eine Wendung mit ῥήματα folgt. Mag sich auch v. 7 als Wiederaufnahme von 14,10 verstehen, so kommt in v. 7 doch eine eigene Idee zur Sprache. Den Begriffen λόγος oder ῥῆμα gesellen sich im Johannesevangelium oft die Verben πιστεύειν (2,22; 5,47; 6,63f; 8,45–47 u.ö.), γινώσκειν (6,68; 7,17; 8,31f), διδάσκειν (8,20), ἀκούειν (4,42; 5,24; 12,47 u.ö.) zu, wobei immer ein verstehendes Hören gemeint ist. Die Worte Jesu machen also Jesus als den von Gott Gesendeten für die Menschen verstehbar. Im gehörten Wort wirkt er als der Verstandene und Geglaubte.

Jetzt zeigt die Ersetzung von ἐγώ durch ῥήματα ihren Sinn. v. 7 spricht von Jesus in seinem Sich-verständlich-Machen, damit von dem verstandenen und darum in der Gemeinde wirkenden Jesus. Wenn also die Worte Jesu in den Seinen sind, dann ist er als der von den Seinen Geglaubte und Verstandene gegenwärtig. Bleibt Jesus als der Verstandene in ihnen, dann ist reziprok ihr Bleiben bei ihm ein wissendes und von ihnen bejahtes Bleiben. Auch damit wird einem naturhaften und also unbewußten Bleiben eine Absage erteilt. Man weiß: Das Bleiben der Gemeinde bei dem in ihr bleibenden Jesus verlangt das verstehende Ja der Gemeinde.

Von da aus läßt sich das Problem beantworten, das in der bedingungslosen Erhörungszusage enthalten ist. Der Kontext zwingt dazu, das Bitten der Gemeinde auf das in v. 2.4.5.6 gemeinte Fruchtbringen zu beziehen. Nicht willkürlichem und selbstbezogenen Bitten wird Erhörung zugesagt, sondern dem Bitten der Gemeinde um die ihr gemäße Frucht. Sie bittet ja als die Gemeinde, in der Jesus geglaubt wird; also bittet sie als wissende und Jesus verstehende Gemeinde. Folglich richtet sich ihr Bitten darauf, daß sie bleibt und jeweils wird, was sie ist, und daß sie in ihrem Tun darzustellen vermag, was sie ist. Eben das ist es, wessen die Gemeinde bedarf. – Der zu 14,13 beobachtete Vorgang wiederholt sich hier: Dem unbestimmten Satz »was immer ihr wollt« wird ein bestimmter Inhalt gegeben. Zielt das Bitten in 14,13 auf die Befähigung zum Tun der »größeren Werke«, so meint es in v. 7 das Existenz begründende Bleiben an Christus.

---

[41] SCHNACKENBURG III 115.

v. 8 nennt das Ergebnis der in der Gemeinde wachsenden Frucht: Die Verherrlichung des Vaters. Wieder zeigt sich die Nähe zu c. 14, konkret zu 14,12f.
Dort ist es das Tun der größeren Werke, das, durch die Bitte Jesu ermöglicht,
zur Verherrlichung des Vaters führt. Das Fruchtbringen der Gemeinde, das in
15,8 die Verherrlichung des Vaters bewirkt, ist mit dem Vollbringen der größeren Werke eng verwandt.

In der Verherrlichung des Vaters findet die Rede v. 1–8 ihr Ziel. Der Vater
von v. 1f war also nicht vergessen; er trat nur in v. 3–7 hinter dem Weinstock
zurück. Aber das Anliegen des johanneischen Christus, daß durch ihn und die
an ihn Glaubenden der Vater verherrlicht und also als der Vater erkannt und
erfahren wird (vgl. 13,31f; 17,1.4), tritt in v. 8 wieder hervor. – Fragt man,
welche Art von Frucht erwartet wird, verweist der Kontext auf das Stichwort
Bruderliebe (v. 9–17). Aber man kann auch, isoliert man v. 1–8, die erwartete
Frucht aus v. 1–8 selbst ableiten und kommt dabei zu einem eigenen Ergebnis.
Indem die Jünger sich als Reben am Weinstock Jesus erkennen und also ihre
Existenz als Jünger verantwortlich bejahen, bejahen sie Jesus als den von Gott
gepflanzten Weinstock, als den vom Vater Gesendeten, und damit bejahen sie
den Vater als den, der Jesus gesandt hat. Damit aber wird der Vater in der Wahrheit seines Seins für die Menschen erkannt und bejaht, das meint: Er wird
verherrlicht (S. 283ff). Dies ist die von den Jüngern erwartete Frucht, und solches Fruchtbringen kommt nicht als ein Zweites zum Jüngersein dazu, sondern
ereignet sich im Vollzug des Jüngerseins. Darum kann γίνεσθαι nicht »werden« bedeuten; es muß mit »sich erweisen« übersetzt werden[42].

b) Theologische Themen

α) Polemik im Weinstockbild

In keinem der sieben Ich-bin-Worte wird die Verbindung zwischen dem redenden Ich und den Angesprochenen, zwischen Christus und den Glaubenden mit
so eindringlicher Intensität bedacht und dargestellt wie in 15,1.5. Nirgends
sonst wird diese Verbindung als Verbindung zweier aufeinander zulebender
Größen geschildert, wobei die zweite aus der ersten herauswächst und nur in
der Verbindung mit ihr Bestand und Leben hat. Nirgends sonst ist die mit den
Ich-bin-Worten wesenhaft gegebene Drohung so ausladend entfaltet wie in
v. 5f. Von da aus ist die Frage, ob in der Betonung Christi als des *wahren* Weinstocks ein polemisches Element liege, unbedingt zu bejahen.

Zwar wird diese Frage meistens verneint von dem angeblich unpolemischen Charakter
des Gesamtabschnitts 15,1–17 her[43]. Bei dem Begriff »wahrer Weinstock« handle es
sich »um Exklusivität in dem Sinn, daß von der Sache her nur der Sohn diesen Begriff

---

[42] BULTMANN 414 Anm. 9; BORIG 56 und Anm. 187.
[43] SCHNACKENBURG III 109; BORIG 28–35; BECKER 577f.

und die damit gegebene Vorstellung erfüllen kann«[44]. Brown allerdings bezweifelt die völlige Abwesenheit jeder Polemik und verweist auf die mannshohe Abbildung eines Weinstocks über dem Tor, das von der Vorhalle des Tempels zum eigentlichen Tempel führte. Auch trugen verschiedene, während des Jüdischen Kriegs von 66–70 n. Chr. geprägte Münzen den Weinstock als Symbol Israels[45]. Das zeigt, daß und wie der Begriff »Weinstock« von jüdischem Selbstbewußtsein her besetzt war: Wir sind der Weinstock Gottes. Von daher wird man antisynagogale Polemik in 15,1–8 nicht für unmöglich, sondern für wahrscheinlich halten. Dazu tritt die Überlegung, daß man dort, wo man »echt«, »wahrhaftig« sagt, mindestens potentiell in Auseinandersetzung mit Größen steht, die solche Prädikate illegitimerweise in Anspruch nehmen. Denn Wirklichkeit und Wahrheit gibt es immer nur in Auseinandersetzung mit Lüge oder Schein, so wie Lüge und Schein nur mit der Behauptung existieren können, Wirklichkeit und Wahrheit darzustellen. Also erklärt die Rede von Jesus als dem wahren Weinstock, daß von Jesus das Angebot des echten Lebens ausgehe, demgegenüber andere Lebensangebote Trug und Täuschung sind. – Bedenkt man schließlich die das Johannesevangelium durchziehende Auseinandersetzung mit der Synagoge, eine Auseinandersetzung, die in unmittelbarer Nachbarschaft zu v. 1–8, nämlich in 15,18ff sich zu besonderer Schärfe steigert, dann schwindet der Zweifel am polemischen Charakter von v. 1.5.

Positiv ausgedrückt heißt das: In der Christusbeziehung kommt dem Menschen eine Daseinsvergewisserung zu, die sich, anders als die sonstigen Lebensangebote, gegenüber den zerstörenden Gewalten der Welt durchhält. Der hier laut werdende Anspruch greift hoch und er könnte nicht höher greifen, als er es tut. Er ist Konsequenz der johanneischen Christologie, die in 15,1–8 einen ihrer Höhepunkte erreicht.

β) Das Problem von v. 5c

Diese Christologie findet in v. 5c zu einem Ausdruck, der zum Kern johanneischer Anthropologie führt. Natürlich weiß man, daß der Mensch auch ohne Christuszugehörigkeit etwas und nicht Weniges tun kann. Andererseits weiß das Johannesevangelium – und darin stimmt es mit dem Zentrum des Neuen Testaments überein –, daß alles und auch das hochgemuteste Tun des Menschen nahe am Nichtigen wohnt, und das tritt zutage, sowie der Mensch sich selbst als den Sündigen und darum Nichtigen, als den dem Tod Verfallenen (Röm 7,25) erfährt, dem die Sünde den ihr gemäßen Lohn, den Tod auszahlt (Röm 6,23). Diesen seiner Nichtigkeit verfallenen Menschen hat Paulus vor Augen, wenn er in Röm 8,20 von der »Eitelkeit«, der ματαιότης spricht, der mit der Schöpfung auch der Mensch unterworfen ist. Hier ist wie in Joh 15,5c der Mensch, über den Vieles und sehr Verschiedenes zu sagen ist, zu Ende gedacht, der Mensch als das Wesen, das sein Geschöpfsein leugnet, indem es sich als

---

[44] Borig 32.

[45] Brown 674f; TMiddot 3,8; Jos bell V 210 (s. Anm. 28). Die Rabbinenschule in Jabne, die nach der Katastrophe von 70 n. Chr. die jüdische Tradition weiterführte, wurde »Weinberg in Jabne« genannt (TKetubot 4,6).

den Schöpfer seiner selbst und seiner Welt versteht. Es ist der Mensch, der übersieht, daß er sich und die Möglichkeiten seines Wirkens nicht sich selbst verdankt, der blind ist dafür, daß er sich vom Jenseits seiner selbst, von Gott her empfangen hat und empfängt. Dann kommt der Mensch an den Tag, der trotzig oder traurig die Welt auf seine Schulter nimmt, der sie sich bis zum letzten Atom unterwerfen muß – er wäre sonst nicht ihr Schöpfer –, der sie, weil er ihr den von Gott gewährten Sinn nimmt, mit *seinem* Sinn erfüllen muß, mit seinem immer der Verzerrung nahen Willen zur Selbstbehauptung, zum Sein aus sich selbst. Es ist der Mensch, der im alleinigen Angewiesensein auf sich selbst jedes Angewiesensein auf eine Größe außerhalb seiner selbst als Angriff auf den Bestand seines Menschseins versteht und der dabei fähig wird, die von ihm total verantwortete Welt mit den Mitteln totaler Zerstörung zu verteidigen. Dann wird in der Tat das Nichts konkret, an das der in seiner Nichtigkeit sich selbst behauptende Mensch stößt und das er selbst herbeiführt[46].

In diesem Horizont interpretiert enthält v. 5c eine Anrede von seltener Aktualität. Der Mensch, der sich weigert, ein sich selbst von Gott Empfangender zu sein, der dafür die Alleinigkeit seines Schöpfertums und Herrseins statuiert, hat, sagt v. 5c, keine Alternative als die des Selbstverlustes. Solcher Selbstverlust kann verborgen bleiben im Glanz menschlicher Selbstverherrlichung oder er kann sich in den Manifestationen der zur Gewohnheit gewordenen modernen Unmenschlichkeiten darstellen. So wird v. 5c zur Anfrage an den Leser: Versteht er sich als einen, der Leben und Lebensmöglichkeit *empfängt* und der als Empfangender schöpferisch tätig ist und als wissendes Geschöpf seine Weltverantwortung wahrnimmt? Oder will er das Empfangene zum Produkt seines selbstherrlichen Könnens, zum Erweis seiner Mächtigkeit verfälschen und das Leugnen seiner Wahrheit zum Strukturprinzip der von ihm erbauten Welt erheben? Eben damit, sagt v. 5c, verfällt er dem Nichts, das er aus sich selbst heraus ist, über dem er gehalten wird kraft der schöpferischen Macht Gottes, in das er im Leugnen dieser Macht hineinstürzt.

Es geht also nicht an, v. 5c auf den Bereich des Kirchlichen und Religiösen einzuengen und den Satz auf eine dogmatische Lehre über die Unfähigkeit des Menschen zu einem vor Gott verantwortbaren moralischen Werk zu verkürzen[47]. Es steht vielmehr, nicht anders als in 1Kor 4,7; Röm 14,23, die Ganzheit menschlicher Existenz auf dem Spiel.

---

[46] »Wenn die Irrtümer verbraucht sind, sitzt als letzter Gesellschafter uns das Nichts gegenüber« (B. BRECHT). Auf psychologischer Ebene hat H. E. RICHTER, Der Gotteskomplex, Frankfurt 1979 das Problem verhandelt. Obwohl er die Verfallenheit des modernen Menschen an die Fiktion seiner Gottähnlichkeit ausdrücklich vom Verlust der früheren, der mittelalterlichen Gottesumschlossenheit ableitet, verzichtet Richter völlig auf ein wirklich theologisches Bedenken des Sachverhaltes. Dagegen vgl. FR. GOGARTEN, Der Mensch zwischen Gott und Welt, Stuttgart 1956.

[47] Zur Abschreckung ein Zitat aus FR. BÜCHSEL, Das Evangelium nach Johannes (NTD 4), 4. Aufl., Göttingen 1956, S. 153: »Das Bleiben in der Gemeinschaft Jesu ist die unumgängliche Bedingung erfolgreicher Leistung im Dienste Gottes«.

Denn »im Glauben ist der Mensch in das verlorene Schöpfungsverhältnis zurückge-
bracht, indem er versteht: χωρὶς αὐτοῦ οὐδέν«[48]. Entzieht er sich dieser Urwahrheit
seines Seins, wird ihm alle seine Herrlichkeit zur Nichtigkeit.

v. 7 f läßt diese Einsicht in der Haltung des Bittens aktuell werden. Indem des
Menschen Denken, Wollen und Schaffen in den Horizont des Bittens gestellt
wird, weiß sich dieser Mensch als einen, der das, was er kann und tut, nicht
kraft seiner Mächtigkeit kann und tut. Er ist frei geworden dazu, das, was er
vermag, als ihm gewährte Frucht zu verstehen, und solches Fruchtbringen, sagt
v. 8, ist Vollzug des Jüngerseins.

γ) Der Jünger

Mit dem betonten Ineinander von Fruchtbringen und Jüngersein erfährt Jüngersein eine Definition, die innerhalb der anderen neutestamentlichen Defini-
tionen des Jüngerseins als etwas Eigenes dasteht. In den synoptischen Evangelien wird ein Mensch zum Jünger, indem Jesus ihn beruft (Mk 1,16–20), indem
er Jesus nachfolgt und die Konsequenzen der Nachfolge auf sich nimmt (Mk
8,34), und signum des Jüngerseins ist etwa das der Jüngerschaft eigene Gebet
(Lk 11,1). Primär ist dabei an den Zwölferkreis gedacht, mindestens an den
Kreis der frühesten Jünger. In lk Sicht ist Jüngerschaft im engsten Sinn in der
gemeinsamen Geschichte bestimmter Menschen mit Jesus verankert: Wer mit
ihm ging von den Tagen des Täufers bis zu seiner Auferstehung, der ist Jünger
im ursprünglichen Sinn (Apg 1,21 f; 10,37–40). Davon wird dann die große
Gruppe der anderen Jünger unterschieden (Lk 6,13.17), und gerade die Apg,
die auf jene Definition der Urjünger Wert legt, spricht vielfach von den Glaubenden insgesamt als von Jüngern (6,1 f.7; 9,26; 11,26.29 u.ö.)[49] – sie sind
Jünger in abgeleitetem Sinn. – In Joh 15 scheint man von solchen Differenzierungen nichts zu wissen, vielmehr: Man will nichts davon wissen. Das Jüngersein des Jüngers wird nicht von bestimmten historischen oder institutionel-
len Bedingungen abhängig gemacht wie das vor allem in Apg 1,21; 10,37–40
geschieht. Jünger und zwar Urjünger, wie die Mitglieder des Zwölferkreises
Urjünger waren, wird und ist ein Mensch ausschließlich kraft seines Bleibens
an Christus als dem wahren Weinstock. Damit wird Jüngerschaft vom Zwölferkreis (den das Johannesevangelium kennt: 6,67.70 f; 20,24) oder der historischen Abhängigkeit von ihm völlig gelöst. Auch die von den strengen Judenchristen behaupteten Voraussetzungen wirklicher Christuszugehörigkeit,
gegen die Paulus ankämpfte, Beschneidung also (Gal 5,3 f) oder wenigstens
das Einhalten der sog. noachitischen Gebote (Apg 15,20.28 f; 21,15), existieren im johanneischen Bereich nicht mehr.

---

[48] BULTMANN 413.
[49] P. NEPPER-CHRISTENSEN, EWNT II 921.

In 15,14.26f werden wir auf einen entsprechenden Tatbestand treffen, wie schon 14,22f eine Parallele bot: Osterzeuge zu sein ist nicht abhängig davon, daß man einer österlichen Erscheinung des Auferstandenen teilhaftig geworden ist, wie das in 1Kor 15,5–8 vorausgesetzt wird. Originaler Osterzeuge ist jeder, der in der liebenden Beziehung zu Jesus sein Wort bewahrt. Ihm erscheint Jesus als der Lebendige (S. 75ff).

Wir blicken auf 15,1–8 zurück. Der Abschnitt ist geprägt durch das im Neuen Testament einmalige Weinstockbild. Der Weinstock trägt die Reben, durchdringt sie mit seiner Lebenskraft und ermöglicht ihnen so das Fruchtbringen. Die Reben ihrerseits sind Reben, indem sie am Weinstock bleiben und von ihm her Leben und Fruchtbarkeit empfangen. Die Absicht des Bildwortes liegt zutage: Der Jünger ist Jünger ausschließlich durch den ihm gewährten, alles durchdringenden Lebenszusammenhang mit Christus. Er lebt sein Jüngersein, indem er verstehend, denkend und wirkend Jünger ist. Er empfängt das aus Christus kommende Leben also nicht kraft naturhafter Vorgänge, sondern er kann es nur im verstehenden und verantwortlichen Bejahen des Empfangenen bewahren. In der Leugnung seiner Verantwortlichkeit muß er es verfehlen. – Umgriffen wird die Beziehung Christus – Jünger von der Beziehung Vater – Jesus, in die die Jünger einbezogen sind. Auf den Vater, den Hüter und Pfleger des Weinstocks, zielt das Bild ab. Er wird verherrlicht, also erkannt und geehrt als der, der er ist, indem der Jünger Frucht bringt, also sein Jüngersein ergreift und lebt.

Exkurs 1: Die Ich-bin-Worte des Johannesevangeliums

Zu den mit Recht bekanntesten Äußerungen des Johannesevangeliums gehören die sieben sog. Ich-bin-Worte (6,35; 8,12; 10,7.9; 10,11.15; 11,25f; 14,6; 15,1.5). In ihnen gibt sich johanneische Christologie einen besonders gefüllten sprachlichen Ausdruck. Vielfältig sind die literarischen, traditionsgeschichtlichen und hermeneutischen Probleme, vor die sie den Leser stellen. Wir begnügen uns mit einigen Zusammenfassungen. Dabei gehen wir auf die Sätze nur am Rand ein, an denen ein sog. absolutes ἐγώ εἰμι begegnet (6,20; 8,24.28; 13,19; 18,18,5f).

1. Zur Form

Bultmanns Klassifizierung der Ich-bin-Worte ist zur Grundlage weiterer Differenzierungen geworden. Sie sei daher referiert[50]. Bultmann unterscheidet vier Verwendungsweisen von Ego-Eimi-Worten, die sowohl in profaner als auch in religiöser Sprache begegnen; gleitende Übergänge werden dabei zugestanden.

---

[50] BULTMANN 167 Anm. 2.

(1) Die *Präsentationsformel*. Sie antwortet auf die Frage: Wer bist du? Der Gefragte gibt sich mit »Ich bin der und der« zu erkennen. ἐγώ ist dabei Subjekt.

(2) Die *Qualifikationsformel* antwortet auf die Frage: Was bist du? Auch hier fungiert das ἐγώ als Subjekt. Die Antwortet lautet: »Ich bin ein solcher, der …« Häufig folgt dann eine Aufzählung von Eigenschaften oder Taten im Ich-Stil. Oft schließt sich die Qualifikationsformel an die Präsentationsformel an.

(3) Als *Identifikationsformel* ist das Ich-bin-Wort die Weise, »in der sich der Redende mit einer anderen Person oder Größe identifiziert«. Wieder ist ἐγώ Subjekt. Als Beispiel diene ein Zaubertext aus dem 4. Jh. n. Chr.: »Ich bin der, dessen Schweiß als Regen auf die Erde fällt, um sie zu befruchten«[51]; das meint: ich bin die bekannte Macht des Regens.

(4) Als *Rekognitionsformel* gebraucht macht das Ich-bin-Wort das ἐγώ zum Element des Prädikats: Die Größe, die ihr kennt, nach der ihr fragt, deren Kommen ihr erhofft – ich bin es.

Bultmann findet in den Worten vom Brot (6,35.41.48.51), vom Licht (8,12), von der Tür (10,7.9), vom guten Hirten (10,11.14) und vom Weinstock (15,1.5) das Ich-bin-Wort als Rekognitionsformel, in 11,25f; 14,6 als Identifikationsformel verwendet. Über solche Aufteilung kann man im einzelnen streiten. Brown, der Bultmanns Klassifizierungen übernimmt, läßt die Übergänge zwischen Identifikations – und Rekognitionsformel fließender sein und legt mit Recht Wert darauf, daß das jeweilige Prädikat Jesus nicht in seinem An-sich-Sein definiert; es ist mehr »a description of what he is in relation to man«[52]. Gewicht hat also die Beobachtung, daß in jeder Verwendung der Formel der sich in ihr Vorstellende in eine bestimmte, positiv gedachte Beziehung zu denen treten will, denen er sich vorstellt. Die von dem Ich beanspruchten Prädikate sind durchweg von einer Art, die eine für die Adressaten Leben spendende Beziehung anzeigt.

Becker ergänzt die Bultmann'sche Aufteilung durch eine nützliche Formanalyse[53] (die man noch differenzieren kann), indem er die längst beobachtete und sich durchhaltende Zweiteiligkeit der Ich-bin-Worte bedenkt.

(1) Mit der Selbstprädikation, die aus der Verbindung von ἐγώ εἰμι und einem soteriologisch verwendeten Begriff wie Licht oder Brot besteht, stellt sich der johanneische Christus vor. Dabei kann er sich mit einem einzigen Begriff begnügen (Brot – Licht – Tür – Hirt – Weinstock). Er kann zwei Begriffe (11,25: Auferstehung und Leben), auch drei nebeneinander (14,6: Weg, Wahrheit, Leben) aufzählen. Einmalig ist die Art, in der in 15,5 der Weinstock mit den Reben, die Person Christi mit den Jüngern verknüpft wird. Damit wird ein Element, das sonst dem zweiten Teil zugehört, in den ersten hereingeholt.

---

[51] DEISSMANN, Licht vom Osten 113.
[52] BROWN 534.
[53] BECKER 251; vgl. den Exkurs S. 249–253.

(2) Aus dem soteriologischen Prädikat, das im ersten Teil seinen Ort hat, leitet sich der zweite Teil ab, der als ausschließlich positive und einladende Verheißung (6,35; 8,12; 10,9; 11,25f) oder als streng ausschließende Warnung (14,6) oder als eine mit einer Warnung verbundene Einladung (15,5f) einhergeht. Ein Sonderstellung nimmt 10,14f ein, wo der zweite Teil in einer Verhältnisbestimmung zwischen dem Einladenden und den Eingeladenen einerseits und dem Einladenden und dem Vater andererseits besteht. Dem schließt sich noch die Begründung für die Qualität des Hirten an: Er setzt sein Leben für die Schafe ein.

Solche Zweiteilung ist den johanneischen Ich-bin-Worten gemäßer als die von Schnakkenburg vorgeschlagene Dreiteilung[54]: (1) Selbstprädikation mit Bildwort; (2) Einladungswort; (3) Verheißung. Einleuchtender benennt Bühner die einzelnen Teile: »ἐγώ εἰμι + Prädikat + partizipialer oder kausaler Rechtssatz, der das Prädikat auf das Heil des Glaubenden anwendet«[55]. Auch in dieser Aufzählung rücken das Ich-bin und das Prädikat zu *einem* Element zusammen.

Naturgemäß ist der erste Teil, der die Selbstvorstellung enthält, weniger variabel als der zweite, der die knappe Selbstvorstellung in ein verheißendes oder drohendes Wort überführt. Unter Wahrung des Grundelements »partizipialer oder kausaler Rechtssatz« kann die im Bildwort enthaltene Heilsansage in verschiedener Weise ausgestaltet werden.

– Neben der ganz einfachen Form in 14,6, wo das angesagte Heil sich im Drohwort versteckt, steht die Doppelung der Verheißung in 6,35b; 8,12b; 10,14b (im γινώσκειν ereignet sich die rettende Beziehung); 11,25f. In einem Bedingungssatz (nur hier und in 15,6 findet sich ἐάν; sonst Partizip; eigene Konstruktion in 10,14) weist 10,9b eine vierfache Gliederung in vier Verben auf, und alle Verben tragen verheißenden Charakter.
– Während 10,9 vier Verben aneinanderreiht und 14,6b mit einem knappen Warnungssatz auskommt, stehen die Verheißungen von 6,35; 10,14; 11,25f im synthetischen, die von 8,12 im antithetischen Parallelismus.
– Eine Sonderstellung nimmt 15,5f ein, nicht nur wegen der Doppelung des ersten Teils. Auch hier hat man mit einem antithetischen Parallelismus zu tun, an dessen positives Glied sich in einem eigenartigen Begründungssatz die Drohung von v. 5c anschließt, während die negative Möglichkeit in v. 6, konditional gestaltet, in fünf Verben beschrieben wird, die alle der apokalyptischen Gerichtssprache angehören. Dabei wechselt bei zwei von ihnen, bei συνάγουσιν und βάλλουσιν, das Subjekt. Schließlich rückt v. 7 inhaltlich so nahe an v. 5 heran, daß man fragen muß, ob er wie v. 6 als Teil des Ich-bin-Wortes verstanden werden soll. Hier ist offenbar die bearbeitende Ausgestaltung so weit vorangeschritten, daß die Form des streng parallel geformten Heilswortes in Auflösung gerät.
– Ähnliches ist von 10,14 zu sagen, wenn v. 15, wie der Autor es will, mitheranzuziehen ist. Das Heilswort von v. 14b weitet sich zu einer christologischen und soteriologischen, nimmt man v. 16 dazu, auch zu einer ekklesiologischen Ansage aus.

---

[54] SCHNACKENBURG II 67; vgl. den gesamten Exkurs II 59–70.
[55] BÜHNER, Der Gesandte 166.

2. Zur Traditionsgeschichte der Ich-bin-Worte

Die innere Zusammengehörigkeit der Ich-bin-Worte steht außer Frage; die Gleichheit der Form und des theologischen Willens ist Beweis genug. Darf man von der inneren auf eine äußere Zusammengehörigkeit schließen, darauf also, daß diese Worte vor ihrer johanneischen Verwendung eine Sammlung gleichlautender Christusaussagen bildeten, die man dann an passenden Stellen einem dazu passenden Text einfügte[56]? Man tritt mit dieser Frage auf unsicheren Boden; einige Vermutungen können gleichwohl gewagt werden. Bei 14,6 etwa kann man den vorjohanneischen Charakter des Wortes daran erkennen, daß es sich nicht ganz in den Zusammenhang einfügt. Dieser benötigt nur das Stichwort »Weg« (vgl. 14,4 f), und ginge 14,6 auf den Autor der ersten Abschiedsrede zurück, dann hätte er sich vermutlich mit diesem Wort begnügt. Daß die zwei anderen Stichworte »Wahrheit« und »Leben« trotzdem genannt werden, ist also Indiz dafür, daß dieses Ich-bin-Wort als dreigliedrige Einheit *vor* dem jetzigen Zusammenhang existierte. Ähnliches kann man zu 6,35 vermuten. Denn der Kontext weiß nichts vom Trinken des Lebenswassers, das doch in 6,35 miterwähnt wird. Man hat also das vorgegebene Ich-bin-Wort mit der doppelten Verheißungsansage unverändert in die Rede von c. 6 übernommen, die nur von dem Leben gewährenden *Brot* handelt (6,48–51). Schwerlich hätte der Autor, hätte er selbst jenes Ich-bin-Wort entworfen, von sich aus die überschießende Verheißung des Nicht-mehr-Dürstens geschaffen.

Man kann Bearbeitung eines vorgegebenen Textes auch dort finden, wo das Verheißungswort sichtlich über den unbedingt nötigen Wortbestand hinaus erweitert wurde. Dieser Tatbestand dürfte in 10,15; 15,5c.6 vorliegen, während in 8,12 das klassische Beispiel eines unbearbeiteten, dem Kontext nur flüchtig angepaßten Wortes vorliegt. Daneben besteht die Möglichkeit, daß der Evangelist oder seine Schüler eigene Ich-bin-Worte formuliert haben. Sehr genau möchte Becker die sieben Worte aufteilen in solche, die dem Evangelisten vorlagen (6,35; 8,12; 14,6), die er selbst geschaffen hat (11,25 f), die aus späterer johanneischer Tradition stammen (10,7.9; 10,11.14; 15,5 f)[57]. Aber um darüber Genaueres sagen zu können, bedürfte man eines besseren Fundaments als der Becker'schen Kriterien, die einer exakten Nachprüfung schwerlich standhalten. So lassen wir dieses Problem offen.

Nicht unbeantwortet dagegen bleibt die Frage nach der Tendenz der Ich-bin-Worte. Sie stehen alle in einem von Polemik geprägten Zusammenhang, was die Exegese zu zeigen hat (zu 15,5 s. S. 117 f). Also dienen sie alle der Polemik – gegen wen? 6,35 läßt keinen Zweifel daran. Der Kontext spricht vom Manna, das in alttestamentlich-jüdischer Tradition mehrfach als Himmelsbrot gepriesen wird (Ps 78,24)[58]; es repräsentiert die Heilsgabe der Wüstenzeit, die in der

---

[56] So SCHULZ 128.
[57] BECKER 251.
[58] R. MEYER, ThWNT IV 466–470.

Endzeit wieder in Erscheinung treten soll. In Joh 6 dagegen wird das Manna als bloß angebliches Himmelsbrot in einer für jüdische Ohren bestürzenden Weise abgewertet (6,32.49) und an seine Stelle tritt der, der allein mit Recht von sich sagen kann: Ich bin das Brot des Lebens. Entsprechendes gilt von den anderen Ich-bin-Worten. Sie sind, jedes in seiner Weise, Instrumente einer polemisch ausgerichteten Christologie.

Von welchen Voraussetzungen her bildeten sich im johanneischen Bereich diese Bildworte? Als man erstmals das Problem ins Auge faßte, meinte man, sie aus der babylonischen und ägyptischen Sakralsprache ableiten zu sollen[59]. Später plädierte Bultmann bei 8,12; 10,9 für gnostischen Sprachgebrauch[60], bei 10, 11.14; 14,6; 15,1.5 konkret für mandäische Prägung[61], während er bei 6,35 sehr vage von der Sphäre des Dualismus spricht[62]. Zu 11,25f erörtert er das Problem der religionsgeschichtlichen Ableitung nicht. Heute neigt man der Herführung der Bildworte aus jüdischer Tradition zu, was sich für 11,25f schon vom Kontext her empfiehlt (11,23f). Aber auch Lebensbrot, Licht, Tür, Hirte, Auferstehung und Leben, Weg und Wahrheit, Weinstock sind Begriffe, die im Alten Testament und im Judentum zuhause sind. Dabei dürfen freilich die Grenzen zwischen Gnosis und Judentum nicht zu sicher festgelegt werden, da »die Mehrzahl der gnostischen Bildungen am Rand des Judentums entstanden sind«, so daß man vielfach von einem »letztlich jüdischen Wurzelboden« der Gnosis ausgehen muß[63]. Der Versuch, auch bei der Frage nach der Herleitung der Ich-bin-Worte die alttestamentlich-jüdische Tradition zur Geltung zu bringen, stimmt mit der tiefen Verwurzelung des Johannesevangeliums in dieser Tradition überein[64].

Man kann auch das absolute ἐγώ εἰμι heranziehen, wie es in 8,24.28; 8,58; 13,19, dazu in 6,20; 18,5 vorliegt. Hier hat man mit der alttestamentlichen Offenbarungsformel zu tun, in der Gott sich als den Einzigen vorstellt, der er ist. Sie begegnet vor allem bei Dt-Jes (41,4; 43,10.25 u.ö.)[65]. Ist aus dieser prädikatlosen Formel, in der sich der johanneische Christus den Anspruch Gottes zu eigen macht, das mit einem Prädikat versehene Ich-bin-Wort entwickelt worden? Hier ist Vorsicht geboten, da das absolute ἐγώ εἰμι eine Redeform eigenen Rangs darstellt.

Eine gewichtige Beobachtung allerdings streitet mit der Ableitung der Ich-bin-Worte aus dem alttestamentlich-jüdischen Bereich: Es existiert dort keine direkte Vorlage für die johanneische Sprechweise, und nirgends findet man etwa eine Selbstvorstellung Gottes in der Art von 8,12, während Ich-bin-Worte in der hellenistischen, gnostisierenden Umwelt in Fülle begegnen[66]. So schlägt

---

[59] E. Norden, Agnostos Theos, 4. Aufl., Darmstadt 1956 (1. Aufl. 1912), S. 171–223.
[60] Bultmann 260 Anm. 4; 287 Anm. 7.
[61] Bultmann 279f.407 Anm. 6; 467 Anm. 4.
[62] Bultmann 165f.
[63] Rudolph, Gnosis 296f.
[64] Vgl. Hengel, Schriftauslegung 260–288.
[65] Brown 533–538; Schnackenburg II 64f.
[66] Becker 251f.

Schnackenburg die Kompromißlösung vor, daß zwar das ἐγώ εἰμι selbst ebenso wie seine Inhalte (Brot, Licht usw.) durch das alttestamentlich-jüdische Mi-
lieu des Johannesevangeliums angeregt wurden, daß aber »die geprägte Form
der Selbstprädikation mit Bildworten ...« vielleicht doch hellenistisch-gnosti-
scher Anregung entstammt[67]. Das ist eine fast zu einfach erscheinende Addition. Als unmöglich kann man sie nicht abtun, blickt man auf den geschichtlichen Ort des Johannesevangeliums zwischen Judentum und hellenistischer
Welt, auf die missionarische Konkurrenzsituation, auch auf die Durchdringung
des damaligen Judentums mit hellenistischem Geist und griechischer Sprache.

Eine Ableitung ausschließlich aus der Voraussetzung des jüdischen Botenrechts vertritt Bühner, und er versucht dabei, eine Entwicklung der Ich-bin-Worte innerhalb der
johanneischen Tradition nachzuzeichnen[68].

– Am Anfang stand das Botenwort, ein Element der johanneischen Sendungschristologie. Mit ihm kündigt Jesus als der Bote Gottes das Recht Gottes und die darin
  enthaltene Zusage an (vgl. etwa 5,24; 8,31.51). Dabei wird apokalyptisches Gut –
  ewiges Leben – gemäß der Tendenz johanneischer Christologie an das Wort Jesu
  gebunden und damit in die Gegenwart versetzt: Als von Gott stammendes Wort vermittelt Jesu Wort ewiges Leben.
– In einem zweiten Schritt zieht Jesus »als Bote und Träger die Kraft dieses Wortes
  auf seine Person«[69]. War er auf der ersten Stufe lediglich Träger des Worts, das Leben
  gibt, wird er jetzt selbst zum Mittler des Lebens. Hier wird die Tendenz spürbar, die
  schließlich »zur reinen christologischen Selbstaussage«[70] führt.
– Wenn Jesus als der mit der Vollmacht Gottes ausgerüstete Bote Gottes Leben in sich
  trägt (5,26; 6,57a), dann bedarf es nur eines kleinen Schrittes zur nächsten Stufe, auf
  der bei der Vorstellung des Boten etwa das Lichtwort 8,12 gebildet wird. Denn der
  »Vertreter Gottes ist der Welt gegenüber Erscheinung des göttlichen Lichtes«[71].
  Wenn also durch Jesu Wort der Welt das Licht Gottes gespendet wird und wenn
  dieses Wort sich in der Person Jesu konzentriert, erwächst daraus fast notwendig die
  entsprechende Selbstaussage: Ich bin das Licht der Welt. Denn in Jesus »präsentiert
  sich der mit solchem Heil ausgestattete Bote als Heil für die Menschen«[72].

Ob diese in sich logische Konstruktion wirklich den geschichtlichen Ablauf der Entwicklung wiedergibt, steht dahin, und das alttestamentliche Fehlen des Ich-bin mit
Prädikat bleibt unerklärt. So ist zwar der Schnackenburg'sche Kompromiß eine Ver-
legenheitslösung. Aber indem er die Frage offen hält, stellt er die unserer jetzigen
Erkenntnis gemäße vorläufige Antwort auf das Problem dar.

3. Der Inhalt der Ich-bin-Worte

Die Ich-bin-Worte arbeiten durchweg mit Substantiven, die Grundlagen und
Grundvoraussetzungen menschlichen Daseins umschreiben. So ist *Brot* seit

---

[67] SCHNACKENBURG II 66 f.
[68] BÜHNER, Der Gesandte 167–174.
[69] BÜHNER 169.
[70] BÜHNER 171; s. auch 169.
[71] BÜHNER 173.
[72] BÜHNER 174.

alters das Urnahrungsmittel des Menschen. *Licht* dient als Symbol menschlicher Daseinserhellung; ohne Licht wird der Mensch straucheln und sich verirren (9,5; 12,35; 1Joh 2,11). *Tür* ist Symbolbegriff für die Möglichkeit zum Weitergehen, zum Sich-Entwickeln; durch die Tür schreitet man von einem Raum des Lebens in einen neuen, von einer Stufe der Entwicklung zur nächsten[73]. Das Stichwort *Hirte* zeigt an, daß der Mensch eines bewahrenden und ihn lenkenden Gegenübers bedarf, während der Begriff *Leben* vor die Frage führt, was Leben eigentlich ist und wo angesichts der Todverfallenheit alles Lebens bleibendes und echtes Leben zu finden ist. Das Wort *Weg* weckt angesichts verwirrender Irrwege die Frage nach dem verläßlichen und zum Ziel führenden Weg. Das Stichwort *Wahrheit* berührt sich mit dem Stichwort Leben: Angesichts der Erfahrung verfehlter und sich verfehlender Existenz fragt der Mensch nach der Wahrheit, in der ihm erfüllte und fraglos zu bejahende Existenz zuteil wird. *Weinstock und Reben*: Hier begegnen die Symbole für ein Wachstum, das aus der Tiefe und Echtheit der Beziehung zwischen zwei einander zugehörigen Subjekten gelebt wird.

Die genannten Grundbegriffe, die in den johanneischen Ich-bin-Worten aufgegriffen werden, suchen den Menschen in seinen Grunderfahrungen auf, in seinen Urnotwendigkeiten und in den Sehnsüchten, die auszulöschen dem Menschen nicht möglich ist, weil er mit ihnen das Verlangen nach echtem Menschsein auslöschte. Jene Urworte berühren also das Zentrum des Menschen. Sie sind von verschiedenen Seiten her auf dieses Zentrum, auf die unaufhebbare Angewiesenheit des Menschen, ausgerichtet und sie sprechen ihn darauf an, daß er nach dem Leben gewährenden Gegenüber fragen soll, auf das hin er der jeweils Angewiesene ist. Auch warnen sie den Menschen davor, sich von einem illegitimen Gegenüber täuschen und blenden zu lassen. »Alle Bilder vom Brot und vom Licht, von der Tür und vom Weg, vom Hirten und vom Weinstock meinen doch das, was unbildlich das Leben und die Wahrheit heißt, also das, was der Mensch haben muß und was zu haben er ersehnt, um eigentlich existieren zu können«[74].

Aber hier wird auch Einspruch laut, der Einspruch des mit Willen sich isolierenden und im Für-sich-Sein sich selbst genügenden Menschen, der sich von der Erfahrung seines partiellen Schöpferseins her als seinen eigenen Schöpfer versteht und der vergißt, daß er nur als Geschöpf schöpferischer Mensch sein kann. Dieser Mensch verneint sein mit seinem Wesen gegebenes Angewiesensein, und solche Verneinung muß nicht in bloßer Destruktion, sie kann in hoher Moral vor sich gehen: Ist nicht erst der sich selbst genügende Mensch der wahre und vollendete Mensch? Aber es kann nicht ausbleiben, daß der Mensch im Pathos seines Für-sich-sein-Wollens dem Verfehlten dieses Sich-selbst-Ge-

---

[73] Vgl. HERMANN HESSE, Stufen.
[74] BULTMANN, Theologie 418.

nügens und der darin liegende Zerstörung seines Menschseins verfällt. Und die Frage, was wirklich Leben ist und Leben vermittelt, läßt sich auch durch ihre eigenmächtige Erledigung nicht zum Verstummen bringen. »Gerade darin, daß der Mensch das Uneigentliche für das Eigentliche, das Vorläufige für das Endgültige hält, bekundet er ein Wissen um das Eigentliche und Endgültige«[75]. Noch in der Katastrophe des angemaßten menschlichen Schöpfertums meldet sich gebieterisch die Wahrheit des menschlichen Angewiesenseins zu Wort, verschafft sie sich die ihr zukommende Geltung (vgl. zu v. 5c).

Daneben tritt die andere Möglichkeit: Daß der Mensch sein Angewiesensein bejaht und zu leben versucht, daß er sich aber in dem Gegenüber irrt, das echte Antwort auf dieses Angewiesensein gibt. Statt sich der Wahrheit zuzuwenden, statt durch die ins Leben führende Tür zu gehen, statt nach dem echten Lebensbrot zu suchen und sich dem nährenden Weinstock zu verbinden, ergibt sich der Mensch Surrogaten, hält er, getäuscht und sich täuschen lassend, das Vorgetäuschte für das Echte. Paulinisch gesprochen: Er verwechselt das Geschöpf mit dem Schöpfer, läßt Gott nicht wahrhaft Gott sein und sucht darum Erfüllung dort, wo er nur den Schein von Erfüllung erfährt. Das ist das Urteil biblischer Offenbarung über den Weg der Religionen (Röm 1,19–23). Die Heillosigkeit der Verirrung, in der man Sättigung im Vorgetäuschten und also nicht Sättigenden zu finden meint, tritt neben jene andere Verirrung, in der man Erfüllung in der Selbstvollendung des Sich-selbst-Genügens sucht.

So alt das Verlangen des Menschen nach Daseinserfüllung ist, so alt sind die Antworten der Religionen. Von Lebensspeise und Lebenswasser weiß der Mythos, das Märchen, die religiöse Symbolik[76]. Licht ist ein Urwort vieler Religionen, auch ein Zentralbegriff philosophischer Systeme; Judentum und Gnosis bedienen sich seiner, und dem Judentum ist die Meinung geläufig, daß die Tora oder die Weisheit das Licht schlechthin sind[77]. Der das Anvertraute schützende Hirte ist im Alten Testament das Vorbild des Königs (Ez 34,23), sogar Metapher für Gott (Jes 40,11; Ps 23,1), und wie der Mandäismus von dem Leben und Wachstum spendenden Weinstock spricht, haben wir oben bedacht (S. 109). Nicht selten formen sich in Religion und Mythos anspruchsvolle Angebote: Ich bin des Kronos älteste Tochter – ich bin es, die den Menschen Frucht erfunden hat – ich bin es, die im Sternbild des Hundes aufgeht[78].

Mit den Ich-bin-Worten begibt sich das Johannesevangelium in diese Sprachform. Damit läßt es offensichtlich Jesus in Konkurrenz zu anderen Heilbringern treten, wie denn die Ich-bin-Worte alle eine polemische Tendenz in

---

[75] BULTMANN 133.

[76] BULTMANN 132–136 165; L. GOPPELT, ThWNT VIII 315f.324–328; zum Wasser des Lebens im Isiskult s. GIEBEL, Geheimnis 165.

[77] H. CONZELMANN, ThWNT IX 306–308.315–332; U. WILCKENS, ThWNT VII 502,16f; Bill I 237; II 357.521f; III 621.

[78] Aus der Isis-Aretalogie von Kyme (1. oder 2. Jh. n. Chr.), abgedruckt bei LEIPOLDT –

sich tragen (s. S. 124f). Dies aber ist das Besondere, das mindestens damals Analogielose der johanneischen Formulierungen, daß das »Ich bin …«, das in den antiken Texten göttlichen Gestalten vorbehalten ist, mit dem geschichtlichen Jesus von Nazareth verbunden und in betonter Ausschließlichkeit an ihn gebunden wird. Nun erscheint zwar Jesus im Johannesevangelium in einer bestimmten Überhöhung. Aber an seiner Geschichtlichkeit wird nie der leiseste Zweifel laut. Der hier »Ich bin …« sagt, ist kein verkleideter Gott, sondern dieser bestimmte geschichtliche Mensch, dessen Weg durch Welt und Geschichte das Johannesevangelium in freilich eigenwilliger Weise nachzeichnet. Auf ihn wird der in jenen Urworten enthaltene Anspruch und die dabei mitgesetzte Verheißung gehäuft.

Fragt man, wo die Ursache liegt für diesen schwerwiegenden und in seinen Folgen überreichen Schritt, wird man an die Christuserfahrung der Gemeinde und an ihre ausladende christologische Reflexion verwiesen. Dabei wurde nicht nur ein geschichtlicher Mensch und noch dazu dieser besondere Mensch in den Anspruch Gottes gehoben, sondern ineins damit wurde die Ausschließlichkeit dieses von Gott Gesendeten und ihn Repräsentierenden behauptet. Wenn Jesus das Licht der Welt ist, dann ist nirgendwo neben und außer ihm das aus der Finsternis herausführende Licht zu finden. Kein anderer als er ist der Weinstock, der den an ihm haftenden Reben Wachstum und Frucht gewährt (s. zu 14,6 und vgl. noch 10,11–13). Die Auseinandersetzung mit jüdischen und hellenistischen Strömungen ist mit Händen zu greifen.

3. Die Liebe als der Grund der Gemeinde 15, 9–11

a) Überblick

Der bis ins Letzte bedachten Aufbau von v. 9f ist Zeugnis für die sorgfältige literarische und theologisch reflektierte Gestaltung des kleinen Abschnitts[79].

καθὼς ἠγάπησέν με ὁ πατήρ

καὶ   ἐγὼ   ὑμᾶς   ἠγάπησα

μείνατε ἐν τῇ ἀγάπῃ τῇ ἐμῇ

ἐὰν τὰς   ἐντολάς μου   τηρήσητε,   μενεῖτε   ἐν τῇ ἀγάπῃ μου

καθὼς ἐγὼ τοῦ πατρὸς τὰς ἐντολὰς[80]   τετήρηκα   καὶ μένω   αὐτοῦ ἐν τῇ ἀγάπῃ

GRUNDMANN, Umwelt des Urchristentums II 96–98. Vgl. auch die Fülle der Beispiele bei BULTMANN 167 Anm. 2; BAUER 119.

[79] BORIG, Weinstock 68f.

[80] BORIG entscheidet sich für die von einigen Handschriften gewählte Reihenfolge ohne μου.

Zentrum des Abschnitts ist der Imperativ in v. 9b. Um ihn lagern sich die Doppelsätze von v. 9a und v. 10. Diese wieder sind in einer Weise aufgebaut, in der sich Parallelität und Chiasmen kunstvoll verschlingen. Die zwei καθώς-Sätze beschreiben erschöpfend die Beziehung Vater-Sohn in johanneischer Sicht, und auch sie sind gemäß dem Prinzip des chiastischen Aufbaus angeordnet. v. 11 ist abschließender Anhang, der ein scheinbar neues Thema anschlägt. Genau besehen hebt er das Thema von v. 9f auf eine neue Ebene.

Wir fragen zunächst nach dem Verhältnis von v. 9–11 zu v. 1–8 (s. S. 107). Das Weinstockbild ist endgültig verlassen; es wird durch den Begriff Liebe ersetzt, der in v. 1–8 fehlt. Hat damit das Thema völlig gewechselt? Aber wenigstens die Erwähnung des Vaters verbindet die zwei Abschnitte, und – wichtiger – der Imperativ μείνατε ἐν τῇ ἀγαπῇ τῇ ἐμῇ (bleibt in meiner Liebe) füllt und interpretiert den Imperativ μείνατε ἐν ἐμοί (bleibt in mir) von v. 4a, so wie in v. 7 die Wendung »meine Worte in euch« das »ich in euch« von v. 4a interpretiert. Damit aber, daß das »bleibt in mir« durch die Wendung »bleibt in meiner Liebe« erläutert wird, stellt sich gegen den ersten Augenschein eine enge Verbindung zwischen v. 9–11 und v. 1–8 dar.

Wie steht es mit der Beziehung von v. 9–11 zu v. 12–17? Die Stichworte ἀγάπη und ἐντολή verknüpfen die zwei Abschnitte formal miteinander. Eine inhaltliche Verknüpfung ist darin eingeschlossen: v. 12 gibt die Substanz der in v. 10 angesprochenen Gebote an, nämlich die wechselseitige Liebe. Von daher ergibt sich eine noch umfassendere, auch v. 1–8 einbeziehende Verknüpfung. Denn jetzt antwortet v. 12–17 auf die Frage, wie das Bleiben in der Liebe Jesu (v. 10), damit in Jesus selbst (v. 4a) zu leben ist: Indem man die Liebe zueinander lebt. Gleichzeitig wird damit die »Frucht« von v. 2.4.5.8 in eigener und neuer Weise gefüllt. Sah v. 8 die erwartete Frucht allgemein im Bleiben an Jesus und also im nicht weiter artikulierten Vollzug des Jüngerseins (S. 117), so liefert der Gebrauch des Wortes in v. 16 (s.d.) mithilfe von v. 12–14 die Konkretion: Die Frucht besteht in der wechselseitigen Liebe. Mit dem Motiv der Gebetserhörung in v. 16 wird auf v. 7 Bezug genommen. Damit ist der Kreis der alle drei Abschnitte miteinander verbindenden Elemente abgeschritten. Kein Zweifel: Der Autor hat jene Abschnitte überlegt miteinander verknüpft.

b) Exegese

v. 9a zieht eine Parallele zwischen der Liebe Gottes zu Jesus und der Liebe Jesu zu den Seinen, aus der hervorgeht, daß in der Liebe Jesu zu den Seinen sich die Liebe des Vaters zu Jesus fortsetzt. In dieser von Jesus empfangenen und vom Vater sich herleitenden Liebe soll die Gemeinde bleiben. Auf die Frage, wie sich dieses Bleiben vollzieht, antwortet v. 10: Indem die Jünger die Gebote Jesu halten, bleiben sie in seiner Liebe. Dabei werden sie an die Parallele Vater – Jesus erinnert: Jesus hält die Gebote des Vaters und bleibt so in seiner Liebe; dementsprechend haben die Jünger die Gebote Jesu zu halten. v. 10 enthält also eine Art Ausführungsbestimmung zu dem Imperativ von v. 9b. Dabei ist auf die Funktion des vorwiegend kausal verstandenen καθώς zu achten: Das Verhalten Jesu wird zum Grund und zur Richtschnur für das Verhalten der Gemeinde erklärt.

Die Redeweise τηρεῖν τὰς ἐτολάς begegnet auch in 14,15.21 (S. 54f) und meint das verstehende Festhalten an Jesus als an dem, in dem der Vater sich bewährt in seiner Leben schaffenden Mächtigkeit. Gebote halten heißt dann nichts anderes als: glauben. In 15,10 aber zielt jene Wendung auf etwas anderes, auf das Liebesgebot nämlich, wie sich aus v. 12 ergibt. Muß man aus dem Tatbestand, daß dieselbe Wendung in c. 14 und 15 in je eigenem Sinn gebraucht wird, literarische Konsequenzen ziehen, die etwa, daß die zwei Abschnitte nicht von der selben Hand geschrieben wurden? – Keine Differenz besteht zwischen dem singularischen und dem pluralischen Gebrauch von ἐντολή. Ein ähnliches Nebeneinander von Singular und Plural bietet 1Joh 2,3f.8; 3,22–24; 4,21; 5,3; auch 2Joh 4–6. Die sich im Wechsel des Numerus durchhaltende *eine* Bedeutung von ἐντολή will wohl anzeigen, daß in den vielen Geboten immer das *eine* Gebot begegnet[81].

Bedenkt man die besondere Bedeutung des καθώς (s. S. 106), dann öffnet sich die Aussage von v. 9f: Weil und wie der Vater Jesus liebte, darum und so liebte Jesus die Seinen, und weil und wie Jesus, die Gebote des Vaters haltend, in seiner Liebe bleibt, darum und so werden die Jünger, die Gebote Jesu haltend und also einander liebend, in seiner Liebe bleiben. In der Liebe des Sohnes zu den Seinen ist also nichts Geringeres wirksam als die Liebe, die der Sohn vom Vater empfangen hat. Das bestimmt auch die Qualität der Liebe, in der die Jünger untereinander leben. Da sie, indem sie in der Liebe Jesu bleiben und also einander lieben (v. 10), die Liebe des Vaters empfangen, ist ihre wechselseitige Liebe bedingt und erfüllt von der Liebe des Vaters. Folglich hat die von den Jüngern gelebte Liebe Anteil an der Qualität der von Gott ausgehenden und durch Jesus vergegenwärtigten Liebe. Man muß noch steigern: In der wechselseitigen Liebe der Jünger wird die Liebe Gottes jeweils von neuem aktuell. Eine derartige Gedankenfolge ist im Johannesevangelium nur hier zu finden.

v. 11. Nur scheinbar steht die Zusage der vollendeten Freude dem Liebesgebot als etwas Neues und Fremdes gegenüber. Daß sie vom Autor eng zum Vorhergehenden gerechnet wird, geht aus der Einleitung von v. 11 hervor. Es wird sich zeigen, daß v. 11 sich als Ziel von v. 9f, damit auch von v. 1–10 versteht[82].

Die Rede von der erfüllten oder vollendeten Freude ist ein Charakteristicum johanneischer Sprache (schon 3,29; vgl. vor allem die inhaltlich aufeinander bezogenen Stellen 15,11;16,25; 17,13, ferner 1Joh 1,4; 2Joh 12). Immer wird dabei das Verbum

---

[81] KLAUCK, 1Joh 224.
[82] WINTER, Vermächtnis 275.

πληρόω verwendet, meistens im Part. Perf. Passiv[83]. Dieser Sprachgebrauch dürfte seine Wurzel im apokalyptisch ausgerichteten Judentum haben, das sagen kann: »Die Freude dieser Welt ist nicht vollkommen; aber in Zukunft wird unsere Freude vollkommen sein«. Auch messianische Erwartung ist Erwartung solcher Freude: »Wenn sie ... aber zu ihr (sc. Zion) sagen: Siehe, dein König kommt zu dir, gerecht und heilvoll (Sach 9,9), dann wird sie sagen: Das ist eine vollkommene Freude«[84]. In christlicher Rede findet sich Entsprechendes: »Kein Aug' hat je gespürt, kein Ohr hat je gehört solche Freude« (Evang. Gesangbuch 147,3).

Welchen Inhalt verbindet der Text mit dem Wort von der vollendeten Freude? Er spricht von Jesu eigener Freude (s. 17,13), die in den Jüngern wohnen und so ihre Freude zur Vollendung führen soll. Worin gründet Jesu Freude? Der Kontext antwortet: In der Liebe des Vaters; dies macht die Freude Jesu aus, daß er der vom Vater Geliebte ist und daß er seinerseits den Vater liebt. Von da aus läßt sich erfassen, worin die Freude der Jünger besteht: Darin, daß sie die von Christus Geliebten sind und kraft der von Christus empfangenen Liebe ihrerseits Liebende sein können. Das apokalyptische Gewand der Rede von der vollendeten Freude ist dabei völlig abgestreift (s. zu v. 6). Die in v. 10 beobachtete Parallelität zwischen Jesus und den Jüngern setzt sich also in v. 11 fort – ein weiterer Beweis der Zugehörigkeit von v. 11 zu v. 9f.

c) Dimensionen der Liebe

Die Beziehung zwischen Gott und Jesus, sonst meistens mit dem Stichwort »Sendung« beschrieben, wird hier mit dem Begriff der Agape charakterisiert. Die Rede von der Liebe Gottes zu Jesus findet sich noch in 3,35; 5,20; 10,17; 17,23f.26, während von der Liebe Jesu zu Gott explizit nur in 14,31 gesprochen wird. Aber man hat auch einen Satz wie v. 10b (ich halte die Gebote des Vaters) als Umschreibung des Satzes »ich liebe den Vater« zu verstehen.

(1) *Liebe.* Mit diesem Stichwort, das das Verhältnis zwischen Gott und Jesus und die Beziehung Jesu zu den Seinen beschreibt, gebraucht das Johannesevangelium einen Begriff, der in die zwischenmenschliche Erfahrung gehört. Von ihm her soll der Leser das Verhältnis Gott-Jesus-Gemeinde verstehen. Dabei meint Liebe das Geschehen, in dem der eine den anderen gelten läßt und zur Geltung bringt, ihm also zum Verwirklichen seines Wesens hilft. Indem zwei Menschen einander liebend begegnen, erschließt sich ihrem Leben eine neue, die eigentliche Dimension, die es lebenswert macht, und insofern ist Liebe etwas höchst Begehrenswertes[85]. Sie gewährt und ermöglicht echtes Leben.

---

[83] G. DELLING, ThWNT VI 296, 20–37.

[84] Zitate aus Pesikt 29 (189a.b) und Midr HL 1 zu 1,4, bei H. CONZELMANN, ThWNT IX 355, 27–30.

[85] Vgl. E. JÜNGEL, Gott als Geheimnis der Welt, 3. Aufl., Tübingen 1978, S. 430–453, hier S. 434–444.

Davon spricht in christologischer Aktualisierung 5,20f: Indem der Vater den Sohn liebt, zeigt er ihm alles, was er selbst tut, und vermittelt ihm dadurch die eigenen Fähigkeiten, sogar das eigene Leben (5,26). So wird der Sohn zum Sohn durch die Liebe des Vaters, und der Vater wird, indem der Sohn ihn liebt, als Vater bestätigt und bezeugt. So wird schließlich die Gemeinde, indem sie vom Vater und vom Sohn geliebt wird, zur Wohnung Gottes in der Welt (14,23). In dieser Weise dient das Wort »Liebe« dazu, das Wesen des Heilsgeschehens zu erfassen.

(2) *Sendung und Liebe.* Ist Jesu Existenz bedingt durch die Liebe des Vaters, so wird solche Liebe aktuell in der Sendung des Sohnes. 3,16 erklärt zwar, daß die Sendung Jesu der Liebe des Vaters zur *Welt* entspringt. Aber wie sonst könnte die Liebe Gottes in der Welt erscheinen, wenn nicht in dem, der der von Gott Geliebte schlechthin, eben der Sohn ist? Die Sendung des Sohnes ist der geschichtliche Raum, in dem die Liebe des Vaters zum Sohn und zur Welt sich ereignet und betätigt.

Damit spricht das Johannesevangelium von der Liebe Gottes zu Jesus nicht als von einer Gegebenheit, die auch außerhalb der Sendung erkennbar ist. Vielmehr tritt diese Liebe nirgends sonst als in der Offenbarung, also in der Sendung zutage. Die Äußerung in 17,24, daß der Vater den Sohn vor der Grundlegung der Welt geliebt habe, spricht allerdings von einer von der Sendung unabhängigen, bereits vor ihr waltenden Liebe Gottes zu Jesus, und sie scheint damit in die Räume einer von der Geschichte losgelösten Spekulation zu führen. Nun gehört 17,24 zu den johanneischen Präexistenzaussagen (vgl. 1,1f; 1,30; 6,62; 8,58; 17,5), und diese haben ihren Sinn nicht darin, daß sie über die Geschichte hinaus in jenseitige Räume und Zeiten ausgreifen. Vielmehr qualifizieren sie die Sendung Jesu: Sie ist nicht ein innergeschichtliches, von welthaften Voraussetzungen her verstehbares Ereignis, sondern in ihr, konkret also in dem gesendeten Sohn, tritt die nicht von Welt und Zeit bedingte Liebe Gottes in die Welt ein. Der Satz, der von der Liebe des Vaters zum präexistenten Sohn spricht, zeigt also die von welthaften Bedingungen unabhängige Qualität der Liebe Gottes an, die in der Sendung Jesu geschichtliche Gestalt annimmt (s. S. 276ff).

Also sagt v. 9a: Indem die Glaubenden Jesus als den erfahren, der sie liebt, erfahren sie die Liebe dessen, der Jesus liebt und der in der Liebe zu ihm seine Liebe zu den Menschen wirksam sein läßt. Das meint: Indem die Glaubenden von der Zuwendung Jesu zu ihnen erfaßt werden, werden sie von der Zuwendung Gottes selbst erfaßt. Sie empfangen, indem sie die Liebe Jesu empfangen, nichts anderes als die Liebe Gottes.

(3) *Schöpfung und Liebe.* Der Gott, der sich mit der Sendung Jesu in der Welt als der die Welt Liebende einstellt, ist für das Johannesevangelium fraglos der Schöpfer der Welt und der Ursprung ihres Seins. Da er aber als der Schöpfer kein anderer ist als der, der er in der Sendung Jesu ist, muß dann nicht die Liebe zur Welt, die sich in der Sendung des von Gott geliebten Jesus in die Welt verwirklicht (3,16), schon bei der Schöpfung am Werk gewesen sein?

1,1–3 führt diesen Gedanken mithilfe der Idee der Schöpfungsmittlerschaft Christi aus. v. 3 erklärt: Durch eben den Logos, in dessen Sendung in die Welt Gottes Liebe zur Welt Gestalt annimmt, wurde die Welt geschaffen. Dann ist auch die Schöpfung der Welt Ereignis der Liebe Gottes, und daß die Welt existiert, ist bereits Ausdruck und Erweis der Liebe Gottes zur Welt. Dies ist Sinn und Ziel der Rede von der Schöpfungsmittlerschaft Christi. Man muß einen solchen Satz im Rahmen der spätantiken Welt und ihres tiefen Pessimismus hören: Am Anfang der Welt stand nicht blinder Zufall oder die Willkür eines Demiurgen, sondern Christus als die Verkörperung der Liebe Gottes. Daß eben diese Schöpfung dann in Finsternis versank (1,5) und daß darum die Menschen die Finsternis mehr lieben als das Licht (3,19), ändert nichts daran, daß am Ursprung der Welt die Liebe Gottes als schöpferische Urmacht steht. Zwar wird von der so zu verstehenden Schöpfungsmittlerschaft Christi innerhalb des Johannesevangeliums nur in 1,1–3 ausdrücklich gesprochen (vgl. 1 Kor 8,6 Ende; Kol 1,16; Hb 1,2). Aber an dieser das Johannesevangelium eröffnenden Stelle *wird* davon gesprochen und das hier Gesagte ist für das ganze Evangelium verbindlich. Der Christus, durch den Gott die Welt geschaffen hat, ist identisch mit dem Christus, durch den Gott das Heil der Welt wirkt (3,17).

In der Perspektive der glaubenden Gemeinde heißt das: »Die Gemeinde unter dem Worte lebt davon, daß sie in die Gegenwart des Schöpfers gestellt ist und jederzeit das Geschehen des ersten Schöpfungstages an sich erfährt ... Die präsentia Christi reicht über alle Zeit, weil es die Gegenwart des Schöpfers ist«[86].

(4) *Jesus und die Seinen.* Zwar gilt die göttliche Liebe, die in der Sendung Jesu sich konkretisiert, wie die in der Schöpfung wirkende Liebe der Welt insgesamt (3,16f; 12,47 u.ö.). Erkannt und erfahren wird sie aber nicht von der ganzen Welt, sondern nur von denen, »die ihn aufnahmen« (1,11f). Damit wird festgehalten, daß nur die Glaubenden Jesus begreifen als den von Gott Geliebten und Gesendeten. Sie werden in den Abschiedsreden angesprochen. Vor ihnen wird in 15,9f die sich in der Sendung Jesu konkretisierende Liebe Gottes entfaltet.

Jesus als Empfänger der Liebe Gottes (wie mich der Vater geliebt hat), lebt diese Liebe im Sein für die Menschen (so habe ich euch geliebt). Er lebt sie also nicht im Selbstgenuß, hält sie nicht fest, wie man einen Raub festhält (Phil 2,6)[87]. Er lebt sie, indem er, die Gebote des Vaters erfüllend, die Seinen liebt (vom Maß dieser Liebe spricht dann v. 13), und so und nicht anders bleibt er in der Liebe des Vaters. Die Jesus tragende Liebe Gottes transformiert sich also in der Geschichte Jesu in die Liebe, mit der Jesus die Seinen liebt, und nur darum, weil er die Liebe Gottes lebt, kann es sich um vollendete Liebe handeln (13,1). Das meint, daß die von Jesus ausgehende Liebe identisch ist mit der Liebe, mit

---

[86] Käsemann, Wille 114.
[87] Vgl. D. Sölle, Atheistisch an Gott glauben, Freiburg 1968, S. 18 f: »Niemand kann Gott für sich haben. Der Versuch, ihn für sich haben zu wollen, bestraft sich selbst«.

der er vom Vater geliebt wird, so wie seine Lehre identisch ist mit der Lehre des Vaters (7,16; 8,28; 14,10). Als die von ihm Geliebten wissen sich die Seinen als die von Gott selbst Geliebten.

Dann meint die johanneische Rede von der Liebe Jesu zu den Seinen (11, 3.36;13,1.12–17.34; 14,21; 15,9f.12) nicht, jedenfalls nicht primär, ein Geschehen, in dem ein großer Liebender sich verströmt, so sehr man derartiges in der Geschichte Jesu finden kann. Sondern in der Liebe Jesu tritt ihren Empfängern die Liebe *Gottes* entgegen, und das ist die die Welt ins Leben rufende und tragende Macht. Indem die Liebe Jesu erlebt wird, wird Liebe als die Grundmacht der Welt erlebt.

(5) *Die Liebe innerhalb der Gemeinde.* Der Imperativ »bleibt in meiner Liebe« fordert also die Hörer auf, vertrauend im Raum der Macht zu bleiben, die am Anfang der Welt steht und die der Gemeinde in der Zuwendung Jesu begegnet. Wie bleibt die Gemeinde im Raum dieser Macht? v. 10 antwortet: Indem sie das Liebesgebot lebt. Die von Jesus auf die Gemeinde ausgehende Liebe setzt sich fort in der Liebe, die das Leben der Gemeinde bestimmt. Daraus aber folgt, daß die Liebe der Glaubenden untereinander grundsätzlich von der gleichen Qualität ist wie die Liebe, die sie von Jesus empfangen. Und da die von Jesus empfangene Liebe von der gleichen Qualität ist wie die Liebe, mit der der Vater Jesus liebt, ist der Schluß unumgänglich: In der wechselseitigen Liebe der Glaubenden waltet die Liebe Gottes, dieselbe Liebe, die am Anfang der Schöpfung stand und die in der Sendung Jesu am Werk ist.

Der Gedanke drängt weiter: Da man jener wechselseitigen Liebe nicht gerecht wird, wenn man in ihr lediglich einen emotionalen oder biologischen Affekt sieht, so genügt es nicht, in ihr höchste Ausprägung des menschlichen Ethos zu sehen. Vielmehr kommt in der zwischenmenschlichen Liebe unbeschadet dessen, was sonst noch von ihr zu sagen ist, jene die Welt tragende Macht der göttlichen Liebe zu jeweils neuer Gestalt. Das mag eine sehr unvollkommene, fragwürdige und von ihrem Urbild weit entfernte Gestalt sein. Aber das ändert nichts an ihrer grundsätzlichen Qualität. »Es gibt in alle Ewigkeit nur eine Liebe, die stammt vom Himmel, auch wenn diese Welt sie irdisch nennt«[88]. Indem also die Jünger einander lieben, leben sie die Liebe Jesu, in der die Liebe des Vaters geschichtlich faßbar wird. Darin besteht, von v. 9f her gesehen, die Frucht, mit der sie den Vater verherrlichen (v. 8).

Unerörtert bleibt die Frage, ob jene Behauptung, daß in der Liebe der Gemeinde sich die Liebe Jesu fortsetzt, eingegrenzt wird auf das Geschehen innerhalb der Gemeinde, oder ob sie von der zwischenmenschlichen Liebe überhaupt gilt, unabhängig davon, ob sie sich ihrer Herkunft bewußt ist oder nicht. Von der Voraussetzung her, daß Liebe am Ursprung der Schöpfung steht, weist das Johannesevangelium in die zweite Richtung.

---

[88] G. von le Fort, Plus ultra, in: Die Erzählungen, München-Wiesbaden 1968, S. 315.

(6) *Die vollendete Freude.* Die Freude Jesu darüber, daß er der vom Vater Geliebte ist, soll zur Freude der Jünger werden. Solche Freude wird mit dem Begriff »erfüllt« oder »vollendet« benannt. Damit wird sie abgesetzt von der
nicht vollendeten, der begrenzten, vergehenden, vorläufigen Freude. Was ist
erfüllte und vollendete Freude? Man muß, um vom johanneischen Kontext her
darauf antworten zu können, etwas ausholen und sich zunächst Rechenschaft
über unser Erleben von Freude geben. Freude erfüllt den Menschen angesichts
von Erlebnissen und Erfahrungen, aufgrund deren er sich und seine Welt bejahen kann. Freude stellt sich ein, wenn uns etwas gelungen ist, wenn uns lang
Ersehntes zuteil wird, wenn nicht erwarteter Glanz unser Leben erfüllt. In der
Empfindung der Freude werden wir uns dessen bewußt, daß wir in dieser oder
jener Schicht unseres Daseins bejaht sind und darum uns selbst bejahen können. Sein Zentrum hat das Erleben von Freude in der intimsten Bejahung, die
uns zuteil werden kann: Im Geliebtwerden, das uns zum Lieben erweckt.

Freude ist im menschlichen Dasein ihrem Wesen nach ein punktuelles Widerfahrnis, ein Höhepunkt, auf den wir durch besondere Umstände getragen
werden und von dem wir wieder herunterzusteigen haben. Wir kennen Freude
nur als vergängliche und vergehende Freude und es ist in der Welt ausreichend
dafür gesorgt, daß Freude kein Dauerzustand ist[89]. Es tritt die Einsicht dazu,
daß ein immerwährendes Freudenfest schwerlich ein wünschenswerter Zustand ist, und wo in unserer Welt Freude als Dauerzustand proklamiert wird,
haben wir es mit einem industriell produzierten Zerrbild von Freude zu tun.

Nun spricht v. 11 von der vollendeten und damit nicht eingegrenzten Freude
der Jünger. Sie wird zurückgeführt auf die Freude Jesu, die also ihrerseits vollendete Freude ist (vgl. 17,13). Wie läßt sie sich beschreiben? Jesus ist der von Gott
mit unbegrenzter Liebe Geliebte, der unbedingt und für immer bejahte Sohn, der
darum sich selbst unbedingt und für immer bejahen kann. Nicht einmal die
Schrecklichkeit des Kreuzestodes vermag daran zu rütteln, vielmehr ist gerade
das Kreuz der Ort, an dem Jesus seine Erhöhung zum Vater und also die Vollendung seines Geliebtwerdens erfährt (3,14; 8,28; 12,32–34). Weil an seiner Existenz kraft der empfangenen Liebe nichts fragwürdig, dunkel, fragmentarisch
ist, lebt er in der vollendeten, der unbegrenzten und nicht vergehenden Freude. –
Nun enthält v. 11 die Verheißung, daß die so qualifizierte Freude Jesu zur Freude
der Jünger wird. Ihnen wird also in Entsprechung zu Jesus eine unverrückbare
Bejahung verheißen, eine ihre Existenz ohne Rest tragende und erfüllende Liebe, die durch keinen Selbstzweifel, durch keinen Widerspruch der Welt und
durch kein negatives Widerfahrnis aufgehoben werden kann. Damit werden sie
in den Stand vollendeter, nicht endender und einschränkbarer Freude versetzt.

---

[89] Umso mehr gilt: »Gepriesen sei der, welcher mit wirklichem Gewinn den kurzen Augenblick des Behagens aus der unbehaglichen Länge des Tages hervorzuheben versteht!«
(W. RAABE, Der Dräumling, Werke Bd. IV, S. 305); zum Thema s. noch BULTMANN, Theologie 435 f.

Das ist keine Möglichkeit menschlichen Seins, die sich in der Geschichte realisieren könnte; vollendete Freude ist eine eschatologische Möglichkeit. Aber sie wird den Glaubenden jetzt zugesagt, sofern sie sich als die von Gott unaufhebbar und umfassend Geliebten und Bejahten wissen und darum ihrerseits befähigt werden, ihr Leben und ihre Welt zu bejahen. Also greift die vollendete Freude als eschatologische Möglichkeit bereits in die gegenwärtige Geschichte der Glaubenden ein. Eschatologische, alles Fragmentarische aufhebende Bejahung durch Gott ist der Horizont, in dem der Glaubende seine geschichtliche und also fragwürdige Existenz führt, und so widerfährt ihm Erfahrung vollendeter Freude schon in seiner jeweiligen Gegenwart. Zwar lebt er sein Wissen von vollendeter Freude in den Bedingungen dieser Welt, und in ihnen kann es nur vorläufige Freude geben. Die Jünger kennen also Haß und Verfolgung (18,18.20), Trauer ist ihr unentrinnbares Los (16,6.20–22), Angst das signum ihrer Existenz (16,33). Aber in ihrer so bestimmten Existenz wissen sie sich als die endgültig Geliebten, als die von vollendeter Freude Angerührten (wir haben mit der Parallele zur zwischenmenschlichen Liebe zu tun, die, mag ihr noch so viel mangeln, etwas von der Qualität göttlicher Liebe in sich trägt).

Vermutlich ist man nicht weit von Joh 15,11 entfernt, wenn man Spuren dessen, was das Johannesevangelium vollendete Freude nennt, in manchen Passagen des Tagebuchs der in Auschwitz umgekommenen holländischen Jüdin Etty Hillesum und in den Abschiedsbriefen Helmuth James von Moltkes findet[90], und man denke daran, daß das dort Geschriebene nicht nur geschrieben, sondern gelebt worden ist.

Von Seneca stammt der Satz: Verum gaudium res severa est (Briefe an Lucilius 23,47). Gesprochen wird von der dem Menschen selbst entsteigenden und darum wahren Freude, die zu unterscheiden ist von den von außen an den Menschen herangetragenen Freuden und Vergnügungen. Zu wahrer Freude findet der Mensch, wenn er aus sich selbst heraus die Übereinstimmung mit sich selbst gefunden hat. – Wir erkennen das Große dieser Idee, und nehmen dabei den Unterschied wahr zu der johanneischen Rede von der vollendeten, weil von jenseits des Menschen stammende Freude, die den Menschen zu einer ihm *gewährten* Übereinstimmung mit sich selbst bringt.

Wir überblicken 15,9–11. Das Weinstockbild ist verlassen, aber der ihm in v. 1–8 verliehene Inhalt wird weiter vorangetrieben. Die Forderung »bleibt in mir« (v. 4) wird interpretiert durch »bleibt in meiner Liebe« (v. 10). Dabei wird die Voraussetzung solcher Interpretation genannt: Jesu Existenz ist bestimmt durch die von ihm empfangene Liebe des Vaters. Daraus ergibt sich: Wie diese Liebe von Jesus aufgenommen und gelebt wird in seiner Liebe zu den Seinen, so sei deren Existenz bestimmt durch die von ihnen empfangene Liebe Jesu, die gelebt wird und erhalten bleibt in der Liebe der Jünger untereinander. Damit aber haben sie Teil an der die Welt tragenden Macht, nämlich an der Liebe Gottes. Indem sie sich als die von der Liebe Gottes Erreichten und Umschlossenen verstehen, wird ihnen die eschatologische Freude zuteil, wissen sie sich als die

---

[90] Etty Hillesum, Das denkende Herz, Reinbek 1990 (rororo 5575), etwa S. 144–149; Helmuth James von Moltke, Briefe an Freya 1939–1945, München 1988, S. 597–612.

unbedingt Bejahten, und damit treten sie in den Horizont einer nicht mehr von
Täuschung und Vergehen bedrohten Bejahung ihrer eigenen Existenz ein.

4. Die Freunde Jesu 15,12–17

a) Einführung

Der dritte Teil der Rede von 15,1–17, der sich durch die inclusio in v. 12 und
v. 17 deutlich vom Kontext abhebt, ist gleichwohl Teil des größeren Zusammenhangs. v. 12 gibt das Thema des Abschnitts an, das Liebesgebot. v. 13 enthält eine sprichwortartige Regel, die von der höchsten Möglichkeit und Verwirklichung von Freundschaft spricht. Derartige Regeln waren in der Antike
nicht selten. Berühmt ist der Satz aus Platons Gastmahl 179b: »Sogar füreinander zu sterben sind die Liebenden bereit, nicht nur die Männer, sondern auch die
Frauen«. Im Griechentum hat die Idee des Füreinander-Sterbens und ihre literarische Verarbeitung eine lange Tradition, die sich im Hellenismus fortsetzt und
von da aus – für uns von Bedeutung – ins hellenistische Judentum eindringt[91].
So wurde sie dem Paulus bekannt, der einmal den Tod Jesu für die Menschen in
gewagter Analogie zu dem stellvertretenden Tod reflektiert, den Menschen füreinander sterben (Röm 5,6ff), und in Röm 16,4 bescheinigt er dem Ehepaar
Priskilla und Aquila die Bereitschaft, das Leben für ihn einzusetzen. In einer
Biographie etwa aus neutestamentlicher Zeit heißt es: »Für den am meisten
Geliebten ... unter den Nächststehenden oder Freunden ... würde er bereitwil-
lig den Hals bieten«[92]. Wir entgehen der Einsicht nicht, daß wir in 15,13 mit
einer antiken Sentenz zu tun haben, die in verschiedener Form an sehr verschiedenen Orten lebendig war, und der Autor unserer Rede wagt es, eine heidnische
oder jüdische Sentenz zum Element einer Jesusrede zu machen. Vor welchem
Hintergrund und mit welcher Tendenz wird sie in v. 13 verwendet?

Zur Formel ψυχὴν τιθέναι s. S. 107. Mit der Bedeutung »das Leben einsetzen, riskieren« kommt man anfänglich in v. 13, auch 10,11; 13,37f; 1Joh 3,16 zurecht. Aber
10,17f blickt auf die vollzogene oder sich vollziehende Lebenshingabe, und dieselbe
Bedeutung schwingt auch an den anderen johanneischen Stellen mit. In diesem Sprachgebrauch liegt eine auf das johanneische Schrifttum begrenzte Besonderheit vor, und
man kann nicht daran zweifeln, daß in ihr sich der Wille des Autors ausdrückt[93]: Jesu

---

[91] BULTMANN 417 Anm. 4; G. STÄHLIN, ThWNT IX 149ff, vor allem 151,19ff; zahlreiche Angaben bei K. WENGST, Christologische Formeln und Lieder des Urchristentums (StNT
7), 2. Aufl., Gütersloh 1972, S. 67–71; dort auch Hinweise auf jüdische Zeugnisse. Immer
noch wichtig: M. DIBELIUS, Joh 15,13, in: ders., Botschaft und Geschichte Bd. I, Tübingen
1953, S. 204–220. Zu 15,12–17 insgesamt vgl. AUGENSTEIN, Liebesgebot; H. THYEN, Niemand hat größere Liebe, in: Theologia crucis – Signum crucis (FS E. Dinkler), Tübingen
1979, S. 467–481.
[92] STÄHLIN 151, 25–27.
[93] CHR. MAURER, ThWNT VIII 155f; vgl. auch BULTMANN 282 Anm. 2; AUGENSTEIN 74.

Bereitschaft zum Lebens*einsatz* führte mit innerer Notwendigkeit zur Lebens*hingabe*. Darum können *beide* Vorgänge in *einen* Begriff gefaßt werden.

v. 14 greift aus v. 13 das Stichwort »Freunde« auf und läßt es Kennzeichnung des Verhältnisses zwischen Jesus und den Jüngern sein. – Der ἵνα-Satz von v. 16c ist in seiner Ursprünglichkeit umstritten. Er wiederholt nur v. 7 und wirkt überflüssig; auch erscheint das doppelte ἵνα nicht sehr geschickt. Aber wenn man v. 16c als Element der Verbindung zwischen v. 12–17 und v. 1–8 ansieht, erhält er einen sinnvollen Platz in der Komposition. Auch kann man daran erinnern, daß einmal bei Epiktet, diss. II 27,29 das Gebet »als Charakteristikum der Gottesfreundschaft«[94] begegnet. Also ist, trotz gewisser Bedenken, die Ursprünglichkeit von v. 16c anzunehmen.

b) Exegese

v. 12 definiert die in v. 9 von den Jüngern geforderte Liebe als Geschwisterliebe, wobei noch einmal deren Begründung angegeben wird: Wie ich euch geliebt habe. So sehr diese Formulierung in johanneischer Sprache einhergeht, so sehr gehört die Forderung der Liebe samt ihrer Begründung in die Verkündigung Jesu selbst. Man denkt nicht nur an Mk 12,28–34; die Antithesen der Bergpredigt sind nichts anderes als Auslegungen und Aktualisierungen des Liebesgebots[95]; das Gleichnis vom Schalksknecht verlangt das *Tun* der Liebe nach dem *Empfang* der Liebe (Mt 18,23–34). In 1Joh 3,16ff; 4,7ff wird dieselbe Erfahrung in die Form gemeindlicher Paränese gegossen.

In v. 13–16 werden die Jünger als Freunde Jesu angesprochen, das meint vom Kontext her: Als die von Jesus Geliebten. Dabei wird ihnen die Qualität ihrer so bestimmten Existenz und das dazugehörende Tun bewußt gemacht.

v. 13. Man hat zunächst den Eindruck, daß der Autor jene antike Sentenz lediglich als Jüngerparänese gedacht hat. Aber v. 13 ist Teil seines Kontextes, ist also von der Voraussetzung des καθὼς ἠγάπησα ἡμᾶς (wie ich euch geliebt habe) von v. 12 her zu lesen, und in dieser Wendung wird indirekt, aber unüberhörbar Jesus beschrieben als der, der durch seine bis zur Lebenshingabe gehende Liebe die Seinen zu Freunden gemacht hat. v. 13 ist also, bevor er als anthropologischer Satz gehört wird, als christologischer Satz zu verstehen[96]: Jesus ist es, der Liebe in ihrer höchstmöglichen Intensität gelebt und damit das Maß der für die Jünger verpflichtenden Liebe angegeben hat.

v. 14 erklärt sich von v. 13 her: Indem ihr kraft meiner Lebenshingabe meine Freunde wurdet, habe ich das Maß der unter euch geltenden Freundschaft festgesetzt, und zu eurem Freundsein mir gegenüber gehört, daß ihr euch an diesem Maß ausrichtet, also Freundschaft untereinander bis zum Einsatz des Le-

---

[94] Bultmann 420 Anm. 7.
[95] Chr. Dietzfelbinger, Die Antithesen der Bergpredigt (TEH 186), München 1975.
[96] Onuki, Gemeinde 123f.

bens übt. Die Freundschaft Jesus gegenüber wird also als Freundschaft untereinander gelebt. Darin erfüllen die Jünger das Gebot Jesu.

v. 15 reflektiert das Wesen des Sklaven, um damit das Wesen des Freundes
bewußt zu machen. Solche Reflexion ergeht zunächst unabhängig vom Verhältnis Jesus – Jünger, obwohl sie eben dieses Verhältnis erfassen will. Was
ergibt sich aus dem Kontrast Sklave – Freund? Der antike Sklave[97] war Wert-
gegenstand wie ein Stück Vieh. Daß er Mensch ist, kam rechtlich nicht weiter
in Betracht. Er war nicht Person, sondern Funktion. Also stand er zu seinem
Herrn nicht in mitmenschlicher Beziehung; jedenfalls verlangte das antike
Recht nicht das Geltenlassen einer solchen Beziehung zwischen dem Herrn
und dem Sklaven. Folglich hatte der Sklave keinen Anspruch auf Zuwendung
und Verstehen, auf ein Sich-Mitteilen seines Herrn im Gespräch. Was geschieht aber mit einem Menschen (der der Sklave doch ist), wenn er nur als
Gegenstand gilt, wenn er nicht als Mensch, sondern als bloßes Ding gewertet
wird? Was geschieht mit einem Menschen, der in bedingunsloser Abhängigkeit von einem anderen Menschen lebt, dem aber das Innere dieses Menschen,
sein Wollen und seine Absichten gänzlich verborgen sind? Dem um seine Zukunft besorgten Sklaven bleibt die Zukunft ein verschlossenes, darum Furcht
erweckendes Land. Das Nicht-als-Mensch-Gelten und das daraus folgende
Nicht-Wissen von Weg und Schicksal muß den Sklaven in Selbstentfremdung
und Angst führen. Darauf will, v. 15b beweist es, v. 15a hinaus.

Es versteht sich, daß der Text, der das Sklave-Sein in der Weise von v. 15 beschreibt,
sich damit nicht dazu hergibt, die Sklaverei in der Antike zu rechtfertigen. Er argumentiert nur von den Gegebenheiten her: Der Sklave ist der Mensch, der die Gedanken
seines Herrn nicht kennt, der seiner Willkür ausgesetzt ist, der also aufgrund seines
Status in Angst und Vertrauenslosigkeit existiert. Auch ist es nicht geraten, das Wort
δοῦλος in irgendeinen Bezug zu der alttestamentlichen und qumranischen Titulatur
»Kecht« (עבד) zu setzen, die dem Propheten gilt oder dem einzelnen Frommen[98].
Ebenso wenig denkt der Text an die δοῦλος-Selbstbezeichnung des Paulus[99]. Ihm liegt
an der Wesensunterschiedenheit zwischen Sklave (Knecht) und Freund; sie zeigt er auf.
Eine Sachparallele liegt in der Gegenüberstellung Sklave – Sohn von 8,35; Gal 4,7 vor.

Im Gegensatz zum Sklaven wird dem Freund vom Freund alles ihn Angehende
mitgeteilt (vgl. 8,35). Das Verhältnis des Freundes zum Freund ist durch Mit-
teilung, Hören, Verstehen bestimmt; es ist darum ein Verhältnis des Vertrauens.
Als Freund ist man angeredeter Partner, einbezogen in das Gespräch über Weg,
Schicksal und Zukunft. Damit erfährt der Freund sich als wahrgenommenen
und ernstgenommenen Menschen, und darin ist er bewahrt vor Angst und
Selbstentfremdung.

---

[97] PAULY V 230–234.

[98] C. WESTERMANN, THAT II 191–199.

[99] Gegen BROWN 683. Auch liegt kein »latenter Gegensatz gegen Paulus vor«, wie W.
BOUSSET, Kyrios Christos, 2. Aufl., Göttingen 1921, S. 155 für möglich hält: Paulus sei nur
Christusknecht, wir dagegen gehören zum Kreis der »Gottesfreunde und Christusfreunde«.

In dieser Wesensdeutung des Freundes wird das Wesen des Jüngers erfaßt. Der Jünger ist Freund Jesu, weil Jesus ihm alles kundgetan hat, was er vom Vater gehört hat. Dabei meint πάντα (vgl. den Gebrauch des Wortes in 3,35; 5,20; 13,3; 14,26; 16,15; 17,7.10; 19,28) nicht die Fülle der apokalyptischen oder himmelsgeographischen Geheimnisse, über die die zeitgenössische Apokalyptik sich beredt verbreiten konnte (etwa äthHen 17–36), so wenig wie in 3,12 mit dem Stichwort ἐπουράνια der Blick auf irgendwelche Geheimnisse jenseitiger Welten gerichtet wird[100]. Das mit πάντα Gemeinte, was der Sohn vom Vater gehört und was er den Jüngern vermittelt hat, betrifft vielmehr die Botschaft des Vaters, die Jesus als Sohn und Bote Gottes empfing[101] und die er an die Menschen weiterzugeben hat. Diese Botschaft aber – in den Ich-bin-Worten verdichtet sie sich zu prägnanten Formeln – enthält nichts anderes als die Selbstmitteilung des Vaters, die in der Sendung des Sohnes sich geschichtlich verwirklicht und in der Passion zu ihrem Ziel kommt. In solcher Selbstmitteilung öffnet sich der Vater wie vor Jesus, so durch Jesus vor den Jüngern; in ihr empfangen die Jünger alles, was ihre Existenz in Vergangenheit, Gegenwart und Zukunft schafft und bewahrt, und so sehen sie sich einbezogen in ein Grundvertrauen, in dem sie der aus der Welt kommenden Angst (16,33) widerstehen können. Jene ihnen durch Jesus vermittelte Selbstmitteilung des Vaters erhellt ihre Existenz und verleiht ihr die Qualität des Lebens, das das Johannesevangelium »ewiges Leben« nennt[102]. So sind sie Freunde Jesu.

Man kann in 17,26 eine Parallele zu 15,15 sehen. Auch dort (und nur noch dort) wird γνωρίζειν gebraucht, und vermittelt wird der Name Gottes, Gott als der sich bekannt Machende; indem er sich bekannt macht, wird seine Liebe erfahren, wird also die Existenz jenseits von Angst empfangen[103].

Ich nenne euch »nicht mehr« Knechte: Es wäre ein arges Mißverständnis, wollte man das οὐκέτι zeitlich verstehen, aus dem Wort also eine Unterscheidung zwischen den Jüngern vor den Abschiedsreden und den diese Reden jetzt hörenden Jüngern herauslesen. Das οὐκέτι weist vielmehr auf das Sein vor und außerhalb der Offenbarung[104] und besagt, daß außerhalb des Sich-Mitteilens Jesu die Jünger nichts anderes als Sklaven im Sinn von v. 15 wären, außerhalb jenes Grundvertrauens lebende, ihres Menschseins beraubte Menschen. Nun ist die Richtung erkennbar, in die der Begriff »Freunde« in erster Linie auszulegen ist. Er will primär nicht abgrenzen, sondern die Beziehung der Jünger zu Jesus und die daraus sich ergebende Beziehung der Jünger untereinander in

---

[100] BULTMANN 105–107; BÜHNER, Der Gesandte 377–382.
[101] Zum Hören des Boten vgl. BÜHNER 191f.
[102] BULTMANN, Theologie 427–445.
[103] Daß γνωρίζειν im NT häufig so viel wie offenbaren bedeutet, zeigt O. KNOCH, EWNT I 616f.
[104] Vgl. SCHNACKENBURG III 126; G. STÄHLIN, ThWNT IX 163 Anm. 159.

ihrem Wesen erfassen. Sekundär ist darin allerdings auch ein Moment der Abgrenzung enthalten (s. S. 147).

v. 16 ist absichernde und erläuternde Näherbestimmung zu v. 15. Also sollte man v. 16 nicht aus seinem Kontext aussondern; man gäbe ihm damit ein ihm nicht zukommendes Eigengewicht. – v. 16a will eine mögliche Fehldeutung des Freundschaftsverhältnisses zwischen Jesus und den Jüngern abwehren. Jesus ist es, der jene Freundschaft begründet, nicht die Jünger. Jesus ist es, der das Maß angibt, an dem sich die Freundschaft zu bewähren hat. Nicht die Jünger teilen ihm etwas mit, sondern er ist es, der das sie Angehende ihnen kundtut. Man kann nach dem Grund für die abwehrende Entschiedenheit fragen, mit der hier gesprochen wird, und man kann ihn in latent immer anwesenden synergistischen Tendenzen finden – als ob die Jünger es wären, die mit ihrem Tun das Verhältnis der Freundschaft zu Jesus konstituieren[105].

v. 16b spricht mit dem Begriff καρπὸν φέρειν (Frucht bringen) von dem Auftrag, der aus der mit dem Freundsein gewährten Lebensmöglichkeit erwächst.

Brown und Thüsing möchten v. 16b auf eine missionarische Beauftragung der Jünger hin auslegen[106]. Aber v. 1–17 weiß von einer missionarischen Tendenz nichts, sondern bedenkt das Verhältnis der Gemeinde nach innen. Auch der Kontext in 15,18ff und die in ihm sich enthüllende Lage der Gemeinde ist der von Thüsing und Brown propagierten Auslegung nicht günstig (s.d.). Zwar ist Mission durchaus ein Thema der johanneischen Schriften, auch der Abschiedsreden (17,18). Aber der erlittene missionarische Fehlschlag, der in 15,18ff reflektiert wird (s.d.), rückt die Idee der Mission für die Gemeinde in ein eigenes Licht. Sie hat das Nein der Welt in einer Weise erfahren, die Mission im herkömmlichen Sinn nicht zuläßt (vgl. S. 316ff).

Was mit Fruchtbringen gemeint ist, muß also von v. 9f.12ff her entschieden werden. v. 12–17 legt das »bleibt in meiner Liebe« von v. 9 auf das Bleiben in der von Jesus gestifteten Freundschaft zu ihm und untereinander aus. Also besteht die geforderte Frucht im Bewahren und Bewähren der Liebe (s. zu v. 8), der konkreten Verantwortung füreinander. Daß solche Liebe in sehr schwierigen Verhältnissen gelebt werden mußte, geht aus 15,18–16,4a hervor. Die scheinbar über der Realität schwebende Rede von der Liebe im Johannesevangelium hat ihren Ort in ziemlich krassen Alltäglichkeiten.

---

[105] Damit entfällt Beckers Befürchtung, daß in 15,1–17 sich ein handfester Synergismus zu Wort melde: »Erwählung und Wandel gemeinsam besorgen den Heilsstand, wobei die Erwählung zuvorkommende göttliche Tat ist« (Becker 579; erheblich abgemildert gegenüber der 1. Aufl. von 1981 S. 483: »Erwählung und Wandel konstituieren gemeinsam das Heil«). Jene Befürchtung ist freilich auch abgesehen von v. 16 fehl am Platz, vgl. Winter, Vermächtnis 276f.

[106] Brown 665.683; Thüsing, Erhöhung 111–114. τιθέναι »drückt die Bestellung zum kirchlichen Amt im eigentlichen Sinne aus« und ὑπάγειν »kann das Hingehen zur Erfüllung des apostolischen Auftrags bedeuten« (Thüsing 112). Aber ὑπάγειν (S. 186) ist im Johannesevangelium mit ganz anderer Bedeutung versehen; es bezeichnet häufig das Gehen Jesu in den Tod Jesu (14,4 u.o.); in 4,16 u.o. wird es unspezifisch gebraucht (vgl. H. Probst, EWNT III 942).

Ist bei »Frucht« an die einander geschuldete Liebe gedacht, dann erklärt sich die etwas künstliche Rede von der *bleibenden* Frucht; denn Frucht, gerade die Frucht des Weinstocks ist nicht zum Bleiben, sondern zum Verbrauchtwerden bestimmt. Von der Frucht aber, die in der wechselseitigen Liebe besteht, wird mit Recht »Bleiben«, Beständigkeit gefordert.

v. 16c fügt zu der mit dem Freundsein gewährten Möglichkeit das Bitten, das wie der Erhörung so auch der Erfüllung unbedingt gewiß ist. Dabei steht außer Zweifel, daß damit wie in v. 7 nicht einem willkürlichen Bitten das Tor geöffnet wird. Wie es sich in v. 7 auf das Fruchtbringen richtet (S. 116f), so in v. 16 auf das Bleiben in der Freundschaft Jesu. Solches Bitten ist selbst Akt von Freundschaft und empfängt von daher die Zusage der Erhörung.

v. 17 wiederholt sachlich und z. T. wörtlich v. 12. In ἐντέλλομαι (ich gebiete) kehrt ἐντολή (Gebot) wieder. Diese inclusio macht v. 12–17 als einen in sich geschlossenen Gedankengang erkennbar, und man kann fragen, ob es sich dabei um eine ursprünglich eigenständige Überlegung handelt, die im Verlauf eines Prozesses zum Element der größeren Einheit v. 1–17 geworden ist.

c) Die Begründung der Freundschaft

Der Abschnitt hat seine Einzigartigkeit in der Freundestitulatur für die Jünger, die ihr Recht aus dem zwischen Jesus und den Jüngern bestehenden Freundschaftsverhältnis holt. Breite Wirkung ist von solcher Rede auf die christliche Frömmigkeit ausgegangen. Man braucht nur an bestimmte Gesangbuchlieder zu denken (Evang. Gesangbuch 41,2: Gott und der Sünder, die sollen zu Freunden nun werden; 351,1: Hab ich das Haupt zum Freunde; 400,2: Ich will dich lieben, o mein Leben, als meinen allerbesten Freund). Christliche Mystik hat sich in das Geheimnis der Freundschaft zwischen Christus und der Seele versenkt (vgl. aus Bachs Kantate 140 das Duett »Mein Freund ist mein und ich bin dein«). Freilich enthüllt sich, mißt man einige dieser Äußerungen an Joh 15, 12–17, in ihnen nicht selten ein theologisches und stilistisches Ungenügen. Ihm kann und muß man vom biblischen Text her entgegentreten.

Jene Freundschaft gründet, sagt v. 16a, im erwählenden Wollen Jesu. Sie beruht also nicht auf religiöser Begeisterung der Jünger, nicht auf ihrer Hingabefähigkeit oder ihrem sittlichen Entschluß. Sie beruht auch nicht, was die Freundschaft der Jünger untereinander angeht, auf gegenseitiger Sympathie, gleicher Interessenlage oder wechselseitigem Ergänzungsbedürfnis – Motive, die im zwischenmenschlichen Freundschaftsverhältnis ihren Platz haben. Die im Text bedachte Freundschaft entwächst ausschließlich der souveränen Erwählung Jesu, und diese hat ihren Grund nicht in der Qualität der Erwählten, sondern im Willen des Erwählenden.

Wir haben damit eine der prädestinatianischen Aussagen des Johannesevangeliums vor uns (S. 304–308). Parallelen dazu gibt es nicht wenige; unter ihnen ragen die Sätze 6,44; 9,39; 12,39 heraus; dazu treten die Rede von den

Jesus »gegebenen« Menschen in 17,2.6.9.24 und die von Erwählung sprechenden Stellen (6,70; 13,18; 15,16.19). In 15,16a stellt sich die Tendenz johanneischer Prädestinationsaussagen dar. Sie zielen nicht auf eine religiöse Lehre über eine göttliche Vorausbestimmung des Menschen zum Guten oder Bösen, wobei der Mensch vor seinem Wollen und Denken der Schrecklichkeit eines übermächtigen göttlichen Fatums überantwortet wäre. Vielmehr steht johanneische Prädestination im Dienst einer bestimmten theologischen Klärung:

Das Freundsein der Jünger Jesus gegenüber hat seinen Ursprung außerhalb der Jünger. Wie könnte und dürfte es seinen Ursprung in ihnen und ihrer immer fragwürdigen Qualität haben! In welche Überforderung wären sie damit hineingestoßen! Indem jenes Freundsein ausschließlich *gewährtes* Freundsein ist, ruht es in der Verläßlichkeit Jesu, und indem die Jünger ihr Freundsein nicht selbst erzeugen, sondern nur empfangen können, steht es außerhalb ihrer immer unsicheren Kapazität. Hierin hat der prädestinatianische Satz v. 16a sein Ziel. Hat hierin nicht christliche Prädestinationslehre überhaupt ihr Ziel?

Eine doppelte Absicherung ist an dieser Stelle nötig. Das Freundesverhältnis des Jüngers zu Jesus könnte, da es einseitig in Jesus gründet, verwechselt werden mit bloßer Unterordnung des Jüngers oder mit kindischer Abhängigkeit, und damit sänke es in eine verkappte Form von Sklaverei und Selbstentfremdung ab. Dem widersetzt sich die von Jesus ausgehende Freundschaft kraft ihrer Identität mit der vom Vater ausgehenden schöpferischen Agape (15,9f. 12f). Wo sie kraft der Vermittlung Jesu empfangen und gelebt wird, ist Sklaverei und Selbstentfremdung ausgeschlossen.

Daneben könnte jenes Freundesverhältnis in eine Art religiösen Quietismus führen, in dem man sich in der Freundschaft selbst genießt[107]. Dem stellt v. 16b die Forderung des Fruchtbringens entgegen. So ausschließlich die von Jesus gestiftete Freundschaft in seiner Setzung gründet, so sehr beansprucht sie die wissende Verantwortung des in die Freundschaft Gerufenen. Es gibt Freundschaft mit Jesus (es sei erlaubt, sich solcher Ausdrucksweise zu bedienen) nicht außerhalb der zwischenmenschlichen Freundschaft. Die von Jesus empfangene Liebe weist, so sagt v. 9f, alsbald in die mitmenschliche Verantwortung ein und betätigt sich in ihr.

d) Der Titel »Freunde Jesu«

Der Freundestitel in 15,14f, der für die johanneische Gemeinde hohes Gewicht hat, begegnet im sonstigen Neuen Testament fast nie; dagegen lebt er in anti-

---

[107] Auf Goethe'scher Ebene ausgedrückt: »Selig, wer sich vor der Welt/ohne Haß verschließt,/einen Freund am Busen hält/und mit dem genießt ...« (aus: Füllest wieder Busch und Tal).

ken Gruppen. Welche johanneischen Gegebenheiten lassen sich aus der Verwendung dieser Bezeichnung erschließen?

Wir sehen ab von Lk 11,5–8; 14,12, aber auch von Joh 3,29; 19,12, Stellen, die mit Joh 15,14f nicht vergleichbar sind[108]. In auffälliger Nähe zu 15,14f steht dagegen Lk 12,4, zumal φίλος in der Parallele Mt 10,28 fehlt; beide Male ist es Jesus, der die Jünger »Freunde« nennt, und der Kontext beider Stellen weiß von der Verfolgung der Jünger. Auch von Lazarus spricht Jesus als von seinem Freund (11,11). Besonders erhellend ist 3Joh 15, weil φίλοι hier »als Selbstbezeichnung der johanneischen Glaubenden«[109] begegnet. Gilt das Entsprechende für Apg 27,3? Sicher ist dort von Mitchristen die Rede; nicht sicher ist, ob »Freunde« als christliche Selbstbezeichnung gebraucht wird. Das aber ist in 3Joh 15 der Fall und sehr wahrscheinlich auch in Joh 15,14f. Wie gerät diese Bezeichnung in die johanneische Gemeinde? Hat man sich von jüdischer Tradition dazu anregen lassen, in der Abraham (Jak 2,23), Mose (AntBibl 23,9; 24,3; 25,3.5), die Propheten, bestimmte Gruppen Freunde Gottes genannt werden können[110]? Oder hat man an Einfluß des Hellenismus zu denken, wo die Freundestitulatur in gewissen Gruppen, in Philosophenschulen etwa üblich war? Dann käme in v. 14f der johanneische Schülerkreis zum Vorschein, dessen Existenz in c. 21 vorausgesetzt ist und dem man die Herausgabe des Johannesevangeliums verdankt[111].

Wahrscheinlich also wurde der Gebrauch des Freundestitels im johanneischen Bereich durch antike Vorbilder angeregt. Aber man darf das Eigengewicht des johanneischen Wortgebrauchs nicht übersehen. Der Titel gilt nicht nur den Angehörigen der johanneischen Schule, sondern den zur Gemeinde Gehörenden. Typisch johanneisch ist auch der zweidimensionale Charakter des Titels: Er beschreibt ebenso das Verhältnis der Glaubenden zu Jesus wie ihr Verhältnis untereinander. Die Angesprochenen sind zuerst Freunde Jesu. Diese Freundschaft ist *empfangene* und nicht selbstgestiftete Freundschaft (v. 16), wie denn die gemeindliche Selbsttitulatur »Freunde« als Zuspruch Jesu an die Gemeinde interpretiert wird (v. 14). Als Freunde Jesu sind die Jünger dann auch untereinander Freunde, zum wechselseitigen Freundesdienst verpflichtet (vgl. 13,12–17). Sie sind Freunde Jesu, indem sie Frucht bringen und also ihr Freundsein untereinander bewähren.

---

[108] Wir berücksichtigen nicht den politisch verstandenen φίλος (PAULY 2 Sp.1197). Zum Gesamtproblem vgl. die Sammlung der Belege für die Freundestitulatur bei BULTMANN 419 Anm. 3; ferner G. STÄHLIN, ThWNT IX 149–156.162–165; K. BERGER, Exegese des Neuen Testaments (UTB 658), Heidelberg 1977, S. 226–234.

[109] KLAUCK, 2 und 3 Joh 126.

[110] STÄHLIN 155f; BILL II 564f; III 755.

[111] Zur johanneischen Schule vgl. etwa HENGEL, Frage 219–224; BERGER 231 meint, sie mit gewisser Genauigkeit beschreiben zu können. Jesus sei als Stifter der Schule verstanden worden; 1,41ff zeige, wie man neue Mitglieder gewonnen habe; 6,45 könne als Beleg für den zentralen Inhalt des Schulbetriebs gelten (so auch HENGEL, Schriftauslegung 272f); vielleicht habe sich im gemeinsamen Mahl die Schülerschaft manifestiert; das Verhältnis Lehrer-Schüler sei dem entsprechenden Verhältnis in antiken Philosophenschulen ähnlich gewesen. – Dagegen ist ein Bezug zu mandäischen Freundschaftsvorstellungen unwahrscheinlich (SCHNACKENBURG III 127f).

Die johanneische Freundesrede greift in weitere Bereiche aus. Mit dem Titel »Freunde Jesu« erhebt die Gemeinde den Anspruch auf eine besondere Nähe zu Jesus, in Parallele zu der Nähe, deren der geliebte Jünger laut 13,23–25 teilhaftig ist. Damit gibt sie ihrem Selbstbewußtsein Ausdruck: Wir sind diejenigen, denen Jesus alles kundgetan hat und kundtut; wir sind die ihm wahrhaft Eigenen (13,1), im Gegensatz zu den sich selbst verkennenden Eigenen von 1,11. Wir sind seine ἴδια πρόβατα (10,3.14; s. auch 17,10), die Reben an dem Weinstock, der er selbst ist. Daneben tritt der Titel »Freund« als Beschreibung der Beziehung nach innen, wofür 3Joh 15 erhellend ist, aber ebenso 15,12f.17. Dabei zeigt sich die kräftige antihierarchische Tendenz des Titels: Unter Freunden herrscht nicht Über- oder Unterordnung, sondern die Gleichheit der Freunde[112]. Es ist darum kein Zufall, daß im Johannesevangelium der Gruppe der Apostel keine Rolle zugewiesen wird (13,16 zeigt allenfalls, daß man Name und Sache kennt); gemeindeleitende Funktionen treten nicht hervor; dem paulinischen Bild vom Leib Christi mit der Verschiedenheit seiner Funktionen, wozu auch Leitungsaufgaben gehören (1Kor 12,28; Röm 12,7f), steht im Johannesevangelium das Bild vom Weinstock mit der Gleichheit der Reben gegenüber. Nun hat es sicher auch in der johanneischen Gemeinde leitende Funktionen gegeben[113], und sicher eignete vor allem dem geliebten Jünger hohe Autorität; dasselbe gilt für den Evangelisten, und seine Schüler müssen Führungsausgaben innerhalb der Gemeinde wahrgenommen haben; denn ohne bestimmte Ordnungen und Regeln kommt keine menschliche Gemeinschaft aus. Aber offenbar wehrt man sich gegen die Institutionalisierung übergeordneter Funktionen, und es ist aller Beachtung wert, daß solche Abwehr gerade vom Autor von 15,1–17, sicher einer führenden Gestalt in der Gemeinde, ausgeht. Wo alle Freunde und Brüder sind, kann auch der Träger besonderer Verantwortung nichts anderes sein wollen. In solchem Kontext mußte der gegen Diotrephes (3Joh 9) erhobene Vorwurf des φιλοπρωτεύειν (der Erste sein wollen) erdrückendes Gewicht haben[114]. Die Erinnerung an 15,8 legt sich nahe: Wie es im Bleiben an Jesus keine Über- und Unterordnung des einen unter den anderen gibt, so ist der Freund Jesu dem anderen nicht unter- oder übergeordnet, sondern geschwisterlich verbunden.

Ähnliche antihierarchische Tendenzen lassen sich in Mt 23,8–12 beobachten. Sie sind historisch gesehen weitgehend vergeblich gebliebene Abwehrreaktionen gegenüber der Entwicklung zu hierarchischen Strukturen, die vom 2. Jh. an herrschend wurden. Indem sie im Neuen Testament aufbewahrt werden, konnten und können sie zum Stachel im Fleisch der hierarchisch gewordenen Kirche werden.

---

[112] KÄSEMANN, Wille 68–73; wichtig der Aufsatz von H.J. KLAUCK, Gemeinde ohne Amt? in: BZ 29 (1985) 193–220:

[113] KLAUCK 204–208; ONUKI, Gemeinde 80f nennt die johanneische Gemeinde eine »charismatische Bruderschaft«.

[114] BROWN, Ringen 69; zu Diotrephes vgl. KLAUCK, 2 und 3Joh 106–110.

Mit dem Gebrauch des Titels »Freund« schafft sich die johanneische Gemeinde ein starkes Band des inneren Zusammenhalts. Nun verbindet sich mit innerem Zusammenrücken – über seine Ursache berichtet 15,18–16,4a – so gut wie immer eine Abgrenzung nach außen. Das dürfte auch für Joh 15,13–15 gelten. Man wehrte sich hier nicht gegen die feindliche Außenwelt – dabei wendete man andere Mittel an –, sondern man distanzierte sich von bestimmten Gruppen innerhalb der damaligen Kirche, denen man den Titel »Freunde Jesu« nicht zugestand[115]. Dazu gehörten Judenchristen, die ihr Bekenntnis zu Jesus mit dem Bleiben in der Synagoge vereinbaren zu können meinten (12,42f; so hatte es der Herrenbruder Jakobus gehalten, und nach seinem Tod [62 n. Chr.] haben andere es ihm gleichgetan)[116]. Die johanneische Gemeinde dagegen bejahte den von der Synagoge gewollten Bruch. Vielleicht sprechen auch Stellen wie 6,60–66; 8,31–36 von judenchristlichen Gruppen, von denen sich die johanneische Gemeinde distanzierte[117]. Ziemlich sicher sieht sie sich auch in gewissem Kontrast zu den »Christen der Apostelkirchen«[118], zu Gemeinden also, die sich auf Petrus und den Zwölferkreis beriefen und die von dort stammenden Traditionen lebendig erhielten (S. 95f)). Am deutlichsten erscheint die Konkurrenz zu Petrus und der petrinischen Tradition in dem Nebeneinander von Petrus und dem geliebten Jünger (vgl. 13,23–25; 19,26f; 20,3–10; 21,7.20–23). Nicht daß man Petrus und dem Zwölferkreis, damit den sich auf sie berufenden Gemeinden die Anerkennung verweigert hätte, und einem sektiererisch zu nennenden Selbstverständnis ist die johanneische Gemeinde sicher nicht verfallen[119]. Aber mit der Selbsttitulatur »Freunde Jesu« erklärt man: Wie der von Jesus besonders geliebte Jünger dem Meister näher stand als Petrus, so stehen wir als »Freunde Jesu« ihm näher als die anderen.

Der Jüngertitel »Freund« hat also seinen historischen Ort, damit auch seine historische Begrenztheit. Gleichzeitig ist er geeignet, bleibend Gültiges zu vermitteln, und das gelingt durch die Konfrontation des Freundes mit dem Sklaven. Während der Sklave nicht Person, sondern bloßes Objekt ist, steht man im Freund einem ansprechbaren und verantwortlichen Subjekt gegenüber, das einbezogen ist in ein Verhältnis wachen und nichts auslassenden Vertrauens. In v. 14f hat man mit einem der neutestamentlichen Sätze zu tun, in denen das Personsein der Glaubenden mit aller Eindrücklichkeit proklamiert wird. – Dem widerspricht nicht die Ungleichgewichtigkeit der Freundschaft: Daß Jesus es ist, der in die Freundschaft beruft, und daß das damit gesetzte Verhältnis unumkehrbar ist. Die in v. 14f bedachte Freundschaft kann kein anderes als das damit beschriebene Gefälle haben. Denn in ihr wird nicht die Liebe eines zufälli-

---

[115] Vgl. dazu Brown, Ringen 59–70.133.
[116] Dazu Dietzfelbinger, Bruder 377–403, vor allem 389–403.
[117] Brown, Ringen 60–65.
[118] Brown, Ringen 65.
[119] Gegen Käsemann, Wille 72f.86f; mit Brown, Ringen 70–72.

gen Individuums, sondern die schöpferische Liebe Gottes aktuell (s. zu v. 9–
11). Diese Freundschaft kostet den, der sie vermittelt, das Leben (v. 13), und in
diesem Geschehen werden die Angesprochenen zu wissenden Empfängern der
göttlichen Liebe[120]. In der Freundesexistenz stehend lernen die Jünger auch,
wie das dieser Existenz gemäße Tun beschaffen ist, und indem sie untereinander als Freunde leben, bleiben sie Freunde Jesu. Selbst wo ihr Wissen an seine
Grenze gerät, bleibt vertrauende Freundschaft zu dem, der sie stiftet, und sie
äußert sich im schlechthin vertrauenden Bitten (v. 16c). Im Gegenüber zu dem,
der durch seine Freundschaft Existenz gewährt und das Leben in der Liebe des
Vaters erschließt, erwacht das Vertrauen, das alle Grenzen überschreitet und
auch im Erfahren des Nichts gelebt werden kann.

5. Geschwisterliebe und Feindesliebe

Im Johannesevangelium, das so beredt zur Liebe innerhalb der Gemeinde aufruft (13,12–17; 13,34f; 15,9f; 15,12–17), ist kein Wort über das Gebot der
*Nächsten*liebe zu finden, die die Grenzen der Gemeinde überschreitet, und von
dem für die Jesusverkündigung charakteristischen Gebot der *Feindes*liebe
steht weder im Evangelium noch in den Johannesbriefen ein Wort. Welche geschichtliche Wirklichkeit hat diesen literarischen Tatbestand erzeugt?

Man hat ihn längst gesehen und sich mit ihm auseinandergesetzt. Schlatter erklärt die
Abwesenheit von Feindesliebe mit der Überlegung, daß das Evangelium darum ausschließlich von der Freundesliebe spreche, weil »nicht der Tod für die Feinde, sondern
der für die Freunde … die höchste Liebe (ist); denn die Feindesliebe hält zwar die
Gemeinschaft auch mit dem fest, der sich ihr entzieht, kann sie aber nicht vollenden,
weil er sich ihr widersetzt«[121]. Weil also Freundesliebe, so wird man zu ergänzen
haben, die Gemeinschaft vollendet, darum steht sie über der Feindesliebe und darum
steht sie hier allein im Zentrum. Aber diese Erklärung scheitert daran, daß im Johannesevangelium über die Differenz von Freundes- und Feindesliebe nirgends reflektiert
wird, und so geht Schlatters Überlegung an der oben gestellten Frage vorbei. – Eine
andere Antwort versucht Augenstein: Der Begriff des Bruders grenze andere nicht aus,
und das johanneische Liebesgebot, das den Verzicht auf Haß und Vergeltung verlange
und damit ein Element der Feindesliebe von Lk 6,27 in sich trage, schließe die
Feindesliebe nicht aus, sondern ein[122]. Solche Interpretation übersieht die geschichtliche Bedingtheit, aus der das Gebot der Geschwisterliebe hervorgewachsen ist.

(1) Die Verkündigung Jesu hat in der Aktualisierung des Liebesgebots eines
ihrer Zentren. Jesu Offenheit für die Menschen kennt grundsätzlich keine
Grenzen, da sie sich an dem Gott ausrichtet, der seinerseits keine Grenzen

---

[120] Von solcher Freundschaft gilt: Sie »ist kostspielig für den, der sie gewährt, und darum
not-wendend für den, dem sie gewährt wird« (H. GOLLWITZER, Krummes Holz – aufrechter
Gang, 5. Aufl., München 1972, S. 352; s. auch S. 349–351).

[121] SCHLATTER 308. Zum Liebesgebot in den johanneischen Schriften vgl. auch W.
SCHRAGE, Ethik des Neuen Testaments (GNT 4), 2. Aufl., Göttingen 1989, S. 301–324.

[122] AUGENSTEIN, Liebesgebot 181.

mehr anerkennt, nicht einmal mehr die Grenzen zwischen Bösen und Guten (Mt 5,45b). Um die Unbegrenztheit des Liebesgebots zu demonstrieren, gebietet Jesus, auch den Feind zu lieben (Mt 5,44), und so ist man »Sohn Gottes«, entspricht man im eigenen Verhalten dem Verhalten Gottes (Mt 5,45a)[123]. Mit dem Stichwort Feindesliebe benennt Jesus also eine Liebe, die als Liebe selbst dort durchhält, wo sie ohne Antwort bleibt, die sich auch dem nicht Liebenswerten gegenüber als Liebe bewährt (vgl. Lk 10,30–37). In unserer Erfahrung lebt Liebe davon, daß sie Antwort findet oder erweckt, und wo Antwort ausbleibt, stirbt Liebe gewöhnlich ab. Gottesherrschaft aber, sagt Jesus, ermöglicht und verlangt eine Liebe, die auch Antwortlosigkeit, sogar das Nein des Partners übersteht und erträgt. Feind ist dabei der Typos des Menschen, der auf empfangene Liebe nicht mit Verstehen und Liebe antwortet, und die Unfähigkeit oder Unwilligkeit, Liebe zu erwidern, begegnet in vielfältiger Gestalt. Als den schöpferischen Ursprung einer Liebe, die auch der Antwortlosigkeit gegenüber Liebe bleibt, verkündet Jesus Gott, der sich jetzt, also in der Sendung Jesu, darin als Gott bewährt, daß er sich den Bösen und Ungerechten ebenso zuwendet wie den Guten und Gerechten. Das Verhalten der Jesusjünger aber hat sich am Verhalten Gottes auszurichten, das im Verhalten Jesu Gestalt annimmt.

(2) In der frühchristlichen Tradition hat Jesu Gebot der Feindesliebe sich vielfältig ausgewirkt[124] und den Gemeinden dazu geholfen, gerade im Praktizieren dieses Gebots sich in feindlicher Umgebung zu behaupten. Häufiger aber begegnet das Liebesgebot als Regel für das immer bedrohte innergemeindliche Zusammenleben (1Thess 4,12; 5,14; Röm 12,14.18–21; Kol 4,5). Hier hat also die Jesustradition sich von ihrer ursprünglich nach außen gerichteten Aktualität nach innen gewendet und sich in Regeln verdichtet, die von der Notwendigkeit des Gemeindealltags gefordert wurden. Vor das Gebot der Feindesliebe schob sich das christologisch und ekklesiologisch begründete Gebot der innergemeindlich praktizierten Liebe (Gal 6,2.10; Röm 15,3.7; Kol 3,14f; Eph 5,2). Auch das doppelte Liebesgebot von Mk 12,28–34, das sich von Dtn 6,4f und Lev 19,17f herleitet und in dem das Ethos des hellenistischen Judentums vom Sog der Christusverkündigung erfaßt und in eine grundsätzliche Anweisung gegossen wurde, gehört, was seine Formulierung angeht, in die nachösterliche Gemeinde[125]. Das Gebot der Nächstenliebe zielt dabei zuerst auf das Verhältnis zu dem, der als Nächster begegnet; das ist im historischen Kontext der Mitchrist, der mir als Glaubender nahe stehende Mensch. Aber die nach außen gerichtete Intention des von Jesus ausgehenden Liebesgebots

---

[123] G. BORNKAMM, Jesus von Nazareth, 12. Aufl., Stuttgart 1980, S. 97–104.

[124] G. THEISSEN, Gewaltverzicht und Feindesliebe (Mt 5,38–48/Lk 6,27–38) und deren sozialgeschichtlicher Hintergrund, in: ders., Studien zur Soziologie des Urchristentums (WUNT 19), 2. Aufl., Tübingen 1983, S. 160–197.

[125] J. GNILKA, Markus II 167.

konnte nicht gänzlich verschwinden, zumal die Grenze der Gemeinde schon von der alttestamentlichen Wurzel her offen ist (vgl. Lev 19,33 f). Lukas hat diese Grenze bewußt offengehalten, indem er jenes Doppelgebot durch die Geschichte vom barmherzigen Samaritaner interpretierte (Lk 10,25–37). Auch Mt 25,31–46 hat seinen ursprünglichen Ort wohl im frühen Judenchristentum[126]. Das hohe Pathos dieses Textes ruht auch auf der Einsicht, daß das auf Jesus zurückgeführte Liebesgebot keine Grenzen anerkennt.

(3) Die johanneische Umformung setzt also mit ihrer ausschließlichen Konzentration des Liebesgebots auf das innergemeindliche Verhältnis eine allgemeine urchristliche Tendenz fort, und sie führt diese Konzentration betont auf die Anweisung Christi zurück (13,12–17.34 f; 15,12–17). Auch die Überlegungen des ersten Johannesbriefes kreisen um das Problem der Geschwisterliebe (2,7 f.10; 3,11.13–18.23; 4,7–5,4) und vernachlässigen das, was die früheste Jesustradition Feindesliebe nennt. Man kann den Grund dafür erkennen. Die Gemeinde hatte sich aufgespalten, und der Autor beschwört den Teil der Gemeinde, der sich um ihn schart, in der Kraft der Bruderliebe beieinander zu bleiben. Nur in festem Zusammenhalt konnte man sich behaupten. Gilt für das Liebesgebot im Johannesevangelium eine ähnliche Voraussetzung? Bei der Besprechung von 15,18–16,4a wird die Bedrängtheit der johanneischen Gemeinde sichtbar werden, und dabei handelte es sich um eine von außen kommende Bedrängtheit. Nun ist Gefährdung von außen nicht automatisch Anlaß für die Stärkung des inneren Zusammenhalts[127]. Von außen kommende Aggressionen können solchen Zusammenhalt auch in Frage stellen und aufsprengen. Umso intensiver muß nach Wegen gesucht werden, die angesichts der Gefahr von außen den inneren Zusammenhalt ermöglichen und sichern. Von daher wird die beherrschende Rolle des innergemeindlichen Liebesgebot verstehbar. Die johanneische Gemeinde wird in der Gefährdung ihrer Einheit auf den Weg gewiesen, auf dem allein sie der Gefährdung standhalten kann, das ist der Weg unbedingten inneren Zusammenhaltes, einer wachen und liebenden Verantwortung füreinander[128]. Ohne solchen Zusammenhalt müßte die Gemeinde zerfallen. Liebe nach außen, Offenheit und Verantwortung für die Welt treten in solchem geschichtlichen Kontext fast zwangsläufig zurück. Daß sie verneint werden, ist damit nicht gesagt.

Solche Einsicht läßt mißtrauisch werden gegen eine Herabsetzung der Geschwisterliebe in den johanneischen Schriften, wie sie häufig üblich geworden ist[129]. In vielfachen Überlegungen sucht Becker nachzuweisen, wie zwar nicht der Evangelist selbst, aber die aus seiner Schule hervorgegangene und nach ihm sein Werk bearbeitende

---

[126] E. Schweizer, Das Evangelium nach Matthäus (NTD 2), 13. Aufl., Göttingen 1973, S. 311.

[127] Etwas zu einfach formuliert Blank 30: »Der innere Zusammenhalt der Gruppe wurde durch die Aggressionen von außen gestärkt«.

[128] Wengst, Gemeinde 227–229.

[129] Vgl. die bei Wengst 227 Anm. 128 genannten Autoren.

»kirchliche Redaktion« das urchristliche Liebesgebot »betont eingrenzend« interpretiert habe. Nicht mehr die Welt, sondern die Gemeinde ist Ziel göttlicher Liebe; folglich kann die Gemeinde auch nur zur innergemeindlichen Liebe aufgefordert werden. Außerdem sieht Becker die Liebesforderung, wie die sog. kirchliche Redaktion sie geformt hat, »nicht mehr nur als Folge der Erwählung, vielmehr als Teil der Erlösung selbst … Göttliche und menschliche Tat schaffen gemeinsam die als Ziel gesetzte Vollkommenheit«[130]. – Aber mit solchen Hypothesen wird das johanneische Anliegen schwerlich erfaßt. Nahe an der Wirklichkeit ist dagegen Klauck, wenn er die johanneische Konzentration auf die Geschwisterliebe von dem politischen und sozialen Druck her erklärt, dem die Gemeinde ausgesetzt war. Darf sie dann gegen die von Jesus verkündigte Feindesliebe und die in der frühen Christenheit vertretene, der Welt gegenüber weithin offene Nächstenliebe ausgespielt werden?[131]

(4) Eine gewisse Verengung wird man gleichwohl feststellen müssen. Wären nicht gerade die Pressionen, denen die Gemeinde ausgesetzt war (15,18–16,4a), der Ort gewesen, an dem sie sich des Gebotes der Feindesliebe – es ist nicht vorstellbar, daß es ihr unbekannt war – hätte erinnern sollen, um in seiner Aktualisierung die Auseinandersetzung mit der Außenwelt auf das der Jesusgemeinde adäquate Niveau zu heben? Das geschieht im Johannesevangelium nicht. Man hat sich von der Krise, in die man durch die Feindschaft der Außenwelt geraten war, in eine Verengung drängen lassen, was zwar historisch und psychologisch verständlich, von der neutestamentlichen Botschaft her aber nicht nur illegitim, sondern unnötig ist, und in den Äußerungen von 8,37–47 zeigt diese Verengung ihre unguten Folgen. Allerdings ist im Johannesevangelium auch dafür gesorgt, daß solche Verengung nicht schlechthin beherrschend werden konnte. Der Satz von 3,16, die Rede von Jesus als dem σωτὴρ τοῦ κόσμου (4,42) und dem Licht der Welt (8,12), auch das in 15,9f enthaltene Wissen, daß die in Jesus geschichtlich werdende Liebe Gottes der Schöpfung insgesamt gilt – all das mußte die johanneische Gemeinde davon abhalten, in eine »partikularistische Konventikeletik«[132] abzuleiten. Sie hat den Impuls des Gebotes der Feindesliebe, der der Jesusbotschaft innewohnt, zwar in der aktuellen Paränese vernachlässigt. Sie hat aber weder beabsichtigt noch vermocht, ihn aus der Jesusbotschaft herausnehmen.

6. Zum Charakter von 15,1–17

Man ist in diesem Text einer eindrücklichen Besinnung über das Wesen der Gemeinde, über ihren Grund und die Weise ihres Existierens auf der Spur, und wir haben mit einer der gewichtigsten ekklesiologischen Äußerungen des Neuen Testaments zu tun. Wo entsteht eine solche Besinnung? Wo erspürt man die

---

[130] Becker 542 (s. Anm. 105); vgl. den gesamten, eindrücklichen Exkurs bei Becker 537–544.

[131] Klauck, 1Joh 279f.

[132] Schrage 322.

Notwendigkeit, in der hier vorliegenden Art nach dem Wesen der Gemeinde zu fragen? Wer nimmt die erspürte Aufgabe wahr und führt sie aus? Der Text enthält nicht den mindesten Hinweis auf die Bedingungen, unter denen er entstanden ist (vgl. dagegen die einigermaßen bekannten Umstände, durch die Paulus zu seinen ekklesiologischen Äußerungen von 1Kor 12–14 veranlaßt wurde). Wir suchen nach der Antwort, die die meiste Wahrscheinlichkeit in sich trägt, und wir vermuten, daß man in 15,1–17 mit einer in der johanneischen Schule entstandenen Meditation zu tun hat. Mit ihr sollte die Gemeinde instandgesetzt werden, sich ihres Existenzgrundes und ihrer inneren Stabilität zu versichern. Seinen Ort hat ein solcher Vorgang im Gottesdienst, in dem sich die gesamte Gemeinde versammelt.

Daß es sich dabei um den eucharistischen Gottesdienst gehandelt habe[133], ja daß die Rede vom Weinstock von Haus aus eine eucharistische Rede sei[134], wird durch keine Nuance des Textes nahegelegt. Er handelt vom Weinstock, nicht von dem aus den Trauben zu gewinnenden Wein, und daß die Weinstockmeditation auf die Mahlszene von 13,1–30 folgt, spricht nicht für, sondern gegen eine sakramentale Deutung: Im Johannesevangelium wird das letzte Mahl Jesu absichtlich nicht als eucharistisches Mahl geschildert. Andererseits hat man zu respektieren, daß der Abschnitt 15,1–8, ohne selbst von der Eucharistie sprechen zu wollen, für eine spätere eucharistische Auslegung offen war. Von Christus als dem wahren Weinstock ist der Schritt nicht weit zu dem von Christus gespendeten Wein des Herrenmahls. Aber in 15,1–8 wird dieser Schritt nicht getan.

Die Meditation von 15,1–17 geht vom Weinstockbild aus; in ihm wird das Verhältnis der Glaubenden zu Jesus als ein organischer Lebenszusammenhang gesehen[135]. Daß der Jünger Jünger ist und bleibt, wird als ein tief natürlicher Vorgang interpretiert. Daß ein Mensch von Christus her Leben empfängt und aus solchem Leben heraus Frucht bringt, ist nichts dem Menschen Fremdes und ihm von außen Zugemutetes; es entspricht seinem Wesen, das von seinem Ursprung her auf solchen Lebensempfang und die ihm gemäße Antwort ausgerichtet und angewiesen ist. Denn das in v. 1–17 sprechende Ich ist nicht eine Chiffre für das eigene Ich, das sich einer erträumten Ausweitung und Überhöhung entgegenstreckt; vielmehr hat man in ihm mit dem einen Ich zu tun, das eins ist mit dem Vater (10,30), in dem also die die Welt tragende Macht Gottes sich verkörpert (hier fließen die Vorstellung vom Lebensbaum und vom Weinstock ineinander). Das Ich Christi aber ist sich mitteilendes Ich; in ihm ereignet sich die Selbstmitteilung Gottes, kraft deren der sich selbst entfremdete

---

[133] So vermutungsweise Sᴄʜɴᴀᴄᴋᴇɴʙᴜʀɢ IV 160.

[134] So mit Entschiedenheit O. Cᴜʟʟᴍᴀɴɴ, Urchristentum und Gottesdienst (AThANT 3), 4. Aufl., Zürich 1962, S. 106; auch Jᴀᴜʙᴇʀᴛ, L'image 99: »indubitablement« ; ebenso X. Lᴇᴏɴ-Dᴜғᴏᴜʀ, Abendmahl und Abschiedsrede im Neuen Testament, Stuttgart 1983, S. 345 f; vorsichtig Bʀᴏᴡɴ 672–674; Bᴀᴜᴇʀ 189; dagegen votiert E. Lᴏʜsᴇ, Die Einheit des Neuen Testaments, Göttingen 1973, S. 196.

[135] Sᴄʜɴᴀᴄᴋᴇɴʙᴜʀɢ III 239 f.

Mensch zu sich selbst kommt. Er wird seinerseits zum lebendigen Ich, zu einem Menschen, der Frucht bringt, weil er im Bleiben an Christus ein das Leben, die Liebe Gottes empfangender und darauf mit seiner Liebe antwortender Mensch wird und ist (v. 9f). Dann vollzieht sich im Lieben nichts Außerordentliches, nichts, womit der Mensch über sich hinausgriffe und schon gar nichts, was sich auch nur von fern mit dem Begriff »Verdienst« fassen läßt. Der Liebende lebt nur als einer, der das dem Menschen Gemäße tut, weil er durch das Christusgeschehen seiner selbst als eines kraft der Liebe Gottes lebenden Menschen ansichtig geworden ist und darauf die einzig natürliche Antwort gibt. So tritt er in die Freundschaft Jesu ein, in der wissendes Vertrauen die Existenz bestimmt.

Ist nichts natürlicher, dem Menschen entsprechender als das Jüngersein des Jüngers, so wird dieses Jüngersein doch nicht wie das Wachstum und Fruchtbringen der Reben in der Entscheidungslosigkeit eines naturhaften Vorgangs gelebt: Der Jünger *soll* am Weinstock bleiben. Mit dieser Aufforderung zum Bleiben richtet die Besinnung den Blick weg vom unbewußten Sein der Rebe hin zum wissenden, auf Entscheidung angelegten Sein des Menschen, der sein Sein gewinnen oder verfehlen kann. Es wird der Mensch als der angesprochen, der rätselhafterweise jenes tief natürliche Bleiben in Christus verneinen, sich dem Leben spendenden Grund seiner Existenz verschließen kann. Hier offenbart der Kontrast zwischen dem naturhaft Gegebenen – die Rebe gehört ohne eigenes Wissen zum Weinstock – und dem zum Sich-Entscheiden berufenen Menschen seinen Sinn. Das Widersinnige der nicht Frucht bringenden (v. 2) oder nicht am Weinstock bleibenden Rebe (v. 6) beschreibt den im Text anvisierten Widersinn: Daß der Mensch nicht in dem Bereich bleibt, dem er seinem Wesen nach zugehört, daß er, zum Fruchtbringen bestimmt und dazu ermächtigt, Frucht verweigert. Dieses Widersinnige büßt nichts von seinem Widersinn ein, wenn es als Alltägliches, fast Normales begegnet. Es gibt also, heißt das, das Natürliche des Jüngerseins nicht anders als in kontinuierlicher Bedrohung. Ihr wird nicht anders widerstanden als damit, daß man erneut und ebenfalls kontinuierlich das Bleiben an Christus lebt, ihn als den Leben vermittelnden Weinstock versteht und damit in der schöpfungsmäßigen »Natürlichkeit« lebt, in der man in der Existenz vertrauender Freundschaft steht und ermächtigt wird, der Existenz in Angst und Selbstentfremdung den Rücken zu kehren.

Die Sprache von 15,1–17 spiegelt den Gang der Gedanken wider. Am Anfang des Abschnitts wird das Verhältnis des Jüngers zu Jesus in dem aus der Natur genommenen Bild vom Weinstock und den Reben eingefangen. Aber schon in v. 4b (von v. 3 sei aus den auf S. 112 angegebenen Gründen abgesehen) wird dieses Bild durchbrochen. Zwar ist der Jünger das, was er ist, nicht kraft seiner selbst, und hierin gleicht er der Rebe. Aber er ist Jünger nicht ohne sein Wissen und Wollen, während die Rebe ohne ihr Einverständnis Teil des Weinstocks ist. Der Mensch kann nur Jünger sein, indem er sein Jüngersein bejahend empfängt und es empfangend bejaht. Schon während der Entfaltung des Bildwortes in v. 1–8 wird also die Ebene des naturhaften Vorgangs, auf der das Bildwort beruht, mehrfach durchbrochen und verlassen. Die vom Bildwort gemeinte Sache verlangt solches Durchbrechen des Bildwortes, das seinerseits sich in v. 1–8 wieder und wieder zur Geltung bringt. Aber in v. 9–11 erinnert nur noch das dreimal erklingende Verbum »bleiben« an das Weinstockbild, und in v. 12–17 wird die der Natur entnommene, dem Bereich der Entscheidungslosigkeit angehörende Vorstellung von den Reben am Weinstock ganz abgelöst von dem Wort »Freunde« und der darin angesagten Wirklichkeit. Die Meditation verläßt damit endgültig den Raum des Naturgegebenen, das am Anfang seine Funktion hatte – Bleiben an dem Weinstock Jesus als das eigentlich Natürliche, das im Grund einzig Gemäße – und tritt auch begrifflich in den Raum des Personalen ein, dem sie vom Anfang an verpflichtet ist: Freunde sind die Menschen, denen Christus Wissen und vertrauendes Verstehen gewährt und die wissend und wollend sind, was sie durch das Gewähren Christi werden.

II. Gemeinde und Welt 15,18–16,4a

1. Einführung

Die Probleme der Übersetzung und der Gliederung sowie die Frage nach verarbeiteten Traditionen werden der Exegese vorangestellt.

a) Wörter und Begriffe

v. 18. Das neutrische πρῶτον wird adverbial gebraucht: früher, zuvor[136].

v. 19. Konstruktionen im Irrealis begegnen hier und in einigen der folgenden Sätze; das im Klassischen übliche ἄν ist in der Koine nicht mehr obligatorisch (v. 22.24); das Imperfekt kann sowohl den Irrealis der Vergangenheit als auch den der Gegenwart ausdrücken[137]. – Die Wendung εἶναι ἐϰ begegnet oft im johanneischen Schrifttum[138]; ἐϰ gibt dabei den wirkenden Ursprung an.

v. 20. διώϰω ist seit der syrischen Religionsverfolgung ein Terminus für religiöse Diskriminierung[139].

v. 21. εἰς wird hier im feindlichen Sinn gebraucht[140].

v. 22. εἴχοσαν statt εἶχον nur hier und in v. 24[141], um die bei εἶχον mögliche Verwechslung mit der 1. Pers. sing. auszuschließen. – ἡ πρόφασις angeblicher oder wirk-

---

[136] Br s.v. 2a.
[137] BDR 360,1.3.
[138] Br s.v. 3a.c.e; SCHNACKENBURG I 385 Anm. 1.
[139] Vgl. O.H. STECK, Israel und das gewaltsame Geschick der Propheten (WMANT 23), Neukirchen 1967, S. 161; zum weitgespannten neutestamentlichen Gebrauch s. O. KNOCH, EWNT I 818.
[140] Br s.v. 4c.
[141] BDR 82.84 Anm. 2.

licher Grund, Vorwand; hier: Grund zur Entschuldigung. – περί mit Gen.: über, wegen, hinsichtlich[142].

v. 24. Das erste καί ... καί heißt einerseits – andererseits: sie haben zwar die Werke gesehen und hassen mich trotzdem[143]; das zweite καί ... καί heißt sowohl ... als auch: sowohl mich als auch meinen Vater haben sie gehaßt.

v. 25. Die Einleitung des Schriftzitats ist Abbreviatur einer ausführlicheren Formel: aber das ist (oder wird) geschehen, damit das Wort erfüllt werde, das ... Eine solche Ellipse (eine durch Ausfall eines Elements verkürzte Rede) findet sich im Zusammenhang mit einem Schriftzitat noch in 13,18; Mk 14,49 (ohne ausgeführtes Zitat); sonst in 1,8; 9,3; 14,31; 1Joh 2,19[144]; vgl. das andere Verfahren in 12,37f. – Das mehrdeutige δωρεάν heißt hier: ohne Grund.

v. 26. ὁ παράκλητος, von Luther mit »Tröster« übersetzt; im Zusammenhang der johanneischen Parakletworte: Beistand, Helfer; aber auch mit diesen Vorschlägen ist der johanneische Inhalt von »Paraklet« nicht vollständig wiedergegeben.

v. 27. ἀπ' ἀρχῆς im Johannesevangelium nur noch 8,44; dagegen in 1Joh 1,1; 2,7.13.14.24 (2 mal); 3,8.11; 2Joh 5.6; hierher gehört ἐξ ἀρχῆς in 6,64; 16,4, das in den Johannesbriefen nie vorkommt.

16,1. σκανδαλίζεσθαι stammt aus alter palästinischer Tradition und ist vielleicht von Jesus gebraucht worden (Mt 11,5f)[145]. Bei den Synoptikern findet sich die Vokabel im Passionszusammenhang (Mk 14,27.29); sie bezeichnet hier die Abkehr vom Glauben.

v. 2. Das ἀλλά steigert: nicht nur dies, sondern auch ...[146] (vgl. 2Kor 4,16). – ἀποσυνάγωγον ποιεῖν τινα jmdn zu einem aus der Synagoge Ausgeschlossenen machen; die Vokabel noch in 9,22; 12,42; sonst nirgends in der gesamten Gräcität. – λατρείαν προσφέρειν τῷ θεῷ Gott einen kultischen Dienst erweisen, einen Akt der Gottesverehrung vornehmen.

v. 4a. Das erste der zwei αὐτῶν bezieht sich auf die in v. 2f genannten Bedränger, das zweite auf ταῦτα, also auf die Vorhersage Jesu.

b) Gedankengang und Gliederung

Der Abschnitt 15,18–16,4a wird nicht allgemein als zusammengehörendes Stück anerkannt. Manche sehen 15,18–16,11 als Einheit; andere lassen den Abschnitt mit 15,25 abgeschlossen sein (in der Verwendung von μισέω in v. 18 und 25 sieht man eine inclusio); wieder andere nehmen 15,18–16,15 zusammen; Barrett läßt den Abschnitt mit v. 27 enden, ohne freilich andere Möglichkeiten auszuschließen[147]. – Wir vergegenwärtigen uns den Gedankengang. In v. 18–25 wird *ein* Thema bedacht, nämlich der Haß der Welt gegenüber der Gemeinde (v. 18–21); dazu tritt der Grund dieses Hasses, das Nichtbegreifen, dessen sich die Welt gegenüber Jesus schuldig macht (v. 22–25)[148]. Was hat das

---

[142] BDR 229,2.
[143] BDR 444,3 und Anm. 4.
[144] BDR 448,7 und Anm. 8.
[145] JEREMIAS, Theologie I 120; G. STÄHLIN, ThWNT VII 340ff, vor allem 357f.
[146] BDR 448,6.
[147] BARRETT 466f; vgl. die Überlegungen bei BROWN; entschieden und mit guten Gründen tritt WINTER, Vermächtnis 249f für die Abgrenzung von 15,18–16,4a ein.
[148] Wir teilen v. 18–25 nicht, wie BROWN 695 es vorschlägt. ONUKIS Analyse dürfte im Text zu wenig Rückhalt haben (ONUKI, Gemeinde 131f).

daran anschließende Parakletwort von v. 26f, die Rede vom Zeugnis des Parakleten und dem Zeugnis der Gemeinde, mit dem Verfolgtwerden der Gemeinde zu tun? Die Antwort ergibt sich, sowie man das dem Parakleten zugeschriebene Wirken auf die Verfolgung der Gemeinde bezieht. Gelingt es, solche Beziehung nachzuweisen, ist die Zugehörigkeit von v. 26f zum Kontext gesichert. – In 16,1–4a wird der Haß der Welt, von dem 15,18–25 nur allgemein sprach, in seinen einzelnen Handlungen sichtbar gemacht. Zwar wird nicht mehr die Gleichheit des Schicksals hervorgehoben, das die Gemeinde mit Jesus verbindet (v. 18–21); Thema ist jetzt die Vorhersage Jesu, die der Gemeinde die Angst vor und in der Verfolgung nehmen oder wenigstens mindern soll. Die Zugehörigkeit von 16,1–4a zum Vorhergehenden wird dadurch nicht in Frage gestellt.

So stellt sich 15,18–16,4a als sinnvoller Zusammenhang dar, der nicht anders als 15,1–17 (s. S. 107f) sich aus drei Elementen zusammensetzt, und wie das letzte Element von 15,1–17, nämlich v. 12–17, mit einer inclusio versehen ist, so auch das letzte Element von 15,18–16,4a, nämlich 16,1–4a (ταῦτα λελάληκα ὑμῖν). So bilden jene drei Elemente eine in sich geschlossene Einheit: Der Haß der Welt, der im Unverständnis der Welt Jesus gegenüber wurzelt, muß zur Verfolgung der Gemeinde führen (v. 18–25). In dieser Lage gewährt ihr der Paraklet in der Gabe des Zeugnisses den nötigen Beistand (v. 26f). Darüber hinaus kann die Gemeinde jene Bedrängnis darum ertragen, weil Jesus sie als das der Gemeinde von der Welt her drohende Schicksal vorausgesagt hat (16,1–4a).

c) Tradition und Bearbeitung

Längst hat man gewisse Gleichförmigkeiten in v. 18–25 entdeckt. Es fällt zunächst eine Reihe von vier parallel gebauten, mit εἰ beginnenden Zweizeilern auf.

v. 18   εἰ ὁ κόσμος ὑμᾶς μισεῖ,
             γινώσκετε ὅτι ἐμὲ πρῶτον μεμίσηκεν

v. 19a   εἰ ἐκ τοῦ κόσμου ἦτε,
             ὁ κόσμος ἂν τὸ ἴδιον ἐφίλει

v. 20b   εἰ ἐμὲ ἐδίωξαν,
             καὶ ὑμᾶς διώξουσιν

v. 20c   εἰ τὸν λόγον μου ἐτήρησαν,
             καὶ τὸν ὑμέτερον τηρήσουσιν

Das Thema dieser vier Zweizeiler ist die »Schicksalsgleichheit Jesu und der Seinen«[149], ihr Ziel: Die Gemeinde hat sich darauf einzustellen, daß sie kein anderes Schicksal als ihr Herr zu erwarten hat. In die vier Zweizeiler sind ande-

---

[149] BECKER, Abschiedsreden 236.

re Sätze eingestreut. v. 19b gibt für das zu erwartende negative Schicksal eine Begründung, die die Verbindung zu v. 16a herstellt. Die Aufforderung von v. 20a knüpft an 13,16 an. v. 21 versteht sich als zusammenfassenden Abschluß. Ein Gedankenfortschritt ist nicht festzustellen; die Sätze sind untereinander austauschbar. Allenfalls kann man in dem γινώσκετε von v. 18 eine Aufforderung sehen, die sich auch auf die anderen drei Sätze bezieht, so daß v. 18 sinnvoll an erster Stelle steht[150].

Neben die vier Zweizeiler treten in v. 22.24 zwei parallel gebaute, wieder mit εἰ einsetzende Dreizeiler, die ebenfalls von anderen Sätzen eingebunden sind.

v. 22 εἰ μὴ ἦλθον καὶ ἐλάλησα αὐτοῖς,
       ἁμαρτίαν οὐκ εἴχοσαν·
    νῦν δὲ πρόφασιν οὐκ ἔχουσιν περὶ τῆς ἁμαρτίας αὐτῶν

v. 24 εἰ τὰ ἔργα μὴ ἐποίησα ἐν αὐτοῖς ἃ οὐδεὶς ἄλλος ἐποίησεν,
       ἁμαρτίαν οὐκ εἴχοσαν·
    νῦν δὲ καὶ ἑωράκασιν καὶ μεμισήκασιν καὶ ἐμὲ καὶ τὸν πατέρα μου

v. 22 und 24 verweisen auf das im Johannesevangelium mehrfach verhandelte Thema Worte und Werke Jesu (8,28;14,10 und S. 43f). v. 25 fungiert ähnlich wie v. 21 als Abschluß für diese zwei zusammengehörenden Sätze. v. 23 fällt formal wie v. 19b.20a aus dem Rahmen.

Wo entstehen solche Sätze? Wir bedenken zuerst die vier Zweizeiler. In ihnen wird die Gemeinde unmittelbar angesprochen. Ihr Schicksal soll ihr durchschaubar werden und sie soll die ihr angebotene Deutung ihres Schicksals akzeptieren, soll lernen, daß das Schicksal Christi das ihr angemessene Schicksal ist. Eine ähnliche Gleichförmigkeit von Sätzen findet man auch in den Frömmigkeitsregeln von Mt 6,2–4.5f.16–18, die mit großer Wahrscheinlichkeit in die Katechese der Gemeinde gehören[151]. Vermutlich sind auch jene vier Zweizeiler in der Gemeindekatechese angesiedelt. Mit Hilfe dieser einprägsamen Sätze soll die Gemeinde ihr Schicksal als Nachvollzug des Jesusschicksals verstehen und bejahen lernen. Nach dem Entstehungsort dieser Sätze braucht man nicht lange zu fragen: Sie sind Ergebnis innergemeindlichen Nachdenkens, das seinen Platz in der johanneischen Schule gehabt haben dürfte.

Für die zwei Dreizeiler gilt dasselbe. Eine ausdrückliche Anrede entfällt, da in ihnen eine Besinnung vorgetragen wird über die Unentschuldbarkeit der Schuld, die die Welt im Abweisen des zu ihr gesendeten Jesus auf sich geladen hat. Alle Voraussetzungen zum Verstehen dieser Sendung waren gegeben; wenn es doch nicht zum Verstehen kam, dann liegt der Grund nicht beim Gesendeten und beim Sendenden, sondern bei den Adressaten der Sendung – eine sehr ein-

---

[150] Hierin wird ONUKI, Gemeinde 131 recht haben.
[151] Chr. DIETZFELBINGER, Die Frömmigkeitsregeln von Mt 6,1–18 als Zeugnisse frühchristlicher Geschichte, in: ZNW 75 (1984) 189.

deutige und einfache Auskunft. Ist sie zu einfach? v. 25 mit dem Schriftzitat erklärt, daß das unentschuldbare Nein der Welt zu Jesus bereits im Alten Testament angesagt wurde. v. 23, wo der Grund für jenes Nein auf seinen schärfsten Ausdruck gebracht wird, deutet in seiner Weise die Geschichte, aus der jene Besinnung herauswuchs. Wie sah diese Geschichte aus? Fragt man weiter, wer eine solche Besinnung anstellt, wird man wieder an die johanneische Schule zu denken haben, in der man das beschriebene Problem bedenkt, um die in den zwei Dreizeilern geschickt formulierte Lösung der Gemeinde darbieten zu können. Eine inhaltliche Parallele dazu liegt in 12,37–41 vor.

In den vier Zweizeilern und den zwei Dreizeilern dürfte man mit vorliterarischen Texten zu tun haben, die vielleicht erst bei ihrer Verschriftlichung mit einem kommentierenden Kontext (v. 19b. 20a.21.23.25) versehen und angereichert und zu einer geschlossenen Argumentationsreihe ausgebaut wurden. Dabei unterstreicht v. 19b ausdrücklich die auch sonst vorhandene Verbindung zu 15,1–17, während v. 20a an die Fußwaschungsszene erinnert und so die innere Einheit des Evangeliums betont. Dabei – das gilt auch für v. 26f – hat man Traditionen benutzt, zu denen die Synoptiker Parallelen bieten, etwa Mk 13,9–13; Mt 5,11f; Lk 21,12[152].

2. Exegese

a) 15,18–25 Der Haß der Welt

v. 18 setzt mit dem neuen Thema ein: Die Gemeinde ist dem Haß der Welt preisgegeben. Der Nachsatz spricht von der Unausweichlichkeit dieses Hasses. Denn ist die Gemeinde Rebe am Weinstock Jesus, steht sie in der beschriebenen Freundschaft mit Jesus, ist sie Empfängerin der Liebe, als deren Träger er vom Vater gesandt wurde, dann kann es nicht ausbleiben, daß ihr Schicksal dem Schicksal gleich wird, das die Welt Jesus bereitet hat. Wäre es anders, wäre sie nicht die Gemeinde Jesu. – »Welt« erscheint hier wie oft, freilich nicht immer, als entschieden negative Größe. Sie ist der Bereich der Finsternis und des Todes[153]. Zwar ist sie Ziel der Liebe Gottes und auf sie ist die Sendung Jesu gerichtet (3,16). Aber der von Gott in die Welt Gesendete trifft auf die sich ihm verschließende und darin gottfeindliche Welt (1,11). Nicht daß die Welt von ihrem Ursprung her die Gott feindliche Welt wäre, und nicht umsonst sagt der Anfang des Johannesevangeliums, daß sie die durch Christus gewordene Schöpfung ist (1,1–3.10; S. 133f). Zum Bereich der Finsternis und Lüge wurde und wird sie, weil sie sich dem Licht, durch das sie Existenz empfing, verweigerte und verweigert (1,10; 3,19; 7,7b). Jetzt ist sie die gegen Gott verschlos-

---

[152] DODD, Tradition 407–413; WINTER, Vermächtnis 251.
[153] BULTMANN, Theologie 367–369.

sene Welt; ihr Fürst ist der Satan (12,31; 14,30; 16,11), und mit jeder neuen Entscheidung verfestigt sie ihren Charakter als »Welt«.

Das Wort μισέω als Ausdruck für die Haltung der Welt gegenüber der Gemeinde findet sich in 3,20 (indirekt); 7,7; 15,23–25. Anders als etwa in 12,25; Lk 14,26, wo »hassen« nur die unabdingbare Kehrseite der gänzlichen Zugehörigkeit zu Christus ist und so viel wie »gering werten« bedeutet, gilt hier die ursprüngliche Bedeutung. Dabei fehlt zunächst jede Konkretion dieses Hasses. – γινώσκετε kann indikativisch oder imperativisch verstanden werden. – πρῶτον ist nicht nur zeitlich, sondern grundsätzlich zu verstehen. Jesus ist der zuerst und aufgrund seines Wesens Gehaßte. Wenn die Jünger in ihrem Wort und Verhalten die Sendung Jesu (v. 21) fortsetzen, kann es nicht ausbleiben, daß der Jesus geltende Haß sich gegen die Jünger richtet.

v. 19a ist im Irrealis gehalten. Der dazu gehörende Realis folgt in v. 19b. Die Jünger, kraft ihres Erwähltseins nicht zur Welt gehörend, leben in der Welt, die nur das ihr Eigene gelten läßt. Folglich kann sie die Jünger nicht gelten lassen, muß sie ihnen hassend und sie ausschließend (16,2) begegnen. Die Frage ist dann, wie die Jünger in dieser Welt leben können, die ihnen Geltung und Leben verweigert.

Erstmals in den Abschiedsreden begegnet die Konstruktion des εἶναι ἐκ. Die Idee, daß vom Woher eines Menschen sein Wesen bestimmt ist[154], kommt kraftvoll in den Gegensatzpaaren von 3,6; 8,23.47, auch 18,36f zum Ausdruck. Ebenso gehören die Parallelsätze 17,14.16 hierher (vgl. noch 1Joh 2,16; 4,4f; ohne ausdrücklichen Gegensatz 7,17; 8,44.47; 1Joh 2,21; 3,8.10.12.19; 4,1–3; 5,19). Hier haben wir ein Beispiel für die dualistische Grundanschauung des johanneisch Denkens vor uns. – v. 19b ist Erläuterung von v. 19a und stellt mit der Bemerkung über die Erwählung die Verbindung mit v. 16 und über den Gebrauch von μισέω auch die Verbindung mit v. 18 her. Ist die Verklammerung mit v. 16 (ἀλλ᾽ … κόσμου) sekundär? Ohne jenen Satz wäre v. 19b zweigliedrig wie v. 19a, und man könnte jenen vier Zweizeilern noch einen fünften beifügen, der allerdings mit ὅτι und nicht mit εἰ beginnt.

v. 20a weist in die Fußwaschungsgeschichte zurück. Die dort und hier zitierte Schülerregel, die von Haus aus vermutlich die soziale Unterordnung des Schülers unter den Lehrer begründet, kann vielfältig aktualisiert werden. Während sie in 13,16 den Schüler zu einem dem Verhalten des Lehrers entsprechenden Tun aufruft, stellt sie in Mt 10,24f wie im Zusammenhang von 15,18ff die Parallele zwischen dem Schicksal des Meisters und dem des Schülers her, eine Parallele, die den Schüler unbedingt verpflichtet. Man hat im frühen Christentum vielfach die Erfahrung reflektiert, daß Christuszugehörigkeit die Benachteiligung durch die Welt bedingt, und durch die Besinnung über die unerläßliche Schicksalsgleichheit zwischen Christus und den Seinen wurde Verfolgung nicht nur erträglich, sondern als sinnvoller Lebensakt verstehbar gemacht[155].

---

[154] Dazu BULTMANN 97 Anm. 3; 117 Anm. 6; ausführlich BERGMEIER, Glaube 214–216.220–224.

[155] BROWN 694; H. Th. WREGE, Die Überlieferungsgeschichte der Bergpredigt (WUNT 9), Tübingen 1968, S. 127f; ders., Jesusgeschichte und Jüngergeschick nach Joh 12,20–33

v. 20b. Durch διώκω wird das unbestimmte μισέω kaum präzisiert. Das Verb ist schon in LXX Fachausdruck für religiös begründete Verfolgung[156] (vgl. auch 1Kor 15,9; Gal 1,13.23; Phil 3,6; Mt 5,10–12.44; 10,23; 23,34 u.ö.). 16,2f wird die vermißte Präzisierung liefern.

v. 20c scheint mit einer positiven Reaktion der Welt auf die Verkündigung der Gemeinde zu rechnen, während die anderen Zweizeiler, auch v. 22.24, ausschließlich eine negative Reaktion kennen.

Nach Schnackenburg sieht die johanneische Gemeinde zwei Möglichkeiten vor sich: »Ablehnung und Verfolgung, aber auch ... gläubige Aufnahme der Verkündigung«[157]. Nun ist das eine ziemlich absurde Vorstellung: Eine verkündigende Gemeinde, die nicht auf einen Erfolg ihrer Verkündigung hofft. Aber in 15,18–16,4a wird ausschließlich, sieht man von v. 20c ab, vom Nein der Welt zur Jesusverkündigung gesprochen. Sollte v. 20c dem gesamten Kontext widersprechen wollen? Handelt es sich etwa um einen späteren Zusatz, der, ganz im johanneischen Stil einhergehend (τὸν λόγον τηρεῖν in 8,51f.55; 14,15.21.23f; 15,10; 17,6; 1Joh 2,3–5; 3,22.24; 5,3), in den düsteren Kontext einen Schimmer von Hoffnung tragen will? Aber derartige Korrekturen findet man sonst im Johannesevangelium nicht.

Wahrscheinlich hat der Satz einen irrealen Sinn: Wenn sie mein Wort bewahrt haben, dann werden sie auch das eure bewahren; aber da sie mein Wort nicht bewahrt haben, könnt ihr wissen, daß sie auch das eure nicht bewahren werden[158]. Ist damit das Ursprüngliche getroffen, dann vermittelt der Text – er reflektiert das Schicksal der nachösterlichen Gemeinde – eine tief negative Erfahrung der Gemeinde: Sie ist mit ihrem Wort, das das Wort Christi ist, in die Welt gegangen und hat die Vergeblichkeit ihrer Predigt erfahren. Man wird fragen, ob nicht der gesamte Abschnitt als Antwort auf einen solchen missionarischen Fehlschlag zu verstehen ist.

v. 21 führt den Haß der Welt gegen die Gemeinde auf seinen Ursprung zurück: Man kennt den nicht, der Jesus gesandt hat. Diese Angabe stellt sich neben den in v. 19b angegebenen Grund für jenen Haß. Wenn die Jünger »aus Gott« und nicht »aus der Welt« sind, kann es nicht anders sein als daß sie von der Welt gehaßt werden, die, da sie Gott nicht kennt, nicht »aus Gott« lebt und nur das Ihre zu lieben vermag (v. 19a). Dabei fußt v. 21 auf den christologischen Voraussetzungen, die in 8,19; 10,30; 12,44; 14,9 genannt worden sind: Daß in Jesus der Vater sich vergegenwärtigt. Wer also Gott wirklich kennt, wird Jesus als den von ihm Gesendeten erkennen. Weil aber die Welt den Sendenden nicht kennt, darum kennt sie Jesus nicht als den Gesendeten, und wenn nun die Gemeinde die Sendung Jesu fortsetzt und Jesus als den Gesendeten

---

und Hebr 5,7–10, in: Der Ruf Jesu und die Antwort der Gemeinde (FS für J. Jeremias), hg. von E. Lohse, Göttingen 1970, S. 259–288.

[156] A. Oepke, ThWNT II 232f; O. Knoch, EWNT I 818.

[157] Schnackenburg III 131f; ähnlich Onuki, Gemeinde 134.

[158] Bultmann 423; Brown 687.

verkündigt, wird dies der Welt als illegitime Verkündigung erscheinen. Sie muß der Gemeinde »um des Namens Jesu willen« mit Haß begegnen.

Die Welt erscheint dabei als Gegenbild der Jünger, die nach 15,15f in dem von Jesus ausgehenden Vertrauen leben und sein Sich-Mitteilen, damit auch die Wahrheit seiner Herkunft verstehend in sich aufgenommen haben. So fungiert v. 21 als weiteres Verbindungselement zu 15,1–17. Man kann auch in der Nennung des ὄνομα ein solches Element sehen (vgl. v. 16c).

Daß Haß der Welt die Gemeinde »um des Namens Jesu willen« trifft, sagt auch Mk 13,13 (ähnlich Apg 5,41; 1Pt 4,14). Wir stehen offenbar vor einem verbreiteten katechetischen Topos der Urchristenheit, mit dem sie die negativen Reaktionen der Umwelt auf ihre Verkündigung zu deuten versucht. »Name« meint dabei eine Person als bekanntgemachte. Wird also vom Namen Jesu gesprochen, dann handelt es sich um Jesus als den von der Gemeinde Verkündigten[159]. Damit wird die Auslegung von v. 20c auf missionarische Verkündigung der Gemeinde bestätigt.

πέμπω wird im Johannesevangelium 25 mal christologisch gebraucht, davon 24 mal in der Form ὁ πέμψας με (anders nur in 20,21). Diese Redeform ist zu einer Art johanneischem Gottestitel geworden. Gott wird definiert als der, der Jesus gesandt hat. ἀποστέλλω (17 mal; dazu 1Joh 4,9f.14), weithin gleichbedeutend mit πέμπω, begegnet, christologisch gebraucht, nie in partizipialer Form, sondern in der 3. Person sing., oft im Relativsatz (ὃν ἀπέστειλεν ὁ θεός), in den Gebetsanreden von 11,42 und 17,3.8.18.21.23.25 in der 2. Person sing.

v. 21 erklärt also: Wer Gott nicht kennt als den, der Jesus gesandt hat, kennt ihn überhaupt nicht. Er kann damit auch Jesus nicht als den von Gott Gesendeten kennen. Damit bestätigt und befestigt er sein Sein »aus der Welt«, und er muß solches Sein in der Feindschaft gegenüber der Gemeinde leben, die nicht »aus der Welt« ist und die Jesus als den von Gott Gesendeten in der Welt bekannt macht.

v. 22–24. Die Absicht jener Sätze wurde oben S. 157f angedeutet: Es ist alles geschehen, was die Sendung Jesu als Sendung von Gott her erweisen konnte. Unglaube der so qualifizierten Sendung gegenüber ist darum unentschuldbare Schuld. Wo liegt der Anlaß für solche Besinnung? Vermutlich in der beunruhigenden Frage nach dem Grund für das Nein, dem einst Jesus selbst ausgesetzt war und dem jetzt die Gemeinde von seiten ihrer Umwelt ausgesetzt ist. Dabei werden wie in 8,13.18 gemäß dem Grundsatz von Dtn 19,15 zwei Zeugen für die Gültigkeit und Genugsamkeit der Sendung aufgeboten, die Worte Jesu (v. 22) und seine Werke (v. 24). Wieder stehen wir vor dem johanneischen Nebeneinander der Worte und der Werke Jesu (S. 42). Weithin folgert man daraus die Einheit von Wort und Werk; Bultmann spricht sogar von Identität[160]. Aber

---

[159] L. Hartman, EWNT II 1270f.
[160] Bultmann, Theologie 413; s. auch G. Bertram, ThWNT II 639, 22–48.

gewisse Differenzierungen (s. 10,37f; 14,10f) raten zu der vorsichtigeren Formulierung, daß Wort und Werk Jesu zwar das Eine wollen und darum ineinander übergehen, daß sie aber als die zwei Seiten dieses Einen anzusehen sind.
Eben darum können sie hier als zwei Zeugen fungieren.

v. 23 führt, indem die Idee von v. 21 intensiviert wird, das in v. 22.24 Gesagte zur äußersten Schärfe. Da die Welt Jesus nicht kennt, sondern ihn haßt, da
aber Jesus der vom Vater Gesendete ist, trifft der Haß der Welt, der Jesus trifft,
in gleicher Weise den Vater. Was sich in v. 21 andeutete, wird jetzt ausgesprochen: Indem man Jesus verwirft, verwirft man Gott. Das ist die Kehrseite des
positiven Satzes, daß, wer Jesus sieht, den Vater sieht (12,45; 14,9) und daß die
Lehre Jesu nicht eigentlich seine Lehre, sondern die des Vaters ist (7,16;
14,24). In v. 23 wird lediglich die negative Seite dieses Sachverhalts ans Licht
gebracht. Wir werden später nach dem Umfeld zu fragen haben, in dem so
gedacht und argumentiert werden kann.

v. 25 bringt mit einem Schriftzitat die vorausgegangen Analysen und vor
allem die Rede vom Haß der Welt gegen Jesus und damit gegen die Gemeinde
zu einem wirkungsvollen Abschluß. Zwar wird auch jetzt dieser Haß noch
nicht in seiner Auswirkung konkretisiert. Dafür kommt seine Herkunft an den
Tag, und vor allem: Er wird als ein in der Schrift angekündigtes Geschehen für
die Gemeinde verstehbar und damit ertragbar. Auf dem δωρεάν liegt besonderes Gewicht: Jener Haß hat keinen – berechtigten – Grund. Damit wird die in
v. 22.24 beschriebene Unentschuldbarkeit der Welt unterstrichen.

Mit der Einleitungsformel ἵνα πληρωθῇ wird im Johannesevangelium erst von 12,38
an, mit dem Einsatz der Passionsgeschichte also, ein zu zitierendes Schriftwort angekündigt (13,18; 17,12; 19,24.36; man wird auch 18,9.32 – Erinnerung an Jesusworte
– hierher rechnen müssen). Höhepunkt ist die Formel ἵνα τελειωθῇ von 19,28[161]. –
Eigenartig unklar scheint, wie öfter im Johannesevangelium, die Herkunft des zitierten
Schriftworts. Für v. 25 kommen zwei Psalmstellen in Frage: Ps 35,19 und 69,5; manche ziehen noch Ps 109,3; 119,161 heran[162]. Darüber hinaus wird grundloser Haß der
Feinde in jüdischer Literatur öfter bedacht (PsSal 7,1)[163]. Erklärt sich die Ungenauig-
keit im Zitieren, gleich ob man den hebräischen oder den griechischen Text (Ps 34,19
und 68,5 LXX) zugrundelegt, daraus, daß man kein schriftliches Exemplar des Alten
Testaments, hier des Psalters zur Hand hatte? Oder zitierte man einfach und dann
manchmal fehlerhaft aus dem Gedächtnis?[164] – Unsere Stelle bezieht sich ziemlich
sicher auf Ps 69,5[165], nicht nur weil dieser Psalm noch in 2,17; 19,28 angeführt wird,
sondern weil er einer der für die neutestamentliche Passionsgeschichte maßgebenden
Psalmen ist, was für Ps 35 nicht gilt. – νόμος meint hier nicht nur den Pentateuch,
sondern das gesamte Alte Testament einschließlich des Psalters[166].

---

[161] HENGEL, Schriftauslegung 276f.
[162] SCHNACKENBURG III 134.
[163] BILL I 365; BROWN 689.
[164] REIM, Jochanan 188f.
[165] So auch REIM 95; BROWN 689.698.
[166] H. HÜBNER, EWNT II 1163.

Mit der Nennung des Nomos wird endlich klar, woher die Bedrohung der Gemeinde kommt: Aus der Synagoge, für die der Nomos, die Tora im Zentrum steht. Auf sie verweist der Genitiv αὐτῶν: ihr Gesetz. Aber erhebt die frühe Christenheit und mit ihr die johanneische Gemeinde nicht ebenso Anspruch auf das Gesetz, auf das Alte Testament? Sieht sie nicht in ihm, wie die Erfüllungszitate vor allem bei Matthäus[167] beweisen, das Buch der Weissagung auf Jesus als den Messias Israels? Wie kann diese Gemeinde dann betont vom Gesetz der Synagoge sprechen? Darauf gibt es zwei Antworten.

(1) In dem αὐτῶν spricht sich die theologische Distanz aus, die die johanneische Gemeinde zur Tora als dem Buch der Synagoge eingenommen hat (das gilt ebenso von der Wendung »euer Gesetz« in 8,17; 10,34; auch an 7,19 wird man denken). Solche Distanz war nicht von Anfang an da. Sie hat sich erst im Lauf des Konflikts um die Auslegung des Alten Testaments ergeben. Sieht die Gemeinde im Alten Testament das Buch, das Jesus als den Messias ankündigt, so ist es für die Synagoge die Urkunde des Mosebundes, die mit Jesus nicht das geringste zu tun hat. Hat im johanneischen Bereich die Argumentation der Synagoge solchen Eindruck auf die Gemeinde gemacht, daß diese in ihrer Benutzung des Alten Testaments als des Jesus ankündigenden Buchs immer unsicherer wurde? Dann wäre das αὐτῶν Ausdruck für eine Entwicklung, in deren Verlauf sich die Gemeinde wie von der Synagoge, so allmählich auch vom Alten Testament entfernt: Es handelt sich um ihr, der Synagoge, Gesetz, nicht um unseres.

(2) Aber mit dem αὐτῶν kann auch das Widersinnige benannt werden, daß die Synagoge, indem sie Jesus verwirft, ihrer eigenen Tora ohne Verständnis und im Widerspruch gegenübersteht. Sie hören zwar Mose, aber sie hören ihn nicht als den, der Zeuge für Jesus sein will (5,45–47). Also hören sie gar nicht auf ihn, und darum werden sie, den Willen ihrer Tora verkennend, zu Hassern Jesu. Man wirft also der Synagoge den Widerstand gegen ihre eigene Tora vor, die, richtig verstanden, Jesus und seine Geschichte angesagt hat.

Eine Antwort auf die Frage, welcher der beiden Möglichkeiten recht zu geben ist, will kaum gelingen, da im Johannesevangelium für beide Alternativen sich Argumente finden lassen. Und könnten nicht innerhalb der johanneischen Gemeinden die zwei Möglichkeiten vertreten worden sein?

b) 15, 26f Der Beistand der Gemeinde

Der Parakletspruch trennt die zwei von der Verfolgung der Gemeinde handelnden Abschnitte v. 18–25 und 16,1–4a. Ist er darum als späterer Einschub anzusehen?[168] Die Frage erledigt sich, wenn sich herausstellt, daß das Parakletwort als Wort zur Verfolgung gemeint und darum eng mit dem Kontext verbunden ist. Grundlage für diese Deutung ist die vielfältig nachweisbare Zugehörigkeit

---

[167] Dazu vgl. G. STRECKER, Der Weg der Gerechtigkeit (FRLANT 82), 3. Aufl., Göttingen 1971, S. 49–85; LUZ, Matthäus I 134–141.

[168] So BAUER 195; dagegen BULTMANN 425 Anm. 3; vgl. die Stellungnahme bei BROWN 699 und die Erläuterungen bei WINTER, Vermächtnis 251 und Anm. 10.

des Verbums zur juristischen Sphäre[169]. – Vom Parakleten war schon früher die Rede. Wurde der Gemeinde in 14,16f seine verläßliche und dauernde Gegenwart zugesagt, so sprach 14,26 von ihm als dem, der die Gemeinde zum künftigen Verstehen des Jesuswortes befähigt. 15,26f geht einen Schritt weiter. Der Paraklet steht der Gemeinde dann zur Seite, wenn sie als verfolgte Gemeinde das Wort Jesu vertritt (s. zu v. 20f) und vor Gericht zu verantworten hat. Offenbar spricht sich in solchem Fortschreiben der Parakletaufgaben die Erkenntnis aus, daß es nicht genügt, vom Parakleten das Verstehen und Wissen der jeweils gültigen Jesusverkündigung zu erwarten. Man bedarf seiner auch dann, wenn in aktueller Bedrängnis das Zeugnis der Gemeinde verlangt wird.

v. 26. Während in 14,16.26 der Paraklet vom Vater auf Jesu Bitte oder in seinem Namen gesandt wird, ist es hier Jesus, der ihn vom Vater her sendet. Einen Widerspruch wird man dabei angesichts der vielfach bezeugten Einheit im Handeln des Vaters und des Sohnes nicht konstatieren, zumal das Ausgehen des Parakleten vom Vater eigens betont wird. Allenfalls wird man eine gewisse Gewichtsverlagerung hin zum Wirken des Sohnes konzedieren. – Geist der Wahrheit wird der Paraklet auch in 14,17 genannt, und 14,26 identifiziert ihn ausdrücklich mit dem heiligen Geist. Die unbekannte Größe Paraklet wird bekannt gemacht, indem sie mit einer der Gemeinde längst bekannten Größe gleichgesetzt wird. – In der Situation der Verfolgung wird der Paraklet das Zeugnis von Jesus fortsetzen. Wie wird er das tun?

V. 27 gibt darauf die Antwort: Im Zeugnis der Gemeinde. Denn es ist ausgeschlossen, daß v. 26 ein μαρτυρεῖν meint, das sich von dem in v. 27 inhaltlich und personell unterschiede. Der kleine Abschnitt v. 26f hat im Gegenteil sein Pathos darin, daß das Zeugnis des Parakleten im Zeugnis der Gemeinde ergeht und daß das Zeugnis der Gemeinde mit dem des Parakleten identisch ist.

Daß das Zeugnis des Parakleten keinen anderen Ort als die Gemeinde hat, ist eine Idee, die man auch in 1Joh 4,13f finden kann: Weil die Gemeinde am Geist teilbekommen hat, darum ist sie fähig, das Nötige zu bezeugen[170]. Warum aber erweckt unser Text zunächst den Eindruck, daß es sich um zwei Zeugnisse von verschiedener Herkunft handelt? Will der Autor damit wie in 15,22.24 auf die für die Gültigkeit des Zeugnisses nötige Zweizahl von Zeugen anspielen?[171]

Im Zeugnis der verfolgten Gemeinde wird das Zeugnis des Parakleten laut. Hier tut sich der enge Zusammenhang zwischen v. 26f und dem Kontext auf, der die verfolgte Gemeinde anspricht. Wie kann und soll sie sich der feindlichen Welt erwehren, wie sich verantworten, wenn sie gerichtlich zur Rechenschaft gezogen wird? Die Antwort lautet: Der Paraklet macht sein Sein bei ihr (14,16f) in der Weise wirksam, daß *sein* Wort zu *ihrem* Wort wird. Damit be-

---

[169] H. STRATHMANN, ThWNT IV 479f.486.
[170] BROWN 689.700.
[171] F. MANNS, John and Jamnia 33.

gegnet hier dieselbe Tradition wie in Mk 13,11: Wenn die Jünger vor Gericht gestellt werden, sollen sie sich nicht darum sorgen, was sie zu sagen haben; denn nicht sie werden die Sprechenden sein; der heilige Geist wird das Nötige sagen – durch ihren Mund, wie man zu ergänzen hat. Dasselbe meint Mt 10,19f; Lk 12,11f; in Apg 4,8ff; 5,32; Lk 21,15 in Verbindung mit Apg 6,10 findet man dieselbe Vorstellung. In gleicher Weise spricht Paulus in Phil 1,19 aus dem Wissen heraus, daß er in seinem Prozeß des Beistands des Geistes sicher sein kann. Es gab also in der frühen Kirche eine übergreifende Stellungnahme zu der in der Verfolgung verlangten Rechenschaft: Der vor Gericht stehende Zeuge Jesu ist Träger des Geistzeugnisses, und folglich sind die Glaubenden in solcher Situation nicht passive Opfer, sondern Stimme des Geistes, die ihrerseits die Stimme Christi ist[172]. Man fragt, wie sich solche Situationsdeutung im Selbstbewußtsein der Betroffenen auswirken mußte.

v. 27b gibt einen ersten Hinweis. Mit einem so verstandenen Zeugnis erweisen sich die Verfolgten als Jünger ἀπ' ἀρχῆς. Die Wendung meint hier nicht: von Uranfang an (1,1f; 8,44); vielmehr wird der Anfang des Wirkens Jesu (1,35ff) in den Blick genommen (6,64; 16,4; dort freilich ἐξ ἀρχῆς; ferner 1Joh 2,7.24; 3,11; 2Joh 5f). Weil die Angesprochenen von diesem Anfang an als originale Jünger zu ihm gehören, darum ist ihr Zeugnis originales, vom Geist gewirktes Zeugnis. Die Problematik dieser Aussage, gleichzeitig der Schlüssel zu ihrem Inhalt liegt darin, daß zwar auf der Ebene des Textes die Jesus von Anfang bis zur Passion begleitenden Jünger angeredet werden, daß aber in ihnen auf die nachösterliche Gemeinde, konkret auf die johanneische Gemeinde gezielt wird. Ihre Angehörigen heißen Jünger von Anfang an. Was verbirgt sich in solcher Benennung?

Sie kann sich nicht in der Anspielung auf ein kontinuierliches Gehen der ersten Jünger mit Jesus erschöpfen. Es sind ja die Angehörigen der johanneischen Gemeinde, die so benannt und damit den historisch ersten Jüngern gleichgesetzt werden. Der Anfang, der sie mit Jesus verbindet, ist nicht durch ein Ereignis gesetzt, das in der Geschichte des vorösterlichen Jesus zu fixieren wäre. Jünger ἀπ' ἀρχῆς, Urjünger sind die Glaubenden vielmehr vermöge ihrer Schicksalsgleichheit mit Jesus, ebenso darum, weil sie, vom Parakleten geführt, zum Zeugnis selbst in der Verfolgung bereit sind. Wie in 13,35 (S. 22f), 15,8 (S. 120f) und in der Freundestitulatur (S. 146) die Jüngerschaft aus der Bedingtheit vorösterlicher Geschichte herausgenommen wurde, so geschieht es auch in 15,27. Jünger vom Ursprung her ist man nicht kraft irgendeiner Verankerung in der vorösterlichen Geschichte, sondern kraft der jetzt wahr werdenden Christusbeziehung. – Wieder wird das bohrende Problem der zweiten und dritten (und jeder folgenden) christlichen Generation angesprochen: Wie können die, die von der Jesusgeschichte durch Jahrzehnte (oder Jahrhun-

---

[172] Bedeutsam die Erwägungen bei BROWN 698f.

derte) getrennt sind (S. 88f), an dieser Geschichte teilhaben, wie die ersten
Jünger an ihr teilhatten? Die in 15,8.14f.27 gegebene Antwort zeugt vom
Selbstbewußtsein der johanneischen Gemeinde: Die uns verliehene Jünger-
schaft ist von nicht geringerer Qualität als das den historischen Erstjüngern
verliehene Jüngersein. An anderen Stellen (14,12f; s. S. 90–94) steigt dieses
Selbstbewußtsein auf eine noch höhere Stufe: Erst nach Ostern und kraft des
Parakleten kann Gemeinde wirklich Gemeinde sein. Der vorösterlichen Jün-
gergruppe mangelte das Wesentliche, das uns verliehen ist.

c) 16,1–4a Verfolgung

Schnackenburg vermutet in 16,1–4a einen Nachtrag aus zweiter Hand; in ihm
sollen die Vorhersagen Jesu von 15,18–25 durch das Benennen realer Erfahrung konkretisiert werden[173]. Aber ist das Beleg dafür, daß 16,1–4a gegenüber
15,18–27 literarisch sekundär ist? Und selbst wenn Schnackenburg recht zu
geben wäre, bestünde kein Zweifel an der engen Verbindung von v. 1–4a mit
dem Vorhergehenden: Das in 15,18–27 allgemein Gebliebene wird nun benannt. Endlich also zeigen sich einige geschichtliche Concreta, die die vorhergehenden Andeutungen mit einer gewissen Anschauung erfüllen.

v. 1. Einem Schrecken, der vorher angekündigt wurde, ist das Moment der
betäubenden Überraschung genommen. Wenn man ihn schon vor seinem Eintreten in seinem Grund und Verlauf kennt, dann ist er damit zu einem erhebli-
chen Teil neutralisiert. Davon spricht v. 1. Weil die Gemeinde das ihr bevorstehende Schicksal in seiner Notwendigkeit kennt, darum braucht der in ihrer
Zukunft sie heimsuchende Schrecken sie nicht zu Fall zu bringen. Ist nicht im
Gegenteil in solchem Schicksal die Bestätigung ihres Gemeindeseins, ihrer
Christuszugehörigkeit enthalten? Hat nicht Jesus in 15,18–21 die über die
Gemeinde kommende Verfolgung als Ausdruck der Schicksalsgemeinschaft
zwischen ihm und der Gemeinde interpretiert? Das σκανδαλίζεσθαι, das Ab-
fallen von Jesus als dem Christus, das Weggehen von der Gemeinde zurück in
die Synagoge (6,66; s. zu 15,5c) hat die Gemeinde heimgesucht und beunruhigt[174]. Dem tritt v. 1 entgegen und so verrät dieser Satz etwas von der Realität
der angesprochenen Gemeinde .

v. 2 enthält Notizen, die der im Vorhergehenden angedeuteten Verfolgung
gewisse konkrete Züge geben: Die Gemeinde ist aus der Synagoge ausgeschlossen worden; dazu drohen ihr blutige Gewaltmaßnahmen. Das Wort
ἀποσυνάγωγος hat nichts mit dem Synagogenbann zu tun, der in verschiedener Abstufung praktiziert wurde[175]. Er hatte als innersynagogale Disziplinar-

---

[173] SCHNACKENBURG III 138.140.
[174] WENGST, Gemeinde 124 und Anm. 3.
[175] BILL IV/1 S. 293–333; W. SCHRAGE, ThWNT VII 845f.

maßnahme die Besserung des Gebannten, damit seine Wiederaufnahme in die Synagoge zum Ziel. Das Synagogenausschluß von v. 2 dagegen betrieb die gänzliche und endgültige Ausstoßung des Ausgeschlossenen[176]. Dabei fällt auf, daß jene Gewaltmaßnahmen offenbar auch noch nach dem Synagogenausschluß zu befürchten sind.

Davon wird in seltsam gehobener Sprache gesprochen. Die Wendung ἔρχεται ὥρα (4,21.23; 5,25.28; 16,2.4.25.32) ist im Johannesevangelium bedeutsamen Geschehnissen in der Gemeindegeschichte vorbehalten (S. 282f). Kultischer Sprache entstammt die Redeweise λατρείαν προσφέρειν τῷ θεῷ[177]. Tötung Andersgläubiger als gottesdienstlicher Akt: Das gehört innerhalb der jüdischen Welt in den Raum zelotischer Praxis, die sich auf die Tat des Pinehas in Nu 25,6ff beruft. Aus ihr meinte man, folgern zu können: »Jeder, der das Blut der Gottlosen vergießt, ist wie einer, der ein Opfer darbringt«[178]. TSanh 9,6 zählt die Bedingungen auf, unter denen die Tat eines Frevlers mit dem Tod zu bestrafen ist. Wie weit solche Vorschriften praktiziert wurden, steht dahin. Joh 16,2 behauptet, daß die Gemeinde entsprechender Erfahrung ausgesetzt war.

v. 3 gibt die wirkende Ermöglichung solchen Tuns an: Man kennt weder Gott noch Jesus als den von ihm Gesendeten. Damit wird 15,21 erweitert, wenngleich man schon dort unausgesprochen das Nichtkennen Jesu im Nichtkennen Gottes begründete. Jetzt heißt es ausdrücklich: Die Jesus Hassenden und die Gemeinde Verfolgenden kennen Gott nicht. Damit wird der Synagoge das Nichtkennen Gottes vorgeworfen. Man bekommt die Heftigkeit der Auseinandersetzung zu spüren.

v. 4a bringt mit der inclusio den Abschluß. Das Motiv der Stunde erklingt noch einmal und ebenso das Erinnerungsmotiv von 15,20, jetzt auf das eben Gesagte bezogen.

3. Das zeitgeschichtliche Umfeld

a) Die Birkat ha-minim

Die johanneische Gemeinde gehört nicht mehr zur Synagoge; sie hat die Ausstoßung hinter sich, und der Text erweckt den Eindruck, daß man unmittelbar von diesem Ereignis herkomme. Was wissen wir darüber? Vielfach führt man den im Johannesevangelium bezeugten Synagogenausschluß auf die sog. Birkat ha-minim (ברכת המינים) im Achtzehn-Bitten-Gebet zurück. Dabei handelt

---

[176] BILL IV/1 S. 330; SCHRAGE 846f.
[177] H. STRATHMANN, ThWNT IV 58–66; K. WEISS, ThWNT IX 67–70.
[178] BILL II 565; vgl. M. HENGEL, Die Zeloten (AGJU I), 2. Aufl., Leiden 1976, S. 88f. 160–181, vor allem S. 178–181. »Die Tötung der Gottlosen wurde zu einem religiösen, sühnewirkenden Akt und war direkt dem Opfer vergleichbar« (HENGEL 180). O. MICHEL, ThWNT VII 535 Anm. 43 erwägt, ob 1QH 2,32f in diesen Zusammenhang gehört: »Und aus der Gemeinde derer, die glatte Dinge suchen, hast du die Seele des Armen erlöst, den sie vernichten wollten, sein Blut zu vergießen wegen des Dienstes für dich.«

es sich um die Verfluchung der Ketzer in der 12. Bitte dieses Gebets. Wir zitieren ihren Wortlaut nach der palästinischen Rezension:

Den Abtrünnigen sei keine Hoffnung, und die freche Regierung (= Rom) mögest du eilends ausrotten in unseren Tagen, und die Nazarener und die Ketzer mögen umkommen in einem Augenblick, ausgelöscht werden aus dem Buch des Lebens und mit den Gerechten nicht aufgeschrieben werden. Gepriesen seist du, Jahve, der Freche beugt[179].

Nach der talmudischen Tradition (bBer 28b), die den Tatbestand einigermaßen korrekt aufbewahrt haben dürfte, wurde der sog. Ketzersegen (Euphemismus für Ketzer*verfluchung*) auf Veranlassung Rabbi Gamliels II. durch Rabbi Schmuel den Kleinen, also um 85 n.Chr. in die 12. Bitte eingefügt, die ursprünglich wohl nur allgemein gegen Abtrünnige und gegen Rom gerichtet war[180]. Der Zusatz »Nazarener« meint zweifellos die jüdischen Jesusanhänger. – Das Wort Minim heißt allgemein Ketzer, Falschgläubige. Nun sind die Nazarener ihrerseits Ketzer. Warum werden sie eigens genannt? Wollte man eine Gruppe unter den Minim besonders hervorheben und sie damit als besonders gefährlich kennzeichnen? Ist solche Hervorhebung sekundär vorgenommen worden? Wir sehen von diesen schwer beantwortbaren Fragen ab, können aber festhalten, daß jene Einfügung in die 12. Bitte die Ketzer, damit auch die jüdischen Jesusanhänger, dem Fluch Gottes anheimstellt. Was hat zu dieser Maßnahme geführt?

Mit dieser Frage werden wir in das Schicksal des Judentums nach dem jüdischen Krieg versetzt, der ja nicht nur die jüdische Bevölkerung etwa zur Hälfte vernichtet, sondern der das Land auch wirtschaftlich ruiniert hatte. Dazu war der Tempel, das kultische Zentrum Israels zerstört, das Priestertum funktionslos geworden, der uralte Kult Israels an sein Ende geraten. Das Synhedrium existierte nicht mehr. Mit all dem war der Glaube an die Erwählung Israels und die damit verbundene göttliche Bewahrungszusage in Frage gestellt (vgl. das 4. Esrabuch). In diesem geschichtlichen Kontext haben führende pharisäische Schriftgelehrte die Leitung des Volkes in die Hand genommen (Sadduzäer und Zeloten, auch die Qumrangruppe waren physisch weitgehend ausgerottet worden). Man hatte sich dabei nicht nur um den wirtschaftlichen Wiederaufbau und um den Rückkauf der zahllosen in die Sklaverei verschleppten Juden zu kümmern. Es galt vor allem, die schwer geschlagene jüdische Gemeinschaft in

---

[179] BILL IV/1 S. 212f; in der babylonischen Rezension fehlt »die Nazarener«. Abgedruckt auch bei BARRETT-THORNTON, Texte 244. Viele halten »die Nazarener« für einen späteren Zusatz. Dann hätte die 12. Benediktion ursprünglich neben Rom allgemein den Ketzern, den Minim gegolten. Vgl. ferner J. MAIER, Jüdische Auseinandersetzung mit dem Christentum in der Antike (EdF 177), Darmstadt 1982, S. 130–141; S. SAFRAI, Das jüdische Volk im Zeitalter des Zweiten Tempels, Neukirchen 1978, S. 120–126; P. SCHÄFER, Geschichte der Juden in der Antike, Stuttgart 1983, S. 145–155; W. SCHRAGE, ThWNT VII 845–850.

[180] Vgl. die Darstellung bei WENGST, Gemeinde 90–92.

Palästina von ihrem inneren Zentrum her wieder aufzubauen. Was war dieses Zentrum? Die damals gegebene Antwort war eindeutig: Die Tora und zwar in der Auslegung der pharisäischen Schriftgelehrten. Mit der Tora erhielt damals auch die Synagoge ihre erhöhte Bedeutung; sie ersetzte den Tempel; in ihr wurde die Tora für das Volk ausgelegt. So kam es, daß Macht und Einfluß anders als vor der Katastrophe des jüdischen Krieges sich in der Hand der pharisäischen Schriftgelehrten konzentrierten, unter denen die große, von Legenden umwobene Gestalt des Rabbi Jochanan ben Zakkaj besonderer Erwähnung wert ist[181]. Der Ort, an dem sich die Verantwortlichen trafen, ist Jabne (Jamnia), in der Küstenebene südlich von Joppe gelegen[182].

Konsolidierung einer geschlagenen und wieder aufzurichtenden Gemeinschaft geht immer mit Abgrenzungen einher. Wenn man bestimmen wollte, was von nun an die verbindliche Basis des Judentums für alle Juden ist, dann mußte man auch bestimmen, was zu dieser Basis nicht gehört und was ihr widerspricht, was also auszuscheiden ist. Das Judentum vor 70 n. Chr. war eine überaus komplexe Gemeinschaft[183], in der viele Richtungen Platz hatten. Man stritt und schlug sich; aber man existierte nebeneinander und miteinander. Auch die jüdischen Jesusanhänger galten als Juden, gehörten der Synagoge an, wenn auch an den Rand gedrängt, und der Herrenbruder Jakobus ist die geschichtliche Symbolfigur für die an Jesus als an den Messias Israels glaubenden Juden, die ihren Platz in der Synagoge mit Klugheit und Energie verteidigten (S. 147). Das änderte sich mit dem jüdischen Krieg und nach ihm. Gruppen, die der Tora nicht die schlechthin beherrschende Rolle im Leben Israels zuerkennen wollten, wurde der Platz in Israel entzogen. Das waren sicher nicht nur die Judenchristen. Aber sicher gehörten auch sie zu den Minim, die von der entstehenden jüdischen Orthodoxie mit sich steigerndem Mißtrauen betrachtet wurden. Indem man sie aus der Synagoge verdrängte, nahm man eine »Frontbegradigung innerhalb des Judentums«[184] vor, von der weltgeschichtliche Wirkung ausging: Man förderte, freilich ohne es zu wollen, die Entwicklung der Jesusgemeinde zu einer von der Synagoge unabhängigen, schließlich zu ihr in Gegensatz stehenden Kirche.

Das wird von J. Maier bezweifelt: Es sei nicht sicher, daß in den Minim die Judenchristen eingeschlossen waren. Der Text der 12. Bitte ziele nicht auf Judenchristen, sondern auf antirabbinisch und synkretistisch denkende Juden, und die Praxis des Ketzersegens beabsichtige die Klärung und Festigung des jüdischen Gruppenbewußtseins, nicht oder weniger die Ausgrenzung heterodoxer Gruppen[185]. Die endgültige Aussperrung der Judenchristen aus der Synagoge sei vielleicht erst in der Zeit Bar Kochbas er-

---

[181] Zu Jochanan vgl. L.M. BARTH, TRE 17,89–91.
[182] NBL II 255; SCHÄFER, Geschichte 151–154.
[183] Vgl. den Überblick bei F. DEXINGER, TRE 17,341–344.
[184] G. STEMBERGER, Das klassische Judentum. Kultur und Geschichte der rabbinischen Zeit, München 1979, S. 18.
[185] MAIER 140f.

folgt[186]. – Auch M. Hengel ist mißtrauisch gegen einen Zusammenhang von Joh 16,2 mit der Birkat ha-minim, aus sehr anderen Gründen freilich. Für ihn ist im Johannesevangelium nicht mehr die Auseinandersetzung zwischen Gemeinde und Synagoge aktuell, wie denn die johanneische Schule und ihr Haupt nicht einer überwiegend judenchristlichen, sondern heidenchristlichen Gemeinschaft zuzuordnen seien[187]. Die Ausstoßung der Gemeinde aus der Synagoge liege schon weit zurück und auf die Auseinandersetzung mit der Synagoge werde als auf ein vergangenes Geschehen geblickt[188]. Jene Ausstoßung sei zudem in einem langen Prozeß erfolgt, der schon mit Stephanus begonnen habe. Die paulinischen Missionsgemeinden hätten, sofern sie aus Judenchristen bestanden, häufig diese Ausstoßung erfahren. »Die *birkat ham-minim* im täglichen Gebet der Juden, deren genaues Datum wir nicht kennen, ist nur die letzte Konsequenz auf einem an Auseinandersetzungen und Leiden reichen Weg«[189].

Was kann man mit einer gewissen Zuversicht sagen?

(1) Natürlich hat es Auseinandersetzungen zwischen Judenchristen und Juden von Anfang an gegeben. Aber daß nach dem jüdischen Krieg eine neue Phase dieser Auseinandersetzung begonnen hat, ist nicht zu bezweifeln. Der Zwang zur Konsolidierung mußte die Tendenz zur Abgrenzung erheblich verschärfen. Die Einführung der Birkat ha-minim zeigt eine neue Stufe des Konflikts an.

(2) Freilich wurden durch den Ketzersegen nicht sofort und allgemein alle Beziehungen zwischen Judenchristen und Synagoge abgebrochen. Man muß mit einem längeren Zeitraum rechnen, innerhalb dessen sich die neue Form der 12. Bitte vom palästinischen Mutterland in die Diaspora ausgebreitet hat, und auch dann bleibt die Möglichkeit bestehen, daß manche Synagogengemeinden sich dieser Neuerung nicht angeschlossen haben.

(3) In 16,2 spricht sich die Erfahrung der johanneischen Gemeinde aus; über die Erfahrung anderer Gemeinden ist damit nichts gesagt. 16,2 gibt zu erkennen, daß in der johanneischen Gemeinde der Synagogenausschluß als neue und sehr einschneidende Maßnahme erlebt wurde. Die Bemerkungen 9,22; 12,42 blicken auf solche Judenchristen, die mit diesem Ausschluß bedroht wurden, sich ihm aber durch geschicktes Verhalten entzogen. In 16,2 sprechen andere, die sich ihm nicht entziehen konnten oder wollten.

(4) Ist nun 16,2 mit der Birkat ha-minim in Zusammenhang zu bringen oder handelt es sich um eine davon unabhängige, begrenzte Maßnahme einer Synagoge gegenüber ihren judenchristlichen Mitgliedern? Das Johannesevangelium in seiner Jetztgestalt dürfte in der Zeit zwischen 90 und 95 n. Chr. veröffentlicht worden sein. Die Birkat ha-minim ist um 85 n. Chr. in das Achtzehn-Bitten-Gebet eingefügt worden. Ihre Praxis könnte um 90 n. Chr. die johanneische Gemeinde erreicht haben und auf sie angewandt worden sein.

---

[186] MAIER 135.
[187] HENGEL, Frage 300.304f.
[188] HENGEL 298.
[189] HENGEL 290.

(5) Die Wahrscheinlichkeit spricht also dafür, daß 16,2 die definitive, rechtlich gültige Ausstoßung der johanneischen Gemeinde aus der Synagoge bezeugt und daß dieser Vorgang mit jener Ausweitung der 12. Bitte zu tun hat. Was vorher an Feindschaft zwischen den an Jesus glaubenden Juden und den Jesus verneinenden Juden der Synagoge gelebt wurde, wurde unter dem einen Dach der Synagoge gelebt. Jetzt ist für die Judenchristen unter diesem Dach kein Platz mehr.

Eine geschichtliche Erwägung sei angeschlossen. Das von Jabne geführte Judentum hat sich für die pharisäisch ausgelegte Tora als Basis seiner Existenz entschieden, und erst von da an wurde das Judentum insgesamt zu der Größe, die sich ausschließlich durch die pharisäisch verstandene Tora definierte. Andere Möglichkeiten wurden damit ausgeschlossen. Zu diesen anderen Möglichkeiten ist auch ein für die Jesusbotschaft offenes Judentum zu rechnen. Vor der Katastrophe des jüdischen Krieges haben die Judenchristen auf die Verwirklichung dieser Möglichkeit gehofft, und für einen Augenblick mag man in den geschichtlichen Horizont eintreten, innerhalb dessen diese Hoffnung lebte. Wie weit hatte sie, die sich etwa in Mt 19,28 ausspricht, reale geschichtliche Aussicht? Wie groß war der Einfluß der nicht wenigen judenchristlichen Gruppen im palästinischen Bereich auf das Ganze? War er so groß, daß eine Öffnung des Judentums auf ein von der Jesusbotschaft gelenktes Verständnis der Tora mehr als ein Wunschtraum von Außenseitern war? Die Geschichte ist über diese Frage und die darin angezeigte Möglichkeit weggegangen.

b) Die Folgen der Birkat ha-minim

Wie mußten die damaligen Judenchristen den in der Synagoge gebeteten Ketzersegen erleben? »Die Erweiterung des Hauptgebets der Synagoge machte es einem Christen unmöglich, noch an einem Synagogengottesdienst teilzunehmen«[190]. Man wird tatsächlich mit solcher Wirkung des Ketzersegens zu rechnen haben, wobei andere Absichten und Wirkungen nicht auszuschließen sind. Denn natürlich sollte er darüber hinaus die synagogale Gemeinde vor Ketzerei warnen und ihren inneren Zusammenhalt fördern. Aber wenn Ketzerei sich schon in der Gemeinde eingenistet hatte, dann wurden die davon Infizierten durch die Birkat ha-minim vor die Alternative gestellt, entweder sich der Norm einzufügen oder die Gemeinde zu verlassen[191].

Die Trennung von der Synagoge mußte bei der damaligen Einheit von Religion und Gesellschaft erhebliche ökonomische und soziale Folgen für die johanneischen Judenchristen haben. Religiöse Exkommunikation war gleichzeitig wirtschaftliche und gesellschaftliche Exkommunikation, und das war im Judentum nichts schlechthin Neues. In Qumran verfuhr man ähnlich und mit den Samaritanern ist man entsprechend umgegangen[192]. Noch im 18. Jh. wurde innerhalb des ostjüdischen Chassidismus eine Gruppe von einer anderen mit der Verfügung ausgeschlossen: »Es ist verboten, ihre Kinder zu

---

[190] C. Hunzinger, TRE 5,164.
[191] Maier 139f; Wengst, Gemeinde 96–98.
[192] Wengst 101–104.

heiraten, an ihren Mahlzeiten teilzunehmen, mit ihnen Geschäfte abzuschließen; es ist verboten, ihren Gottesdiensten beizuwohnen, das Wort an sie zu richten, ihre Fragen zu beantworten; es ist verboten, sich ihrer zu erbarmen oder für sie auch nur einen Funken Mitleid zu empfinden ...«[193]. Stellt man sich im Zusammenhang mit 16,2 derartige Maßnahmen vor, dann erspürt man die Tiefe des Bruchs, den die Gemeinde erlebte.

Der Bruch war grundsätzlich und endgültig, mag es auch da und dort noch freundschaftliche Berührungen zwischen Juden und Judenchristen gegeben haben. Die weitere Entwicklung wurde aber dadurch bestimmt, daß die Feindschaft zwischen Judenchristen und Juden schon im 2. Jh. zur Feindschaft zwischen Christen und Juden wurde. Aus einem innerjüdischen Streit wurde der Streit zwischen Kirche und Synagoge, der durch die Jahrhunderte ging und bei dem vom 4. Jh. an nicht selten die Kirche die verhängnisvolle Rolle des Unterdrückers und Verfolgers übernahm[194], bis diese Rolle in unserem Jahrhundert vom Staat übernommen wurde. Hat jener Streit, wenigstens sofern er Kirche und Synagoge betrifft, in unserer Epoche sein Ende erreicht[195]?

In johanneischer Zeit war die Synagoge der stärkere Teil; von ihm ging die Unterdrückung aus. Sie gipfelte laut 16,2 in der Tötung von Judenchristen, die als abgefallene Juden galten. Das setzt voraus, daß auch nach dem Synagogenausschluß die Gemeinde der Macht der Synagoge ausgesetzt war. Denn nur dann konnte sich der Druck der Synagoge auf die Gemeinde, mindestens auf ihren judenchristlichen Teil, fortsetzen und zur Verfolgung werden. Nun hat man Zweifel daran geäußert, daß 16,2 tatsächliche Tötungen von Judenchristen durch Juden bezeuge. Hier und in vergleichbaren Texten komme vielmehr »Märtyrerideologie« zur Sprache, »literarische und theologische Konventionen« seien dabei am Werk[196]; auch die Äußerungen von Mt 5,10–12; 10,23;

---

[193] E. Wiesel, Chassidische Feier, Freiburg 1988, S. 189. Vgl. auch den Bannfluch, mit dem die Amsterdamer Synagoge am 27.7.1656 den damals vierundzwanzigjährigen Baruch Spinoza aus ihrer Gemeinschaft ausschloß: »Nach dem Beschlusse der Engel und dem Urteil der Heiligen bannen, verwünschen, verfluchen und verstoßen wir Baruch de Spinoza mit Zustimmung des heiligen Gottes ... mit dem Bannfluche, womit Josua Jericho fluchte, und mit allen Verwünschungen, die im Gesetz geschrieben stehen. Verflucht sei er am Tage, und verflucht sei er bei der Nacht; verflucht sei er, wenn er sich niederlegt, und verflucht sei er, wenn er aufsteht ... Möge Gott ihm niemals verzeihen, möge der Zorn und Grimm Gottes gegen diesen Menschen entbrennen und ihm alle Flüche auferlegen ... Wir verordnen, daß niemand mit ihm mündlich oder schriftlich verkehre, niemand ihm irgendeine Gunst erweise, ... niemand eine von ihm verfaßt Schrift lese« (abgedruckt bei W. Nigg, Das Buch der Ketzer, Zürich 1949, S. 421 f).
[194] Vgl. K. H. Rengstorf – S. von Kortzfleisch, Kirche und Synagoge. Handbuch zur Geschichte von Christen und Juden, Bd. I, Stuttgart 1968, Bd. II 1970. Zur Auseinandersetzung in neutestamentlicher und nachapostolischer Zeit s. S. 23–83.
[195] Es sei hier vermerkt, daß in neuen jüdischen Gebetbüchern im Text der 12. Bitte des Achtzehngebets die Erwähnung der Minim, der Ketzer, gestrichen ist; vgl. Was jeder vom Judentum wissen muß (GTB 1063), hg. von A. Baumann, Gütersloh 1983, S. 69; Siddur Schira Chadascha, Jerusalem, copyright by »Eshkol«, S. 67 f.
[196] Maier 133. Auch Becker 590 spricht von »Typik der Verfolgungstradition«, wenn er auch nicht ausschließt, daß die johanneische Gemeinde Martyrien erlebt hat. W. Schenk,

23,34 seien hier zu nennen. Verfolgung der wahren Glaubenden gehöre in die Sprache der Apokalyptik; aus solchen Texten (vgl. etwa Lk 21,12.16f) könne man darum nicht oder nur sehr bedingt auf tatsächliche Verfolgung schließen.

Nun trifft zu, daß apokalyptische Erwartung mit gesteigerter Verfolgung der Frommen in der Endzeit rechnet. Wenn in ihr die Krise der Welt in letzter Gewalt ausbricht, werden auch Freunde ihre Freunde wie Feinde bekämpfen (4Esr 6,24); es wird die Liebe aus der Welt verschwinden (Mt 24,12), Familien werden sich entzweien und der Haß der Welt wird sich gegen die Glaubenden wenden (Mk 13,12f). Das also sind apokalyptische Motive, die nicht auf zurückliegender Erfahrung beruhen, sondern in denen sich die Vorstellung der endzeitlichen Ereignisse ausspricht. – Gehört 16,2b hierher und ist also der Satz nicht Reflex von Erlebtem, sondern Ausdruck von künftig Erwartetem? Der johanneische Kontext gibt eine eindeutige Antwort. Er will von 15,18 an die *Erfahrungen* der Gemeinde reflektieren. Dabei wird sie daran erinnert, daß sie in ihrer Existenzbedrohung in der Schicksalsgleichheit mit Christus lebt und daß ihr darin eine Bestätigung ihrer Christuszugehörigkeit zuteil wird. Solcher Zuspruch aber setzt voraus, daß die Nöte, in die er hineingesprochen wird, real gegenwärtige Nöte sind, sonst wäre er kein echter Zuspruch. 16,2 will also nicht als Zurüstung auf apokalyptische Bedrängnisse verstanden werden, sondern als tröstende Analyse gegenwärtig erlebter Tatsachen. Nimmt man den Text in seiner Intention wahr, dann kann man die Tötung von Judenchristen durch Juden nur bestreiten, wenn man v. 2b als extreme Übertreibung gewisser noch harmloser Diskriminierungen interpretiert[197].

Martyrien, die von jüdischer Seite verursacht wurden, begegnen im Schicksal des Stephanus (Apg 6,8–15; 7,54–60), des Zebedaiden Jakobus (Apg 12,1f), des Herrenbruders Jakobus (Jos ant 20,200), des Antipas (Offb 2,13), und daß dem Paulus in der Szene von Apg 21,27–32 die Tötung drohte, sagt nicht nur v. 31. Dabei kann man mit unmittelbarer Tötung durch jüdische Hand wie bei Stephanus rechnen, und 16,2 hat dies im Blick. Aber auch Denuntiation konnte zur Tötung durch die Behörde führen. Wenn Judenchristen aus der Synagoge ausgeschlossen worden waren, verloren sie für ihre Person den Schutz und das Privileg, mit dem die jüdische Religion im römischen Reich ausgezeichnet war: Juden brauchten an heidnischen Riten, an der religiös gefärbten Kaiserverehrung vor allem nicht teilzunehmen. Es ist vorstellbar, daß manche Juden ihre abtrünnigen und zu Christen gewordenen Volksgenossen bei der römischen Behörde anzeigten und daß die Behörde von den Angezeigten die Kaiseranbetung verlangten. Im Fall der Weigerung konnte die Todesstrafe ausgesprochen werden[198].

Solche Feststellung hat mit antijüdischer Animosität nichts zu tun. Die löst sich, sollte sie vorhanden sein, spätestens dann auf, wenn man sich klar macht,

---

EWNT III 430 spricht darüber hinaus von »der verbitterten Unterstellung Joh 16,2«; dieser Text behauptet nach SCHENK also in gewollter Verdrehung der Wahrheit, daß Juden die Tötung von Christen als einen priesterlichen Dienst deuteten. Vgl. dagegen das Referat bei WENGST, Gemeinde 82–84.

[197] WENGST, Gemeinde 85–88.
[198] BROWN, Ringen 35f.

wie schnell nach der sog. konstantinischen Wende die Kirche aus einer verfolgten zu einer verfolgenden Kirche geworden ist. Schwerlich wäre es aber der
geschichtlichen Wahrheit und damit dem heute sich entwickelnden jüdisch-
christlichen Dialog dienlich, wenn man verschweigen oder umbiegen wollte,
was am Anfang der Geschichte zwischen Kirche und Synagoge geschah[199].

c) Inhalte des Streites mit der Synagoge

Die äußere Bedrohung wird zur inneren Krise (S. 150), und die Aufforderung
von 16,1 wäre nicht nötig, wären nicht einige der johanneischen Christen aus
der Gemeinde ausgeschieden und in die Synagoge zurückgegangen. Auch die
Andeutungen von 15,2.6 erhalten so einen realen Hintergrund (s.d.). 15,18–
16,4a insgesamt schält sich als Versuch heraus, den gegenwärtigen Christus in
die prekäre Lage der Gemeinde hineinsprechen zu lassen. Der von der Welt
einst verfolgte Christus wendet sich an die jetzt von der Welt verfolgte Gemeinde und versichert ihr, daß sie gerade als verfolgte Gemeinde *seine* Gemeinde ist. – Dabei hat sich die Auseinandersetzung innerhalb der Synagoge
zwischen den Jesus verneinenden und den Jesus als den Messias Israels beja-
henden und darum ausgeschlossenen Juden sicher auf verschiedenen Ebenen
abgespielt, auf theologischer, juristischer, ökonomischer, gesellschaftlicher
Ebene. In 15,26 f zeichnet sich vor allem die juristische und theologische Ebene ab. Man stellte die Christen entweder vor das Gericht der örtlichen Synagoge, das zweimal in der Woche tagte[200]. Oder sie mußten sich auf jüdische Anzeige hin vor griechisch-römischen Gerichten verantworten (vgl. die doppelte
Möglichkeit in Mk 13,9). In unserem Fall liegt die erste Möglichkeit näher.

Die theologischen Inhalte jenes in 15,26 f angeführten Zeugnisses zeichnen
sich in 15,18–16,4a in wünschenswerter Deutlichkeit ab.

– 15,23 fungiert jetzt als antisynagogaler christologischer Trostsatz der johanneischen Schule. Aber bevor er diesen Charakter annahm, dürfte er in
   einem anderen Kontext gelebt haben, und der erschließt sich, indem man
   den Satz als Replik auf einen synagogalen Gegen-Satz versteht. Die Synagoge attackierte ihre Glieder, die Jesus als den Messias Israels proklamierten:
   Wie könnt ihr eure messianische Erwartung auf den richten, der der Messias
   auf keinen Fall sein kann (6,41 f; 7,15.25–29.40–42)[201], ist er doch kraft der
   Autorität der Tora aus der Gemeinschaft Israels ausgeschieden worden

---

[199] Vgl. BROWN, Ringen 35 zu der feindlichen Haltung der Synagoge gegenüber der
Gemeinde: »... sehe ich nicht, wie es einer gegenwärtigen jüdisch-christlichen Beziehung
nützen könnte, davor die Augen zu verschließen, daß es eine solche Haltung einmal gab«.
Man lese ferner die sehr verantwortlichen Überlegungen bei BLANK 170–176.

[200] E. LOHSE, ThWNT VII 864,10–35. Jede größere jüdische Gemeinde bildete ein ört-
liches Synhedrium mit gewisser juristischer Befugnis.

[201] WENGST, Gemeinde 105–122.

(19,7)! Indem wir uns gegen eure Jesusverkündigung wehren und die damalige Verwerfung Jesu zu seinem jetzigen Verworfensein verlängern, schützen wir die Offenbarung Gottes in der Tora. Mit dem aktualisierten Nein gegen Jesus verteidigen wir die Ehre Gottes, die Tora und damit die Existenz Israels, die auf der Tora ruht. – Auf diese synagogale Position antwortet v. 23 mit aller erdenklichen Schroffheit: Wer Jesus verneint, verneint die in Jesus geschehene Vergegenwärtigung der Worte und Werke Gottes (v. 22.24), er verneint Gott. Denn Gott hat sich ins Jesusgeschehen hineinbegeben, und außerhalb dieses Geschehens ist er nicht erkennbar.

– 15,25 zeigt, wie die Gemeinde Argumente für den christologischen Streit dem Alten Testament entnahm. Aber natürlich hat sich auch die Synagoge des Alten Testaments bedient, wenn sie sich gegen die judenchristliche Rede von Jesus wandte (vgl. die oben angegebene Stellen). Dieser ambivalente Gebrauch des Alten Testaments setzte sicher sehr früh ein, vermutlich bald nach der ersten Osterverkündigung, und aus Joh 7 läßt sich eine Anzahl von jüdisch-judenchristlichen Dialogen erschließen, in denen die Synagoge das Alte Testament gegen die Jesusverkündigung ins Feld führte. Die gegensätzlichen Parolen lauteten also nicht: Hier Christusverkündigung – dort Altes Testament, sondern beide Kontrahenten nahmen das Alte Testament für sich in Anspruch. Für die Jesusanhänger war es das Buch, das Jesus als den Christus ansagt, während die pharisäische Mehrheit der Synagoge aus dem Alten Testament die Widerlegung des Christusseins Jesu herauslas. An dieser Stelle wird der ursprünglich innerjüdische Charakter des Streites greifbar.

– 15,21b; 16,3. Wieder hören wir die Anklage, die die Gemeinde gegen die Synagoge erhob: Ihr kennt Jesus nicht, weil ihr Gott nicht kennt; kenntet ihr Gott, dann verstündet ihr Jesus als den von Gott Gesendeten. Strenge und hochentwickelte johanneische Christologie – die Einheit des Offenbarers Jesus mit dem sich in ihm offenbarenden Gott – ist in den Dienst aktueller Polemik getreten. Nun setzt eine solche Anklage eine vorhergehende Auseinandersetzung über die Jesuspredigt der Gemeinde voraus, in deren Verlauf die jüdischen Jesusanhänger zu der Behauptung vorstoßen, daß man in der Synagoge – sie verstand sich als Erbin des Alten Testaments und in ihr wurde die Tora in Lehre und Praxis lebendig erhalten –, indem man Jesus nicht kenne, auch Gott nicht kenne. Die judenchristliche Gruppe spricht damit der Synagoge, der sie entstammt, das Verstehen und Wahren der alttestamentlichen Offenbarung ab. Hier wird man fragen, ob mit einer solchen Äußerung nicht die Stelle erreicht ist, an der die johanneische Gemeinde sich erkennbar von der Synagoge löst. Hat bei einer so gearteten Diskussion der Streit zwischen johanneischer Gemeinde und Synagoge sich nicht auf den Weg gemacht, auf dem er seinen innerjüdischen Charakter verlor und zum Streit zweier Religionen wurde?

Wir haben uns um ein geschichtlich gerechtes Verstehen und Urteilen zu bemühen; also versuchen wir auch, die Argumentation der Synagoge zu verstehen und zu würdigen. Sie läßt sich aus 15,18–16,4a unschwer rekonstruieren. Sätze wie 15,23 und 16,3 müssen von der Synagoge als groteske Verdrehungen der Wahrheit empfunden worden sein. Bei ihrer Verteidigung oder ihrem Angriff brauchte sie jene Sätze nur umzudrehen:

Gerade weil wir Gott kennen und zwar als den Gott des Sinaibundes und der Tora, wollen wir von eurer Verkündigung nichts wissen, in der Jesus, der von der Tora Verworfene (19,7), in das ausschließlich der Tora vorbehaltene Zentrum rückt. Die Synagoge hat damals also die Jesusverkündigung ihrer judenchristlichen Glieder als Angriff auf die Grundlagen ihrer Existenz empfunden, nicht anders als Jahrzehnte vorher der Rabbinenschüler Paulus[202]. Gerade in der Zeit der sich neu konsolidierenden, sich ausschließlich an der Tora orientierenden Synagoge mußte die Jesusverkündigung innerhalb der Synagoge immer untragbarer werden. Der Satz 16,3 mußte also von der Synagoge in dialektischer Umkehrung beantwortet worden sein: Eure Voraussetzung, daß Gott und Jesus sich decken, ist Beweis für die Verkehrtheit eurer Verkündigung. So wenig wie mit Jesus Offenbarung Gottes geschah (Ursprung von v. 22.24 und wohl auch Antwort darauf), so wenig eignet eurer Jesusverkündigung irgendeine Offenbarungsqualität. Wer Gott kennt und ihm zugehört, muß den Anspruch jenes galiläischen Wanderpredigers und seiner Anhänger um der wirklichen Offenbarung willen verneinen. Eure Gottesdefinition ὁ πέμψας με (S. 161) ist Lästerung. Denn Gott ist der in der Tora und nicht in Jesus Sprechende. Indem wir uns gegen euch wehren und euch aus unserer Gemeinschaft ausscheiden, vollbringen wir tatsächlich eine Art Gottesdienst, einen Akt des Gottesgehorsams. *Wir ehren Gott, indem wir Jesus die Ehre verweigern* (5,23b). Wir verteidigen, indem wir uns gegen euch wenden, mit der eigenen Existenz als Synagoge auch die Gottesoffenbarung der Tora, und eigentlich solltet ihr, selbst Glieder Israels, das verstehen. – Wie wird man vom Zentrum des Neuen Testaments her auf diesen Angriff reagieren, der in wünschenswerte Klarheit die theologische Position der Synagoge aufzeigt?

So gelesen macht uns 15,18–16,4a zu Zeugen der geschichtlichen Entwicklung, in deren Verlauf aus dem Neben- und Ineinander von Juden und Judenchristen vor 70 n. Chr. das Auseinander wurde, das die Geschichte von Kirche und Synagoge seither geprägt hat. Hier tritt frühchristliches Erleben so vor uns hin, daß wir es in Rede und Gegenrede miterleben können. Wir erleben, wie Juden und jüdische Jesusgemeinde sich trennen – was wäre geschehen, wenn sie trotz aller Spannungen beieinander geblieben wären? Der Schmerz über die beginnende und dann vollzogene Trennung ist im Neuen Testament vielfach spürbar (vgl. Röm 9,1–5), und in dem Zorn, in dem das Johannesevangelium da und dort von der Synagoge spricht, verbirgt sich jener Schmerz. Manchmal freilich ist schon im Neuen Testament an die Stelle des Schmerzes die Verachtung

---

[202] DIETZFELBINGER, Berufung 22–42.

getreten (Offb 2,9; 3,9). In späteren Jahrhunderten hat die Kirche die bei allem Gegeneinander nicht zu leugnende Gemeinsamkeit mit der Synagoge gänzlich übersehen –
mit entsprechenden Konsequenzen. Erst unsere Generation lernt mühsam, wieder nach
dem zu fragen, was bei allen bleibenden Unterschieden Kirche und Synagoge verbindet.

15,18–16,4a, damit die in diesem Abschnitt enthaltene Dokumentation des
Konflikts zwischen Gemeinde und Synagoge ergeht jetzt als Anrede an die
Gemeinde, so wie die Selbstbesinnung von 15,1–17 in Form einer Gemeinde-
anrede gehalten ist. Die Elemente der Diskussion mit der Synagoge werden –
ein bemerkenswerter traditionsgeschichtlicher Vorgang – eingeschmolzen in
die autoritative Rede Christi an die Gemeinde über ihr Verhältnis zur Synagoge, die im Text nicht direkt genannt wird. Sie erscheint unter dem Titel Kosmos. Was spricht sich darin aus?

4. Welt

a) Die sich gegen Gott verschließende Welt

Daß 15,18–16,4a von der Synagoge spricht, wird erst ab 15,26 erkennbar. Vorher war nur von der Welt als dem feindlichen Gegenüber der Gemeinde die
Rede. Ist von Welt die Rede, ist also die Synagoge gemeint. Daß diese kein
einheitlicher Block war, daß das Judentum durch den von Jabne (S. 168 f) ausgehenden Einfluß nicht mit einem Mal zu einer geschlossenen Größe wurde,
daß es nicht insgesamt der Gemeinde feindlich gegenüberstand, daß es auch
positive Beziehung zwischen Juden und Judenchristen gab[203] –, das alles wird
in dieser ganz aufs Grundsätzliche ausgerichteten Besinnung nicht berücksichtigt. Für sie gibt es nur den einen Gegensatz zwischen der Gemeinde und der
ihr feindlichen Welt.

Natürlich weiß man im Johannesevangelium auch von Bereichen der Welt, die nicht in
der Synagoge aufgehen. So wendet 7,33–35; 12,20–22 den Blick auf die hellenistische
Welt, und Pilatus (18,28 ff) tritt der Gemeinde als der Repräsentant des imperium ro-
manum entgegen, und sie macht mit ihm ungefähr dieselben Erfahrungen wie mit der
Synagoge. Aber ihre eigentliche und prägende Erfahrung mit der Welt widerfuhr der
Gemeinde in der Auseinandersetzung mit der Synagoge. Darum ist in unserem Abschnitt und auch sonst »Welt« gewöhnlich mit Synagoge gleichzusetzen, auch wenn
man weiß, daß »Welt« mehr umfaßt als die Synagoge. Unbestreitbar geht der Gemeinde im Gegenüber zur Synagoge das Wesen von Welt auf.

Welt ist darin Welt, daß sie den zu ihr Gesendeten nicht erkannte (1,10) und
dadurch zur Finsternis wird (1,5). Welt ist die Größe, die die Finsternis mehr
liebt als das Licht (3,19), die Jesus haßt (7,7), die den zu ihr Gesendeten als
Lästerer verkennt (10,36), die dem Bereich des Unten angehört, während Jesus

---

[203] A. SCHLATTER, Synagoge und Kirche bis zum Barkochba-Aufstand, Stuttgart 1966,
S. 99–111.

nicht »aus ihr« ist (8,23), deren Herrscher der Satan ist (12,31; 14,30; 16,11), die den Parakleten nicht begreifen (14,17) und den Auferstandenen nicht sehen kann (14,19), weil er sich ihr nicht offenbart (14,22), die wahren Frieden nicht zu geben vermag (14,27), die der Gemeinde ebenso mit Haß begegnet, wie sie Jesus mit Haß begegnete (15,18f; 17,14), die vom Parakleten ihrer Sünde überführt wird (16,8), die sich freut am Leid, das sie der Gemeinde bereitet (16,20.33), die aber von Jesus besiegt wird (16,33), aus der heraus Gott die Glaubenden Jesus gegeben hat (17,6.9), wie aus ihr heraus Jesus die Jünger erwählt hat (15,16.19) – freilich sind sie noch in ihr (17,11) – , die weder der Bereich Jesu noch der der Seinen ist (17,13.14.16), aus der die Gemeinde sich heraussehnt (17,15), die den Vater nicht begreift (17,25) und mit deren Wesen das Reich Jesu nichts zu tun hat (18,36), die durch das Kommen Jesu zur gerichteten Welt geworden ist (9,39; 12,31).

Man wird über dieser erdrückenden Aufzählung jene andere johanneische Perspektive von Welt nicht übersehen: Daß die Welt das Ziel göttlicher Liebe ist und daß darum Jesus in sie gesandt wird (3,16f; 11,27; 16,28), daß er dazu gekommen ist, um ihre Sünde wegzunehmen (1,29), als Licht in ihr zu wirken (3,19; 8,12; 9,5; 12,46), ihr die Worte Gottes zu vermitteln (8,26) und sich so als Retter der Welt zu erweisen (4,42). Er gibt der Welt Leben (6,33), gibt sein Fleisch für das Leben der Welt (6,51), ist nicht gekommen, um sie zu richten, sondern um sie zu retten (12,47). In die Welt sendet er die Jünger, wie der Vater ihn in sie gesendet hat (17,18), damit er in ihr die Wahrheit bezeuge (18,37). Und soll nicht schließlich die Welt erkennen, daß Jesus den Vater liebt (14,30), soll sie nicht selbst zum Glauben und Erkennen gelangen (17,21.23), um damit aufzuhören, »Welt« in jenem negativen Sinn zu sein? – Man trifft auch auf einen mehr oder weniger neutraler Umgang mit »Welt«: 6,14; 7,4; 11,9; 12,19.25; 13,1; 16,21; 17,5.24; 21,25 (S. 103f).

In der Synagoge begegnete der Gemeinde konkret und aktuell die Welt, die sich gegen Gott verschließt, indem sie sich gegen Jesus verschließt. In der Synagoge konstituiert sich die Welt, die nicht Schöpfung sein will, sondern ihre Existenz auf sich selbst gründet. Dabei ist aller Beachtung wert: Welt ist im Johannesevangelium nicht darum »Welt«, weil sie in atheistischer Grundhaltung Gott leugnet, seine Gebote verwirft und im Taumel ethischer Bindungslosigkeit ihre eigene Zerstörung besorgt. Man hat im Gegenteil mit einer überaus religiösen Welt zu tun, und diese fromme Welt ist die gottfeindliche Welt. Sie verdreht »Gottes Forderung und Verheißung«, indem sie daraus »einen Besitz macht«. In religiöser Überzeugung verschließt sie sich »gegen die ihre Sicherheit in Frage stellende Offenbarung«, die »alle Sicherheit zerbricht«. Religion, die »für die Begegnung Gottes offen halten sollte«, wird »zum Mittel der Ruhe«, der Absicherung gegen Gottes beanspruchendes und schenkendes Schöpfertum[204]. Hier kommt die Dämonisierung der Religion in den Blick, Religion als das menschliche Unternehmen, das zum Ziel hat, sich

---

[204] BULTMANN, Theologie 380; vgl. auch 367–369.378–385; ferner BLANK 29–31.

Gottes in sublimer Weise zu bemächtigen, ihn dem eigenen Verlangen zu unterwerfen, sich seinem Aktuellwerden zu entziehen, indem man sich ihm fromm unterwirft. Mit solcher Analyse setzt das Johannesevangelium prophetische Tradition fort (Am 5,21–25; Jes 1,10–17; Jer 7). Dabei kommt die Anklage Jesu gegen einen Gottes Wirklichkeit verfehlenden Pharisäismus zu neuer Gestalt, der im Bemühen um den Willen Gottes diesen Willen verneint (Mt 21,28–31). Paulus setzte diese Anklage fort, als er in Röm 1,18–32 die Verwechslung des Geschöpfes mit dem Schöpfer als die Grundsünde des Menschen aufdeckte[205]: Man verehrt Gott an Gott vorbei; man zerstört Schöpfung im Namen des schöpferischen Gottes. Das ist gewiß nicht alles, was man über Religion sagen kann. Aber es wäre verhängnisvoll, wollte man diese Möglichkeit der Religion verschweigen; man verfällt ihr dann umso sicherer, und in der zeitgenössischen Synagoge sah das Johannesevangelium jene Möglichkeit verwirklicht. Es stellt sich die Frage, ob in diesem Evangelium die in der Synagoge aktuell gewordene Gefahr auch als die der Gemeinde selbst drohende Gefahr gesehen wurde.

b) Gemeinde und Welt

In 15,1–17 hat sich die Gemeinde ihres Existenzgrundes versichert. In 15,18–16,4a reflektiert und analysiert sie ihr Verhältnis zur Welt[206]. Es ist, parallel zu dem Geschick Jesu, durch das in Verfolgung erfahrene endgültige Nein der Welt bestimmt, und daraufhin vollzieht die Gemeinde ihrerseits ihre Distanzierung von der Welt, die dem Nein der Welt in Schärfe und Endgültigkeit zu entsprechen scheint. Die Suche nach Spuren, die das sich durchhaltende Ja Jesu zur Welt in der johanneischen Gemeinde hinterlassen hat, scheint ergebnislos zu verlaufen. Das Ringen Jesu um die feindlichen oder mißtrauischen Pharisäer, das Bild des Jesus, der bei den ihn Verwerfenden aushält (Lk 23,34) – wo findet sich Vergleichbares im Johannesevangelium?

Käsemann zieht hieraus eindeutige Konsequenzen. Er erspürt im Johannesevangelium die »Atmosphäre einer christlichen Mysteriengemeinde«[207] mit häretischen Tendenzen. Die Gemeinde versteht sich als Konventikel, das sich von der Welt abschließt und diese sich selbst und ihrem bösen Schicksal überläßt[208]. Darum gibt es keine Mission, die etwa der paulinischen Mission entspricht. Mission gilt »auch nicht der Welt als solcher«, sondern sie ist entsprechend 11,52 lediglich die Sammlung der »Erwählten und zum Glauben Berufenen«[209], wie es von einer Gemeinde nicht anders zu erwarten ist, »welche selbst im Bewußtsein ihrer Sendung dem Irdischen gegenüber keine Soli-

---

[205] F. GOGARTEN, Verhängnis und Hoffnung der Neuzeit, Stuttgart 1953, S. 20–22.

[206] ONUKI 138: »Die ganze Texteinheit von v. 18–25 ist nichts anderes als eine Reflexion über diese negative Erfahrung«.

[207] KÄSEMANN, Wille 139.

[208] KÄSEMANN 75–81.101 f.131 f.

[209] KÄSEMANN 135.

darität verspürt«[210]. – Liest man 15,18ff in dieser Perspektive, dann findet man hier in der Tat nichts als das Nein der Gemeinde zur Welt als Antwort auf das von der Welt her erfahrene Nein. – Dem widerspricht Schnackenburg. Eine Gemeinde, die einen so entschieden missionarischen Text wie 4,39–42 tradiert, in der die Sätze von 10,16; 11,52 lebendig sind, die in den Äußerungen von 7,35 und 12,20–22 den Übergang des Evangeliums von der jüdischen in die hellenistische Welt bezeugt und bejaht, ist nicht konventikelhaft in einem aus der Welt ausgegrenzten und die Welt verneinenden Bereich angesiedelt. Auch sie gehört in die »missionarische Welt des Urchristentums«[211] und hat den in 3,16; 8,12 liegenden missionarischen Auftrag nicht vergessen. Die nicht zu bestreitende *gewisse* Isolierung von der Welt ist keine *völlige* Isolierung. Das setzt voraus und schließt ein, daß für die Gemeinde die Welt zwar zur faktisch bösen Welt geworden ist, aber »nicht zum prinzipiell Bösen«[212].

Wie kommt man einer Lösung des Problems näher? 15,18–16,4a gehört sicher in eine besonders zugespitzte Situation, und mit dem hier Gesagten reagiert man auf sehr aktuelle Ereignisse; auch theologische Reflexionen und Entscheidungen sind abhängig von geschichtlichen Vorgegebenheiten. Was bleibt denn der verfolgten Gemeinde anderes übrig, als sich in die konstatierte Distanz von der verfolgenden Welt zurückzuziehen? Welche Reaktion ist auf mißlungene Mission (S. 160) zu erwarten wenn nicht die, daß man solches Erlebnis zunächst in sich isolierender Selbstbesinnung verarbeitet? Nicht hier also, im Rückzug der Gemeinde auf sich selbst und in dem aktuellen Nein zur Welt der Synagoge, liegt das Problem. Das kommt erst in der Frage an den Tag, ob das Nein der Gemeinde zur Welt von gleicher Struktur ist wie das Nein der Welt zur Gemeinde. Eine vorsichtige Antwort geht von folgenden Beobachtungen aus:

– Nirgends reagiert die Gemeinde, soweit wir sehen, auf das, was sie als Haß der Welt erfährt, ihrerseits mit Haß. In 15,18ff findet sich nichts, was an die Vertilgungsbitte des Achtzehnbittengebets herankommt (S. 168); das ist in Offb 17–20 anders.
– In 15,26 wird auf Ps 69 Bezug genommen. Worte dieses Psalms werden noch in 2,17; 19,28 zitiert. Er enthält in v. 23–29 eine ausführliche Bitte um Bestrafung der Verfolger, und Elemente aus diesem Abschnitt klingen in Röm 11,9f; Offb 16,1; Apg 1,20; Lk 13,35 an; sie waren also in der frühen Christenheit als Mittel der Antwort auf erfahrene Verfolgung bekannt. Aber das Johannesevangelium nimmt auf sie nicht Bezug, und gerade die ziemlich exakte Entsprechung zur 12. Bitte des Achtzehn-Bitten-Gebets, Ps 69,29, wird nicht genannt. Muß man daraus schließen, daß die hier zu Wort kommende Gemeinde sich die Vertilgungsbitte nicht zu eigen machen *wollte*?
– Die Gemeinde wird aufgefordert, die Gegnerschaft der Welt nicht in klagender Passivität, sondern als das ihrer Christuszugehörigkeit gemäße Schicksal zu tragen (vielfach, aber nicht im johanneischen Schrifttum, hat man

---

[210] KÄSEMANN 137.
[211] SCHNACKENBURG III 244; vgl. den Abschnitt 241–245.
[212] ONUKI, Gemeinde 65.

darin einen Anlaß zum Lobpreis Gottes gesehen, vgl. Phil 1,29; 1Pt 4,14
u.ö.; auch Polycarp 8,2). Solches Bedenken der eigenen Bedrängnis macht
es schwer, den Verursachern der Bedrängnis, gegen die man sich mit physi-
scher Gewalt nicht wehren kann, wenigstens mit Gefühlen des Hasses zu
begegnen[213]. Denn dies mindestens hat man gewußt, daß Jesus, dessen
Schicksal man teilte, Haß nicht mit Haß beantwortet hat.

– 15,26f macht es sicher, daß das Zeugnis der Gemeinde an die jenes Zeugnis
  verneinende Welt als Aufgabe der Gemeinde wahrgenommen wurde. Der in
  der Gemeinde gegenwärtige Paraklet erlaubt der Gemeinde nicht, in passi-
  vem Verstummen zu versinken[214]. Wie könnte sie in der Verfolgung zur
  schweigenden Gemeinde werden, wo ihr Herr als der Verfolgte nicht geschwiegen hat (18,21–23.36f)? Die Welt bleibt also Aufgabe für die Gemeinde.

In 17,21–23 (s.d.) wird eine Erwartung laut, die mit ihrer Eindeutigkeit innerhalb des
Johannesevangeliums eine Besonderheit darstellt. Die beiden jeweils dritten ἵνα-Sätze
sagen nichts anderes, als daß die Welt zur glaubenden und Christus erkennenden Welt
werden soll, daß sie also wieder zu ihrem ursprünglichen Sein als Schöpfung Gottes
und darin zur Einheit mit der Gemeinde findet. Diese singulären Sätze bezeugen, daß
im geschichtlichen Gesamtkontext der johanneischen Gemeinde neben anderen Tendenzen auch die eben skizzierte Hoffnung lebte. Solche Erwartung freilich spricht sich
in 15,18ff nicht aus. Wir werten darum 17,21–23 nicht für die Interpretation von
15,18ff aus.

Von dem oben Gesagten her ist zu urteilen, daß das aktuelle Nein der Gemeinde
zur Welt kein prinzipielles, die Welt preisgebendes Nein sein kann. Allerdings
hält die Gemeinde ihren Widerspruch zur Welt durch; sie weigert sich damit,
durch Anpassung an die Welt ihr Schicksal zu erleichtern. Der so durchgehal-
tene Widerspruch zur Welt bei festgehaltener Beziehung zu ihr kann in zwei
Richtungen zielen. Er könnte dazu dienen, die himmlische Qualität der Gemeinde gegenüber der Verworfenheit der Welt zu demonstrieren, und auch das
verkündigende Wort kann solchem Zweck dienstbar gemacht werden. Damit
wäre freilich um der eigenen Rettung willen die Solidarität mit der Welt doch
preisgegeben und dies in sehr sublimer Weise; das Ertragen der Verfolgung
würde zum religiös überhöhten Selbstmitleid und weltverachtende Überheblichkeit spräche sich darin aus[215]. Die christliche Gnosis hat nicht selten unter
Berufung auf Johannes diesen Weg gewählt[216]. Durfte sie sich auf ihn berufen?

---

[213] Etwas zu positiv formuliert AUGENSTEIN 84: »Die Reaktion auf den Haß ist also kein
Gegenhaß, sondern vielmehr Haßverzicht, der sich in der Sendung der Jünger ausdrückt«.
[214] ONUKI 45.146.
[215] In diese Richtung geht die Interpretation von E. SCHWEIZER, Der Kirchenbegriff bei
Johannes, in: ders., Neotestamentica, Zürich-Stuttgart 1963, S. 269; vgl. auch KÄSEMANN,
Wille 136–139.
[216] RUDOLPH, Gnosis 77–79.

Aber der johanneische Widerspruch zur Welt, das Nein zu jeder Anpassung an die Welt könnte auch darauf ausgehen, der Welt ihr tödliches, sinn- und schöpfungswidriges Verharren in Finsternis und Lüge zu demonstrieren und ihr die schöpfungsgemäße Alternative als ihre eigene Möglichkeit und Berufung gegenwärtig zu halten. Dann hätte jenes Nein der Gemeinde das Ziel, die Welt nicht guten Gewissens »Welt« sein zu lassen, und so würde die Gemeinde gerade im Widerspruch und in Distanz zur Welt die Solidarität mit ihr bewahren.

Der Abschnitt 15,18–16,4a ist eine zu schmale Basis, als daß man sicher entscheiden könnte, welche der zwei Möglichkeiten das Johannesevangelium gewählt hat. Aber das Fehlen einer Absage an die Welt im Sinn eines apokalyptisch gefärbten Hasses und die bleibende Verpflichtung zum Zeugnis in der Welt wiegen schwer und sprechen für die zweite Möglichkeit. Wir konstatieren freilich noch einmal das Fehlen des über die Geschwisterliebe hinausgreifenden Gebots der Feindesliebe (S. 148ff), jene Haltung verstehenden Wissens, die es vermag, sich an den Platz des anderen, auch des Hassenden, zu versetzen, seine Ängste und Reaktionen zu durchschauen und sich ans Auflösen seiner zerstörerischen Verkehrtheiten zu machen – es sei denn, daß in der die Gemeinde tragenden Idee der Schicksalsgleichheit mit Jesus ein Element dieser Haltung enthalten und wirksam war. Sicher aber ist unserem Text nicht so etwas wie eine endgültige Absage der Gemeinde an die Welt zu entnehmen. Die Auseinandersetzung ging also weiter, d.h. auch: Die Beziehung zur Welt, zur Synagoge, so negativ sie im Augenblick war, sollte nicht abreißen.

c) Dualismus im Johannesevangelium

(1) In diesem Zusammenhang bedarf der johanneische Dualismus einer Besprechung. Sein Gewicht wird von manchen Exegeten hoch eingeschätzt. So weist Becker der dualistischen Weltsicht eine konstitutive Rolle nicht nur für das theologische Denken des Evangelisten, sondern auch für die Geschichte der johanneischen Gemeinde zu, und er macht sich dabei anheischig, die Entwicklung des dualistischen Denkens in der johanneischen Gemeinde nachzuzeichnen[217]. Vor Becker hatte Käsemann das Johannesevangelium als Dokument eines frühchristlich-gnostischen Dualismus zu verstehen gesucht. Glaube und Unglaube der Menschen sind die Orte, an denen die dualistische Grundstruktur der Welt sich äußert. Sie »bestätigen als konkrete Entscheidungen einzelner Menschen aktualisierend die bestehende Scheidung«[218]. Nach Johannes gilt »die christliche Sendung auch nicht der Welt als solcher, sondern jenen, die in der Welt dem Christus von seinem Vater gegeben sind, also den Erwählten

---

[217] BECKER 174–179; zur Kritik s. FREY, Eschatologie (s. S. 97 Anm. 146): »eine hochhypothetische Konstruktion« (S. 265). – Zum Problem vgl. BERGMEIER, Glaube 200–236; ONUKI, Gemeinde 19–54.
[218] KÄSEMANN, Wille 132.

und zum Glauben Berufenen«[219]. Dualismus wird zum Schlüssel für die Interpretation des Johannesevangeliums mit der Konsequenz, daß das Irdisch-Geschichtliche an Jesus zwar nicht beseitigt wird, aber zur Bedeutungslosigkeit absinkt. Jesus erscheint als der über die Erde schreitende Gott, der mit der Welt allenfalls »aus der unendlichen Distanz des Himmlischen heraus«[220] kommuniziert, dessen Sterben am Kreuz aber fern ist von der realen Qual eines Gekreuzigten. – Was ist dazu zu sagen?

(2) Unbestreitbar ist, daß keine neutestamentliche Schrift so von dualistischer Sprache durchzogen ist wie das Johannesevangelium und der erste Johannesbrief. Welchem Einfluß, fragt man, war die johanneische Gemeinde ausgesetzt, daß sie sich in so auffälliger Weise von dualistischer Sprache nähren ließ und damit sich dualistischem Denken öffnete? Man hat ebenso zu fragen, auf welches Ziel hin dualistische Sprache im Johannesevangelium gebraucht wird. – Nun gibt es im Johannesevangelium viele Abschnitte, die von Dualismen ziemlich frei sind, die Wundergeschichten etwa, auch der Passionsbericht und die Rede in 5,31–47[221]. Andere Stellen dagegen sind entschieden dualistisch geprägt. Wir vergegenwärtigen uns die wichtigsten Begriffe und ihr Vorkommen.

– Licht – Finsternis: 1,5; 8,12; 12,35; 1Joh 1,5–7. Von Söhnen des Lichts spricht 12,36 (vgl. Lk 16,8; Eph 5,8; 1Thess 5,5); es fehlt der Begriff »Söhne der Finsternis«.
– Wahrheit – Lüge: 8,44; 1Joh 1,6 u.ö. Vom Geist der Wahrheit wird der Geist der Verführung unterschieden (1Joh 4,6).
– Geist – Fleisch: 1,13; 3,6; 6,63; vgl. die paulinische Antithese Geist-Fleisch in Gal 5,13ff.
– Leben – Tod: 3,16.36; 5,24.29.
– Oben – unten: 3,13.21; 8,23; dazu himmlisch-irdisch: 3,12.31.
– Freiheit – Knechtschaft: 8,33–36.
– Gemeinde – Welt: 15,18–20.
– Gott – Satan: Dieses Gegenüber wird in 12,31; 14,30; 16,11 vorausgesetzt.
– Die Zweigeteiltheit der Menschen erscheint in dem Gegensatz derer, die Christus von Gott gegeben wurden, und derer, die ihm nicht gegeben wurden (17,2.6.9.24), ebenso in der Alternative von unten und oben (8,23).

Beim Bedenken der Frage, woher das johanneische Schrifttum diese in Dualismen sich ergehende Sprache hat, die in der frühen Kirche nicht üblich war, hat man vielfach an Qumran gedacht, schon darum, weil johanneische Sprache auch abgesehen von ihren dualistischen Elementen eine auffallende Verwandt-

---

[219] KÄSEMANN 135.
[220] KÄSEMANN 27.
[221] SCHNACKENBURG I 51–54; III 400–403.

schaft mit qumranischer Sprache aufweist[222]. Freilich handelt es sich um eine begrenzte Verwandtschaft. Fehlen in Qumran die Gegenüberstellungen Leben – Tod, Freiheit – Knechtschaft, so hat das Johannesevangelium für die qumranische Zwei-Geisterlehre keinen Platz (anders 1Joh 4,6)[223]. Die qumranische Vorstellung vom apokalyptischen Krieg ist zwar im Buch der Offenbarung da (16,14; 19,11–21); im Johannesevangelium ist sie schlechterdings undenkbar. So greift die Vermutung, die johanneische Literatur wolle »im weitesten Sinn des Wortes als eine Auseinandersetzung mit den theologischen Voraussetzungen der Qumran-Essener verstanden werden«[224], sicher zu weit. Aber daß die dualistischen Sprachelemente des Johannesevangeliums und des ersten Johannesbriefs von Qumran gekommen sind, ist möglich[225]; die Ursache könnte darin zu finden sein, daß Qumranangehörige zur johanneischen Gemeinde gestoßen sind und ihre Sprache mitgebracht haben. Neuerdings wird erwogen, ob man die Beziehung zwischen Qumran und den ersten christlichen Gruppen sogar lokalisieren kann, und man möchte im sog. Essenerviertel, auf dem heutigen Zionsberg gelegen, den Ort sehen, an dem die Jerusalemer Urgemeinde mit den Essenern Tür an Tür wohnte[226]. Das sei dahingestellt, und wenn es so war, so ist damit noch nicht die sprachliche Beeinflussung der *johanneischen* Gemeinde durch Qumran erklärt.

(3) Es ist zur Rolle dualistischer Sprache im Johannesevangelium noch mehr zu sagen. Ein eigentliches dualistisches System, das die Konstruktion der Welt in ihrem Entstehen und Wesen erklärt, ist im Johannesevangelium, auch im ersten Johannesbrief nicht zu finden. Weder der grundsätzliche Antagonismus eines guten und bösen Prinzips noch seine Abschwächung in einen relativen Dualismus (die Welt ist zwar nicht von ihrem Ursprung her, sondern durch ein Geschehen innerhalb ihrer Geschichte in den Widerspruch geraten, der sich dualistisch im Kampf zwischen Gott und Satan äußert) ist nachweisbar. So wird auch die Person Jesu nicht als Element eines dualistischen Weltbildes oder Weltendramas dargestellt. Wohl aber kann man beobachten, wie dualistische Sprache als Instrument johanneischer Christologie und von da aus als Instrument johanneischer Anthropologie benutzt wird. Das muß ein sehr bewußter Vorgang gewesen sein, und den dafür Verantwortlichen dürfte seine Gefährlichkeit gegenwärtig gewesen sein – nicht ohne Grund tritt die Sprache des Dualismus im sonstigen Neuen Testament entschieden zurück. Sprache ist Ausdruck von Welterfahrung und Weltbewältigung; in der Sprache ereignet

---

[222] Vgl. die eindrucksvolle Liste bei SCHNACKENBURG I 91 f.111; HENGEL, Frage 281 f.

[223] KLAUCK, 1Joh 242 f.

[224] MAIER/SCHUBERT, Die Qumran-Essener 131.

[225] Vgl. ONUKI, Gemeinde 19–26, wo sehr allgemein mit einer jüdischen Herkunft dualistischer Sprache im Johannesevangelium gerechnet wird.

[226] R. RIESNER, Das Jerusalemer Essenerviertel und die Urgemeinde, in: ANRW II 1775–1922.

sich Weltinterpretation, äußert sich menschliches Selbstverständnis. Weshalb also greift das Johannesevangelium nach der der Jesusbotschaft von Haus aus fremden Sprache des Dualismus?

Man findet eine Antwort, wenn man überlegt, welche Möglichkeiten die dualistische Sprache angesichts der Umstände bot, in denen die johanneische Gemeinde sich befand, und man kommt dem Problem nahe mithilfe der Beobachtung, daß die dualistischen Passagen des Johannesevangeliums durchweg polemischen Zusammenhängen angehören. Die Dualismen des Johannesevangeliums dienten also zum Austragen des Streites, in dem die johanneische Gemeinde sich befand; das war zu der Zeit, in der das Johannesevangelium entstand, primär der Streit mit der Synagoge.

Dasselbe gilt modifiziert von dem Streit, der den ersten Johannesbrief beherrscht. Auch dort werden die Dualismen polemisch eingesetzt. Nur ist nicht mehr die Synagoge der Gegner, sondern eine sich separierende Gemeindegruppe (2,18f). Sie wird in dieselbe dualistisch begründete Negativität gerückt wie im Johannesevangelium die Synagoge. Dualistische Sprache wird verwendet, nicht um eine dualistische Weltsicht zu propagieren, sondern um die Tiefe des Gegensatzes zu einer Gegengruppe aufzuzeigen. Sie ist nicht Ausdruck dualistischer Weltdeutung, sondern probates Mittel, um die Grundsätzlichkeit des Streites sichtbar zu machen.

Mithilfe dualistischer Sprache hat sich die johanneische Gemeinde der Synagoge erwehrt. Denn diese Sprache gab ihr die Möglichkeit, das für sie rätselhafte Nein der Synagoge zur Jesusbotschaft aus einer metaphysisch verstandenen Finsternis hervorkommen zu lassen, in der dieses Nein verankert ist. Man muß sich in das Erleben der Gemeinde versetzen: Die Juden, die Erben des Altes Testament und des in ihm angesagten Heils (4,22), verschließen sich diesem Heil, versagen sich der ihnen geltenden und in Jesus konkret gewordenen Verheißung des Alten Testaments und verweigern sich damit der Geburt von oben (3,3.5). Ist dieses Unbegreifliche anders erklärbar als mit der in der dualistischen Sprache sich anbietenden Auskunft, daß die Juden sich dem Bereich des »Unten« (8,23) ergeben haben? Was die Synoptiker die Sünde gegen den heiligen Geist nennen (vgl. Mk 3,28f; Lk 12,10 [S. 88], wo das Nein der nachösterlichen Synagoge verarbeitet wird) und mit Hilfe des jesajanischen Verstockungsworts gegen Israel (Jes 6,9f) verständlich zu machen suchen (Mk 4,10–12; auch im johanneischen Bereich bekannt: Joh 12,39f), das faßt der Evangelist in die Sprache des Dualismus.

Damit interpretiert er das Nein der offiziellen Synagoge zur Jesusbotschaft als Beleg für ihr Verfallensein an satanische Macht (8,43f), an die Sünde (9,39–41). Gleichzeitig gewinnt er so die Möglichkeit, die Gemeinde als Gegenwelt zur Synagoge zu zeichnen (1,11f; 3,18; 15,18–21) und ihre Isoliertheit als Ergebnis des Heilsgeschehens zu verarbeiten: Sie, die Gemeinde, ist die Schar der von Gott zu Jesus Gezogenen (6,44), der Jesus von Gott Gegebenen, der Söhne des Lichts (12,36), die aus dem Tod ins Leben hinübergegangen sind (5,24). Der

Evangelist kann das ihn und die frühe Gemeinde quälende Rätsel der synagogalen Verweigerung in die dualistische Formel fassen, daß, was vom Fleisch
geboren ist, Fleisch bleibt (3,6); es gehört dem Machtbereich des Herrschers
dieser Welt an (12,31; 14,30; 16,11). Das ebenso rätselhafte Glück des Glau-
ben-Könnens faßt er in die Fortsetzung: Was vom Geist geboren ist, das ist
Geist. Keine andere Sprache als die dualistische war (und ist) so geeignet, die
Abgründigkeit glaubensloser Verweigerung und das Geschenk des Glaubens
zum Ausdruck zu bringen[227].

(4) War aber Polemik am dualistischen Sprachgebrauch der johanneischen
Gemeinde ursächlich beteiligt, dann ergibt sich daraus eine Grenze dieses
Sprachgebrauchs. Der Evangelist wollte keine dualistische Welterklärung mit
Jesus als ihrem Siegel liefern, so wenig wie er Jesus in die Unwelthaftigkeit
eines über die Erde schreitenden Gottes versetzte. Mit der Rede von der Welt-
losigkeit der Gemeinde (sie ist nicht »aus der Welt« 15,19) hat er nicht die
Preisgabe der Welt an die Macht der Finsternis verkündigt und nicht die Solidarität der Gemeinde mit der Welt aufgekündigt. Derartiges war für den Evangelisten, der sein alttestamentlich-jüdisches Erbe nicht fahren ließ, sondern in
der Christusoffenbarung zum Ziel geführt sah, nicht denkbar. – In einer Besinnung über prädestinatianische Äußerungen im Johannesevangelium werden
wir dem Problem des johanneischen Dualismus auf einer anderen Ebene noch
einmal begegnen (S. 304–308).

III. Der Beistand der Gemeinde 16,4b–15

Nachdem in 15,1–17 das Wesen der Gemeinde und in 15,18–16,4a die Bedrängnis der Gemeinde bedacht wurde, spricht 16,4b–15 von dem Beistand,
mit dem die Gemeinde in ihrer Bedrängnis rechnen kann.

1. Einführung

a) Wörter und Begriffe

v. 5. ὑπάγω ist in 13,3.33.36; 14,4f.28 der mit schwerem Gewicht beladene terminus
für das Weggehen Jesu aus der Welt zum Vater; während das Verb in 15,16 ziemlich
neutral verwendet wird, hat es in 16,5.10.17 wieder dieselbe Bedeutung wie in c. 13f.
– ἐρωτάω heißt sowohl fragen (1,19.21.25; 5,12; 9,2.15.19. 21.23; 16,5.19.30;
18,19.21) als auch bitten (4,31.40.47; 12,21; 14,16; 16,26; 17,9.15.20; 19,31.38).

v. 7. συμφέρει es ist nützlich, förderlich, vorteilhaft. – Man kann den ἐάν-Satz indikativisch wiedergeben: Wenn ich nicht fortgehe, wird der Paraklet nicht zu euch
kommen; man kann dem Satz auch irrealen Sinn entnehmen: Wenn ich nicht fortginge,
käme nicht ...

---

[227] Vgl. BULTMANN, Theologie 369–373, wo glaubende und nichtglaubende Existenz in
dualistischer Begrifflichkeit ausgelegt wird.

v. 8. ἐλέγχω überführen, widerlegen, jmdm etwas nachweisen[228]; in 1Kor 14,24f begegnet das Verb im Kontext frühchristlicher Prophetie: Prophetische Rede überführt den Menschen seiner Verkehrtheit, deckt sein Inneres auf. Sollte auch 16,8ff in einen prophetischen Kontext gehören?

v. 9. Das ὅτι hat explikativen Sinn[229]: hinsichtlich der Sünde, die darin besteht, daß sie ... Entsprechendes gilt für das ὅτι in v. 10 und 11. Der kausale Sinn ist in diesem Fall nicht weit entfernt.

v. 11. ὁ ἄρχων τοῦ κόσμου der Satan: s. zu 14,30.

v. 12. ἔχω hier im Sinn von »sollen, müssen«[230]: eigentlich sollte ich ... – βαστάζω ertragen, aushalten[231]; die Bedeutung »fassen, begreifen«[232] erfreut sich einer problematischen Beliebtheit.

v. 13. ἐκεῖνος, als masculinum nicht zu πνεῦμα passend, erklärt sich von dem hier freilich nicht mehr genannten παράκλητος her; vgl. ἐκεῖνος in v. 8.14. – Neben ἐν τῇ ἀληθείᾳ πάσῃ steht εἰς τὴν ἀλήθειαν πᾶσαν; grammatikalisch kann man den Unterschied vernachlässigen, da ἐν und εἰς alternieren[233]. Der Streit um die ursprüngliche Lesart ist dogmatischer Art: ἀλήθεια könne nicht erst das Ergebnis der Führung sein, die der Geist der Gemeinde angedeihen läßt; das Führen des Geistes bewege sich immer in der Wahrheit[234]. – ὁδηγέω führen (Mt 15,14), hier anleiten (Apg 8,31). – ὅσα enthält πάντα in sich: alles, was.

v. 14 τὸ ἐμόν mein Eigentum (Mt 25,27); Plural τὰ ἐμά in Mt 20,15; Lk 15,31; Joh 17,10.

b) Inhalt und Gliederung

Jetzt wird, was in 15,1–16,4a nie geschehen ist, die Abschiedssituation wieder vergegenwärtigt. Es spricht der Christus, der in der Nacht vor seinem Tod vor den Ohren der Jünger und teilweise im Dialog mit ihnen Notwendigkeit und Folge seines Sterbens darlegt. Damit kehrt der Text zu der Weise zurück, in der in 13,31–14,31 das Weggehen Jesu bedacht wird – vom Dialogcharakter dieser Rede abgesehen. Zwar sind auch die Abschnitte 15,1–17 und 15,18–16,4a jetzt Teile der Abschiedsreden. Aber das sind sie nicht kraft ihres Inhalts, sondern kraft der vorliegenden Komposition. 15,1–17 könnte von seinem Inhalt her auch außerhalb der Abschiedsreden stehen, wie denn der Gedanke, daß die Freundschaft mit Jesus durch seinen Tod gefährdet ist (vgl. 13,33.36–38; 14,1–5.28), diesem Text ganz fern liegt. 15,18–16,4a blickt zwar auf das abgeschlossene Werk Christi zurück (vor allem v. 22.24) und spricht von dem Schicksal der Jünger nach dem Weggang Jesu; insofern ist der Text der Abschiedssitua-

---

[228] Br s.v. 2; Genaueres bei Schnackenburg III 146.
[229] Bultmann 343 Anm. 3.
[230] Br s.v. I 6b.
[231] Br s.v. 2b.
[232] Weder bei Br noch bei W. Stenger, EWNT I 499f noch bei F. Büchsel, ThWNT I 596f genannt. Dafür spricht Strathmann 216 zu v. 12 von der Rücksicht auf das Fassungsvermögen der Jünger.
[233] BDR 205f; Bultmann 442 Anm. 2.
[234] Vgl. das Referat bei Brown 707; dazu Schnackenburg III 153f.

tion nahe. Aber zum Thema wird der Abschied Jesu und seine Folgen für die
Jünger auch hier nicht. Das ändert sich von 16,4b an.

Der Trauer, die infolge des Weggehens Jesu die Jünger überfällt (v. 5 f; vgl.
14,1.27), wird das Positive dieses Weggehens entgegengestellt: Das Kommen
des Parakleten (v. 7). Von ihm und seinem Tun wird viel ausführlicher, auch
konkreter als in 14,16 f.25 f; 15,26 f gesprochen, und dies in zwei voneinander
abgehobenen Abschnitten. v. 8–11 beschreibt das Werk des Parakleten gegenüber der Welt, v. 12–15 das Werk, das er an der Gemeinde tut.

Der Abschnitt läßt sich mühelos gliedern. v. 4b–7 bereitet auf das Zentrum,
die Rede über den Parakleten vor. v. 8–11 spricht vom »Strafamt« des Parakleten gegenüber der Welt, v. 12–15 von seinem »Lehramt« gegenüber der Gemeinde[235]. Ist es Zufall, daß v. 4b–15 sich ebenso zwanglos in drei Unterteile
gliedern läßt, wie wir das bei 15,1–17 und 15,18–16,4a (107 f.156) beobachtet
haben, oder ist darin einen Hinweis auf die gewollte Zusammengehörigkeit der
drei Abschnitte zu sehen?

2. Exegese

a) 16,4b–7 Das Fortgehen Jesu und das Kommen des Parakleten

v. 4b beginnt mit einem eindeutigen Neueinsatz. ταῦτα bezieht sich auf 15,18–
16,4a, und v. 4b gibt sich damit als geplantes Verbindungstück zu erkennen.
Auf Verfolgungen vorzubereiten war solange nicht nötig, wie Jesus bei den
Jüngern war. Von seiner Anwesenheit ging Schutz für die Jünger aus (s. 17,11 f)
– eine Überlegung, die in 18,8 f eine Konkretion erfährt. Der hier ziemlich
fremde Gedanke läßt sich mit dem Kontext verbinden: Solange Jesus bei den
Jüngern war, traf das Nein der Welt ihn und nicht sie. Jetzt, wo er die Welt
verläßt, wird sich dieses Nein ungehindert auf die Jünger stürzen, und sie haben die Unvermeidlichkeit dieses Geschehens zu begreifen. Es ist Zeit, daß
davon gesprochen wird.

Von v. 4b her kann man beobachten, wie 15,18–16,4a nachträglich mit Geschick der
Abschiedsstunde eingefügt wurde. Ursprünglich Eigenständiges, vielleicht ein Text aus
der Gemeindekatechese (S. 157 f), wird in den großen Zusammenhang der Abschiedsreden versetzt.

v. 5 f Mit νῦν δέ wird der Blick von der nachösterlichen Zukunft auf das unmittelbar Bevorstehende gelenkt: Ich gehe zum Vater. Das neue Thema, das im
Gesamten der Abschiedsreden ein altes Thema ist, die Verlassenheit der Jünger, wird angeschlagen (vgl. 16,16–33), damit auch die Frage, wie sie solche
Verlassenheit bestehen und in ihr Jünger bleiben können. Aber ist dieses Thema nicht in 13,31–14,31 schon erschöpfend und abschließend behandelt wor-

---

[235] Strathmann 216.

den? Warum wird es noch einmal aufgenommen? Wird es von neuen Einsichten und Erfordernissen her noch einmal anders bedacht? – v. 6 nennt die λύπη als die die Jünger erfüllende Macht, und diese Traurigkeit ist, sagt v. 5b, so lähmend, daß die Jünger nicht einmal mehr fragen, wohin Jesus geht. Die Trauer hat sie sprachlos werden lassen.

Das widerspricht direkt den Aussagen von 13,36; 14,5, wo die Jünger bei allem Schrecken durchaus auf die Ansage seines Abschieds hin Jesus mit ihren Fragen angehen. Es wäre verfehlt, diesen Widerspruch mit der Auskunft aufzulösen, daß in 16,5ff innerhalb der Abschiedsgeschichte die Stelle erreicht ist, an der das früher gewagte Fragen nicht mehr gewagt wird[236]. Haben wir nicht eher mit dem Entwurf einer eigenen Abschiedsrede zu rechnen, und ihr Autor hat einen Ausgleich mit 13,36; 14,5 nicht für nötig gehalten?

v. 7. Gegenüber der Trauer der Jünger unterstreicht v. 7 nicht nur die Unausbleiblichkeit, sondern auch die Positivität des Abschieds: Er ist Bedingung für das Kommen des Parakleten, und dieser ist eine für die Gemeinde uneingeschränkt heilvolle Größe. Eindringlich wird diese positive Seite des Abschieds erläutert: Ich sage die Wahrheit – es ist für euch förderlich – ginge ich nicht weg, könnte ich den Parakleten nicht senden – wenn ich weggehe, werde ich ihn senden. Wie in 15,26 und im Unterschied zu 14,26 ist es Jesus selbst, der nach seinem Weggang den Parakleten sendet. Absichtlich ist so eine Nähe zu 15,26, damit zu 15,18ff hergestellt. – Mit v. 4b–7 ist die Basis für die Parakletsprüche von v. 8–11.12–15 geschaffen.

b) 16,8–11 Der Prozeß des Parakleten gegen die Welt

v. 8. Die Funktion des Parakleten wird mit ἐλέγχειν benannt.[237]. Seine Aufgabe besteht also nicht im Gewinnen von Menschen. Hier wird nicht missioniert, sondern gerichtet[238]. Man hat v. 8–11 als Schilderung eines gerichtlichen Vorgangs zu verstehen; das wird durch die juristische Begrifflichkeit des Abschnitts bestätigt: δικαιοσύνη – κρίσις – κέκριται. Und zwar ist es der Paraklet, der die Verhandlung gegen die Welt führt und ihr das Urteil spricht.

---

[236] Vgl. die Referate bei BROWN 583f.710 und DETTWILER, Gegenwart 36f. BARRETT 472 sieht in der Feststellung Jesu einen Tadel an die Jünger: »... wenn sie ihn nur gefragt hätten, wohin er gehe, und begriffen hätten, daß er zum Vater ging, dann hätten sie nicht getrauert«. Aber die Jünger werden hier nicht getadelt (so ZAHN 588f); ihr Schweigen zeigt vielmehr die Gewalt an, mit der Trauer sie umfaßt.

[237] BULTMANN 433; U.B. MÜLLER, Prophetie und Predigt im Neuen Testament (StNT 10), Gütersloh 1975, S. 24–26; THEISSEN, Aspekte 86. 110.294 Anm. 42. Nach PAINTER, Discourses 543 Anm. 24 hat ἐλέγχειν hier wie in 3,19–21 die Doppelfunktion des Überführens und Offenbarens.

[238] BLANK, Krisis 335.

Man wird damit in jüdische Vorstellungen geführt, wo Gott oder dem Messias nicht selten richterliche Tätigkeit gegenüber welthaften Mächten zugeschrieben wird[239]. Das Judentum setzt damit alttestamentliche Tradition fort, in der oft vom Prozeß Gottes gegen Israel oder gegen die Welt geredet wird[240]. Auch in Qumran wird diese alttestamentliche Linie aufgenommen und weitergeführt[241]. Unsere Stelle fügt sich dieser Tradition ein – mit einem sehr eigenen Akzent.

Der Paraklet führt gegen die Welt den Prozeß, der mit der Verurteilung der Welt endet, und er führt ihn in Jesu Auftrag, der der Auftrag Gottes ist. Welt ist dabei – 15,18ff läßt keine andere Annahme zu – primär die Synagoge, so sehr darüber hinaus auch an die griechisch-römische Welt gedacht sein mag. Der Welt, die in der Passion Jesus den Prozeß machte, wird durch den Parakleten der Prozeß gemacht werden. Und wie im Pilatusprozeß aus dem Angeklagten unversehens der Richter wurde (18,36f; 19,11), so wird nun der Paraklet im Namen des verurteilten Jesus die Welt und ihren Fürsten mit einem umfassenden Urteil bedenken. Wo und wann findet dieser Prozeß statt und wie sieht seine Durchführung aus?

v. 9 geht auf diese Fragen nicht ein, sondern benennt die Sünde der Welt, deren sie vom Parakleten überführt wird: Daß sie, die meint, um Gottes willen Jesus verwerfen zu müssen, darin ihren Unglauben betätigt, der Unglaube nicht nur gegen Jesus, sondern ineins damit Unglaube gegen Gott ist. 15,22.24 bringt sich in Erinnerung. – Welchen Bedingungen verdankt sich ein solcher Text? Die Gemeinde lebt in der Welt, die nicht daran denkt, ihr Sich-Verweigern Jesus gegenüber als Sünde, als Sich-Verweigern Gott gegenüber zu verstehen, im Gegenteil: Verwerfung Jesu und seiner Anhänger gilt der Welt als Akt von Glaube und Gehorsam (16,2; s. S. 176). Unter dem Druck, der dieser Haltung entspringt, lebt die Gemeinde, und sie fragt, ob sie darin für immer leben muß. Der Text antwortet mit dem Verweis auf den Parakleten, der das Sich-Verweigern der Welt gegenüber Jesus öffentlich als Sünde gegen Gott deklarieren und auf diese Weise den Glauben der Gemeinde öffentlich rechtfertigen wird. Was für eine Hoffnung wird hier laut! Oder muß man sagen: Welch eine Verwegenheit spricht sich hier aus?

v. 10. Der Begriff δικαιοσύνη kommt im Johannesevangelium nur hier und in v. 8 vor (ferner in 1Joh 2,29; 3,7.10). Denkt man an Paulus und an seinen Umgang mit diesem Begriff, ermißt man die Verschiedenheit der paulinischen und johanneischen Sprachwelt, und von einer paulinischen Interpretation von δικαιοσύνη hat man sich fernzuhalten. Vielmehr fragen wir vom johannei-

---

[239] Vgl. die Angaben bei MÜLLER, Parakletenvorstellung 69f; BAUER 196; VERMES, Jesus 116–119; TestLevi 18,2: »Und er wird ein Gericht der Wahrheit auf Erden halten«.

[240] BLANK 311; ein Beispiel, Jes 41,1–5 wird besprochen bei C. WESTERMANN, Das Buch Jesaja Kapitel 40–66 (ATD 19), 5. Aufl., Göttingen 1986, S. 54–56. Andere Gerichtsreden in Jes 41,21–29; 43,8–15; 44,6–8; 45,20–25.

[241] BETZ, Paraklet 123ff.192ff.

schen Kontext her: Inwiefern bringt das Gehen Jesu zum Vater Gerechtigkeit ans Licht und um wessen Gerechtigkeit handelt es sich? Die Antwort ergibt sich zwanglos: Indem Jesus zum Vater zurückkehrt, wird er als der Sohn des Vaters erwiesen, und darin vollzieht sich seine Verherrlichung (12,27f; 13,32; 17,1.5), die hier als seine Gerechtigkeit erscheint. Die Welt hatte ihn als einen Verworfenen zum Tod gebracht und sie verharrt, indem sie die Gemeinde verfolgt, weiter in dieser Haltung. Der Paraklet aber wird die Welt sehen lassen, daß der von ihr Verworfene der zum Vater Zurückgekehrte ist, der als der Sohn rechtmäßig zum Vater gehört. Die Welt wird also Jesu Tod als seine Rückkehr zum Vater und damit als Erweis seiner δικαιοσύνη erkennen müssen. Ihr jetziges Urteil über Jesus, von dem her sich ihr Haß der Gemeinde gegenüber rechtfertigt, wird damit als ein tief verkehrtes, der Sünde entsprungenes Urteil enthüllt. – Von verwandter Vorstellung ist die Äußerung ἐδικαιώθη ἐν πνεύματι 1 Tim 3,16 geprägt. Auch hier ist es der Geist, der Jesu Gerechtsein erweist[242].

Schwierigkeiten bereitet der zweite Satzteil: καὶ οὐκέτι θεωρεῖτέ με. Man fragt, wieso das Nicht-mehr-Sehen der Jünger als Beweis für das Gerechtsein Jesu dienen kann. Eine allzu komplizierte und über den Text hinausgreifende Erklärung versucht Blank[243]. Bultmann dagegen bleibt eng am Text: Daß die Jünger Jesus nicht mehr sehen, ist die andere Seite seines Gehens zum Vater und insofern Beweis seiner Gerechtigkeit[244]. Verfehlt ist Beckers Auslegung: Jetzt kann die Gemeinde den Erhöhten nicht sehen; »sie wird ihn nämlich erst am Ende der Tage wiedersehen«[245]. Becker setzt hier die apokalyptische Parusie-Erwartung voraus, die im Text keinen Anhalt hat (vgl. v. 11). – Aber gehört der zweite Satzteil ursprünglich zum Text? Was hat hier, wo vom Prozeß des Parakleten gegen die Welt gesprochen wird, das Nicht-mehr-Sehen der Jünger zu tun? Läßt man den Gedanken weg, vermißt man nichts. Man erhält vielmehr wie in v. 9 und 11 einen eingliedrigen und eindeutigen Erklärungssatz. Die vier Worte könnten eingefügt worden sein, als man 16,16ff als inhaltliche Weiterführung von v. 8–15 verstand und dann, wie Blank es tut, v. 10 von v. 20 her auslegte. Aber das bleibt bloße Vermutung. Ob Einschub oder nicht: Man wird den Satzteil im Sinn Bultmanns zu verstehen haben.

v. 11 nimmt mit dem Begriff ἄρχων τοῦ κόσμου auch die Idee von 12,31; 14,30 auf: Daß der Satan kein Recht auf Jesus hat, weil er durch das Christusgeschehen seiner Macht entkleidet worden ist. Die Stunde der Passion ändert

---

[242] K. WENGST, Christologische Formeln und Lieder des Urchristentums (StNT 7), 2. Aufl., Gütersloh 1973, S. 158f; R. DEICHGRÄBER, Gotteshymnus und Christushymnus (StUNT 5), Göttingen 1967, S. 134–136.

[243] BLANK, Krisis 338 deutet den kleinen Satz von 16,16ff her: Die Welt freut sich über das Verschwinden Jesu und über die damit verbundene Trauer der Jünger (16,20). Aber solche Freude ist »die Freude der Verdammten. Jesu Fortgehen macht die Gott- und Heillosigkeit des Kosmos endgültig offenbar«. Doch ist die Exegese von v. 10 mithilfe von v. 20 unzulässig; die zwei Abschnitte verfolgen verschiedene Ziele, und in 16,16ff ist die Vorstellung vom Prozeß des Parakleten gegen die Welt ganz fern.

[244] BULTMANN 435 und Anm. 2. Ähnlich BROWN 713, der BULTMANN weiterführt: In v. 10 geraten die Jünger in die Rubrik derer, die nicht sehen und doch glauben (20,29b). Damit allerdings fließt eine textfremde Idee in die Auslegung ein.

[245] BECKER 594.

daran nichts, im Gegenteil: In der Passion erfolgt die Rückkehr Jesu zum Vater und mit seiner Verherrlichung vollzieht sich das Gericht am Satan. Ist das glaubhaft? So fragt nicht nur die Welt; so muß auch die Gemeinde fragen, die Zeit und Welt weiter als die Bereiche erlebt, in denen der Satan ungehindert sein Werk treibt. Die erlittene Verfolgung ist Beweis genug dafür. Wird nicht erst am Ende der Zeiten dem Satan seine Macht genommen (vgl. Offb 12f)? So jedenfalls antwortet die Apokalyptik auf das angezeigte Problem, weshalb sie auch die Entmächtigung des Satans als endzeitliches Drama schildert (Offb 20,1–3.7–10). Demgegenüber verharrt v. 11 bei der auch in 12,31 und 14,30 vorausgesetzten Behauptung, daß bereits im Tod Jesu und in seinem Gehen zum Vater sich der Sturz des Satans und das Gericht über ihn vollzog. Dem Zweifel daran, sei es der hochmütig triumphierende Zweifel der Welt, sei es der verzagende Zweifel der Gemeinde, tritt der Paraklet entgegen und zeigt auf, was ist und gilt: Daß der Fürst dieser Welt schon gerichtet ist. Das apokalyptisch im Eschaton erhoffte Gericht über den Satan wird also in die Gegenwart, in die Geschichte Jesu und in das gegenwärtige Wirken des Parakleten verlegt.

Damit wird der Paraklet als die Gestalt angekündigt, die den eschatologischen Prozeß gegen die Welt führen wird. In ihm kommt an den Tag, daß die Verwerfung, die Jesus durch die Welt erfahren hat und erfährt, Sünde war und Sünde ist (v. 9), daß Jesus durch seinen Tod als der zum Vater Gegangene erwiesen wurde (v. 10), daß der Satan, die gegen die Gemeinde sich erhebende Gewalt des Bösen, eine schon gerichtete Größe ist (v. 11).

Der Paraklet bringt das an den Tag, sagt v. 8–11. In 3,19–21 ist es Jesus selbst, von dem das Gericht über die Welt ausgeht, und nach 12,31 erwartet man eigentlich nicht mehr, daß die Entmachtung des Satans eigens erwiesen werden muß, nachdem sie durch das Gehen Jesu zum Vater geschehen ist. Bringt sich in diesen kleinen Reibungen eine gewisse Eigenständigkeit unseres Abschnitts zur Geltung?

Der Text führt zu weiteren Fragen: Wozu muß gesagt werden, was in v. 8–11 gesagt wird? Und wo ist der Ort, an dem der vom Parakleten geführte Prozeß gegen die Welt Wirklichkeit wird?

c) 16,12–15 Der Geist der Wahrheit und die Gemeinde

Bedachte v. 8–11 das Werk des Parakleten gegenüber der Welt, so kommt nun sein Werk an der Gemeinde in den Blick. Der Paraklettitel wird nicht mehr benötigt; die Interpretation »Geist der Wahrheit« tritt an seine Stelle. Indes wird der Zusammenhang zwischen den zwei Bezeichnungen durch das masculinum ἐκεῖνος für das neutrum πνεῦμα sichergestellt (s. S. 187)[246].

---

[246] Man knüpft also besser nicht den Paraklettitel an die Aufgabe der Prozeßführung gegen die Welt und den Geisttitel an die der Gemeinde geltenden Aufgabe, wie PAINTER, Discourses 539f vorschlägt.

v. 12 ist Einleitung für den Schluß, der in v. 13–15 vorliegt und der den Abschnitt v. 4b–15 beendet, der jetzt auch als Abschluß der mit 15,1 beginnenden Rede gedacht ist. Der Satz πολλὰ ἔχω ὑμῖν λέγειν ist konventionelle Abschlußformel[247] (vgl. 2Joh 12; 3Joh 13); es können alle möglichen Gründe für das damit angekündigte Ende der Rede angegeben werden. Hier ist es die Rücksicht auf die Jünger, die weitere Zukunftsankündigungen verbietet. Geschickt wird damit auf eben diese Zukunft verwiesen. Es ist eine Zukunft, die der Gemeinde so Schweres aufbürden wird, daß jetzt nicht davon gesprochen werden kann. Erst durch den in diese Zukunft hineinführenden Geist der Wahrheit wird die Gemeinde in die Lage versetzt, die kommenden Geschehnisse zu tragen (v. 13).

Der fragwürdigen Übersetzung von βαστάζειν mit »fassen, begreifen« (S. 187) kommt in gewisser Weise die johanneische Idee vom vorösterlichen Nichtverstehen entgegen: Jetzt, vor Ostern nämlich, seid ihr nicht in der Lage, die ganze Wahrheit zu begreifen. Erst der Paraklet wird euch nach Ostern die Wahrheit in ihrer Fülle erschließen. v. 12.13a wäre dann inhaltlich identisch mit 14,26. Aber v. 12 in Verbindung mit v. 13–15 geht darin nicht auf. – Man kann in v. 12 einen Widerspruch zu 15,15 sehen, wo Jesus den Jüngern versichert, daß er ihnen alles kundgetan hat, was er von seinem Vater gehört hat, und man sollte dem nicht mit der Auskunft aus dem Weg gehen, daß jenes πάντα von 15,15 mit dem noch Ausstehenden von 16,12 nichts zu tun habe. Hier sprechen vielmehr zwei unterschiedliche Stimmen, die Antwort auf unterschiedliche Fragen geben, und erst im Lauf der Traditionsgeschichte sind sie zu *einer* Stimme geworden[248].

v. 13 gibt den Blick auf die in v. 12 anvisierte Zukunft zu einem Teil frei. Zwar werden die die Gemeinde treffenden Geschehnisse nicht genannt. Aber es wird ihr versichert, daß sie instandgesetzt wird, diese Geschehnisse zu ertragen und zwar vermöge des Geistes der Wahrheit, der sie in alle Wahrheit leiten wird. Der Gemeinde steht also Erfahrung von Wahrheit noch bevor; der Geist wird sie in diese Wahrheit führen, wird ihr Wahrheit als Wahrheit verständlich machen, so daß sie »in der Wahrheit« (8,32) leben und so ihre Existenz in der Welt behaupten kann.

Was ist gemeint? Bestimmte Ereignisse stehen noch aus; von ihnen wird nicht gesprochen, weil die Gemeinde sie jetzt nicht verkraften könnte. Aber einst werden sie eintreten, und dann wird der Geist die Gemeinde instandsetzen zu ertragen, was ertragen werden muß. Der Geist vermag das, weil er Geist der Wahrheit ist. Noch einmal: Was ist gemeint? Welche Funktion wird dem Geist zugeschrieben, der als Geist der Wahrheit die Gemeinde befähigt, zukünftiges, eigentlich nicht ertragbares Geschehen zu ertragen? In welchem Verhältnis steht die vom Geist vertretene Wahrheit zu dem mit großer Zurückhaltung angedeuteten Geschehen? Vielleicht kommt man mit folgendem Vorschlag dem vom Text Gemeinten nahe:

---

[247] KLAUCK, 2 und 3Joh 71; BECKER, Abschiedsreden 238.
[248] BROWN 714 schwächt das Problem ab.

Der Geist wird der Gemeinde die Einsicht vermitteln, daß das Schicksal, unter dem sie zu zerbrechen droht, das ihr von Gott zugedachte und darum unbedingt heilsame Schicksal ist. Die im Schweigen von v. 12 angedeuteten Ereignisse sollen die Gemeinde nicht zerbrechen; sie sind vielmehr der Raum, in dem sie als Gemeinde zu leben hat und leben kann, und sie erfährt sich, indem sie das akzeptiert, als die in alle Wahrheit geführte Gemeinde.

Diese Deutung von v. 13a wird durch die eigenartige Versicherung von v. 13b gestützt. Die Fülle der Wahrheit, mit deren Hilfe das Pneuma die Gemeinde zum Ertragen ihres Schicksals befähigt, kommt nicht aus der Willkür des Pneuma, sondern – wir greifen auf v. 14f voraus – aus dem, was Jesus, was der Vater zu sagen hat. Eine seltsamere Versicherung ist schwer denkbar. Was soll der Geist der Wahrheit, der heilige Geist (14,26) denn anderes vertreten als die Wahrheit Gottes? Warum muß das Selbstverständliche ausdrücklich versichert werden?

Die Formel οὐκ (ἐκ) ἀφ' ἑαυτοῦ bzw. οὐκ ἀπ' (ἐκ) ἐμαυτοῦ wendet der johanneische Christus mehrfach auf sich selbst an: 5,19.30; 7,17.28; 8,28.42; 12,49; 14,10. Das Gegenbild erscheint in 7,18. Vom Jünger wird das Entsprechende gesagt, und sogar Kaiaphas wird es in 11,51 zugestanden. Die Redeweise benennt via negationis das entschiedene Von-Gott-her-Sein Jesu.

Diese Formel wird hier und nur hier auf den Geist angewendet, der das, was er sagt, nicht aus sich selbst hat, und so wird auch hier und nur hier zweimal beteuert, daß er das, was er sagt, von Jesus (v. 14.15) und damit vom Vater hat. Was verbirgt sich hinter dieser Beteuerung? Sie bezieht sich auf die Deutung des der Gemeinde drohenden Schicksals und sie versichert, daß diese Deutung auf den Geist Gottes zurückgeht und also Ausdruck der Wahrheit sei. Vermutlich wird damit Antwort auf die zweifelnde Frage gegeben, ob es sich um eine legitime Deutung handle. Wie, wenn der sie vertretende Geist etwa aus sich selbst, aus seiner Willkür heraus spräche? Nein, erwidert der Text, er redet, was er von Gott, was er von Jesus gehört hat. Welche Problematik spricht sich hier aus?

Dem wird noch hinzugefügt, daß der Geist die kommenden Dinge (τὰ ἐρχόμενα) ankündigen wird. Nach dem bisher Bedachten kann es sich dabei nur um das künftige Schicksal der Gemeinde handeln, das der Geist als das von Gott her kommende und darum tragbare Schicksal verstehbar macht.

Vielfach deutet man τὰ ἐρχόμενα auf die sog. letzten Dinge[249]. Solche Deutung ist durch nichts gerechtfertigt. Durchweg spricht der Text von den Ereignissen, die der Gemeinde in ihrer nachösterlichen Geschichte drohend begegnen. Indem der Geist sie ankündigt, werden sie zu »Zeichen der Zeit«[250], in denen die Gemeinde sich von

---

[249] BETZ, Paraklet 191 f meint, die Ankündigung spreche »auf alle Fälle ... von Gottes eschatologischen Wundern und vom großen Gericht an der Welt«; ferner HENGEL, Frage 162.188 Anm. 105; auch BECKER 596.

[250] F. PORSCH, EWNT III 66; vgl. noch SCHNACKENBURG III 154; IV 57; skeptisch gegen eine apokalyptische Auslegung ist auch J. FREY, Erwägungen zum Verhältnis der Johannesapokalypse zu den übrigen Schriften des Corpus Johanneum, in: HENGEL, Frage 416f.

Gottes unverbrüchlicher Wahrheit geführt weiß. Dem widerspricht nicht die Beobachtung, daß das für v. 12–15 bedeutsame Verb ἀναγγέλλειν[251], sonst nur noch in 4,25; 5,15; 16,25 v. l. verwendet, seine Wurzeln bei Dt-Jes LXX hat (41,23; 42,9; 44,7; 45,19; 46,10 u.ö.) und dort die Ereignisse des Eschaton meint. In 44,7 wird es mit τὰ ἐπερχόμενα verbunden, in 46,10 direkt auf Gott bezogen (auch in 42,9; 45,19), der früher schon τὰ ἔσχατα angekündigt hat. Aber es ist nicht erlaubt, von da aus die johanneischen ἐρχόμενα gegen den johanneischen Kontext apokalyptisch zu füllen.

v. 14 fügt dem Werk des Geistes an der Gemeinde noch das Verherrlichen Jesu hinzu. Das erscheint zunächst wie eine Konkurrenzaussage zu 13,31 f; 17,1, wo es der Vater ist, der Jesus verherrlicht, ihn also öffentlich als den erweist, der er ist. Aber wenn der Geist das Werk des Vaters tut, der ihn gesandt hat (14,16.26), und wenn das Werk des Vaters im Verherrlichen Jesu besteht, dann ist es nur konsequent, wenn unter den Wirkungen des Geistes auch das Verherrlichen Jesu aufgeführt wird. Nur dies ist noch einmal zu fragen, weshalb das eigentlich Selbstverständliche hier mit solcher Betonung vorgetragen wird. Dazu tritt die in v. 15 wiederholte Versicherung, daß der Geist das, was er sagt, aus dem Eigentum Jesu (ἐκ τοῦ ἐμοῦ) nehmen wird. Von welchen Umständen her, fragt man, werden solche fast beschwörenden Sätze verständlich?

v. 15 bringt etwas Licht in den Hintergrund von v. 14. Der Bereich Jesu ist identisch mit dem Bereich des Vaters, und das ist der Bereich der Wahrheit. Nimmt nun der Geist das zu Sagende aus dem Bereich Jesu, dann entspricht seine Botschaft der Wahrheit des Vaters. Dem liegt die johanneische Botenchristologie zugrunde. Der Gesendete ist so eins mit dem Sendenden, daß er über dessen Gut verfügt, und so hat Jesus »die Verfügungsgewalt über Gottes ureigenste Rechte«. Als von Gott »Bevollmächtigter hat Jesus Anteil am Besitz Gottes«[252]. Daraus folgt: Wenn der Geist das aus dem Besitz Jesu Genommene der Gemeinde vermittelt, dann kann sie sicher sein, damit das Gut, die Wahrheit des Vaters zu empfangen. – Das wird in seltsamer Umständlichkeit beteuert. Aus welcher Notwendigkeit erwächst solche Beteuerung? Von welchen Problemen wurde die Gemeinde beunruhigt, für die v. 12–15 geschrieben wurde? Warum muß ihr dreimal gesagt werden, daß der Geist das, was er sagt, aus der Wahrheit Gottes schöpfen wird? Es liegt viel daran, daß diese Fragen so scharf wie möglich gestellt werden. Nur so kann man hoffen, Einblick in die Probleme der angeredeten Gemeinde zu gewinnen.

3. Die bedrängte Gemeinde

Nach Ostern, sagt v. 7, wird der Paraklet kommen, um seinen Prozeß gegen die Welt zu führen. Nach Ostern wird er die Welt ihrer Sünde überführen und damit den Glauben der Gemeinde in seinem Recht erweisen. Diese Zeitangabe kann

---

[251] J. Schniewind, ThWNT I 61–64.
[252] Bühner, Der Gesandte 194.229.

im johanneischen Rahmen nur meinen: Jetzt, in der Gegenwart der angeredeten nachösterlichen Gemeinde, vollzieht sich das Werk des Parakleten. Was für alle Abschiedsreden gilt – sie sprechen die nachösterliche Gemeinde an –, wird in 16,7 nachdrücklich unterstrichen. Welche Aspekte dieser Gemeinde treten in unserem Abschnitt ans Licht?

a) 16,8–11 Die redende Gemeinde

Wir fragen zunächst: Wo und wie ereignet sich der Prozeß, den der Paraklet gegen die Welt führt? Die für den heutigen Leser in der Luft hängende Ansage von v. 8–11 – wo hat sie ihren geschichtlichen Ort und Anlaß? – mußte für den ursprünglichen Leser einen konkreten Sitz im Leben gehabt haben. Der läßt sich finden, indem man auf 15,26 f zurückschaut. Dort gilt die Gemeinde als der Ort, an dem das Christuszeugnis des Parakleten laut wird (S. 164 f). Damit ist die Richtung angegeben, in der die Antwort auf die obige Frage zu suchen ist. Es ist die Gemeinde, konkret: die johanneische Gemeinde, innerhalb deren der Paraklet seinen Prozeß führt. Sie versteht sich als den Platz, an dem die Sünde der Welt aufgedeckt, die Gerechtigkeit Jesu erwiesen, das Gericht über den Satan manifest wird. Es gibt auf die Frage, wo sich die in v. 8–11 angesagten Vorgänge abspielen, tatsächlich keine andere Antwort als diese: In Existenz und Verkündigung der Gemeinde. Sie ist Raum und Medium des Prozesses, den der Paraklet gegen die Welt führt. Das Wort der Gemeinde, in dem der zum Vater gegangene Jesus kraft des Parakleten vergegenwärtigt wird, verkündigt ihn als den Sieger im Rechtsstreit gegen die Welt und erweist damit das Sündigsein der nichtglaubenden Welt. Der nächste Schritt ergibt sich daraus: Indem die Gemeinde den von der Welt verurteilten Jesus als den zum Vater Gegangenen, als den in seinem Sohnsein Bestätigten und Erwiesenen bekennt, proklamiert sie das Gerichtetsein des Herrschers dieser Welt.

Etwas erstaunt und verwirrt fragt man, von welchen Voraussetzungen her eine solche Rede und der in ihr enthaltene Anspruch sinnvoll und verstehbar wird. Wie konnte ein frühchristlicher Theologe, ein führender Mann seiner Gemeinde sich in derartigen Kühnheiten ergehen? Aber solche Kühnheit ist nur Konsequenz aus längst Bedachtem und Gesagten. In 15,9 f war den an Jesus bleibenden Jüngern (15,1–8) zugesichert worden, daß in der von ihnen geforderten und praktizierten Geschwisterliebe nichts Geringeres als die Liebe Gottes und darin die Grundmacht der Welt erfahren wird (S. 133.135). In 15,12 ff werden die Glaubenden als Freunde Jesu angesprochen, denen von Jesus alles vermittelt wird, was er vom Vater erfahren hat. Laut 15,18 ff ist die Gemeinde der Platz in der Welt, auf dem das Schicksal Jesu seine Fortsetzung findet. In 15,26 f wird das Wort der Gemeinde als das Mittel vorausgesetzt, durch das der Paraklet sein Zeugnis vor der Welt kundgibt, und der Beweis für die Unentschuldbarkeit der Welt (15,22.24) kann nirgendwo anders geliefert werden als im Wort und Tun der Gemeinde, worin sich das Wort und Tun Jesu vergegenwärtigt. Daraus erwächst die große Behauptung von 16,8–11, und sie ist nichts anderes als die Konsequenz aus jenen Vorgegebenheiten.

Aber in welchem Licht erscheint dem Leser, nicht nur dem heutigen, diese Konsequenz, wenn er sie mit der Realität der johanneischen Gemeinde konfrontiert? Eine zahlenmäßig nicht sehr große Gruppe von Judenchristen, mit Heidenchristen vermischt, kürzlich aus der Synagoge ausgeschlossen und damit vom Traditionsstrom Israels abgeschnitten, dem Druck der Synagoge weiter ausgesetzt, vom Rückzug einiger ihrer Mitglieder in die Synagoge verunsichert (S. 167 ff), politisch einflußlos und bar jeder weltlichen Macht, in sich selbst nicht sehr festgefügt (vgl. S. 198 ff) – das ist die Realität der Gemeinde. Diese Gemeinde bezeichnet sich als Ort des den Kosmos überführenden Prozesses; sie versteht sich als das Medium, dessen sich der Paraklet dabei bedient, und in ihrer Verkündigung ergeht der Urteilsspruch des Parakleten. Was spricht sich hier aus? Ein naiver Optimismus, der mit der baldigen Bekehrung der Welt rechnet[253]? Oder wird an das unmittelbar bevorstehende Weltende gedacht und ist mit dem in 16,8–11 angesagten Gericht das baldige, alle jetzigen Zustände wendende Endgericht gemeint[254]? Oder hat man mit dem übersteigerten Selbstbewußtsein einer sektiererischen Gruppe zu tun, die aus äußerer und innerer Bedrängnis sich in Allmachträume flüchtet und in ihnen Entlastung von den Bitterkeiten der Realität sucht? Derartige Selbsteinschätzungen – in unserem Schicksal zentriert sich das Schicksal der Welt – sind psychologisch verständlich: Man setzt sich gegen die physische Übermacht der Welt zur Wehr, indem man sich als den geistigen Gegenpol zur Welt versteht. Aber wir wissen, wie die Geschichte mit solchen Selbsteinschätzungen umzugehen pflegt.

Das johanneische Verständnis von Gemeinde bietet eine andere Möglichkeit des Verstehens an. Die Gemeinde weiß sich als den Teil der Welt, der im Kontrast zur »Welt« (S. 181 f) sich als Schöpfung versteht. In der Gemeinde ereignet und wiederholt sich der Schritt, durch den der von ihr repräsentierte Teil der Welt aus der Verschlossenheit in sich selbst zum Geöffnetsein gegenüber Gott, aus der Lüge in die Wahrheit findet. Johanneisch gesprochen: Die Gemeinde ist der Teil der Welt, der nicht in der Finsternis bleibt, sondern das Licht empfängt (1,5), der das Licht mehr liebt als die Finsternis (3,19), der seinen wahren Herrn erkennt und sich nicht weigert, sein Eigentum zu sein (1,11 f), der die im Wort Jesu ergehende Wahrheit als die ihm geltende Wahrheit und damit das befreiende Werk dieser Wahrheit erfährt (8,31 f). Damit aber erweist die Gemeinde den anderen Teil der Welt, der sich dem Licht, der Wahrheit, der Frei-

---

[253] So Painter, Discourses 539.

[254] So Müller, Parakletenvorstellung 67 f, der folglich an dieser Stelle »eine Reapokalyptisierung des JohEv« feststellt; ähnlich Becker 596.

heit verschließt, als »Welt«, als erneut gegen Gott sich verschließende Welt. Eben dieser Erweis des Charakters von Welt ereignet sich in der Existenz und Verkündigung der Gemeinde, in der Jesus als die Vergegenwärtigung Gottes geglaubt und vor der Welt behauptet wird – wo sonst sollte solcher Erweis sich ereignen? Dann aber waltet in 16,8–11 kein realitätsferner Optimismus, keine sich apokalyptisch rechtfertigende Hoffnung, kein übersteigertes sektiererisches Selbstbewußtsein. Vielmehr spricht sich die Erkenntnis aus, der die Gemeinde nicht ausweichen darf: Wenn sie wirkliche Gemeinde ist und wenn sie durch ihr Wort und ihre Existenz das in Christus gewährte Sein in der Wahrheit und Freiheit bezeugt, dann vollzieht sich in ihr in der Tat jener Prozeß, der die Welt ihrer Verkehrtheit überführt und in dem der Fürst dieser Welt, der Inbegriff des Gegen-Gott-verschlossen-Seins als gerichtete und depotenzierte Größe erwiesen wird[255].

Es ist die Frage, ob und wie das johanneische Selbstverständnis von Gemeinde in der heutigen Kirche begriffen und gelebt wird. Es ist aber keine Frage, daß nach johanneischer Meinung jenes Selbstverständnis jeder christlichen Gemeinde zukommt.

b) 16,12–15 Die hörende Gemeinde

Die in der beschriebenen Weise redende Gemeinde ist, wie v. 12–15 zeigt, gleichzeitig die hörende Gemeinde, und sie hat es nötig zu hören. Was soll sie hören?

(1) Wahrheit steht noch aus; sie wird in der Zukunft, d.h. in der Gegenwart der Gemeinde bekanntgegeben werden. Den ἐρχόμενα kommt dabei ein besonderes Gewicht zu – welches? Wodurch ist die wiederholte Versicherung hervorgerufen worden, daß der Geist das, was er sagt, aus Jesu Eigentum holt, daß also das Wort des Geistes wirklich das Wort Christi ist? Hat man das Gegenteil behauptet? Warum wird das eigentlich Selbstverständliche, daß der Geist Jesus verherrlicht, unterstrichen? Hat man es angezweifelt? Aus welchem Anlaß schließlich tritt das im Johannesevangelium seltene Verbum ἀναγγέλλω hier gehäuft auf? Wir versichern uns erneut der Basis, auf der die Abschiedsreden gehört werden müssen – die in ihnen angesprochene Zukunft ist die Gegenwart der angeredeten Gemeinde – und werden so instandgesetzt, unseren Text abzuhorchen auf die Auseinandersetzungen, Unsicherheiten und Vergewisserungen, die sich in ihm widerspiegeln.

---

[255] In einer 1938 gehaltenen Predigt sprach R. BULTMANN darüber, daß die Macht des Fürsten dieser Welt bereits gebrochen sei und zwar dadurch, »daß es eine christliche Kirche gibt, und daß das Wort von Jesus durch sie in der Welt verkündigt wird« [zitiert bei E. LOHSE, Die evangelische Kirche vor der Theologie Rudolf BULTMANNs, in: ZThK 82 (1985), S. 178]. Vgl. noch F. GOGARTEN, Die Kirche in der Welt, Heidelberg 1948, S. 78–82.

Was meint »Wahrheit« in diesem Zusammenhang (s. zu v. 15)? Becker interpretiert die Plurale πολλά, ὅσα und ἐρχόμενα auf die Lehre Jesu hin, »die offenbar die Summe mehrerer Aussagen ist … ›Wahrheit‹ ist also zum Terminus der kirchlichen Lehre umgemünzt«[256]. Ähnlich interpretiert Müller: Der Geist muß die »mit Jesu Weggang abgebrochene, unvollendet gebliebene Offenbarung überhaupt erst zum Ziel führen«, eine Auffassung, die sich, wie Müller weiß, mit dem sonstigen Inhalt des Johannesevangeliums nicht vereinbaren läßt, und so stellt er fest: »Eine solche Aussage ist im Blick auf das ursprüngliche Evangelium erstaunlich und überflüssig«. Er erklärt sie mit der Auskunft, »daß der Verfasser von 15,18–16,15 nicht vollständig auf dem Boden der Christologie des Johannesevangeliums steht«[257]. So muß man urteilen, wenn man den geschichtlichen Kontext von v. 12–15, die innere Gefährdung der Gemeinde, ausblendet. Aber der Begriff Wahrheit zielt nicht auf ein möglichst komplettes Lehrgebäude ab; er hat vielmehr mit den geschichtlichen Erfahrungen der Gemeinde zu tun, mit dem über die Gemeinde hereingebrochenen Schicksal, wie es in 15,18–16,4a angedeutet wurde. Wie soll die Gemeinde dieses Schicksal verstehen, wie sich ihm gegenüber verhalten? Um darauf angemessen antworten zu können, bedarf sie, die durch die Verfolgung nicht nur ihre äußere, sondern mehr noch ihre innere Existenz in Frage gestellt sieht, der vom Parakleten vermittelten Wahrheit.

Dann hat die neu verkündigte Wahrheit etwa diesen Inhalt: Daß die Gemeinde in die vorher geschilderte Bedrängnis geraten ist, soll von ihr nicht als Infragestellung ihres Gemeindeseins verstanden werden; Verfolgung ist nicht Anzeichen dafür, daß sie von Christus verlassen ist. Vielmehr erlebt sie in der gegenwärtigen Bedrängnis ihre Bestätigung als Gemeinde. – Was wird dieser Gemeinde damit zugemutet? Daß die Synagoge das Band zur Gemeinde zerschnitten hat, daß missionarische Erwartungen sich zerschlagen haben (S. 180), daß die Bedrückung durch die Synagoge sich zur Verfolgung steigerte – das alles war in der Hoffnung der Gemeinde nicht vorgesehen (wie solche Hoffnung ausgesehen hat, kann man etwa in Apg 1,8; Mt 19,28; Phil 2,10f nachlesen). Die über sie hereingebrochenen Ereignisse sind tatsächlich untragbar, wie v. 12 zugesteht, und sie reißen die Gemeinde aus den traditionellen Hoffnungen. So fragt sie, ob sie überhaupt noch Gemeinde Christi ist und wie es mit ihr weitergehen soll. Was antwortet die Stimme Christi auf diese Frage? Was sie nach der Meinung unseres Textes antwortet, deutet v. 12–15 an. Die tief verunsicherte Gemeinde soll sich der Auseinandersetzung stellen, die ihr aus der neuen, ungewünschten Situation her erwächst. Sie soll die Herausforderung annehmen, die sich aus ihrem Ausschluß aus der Synagoge und aus deren Pressionen ergibt, und sie soll darin ihr Sein als Gemeinde bewähren, soll Frucht bringen (15,8.16). Denn in diesen Bedrückungen steht der Paraklet für sie ein, und im Parakleten steht Christus an ihrer Seite. – So sieht die Wahrheit aus, die der Abschied nehmende Christus noch nicht sagen kann, die er der Gemeinde später durch den Geist sagen wird, und dieses Später ist der Augenblick, in dem der Sprecher von 16,12–15 sich an die Gemeinde wendet.

---

[256] BECKER, Abschiedsreden 239f.
[257] MÜLLER, Parakletenvorstellung 74f.

(2) Die zuvor nicht gewußte Wahrheit wird der Gemeinde durch den Geist zuteil. Wie vermittelt er sie? Wer ist es, der die Weisung des Geistes in verständliche menschliche Worte umsetzt? Von 15,26f; 16,8–11 her ergeben sich die Konsequenzen für v. 12–15. Wie das Zeugnis des Parakleten im Zeugnis der Gemeinde ergeht und der vom Parakleten geführte Prozeß sich in der Existenz und Verkündigung der Gemeinde ereignet, so vollzieht sich auch der Vorgang, durch den die Gemeinde vom Geist in alle Wahrheit geführt wird, innerhalb der Gemeinde. Aber während der Text von 15,26f; 16,8–11 von der inneren Einheit der Gemeinde ausgeht – das Wort des Geistes wird im Wort der Gemeinde laut –, setzt v. 12–15 ein kritisches Gegenüber von Geist und Gemeinde voraus. So haben wir zu fragen, wo innerhalb der Gemeinde der Platz ist, an dem die Stimme des Parakleten in einer Weise laut wird, daß sie der Gemeinde als die ihr von außerhalb ihrer selbst kommende Stimme entgegentritt. Die Antwort kann nur lauten: Ein einzelner oder eine Gruppe von einzelnen, die in der Gemeinde besondere Verantwortung tragen, verstehen sich als Medium des Parakleten und üben seine Funktion aus. Eine Parallele dazu begegnet in dem autoritativen »Wir« von 1Joh 1,1–4; in ihm äußert sich eine Gruppe, die als Traditionsträger denen gegenübersteht, denen Tradition gültig und verpflichtend vermittelt wird[258]. Wir müssen also folgern: In v. 12–15 äußert sich ein einzelner (vielleicht auch ein einzelner als Vertreter einer Gruppe) und erklärt der Gemeinde: In meinem Wort, in meinem Verkündigen ergeht das Verkündigen (ἀναγγέλλειν) des Geistes an euch. Der Anspruch ist hoch. Ist er bestritten worden?

(3) Er *ist* bestritten worden, und von daher erklärt sich die wiederholte Beteuerung, daß das Reden des Geistes der Sphäre Christi entstammt, die eins ist mit der Sphäre des Vaters. Vermutlich hat man jenem Einzelnen, der das Wort des Parakleten zu verkündigen behauptete, zwar nicht den Charakter des Geistträgers abgesprochen. Aber offenbar zweifelte die Gemeinde oder ein Teil der Gemeinde daran, daß es der Geist *Christi* ist, der sich hier zu Wort meldet. Mit erwünschter Eindeutigkeit läßt sich aus dem οὐ … ἀφ' ἑαυτοῦ von v. 13 der Vorwurf herauslesen: Du sprichst »von dir selbst her«; du nimmst, was du sagst, nicht aus dem Bereich Christi, sondern aus deinem eigenen Urteil; deine Deutung unserer Gegenwart rührt von dir her, nicht von Christus; in dem, was aus deinem Mund kommt, geschieht nicht die Verherrlichung Christi. – Wir erhalten damit einen Einblick in einen innergemeindlichen Konflikt.

Solche Konflikte begegnen im Neuen Testament mehrfach. Wenn Paulus in 2Kor 11,4 seine Gegner beschuldigt, daß sie einen anderen Geist vermitteln als den, den er vermittelt hat, dann finden wir uns in einer Situation vor, die nahe an der von Joh 16,12–15 liegt. Dasselbe gilt von 1Joh 4,1–3. Vom Geist erfüllte

---

[258] KLAUCK, 1Joh 73f spricht vom Wir der johanneischen Schule; vgl. auch R. BROWN, The Epistles of John (The Anchor Bible 30), New York 1982, S. 158–161.

christliche Propheten werden als Falschpropheten angeklagt, weil sie ein verfehltes Christusbekenntnis propagieren. Auch Stellen wie 1Thess 5,19–21; Mk 13,22; Mt 7,15; 24,11.24; Röm 16,18; 2Tim 3,1–5 gehören hierher. Entsprechende Konflikte gab es seit jeher auch im Judentum[259].

(4) In den Beteuerungen von v. 13b.15b haben wir die Reaktion des Sprechers auf die erfahrene Kritik seitens der Gemeinde vor uns. In ihr erklärt er: Daß ich euch Neues, bisher nicht Gesagtes zumute, ist kein Grund, jener Zumutung die Christusgemäßheit abzusprechen. Das neu zu Bedenkende und zu Sagende läßt sich nicht dadurch diskreditieren, daß es neu und unerwartet ist und in der früheren Christusverkündigung nicht vorkam. Bewährt sich der Paraklet nicht gerade darin als Geist der Wahrheit, als die Stimme Christi in der Gegenwart, daß er das Neue und Unerwartete als den Raum interpretiert, in dem Christus der Gemeinde neu und unerwartet entgegentritt? Die Verfolgung, die die Gemeinde in den Schrecken einer scheinbar christuslosen Existenz versetzt und an sich selbst zweifeln läßt, ist in Wirklichkeit, sagt der Geist der Wahrheit, die Aufgabe, in der sie ihre Zugehörigkeit zu Christus und ihr Sein als Gemeinde erlebt und bewährt, und darin begegnet sie der Wahrheit. Indem ich, der Sprecher, diese von Christus früher nicht verkündigte Wahrheit jetzt verkündige, ergänze ich die bisher verkündigte Wahrheit und vollziehe an meinem Platz die Verherrlichung Christi.

Wir haben in dem Autor unseres Stückes einen urchristlichen Propheten vor uns. Diese Vermutung, auf die wir schon bei der Besprechung von ἐλέγχειν gestoßen (S. 187) waren, hat sich bei der Exegese bewährt. Dem urchristlichen Propheten ist es aufgetragen, die Gemeinde zu lehren (14,26), Sünde ans Licht zu bringen (16,8–11; 1Kor 14,24f), die Gemeinde mit der Wahrheit zu konfrontieren (16,12–15). In einem instruktiven Aufsatz hat M.E. Boring die Beziehung zwischen Paraklet und der Welt des urchristlichen Prophetismus dargestellt[260]. Im Zusammenhang von 16,12–15 sieht Boring die Aufgabe des Propheten speziell darin, frühere Offenbarung nicht einfach zu wiederholen, sondern neue Christusworte für die neue Situation zu finden. Damit wird unsere Interpretation bestätigt.

Die zwei unterschiedlichen Parakletworte von v. 8–11 und v. 12–15 stehen jetzt mit Recht unmittelbar nebeneinander und sie formulieren das Werk des Parakleten gegenüber der Welt und gegenüber der Gemeinde. Man kann aber fragen, ob sie von Anfang an nebeneinander standen oder ob man mit einer je gesonderten Geschichte der zwei Worte zu rechnen hat. Die Antwort darauf bleibt offen.

---

[259] MÜLLER 73; ferner KLAUCK, 1Joh 228–234.

[260] M.E. BORING, The Influence of Christian Prophecy on the Johannine Portrayal of the Paraclete and Jesus, in: NTS 25 (1979) p. 113–123.

Exkurs 2: Der Paraklet

Es ist jetzt an der Zeit, das Thema »Paraklet« zusammenfassend zu bedenken und nach seiner Bedeutung im Rahmen des johanneischen Denkens und der johanneischen Geschichte zu fragen. Wir gehen dabei so vor, daß wir uns zuerst über den Titel Paraklet, seinen Inhalt und seine Herkunft orientieren. In einem zweiten Schritt fragen wir nach dem Verhältnis der johanneischen Auffassung von Geist zu den sonstigen neutestamentlichen Geistaussagen. Schließlich machen wir uns den theologischen Horizont klar, den die Parakletworte eröffnen.

I. Die Grundlagen

1. Das Wort Paraklet[261]

παράκλητος ist formal Verbaladjektiv von παρακαλέω, herbeirufen, mahnen, trösten; im Sprachgebrauch ist es zum Substantiv geworden. Von der Mehrdeutigkeit von παρακαλέω her muß man mit einer Mehrdeutigkeit des davon abgeleiteten Substantivs rechnen.

– Der zur Unterstützung Herbeigerufene, als Beistand Herangezogene; lateinisch: advocatus.
– Das Part. Perf. passiv advocatus bezeichnet einen Menschen mit aktiver Funktion; das gilt auch für παράκλητος, und von daher verbindet sich mit dem Wort die Bedeutung Fürsprecher, Helfer, Mittler, und dies schon in der klassischen Gräcität, in der das Wort verhältnismäßig selten ist.
– In einigen lateinischen Bibelübersetzungen steht für παράκλητος consolator (Tröster).
– Mehrfach wird die Übersetzung Ermahner vorgeschlagen; sie hat einiges für sich, nicht nur vom Verbum παρακαλέω her; denn die apostolische Paraklese wird in Apg 9,31 ausdrücklich und stillschweigend vielfach mit dem heiligen Geist in Verbindung gebracht. Nicht zufällig schließt Paulus seine Mahnungen in 1Kor 7,40 mit der Versicherung, daß er das Pneuma habe.

In der LXX kommt das Wort nicht vor; in Hi 16,2 wird der Plural מנחמים (Tröster) mit παρακλήτορες wiedergegeben. Merkwürdigerweise ist das griechische Wort ins rabbinische Hebräisch mit der Bedeutung Fürsprecher, Anwalt eingedrungen. TAbot 4,11: Wer ein Gebot erfüllt, erwirbt sich einen Fürsprecher (פרקליט), und wer eine Sünde begeht, erwirbt sich einen Ankläger (קטגור = κατήγωρ)[262]. Was haben diese Befunde mit dem Parakleten des Johannesevangeliums zu tun?

---

[261] Br s.v.; J. Behm, ThWNT V 799–801; Müller, Parakletenvorstellung 31–40.
[262] Behm 800,13ff.

Wir bedenken die einzige Stelle im Neuen Testament, an der παράκλητος außerhalb des Johannesevangeliums begegnet, das ist 1Joh 2,1. Dort wird Jesus als Paraklet bezeichnet, der als der zum Vater Gegangene Fürsprache für die Seinen einlegt. Dem sind die Sätze von Röm 8,34; Hb 7,25; 9,24 an die Seite zu stellen, in denen Jesus als Fürsprecher vor Gott geschildert wird. Wir fragen: Gibt die Übersetzung »Fürsprecher«, die in 1Joh 2,1 allein in Frage kommt, das Tun des Parakleten in den Parakletworten sachgemäß wieder? Was ergibt eine Befragung dieser Worte?

In 14,16f ist der Paraklet die Gestalt, die, vom Vater auf Jesu Bitte hin zur Gemeinde geschickt, der Gemeinde hilft, die »größeren Werke« (v. 12) zu vollbringen. Mit der Welt hat er schlechterdings nichts zu tun, kann von ihr auch nicht begriffen werden. Dagegen wird er an der Stelle Jesu für immer in und mit der Gemeinde sein. Er füllt also die Stelle aus, die vor Ostern Jesus als der erste Paraklet innehatte, und wird darum der ἄλλος παράκλητος genannt. Die adäquate Übersetzung lautet von v. 12 her: Fortsetzer, von v. 16f her: Vertreter Jesu.

In 14,25f, wo der Paraklet mit dem heiligen Geist identifiziert wird, sorgt er dafür, daß Jesu Lehre und Verkündigung in der Gemeinde lebendig bleiben. Das Lehren und Erinnern meint allerdings nicht ein bloßes Vergegenwärtigen des einst Gesagten, sondern der Paraklet bringt – 2,17.22; 12,16 führen zu solcher Auskunft – die Gemeinde zum richtigen Verstehen und aktuellen Aussprechen der Jesusverkündigung. Übersetzung: Interpret der Jesusverkündigung (s. S. 64).

15,26f (s.d.). Hier tritt der Paraklet, anders als in c. 14, als forensische Gestalt auf, und dabei kommt der johanneische Sprachgebrauch der verhältnismäßig seltenen Bedeutung »Anwalt vor Gericht« nahe. Übersetzung: Beistand der Glaubenden in gerichtlicher Verfolgung.

16,8–11 (S. 189ff.196ff). Wieder steht das forensische Element im Vordergrund. Übersetzung: Prozeßführer.

16,12–15 (S. 192ff.198ff). Der Paraklet erweist die problematische Gegenwart der Gemeinde als den Raum, in dem sie ihr Gemeindesein zu leben hat. Übersetzung: Offenbarer der jetzt geltenden Wahrheit.

Die johanneischen Texte haben also das Wort mit je eigenem Inhalt gefüllt, der mit der ursprünglichen Bedeutung von παράκλητος wenig zu tun hat. Ganz fern sind dabei die Bedeutungen Fürsprecher, Mittler, Ermahner[263]. Ziemlich fern liegt die Bedeutung Tröster, so sehr man in den verschiedenen Funktionen des Parakleten auch ein Element der Tröstung finden kann. Dem Begriff Paraklet werden also, wie die obige Aufzählung zeigt, andere, ihm von Haus aus fremde Inhalte eingepflanzt. Auffälligerweise bleibt dabei der Titel

---

[263] Gegen MÜLLER 60–65.

Prophet ausgeklammert. Obwohl er den Paraklettexten inhaltlich entspricht – am wenigsten in 15,26 f –, wird er nie für den Parakleten benützt[264].

2. Die Herkunft der Parakletvorstellung

a) Ableitungsversuche

Während Geist, heiliger Geist im Johannesevangelium nicht selten begegnet (1,32 f; 3,5 f.8.34; 4,23 f; 6,63; 7,39; 20,22), findet sich die Benennung des Geistes mit dem Titel Paraklet nur in den Parakletsprüchen der Abschiedsreden. Wir fragen: Welche Überlegungen, Notwendigkeiten, Hoffnungen stehen am Ursprung der Parakletworte? Woher hat die Gemeinde diesen Titel für die Macht geholt, die man sonst durchweg πνεῦμα oder πνεῦμα ἅγιον nannte? Warum benützt sie diesen ursprünglich wohl für Jesus reservierten Titel (1 Joh 2,1), um ihre Geist-Erfahrung zu benennen? Wir konzentrieren diese unterschiedlichen Fragen zunächst auf die eine: Aus welchen Voraussetzungen und Bereichen ist die Parakletgestalt erwachsen? Nur die gewichtigsten Möglichkeiten seien genannt.

(1) *Die mandäischen Helfer.* Als man die mandäischen Texte zu Gesicht bekam (S. 109), stieß man in den Vorstellungen der Mandäer auf verschiedene Helfergestalten. Ein solcher Helfer gibt der abscheidenden Seele Mut zum Aufstieg und hilft ihr, die sein Abbild ist, die dabei drohenden Gefahren zu durchschreiten[265]. Nun wird zwar auch der Paraklet als Helfer der Gemeinde verstanden. Aber dies ist die einzige Parallel-Idee, die ihn mit den mandäischen Helfergestalten verbindet. Wir vergegenwärtigen uns die Differenzen: Der Paraklet ist einer, der mandäischen Helfer sind viele; davon, daß der Paraklet ein Abbild der menschlichen Seele ist, kann keine Rede sein; die für das Johannesevangelium konstitutive enge Beziehung zwischen Jesus und dem Parakleten hat bei den Mandäern keine Entsprechung[266]; das forensische Element in der johanneischen Parakletvorstellung fehlt im Mandäismus. Schließlich ist nicht zu vergessen, daß das mandäische Schrifttum viel späteren Datums ist als

---

[264] Die Richtigkeit der von BORING 120 dafür angegebenen Begründung – der Prophetentitel ist im Johannesevangelium für Jesus reserviert – steht dahin. Eine andere Erklärung bietet SCHNACKENBURG IV 56 f: Die johanneische Gemeinde wollte, da der Prophetismus bei ihr in Mißkredit geraten war, von Propheten nichts wissen. Das ist zu pauschal geurteilt. Aber man dürfte sich innerhalb der johanneischen Gemeinde von gewissen Auswüchsen des Prophetismus distanziert haben.

[265] Zu den Mandäern vgl. RUDOLPH, Gnosis 384–387; C. COLPE, RGG IV 709–712; die Auslegung der mandäischen Helfer auf den Parakleten wurde von BAUER 184 f und BULTMANN 439 f propagiert. Zum Gesamtproblem vgl. SCHNACKENBURG III 163–169; MÜLLER, Parakletenvorstellung 62–65; BROWN 1137–1139; KLAUCK, 1 Joh 102–104.

[266] G. BORNKAMM, Der Paraklet im Johannes-Evangelium, in: ders., Geschichte und Glaube (BEvTh 48), München 1968, S. 68–89, hier S. 70.

das Johannesevangelium (S. 109f)[267] – und schwerlich ist das Frühere vom Späteren abhängig. Heute wird die mandäische Ableitung des Parakletkomplexes kaum mehr vertreten.

(2) *Der jüdische Fürsprecher.* Vielfach wurde der johanneische Paraklet auf die jüdische Fürsprecher-Idee zurückgeführt. Der Gedanke des fürsprechenden Eintretens für einen anderen ist im Judentum tief verwurzelt[268]. Engel können bei Gott Fürsprache für einen Menschen einlegen[269], auch der Geist, dieser freilich sehr selten[270]. Ist also der Paraklet vom jüdischen Fürsprecher-Engel abgeleitet?

Diese Vermutung wurde von O. Betz zu der Behauptung weitergeführt, daß der Erzengel Michael, der besondere Fürsprecher der Frommen, das Modell für den johanneischen Parakleten abgegeben habe. Qumran liefere den dafür benötigten Hintergrund. Dort gebe es verschiedene Fürsprecher: Henoch, Noah, Mose, Elia und eben auch Michael[271], der in Qumran mit dem Geist der Wahrheit (1QS IV 21.23) gleichgesetzt worden sei. Michael aber, der in Qumran für die Frommen eintritt, ist auch im johanneischen Umkreis bekannt, wie sein Auftreten in Offb 12,7ff zeige. Als Jesus zum Vater in den Himmel zurückkehrte, sei Michael, der Fürsprecher und Geist der Wahrheit, als Ersatz für Jesus auf die Erde geschickt worden, um dort das Amt der Fürsprache zu übernehmen, während Jesus an der Stelle Michaels als Fürsprecher bei Gott im Himmel wirke. – Diese etwas phantasievolle Konstruktion hat berechtigte Kritik gefunden[272], und so sollte man von einer Einwirkung des Erzengels Michael auf den Parakleten besser nicht sprechen, wie überhaupt von einem Einfluß jüdischer *Engellehre* an dieser Stelle nichts zu finden ist.

Außerdem bestimmt das Element der Fürsprache den Paraklettitel zwar in 1Joh 2,1, nicht aber in den Parakletworten der Abschiedsreden. Es besteht also kein Zusammenhang zwischen dem johanneischen Parakleten und der jüdischen Fürsprecher-Idee.

(3) *Die Vorläufer-Erfüller-Idee.* Sie wurde von G. Bornkamm in die Diskussion eingeführt. Wie der Täufer als Vorläufer Jesu fungiere, so sei Jesus Vorläufer des Parakleten. Der Vorläufercharakter Jesu zeige sich darin, daß erst nach seinem Weggang zum Vater der Paraklet komme (16,7) und mit ihm die Zeit des wirklichen Erkennens und Glaubens. Freilich habe das Johannesevangelium die Vorläufervorstellung hinsichtlich der Gestalt Jesu gründlich variiert: »Der Vorangehende steht hier nicht mehr im Dienst des nach ihm Kommenden, sondern – umgekehrt – der ἄλλος παράκλητος steht ganz im Dienste Jesu«[273]. – Damit aber ist das Schema Vorläufer-Erfüller als klärendes Paradigma für das Parakletproblem untauglich geworden. Sieht man noch genauer hin, dann findet sich in

---

[267] RUDOLPH 383
[268] KLAUCK 103; vgl. vor allem J. BEHM, ThWNT V 807–810.
[269] BILL II 560f; K. E. GRÖZINGER, TRE 9,590.
[270] E. SJÖBERG, ThWNT VI 387, 1ff.
[271] BETZ, Paraklet 138.142ff.150ff.
[272] MÜLLER 32–34; SCHNACKENBURG III 165f.
[273] BORNKAMM 87.

unseren Texten nicht die Spur einer Andeutung davon, daß Jesus als Vorläufer des Parakleten verstanden worden ist. Dadurch, daß der Paraklet das Werk Jesu auf neuer Stufe in die Zukunft fortsetzt, wird er nicht zu seinem Vorläufer[274].

(4) *Der Menschensohn.* Neben dem Schema Vorläufer-Erfüller hat Bornkamm noch die Menschensohn-Idee als Wurzelboden der Parakletvorstellung genannt[275]. In der jüdischen Apokalyptik werde der Menschensohn als Geistträger und als Weltenrichter geschildert; auch um den Menschensohn schare sich für immer seine Gemeinde (äthHen 71,16f); ihm komme Präexistenz zu, und schließlich werde in die Abschiedssituation von 4Esr 12–14 die Vision vom Menschensohn eingebettet. Aber der johanneische Paraklet ist nicht Geistträger, sondern der heilige Geist selbst. Sein Gericht über die Welt nimmt das apokalyptische Gericht des Menschensohns vorweg, steht also nicht in Analogie, sondern in Konkurrenz dazu, und an einer Präexistenz des Parakleten sind die entsprechenden Logien nicht interessiert. Die Vision von 4Esr 13 ist mit dem Abschied Esras in c. 14 nicht enger verbunden als die übrigen Esra-Visionen, und also kann man aus dem Nebeneinander von Menschensohn und Abschied keine Nähe des Menschensohns zum Parakleten folgern, der wesenhaft in die Abschiedssituation gehören soll.

Angesichts der Vielzahl der mißlungenen Ableitungsversuche fragt man, ob mit ihnen nicht ein von vornherein verfehlter Weg eingeschlagen wurde, ob man nicht vielmehr mit der schöpferischen Kraft der johanneischen Gemeinde zu rechnen habe, die von sich aus die Rede vom Parakleten gefunden und geschaffen hat. Sie lebte mit dem gesamten frühen Christentum im Raum der urchristlichen Geist-Erfahrung. Warum sollte sie nicht vermöge der Besonderheit ihrer Geist-Erfahrung die Parakletvorstellung entwickelt und dabei dieser Erfahrung eine eigene Sprachgestalt gegeben haben?

Nun hat man tatsächlich im Blick auf die johanneische Gemeinde mit einer auch im frühen Christentum ungewöhnlichen theologischen Kreativität zu rechnen. Aber selbst wenn man sie in Rechnung stellt, bleibt die Aufgabe, nach dem Anlaß zu suchen, der diese Gemeinde dazu gebracht hat, die ihr eigene Ausprägung der Rede vom heiligen Geist zu schaffen. Dabei setzen wir bei der Frage ein, warum der Geist als Paraklet so entschieden an das Weggehen Jesu gebunden wird, daß ohne dieses Weggehen die Gemeinde den Geist gar nicht empfangen könnte (16,7).

b) Die Frage nach der Kontinuität der Offenbarung

Jesus geht zum Vater und verläßt, indem er die Welt verläßt, auch die Jünger, die in der Welt bleiben. In der Stunde, in der davon gesprochen wird, kann die

---

[274] Zur Kritik s. MÜLLER 35–37.
[275] BORNKAMM 81–84; Beifall erhielt er von SCHULZ 188f; zur Kritik vgl. SCHNACKENBURG III 164f.

Frage nicht ausbleiben, wie nach dem Weggang Jesu die Jünger als Gemeinde zu existieren vermögen. Die Exegese von 14,16 f und 14,25 f hat gezeigt, wie diese Texten um das genannte Problem kreisen. Die Parakletworte 15,26 f; 16,8–11.12–15 sind zwar noch von anderen Interessen bewegt, aber sie wurzeln in demselben Grundinteresse wie 14,16 f.25 f. Nicht nur die Parakletworte selbst befassen sich mit der Frage, wie nach dem Weggang Jesu die Kontinuität seines Werkes gewahrt werden kann. Die Abschiedsreden, soweit sie von der Situation des Abschieds her denken – das sind alle Texte mit Ausnahme von 15,1–17; zum Teil auch 15,18–16,4a (S. 187 f) – ringen mit dem Problem, ob und wie die Gemeinde nach Passion und Ostern, also unter der Bedingung des abwesenden Jesus, Gemeinde sein und ihren Auftrag als Gemeinde erfüllen kann. Man kann das Problem auch in die Frage fassen, wie der abwesende Jesus zum gegenwärtigen Jesus werden kann. Hierauf geben die Parakletlogien im Rahmen ihres Kontextes eine präzise Antwort.

Damit rücken die Abschiedsreden in einen im Alten Testament und Judentum vielfach erlebten und bedachten Horizont (S. 10 f). Die große Führergestalt – Mose etwa (Dtn 31–33; assMos; AntBibl 19) oder Samuel (1 Sam 12) oder Debora (AntBibl 33) oder Baruch (syrBar 77) oder Esra (4 Esr 14) – steht am Ende ihres Wegs. Man blickt zurück auf das in der Vergangenheit Geschehene und schaut in die Unsicherheit der Zukunft, auf das, was die Gemeinde, das Volk nach dem Tod des Abschiednehmenden zu erwarten hat. Wer wird, fragt der Scheidende sich und die Zurückbleibenden, nach mir das Volk führen? Wer wird in den unausbleiblichen Krisen die gültige Weisung geben? Wer wird fähig sein, die nötigen Entscheidungen herbeizuführen? Die Antworten sind, wie zu erwarten, vielfältig. Die Zukunft wird bewältigt durch Voraussage des Kommenden (so vielfach in den Apokalypsen), durch Mahnung, Tröstung und Verpflichtung (Jos 23 f), durch Abfassung und Weitergabe von Schriften (4 Esr 14), durch einen möglichst gleichwertigen Nachfolger (2 Kön 2, vor allem v. 15 ff)[276]. Vermutlich muß man Dtn 18,15.18 als eine frühe hierher gehörende und sehr grundsätzliche Äußerung verstehen: Niemals wird Israel, auch wenn Mose stirbt, ohne gleichwertige Führung sein[277].

Von da aus kann zwar nicht dem Paraklettitel, aber der Funktion des Paraketen der gesuchte traditionsgeschichtliche Ort zugewiesen werden. Jesus verläßt die Welt und geht zum Vater. Den Jüngern wird zugesagt, daß sie sein Werk fortsetzen werden (14,12). Aber wie sollen sie das vermögen, wo Jesus abwesend ist? Die Zusage Jesu antwortet: Der Vater wird an seiner Stelle den Geist der Wahrheit senden, der für immer bei der Gemeinde sein wird (14,16 f). Er

---

[276] Müller 52–60; ausführlich, leider nicht übersichtlich zusammengefaßt, bei Winter, Vermächtnis 66 f. 83 f.101–103.107.122.162.164.167.169 f.174.210–212.304–308.

[277] R. Rendtorff, ThWNT VI 803,42 ff; F. Hahn, Christologische Hoheitstitel (FRLANT 83), 5. Aufl., Göttingen 1995, S. 356 f.

wird die Gemeinde lehren und sie an alles erinnern, was Jesus gesagt hat, damit
sie – so ist zu ergänzen – nach dem Weggang Jesu sein jeweils gültiges Wort
vernehmen und weitersagen kann (14,26). Die anderen Parakletworte knüpfen
daran an und konkretisieren die Zusagen von c. 14. Als vollgültiger Vertreter
Jesu wird der Paraklet den vor Gericht stehenden Glaubenden das abzulegende
Zeugnis vermitteln (15,26 f). Was Jesus gegenüber Pilatus tat, wird der Paraklet
gegenüber der Welt weiterführen (16,8–11) und er wird es durch das Wort tun,
das der Gemeinde gewährt wird. 16,12–15 hebt den Nachfolgecharakter des
Parakleten mit besonderer Eindrücklichkeit hervor: Er wird nichts anderes als
das sagen, was Jesus sagt; er wird somit das Werk Jesu an der Gemeinde fortsetzen.

Mit der Parakletgestalt bearbeiten also die Abschiedsreden einen im Judentum wohlbekannten Fragenkomplex – die gefährdete Kontinuität der Offenbarung – und sie geben, indem sie den Parakleten einführen, eine den jüdischen
Vorbildern analoge, gleichwohl ganz eigene und von der Christuserfahrung
gefüllte Antwort. Angesichts der besorgten Frage, wie das Werk des Abschiednehmenden Zukunft haben kann, verweisen sie auf die Gestalt, die den Fortgehenden gültig ersetzt und die die Fortsetzung seines Werkes garantiert. Der
Paraklet, erklären die Abschiedsreden, vergegenwärtigt den abwesenden Jesus
in einer Weise, die in nichts hinter der Gegenwart Jesu vor Ostern zurücksteht,
die vielmehr diese Gegenwart auf eine neue Ebene hebt, sie vertieft und ausweitet und in den »größeren Werken« der Jünger zur Fülle ihrer Wirkung bringt
(S. 89–92).

Das Problem der Kontinuität der Offenbarung stellt sich jeder christlichen Generation.
Es ist auch von den anderen Gruppen des frühen Christentums in je ihrer Weise wahrgenommen und nicht selten mit der Inanspruchnahme des heiligen Geistes beantwortet
worden. Das Johannesevangelium unterscheidet sich darin von seiner christlichen
Umgebung, daß in ihm das Problem in hellerer Bewußtheit als sonst im Neuen Testament zu einem eigenen Thema wird. Offenbar hat es sich der johanneischen Gemeinde
in besonderer Dringlichkeit gestellt, und der Autor vermochte, es angemessen zu reflektieren.

3. Das Eindringen des Titels Paraklet in die Abschiedsreden

Was aber hat dazu geführt, daß der heilige Geist als die Gestalt, die die Fortsetzung der Offenbarung garantiert, mit dem Paraklettitel versehen wurde? Wenig einleuchtend ist der Versuch Müllers, den Titel παράκλητος in seiner johanneischen Verwendung vom Verbum παρακαλεῖν abzuleiten und ihn auf
»die ermahnende, belehrende und tröstende Funktion des ›Parakleten‹ der jüdischen Abschiedssituation«[278] zurückzuführen. Demnach hätte sich der Titel

---

[278] MÜLLER 62; vgl. die Ausführungen 61–65; Kritik an MÜLLER bei SCHNACKENBURG
III 167.

aus der dem heiligen Geist vom Autor zugeschriebenen Funktion ergeben. Aber in jüdischen Abschiedsschilderungen, die in der Tat erfüllt sind von Ermahnungen, Belehrungen und Tröstungen, gibt es nie eine »Paraklet« oder ähnlich genannte Gestalt. Zudem steht beim johanneischen Parakleten gerade nicht das Ermahnen, Belehren und Trösten im Zentrum, sondern die Vergegenwärtigung des Wortes und Wirkens des fortgegangenen Jesus. Darin ist zwar das Ermahnen, Belehren und Trösten eingeschlossen, aber als nur begleitendes Element, das dem Einen untergeordnet ist: Der Fortsetzung der Offenbarung, die vom Parakleten gewährleistet wird. Können bei der Frage, wie der Autor dazu kam, dem heiligen Geist den Titel Paraklet zu geben, die folgenden Erwägungen zu einer Antwort führen?[279].

– Man geht von der Bedeutung Beistand, Anwalt aus. Als solchen Anwalt hat die frühchristliche Gemeinde den Geist erfahren, wie sich aus 15,26f; Mk 13,11 ergibt (s. zu 15,26f). In dieser Phase wächst dem Geist die Bezeichnung Paraklet zu, noch nicht als Titel, aber als Angabe seiner Funktion für die Gemeinde[280].

– In der johanneischen Schule wurde der Inhalt dieser Bezeichnung – Beistand, Anwalt – ausgeweitet. Weitere Funktionen flossen in sie ein, nachdem man mit dem Geist die Frage nach der Kontinuität der Offenbarung verbunden hatte. Das waren Funktionen, die mit dem Inhalt der ursprünglichen Paraklet-Bezeichnung wenig zu tun hatten.

– Das hatte zur Folge, daß die Bezeichnung »Paraklet« und die Funktionen, die man dem Paraklet genannten heiligen Geist zuwies, sich nicht mehr deckten. Da man an der Bezeichnung »Paraklet« festhielt, die Bezeichnung aber nicht Ausdruck der Funktion war, mußte sich die Bezeichnung von der Funktion lösen und verselbständigen; so wurde sie zum Titel.

– Läßt sich von hier aus die Antwort auf die Frage finden, warum der Paraklettitel nur in den Abschiedsreden auftaucht, während der heilige Geist außerhalb der Abschiedsreden (1,32f; 3,5f.8; 3,34; 4,23f; 6,63; 7,39; 20,22) nie Paraklet genannt wird? Mit diesem Titel wird das zentrale Anliegen der johanneischen Geist-Erfahrung eingefangen: Geist als die Größe, die die Kontinuität der Offenbarung garantiert. Dieses Problem aber wird in den Abschiedsreden, nicht in den anderen johanneischen Geist-Texten entfaltet. Also hat auch der Paraklettitel nur in den Abschiedsreden einen legitimen Platz[281].

---

[279] Vgl. dazu Schnackenburg III 167f.

[280] Schnackenburg III 168: Die Benennung des heiligen Geistes mit dem Wort »Paraklet« ist vorjohanneisch.

[281] Für Winter, Vermächtnis 302 ist dieser Tatbestand Indiz dafür, »daß die Vermächtnisreden als die theologische Mitte des Evangeliums konzipiert sind«.

II. Die Besonderheit der johanneischen Geist-Erfahrung

In den Parakletworten treffen wir auf die Besonderheit der johanneischen Geist-Erfahrung. In welchem Verhältnis steht sie zur Geist-Erfahrung des übrigen Urchristentums? Wir verschaffen uns zunächst einen Überblick über dieses Zentrum urchristlichen Erlebens.

1. Die frühchristliche Geist-Erfahrung

Vermutlich setzt die urchristliche Geisterfahrung mit dem Pfingsterleben ein, das von den Jüngern »als Überwältigtwerden vom Heiligen Geist begriffen worden ist«[282]. Eine Macht, die sie mit der Gewalt von Feuer und Sturm erfaßte (Apg 2,2f), wurde von ihnen als heiliger Geist, als Machtbezeugung des zu Gott erhöhten Jesus, als signum der Endzeit (2,17), als Angeld (ἀρραβών) der Vollendung (2Kor 1,22; 5,5) verstanden. Mag bei dieser Gelegenheit erstmals das Zungenreden als Geistphänomen aufgetreten sein, so erschöpft sich nach urchristlichem Wissen das Wirken des Geistes darin nicht. Er äußert sich auf ganz unterschiedliche Weise und bei unerwarteten Gelegenheiten. Am ehesten hat man sein Wirken im Gottesdienst erwartet, und 1Kor 14 läßt uns den korinthischen Gottesdienst zu einem Teil miterleben[283]. Zwar lernen wir ihn im paulinischen Urteil kennen; dieses aber gewährt uns reichliche Antwort auf die Frage nach den im Gottesdienst erlebten Wirkungen des Geistes, obwohl Paulus nichts daran lag, eine lückenlose Schilderung eines Gottesdienstes zu bieten. Alle gottesdienstlichen Elemente aber sind Wirkungen des Geistes oder sollen es sein.

Es ist das Singen zu nennen, das im Gottesdienst einen zentralen Platz hat (1Kor 14,26), wobei man an spontane Gesänge ebenso zu denken hat wie an traditionelle oder neu erarbeitete Lieder. Natürlich gehört die Lehre in den Gottesdienst, auch sie als Werk des Geistes verstanden. Propheten treten auf, Verkündiger also (v. 1–5.29–32). Aber nicht einer allein ergreift das Wort, sondern mehrere drängen sich zum Verkündigen, und man hat einiges zu tun, um ein geordnetes Nacheinander zu wahren. Das Wort der Propheten bleibt nicht unkommentiert. Sachverständige Zuhörer geben ihr Urteil darüber ab; vielleicht lenken sie es in eine bestimmte Richtung oder geben ihm eine konkrete Anwendung (v. 29; hierher könnte die »Unterscheidung der Geister« von 1Kor 12,10 gehören, wenn es sich dabei nicht um ein kritisches Hinterfragen prophetischer Geistäußerungen in der Weise von 1Joh 4,1–3 handelte). Wenn das Reden der Propheten in verständlicher Sprache ergeht, wird man dem dabei manchmal auftretenden Durcheinander gegenüber tolerant sein. Wie aber, wenn plötzlich ein unverständliches Gestammel, eine Art Lallen anhebt, das »Reden in anderen Zungen« (Apg

---

[282] ROLOFF, Apostelgeschichte 39. – Zum Gesamtproblem vgl. SCHNACKENBURG III 163–169; MÜLLER, Parakletenvorstellung 62–65; BROWN 1137–1139; KLAUCK, 1Joh 102–104.

[283] Vgl. J. CHR. SALZMANN, Lehren und Ermahnen (WUNT59), Tübingen 1994, S. 59–77.

2,4), die Glossolalie also[284]? Sie galt in Korinth als besonders ausgezeichnete und auszeichnende Gabe, als die Manifestation des Geistes schlechthin (v. 2–19). Denn in ihr wurde die Sprache der Engel laut (1Kor 13,1), und wer sich in dieser Sprache ergeht, ist ein πνευματικός, ein Geistbegabter höherer Art. Daß glossolalische Rede in verständliche Sprache übersetzt werde, war ein besonderes Anliegen des Paulus (1Kor 14,5.13.26), und offenbar hatte er Grund, die Fähigkeit zum Übersetzen von Glossolalie als Geistesgabe hervorzuheben (1Kor 12,10). Auch spontane verständliche Schreie konnten sich in den Gottesdienst mischen, etwa der Schrei »Herr ist Jesus« (1Kor 12,3) oder »Abba« als unmittelbare und vertrauensvolle Gottesanrede (Gal 4,6; Röm 8,14f). Das Gebet wird in 1Kor 14 nicht eigens genannt, aber natürlich war es Bestandteil des urchristlichen Gottesdienstes (1Kor 11,3ff) und galt damit als Werk des Geistes, der im Gebet der Gemeinde sein Eintreten vor Gott für die Gemeinde vornimmt (Röm 8,26). Wenn ein bisher Ungläubiger in den Gottesdienst der Gemeinde gerät und im betroffenen Hören einer ihn angehenden Rede erschrocken zu Boden stürzt und bekennt: »wirklich ist Gott bei euch!« (1Kor 14,24f), so wird niemand daran zweifeln, daß sich darin die überführende Macht des Pneuma manifestiert. Schwerlich konnte man sich in Korinth einen Gottesdienst ohne dergleichen außerordentliche, ins Ekstatische führende Wirkungen des Geistes vorstellen. Man wird überlegen, ob es anderswo in den urchristlichen Gottesdiensten ruhiger und nüchterner zuging. Das ist möglich, und im Bereich der Pastoralbriefe dürfte der Gottesdienst ohne dominierendes enthusiastisches Gepräge vor sich gegangen sein[285]. Aber selbstverständlich galt auch die von Mahnung und Belehrung bestimmte Predigt, Ausdruck der gesunden Lehre (1Tim 1,10), als Wirkort des Geistes, wie denn der Autor des 1 Clemensbriefes seine Mahnungen durch den heiligen Geist (διὰ τοῦ ἁγίου πνεύματος 1Cl 63,2) ergehen läßt. Disziplinarische Entscheidungen werden kraft der δύναμις Jesu – das ist der Geist – getroffen (1Kor 5,4f). Im Taufgeschehen vollzieht der Geist sein Werk (1Kor 12,13) und vom Herrenmahl gilt dasselbe, ohne daß das ausdrücklich gesagt werden muß.

Der Geist wirkt auch außerhalb des Gottesdienstes. Ein christlicher Exorzist etwa – woher sollte er seine die Dämonen vertreibende Macht haben wenn nicht vom heiligen Geist? Ein Therapeut, ein Heiler ist ein mit der Geistesgabe der Heilung begabter Mensch (1Kor 12,9). Auch besondere Redegabe und Weisheit wird als Charisma verstanden (v. 8), und vielleicht hat die Prophetie (v. 10) etwas mit dem λόγος σοφίας und γνώσεως (v. 8) zu tun. Ein Prophet kann auch außerhalb des Gottesdienstes tätig werden und dabei wirkt er nicht nur durch sein Wort, sondern ebenso durch sein vom Geist eingegebenes Verhalten (Apg 21,10f). In wichtigen kirchlichen Entscheidungen erwartet und empfängt man die Weisung des Geistes (Apg 13,2.4; 16,6f; Gal 2,2). Wirken des Geistes ist auch in Apg 1,23–26; 6,6 vorausgesetzt. Daß Ehelosigkeit nur in der Kraft des Geistes gelebt werden kann (1Kor 7,7), dürfte allgemeine Überzeugung gewesen sein. Und wie sollte ein wegen seines Christusbekenntnisses vor Gericht Gestellter sich angemessen verteidigen können, wenn seine Rede nicht vom Pneuma inspiriert würde (Mk 13,11; Apg 7,55; vgl. zu 15,26f).

Am unmittelbarsten erfuhr man das Wirken des Pneuma im ekstatischen Erleben, und Glossolalie gehörte vermutlich in diesen Bereich. Von der Prophetie gilt das nicht durchweg (vgl. 1Kor 14,1–5.31f). Aber der Apokalyptiker Johannes, den man als urchristlichen Propheten anzusprechen hat[286], berichtet von ekstatischen Entrückungen (1,10; 4,2; 17,3; 21,10). Von einem Menschen, der durch den Geist – das braucht nicht

---

[284] Zum Phänomen der urchristlichen Glossolalie s. THEISSEN, Aspekte 269–340.

[285] SALZMANN 95–104.

[286] U. B. MÜLLER, Die Offenbarung des Johannes (ÖTK 19), Gütersloh 1984, S. 49.

eigens gesagt zu werden – in den dritten Himmel entrückt wurde, erzählt Paulus in 2Kor 12,2–4; er erzählt von sich selbst.

Hier sollten wir uns Rechenschaft darüber geben, wie fremd uns urchristliche Geist-Erfahrung anmutet. Gerieten wir in den korinthischen Gottesdienst mit seinem auch ekstatisch bedingten Durcheinander, so hätten wir vermutlich Mühe, darin einen christlichen Gottesdienst zu erkennen. Aber nach allgemeinem urchristlichen Verständnis manifestiert sich das Pneuma primär im Außerordentlichen. Darum kann es über den Menschen mit einer Macht kommen, die menschlichen Eigenwillen aufhebt. Es reißt ihn heraus aus dem Gewohnten und Üblichen und versetzt ihn in die Sphäre des Überirdischen. Es verleiht außerordentliche Befähigung und Erkenntnis und gewährt Weltüberlegenheit und Weltüberwindung, und von da aus kann Paulus in hinreißender Rhetorik ausrufen: Alles ist euer! (1Kor 3,21–23; hier wird zwar Pneuma nicht eigens erwähnt, aber das ὑμεῖς δὲ χριστοῦ [ihr aber seid Eigentum Christi] ist durch das Pneuma vermittelt). Macht das Pneuma Ekstase zum Medium seines Wirkens, so vermag es Individualität und Eigenbewußtsein zeitweise auszulöschen. Dafür löst es den Menschen aus irdischen Verhältnissen, aus Alltag und Geschichte, kann ihn in die Welt des Himmels versetzen und ihm vorher nicht geahnte Erfahrungen vermitteln. Denn das Pneuma ist selbst Kraft und Wesensäußerung der himmlischen Welt. Erfüllt es einen Menschen mit seiner Kraft und entrückt es ihn in ein Jenseits von Alltag und Geschichte, was hat dann dieser Mensch, zum Pneumatiker, zum Genossen der Engel (Kol 1,12) geworden, noch mit der Welt zu tun und mit der ihr zukommenden Realität, mit Wirtschaft, Staat und Mitmensch, mit irdischer Not und zwischenmenschlicher Verantwortung? Das hat der Pneumatiker weit hinter sich gelassen und in sieghafter Überlegenheit sagt er: Wir sind schon gesättigt, d.h. zur Vollendung gelangt; wir haben himmlischen Reichtum und Herrschaft bereits empfangen (1Kor 4,8). Die Zukunft der Welt – was geht sie uns noch an, da wir in der allein gültigen Zukunft, der Auferstehung, schon angekommen sind (2Tim 2,18)? Ist nicht das Pneuma erst dort am Werk, wo solche Weltdistanz empfangen und gelebt wird, und diejenigen, denen sie mangelt – haben die überhaupt das Pneuma?

2. Korrekturen

Hier ist die denkwürdige Stelle, an der Paulus die frühchristliche Geist-Erfahrung, der das Urchristentum einen nicht geringen Teil seines missionarischen Erfolgs verdankt, korrigiert und ihr eine theologisch unverzichtbare Richtung weist[287]. Was wäre geschehen, wenn sich im frühen Christentum das enthusiastisch-ekstatische Element des Geist-Erlebens mit alleingültigem Anspruch

---

[287] SCHWEIZER, ThWNT VI 417–422; J. H. SCHÜTZ, TRE 7, 689–691.

durchgesetzt hätte? Vermutlich wäre Christus zum Symbol und Repräsentanten des weltüberlegenen und weltverachtenden Menschen geworden, und christliches Vom-Geist-erfüllt-Sein wäre im Gewoge eines antiken Enthusiasmus aufgegangen, wie denn christliche Frömmigkeit, wo sie sich dem Enthusiasmus kritiklos öffnet, immer in der Gefahr steht, an die Stelle des gerechtfertigten Gottlosen den weltüberlegenen Menschen zu setzen.

Es war Paulus, der die in der frühen Gemeinde geglaubten und gelebten Wirkungen des Geistes einem Kriterium unterwarf, das die Kirche davor bewahrte, zu einer Sammlung weltvergessener Gruppen zu werden, die schließlich auch von der Welt vergessen werden, weil sie ihr nichts zu vermitteln haben. Dieses Kriterium ist die ἀγάπη, die Paulus, jedem weltübersteigenden Enthusiasmus zum Trotz, die höchste der Geistesgaben nennt (1Kor 12,31 im Zusammenhang mit c. 13). Wo der Geist und die Berufung auf ihn der Liebe, also der mitmenschlichen Verantwortung und damit im Kontext des frühen Christentums dem Aufbau der Gemeinde dienen, da wird Geist als heiliger Geist empfangen und gelebt. Wo man dagegen, sich auf den Geist berufend, die mitmenschliche Verantwortung transzendiert und an ihre Stelle die eigene pneumatische Selbstvervollkommnung setzt, da wird Geist als heiliger Geist verleugnet (vom Betrüben des heiligen Geistes spricht Eph 4,30), wird er zum »Geist der Welt« (1Kor 2,12) oder zu einem »anderen Geist« (2Kor 11,4). Dabei hat – auch das bleibe unvergessen – Paulus den im Urchristentum gezogenen Kreis der Geistwirkungen nicht eingeschränkt. Im Gegenteil, er hat, alttestamentlich-jüdische Traditionen aktualisierend, das Phänomen des Geistes noch weiteren Lebensbereichen eingepflanzt und im Geist, unfaßbar für die korinthischen Enthusiasten, die Macht gesehen, die den von ihr Besetzten der Mitmenschlichkeit öffnet und verpflichtet (Gal 5,22f). Er konnte das, weil er die Qualität der Geistwirkungen daran gemessen hat, ob sie im Dienst der Gemeinde, des Leibes Christi stehen und als Instrumente mitmenschlicher Verantwortung gelebt werden. In diesem Zusammenhang hat er Unscheinbarkeiten wie διαϰονία, seelsorgerlichen Zuspruch, barmherziges Tun in den Rang von Geistesgaben gehoben (Röm 12,7f). Er hat erkannt, daß Geist zu verstehen und zu leben ist als die Weise, »in der Gott nach der Welt greift, um sie eschatologisch und damit endgültig zu verwandeln von jeglicher Sklaverei hin zu seiner eigenen Herrlichkeit«[288], und das beginnt, indem in der Gemeinde Liebe, wechselseitige Verantwortung ihren zentralen Platz findet.

In ähnlicher, wenn auch gegenüber Paulus eingeschränkter Weise hat Matthäus sich gegen einen christlichen Enthusiasmus gewendet, der offenbar das Liebesgebot, die Summe der Tora, der alten, vergehenden Weltzeit zugeordnet hat: Wir Bürger des neuen Äons, vom Geist in ein höheres Sein versetzt, sind über das Stadium des In-der-Welt-Seins, damit über das Aufeinander-angewie-

---

[288] Berger, TRE 12,195.

sen-Sein hinausgeschritten in eine Sphäre jenseits der Tora[289]. Matthäus nennt
die Vertreter dieses Selbstbewußtseins falsche Propheten – es handelt sich also
um christliche Verkündiger – und vergleicht sie mit dem morschen Baum, der
die seinem Wesen entsprechenden Früchte bringt. Es sind Menschen, die zwar
zu großen geistlichen Krafttaten fähig sind, sich dabei aber der ἀνομία, dem
Nein zum eigentlichen Willen Gottes ergeben haben. Indem sie der Liebe, der
mitmenschlichen Verantwortung als dem Inbegriff der Tora den Abschied gegeben haben, sind sie zu Repräsentanten des eschatologischen Abfalls geworden (Mt 7,15–23). Wir registrieren die außerordentliche Härte dieses Urteils
und erspüren daran die Entscheidungsträchtigkeit der Situation.

Von Matthäus bei allen Unterschieden nicht allzuweit entfernt ist 1Joh 4,1–
3. Wo man einen Geist propagiert, der den Christus nicht ins Fleisch gekommen sein läßt, der ihn trennt von der Realität der Welt und der menschlichen
Schicksale, da hat man nicht mit dem Geist aus Gott zu tun. Dieser ist allein
dort zu finden, wo der *irdische* Jesus als der Christus bekannt wird und wo man
darum »Liebe nicht zu einem Abstraktum verkümmern«[290] läßt, sondern sie als
das Werk der Gerechtigkeit (1Joh 2,29) praktiziert.

3. Die johanneische Konzentration

Bevor wir uns mit Hilfe eines Vergleichs zwischen der johanneischen Rede
vom Parakleten und dem frühchristlichen Geist-Erleben die Besonderheit der
johanneischen Geist-Erfahrung vor Augen führen, fassen wir die Grunddaten
der johanneischen Parakletlehre zusammen.

a) Grunddaten

(1) *Sendung*. Der Paraklet wird gesandt, laut 14,16.26 vom Vater auf Jesu Bitte
hin oder in seinem Namen, laut 15,26; 16,7 von Jesus selbst. Von einem Widerspruch kann man angesichts der johanneischen Einheit zwischen Gott und Jesus
nicht reden (S. 164), und der kirchenspaltende Streit um das Filioque, der vom
6. Jh. an sich entwickelte und in dem 15,26 und 16,7 ihre Rolle spielten[291], löst
sich demnach, geht man ihn von den johanneischen Texten an, ohne Mühe auf.
– In der Betonung des Gesendetseins ist die Unselbständigkeit des Parakleten
gegenüber dem Sendenden ausgesagt; der Paraklet hat sein Sein nicht von sich
aus, sondern er ist, was er ist, als der Gesendete. Darin ist er dem Sohn ähnlich,
der seine Existenz ebenfalls nicht aus sich hat, sondern kraft der Sendung

---

[289] G. BARTH, in: BORNKAMM-BARTH-HELD, Überlieferung und Auslegung im Matthäusevangelium (WMANT 1), 5. Aufl., Neukirchen 1968, S. 68–70.149–154.

[290] KLAUCK, 1Joh 280.

[291] K. BARTH, KD I/1 496f; II 273; A. VON HARNACK, Dogmengeschichte (Grundriß), 7.
Aufl., S. 235–237. 340f.

durch den Vater (7,18 u.ö.). Immerhin lebt der Sohn bei allem Einssein mit dem Vater wirklich seine eigene Existenz (s. S. 347). Der Paraklet dagegen tritt zwar wie eine handelnde Person auf (vor allem in 16,8–11.12–15), aber gleichsam als eine Person ohne eigenes Gesicht, und was bleibt dann von der Person? Für die johanneische Texte existiert diese Frage nicht.

(2) *Werk.* Dazu vgl. die Aufstellung von S. 203. Man hat zwischen dem Werk des Parakleten an der Gemeinde (14,16f.25f; 16,12–15) und dem Werk an der Welt (16,8–11) zu unterscheiden. In 15,26f, auch in 16,8–11 wird das Ineinander der zwei Aspekte erkennbar: Im Zeugnis der Gemeinde gegenüber der Welt wird das Zeugnis der Parakleten laut. Das Mittel, mit dem der Paraklet dieses Werk betreibt, ist das Wort der Gemeinde (S. 196), in dem sich ihre glaubende Existenz äußert. Nur im Blick auf 16,12–15 bedarf diese Feststellung der Differenzierung (S. 200f).

(3) *Zeit.* Von besonderer Bedeutung ist die Angabe über die Zeit des Parakleten. Daß der Paraklet eine Gestalt der nachösterlichen Geschichte ist, wird in allen Parakletsprüchen vorausgesetzt und bedacht. Zum Thema wird das Problem in 16,5–7 erhoben: Das Weggehen Jesu, für die Gemeinde Anlaß zu Verwirrung (14,1) und Leid (16,6), zu Weinen und Heulen (16,20), ermöglicht das Kommen des Parakleten und ist darum zu bejahen. Vor Ostern gibt es ihn nicht und kann es ihn nicht geben, und darin stimmen die Parakletworte mit den sonstigen johanneischen Äußerungen über den Geist zusammen: Er ist erst seit Ostern da (7,39b; 20,22f), mit der einen Ausnahme: Jesus ist immer Geistträger (1,32f; 3,34b).

b) Der Vergleich

Stellen wir nun die Vielfalt der urchristlichen Geist-Erfahrung neben die johanneische Rede vom Wirken des Parakleten. Was hat der Paraklet, der die Gemeinde nachösterlich zum richtigen Verstehen Jesu führt, der sie zum Zeugnis vor Gericht befähigt und der Welt den Prozeß macht, der schließlich der Gemeinde die jeweils für sie gültige Wahrheit öffnet und der das alles mittels des verkündigten und verkündigenden Wortes vollbringt – was hat der so beschriebene Paraklet mit dem Geist zu tun, der die vielen in 1Kor 12,4ff nicht einmal vollständig aufgezählten Geistesgaben schenkt, der die von ihm ergriffenen Menschen über die Grenzen ihres bisherigen Lebens hinaushebt und sie zu Glossolalie, Exorzismen, Heilungen befähigt, der einfache Menschen zu weltentrückten Ekstatikern macht und rechtlosen Sklaven vollendete Weltüberlegenheit gewährt? Indem wir uns Rechenschaft über die *Differenz* geben zwischen dem johanneischen Parakleten und der Macht, die im Urchristentum heiliger Geist genannt wird, erspüren wir das Gewicht, das der *Identifizierung* der beiden Größen in 14,26 zukommt. Es ist nicht vorstellbar, daß dem, der diese Identifizierung vornahm, nicht bewußt gewesen sein sollte, welche Un-

terschiedenheiten er damit zur Deckung brachte. Auch muß der Grund, der den
Autor zu solch schwierigem Unternehmen veranlaßte, gewichtig genug gewe-
sen sein. Andererseits muß er auch die theologische Möglichkeit zu jener
Gleichsetzung vor sich gehabt haben.

Der Paraklet vermittelt, im Unterschied zu den sonstigen Erwartungen, die
man im Urchristentum dem Geist entgegenbrachte, nicht die Fähigkeit zum
Vollbringen von Wundern. An Exorzismen ist ihm nicht gelegen (wie das Johannesevangelium auch von Jesus keine Exorzismen erzählt[292]). Ekstatische
Äußerungen als Ausweis und Folge des Geistbesitzes, also Glossolalie, Entrückungen, enthusiastisches Schreien wie »Herr ist Jesus« (1 Kor 12,3) oder
»Abba« (Röm 8,14 f) – das alles ist im Johannesevangelium abwesend. Nichts
auch hört man von Diensten in der Gemeinde, die als Geistesgaben verstanden
und praktiziert werden (1 Kor 12,4–11; Röm 12,3–8), obwohl es solche Dienste
sicher gegeben hat, wie man auch damit zu rechnen hat, daß innerhalb der
johanneischen Gemeinde ekstatische Phänomene und Wunderheilungen nicht
unbekannt waren. Nur wird davon nicht gesprochen. Dafür steht das Eine allein und in eindrücklicher Größe da: Die verkündigende Rede. Denn der Paraklet, der in der Gemeinde wohnt (14,16 f) und der sie Jesus verstehen lehrt
(14,25 f), tut das durch das Wort. Das Zeugnis der Jünger, das ihnen vor Gericht
vom Parakleten gewährt wird, ist Zeugnis durch das Wort (15,26 f). Der Prozeß
des Parakleten gegen die Welt ergeht im Wort, in der Christusverkündigung der
Gemeinde (16,8–11). Das Erschließen der noch ausstehenden Wahrheit, das
Ringen um das christusgemäße Verstehen der jeweiligen Gegenwart (16,12–
15) – wie sollte es anders geschehen als durch das Wort des Verkündigers? Das
aber heißt: Für die johanneische Gemeinde reduziert sich die Geist-Erfahrung
auf die Gabe der Prophetie, in deren Wort Jesus vergegenwärtigt wird. Was ist
hier geschehen?

*Eine der vielen urchristlichen Geistesgaben wird zur Geistesgabe schlecht-
hin: Das Wort. Alle Charismen schießen zusammen in der verkündigenden
Rede. Nichts anderes scheint mehr Gewicht und Gültigkeit zu haben als dies
allein: Der heilige Geist begegnet uns im Wort, lenkt uns durch das Wort, und
in diesem Wort tritt die Gestalt Jesu aus der Vergangenheit, aus wachsender
Entfernung und zunehmender Entfremdung hervor, um so verstanden zu werden, wie sie jetzt verstanden werden soll.*

Dabei ist das Wort des Parakleten nicht mit Lehre und mit Wiederholung der vorgegebenen Tradition gleichzusetzen, so sehr Lehre und Tradition in ihm enthalten sein
mögen (S. 64). Noch weniger weist sich dieses Wort dadurch als geistgegebenes Wort
aus, daß es als Mysterienrede einhergeht oder in der Sprache des religiösen Enthusiasmus, der sich über Welt und Geschichte erhebt. Der Paraklet lehrt vielmehr, was Christus *heute* lehrt, und er befähigt die Gemeinde, mit der er sich verbunden hat, zu dem
Wort, in dem Christus *jetzt* als das Licht der Welt und der gute Hirte und der wahre

---

[292] Dazu Hengel, Frage 195.

Weinstock erfahren wird. Der Paraklet läßt das Wort laut werden, in dem Christus die *Gegenwart* der Gemeinde erhellt und tragbar macht und so der Gemeinde Zukunft erschließt. Wie sah dieses Wort aus?

Aber wir fragen zunächst: Wie mußte die frühe Kirche außerhalb des johanneischen Bereiches, sofern sie von solchem Geistverständnis erfahren hat, darauf reagiert haben? Eben sprachen wir von der Reduzierung, der die frühchristliche Geist-Erfahrung hier unterzogen worden ist, und es ist vorstellbar, daß andere christliche Gruppen, wenn sie des johanneischen Umgangs mit Pneuma und Charismen ansichtig wurden, bestürzt reagiert haben: Welch eine Verarmung und Verkürzung des Geistes, welch eine Verengung der Geistesgaben auf das bloße Wort! Wie geht ihr mit dem uns geschenkten Reichtum des Geistes um? Es ist nicht nur vorstellbar, sondern wahrscheinlich, daß selbst innerhalb der johanneischen Gemeinde ähnliche Reaktionen laut wurden; denn diese Gemeinde stellte keine einheitlich denkende Gruppe dar (wie spätestens der erste Johannesbrief beweist; aber Differenzen sind auch im Johannesevangelium greifbar), sondern barg in sich die Fülle und damit auch die Problematik der urchristlichen Möglichkeiten. – Vermutlich hätte der Autor darauf geantwortet: Ihr werft uns Reduzierung des Geistes vor. Aber nicht Reduzierung und Verarmung der Geist-Erfahrung ereignet sich bei uns, sondern *Konzentration* auf das eine Wesentliche. Was sollen Wunder, Ekstasen, Glossolalie? Sie mögen einst als Geistesgaben erlebt worden sein und sie können auch jetzt so erlebt werden. Aber unbestreitbar ist, daß sie sich schnell lösen können von ihrer Wurzel, und dann werden sie zu Mitteln, durch die der religiös bewegte Mensch sich selbst feiert und sich über den anderen erhebt (S. 212). Uns dagegen liegt daran, Christus als den Gegenwärtigen ins Verstehen der Menschen zu bringen. Das tut der heilige Geist, und er tut es im theologisch verantworteten Wort. Der heilige Geist, der uns zu diesem Wort befähigt und dem an nichts anderem als an diesem Entscheidenden gelegen ist, das ist der Paraklet.

III. Gemeinde – Tradition – Verkündigung

Der Paraklet konzentriert die Charismen auf das theologisch verantwortete Christuswort. Welche Horizonte erschließt der so verstandene Geist und welche Lebens-, Denk- und Sprachmöglichkeiten öffnet er der Gemeinde?

1. Die Gemeinde in der Welt

Mit einer im Neuen Testament, aber auch im Johannesevangelium sonst nie erreichten Entschiedenheit ziehen die Abschiedsreden nicht nur in den Parakletlogien einen Trennungsstrich zwischen der Zeit vor und nach Ostern (16,5–7). Jesus, wie er vorösterlich da war, ist gegangen und sein Abwesendsein wird mit schmerzhafter Eindringlichkeit vor die Augen gerückt. Nirgendwo wird versucht, diese Gegebenheit zu überspielen. Zwar verändert der Paraklet die damit skizzierte Lage, er verändert sie grundlegend. Aber er hebt sie nicht auf. Ein unreflektiertes »Siehe, ich bin bei euch alle Tage bis an der Welt Ende« (Mt 28,20) und auch das »... bin ich mitten unter ihnen« (Mt 18,20) ist in dem vom Parakleten inspirierten Denken kaum möglich. »Jesu Tod trennt ihn von uns, und zwar genau so radikal, wie Tod stets trennt. Der Auferstandene ist irdisch nicht mehr verfügbar«[293]. Zwar kennt auch das Johannesevangelium sogar in den Abschiedsreden Abschnitte, die dieses Abwesendsein scheinbar ignorieren (vgl. 15,1–17). Aber nirgends gibt es den Versuch, jene grundsätzliche Unterscheidung zwischen der Zeit vor und nach Ostern aufzuheben.

Nun kannte man die Differenz zwischen der Epoche vor und nach Ostern überall in der frühen Kirche und man hat sich damit in verschiedener Weise auseinandergesetzt, hat versucht, den abwesenden Jesus in Wundern, in ekstatischem Ergriffensein, in den Erfolgen der Mission, in sakramentaler Vereinigung, im Durchstehen von Martyrien von neuem zu erleben und in die Gegenwart hereinzuholen (S. 86–88). Das Johannesevangelium ist diesen Weg nicht gegangen. Es hat den Abwesenden auch nicht im Nachhall seiner geschichtlichen Wirkungen anwesend sein lassen, so wie große Gestalten in der Geschichte nach ihrem Weggang ihr Nachleben haben. Vielmehr hat der Evangelist mit seinem Schülerkreis es gewagt, das Abwesendsein Jesu und damit die Verlassenheit der Gemeinde in der Welt in aller Entschiedenheit zu denken und der Gemeinde zum Bewußtsein zu bringen, und man spürt den Texten, die sich mit dem Problem befassen, diese Entschiedenheit ab. Man wußte: Erst wenn das Abwesendsein Jesu in aller Konsequenz durchdacht und erlitten wird, kann verantwortlich von seinem Anwesendsein gesprochen werden. Nur als der, der wirklich Abschied genommen hat, ist er der Kommende.

Der Gemeinde wird ihr nachösterliches Sein vor Augen gerückt, indem der abschiednehmende Jesus den Jüngern ihr Verlassensein in der Welt nach seinem Weggang nach allen Seiten hin schildert. Sie ist von Trauer erfüllt (16,6) und kommt sich verwaist vor (14,18), dem Haß (15,18–21; 17,14) und Druck der Welt (16,1–4a) wehrlos preisgegeben, mit verzagtem und verwirrten Herzen ihre Lage wahrnehmend (14,1.27), der der Welt entsteigenden Angst ausgesetzt (16,33), sich aus der Welt heraussehnend – dies wird ihr entschieden abgeschlagen (17,15.18) –, gefährdet auch durch eigene Unfruchtbarkeit und Unbeständigkeit (15,6), weit von der ihr eigentlich gemäßen theologischen und christologischen Einsicht entfernt (14,5.8.22), sich täuschend über die Echtheit ihres Bekenntnisses (16,29–32), ratlos in ihrem Fragen (16,17f), der spottenden Überlegenheit der Welt nur Klagen entgegensetzend (16,20), und in der Person eines ihrer bedeutendsten Repräsentanten, des Petrus, dokumentiert sie, wie sie

---

[293] E. KÄSEMANN, Predigtmeditation über Joh 14,23–31, in: ders., Exegetische Versuche und Besinnungen Bd. I, Göttingen 1964, S. 258.

selbst am Weg Jesu irre werden kann (13,33.36–38). Das alles ist unter das Vorzeichen des Fortgehens Jesu gerückt: Er steht ihr nicht mit seiner Wundermacht kraftvoll zur Seite (vgl. dazu Mk 16,17f); Macht erlebt sie dagegen von seiten der sie bedrängenden Welt in Gestalt von Verfolgung und Ausschluß; der Machterweis eines mit der Allmacht Gottes ausgestatteten Messias (Offb 19,11ff) bleibt ihr versagt. – Gibt man sich Rechenschaft darüber, daß in diesem Bild die tatsächlichen Möglichkeiten und Wirklichkeiten der nachösterlichen Gemeinde zusammengeflossen sind, wird man zugeben, daß kaum sonstwo im Neuen Testament die Realität der Gemeinde in so schonungsloser, jeder Überhöhung abholden Weise gemalt wird. Wo sonst wird das Abwesendsein Jesu und darin die Unverfügbarkeit des Auferstandenen so reflektiert wie hier?

Von diesem Bild wird nichts weggenommen, wenn dieselbe Gemeinde, der ihr Verlassensein von Christus drastisch genug vor Augen geführt wurde, als die in Wahrheit nicht verlassene Gemeinde angesprochen wird. Hier ist die Stelle, an der der Paraklet sich zur Geltung bringt. Indem er für immer bei und in der Gemeinde ist (14,16f), hebt er das Wort Jesu in das ihm jetzt gemäße Verständnis (14,26). Kraft seiner Gegenwart erschließen sich der Gemeinde die »größeren Werke«, nämlich das Werk Jesu in seiner eigentlichen Dimension (14,12). Er setzt die Gemeinde in den Stand, in dem sie der sie gerichtlich zur Verantwortung ziehenden Welt die gehörige Antwort zu geben vermag (15,26f). Durch ihn wird sie zu dem Ort, an dem die Welt sich vor dem Gericht Gottes verantworten muß (16,8–11). Er führt sie in Bereiche der ihr jetzt noch unbekannten Wahrheit und läßt sie damit die jeweils gültige Wahrheit Jesu, seinen in diese bestimmte Lage hineintreffenden Willen erfahren (16,12–15).

Damit wird die Bedrängnis der Gemeinde nicht aufgehoben. Aber indem der Paraklet das Werk Christi nachösterlich fortsetzt, ist in der so verfaßten Gemeinde Christus anwesend, und damit wird die Bedrängnis tragbar. Der Paraklet setzt das Werk Christi so fort, daß es dem Werk des vorösterlichen Jesu einerseits entspricht, es andererseits weit übertrifft. Vorösterliche Christuserkenntnis war zwar nicht falsche, aber eingeschränkte, vorläufige Erkenntnis. Jetzt erst, durch den Parakleten, nachösterlich also, wird Christuserkenntnis bei den Jüngern zu ganzer Freiheit und Weite entbunden (die Parallele zu der Idee der größeren Werke ist offenkundig), und so bringt der Paraklet Christus selbst und sein nachösterliches Wirken, das das vorösterliche übersteigt, zur Geltung. Darum ist er seinem Wesen nach nichts anderes als Vergegenwärtigung des nachösterlich wirkenden Christus (ist dies die Erklärung dafür, daß er [S. 215] gegenüber dem Sohn kein eigenes Gesicht zeigt?). Wenn also die Gemeinde das tut, was in 14,12 die »größeren Werke« genannt wird, wenn sie als nachösterliche Gemeinde zum uneingeschränkten Verstehen Christi kommt, wenn es ihr gelingt, Jesus als Auferstehung und Leben (11,25f) der Welt zu vermitteln und so ihre Sendung (17,18) zu erfüllen, dann erlebt sie sich als die vom Parakleten geführte, von seiner Gegenwart erfüllte, von ihm zum Raum und Mittel seines Wirkens erhobene Gemeinde. Sie bleibt dabei die in der Welt allein gelassene Gemeinde, von der Welt bedrückt und dem von der Welt ausgehenden Leid ausgesetzt. Aber in diesem Status erlebt sie das Sein und Wirken des Parakleten in ihr, erlebt sie sich als den Raum und das Mittel seines Wirkens, in dem sich das Wirken Christi auf neuer Ebene und unter neuen Bedingungen fortsetzt. – So antwortet das Johannesevangelium auf die Frage, ob seinem Verständnis des heiligen Geistes Reduktion eines umfassenden pneumatischen Reichtums vorzuwerfen ist oder ob sich darin Konzentration auf das Eine und Entscheidende vollzieht.

2. Tradition und Verkündigung

Der Paraklet läßt, wie 14,26 behauptet, Jesus als den gegenwärtigen Christus zu Wort kommen. Er tut das – anderes ist nicht denkbar – durch das Wort der Gemeinde. Wie sieht dieses Wort aus und in welchem Verhältnis steht es zu den überlieferten Jesusworten?

a) Der Umgang mit der Tradition

Der Evangelist und seine Schüler standen, wie alle Verantwortlichen in der frühen Kirche, vor der Frage, ob und wie vorösterliche Jesustradition nachösterlich aufbewahrt und aktualisiert werden kann. Vielleicht wurde diese Aufgabe schon vorösterlich bei bestimmten Gelegenheiten wahrgenommen. Die Jesusanhänger, die zu Lebzeiten Jesu für ihren Meister werbend durch das Land zogen, haben ja nicht nur von Jesus erzählt. Sie haben auch Jesus*worte* weitergegeben, und möglicherweise liegt hier der schon vorösterliche Ursprung der neutestamentlichen Jesusüberlieferung[294]. Zum Problem wurde sie durch die Ostererfahrungen der ersten Gemeinde, die in ihren Geist-Erfahrungen ihre Fortsetzung fand: Ist das vorösterliche Jesuswort überhaupt noch von Belang angesichts des Auferstandenen und seiner Manifestationen durch das Pneuma? Ist nicht durch den erhöhten Christus die Geschichte und das Werk des vorösterlichen Jesus ins Belanglose abgedrängt worden? Aber bald erkannte man die darin liegende Gefahr, die Auflösung der geschichtlichen Konturen Jesu ins Mythische, und der Evangelist Markus komponierte als erster eine Geschichte Jesu und hält damit – ein Unterfangen mit weltgeschichtlichen Konsequenzen – Jesus als eine Gestalt fest, die in der menschlichen Geschichte ihren Platz hat. Mit dieser Absicht verband er die andere, die Person und die Rede Jesu für seine Gemeinde zu vergegenwärtigen. Er berichtet nicht von Jesus als einem Vergan-

---

[294] H. Schürmann, Traditionsgeschichtliche Untersuchungen zu den synoptischen Evangelien, Düsseldorf 1968, S. 56–63. Zum Gesamtproblem »Paraklet bei Johannes« s. Chr. Dietzfelbinger, Paraklet und theologischer Anspruch im Johannesevangelium, in: ZThK 82 (1985), S. 389–408, vor allem S. 402ff.

genen, so sehr er auch das Vergangene der Jesusgeschichte referiert, sondern er versteht sein Evangelium als das der zeitgenössischen Gemeinde geltende Kerygma, als Geschichte des verborgenen Gottessohns in der Welt, der durch Ostern dem menschlichen Verstehen zugänglich wurde. Damit setzt Markus fort, was in der Gemeinde von Anfang an, wenn auch in begrenztem Rahmen, als Aufgabe wahrgenommen wurde: Man wollte mit der Weitergabe der Jesusgeschichte und der Jesusworte nicht nur die Jesustradition vor dem Zerfließen bewahren. Man wollte auch die alte Verkündigung Jesu so überliefern, daß sie *Verkündigung*, also gebende und fordernde Anrede bleibt und jeweils wird. Man wußte, daß das einst Gesagte nur in der Aktualisierung des Neu-gesagt-Werdens in seiner Ursprünglichkeit erhalten werden kann. Schon in der Überlieferung, die in der sog. Logienquelle zusammengefaßt wurde, begegnen uns Ausdruck und Ergebnis solchen Wissens, und an einer Stelle zeitigt jenes Bemühen sogar gewisse politische Konsequenzen: Man versetzte die Friedensbotschaft Jesu in die Situation vor dem Ausbruch des großen Krieges von 66–73 n. Chr. und ergriff damit Partei für die Gruppen, die sich den zum Aufstand drängenden Kräften in den Weg stellen[295]. Man benützt die alten Traditionen, um in die Gegenwart das Neue, das heute Nötige hineinzusprechen.

Auch der Evangelist mit seinem Schülerkreis stand vor der Aufgabe, die Gestalt Jesu in ihrer gegenwärtigen Gültigkeit, den Vorösterlichen als den nachösterlich Wirkenden zu erweisen. Aber dabei verfuhr er anders als Markus, auch als Matthäus und Lukas, die vorösterliche oder für vorösterlich gehaltene Tradition aufgreifen, sie aktualisieren und von Fall zu Fall erweitern[296]. Dieses Verfahrens bedient sich der Evangelist nur am Rand. Er läßt Jesus gegenwärtig zu Wort kommen, indem er selbst – man darf sich dieser Erkenntnis nicht entziehen – neue Jesusreden schafft. Er wußte sehr wohl, was er tat, und er sah in den von ihm geschaffenen Jesusreden das von *Jesus* heute und für das Heute gesprochene Wort.

Dabei denkt er nicht daran, die Tradition zur Seite zu schieben. Er hat sowohl alte Jesusgeschichten als auch überlieferte Jesuslogien in sein Evangelium aufgenommen. Vermutlich arbeitet er auch mit mündlich oder schriftlich vorgegebenen Komplexen[297]. Einige seiner Wundergeschichten haben synop-

---

[295] P. HOFFMANN, Studien zur Theologie der Logienquelle (NTA 8), 3. Aufl., Münster 1982, S. 332.

[296] In einem beachtenswerten Aufsatz (Fiktivität und Traditionstreue im Matthäusevangelium im Lichte griechischer Literatur, in: ZNW 84 [1993]) hat U. LUZ gezeigt, wie der konservative Matthäus sehr wohl in der Lage ist, seine Traditionen mit von ihm bewußt neu geschaffenen Elementen (S. 155–162) anzureichern. Diese »Fiktionen dienen ... der Identifikation seiner Jesusgeschichte mit der gegenwärtigen Situation der von Israel getrennten Gemeinde«.

[297] Referiert bei DODD, Tradition 335–365, und SCHNACKENBURG I 15–32; s. auch BEKKER 36–41.44; knapp und übersichtlich bei BARRETT 33–39.60f. Zu synoptischen Bezügen in den Abschiedsreden vgl. KNÖPPLER, theologia crucis 147f.

tische Parallelen (4,46–53; 6,1–15; 6,16–21; wohl auch 5,1–9; 9,1–7). In den
Jesusworten vom Abbruch des Tempels (2,19; vgl. Mk 14,58), von der neuen
Geburt (3,3; vgl. Mt 18,3), von der Nichtgeltung des Propheten in seiner Heimat (4,44; vgl. Mk 6,4), vom Verhältnis des Herrn zu seinem Knecht (13,16;
vgl. Mt 10,24) schließt sich das Johannesevangelium synoptischen Traditionen
an. Aber nicht nur, daß der Evangelist diese Traditionen in einen neuen, ihm
genehmen Kontext versetzt – das bekannteste Beispiel: Die Geschichte von
der Tempelreinigung steht im Johannesevangelium am Anfang der Jesusgeschichte (2,13–17), bei Markus an ihrem Ende (Mk 11,15–17). Die von ihm
übernommenen Jesuslogien verschwinden fast in der Masse der neu geschaffenen Christusreden. Außerdem dienen sie dem Evangelisten nicht als Beleg für
das Gewicht der vorösterlichen Tradition. Er benützt sie, sofern sie ihm als
Elemente seiner neuen Christusreden taugen; in ihrem Rahmen empfängt das
Alte neue Gültigkeit.

b) Das gegenwärtige Christuswort

Auf welches Recht beruft sich das Johannesevangelium bei diesem Verfahren?
Aber wir nennen zunächst die johanneische Absage an die Gegenposition: Nicht
schon die Treue zur Tradition garantiert die heute gültige Jesusverkündigung,
und der Christus praesens wird nicht schon dann gehört, wenn man das Überlieferte in neuer Situation aktualisiert. Es gibt verfehlte Versuche, die Wirklichkeit
Jesu in die Gegenwart hereinzuziehen, und vermutlich hätte der Evangelist das
Programm von Mt 28,20a – die gegenwärtige Verkündigung rekapituliert das
vorösterliche Jesuswort und die Lehre der Jünger hat identisch zu sein mit der
Lehre des vorösterlichen Jesus – zu diesen Versuchen gerechnet (S. 95f). Sie
taugen nicht für die Aufgabe, den gegenwärtigen Christus, die heute tragende
und geltende Wahrheit zu Wort zu bringen. Wie aber kommt der Christus praesens heute zu Wort und welche Aufgabe hat dabei die alte Tradition zu erfüllen?
    *Hier ist der Ort des Parakleten. Er als Fortsetzer Jesu in der nachösterli-
chen Epoche bringt Jesus auf einer neuen Stufe und in einer neuen Zeit zu
Wort. Er führt in jeweils neuer Situation in die Wahrheit Jesu. Das ist eine
früher nicht bekannte Wahrheit (16,12); also kann sie mit einem früheren, einem traditionellen Jesuswort nicht ausgesagt werden; sie bedarf eines neuen,
des heute gültigen und treffenden Wortes. So entschieden also das Wort des
Parakleten das Wort Jesu ist, so entschieden muß der Paraklet dieses Wort neu
sagen*[298]. Das ganze Ausmaß des johanneischen Verfahrens erscheint in der

---

[298] BULTMANN 443: »... daß das Wort des Geistes kein Neues ist gegenüber dem Worte
Jesu, sondern daß der Geist dieses nur neu sagen wird«. WOLL, Departure, sieht richtig das
Gewicht der im Johannesevangelium vorgenommenen Unterscheidung zwischen voröster-
licher und nachösterlicher Epoche. Aber wenn er S. 238f behauptet, das gegenwärtige Wort

einfachen Gegebenheit, daß der Evangelist sein unzweifelhaft von ihm geschriebenes Werk (wir sehen vom Problem der sekundären Erweiterungen ab) als Jesuswort und zwar als das jetzt zu sagende Jesuswort verstanden wissen will. Reden, von denen der Autor weiß, daß es sich um *seine* Reden, um Reden *über* Jesus also handelt, bieten sich in seinem Evangelium als *Reden Jesu* dar. Heutiges Jesuswort ist dem Evangelisten, was von uns historisch und literarisch gesehen als Wort *über* Jesus einzustufen ist. Es ist nicht denkbar, daß er nicht wußte, was er tat. Mit welchem Recht tat er es? Er sagt es selbst: Der Paraklet, dessen Gaben sich im verkündigenden Wort konzentrieren (S. 216), vermittelt das heute gültige Jesuswort. Dann ist der Schluß nicht zu umgehen: Das Johannesevangelium, herausgewachsen aus der Christusreflexion seines Autors und seiner Schüler, veranlaßt durch den Konflikt mit der Synagoge, versteht sich selbst als ein vom Parakleten autorisiertes Werk. Das Wort, in dem der Paraklet die Gemeinde alles lehrt und sie an das von Jesus Gesagte erinnert, konkretisiert sich im Werk des Evangelisten[299].

Den modernen Leser mag ein solches Verfahren und das hinter ihm stehende Selbstbewußtsein zunächst schockieren. Er soll dabei aber bedenken, daß der Evangelist (und der Schülerkreis schloß sich ihm an) damit zunächst nichts anderes als das Amt des frühchristlichen Propheten wahrnahm[300], und so fügt er sich dem urchristlichen Kontext ein. Der Prophet ist Empfänger himmlischer Botschaft, in unserem Fall: des durch den Parakleten vermittelten Christuswortes. In gewisser Hinsicht ist also der Autor des Johannesevangeliums, sofern er als urchristlicher Prophet anzusprechen ist, einer unter vielen. Nur ist er der einzige, der seiner Prophetie die Form eines Evangeliums gegeben hat und sie nicht in einer Weise ergehen ließ, in der sofort der himmlische Christus als Sprecher erkennbar wurde, wie das in der Offenbarung des Johannes (vor allem c. 2 und 3) der Fall ist. Alsbald ist zu fragen, weshalb hier Prophetie in Gestalt eines Evangeliums einhergeht.

Der Anspruch ist hoch und schwerlich konnte im Rahmen des Urchristentums ein höherer Anspruch erhoben werden. Dabei wird nicht nur das Wort Jesu neu gesagt; auch seine Geschichte wird zu einem Teil neu geschrieben. Aber wird nicht von diesem Anspruch her noch einmal verständlich, daß im Johannesevangelium die üblichen urchristlichen Charismen stumm bleiben und alle Geistesgaben sich im verkündigenden Wort konzentrieren? Das eine Charisma, das das von Christus her heute zu sagende Wort vermittelt – ist es nicht wirklich allen anderen Charismen so überzuordnen, daß jene vielen hinter dem einen zurücktreten?

---

des Geistes werde dem vergangenen Jesuswort untergeordnet und die (erste) Abschiedsrede solle die Tradition legitimieren, dann widerspricht er dem Duktus nicht nur der ersten, sondern aller Abschiedsreden. Treffend dagegen BORING (Anm. 260) 118.

[299] Vgl. WINTER, Vermächtnis 303.
[300] Gegen SCHNACKENBURG IV 58.

3. Kontinuität

Man hat Grund zu der Frage, weshalb der Evangelist, wenn er für seine Verkündigung in dieser überlegt-radikalen Weise zu einem neuen Wort gegriffen hat,
diese Verkündigung in die damals schon traditionelle Form eines Evangeliums,
eines Berichts über die irdische Geschichte Jesu gegossen hat. Warum hat er,
anders als die meisten apokryphen Evangelien des 2. Jh.[301], Jesus ungefähr in
dem Rahmen der Geschichte gelassen, den auch die anderen Evangelisten be-
nutzten? In dieser Frage ist die Antwort bereits enthalten. Es lag dem Evangelisten daran, bei aller Freiheit zur Neugestaltung den Bezug zum geschichtlichen,
zum vorösterlichen Jesus zu wahren. Er war weit davon entfernt, einen neuen
Christus zu schaffen, der in keinem Zusammenhang mit Welt und Geschichte
steht, und er hütete sich, den Zusammenhang zu zerschneiden zwischen dem
von ihm verkündigten Christus und dem Jesus von Nazareth, der im jüdischen
Land lebte und predigte und schließlich von Pontius Pilatus gekreuzigt wurde.
Er ließ keinen Zweifel daran: Der Christus seines Evangeliums ist kein anderer
als der Jesus der urchristlichen Tradition, so sehr auch der Paraklet ihm erlaubt
und gebietet, die Geschichte und Verkündigung Jesu neu zu sehen und zu sagen,
so nämlich, daß sie für seine Zeit und seine Gemeinde verbindlich wurden. Man
kann und muß die oben beschriebene Funktion des Parakleten – er vermittelt
das heute zu sagende Jesuswort – ausweiten: *Der Paraklet sorgt dafür, daß das
von ihm vermittelte neue Jesuswort wirklich das Wort Jesu ist und nicht willkür-
liche Erfindung.* Wie er für die Kontinuität des johanneischen Christus mit dem
vorösterlichen Jesus einsteht, so auch für die inhaltliche Kontinuität der vorösterlichen und der nachösterlichen Jesustradition.

Allerdings ist an dieser Stelle zu fragen: Können und werden die nachfolgenden Generationen die Spannung ertragen und weiter fruchtbar machen, die in den Stichworten
»geschichtlicher Jesus – nachösterlicher Christus« eingefangen ist? Wie lange wird es
dauern, bis in der johanneischen Gemeinde das Begehren wach wird, die Verbindung
zwischen dem irdischen Jesus und dem Christus aufzulösen, der als der von Anfang an
Verherrlichte seine Doxa am Kreuz vollendet? Vielleicht haben diejenigen Christen,
die im ersten Johannesbrief bekämpft werden, jene Verbindung in einer Weise gelok-
kert, die den Protest anderer herausforderte. Aber für solches Lockern konnte man sich
ebenso auf Texte aus dem Johannesevangelium berufen wie für das Festhalten an der
Einheit von irdischem Jesus und verherrlichten Christus[302]. Denn es schildert Jesus oft
genug in einer Überhöhung, die die Grenze des geschichtlich Möglichen streift, und es
hält dabei unbeirrt an dem Menschsein Jesu fest. Aus der johanneischen Gemeinde sind
beide hervorgegangen, diejenigen, die kein oder wenig Interesse am vorösterlichen
Jesus hatten, und diejenigen, die solches Interesse mit Entschiedenheit vertraten.

In welcher Sicht erscheint hier das Problem Tradition und Verkündigung, das
die Kirche von Ostern an beschäftigt hat und das seither Theologie und Kirche

---

[301] Vgl. W. Schneemelcher, NTA I, 5. Aufl., Tübingen 1987.
[302] Brown, Ringen 80–112; Klauck, 1Joh 38–42.

nicht zur Ruhe kommen läßt? Der Evangelist hat mit seinen Schülern dieses
Problem schärfer gesehen als alle anderen neutestamentlichen Zeugen, und er
hat eine souveräne Antwort darauf gefunden, die man nur zum eigenen Scha-
den ignorieren kann. Er hat Geschichte und Tradition nicht über Bord gewor-
fen, so eigenwillig er auch ausgewählt und neu gestaltet hat. Er hat nicht, wie
die christliche Gnosis nach ihm, auf den irdischen Jesus, auf seine Einbindung
in die reale Welt, damit auf sein wirkliches Menschsein verzichtet, so sehr
seine Überhöhung des irdischen Jesus für unser Empfinden in diese Richtung
zu zielen scheint und so sehr antike und moderne Gnosis ihn auf diese Richtung festlegen wollten und wollen. Er hat aber mit einer Kühnheit, die vielleicht schon manchen christlichen Zeitgenossen den Atem verschlagen hat und
die uns den Atem verschlägt, wenn wir ihrer ansichtig werden und sie nicht
apologetisch entschärfen, Verkündigung und Geschichte Jesu für seine Zeit
neu geschrieben. Er tat es, um auf diese Weise Jesus in seiner *ursprünglichen*
Geltung für die *Gegenwart* lebendig werden zu lassen. Er tat es mithilfe eines
großen christologischen Entwurfs, bei dem er, Kontinuität wahrend, zwar an
traditionelle Christologie anknüpfte, dabei aber zu einer neuen und eigenen
Christologie vorstieß. – Wie urteilen wir darüber? Wir können darin gefährliche Willkür oder bewundernswerte religiöse Genialität am Werk sehen. Aber
der Evangelist hätte diese Alternative nicht anerkannt. Er hat ihre beiden Seiten verworfen, indem er sein Denken und Schreiben vom Parakleten geleitet
und gerechtfertigt sein ließ. Er sah sich nicht, wie man es dem Autor von
16,12–15 vorwarf (S. 200), selber als die Quelle seines Werkes, sei es als ein
aus Willkür, sei es als ein aus religiöser Genialität Sprechender. Ausdrücklich
bekannte er sich zum verbindlichen Hören auf den Parakleten, zum Hören auf
das von ihm vermittelte Wort, das ein gehorsames und schöpferisches Hören in
einem ist. Das Risiko, das man dabei eingeht, ist unübersehbar: Wer garantiert
dafür, daß sich in Gehorsam nicht doch Willkür und in schöpferische Freiheit
nicht enthusiastisch sich gebärdende Überheblichkeit einschleichen und das
Wirken des Parakleten als des von Jesus verheißenen und von Gott gesandten
Geistes paralysieren? Aber ohne solches Risiko hat es christliche Verkündigung nie gegeben. Man kann und soll ihm in der Wachheit des Gehorsams und
in der Verantwortung der Freiheit entgegentreten.

4. Zur Geschichte der Parakletlogien

Anhangsweise sei noch die Überlegung angefügt, ob man aufgrund gewisser
Unterschiede bei den Parakletlogien etwas von der Geschichte dieser Worte
erkennen kann. Man hat in ihnen »thematisch geschlossene Überlieferung«[303]
sehen wollen, eine Spruchgruppe also, die unabhängig von ihrem jetzigen

---

[303] SCHULZ 188.

Kontext bestanden habe und nachträglich in ihn eingefügt worden sei. Daran dürfte richtig sein, daß man im johanneischen Kreis in eigener Weise über den heiligen Geist als den Parakleten reflektiert hat und dabei zu Formulierungen kam, die mehr oder minder genau sich in den jetzigen johanneischen Parakletworten finden. Eine eigene geschlossene Überlieferung ist dagegen ganz unwahrscheinlich.

Gegen sie sprechen auch die Unterschiede zwischen den einzelnen Logien. 14,16f.25f ist an der Frage orientiert, wie nachösterlich von Christus so gesprochen werden kann, daß er dabei selbst zu Wort kommt in seinem Wesen und Anspruch als der Sohn, in dem die Zuwendung Gottes zur Welt erfahren wird. In 15,26f hat sich das Interesse verschoben, weil sich die Fragestellung verschoben hat. Während in 13,31–14,31 von Verfolgungen nicht die Rede ist, hat sich die Gemeinde jetzt eben damit auseinanderzusetzen, und sie fragt nach dem Parakleten als dem Beistand in der Verfolgung. In 16,8–11, von der geschichtlichen Voraussetzung von 15,26f nicht weit entfernt, sind die Fronten vertauscht: Nicht einzelne Christen stehen vor Gericht; die Welt ist es, der der Prozeß gemacht wird. Vielleicht verrät 16,8–11 die neue Erfahrung, daß nicht nur die Synagoge, sondern auch die Welt jenseits der Synagoge sich der Christusbotschaft verschlossen hat. In 16,12–15 wird der Paraklet für ein innergemeindliches Problem in Anspruch genommen. Die Legitimationsfrage meldet sich: Wer ist berechtigt und befähigt, das jetzt gültige Christuswort zu sprechen?

Die verschiedenen Anlässe, in die die Parakletworte hineinsprechen, deuten auf einen gewissen Ablauf von Entwicklungen und Ereignissen in der Geschichte der johanneischen Gemeinde. Dann aber ist es ganz unwahrscheinlich, daß diese Worte einer vorher entstandenen Sammlung entnommen wurden. Sie wurden vielmehr jeweils auf jene Anlässe hin geformt. Dabei dürften die Stellen in c. 14 zeitlich und sachlich an erster Stelle stehen. Sie bedenken die für den Evangelisten grundlegende Frage nach der Möglichkeit der nachösterlichen Christuspredigt, deren Subjekt Christus selbst ist (S. 222f). Die Logien in 15,26f und 16,8–11.12–15 gehören wahrscheinlich in ein etwas späteres Stadium, als neue Probleme – Verfolgung, das sich steigernde Nein der Welt, innergemeindliche Legitimationskonflikte – der Gemeinde zu schaffen machten. Mit diesen Logien antworten vermutlich Angehörige der johanneischen Schule auf die neuen Fragen[304].

---

[304] Vgl. MÜLLER, Parakletenvorstellung 65–75; in den Parakletworten »haben wir ein Stück Theologiegeschichte der johanneischen Gemeinde vor uns« (MÜLLER 75).

C. Die dritte Rede 16,16–33
Die eschatologische Freude der Gemeinde
in der Angst der Welt

Wir bedenken 16,16–33 als eigenständige Rede. Die Rechtfertigung für diese Sicht erfolgt im Exkurs »Literarkritische Überlegungen«. Die Zweiteilung des Gesamttextes ergibt sich wie selbstverständlich: 16,16–24 und 16,25–33. Jeder der zwei Teile läßt sich noch einmal unterteilen (v. 16–18.19–24; v. 25–28.29–33). Der erste Abschnitt, durch das Gegensatzpaar Trauer – Freude bestimmt, wird durch eine ausführliche Meditation über den Begriff »kurze Zeit« eingeleitet. Am Anfang des zweiten Teils wird das Gegensatzpaar Rätselrede – verstehbare Rede bedacht, auf dem der Dialog v. 29–33 beruht.

I. Die Rede von 16,16–33

Wir gehen so vor, daß wir an die Übersetzungshilfe den exegetischen Durchgang durch den gesamten Text anschließen.

1. Wörter und Begriffe

v. 16. μικρόν eine kurze Zeit, eine kleine Weile[1].

v. 17 εἶπαν statt εἶπον; in der Koine verdrängen nicht selten die Endungen des schwachen Aorist die des starken[2], dort vor allem, wo – wie im Fall von εἶπον – eine mehrdeutige Form vor liegt. – ἐκ steht für den genitivus partitivus[3]; hier fungiert der Satzteil ἐκ τῶν μαθητῶν αὐτοῦ als Subjekt[4].

v. 18. Nach dem τό vor dem μικρόν ist ein Doppelpunkt zu denken: Was ist dieses: eine kleine Weile? Oder man setzt μικρόν in Anführungs- und Schlußzeichen[5].

v. 19. ζητέω untersuchen, erwägen: ihr stellt darüber Erwägungen an, daß …[6].

v. 20. λυπέω in Trauer versetzen; λυπέομαι traurig sein; Aorist ἐλυπήθην.

---

[1] Br s.v. μικρός 3c.
[2] BDR 81,1.
[3] BDR 169,2; 247 Anm. 5; Br s.v. 4.
[4] BDR 164,2.
[5] BDR 267,1 und Anm. 2.
[6] Br s.v. 3.

v. 21. ἡ γυνή: der Artikel hat generische Bedeutung; im Deutschen: eine Frau. – γεννάω ist sachlich identisch mit τίκτω. – Die gebärende Frau ist vielfältiges Symbol[7], auch in der Bibel (Jes 26,17f; 66,7–10). Im Judentum ist mehrfach von den eschatologischen Wehen die Rede, besonders eindrucksvoll in 1QH 3,7ff; 4Esr 4,40–42[8]; für das Neue Testament vgl. Mk 13,8. Oft hat man aus v. 21 zu viel herausgelesen, etwa eine Anspielung auf Eva[9]. Aber v. 22 spricht weder von den Wehen der Endzeit noch von Eva, sondern, wie v. 22 zeigt, von der gegenwärtigen Situation der Jünger.

v. 22. πάλιν gehört nicht unmittelbar zu ὄψομαι (wiedersehen), sondern ist Pendant zu νῦν; der Gebrauch von μικρόν und πάλιν μικρόν in v. 16.17.19 zeigt, daß πάλιν nicht eine bloße Wiederholung von Geschehenem anzeigt, sondern ein anderes und späteres Stadium der Beziehung.

v. 23. οὐκ ἐρωτήσετε οὐδέν enthält eine Doppelung der Verneinung, die die Verneinung verstärkt (gar nichts werdet ihr fragen); im Johannesevangelium 17 mal[10]; vgl. v. 24. – Bultmann übersetzt: ihr werdet mich nichts *mehr* fragen, obwohl kein ἔτι dasteht; die Übersetzung ist gleichwohl korrekt: Ist die Zeit der Trauer vorbei, hat das Fragen keinen Platz mehr[11]. –

v. 25. παροιμία Sprichwort, Rätselrede; hier kommt nur die zweite Bedeutung in Frage; aber war denn das vorher Gesagte rätselhaft und unverständlich? παροιμία zugrunde liegt מָשָׁל[12]. – ὅτε steht öfter als Ersatz für ein Relativpronomen, hier für ἐν ᾗ, auf ὥρα bezogen[13]. – παρρησία Offenheit der Rede, in der nichts verschwiegen oder verhüllt wird, auch Freimut, Unerschrockenheit; παρρησίᾳ = ἐν παρρησίᾳ, vgl. v. 29; als Gegensatz zu παροιμία muß παρρησία mit »Offenheit im Reden« übersetzt werden, eine Rede, die vom menschlichen Verstehen aufgenommen werden kann und aufgenommen wird; eine etwas andere Bedeutung liegt in 18,20 vor: Freimut, Öffentlichkeit, vgl. 2Kor 3,12, wo Luther das Wort mit »Freidigkeit« wiedergibt. – ἀπαγγέλλω melden, berichten, verkündigen, ansagen.

v. 26. αἰτέω wird hier, anders als in v. 23f, im Medium gebraucht; es besteht kaum ein Unterschied zum Activum (Br s.v.). – ἐρωτάω heißt hier nicht fragen, sondern bitten (S. 186)[14].

v. 27. φιλέω = ἀγαπάω (s. 14,21.23); 21,15 liefert den Beweis dafür. – περί = ὑπέρ, vgl. Mt 26,28[15].

v. 28. παρά mit Genitiv gibt den Ausgangspunkt eines Geschehens an.

v. 30. ἐν τούτῳ deswegen[16]. – Du hast nicht nötig, daß einer dich fragt; Bultmann interpretiert: Wir kennen dich als den, der schon im voraus weiß, »was jeder dich fragen möchte«[17]; dagegen bleibt Brown näher beim Wortlaut: »you do not even need that

---

[7] BULTMANN 446 Anm. 5.

[8] Vgl. BOUSSET-GRESSMANN, Religion 251f.

[9] A. FEUILLET, L'heure de la femme (Jn 16,21) et l'heure de la Mère de Jésus (Jn 19,25–27), in: Bibl 47 (1966), 181ff; zur Kritik s. DAUER, Passionsgeschichte 325. Zu vorsichtiger Allegorisierung neigt BROWN 732f.

[10] BDR 431,2 und Anm. 3.

[11] BULTMANN 449.

[12] JEREMIAS, Gleichnisse 12 Anm. 4.

[13] Br s.v. ὅτε 2a.

[14] Zum Zusammenhang zwischen fragen und bitten in ἐρωτάω vgl. H. GREEVEN, ThWNT II 684,13ff.

[15] BDR 229 Anm. 4; Br s.v. περί 1f.

[16] BDR 219 Anm. 2; SCHNACKENBURG III 186 und Anm. 62 erwägt die Übersetzung »daran«.

[17] BULTMANN 455.

a person ask you questions«[18]. Aber was besagt dieser Satz[19]? Schnackenburg erinnert an 2,25[20]. Gerade von daher erwartet man aber in v. 30: Du hast nicht nötig, daß *du* jemanden fragst. Die Unklarheit ist nicht zu beseitigen. Ist sie Zeichen für eine mangelnde Ausgereiftheit des Textes?

v. 31 ἄρτι πιστεύετε ist Fragesatz.

v. 32. σκορπίζω zerstreuen (10,12). – εἰς τὰ ἴδια: to his own home, vielleicht auch to his own occupation[21]; also: in die Heimat[22].

v. 33. θαρσέω guten Mutes sein (Mk 6,50); das Wort hat, imperativisch gebraucht, in der Mysteriensprache seinen Platz: θαρρεῖτε μύσται τοῦ θεοῦ σεσωσμένου· ἔσται γὰρ ἡμῖν ἐκ πόνων σωτηρία (seid getrost, ihr Mysten des geretteten Gottes; denn uns wird Heil zuteil aus der Mühsal; überliefert bei Firmicus Maternus (4. Jh.) in seiner Darstellung der Isismysterien[23]. – νικάω nur hier im Johannesevangelium; öfter im ersten Johannesbrief (5,4f), sehr oft in der Offenbarung des Johannes. – εἰρήνη in johanneischer Literatur nur in 14,27; 16,33; 20,19.21.26; formelhaft 2Joh 3; 3Joh 15. – Zu θλῖψις[24]: nicht immer, aber oft für die eschatologischen Trübsale (Mt 24,9.21.29); Paulus gebraucht das Wort für seine apostolischen Bedrängnisse (Röm 5,3; 8,35; 2Kor 1,4 u.ö.); wichtig Kol 1,24; Offb 1,9; 7,14.

2. Der Text

a) 16,16–24: Trauer und Freude

v. 16 ist durch das doppelte μικρόν bestimmt. Ist das erste vergangen, beginnt die Zeit des Karfreitags, in der man Jesus nicht mehr sehen wird. Mit demselben μικρόν wird die mit dem Karfreitag einsetzende Zeit charakterisiert; sie mündet in die Zeit, in der die Jünger Jesus von neuem sehen werden. Damit wird Ostern in den Blick gerückt. Dem Leser des Johannesevangeliums ist das μικρόν schon mehrfach begegnet.

- 7,33. Nur noch eine kleine Zeit, sagt Jesus zu den »Juden«, wird er bei ihnen sein, bis zum Karfreitag also. Hierher gehört auch 12,35.
- 13,33. Unter Bezug auf 7,33 wird den Jüngern die entsprechende Ankündigung zuteil: Nur noch kurze Zeit trennt das Jetzt vom Augenblick des Weggehens Jesu.
- 14,19 zeigt einen differenzierten Gebrauch von μικρόν. Hinsichtlich des Kosmos meint es die Zeit bis zum Sterben Jesu, das ihn von der Welt trennt. Hinsichtlich der Jünger dagegen meint es die Zeit bis zum österlichen Sehen, an dem die Welt keinen

---

[18] BROWN 719.

[19] GREEVEN 683,18f verwischt das Problem, das Subjekt des Fragens: »... die neugeschenkte Einsicht in den Sinn des Leidensweges Jesu teilt sich den Jüngern zugleich mit als vertiefte Gemeinschaft des Wissens und Verstehens mit ihrem Herrn, die kein Fragen mehr nötig hat«.

[20] SCHNACKENBURG III 185.

[21] BROWN 727.

[22] TH. LORENZEN, Ist der Auferstandene in Galiläa erschienen? in: ZNW 64 (1973), S. 210f: in die Heimat, nach Hause; so auch Br s.v. ἴδιος 3b.

[23] Beschrieben bei GIEBEL, Geheimnis 171; zitiert auch bei W. GRUNDMANN, ThWNT III 27,12f.

[24] H. SCHLIER, ThWNT III 139–148, vor allem S. 142–148.

Anteil hat. Ein Nichtsehen der Jünger, in v. 18 vage angedeutet, fällt so wenig ins Gewicht, daß es, ganz anders als in 16,10, unterdrückt wird (s. zu 14,19).

In v. 16 wird nun das *eine* μικρόν von 14,19 ausdrücklich in seine zwei unterschiedlichen Bedeutungen auseinandergelegt, und der Autor formt mit Hilfe des jetzt doppelten μικρόν ein Rätselwort, das das Fragen der Angeredeten herausfordert. So wird ein Dialog zwischen Jesus und den Jüngern eröffnet, der an die Dialoge der ersten Abschiedsrede anknüpft (13,36ff; 14,5f; 14,7–10; 14,22f; dagegen ist 15,1–16,15 frei von der dialogischen Form). Das wechselseitige Gespräch dient in 13,31–14,31 und in 16,16–33 dazu, um Fragen bewußt zu machen und zu klären.

v. 17f. Vor den Dialog zwischen Jesus und den Jüngern wird eine interne Jüngerdiskussion gesetzt (ähnlich 4,33; eine entsprechende Diskussion der »Juden« in 6,41f.52; 7,12.40–43; 11,56), in der die Jünger ihre Ratlosigkeit gegenüber dem Wort von v. 16 bekunden. Aber wie ist das denkbar? Seit 13,33 haben die Jünger die Ankündigung Jesu, daß er zum Vater gehe und sie verlasse, mehrfach und verstehbar vernommen, und die Frage des Judas in 14,22 hat nur Sinn, wenn er und die anderen mit ihm die Rede vom Fortgehen und dem ihm folgenden Wiederkommen Jesu verstanden haben. Wie ist es zu erklären, daß die Jünger jetzt auf die bloße Wiederholung von bereits Gehörtem und Verstandenen hin völlig verständnislos reagieren? Liest man 16,16–18 als Teil einer einheitlichen Abschiedsrede von 13,31–16,33, dann mutet die Frage οὐκ οἴδαμεν τί λαλεῖ ziemlich grotesk an.

Davon abgesehen hat man mit einem der johanneischen Jünger-Unverständnisse zu tun[25], die einen Anstoß zu Klärung und Erklärung bieten (S. 35.74f). Aber während die Unverständnisse etwa in 14,5 und 14,8 sich mit dem Kontext vereinbaren lassen und aus ihm herauswachsen, ist das in 16,17f nicht der Fall. Das Problem löst sich, wenn man 16,16–33 als eigenständige Rede auffaßt. – Auffällig ist die Umständlichkeit der Sprache, die an 16,13–15 erinnert (s.d.). Dreimal wird die Ankündigung von v. 16 wiederholt. Brown meint: »Such repetition is typical of simple narrative, especially in the Near East«[26]. Aber es handelt sich hier nicht um eine naive Erzählung, sondern um eine ihrer selbst sehr bewußte Reflexion. Hat diese Umständlichkeit ihre Ursache vielleicht in der oben erwähnten Vermutung, daß die Formulierung des Textes nicht ausgereift ist? Dahin gehört auch die Beobachtung, daß das von den Jüngern zitierte Jesuswort ὑπάγω πρὸς τὸν πατέρα sich zwar in 16,10, nicht aber in v. 16 findet, und die Jüngerverlegenheit bezieht sich ausdrücklich auf v. 16 und nicht auf die Rede von v. 8–11.

v. 19 führt die sich wiederholende Umständlichkeit fort, nun im Mund Jesu. Indem Jesus wiederholt, was die Jünger unter sich gesprochen haben, zeigt er sein über menschliches Maß hinausgehendes Wissen (2,25; 2,24; 6,61 u.ö.)[27]. Das Motiv kehrt in v. 31f wieder.

---

[25] BECKER 161–163.
[26] BROWN 720.
[27] BULTMANN 445 Anm. 5. – SCHNACKENBURG III 175 macht auf die allerdings leicht-

v. 20. Jetzt beginnt die Antwort auf die in v. 17–19 ausgebreitete Frage. Die
Formel ἀμὴν ἀμὴν λέγω ὑμῖν (zuletzt in 14,12) unterstreicht die Bedeutung
des Gesagten[28]. Die Ansage von v. 20 ist durch zwei Gegensätze geprägt: Trauer
der Jünger – Freude der Welt; Trauer der Jünger – Freude der Jünger. Von der
Trauer der Jünger war schon in 16,2–4a.6 die Rede, und auch dort war es die
Welt, die der Gemeinde Leid zufügt; dem wurde die Parakletverheißung entgegengestellt. In v. 20 kontrastiert der Ankündigung des Klagens die Verheißung,
daß Klage sich in Freude verwandeln wird.

v. 21 f. Das Bildwort[29] von den unumgänglichen Schmerzen der gebärenden
Frau erhellt die Gegenwart und Zukunft der Jünger. Wie die gebärende Frau
den Schmerz der Wehen durchstehen muß, um im geborenen Kind das Glück
zu empfangen, das allen Schmerz vergessen läßt, so müssen die Glaubenden
durch den Schmerz der Abwesenheit Jesu und durch die Bedrückung der Gegenwart gehen, um die überwältigende Freude des erneuten Kommens Jesu zu
erfahren. Damit wird statuiert, daß ohne Erfahrung von Trauer sich die Erfahrung von Freude und Erfüllung nicht einstellen kann. – v. 22 wird von dem
Gegensatz νῦν – πάλιν bestimmt, der die Doppelheit des μικρόν auslegt. νῦν
meint zunächst die Zeit, in der die Jünger Jesus nicht mehr sehen, also die in
v. 16.19 angesagte Zeit zwischen Karfreitag und Ostern. πάλιν ὄψομαι (indem
Jesus die Jünger sieht, sehen auch sie ihn, vgl. v. 16–19) bezieht sich dann auf
das Osterereignis und auf die Zeit danach. Also erklärt v. 21 f: Laßt euch von
der mit dem Karfreitag einsetzenden Trauer nicht zu sehr bedrücken. Ihr Anlaß
geht kurze Zeit später in der österlichen Freude unter[30].

Aber wird diese Auslegung dem schweren Gewicht der Trauer in v. 20–22
gerecht? Zwar ist sie der auf der Erzählebene vorausgesetzten Situation gemäß: Jesus nimmt in der Nacht der Passion Abschied von den Jüngern. Aber sie
ergeht außerhalb der Voraussetzung, daß der Text, an die Jünger der Abschieds-
nacht gerichtet, zum eigentlichen Adressaten die nachösterliche Gemeinde hat.
Von dieser Voraussetzung her ist weiterzudenken: Spräche der Text nur von
der Trauer der Jünger zwischen Karfreitag und Ostern[31], wäre er für die gegenwärtige Gemeinde vergangen und also belanglos, und unerfindlich wäre die
Anteilnahme, mit der diese Trauer in v. 20–22 bedacht wird. Die oben gegebene Auslegung bleibt also an der Erzählebene des Textes haften und berücksichtigt nicht die eigentlichen Adressaten, die Gemeinde der Gegenwart, auf die

---

gewichtige Differenz zwischen θεωρεῖτε und ὄψεσθε aufmerksam; das erste Wort ist negativ, das zweite positiv qualifiziert; das gilt nicht für 14,19.

[28] Zu dieser Formel vgl. SCHULZ 91–94, mit Vorbehalt; SCHNACKENBURG I 318.

[29] Zu anderen Bildworten des Johannesevangeliums vgl. JEREMIAS, Gleichnisse 85;
DODD, Tradition 366–387.

[30] πάλιν gehört nicht zu ὄψομαι; man übersetzt besser nicht »wieder sehen«, sondern:
wiederum werde ich euch sehen … (S. 228).

[31] So legt STRATHMANN 219 f den Text aus. In den in dieselbe Richtung gehenden ausge-
breiteten Überlegungen bei ZAHN 594–597 manifestiert sich die Problematik dieser Deutung.

hin der Text doch entworfen wurde. Interpretiert man ihn auf die nachösterliche Gemeinde hin, dann weitet sich das νῦν und das πάλιν auf die späteren Leser des Johannesevangelium aus. Mit dem νῦν von v. 22 – auf der Erzählebene die Trauerzeit zwischen Karfreitag und Ostern – ist dann die bedrückte Gegenwart der Gemeinde angesprochen. Worauf blickt das πάλιν?

J. A. Bengel dachte an die endzeitliche Parusie[32], und weist dahin nicht auch das Bildwort von der gebärenden Frau, das vielfach in apokalyptischen Zusammenhängen verwendet wird? Hinter dieser zweifellos falschen Auslegung steht das richtige Empfinden, daß die Erfahrungen von Trauer und Freude, wie sie hier gemeint sind, sich nicht auf die zwei abgrenzbaren Zeiträume von Karfreitag bis Ostern und nach Ostern verteilen lassen[33], es sei denn, man nimmt dem Text sein Gewicht.

Da eine Auslegung auf die apokalyptisch verstandene Parusie nicht erlaubt ist, hat man auch das πάλιν auf die Gegenwart der Glaubenden zu beziehen. Dann aber sind Trauer und Freude nicht zwei verschiedenen Epochen zugeordnete und an sie gebundene menschliche Verfassungen, sondern sie werden, von Karfreitag und Ostern abgeleitet, als Grundstrukturen christlichen Seins gedeutet. In der Jüngertrauer des Karfreitags stellt sich die Trauer des Glaubenden in der Welt dar. Die Verlassenheit und Angst, in die die Jünger durch den Tod Jesu geraten, sind Modell für die grundsätzliche Verlassenheit und Angst, die dem Glaubenden als unerläßliche Erfahrung seines Seins in der Welt aufgegeben ist. In diese Trauer kehrt Freude ein, wenn die Verlassenheit durch das Eintreten Jesu in die Existenz der Gemeinde aufgebrochen wird. Was die Jünger an Ostern erstmals und grundlegend erlebt haben – der Text verzichtet nicht auf die vergangenen Erfahrungen –, wiederholt sich in der nachösterlichen Existenz der Gemeinde immer dann, wenn die verlassene und trauernde Gemeinde der Gegenwart Jesu inne wird. – Wir werden uns später Rechenschaft über den hier zu beobachtenden hermeneutischen Vorgang geben müssen.

Die den Glaubenden zuteil werdende Freude kann der Gemeinde von niemandem genommen werden; was in 14,27 von dem von Jesus gegebenen Frieden gesagt wird, legt v. 23 auf die Freude der Gemeinde aus. Weil sie nicht von der Welt gegeben, von ihrem Wohlwollen nicht abhängig ist, weil sie nicht durch Übereinstimmung mit ihr erkauft, auch von der Gemeinde nicht selbst errungen wird, weil es sich vielmehr um die im Christusgeschehen gründende Freude handelt, darum kann sie von der Welt nicht zerstört werden[34].

Das Nacheinander der zwei μικρόν in v. 16–19, das Nacheinander von Karfreitag und Ostern ist also Typos und Symbol jenes sich wiederholenden Nacheinanders, von dem die Existenz der Gemeinde bestimmt wird. Immer ist sie,

---

[32] Bengel, Gnomon Novi Testamenti, Stuttgart 1915 , S. 409; modifiziert bei Strathmann 219f.

[33] W. Michaelis, ThWNT V 363,26ff; vor allem Bultmann 447f.

[34] Bultmann 449: »Wohl kann freilich der Glaubende selbst seine χαρά preisgeben; nehmen aber kann sie ihm keiner«.

weil sie Gemeinde ist und nicht Welt, der Trauer ausgesetzt, die ihrer grundsätzlichen Nichtkonformität mit der Welt (15,18–16,4a) entspringt und entspricht. In solcher Trauer, der Grundgegebenheit ihres Seins in der Welt, wird sie jeweils von Christus aufgesucht – ich will euch sehen – und zu der Erfahrung von Freude, von bejahter, geheilter Existenz geführt (v. 24).

v. 23 f erläutert die Existenz in der zugesagten Freude. Die Formel »an jenem Tage« (S. 54), oft in apokalyptischen Zusammenhängen gebraucht[35], weist auch in 14,20 unapokalyptisch auf den Tag des österlichen Erlebens, das sich, so wenig wie in 16,20ff, auf den Ostertermin eingrenzen läßt (14,21–24). Sie lenkt also den Blick auf die durch das Osterereignis qualifizierte christliche Existenz nach Ostern, und »jener Tag« wird immer dann zur Gegenwart, wenn sich die Trauer der Gemeinde durch die Erfahrung des Kommens Jesu in die Freude der österlichen Existenz wandelt.

v. 23 nennt die zwei Komponenten jener Existenz: (1) Ihr werdet mich nichts (mehr) fragen, und (2): Euer bittendes Reden zu Gott hin wird erhört.

(1) Menschliches Fragen wird hier nicht bedacht als Ausdruck menschlicher Lebendigkeit: Wer fragt, ist nicht fertig und satt, er hat etwas vor sich, schaut und hofft in die Zukunft; er ist offen für neue Perspektiven und Aufbrüche. Vielmehr wird hier von der Verzweiflung des Fragens gesprochen, in der der Mensch im Fragen nach sich selbst scheitert und vergeblich versucht, die Dunkelheit seines Seins zu erleuchten oder Ort und Wesen des wahren Glücks zu ergründen. In solchem Fragen erlebt sich der Fragende als einen, der unter der Last unlösbarer Rätsel steht, eingesperrt in die Unauflösbarkeit menschlicher Verstrickungen. Kann solch antwortloses Fragen, dem man nicht entgehen kann, anderswo münden als in die Nacht gänzlicher Sprachlosigkeit? Dem wird die Existenz in der eschatologischen Freude entgegengestellt als Existenz, in der solches Fragen an sein Ende gekommen ist. Man braucht nichts zu fragen und zwar »non ex tristitia … sed ex laetitia«[36]. Nicht mehr eingeschnürt von unbeantwortbaren Fragen, nicht mehr umstellt von unlösbaren Rätseln verläßt der Glaubende das »aussichtslose Fragen des Menschen nach sich selbst«[37], ist er frei zum offenen, dem Vertrauen entspringenden Gespräch mit Gott und zum gelassenen Umgang mit seinem Geschick.

(2) Damit spricht der Autor vom Gebet als dem Sich-Äußern der zu sich selbst gekommenen Existenz vor Gott (vgl. 15,7.16; auch 14,13; 16,26f). Die Versicherung von v. 23b, daß das Gebet nicht antwortlos bleibt, sondern in der Zuversicht des Erhörtwerdens ergehen kann, nimmt einen breiten Raum in der Paränese der frühen Kirche ein (Mt 7,7–11; 18,19; Mk 11,24; Lk 11,5–8.9–13;

---

[35] BILL I 468.

[36] BENGEL 410.

[37] BLANK 223. Nachdrücklich sei auf Blanks Meditation zu diesem Abschnitt verwiesen (BLANK 220–230), in der er auch auf das notwendige Weiterfragen in der vom vergeblichen Fragen befreiten Existenz eingeht.

Jak 4,3; 5,17; 1Pt 3,12). Geht man diesen Paränesen auf den Grund, dann sieht man, wie sie eine ihres Bejahtseins gewisse menschliche Existenz voraussetzen, und das von Gott her empfangene Ja ermächtigt zu einem Bitten, das im Gesprochen-Werden seiner Erhörung gewiß ist. Jenes Bejahtsein wird hier in seinem Ursprung und Ort benannt: in meinem Namen (s. auch v. 24). Die durch Jesu österliches und nachösterliches Kommen qualifizierte Zeit ist also die Zeit, in der der menschliche Ruf zu Gott auf den unbedingt hörenden Gott trifft. Sie ist die Zeit des wiedergefundenen, befreiten, hoffenden Sprechens zu Gott. Ein traditioneller Inhalt frühchristlicher Gebetskatechese wurde in Joh 16,23b zum Element einer eigenständigen Meditation über das Gebet.

Die zwei Aussagen von v. 23 fließen zusammen und interpretieren v. 20–22. Im Erfahren, daß die Existenz des Glaubenden von der Last unlösbarer Rätsel und Verstrickungen zu einer nicht zerstörbaren Erfüllung hin befreit ist, und in der damit zusammengehörenden Erfahrung, daß sich im vertrauenden Gebet diese Existenz zu Gott als zu ihrem Ursprung hin öffnet, ereignet sich jene Verwandlung von Trauer in Freude (v. 22), tritt der Mensch in die eschatologische Erfüllung ein.

v. 24 bringt nichts Neues, ergänzt aber v. 23b, indem er den Unterschied zwischen vorösterlicher und nachösterlicher Epoche ins Gedächtnis ruft. Dabei muß man den Satz »bisher habt ihr nichts gebeten …« präzisieren: Bisher *konntet* ihr in meinen Namen nicht bitten; denn außerhalb der in v. 22b.23 beschriebenen eschatologischen Existenz, außerhalb der Zeit, die durch das Kommen Jesu in die Welt qualifiziert ist, gibt es jene nicht zerstörbare Erfüllung nicht. Dabei trennt die Formel ἕως ἄρτι nicht zwei zeitlich voneinander abgrenzbare Epochen (so wenig solche Abgrenzung durch das doppelte μικρόν und durch das νῦν – πάλιν von v. 22 geschah), sondern wieder werden zwei Weisen menschlichen Existierens unterschieden, die zeitlich ineinanderliegen, während sie sich sachlich hart widerstreiten. – v. 24b ist als Weiterführung von v. 24a zu verstehen: Bisher konntet ihr nicht in meinem Namen bitten (v. 24a). Jetzt – dieser Gedanke ist zu ergänzen – könnt und sollt ihr es tun, und damit lebt ihr die Existenz in der erfüllten, der eschatologischen Freude (S. 136f).

Wieder fällt der Rückgriff auf frühchristliche Gebetskatechese (Mt 7,7f) ins Auge (S. 49). Das Nebeneinander von αἰτέω und λαμβάνω liegt auch in Mt 7,8 vor. Vergegenwärtigt man sich den ursprünglichen Sinn des mt Logions – mithilfe einer Bettlerweisheit ruft Jesus zu dem des Erhörtwerdens sicheren Bitten auf[38] –, erkennt man etwas von seinem Weg, der von der Unmittelbarkeit der Rede Jesu bis zur reflektierten Beschreibung erfüllter Existenz führt. – Gegenüber der klaren Gedankenführung in v. 19–22 fällt eine gewisse Unklarheit in v. 23f auf. So kann man fragen, ob die Formel »amen amen, ich sage euch« nicht besser am Anfang von v. 23 ihren Platz hätte. Dann wäre die Zusammengehörigkeit der beiden einander parallelen Aussagen von v. 23 ohne weiteres erkennbar. Ferner: Die zwei Erläuterungen von v. 24 wollen v. 23b ergänzen

---

[38] JEREMIAS, Theologie 186.

und die Verschiedenheit der zwei Epochen illustrieren. Aber es fehlt die Entsprechung zu ἕως ἄρτι, so daß man den oben ausgeführten Zwischengedanken einfügen muß. Hat man, ähnlich wie bei v. 16–19, mit schriftstellerischer Unausgereiftheit zu rechnen?

b) 16,25–33 Verfehltes und echtes Bekenntnis

Der Autor »läßt die Abschiedsreden in ein lockeres Gefüge von Sätzen auslaufen«[39]. Gleichwohl liegt ein in sich geschlossener Gedankengang vor. Man kann in v. 25–27 drei Zusagen finden, die in den Lehrsatz von v. 28 ausmünden. Es folgt in v. 29 f eine Art Glaubensbekenntnis der Jünger, das in v. 31 f von Jesus gründlich hinterfragt wird. v. 33 enthält einen Zuspruch, der sich auf die gesamte Rede bezieht und sie abschließt.

v. 25 behauptet, daß Jesus bisher in Rätselrede gesprochen habe. Aber was ist im Vorhergehenden – ταῦτα bezieht sich auf die Sätze v. 16–24 – nicht verstehbar? Man denkt an v. 16–19, und v. 17 f stellt das Nichtverstehen der Jünger ausdrücklich fest. Aber in v. 20 ff wurde das nicht verstandene doppelte μικρόν verständlich gemacht. Eine weitere Überlegung zeigt den Umfang des Problems an: Der Satz ἔρχεται ὥρα ὅτε … kündigt eine neue Epoche an; in ihr erst wird Jesus nicht mehr in Rätseln, sondern in Offenheit und Verstehbarkeit sprechen. Also ist die Gegenwart die Zeit, in der grundsätzlich alle Jesusrede, nicht nur v. 16–19, Rätselrede ist. Was aber ist an v. 20–24 und was ist an den vorhergehenden Sätzen, was an den vorhergehenden Reden rätselhaft?

Wir gehen aus von dem Satz »es kommt die Stunde, in der …«. Diese Formel ist Kennzeichen einer eigenen Gruppe innerhalb der johanneischen ὥρα-Aussagen; in ihr wird das Geschick der Gemeinde unter der Einwirkung des Christusgeschehens bedacht[40]. Dazu gehören die Stellen 4,21.23; 5,25.28; 16,2.25.32 (S. 282 f). Sowohl in v. 25 als auch in v. 32 wird mit dieser Formel eine Wende angekündigt, hier die Wende von der Rede in Rätseln zur Rede in Offenheit. Wann erfolgt diese Wende? Wenn man von der inneren Kohärenz der gesamten Rede ausgeht, hat man an jene Wende von dem einen zum anderen μικρόν, vom νῦν zum πάλιν und an die mit ἕως ἄρτι angegebene Wende zu denken, die im Wechsel von der Trauer zur Freude, vom Nichtsehen Jesu zum Sehen erfahren wird. Hierher gehört nun auch der Wechsel von der Rätselrede zur Rede in Offenheit in v. 25. Dann sagt der Satz: Wenn in die Verlassenheit der Jünger Jesus eintritt und die Jünger seiner österlichen Gegenwart inne werden, wenn also ihre Trauer sich in Freude verwandelt, dann wird aus der Rätselrede verstehbare Rede. – Jetzt löst sich das Problem auf, das darin liegt, daß die vorhergehende Rede Jesu, an sich durchaus verständlich, als Rätselrede bezeichnet wird. Nicht Jesu Rede wandelt sich; sie ist verständlich genug, und wo sie mißverständlich ist (v. 16), bringt Jesu Wort Klärung. Nicht genügend

---

[39] Bauer 200.
[40] Thüsing, Erhöhung 75–100, hier 97–99.

aber ist die Verstehensfähigkeit der Jünger, und darum erscheint ihnen Jesu Wort als Rätselrede. Aber ihr Verstehen wird zu dem erforderlichen Maß wachsen. Die Differenz zwischen Reden in Rätseln und Reden in Offenheit ist also nicht in der Redeweise Jesu begründet, sondern im jetzt mangelhaften und künftig erleuchteten Hören und Verstehen der Jünger[41].

Zwei Vermerke sind hier am Platz. Es fällt auf, daß der Paraklet, dessen zentrale Aufgabe nach 14,16f.25f es ist, die Jünger zum Verstehen des Christuswegs und des Christusworts zu bringen (S. 63f.216f), nicht genannt wird. Ist sein Wirken wie selbstverständlich mitgedacht oder wird er absichtlich nicht erwähnt? Dazu tritt eine gewisse Differenz zu 15,15. Dort heißt es, daß Jesus den Jüngern alles kundgetan hat, was er von seinem Vater gehört hat. In v. 25 dagegen wird den Jüngern das verstehbare Reden – zweifellos ein Reden über Gott – erst in Aussicht gestellt. Kündigt sich in diesen Unstimmigkeiten eine gewisse Eigenständigkeit des Textes 16,16–33 an?

v. 26f greift noch einmal das Gebet als den Akt auf, in dem sich die Beziehung zwischen dem Glaubenden und Gott konzentriert, und die Formel »an jenem Tage« (v. 23.26) setzt die zwei Äußerungen über das Gebet in Parallele zueinander. Die Verschiedenheit der Aspekte liegt zutage: In v. 23f wird vom Gebet als dem Ausdruck und Vollzug des erfüllten Gegenübers zu Gott gesprochen. In v. 27 wird Grund und Ursprung jenes Gegenübers genannt: Die Liebe des Vaters, die eine vorher nicht zugängliche Bewußtheit und Intensität der Gottesbeziehung schafft. Und während v. 23f zwar sehr allgemein, aber unüberhörbar von einem bestimmten Inhalt des Bittens spricht, ermangelt v. 26f jeder Anspielung auf einen Inhalt. Es ist allein der Vollzug des Bittens, das Stehen in dem bejahten, Leben gewährenden Angewiesensein auf Gott im Blick. Hier wird von einem Gebet gesprochen, das in der Tat »gleichsam am Gottesverhältnis Jesu teil«-nimmt[42].

Verwunderung erregt in v. 26 die Absage an die intercessio Jesu, an sein Eintreten für die Menschen vor Gott (S. 353). Von dieser intercessio ist im Neuen Testament öfter die Rede (Lk 22,32; Röm 8,34; Hb 7,25; 9,24; 1Joh 2,1), und Joh 17 ist konzentrierter Ausdruck für sie[43]. Nirgendwo sonst im Neuen Testament, auch nicht im Johannesevangelium außer in 16,26b, wird sie in Frage gestellt. Freilich wird man von einer Polemik gegen die intercessio Christi in v. 26 nicht sprechen dürfen, wohl aber von einer gewissen Abwertung und Distanz zu ihr. Das fürbittende Eintreten Jesu für die Jünger wird einer Epoche zugewiesen, in der die Glaubenden noch nicht in jenem erfüllten und keines Fragens bedürftigen Gegenüber zu Gott leben, in der sie darum dem Nichtverste-

---

[41] BECKER, Abschiedsreden 245; BROWN 734f; BLANK 215: »Die ›Dunkelheit der Rede‹ entspricht der unaufgehellten, dem Kosmos und seinen Maßstäben verhafteten menschlichen Existenz. Umgekehrt versteht der Glaube den wahren Sinn der Bildrede, weil er als ›eschatologische Existenz‹ dem Verstehen der eschatologischen Wahrheit der Offenbarung entspricht«.

[42] BLANK 212; vgl. auch S. 213.

[43] Zur Bedeutung der intercessio Jesu im Neuen Testament vgl. M. HENGEL, »Setze dich zu meiner Rechten«, in: M. PHILONENKO, Le Trône de Dieu (WUNT 69), Tübingen 1992, 108–194, hier 122–143.

hen ausgesetzt sind. Damit spielt v. 26b auf das Verhaftetsein an die Trauer an, der die Glaubenden durch das jeweilige Kommen Jesu entnommen werden, und es ist der Status des Trauerns, der Vorläufigkeit, in dem sie der intercessio Jesu bedürfen. Wird jene Vorläufigkeit durch die Existenz in der vollendeten Liebe des Vaters abgelöst, dann wird intercessio als signum der Vorläufigkeit – so wird sie nur hier charakterisiert – unnötig.

Die Parallelität zwischen v. 23a und v. 26b liegt auf der Hand. So wenig wie die Jünger noch fragen (ἐρωτάω) müssen, da ihre Existenz aus aller Fragwürdigkeit herausgenommen worden ist, so wenig muß Jesus noch für die Jünger bitten (ἐρωτάω), da sie aus der Vorläufigkeit in den Raum des durch nichts eingeschränkten Lebens im Gegenüber zu Gott eingetreten sind. Die Art dieser Beziehung wird durch die Verben »lieben« und »glauben« angegeben (s. zu 14,21). Dabei scheint beim ersten Lesen die Liebe des Vaters Antwort darauf zu sein, daß die Jünger zu Jesus in das Verhältnis der Liebe und des Glaubens getreten sind. Dann wäre die Liebe der Jünger zu Jesus Bedingung und wirkende Ursache für die Liebe des Vaters zu ihnen. Aber bei solcher Auslegung wird übersehen, daß das Kommen Jesu, auf das die Jünger mit Liebe und Glaube reagieren, schon der Akt der Liebe Gottes zu ihnen ist (3,16; 15,9f), der aller menschlichen Reaktion vorausgeht und menschliches Lieben und Glauben erst ermöglicht. Dann meinen die ὅτι-Sätze von v. 27, daß die Jünger die Liebe des Vaters erst verstehend beantworten können, wenn sie die Sendung Jesu als den zur Geschichte gewordenen Ausdruck der Liebe Gottes verstanden haben. – Das Empfangen und Erfahren der Liebe Gottes, sagt v. 26f also, wird sich in dem Gebet seiner selbst bewußt, das im Namen Jesu erfolgt. Denn in solchem Gebet wird die ungehinderte Gottesbeziehung gelebt und also die Liebe des Vaters erfahren.

v. 28 knüpft an v. 27 Ende an und erweitert das dort genannte Element – Jesus ist der vom Vater Gekommene – zu einem Abriß johanneischer Christologie. Es wird der Weg Jesu in seinem Woher, seiner Mitte und seinem Ziel genannt und darin ist das Werk des Boten, die Verherrlichung des Vaters (13,31f), mitgedacht. Im Zusammenhang der Abschiedsreden liegt der Ton darauf, daß der Bote, nachdem er seine Sendung vollbracht hat, zum Sendenden zurückkehrt, und das wird in v. 28b unterstrichen. Was in 13,31–14,31 in mehreren Anläufen mühsam erarbeitet wurde, daß nämlich in Jesu Gehen ans Kreuz, in seinem Weggang aus der Welt sich seine Rückkehr zum Vater ereignet (14,28), das wird hier als zentraler Lehrsatz ins Zentrum gerückt, als sofort bejahte Voraussetzung aller Argumentation (v. 29f). Ruht diese Bejahung auf einem tragfähigen Fundament? Damit ist die letzte Besinnung innerhalb dieser Rede eröffnet: v. 29–33.

v. 29f. Die Rede geht wieder in die Form des Dialogs über. Jetzt sind, anders als in v. 17 (auch in 13,36; 14,5.8.22), alle Jünger am Dialog beteiligt, und sie als Repräsentanten der Gemeinde behaupten, daß Jesus jetzt schon, spätestens mit v. 28, nicht mehr in rätselhafter, sondern in verstehbarer Rede spreche. Ineins damit behaupten sie, daß sie jetzt schon Verstehende sind, die die Epo-

che des Nicht-Verstehens hinter sich gelassen haben. Darin aber ist die weitere
Behauptung eingeschlossen, daß die Ankündigungen von v. 23f jetzt schon
wahr geworden seien: Man habe die Vorläufigkeit hinter sich gelassen, sei in
die Endgültigkeit eschatologischer Existenz eingetreten und bedürfe der Fürbitte Jesu nicht mehr. In v. 30 erhält diese Behauptung ihre christologische
Fundamentierung: Man kennt Jesus als den, der alles weiß und also das Wissen
Gottes in sich trägt (v. 19), der als der alles Wissende schon im voraus die
Fragen der anderen kennt[44]. Darum glaubt man ihn als den von Gott Kommenden und darin ist man am Ziel des Glaubens angelangt. – Zwar wird v. 28 nur in
seinem ersten Teil zitiert (vgl. v. 27 Ende) und Jesu Weggehen aus der Welt
bleibt unerwähnt, und so kann man fragen, ob damit dem Bekenntnis der Jün-
ger in v. 30 ein Defizit nachgewiesen werden soll[45], weil es die Passion ausläßt.
Aber auch v. 27 spricht nur vom Ausgang Jesu von Gott und hat dabei doch,
wie v. 28 zeigt, das Gesamte seiner Sendung im Blick. Das dürfte auch für das
Jüngerbekenntnis v. 30b gelten: Es eignet sich den Satz v. 28 in allen seinen
Teilen an. Was ist gegen dieses Bekenntnis einzuwenden? Die Jünger nehmen
Jesu Worte zustimmend auf, und ein korrekteres Bekenntnis als das, in dem
Jesu Worte wiederholt werden, ist nicht denkbar[46].

v. 31f enthüllt die Fragwürdigkeit dieses Bekenntnisses, damit die Verfehltheit nicht des Bekenntnisinhalts, aber des gemeindlichen Selbstverständnisses,
dem das Bekenntnis entspringt. Der Ton liegt auf dem fragenden ἄρτι (jetzt).
Es nimmt auf ἕως ἄρτι von v. 24 Bezug, mit dem das Noch-nicht der eschatologischen Existenz konstatiert wird. Mit der Behauptung, jetzt schon Verstehende zu sein, nehmen die Jünger also vorweg, was Jesus ihnen als zukünftige
Gabe verheißen hat. Sie wollen zum Besitz machen, was sie nur als Empfangende haben können. In ihrem οἴδαμεν und πιστεύομεν spricht sich darum
eine Anmaßung aus, die alsbald in ihrer Kläglichkeit enthüllt werden wird. Ihr
wollt, fragt v. 31, jenes Noch-nicht schon hinter euch gelassen haben, wollt in
die v. 23f *verheißene* Existenz schon eingetreten sein? Damit wollt ihr an euch
reißen, was erst die eschatologische Stunde (v. 25), konkret: die Ostererfahrung euch geben kann. Die nächste Zukunft wird das Verfehlte eurer Anmaßung ans Licht bringen.

Es kommt die Stunde, sagt v. 32 wie v. 25. Die der Stunde jeweils zugewiesenen Inhalte – Verstehen (v. 25) und Versagen (v. 32) – schließen einander
aus. Sie gehören gleichwohl zusammen, weil nur im Durchleiden des in v. 32
genannten Versagens die Zusage von v. 25 sich erfüllen kann. Erst angesichts

---

[44] BULTMANN 455 interpretiert v. 30a: »Die Glaubenden wissen, daß nichts Unvorherge-
sehenes sie treffen kann, und ihr Fragen kann verstummen«. Es bleibt aber unsicher, ob mit
dieser schönen Interpretation der Sinn des in sich nicht klaren Satzes getroffen ist.

[45] So BULTMANN 456.

[46] Ob v. 30 wirklich so etwas sein will wie »a doublet of Peter's confession in VI 69« (so
BROWN 736), steht dahin.

der Nichtigkeit, in die der *behauptete* Glaube stürzt, kann *echter* Glaube zu sich selbst kommen. Die Stunde, die das an den Tag bringt, steht bevor. Daß sie schon da ist (ἐλήλυθεν), kann gesagt werden, weil es sich um die Stunde der Passion handelt, die mit 13,1 oder mit 12,23 schon angebrochen ist. Sie erweist das Versagen der Jünger, die sich der Substanz und der Qualität ihres Glaubens sicher sind. Indem sie im Blick auf ihren Glauben irren, irren sie auch im Blick auf Jesus. Sie werden ihn als den von Gott Verlassenen ansehen, den sie ihrerseits verlassen; denn verdient ein von Gott Verlassener etwas anderes, als daß man ihn verläßt? Eben darin manifestiert sich die Verfehltheit ihres Glaubens, der nicht sieht, daß Jesus gerade als der von den Jüngern Verlassene vom Vater nicht verlassen wird. Sein Verlassensein von der Welt ist vielmehr der Raum, in dem er das Dasein und Mitsein des Vaters erfährt.

Der verfehlte Glaube von v. 29 f wird von den Jüngern vor Ostern gelebt. Nach seinem Zerbrechen in der Passion ist Raum für den in v. 26 f angekündigten echten Glauben. Aber gegen den ersten Augenschein rückt v. 29–32 nicht von der Dialektik ab, die in v. 20–24 das zeitliche Nacheinander von Passion und Ostern als Symbol des in der Gemeinde sich wiederholenden Nacheinanders von Trauer und Freude, von auswegslosem Fragen und nicht zerstörbarer Erfüllung interpretiert. Dieselbe Dialektik erfüllt auch v. 29–32. Vorösterliches Ungenügen des Glaubens und nachösterliche Gewährung echten Glaubens verteilen sich nicht auf zwei trennbare Epochen, sondern kehren in der Existenz der Gemeinde ständig wieder. Der Text spricht die Gemeinde auf die immer mögliche Fragwürdigkeit ihres Glaubens an, und stellt sie damit vor die in v. 33 angesagte Wirklichkeit.

Zu v. 32 sind einige traditionsgeschichtliche Anmerkungen am Platz. In v. 32b wird eine Kritik an Mk 15,34 laut, die in ihrer Direktheit keinen Zweifel an ihrer Absichtlichkeit läßt. Basis dieser Kritik an der urchristlichen Rede von dem von Gott verlassenen Jesus ist die johanneische Christologie, wie sie sich etwa in 8,29 ausspricht[47]. Da Jesus immer mit dem Vater eins ist (10,30), braucht von johanneischer Christologie her der sicher auch in der johanneischen Gemeinde bekannte Satz von Mk 15,34 ein Gegengewicht. Er erhält es in jener Bemerkung von v. 32b. Sie wirft die Frage nach der Sicht der Passion im Johannesevangelium auf. Ist die Passion Jesu hier noch wirkliche Passion? Das Ja auf diese Frage kann an dieser Stelle nicht zweifelhaft sein[48].

v. 32a zieht die synoptische Tradition der Jüngerflucht heran (Mk 14,27.50), die im johanneischen Passionsbericht fehlt und fehlen muß. Da Jesus die Jünger freizugeben befiehlt (18,8b), brauchen sie nicht zu fliehen und können sie nicht fliehen. Demgemäß fehlt (wie bei Lukas) auch eine Parallele zu der Ansage von Mk 14,27 – mit Ausnahme von 16,32a. Der Satz beweist, daß man im johanneischen Kreis die von Markus und Matthäus verarbeitete Tradition kannte, und der Autor von 16,16–33 trägt nach, was der Evangelist in der Passionsgeschichte bewußt abgestoßen hat. Man sollte die Differenz zwischen 16,32 und 18,8 nicht herunterspielen. Sie ist ein Beweisstück für die Eigenständigkeit von 16,16–33 innerhalb des johanneischen Ganzen.

---

[47] Bühner, Der Gesandte 236 f.
[48] Knöppler, theologia crucis 269–278.

Diese Eigenständigkeit wird ferner durch die Bemerkung εἰς τὰ ἴδια bewiesen. Die Wendung deutet auf nichts anderes als auf Galiläa, die Heimat der Jünger. Laut c. 20 sind aber die Jünger (wie in Lk 24,33ff) nach der Passion in Jerusalem geblieben, und dort (gegen Mk 16,7) begegnet ihnen der Auferstandene. 16,32 verarbeitet also eine bei Markus und Matthäus wirksame Traditionen, die vom sonstigen johanneischen Kreis, sieht man von 21,1ff ab, nicht akzeptiert wird.

v. 33 sagt den sich über sich selbst täuschenden Jüngern, die Jesus verlassen und so die in Wahrheit Verlassenen sind, daß sie nicht sich selbst überlassen sind. ταῦτα λελάληκα ὑμῖν (dies habe ich euch gesagt), mit demselben Satz in v. 25 eine inclusio bildend, hat hier das Gewicht von ἀμὴν ἀμὴν λέγω ὑμῖν (v. 20.23). Als Absichtserklärung (ἵνα) erinnert die Wendung an 16,1.4: Ich habe euch für euch selbst durchsichtig gemacht, damit ihr wißt, wo ihr in Wahrheit gründet: Nicht in der Sicherheit eures Glaubens, wie ihr wähnt, sondern in dem von mir ausgehenden Frieden, in dem eure Verwirrung an ihr Ende kommt.

Das Sein in der Welt wird als Sein in der Angst angesprochen, und es gibt Sein in der Welt nicht anders denn als Sein in der Angst. Dabei ist nicht von der klug machenden Angst die Rede, in der ein Mensch die ihn bedrohenden Gefährdungen erspürt, auch nicht von der Angst, die Auseinandersetzung verlangt und als unerläßlicher Entwicklungsfaktor den Menschen vertieft und erweitert[49]. Es ist von der Angst die Rede, die Dostojewski den »Fluch des Menschen« nennt[50], die in den den Orest verfolgenden Erinyen ihre Gestalt gefunden hat (vgl. Aischylos, Die Eumeniden 321ff), in der der Mensch vor sich selbst fliehen möchte und erlebt, daß er auch auf der Flucht vor sich selbst sich ausgeliefert bleibt. Diese Angst gehört so dem Sein in der Welt zu, daß sie wie aus jedem Winkel der Welt so auch aus dem Inneren des Menschen sich auf den Menschen stürzt und ihm die Welt zu eng werden läßt[51].

Dabei gibt es unendlich viele Ursachen und Erscheinungsformen von Angst. Interpretiert man v. 33 vom Vorhergehenden her, dann spricht er von der Angst, die der Verfehltheit des Glaubens, des eigenen Bewußtseins entspringt. Aber der Satz geht darüber hinaus. Sein in der Welt, die sich ihrer Wahrheit als Schöpfung verweigert, muß vom wahrhaft Glaubenden immer auch als Sein in der Angst erlebt werden. Denn er durchschaut und erleidet das Entzweitsein der Welt mit ihrem Ursprung. Ist er seinerseits der zu seinem schöpfungsgemäßen Ursprung zurückgebrachte Mensch, so muß der Konflikt zwischen ihm und der Welt eschatologische Qualität annehmen, und gleichzeitig weiß der Glaubende, daß das Ende des Konflikts eingeläutet ist. Das sagt v. 33c: θαρσεῖτε, ἐγὼ νενίκηκα τὸν κόσμον.

---

[49] F. RIEMANN, Grundformen der Angst, 6. Aufl., München 1971, S. 120.

[50] F. DOSTOJEWSKI, Die Dämonen, Darmstadt 1958, S. 909.

[51] Wenigen ist es gelungen, von der Angst so eindringlich zu sprechen wie CHRISTINE LAVANT, vgl. neben vielen anderen ihr Gedicht Die Angst ist in mir aufgestanden, in: CHR. LAVANT, Gedichte (dtv 108 sr), München 1972, S. 28.

Der Sieg Jesu erfolgt darin, daß Jesus sich in Sendung und Passion gehorsam dem Schrecken der Welt aussetzt und darin der dem Vater Gehörende, der Sohn bleibt. Die Welt hat nicht vermocht, das Sohnsein Jesu in Frage zu stellen und zu zerstören. Sie hat es versucht, aber dabei wurde sie zu dem Raum, in dem Jesus sein Sein als Sohn lebte. Indem die den Menschen aus seiner Wahrheit herausreißende Macht der Welt an Jesus gescheitert ist, ist sie grundsätzlich gescheitert. So wenig die Welt Jesus hindern konnte, im Erleiden der Welt der Sohn zu sein und zu bleiben – das ist sein Sieg –, so wenig kann sie den Glaubenden hindern, den Sieg Jesu das bestimmende Fundament der eigenen Existenz sein zu lassen. Dann ist also paradoxerweise die von der Welt ausgehende Angst der passende Ort, an dem der Gemeinde der von Christus ausgehende Friede zugesprochen wird[52]. – Indem »Friede« die erfüllte Beziehung zu Gott und damit die erfüllte Beziehung des Menschen zu sich selbst beschreibt, lenkt v. 33 zu v. 26 f zurück mit der Nuance, daß solche Beziehung durch die von der Welt her kommende Bedrohung nicht aufgehoben wird, sondern in solcher Bedrohung ihren eigentlichen Platz hat.

II. Die Gemeinde in der Welt

Wir fragen nach dem Eigenen von 16,16–33 gegenüber dem, was die Abschnitte 15,1–16,15 und 13,31–14,31 zu sagen haben. Nicht neu ist das Kreisen um die Problematik der nachösterlichen Gemeinde. Auch damit, daß die nachösterliche Gemeinde im vorösterlichen Jüngerkreis ihren Vorläufer und Typos hat, daß so Gefährdung, Hoffnung, Auftrag der Kirche bewußt in die Gefährdung, die Hoffnung und den Auftrag der vorösterlichen Jüngerschaft eingetragen werden – auch mit dieser Sicht gehört 16,16–33 ganz zu den anderen Abschiedsreden, die in ihrem Ensemble die umfassendste ekklesiologische Besinnung des Neuen Testaments darstellen, nicht in einem einheitlichen Entwurf freilich, sondern in Anläufen von unterschiedlichen Ansätzen her und zu unterschiedlichen Zielen hin. Welches besondere Profil im Rahmen des Gemeinsamen zeigt der Abschnitt 16,16–33?

1. Züge der konkreten Gemeinde

(1) *Die Bedrückung durch die Welt.* Das Thema wird in v. 20–22.33 unmittelbar angesprochen. In 13,31–14,31; 15,1–17 wird es nicht berührt (in 14,1.27 allen-

---

[52] Zur Angst als dem Ort, an dem Gelassenheit empfangen wird, vgl. die Worte, die Nikolaus von Halem im Jahr 1945 unmittelbar vor seiner Hinrichtung mit gefesselten Händen an seine Mutter schrieb: „Jetzt habe ich auch die letzte kleine Unruhe überwunden, die den Baumwipfel faßt, ehe er stürzt! Und damit habe ich das Ziel der Menschheit erreicht. Denn wir können und sollen wissend dulden, was der Pflanze unwissentlich widerfährt. Adieu, ich werde geholt." (zitiert in: Du hast mich heimgesucht bei Nacht [S. 1 Anm. 4] S. 291 f.)

falls angedeutet); dagegen tritt es in 15,18–16,4a; 16,8–11 ins Zentrum. Anders aber als in 16,2f liest man in 16,20–23 nichts über die Modalitäten der erfahrenen Bedrückung, und nicht einmal dies ist sicher, daß es die Synagoge ist, von der die Bedrückung ausgeht. Das bleibt zwar wahrscheinlich, weil der Kosmos in 16,20ff nicht von dem Kosmos in 15,18–16,4a.5.11 unterschieden wird. Möglich ist aber, daß die Gemeinde in eine neue Dimension ihrer Erfahrung eingetreten ist und daß sie auch die Feindschaft der hellenistischen Welt zu spüren bekommt (S. 177). – Daß die Feindschaft der Welt einen für die Gemeinde existenzbedrohenden Grad erreicht hat, darin ist sich 16,16–33 mit 15,18ff einig, wo die Bemühung, das Verfolgtwerden der Gemeinde als signum ihrer Christuszugehörigkeit zu interpretieren, erspüren läßt, wie sehr die Gemeinde sich in ihrem äußeren und inneren Bestand gefährdet sah. 16,16–33 unterscheidet sich aber darin von den vorher genannten Texten, daß unverhüllt vom Weinen und Klagen der Gemeinde angesichts der Feindschaft der Welt gesprochen wird. Vielleicht muß man aus v. 23a heraushören, daß unter dem erlittenen Druck der Gemeinde ihr Sein als Gemeinde fragwürdig wurde: Was soll uns die Zugehörigkeit zu Christus, wenn sie uns nicht nur in Verfolgung von außen, sondern in das Dunkel eigener undurchdringlicher Fragen stürzt? An der Intensität der wachgerufenen Hoffnung – Trauer wird sich in Freude verwandeln; nichts wird mehr zu fragen sein; das Bitten wird uneingeschränkt erhört werden – ist die Intensität der erlittenen Bedrückung und Verzweiflung abzulesen.

(2) *Die innere Problematik der Gemeinde.* Von ihr ist vor allem in v. 25.29–32 die Rede. Wenn hier nicht theoretisch und ohne besonderen Anlaß eine Möglichkeit abgehandelt wird, die der Kirche grundsätzlich innewohnt – Leugnen der eigenen Vorläufigkeit und Vorwegnahme des Endgültigen –, wenn vielmehr konkrete Probleme einer bestimmten Gruppe angesprochen werden, dann bekommt man eine Gruppe zu sehen, die jetzt schon die Endgültigkeit des Erkennens und Glaubens für sich in Anspruch nimmt und diesen Anspruch mit einem Bekenntnis von vollendeter Korrektheit vorträgt. Wir stellten zu v. 30 die Frage, was an diesem Bekenntnis falsch sei. Der Inhalt ist es nicht; also muß das Falsche bei dem mit dem Bekenntnis verbundenen Selbstverständnis zu suchen sein, in der unerlaubten Vorwegnahme des Endgültigen, in der Inbesitznahme dessen, was man nur als Empfangenes haben kann. Solcher Glaube, sagt der Text, führt ins Versagen, so wie einst die Treuebeteuerung der Jünger in ihre Flucht mündete (Mk 14,31.50). Welche gemeindliche Wirklichkeit zeichnet sich hier ab?

Liest man die angegebenen Sätze unter der Voraussetzung der johanneischen Doppelbödigkeit, der Verschmelzung des vorösterlichen mit dem nachösterlichen Horizont, dann stößt man auf eine handfeste Auseinandersetzung zwischen Autor und Gemeinde (oder einer Gemeindegruppe), die man mit der in 16,12–15 sich widerspiegelnden Auseinandersetzung vergleichen kann. Dabei sind, anders als in 13,36; 14,5.8.22, nicht einzelne Jünger angesprochen, sondern die Jünger insgesamt (v. 29.31), d.h. die ganze Gemeinde oder ihr überwiegender Teil. Dieser Gruppe wirft der Autor vor, daß sie, indem sie behauptet, jetzt schon zum uneingeschränkten und unangefochtenen Verstehen vorgestoßen zu sein, in eine gründliche Selbsttäuschung geraten ist, die auf eine Ebene mit dem Verhalten der Jünger gehört, als sie Jesus in der Nacht der Gefangennahme verließen. Wer von der Unanfechtbarkeit seines Glaubens überzeugt ist, wird mit diesem Glauben unfehlbar scheitern, nicht anders als die Jünger von Mk 14,27–31.

Man kann, weil das Stichwort παρρησία hier und dort fällt, fragen, ob der Autor auch die »Juden« von 10,24 f im Blick hat, die ein Reden Jesu παρρησίᾳ verlangten und denen Jesus sagt, daß sie trotz solcher Rede nicht glauben werden. Aber die Berührung der Szenen ist nicht sehr eng: In 10,24 f geht es um den von vornherein verfehlten Glauben der »Juden«, in 16,29 ff um den sich aktuell verfehlenden Glauben der Gemeinde, der aus seinem Verfehltsein herausgeführt wird. Aber 13,36–38 bringt sich in Erinnerung (s.d. und S. 92 f), Petrus, der sich emphatisch zur Lebenshingabe für Jesus bereiterklärt und dem Jesus sagt, daß solche Bereitschaft in der Verleugnung enden wird. Dort gilt solche Kritik einem einzelnen, der eine Gruppe, nicht aber die Gesamtheit repräsentiert. In 16,29 ff richtet sich die Kritik gegen die Gemeinde selbst oder gegen ihren überwiegenden Teil. Dabei tritt der Autor der Gemeinde ähnlich wie in 16,12–15 in der Souveränität Jesu entgegen, und man erspürt etwas von seinem Selbstbewußtsein. Mit der Rede, daß alle Glaubenden unterschiedslos Freunde Jesu seien (15,13 ff), und mit der aus solcher Rede zu ziehenden Konsequenz, der grundsätzlichen Gleichheit aller, hatte man wohl auch in der johanneischen Gemeinde seine Schwierigkeiten.

(3) *Die Antwort auf die Bedrängnis von außen und von innen.* Der Autor schleudert keine apokalyptischen Drohreden gegen die Bedrücker (2Thess 1,7–9)[53] und er tröstet die Gemeinde nicht mit der Verheißung himmlischer Wonnen (Apk 20–22). Ebenso wenig beruhigt er sie mit der Versicherung, daß die Zeit des Leidens in Kürze zu Ende gehe (Mk 13,20; Hb 10,37). Im Gegenteil, er erklärt, daß die Existenz der Glaubenden in der Welt grundsätzlich von θλῖψις und λύπη gezeichnet ist (vgl. das paulinische πάντοτε in 2Kor 4,10). Die Hilfe, die er der Gemeinde angesichts der Bedrängnis von außen zusagt, besteht ausschließlich darin, daß er ihr die eschatologische Freude ankündigt, und die wird von der Gemeinde erlebt, indem sie das Kommen Jesu in ihre jeweilige Bedrängnis erfährt. Nicht anders steht es mit der Hilfe, die er der Gemeinde angesichts ihrer inneren Bedrängnis zusagt. Sie ergeht nicht im Erinnern an verläßliche Traditionen (vgl. 1Kor 15,1 ff), nicht in aufklärender Analyse der gemeindlichen Möglichkeiten (1Kor 12,13 ff); nicht einmal die Rede vom Wirken des Parakleten wird herangezogen. Aber in ihr Versagen als Gemeinde wird Christus eintreten, und dann wird ihr kraft des eschatologi-

---

[53] Und sie (die Gottlosen) werden für die Gerechten und Auserwählten ein Schauspiel sein; sie werden sich über sie freuen, weil der Zorn des Herrn der Geister auf ihnen ruhen und sein Schwert trunken wird von ihnen (äthHen 62,12).

schen Friedens Christi die Aufhebung ihres Versagens, die Befreiung zum wahren Sein als Gemeinde zuteil.

(4) *Der Ort des Zuspruchs.* Wo hört die Gemeinde diesen Zuspruch? Der Text sagt nichts über seinen ursprünglichen Ort in der Gemeinde. Vielleicht kann man aber aus dem θαρσεῖτε (faßt Mut!) in v. 33, der nicht nur v. 25–32, sondern den ganzen Abschnitt abschließt, eine vorsichtige Konsequenz ziehen. Petr Pokorny hat gezeigt, daß in jenem Imperativ der Indikativ »Gott ist anwesend« enthalten ist[54]; Gott wird als Anwesender proklamiert. Solch tröstlicher Imperativ hat seinen Sitz in Heilungserzählungen[55], in Heilsorakeln und Epiphaniegeschichten (Mk 6,50; Apg 23,11), in göttlichem und menschlichen Zuspruch[56], in der Ermutigung durch einen Engel (Tob 7,17; 8,21; 11,11), im gottesdienstlichen Mysterienruf des Attiskultes[57]. Er gehört also in den Bereich oder in die Nähe des Gottesdienstes, und so ist es vorstellbar[58], daß der Gemeinde im Gottesdienst, in dem man den Zuspruch Christi vernahm, das österliche Eintreten Jesu in ihre Trauer und die Verwandlung der Trauer in Freude vermittelt wurde (S. 152). Dann galt also der Gottesdienst als der Ort, an dem Christus zu Wort kam und die Gemeinde zum Bestehen der Welt und zum Verlassen ihrer Angst geführt wurde. Welcher Blick ergibt sich von daher auf das Gewicht und den Inhalt des johanneischen Gottesdienstes?

2. Eschatologische Existenz

Sicher entsprang 16,16–33 einem besonderen geschichtlichen Anlaß. Wir kennen ihn nicht, spüren allenfalls etwas von der augenblicklichen Problematik der Gemeinde, auf die der Autor eingeht. Dabei läßt er keinen Zweifel daran, daß das, was er sagt, nicht nur für einen bestimmten Anlaß gilt. Es gilt der christlichen Gemeinde überhaupt. Darum läßt er *Jesus* zur Gemeinde sprechen: Was dieser Gemeinde gesagt wird, wird jeder Gemeinde gesagt.

Die Gemeinde in der Welt ist wesenhaft die Gemeinde, die unter dem Druck der Welt steht. Denn Welt kann von ihrer Verkehrtheit her nicht anders, als in der Gemeinde das Gegenüber zu sehen, das sie in ihrem Sein als Welt stört und in Frage stellt (S. 181f) und sie muß, um möglichst ungestört Welt bleiben zu können, die Existenz der Gemeinde einengen oder bestreiten. Der Satz »Ihr habt nun Traurigkeit« spiegelt also nicht nur eine aktuelle Gefährdung wider; er weist auf das signum der Gemeinde in der Welt. – Gefährdung von außen wird schnell zur Gefährdung von innen, führt die Gemeinde in die Fänge von

---

[54] P. Pokorny, Die Romfahrt des Paulus und der antike Roman, in: ZNW 64 (1973), 233–244, hier 240f.

[55] G. Theissen, Urchristliche Wundergeschichten (StNT 8), Gütersloh 1974, S. 68f.

[56] Tragiker Ezechiel 100: θάρσησον ὦ παῖ.

[57] W. Grundmann, ThWNT III 27,10f.

[58] Vgl. die Zurückhaltung bei Dettwiler, Gegenwart 291.

Fragen, die sie im Dunkel der Antwortlosigkeit festhalten. Nicht nur der Druck der Welt nimmt ihr den Atem. Aus ihr selbst steigen die Fragen auf, die im Verstummen enden und die Existenz einschnüren. Nicht geringer ist die Gefahr, daß die Gemeinde in einem eigenmächtigen Akt der Selbstbefreiung sich nimmt, was sie nachösterlich nur als Gabe des Auferstandenen empfangen kann, die Unmittelbarkeit des Seins mit Gott, das sie im richtigen Bekenntnis zu haben behauptet, nicht ahnend, daß sie sich dabei auf dem Weg der Jünger befindet, die Jesus allein lassen.

Gemeinde ist also immer in der Gefahr, ihre Traditionen und die Festigkeit ihrer Überzeugungen absolut zu setzen. Immer ist Glaube der Versuchung ausgesetzt, das Gewährte, das Gewährtes bleibt, an sich zu reißen und so das Versagen der Jünger in der Passion zu wiederholen. Es gibt für die Gemeinde kein Verstehen ein für allemal, und sich verfestigender Glaube ist schon dabei, zu religiöser Eigenmächtigkeit zu werden.

Der äußeren und der inneren Gefährdung begegnet der Text in gleicher Weise. Er kündigt die eschatologische Wandlung an, in der die Trauer der Freude, die Angst dem Frieden, das Nicht-Verstehen dem Verstehen weichen muß. Solche eschatologische Verwandlung kennt man in freilich anderer Form aus 1Kor 15,50–57; 2Kor 3,18; Mk 13,24–27[59]. Laut 16,16–33 erfolgt sie nicht in einem apokalyptischen Umsturz, sondern in der Befähigung, Jesus als den zu begreifen, der die uneingeschränkte Fülle Gottes vermittelt (1,16). Zu solcher Verwandlung bedarf es nicht der Katastrophe des Weltendes, sondern sie vollzieht sich, indem die Glaubenden jetzt in Jesus des Gottes gewahr werden, der sich ihrer als Hirt und Tür, als Inbegriff des Lebens und der Wahrheit erschließt. Sie wird wahr, wenn die Gemeinde dessen gewiß wird, daß niemand sie aus der Hand des Vaters reißen kann, die sich ihr in der Hand des Sohnes entgegenstreckt (10,28f). Zu solcher Verwandlung gehört auch die Befreiung aus verfehltem Verstehen. Dann läßt die Gemeinde die Anmaßung, das richtige Bekenntnis zu besitzen, fahren und tritt in ein Bekennen ein, das sich nicht auf die Solidität der eigenen Überzeugung gründet, sondern auf den Christus, der mit der Welt auch das Versagen der Gemeinde überwunden hat und überwindet.

Hier haben wir die besondere Hermeneutik unseres Abschnitts vor uns, die uns schon in der Exegese entgegentrat. Das vergangene und einmalige Nacheinander von Karfreitag und Ostern wird zum Symbol des sich in der Geschichte der Gemeinde wiederholenden Nacheinanders von Trauer und Freude, von Selbsttäuschung und empfangendem Glauben, von Nicht-mehr-Sehen und Sehen, von Angst und Angstüberwindung. Notwendig und unversehens wird dabei das Nacheinander zum Ineinander; denn die Phasen von Angst und Angstüberwindung lassen sich zeitlich nicht trennen, so sehr sie einander sach-

---

[59] Die Idee der Verwandlung ist im zeitgenössischen Judentum verbreitet; vgl. syrBar 49,3; 51,1–10; Bill III 479–481.

lich widerstreiten[60]. *In* der Bedrängnis, die den Glaubenden den Atem nimmt, *in* der Angst, in der man versinkt, und gegen sie ist der von Christus kommende Friede wahrzunehmen und zu leben. Weil der Gemeinde von Christus die unaufhebbar bejahte Existenz zugesprochen wird, soll sie *in* ihrer von Fragen eingeengten Existenz die ihr zugesprochene Fraglosigkeit, die von der Welt nicht zerstörbare Bejahung leben.

Solche Dialektik von Karfreitag und Ostern, in der das doppelte μικρόν von v. 16–19 seine Interpretation erfährt, hat das Johannesevangelium sonst nicht aufzuweisen. In unserem Text ist johanneische Reflexion in eine Dimension eingetreten, die im Neuen Testament allenfalls noch bei Paulus zu finden ist, wenn er sagt, daß er als Apostel an sich selbst ständig die Tötung Jesu erfährt, um darin das Zutagetreten des Lebens Jesu zu erfahren (2Kor 4,10f), oder wenn er sich als den Verkündiger beschreibt, der sich in Ehre und in Schande bewegt, der als Verführer der Wahrhaftige ist. Er weitet das aus: Als die Sterbenden und siehe, wir leben, als die Betrübten, die immer fröhlich sind, als die nichts Habenden, die alles haben (2Kor 6,8–10). Hier und in Joh 16,16–33 wird glaubende Existenz in sonst kaum vorkommender Dichte und Bewegtheit erfaßt. – Als Medium dazu dient dem Autor die sog. präsentische Eschatologie des Johannesevangeliums (S. 97ff). Indem er apokalyptische termini verwendet – ἐν ἐκείνῃ τῇ ἡμέρᾳ (v. 23.26); vollendete Freude (v. 24); νενίκηκα τὸν κόσμον (Offb 17,14) –, teilt er dem, was er schreibt, die Qualität eschatologischer Gültigkeit zu. »Die letzten Dinge«, sagt er, ereignen sich nicht in apokalyptischer Zukunft, sondern in der jeweiligen Gegenwart der Gemeinde, in ihrer Angst und in ihrem Standhalten. Darin ist der Autor grundsätzlich eins mit dem Evangelisten und seinem Insistieren auf der Gegenwart als der Zeit der letzten Entscheidung (vgl. 3,18f; 5,24–27; 6,47; 8,51; 11,25f). Aber nur in 16,16–33 findet solches eschatologische Geschehen die Gestalt der Dialektik von Trauer und Freude, von Fragen und Nicht-mehr-fragen-Müssen, von vorläufigem und echten Glauben. Nirgendwo sonst wird der Wechsel von Karfreitag und Ostern als Symbol für die Ablösung des alten Äons durch den neuen benützt. Damit ist die Frage nach der Eigenständigkeit von 16,16–33 gestellt.

---

[60] Die Rede 16,16ff beschreibt das Wesen des Glaubens »indem sie die Jünger in ihrer Situation vor und nach Ostern zum Modellfall für die gegenwärtige Gemeinde überhaupt erhebt, in der Ostern immer nur Gegenwart ist in der Überwindung von Trauer, Unverständnis und Glaubensversagen« (BECKER, Abschiedsreden 246).

Exkurs 3: Literarkritische Überlegungen

Das Auffinden der theologischen Eigenart von 16,16–33 weckt die Frage nach dem literarischen Verhältnis des Textes zu den anderen Abschiedsreden. Man entgeht dann auch nicht der Frage nach dem Verfasser. Die Texte erzwingen sie, und selbst wenn sie nur ganz ungenügend beantwortet werden kann, muß sie doch gestellt werden. Zunächst aber ist noch ein Blick auf 16,16–33 und auf den Aufbau des Abschnitts zu werfen.

1. Der Aufbau von 16,16–33

An einigen Stellen meinten wir, auf gewisse schriftstellerische Unfertigkeiten zu stoßen: Die Umständlichkeiten in v. 16–19; die Bemerkung »ich gehe zum Vater« (v. 17), die in v. 16 nicht enthalten ist; der anscheinend nicht ganz durchdachte Aufbau von v. 23f; der Satz in v. 30 (daß einer dich fragt). Aber abgesehen davon ist der Abschnitt bis in Einzelheiten überlegt aufgebaut. Die Zweigeteiltheit wurde oben schon festgestellt (S. 227); die Zusammengehörigkeit von v. 25–33 zeigt sich an der inclusio mit ταῦτα λέληκα ὑμῖν in v. 25–33. Nun läßt sich aber auch eine inhaltliche Zweigeteiltheit zeigen.

Die zwei Zeiten

v. 16–19. Die Zeit, in der Jesus für die Jünger unzugänglich ist, wird durch die Zeit abgelöst, in der er sich von ihnen erfahren läßt.	v. 25. Das Gegensatzpaar παροιμία – παρρησία erklärt: Der Zeit, in der die Jünger zum Verstehen unfähig sind, folgt die Zeit des Verstehens.

Inhalt der sich ablösenden Zeiten

v. 20–22. Die Trauer wird von der Freude abgelöst.	v. 26f. Die gestörte, mindestens aber nur vorläufige Beziehung zum Vater – sie bedarf der intercessio Jesu – weicht einer Beziehung in ungetrübter Intensität.

Entfaltung dieses Inhalts

v. 23f beschreibt den Schritt von fragwürdig gewordener Existenz zur Existenz in erfüllter Beziehung, die unbedroht und nicht mehr in Frage gestellt ist.	v. 29–33 beschreibt den Schritt vom sich verfehlenden, in Selbsttäuschung befangenen Glauben zu dem Glauben, der in der Angst der Welt den in Christus gründenden Frieden empfängt.

Zusätzlich kann man in der Anspielung auf das wunderbare Wissen Jesu in v. 19 und v. 30 noch ein Element der Parallelität sehen. Auch ist das erklärende Fortschreiten von der bloßen Zeitangabe (und dem bloßen Konstatieren in v. 25) über den Inhalt der sich ablösenden Zeiten zur Entfaltung dieses Inhalts offensichtlich. Dabei ist die zweite Parallele nicht einfache Wiederholung der ersten. Reflektiert v. 20–24 mehr die von außen kommenden Bedrohung der Gemeinde – ihre Trauer erwächst aus dem scheinbaren Triumph des Kosmos über Jesus –, so ist v. 25–32 mehr von der von innen kommenden Bedrohung geprägt. Nur v. 28 fügt sich der Parallelität nicht ein, was kein Grund ist, in dem Satz eine spätere Einfügung zu vermuten[61]. v. 28 ist Übergangsvers, der einerseits v. 27c entfaltet, andererseits die Äußerungen von v. 29f provoziert. Die Parallelität ist aufs Ganze gesehen erstaunlich konsequent durchgeführt und zeugt von der Überlegtheit der Komposition.

2. Die Eigenständigkeit von 16,16–33 und das Problem von 15,1–16,15

Nun haben wir die Ablösung von 16,16–33 vom Vorhergehenden zu begründen. Denn die überwiegende Zahl der Exegeten faßt 16,16–33 mit 16,4b–15 zu einer einheitlichen Rede zusammen[62]. Die wichtigsten dafür angegebenen Gründe seien aufgezählt.

Im ganzen Abschnitt wird, anders als in 15,1–16,4a, von der Abschiedssituation her gedacht, und die Auseinandersetzung mit der Welt ist das beherrschende Thema. Der Begriff λύπη, im Johannesevangelium nur in 16,6.20–22 auftauchend, spricht für die Zusammengehörigkeit von 16,4b–33. Dasselbe gilt von ἀναγγέλλω in v. 13–15 und v. 25. Schließlich begegnet die Wendung οὐκέτι θεωρεῖτέ με sowohl in v. 10 als auch in v. 16. Damit sei die Einheit von 16,4b–33 erwiesen. – Darauf ist zu antworten: Die Gestaltung von der Abschiedssituation her reicht als tragendes Argument nicht. Indirekt wird auch in 15,18–16,4a von der Abwesenheit Jesu her gedacht (nicht dagegen in 15,1–17). Die Auseinandersetzung mit der Welt ist Thema auch von 15,18–16,4a. – In λύπη geraten die Jünger laut v. 6 durch Jesu Ankündigung, er werde sie verlassen. Die λύπη in v. 20–22 dagegen ist durch die Bedrängnis seitens der Welt ausgelöst; es liegt also ein jeweils verschiedener Gebrauch von λύπη vor. – ἀναγγέλλω steht in 16,13 15, ἀπαγγέλλω in 16,25; die Nebenlesart ἀναγγέλλω taugt nicht als Beweis eines einheitlichen Wortgebrauchs. – Das οὐκέτι θεωρεῖτέ με schließlich sagt in v. 10 Positives aus, in v. 16 Negatives, und verschiedener Gebrauch *einer* Wendung in *zwei* Abschnitten spricht nicht für deren Einheit, sondern gegen sie.

Was aber spricht für die Eigenständigkeit von 16,16–33?

(a) Die Wendung »Ich habe euch noch viel zu sagen …« (v. 12) leitet das Ende eines Abschnitts ein. Das ist in v. 15 erreicht.

(b) Gehörte v. 16–33 mit v. 4b–15 zusammen, wäre das Fehlen des Parakleten in v. 16–33 nicht erklärbar. Mit der Auskunft, daß die Funktion des Parakleten, in v. 8–11.12–15 ausführlich geschildert, in v. 16–33 vorausgesetzt sei und daß also davon nicht mehr gesprochen werden müsse, ist nichts gewonnen. In v. 8–15 ist es der Paraklet, der die nötige und erwartete Hilfe bringt. In v. 16–33 tritt die Hilfe nicht durch das Kommen des Parakleten, sondern durch das Kommen Jesu ein. Hier wird in zwei ver-

---

[61] So allerdings BECKER, Abschiedsreden 245 Anm. 116.

[62] BROWN 546; SCHNACKENBURG III 142f; SCHNELLE, Abschiedsreden 74f; PAINTER, Discourses 526.536; WINTER, Vermächtnis 249f; DETTWILER, Gegenwart 56–59. Zu den wenigen, die 16,4b–15 von 16,16ff trennen, gehört BECKER, Abschiedsreden 236.239.

schiedenen Perspektiven gedacht. Daß auch in 14,16–26 das Kommen des Parakleten neben dem Kommen Jesu steht und also beide Perspektiven *einem* Zusammenhang angehören, sagt nichts für unser Problem. Denn in c. 14 ist das Kommen des Parakleten zwar nachträglich, aber geplant mit dem Kommen Jesu parallelisiert. In c. 16 wird nichts parallelisiert.

(c) Der entscheidende Grund für die relative Selbständigkeit von 16,16–33 liegt in der hermeneutischen Eigenart des Abschnitts (S. 245 f), mit der er sich wie vom gesamten Johannesevangelium, so auch von den übrigen Abschiedsreden unterscheidet. In v. 4b–15 findet sich nichts von jener Eigenart. Die besprochene Dialektik von Trauer und Freude, von Nichtverstehen und Verstehen ist in v. 4b–15 abwesend, während sie in v. 16–33 alles bestimmt.

(d) Demgegenüber haben weitere Gründe nur relative Bedeutung. In ihrer Mehrzahl bezeugen sie gleichwohl die Eigenart von 16,16–33 gegenüber 16,4b–15. Der Dialogcharakter fehlt in v. 4b–15. Der Verzicht auf die intercessio Jesu, der Rückgriff auf die vom Evangelisten verneinte Tradition der Jüngerflucht, Galiläa als Aufenthalt der Jünger nach der Passion – das sind Eigenheiten, die v. 16–33 auszeichnen und die den Abschnitt von v. 4b–15 trennen.

Muß so an der Eigenständigkeit von 16,16–33 festgehalten werden, dann stellt sich die Frage nach der Zusammengehörigkeit von 15,1–16,15, die wir am Anfang angedeutet haben (S. 13 f). Wir gingen von einem losen Zusammenhang der drei Stücke 15,1–17; 15,18–16,4a; 16,4b–15 aus, meinen also nicht, daß sie als von vornherein geplante Einheit geschaffen wurden. Sie sind in sich jeweils geschlossen, so daß man mit ihrer ursprünglichen Selbständigkeit rechnen muß. Die Darstellung von 15,1–17 kam zu dem Ergebnis, daß man in diesem Text eine in sich abgerundete Besinnung über das Wesen der Gemeinde vor sich hat (S. 151–154). In 15,18–16,4a stießen wir auf die Dokumentation einer Auseinandersetzung mit der Synagoge, eingegangen in eine Reflexion der Gemeinde über ihr Verhältnis zur Welt (S. 179–182). In 16,4b–15 sind zwei verschiedene Überlegungen zum Parakleten vereinigt, verbunden mit dem Vorspann v. 5–7, der dem Parakleten ausdrücklich die Zeit nach Ostern zuweist (S. 195 f). Alle drei Stücke sind in sich selbst aussagekräftige Stellungnahmen zu Einzelthemen, mit denen sich die Gemeinde auseinanderzusetzen hatte. Aber im jetzigen Zusammenhang sind sie einander sinnvoll zugeordnet und bilden eine Einheit, die zuerst das Wesen der Gemeinde bedenkt, dann das feindselige Verhältnis der Welt zu ihr und ihr Verhältnis zur Welt, schließlich den Parakleten als Beistand der Gemeinde in ihrer äußeren und inneren Problematik. Diese drei Besinnungen dürften im Verlauf der Redaktion der Abschiedsreden oder kurz zuvor mit der Absicht aneinandergefügt worden sein, der Gemeinde ein möglichst umfassendes Bild ihres Wesens, ihrer Gefährdung und ihrer Möglichkeiten zu vermitteln.

Dann können wir im Blick auf das Gesamte der Abschiedsrede von vier Einzelreden sprechen: 13,31–14,31; 15,1–16,15; 16,16–33; 17,1–26.

3. Die Beziehung von 16,16–33 zu den anderen Abschiedsreden (ohne c. 17)

a) 16,16–33 und 13,31–14,31

Man findet in 16,16–33, der dritten Rede, eine Vielzahl von Anspielungen auf 13,31–14,31[63].

- Der Dialogcharakter von 16,16–33 knüpft an die Dialoge der ersten Rede an.
- Das doppelte μικρόν von 16,16 verarbeitet das μικρόν von 13,33 (S. 229f); beide Reden beginnen mit dem μικρόν.
- 16,28 fußt auf der Bemühung in 13,31–14,31, das Weggehen Jesu als Akt heilvollen Geschehens aufzuweisen.
- Das nur halb richtige und darum falsche Verstehen der Jünger in 16,17–19.25.29f entspricht den Mißverständnissen der Jünger in 13,36–38; 14,4f.7f.22f.
- Die Zusage des erhörten Bittens in 16,23f.26f erinnert an 14,13.
- Die Rede von der Freude in 16,20.22.24 berührt sich mit 14,28[64].
- Die Worte von der Liebe des Vaters (16,27) können sich auf 14,21b.23a beziehen.
- Die Formel »an jenem Tag« in 16,23.26 findet sich in 14,20.
- Die Formel »in meinem Namen« wird in 16,23f.26 in gleichem Sinn wie in 14,13f.26 gebraucht (auch 15,16; anders 15,21).
- Die Ansage der Jüngerflucht 16,32 führt die Ansage der Petrusverleugnung in 13,36–38 auf anderer Ebene fort.
- Die Rede vom erneuten Sehen Jesu spielt auf 14,19f an, wie denn Ostern das Thema in 14,18–24 und in 16,20–24 ist, während es sonst in den Abschiedsreden nicht mehr genannt wird.
- Die kritische Frage Jesu in 16,31 hat ihre exakte Parallele in der Frage an Petrus 13,38a.
- Das abschließende Wort vom Frieden als Gabe 16,33a hat sein Vorbild in 14,27, wie auch der abschließende Zuspruch Jesu in 16,33c dem Zuspruch in 14,1.27c entspricht.
- Die Rede vom Sieg Jesu in 16,33 ist mit der Überlegenheitsäußerung von 14,30 Ende verwandt.

Dieser erstaunlichen Bezeugung von Nähe stehen einige deutliche Differenzen gegenüber.
- 16,16–33 verzichtet auf das Argumentieren mit dem Parakleten. Der Zusammenhang, der ausschließlich von Jesus als dem Kommenden und die Lage Verwandelnden spricht, gewährt dem Parakleten keinen Platz.
- Die Worte Trauer und Trübsal (λύπη und θλῖψις), die 16,16–33 beherrschen, fehlen in 13,31–14,31. Die mit diesen Worten bezeichneten Sachverhalte sind in der ersten Rede zwar nicht abwesend, haben aber ein viel geringeres Gewicht als in 16,16–33. Dasselbe ist vom Stichwort Freude zu sagen.

---

[63] Vgl. SCHNACKENBURG III 140–143; vor allem BROWN 589–593; DETTWILER, Gegenwart 267–277 gibt einen Überblick über die in dieser Frage vertretenen Positionen; das Ergebnis seiner Überlegungen, denen weitgehend zuzustimmen ist, legt er S. 284–292 dar. Er versteht 16,(4b)16–33 mit Recht als »Relecture« (DETTWILER 44–52) von 13,31–14,31.

[64] Man muß hier BROWN 590 korrigieren, der in 16,17–22 keine Parallelen zu 13,31–14,31 findet mit der einen Ausnahme: Wieder will ich euch sehen.

– 16,16–33 hat sein Zentrum in der Rede vom Übergang von Trauer zur Freude, von der Vorläufigkeit zur Endgültigkeit. Dieses Interesse ist in 13,31–14,31 nur am Rand zu finden, und mit der in 16,16–33 verarbeiteten Existenzanalyse unterscheidet sich die dritte Rede in einem zentralen Punkt von 13,31–14,31.
– Weitere gegenüber der ersten Rede in 16,16–33 fehlenden Elemente hat Brown zusammengetragen[65]. Die wichtigsten: Das Liebesgebot 13,34f; das Kennen Jesu (14,7–11); die größeren Werke (14,12); die Immanenzformel[66] von 14,20f; die Betonung der Einheit Jesu mit dem Vater in 14,31.

b) 16,16–33 und 15,1–16,15

Nur wenige Motive der zweiten Rede (15,1–16,15) kehren in 16,16–33 wieder.
– Der Satz »Ich gehe zum Vater« v. 17 wiederholt die entsprechende Formel in 16,10, die dort nicht Teil eines Bekenntnisses ist.
– Das erhörte Bitten von v. 23f.26f wird auch in 15,7.16c (wie in 14,13) bedacht.
– Die vollkommene Freude von v. 24 wird in 15,11 angesprochen. Von Trauer (v. 20–22) weiß auch 16,5f, freilich in anderem Sinn als in v. 20–22. Die Rede von der Bedrängnis könnte als Zusammenfassung von 15,18–16,4a gedacht sein.
– Das Stichwort »lieben« (φιλέω) knüpft vielleicht an die Jüngerbezeichnung »Freunde« (φίλοι) in 15,14f an. So würde sich der Gebrauch von φιλέω in 16,27 gegenüber ἀγαπάω in 14,21b.23a erklären.
– Die Unterschiede zwischen den zwei Redekomplexen sind erheblich und gehen über die Differenzen zwischen 16,16–33 und der ersten Rede weit hinaus. Der in breiter Lebendigkeit einhergehenden Rede vom Weinstock und von den Freunden Jesu (15,1–17) hat 16,16–33 nichts an die Seite zu stellen. Das Liebesgebot mit seiner Begründung (15,9f) ist abwesend, Einzelheiten aus der Auseinandersetzung mit der Welt fehlen.

4. Konsequenzen

Der Autor von 16,16–33 dürfte die zweite Rede, also 15,1–16,15 gekannt haben. Einige wenige Motive hat er diesem Abschnitt entnommen, aber ohne die Absicht, den Gedankengang von 15,1–16,15 weiterzuführen. Dagegen ist der Bezug zur ersten Rede trotz aller Differenzen und zuweilen wegen ihnen vielfältig und intensiv. Als bloße »deutliche Variante und Dublette«[67] zu 13,31–14,31 darf 16,16–33 freilich nicht angesprochen werden. Die dritte Rede nimmt zwar Begriffe und Vorgänge aus der ersten Rede auf. Aber das dort umfassend behandelte und abgesicherte Thema, das Fortgehen und erneute Kommen Jesu, wird in 16,16–33 als bereits bekannter Komplex vorausgesetzt (s. zu 16,28), der mit einer bestimmten Zuspitzung weitergeführt wird. Das Weggehen und folgende Kommen Jesu, das Nacheinander von Karfreitag und Ostern ist Bild und wirkende Ursache für die Dialektik von Trauer und Freude, von Unfähig-

---

[65] BROWN 592f.
[66] Dazu vgl. den wichtigen Exkurs bei KLAUCK, 1Joh 264–268.
[67] BECKER, Abschiedsreden 242.

keit und Fähigkeit zum Verstehen (S. 245f). Das primär christologische Interesse von 13,31–14,31 hat sich zu einem primär ekklesiologischen Interesse in 16,16–33 verschoben. – Jetzt kann beidem Rechnung getragen werden, der Nähe und der Distanz der beiden Texte. Die dritte Rede holt sich viele ihrer Elemente aus der ersten, setzt diese aber nicht fort – wohin auch, da 13,31–14,31 einen abgeschlossenen Gedankengang aufweist? –, vielmehr wird *ein* Motiv aus der ersten Rede, die bedrängte Lage der Gemeinde nach dem Weggang Jesu, herausgegriffen und zum Hauptmotiv erhoben, während alle anderen Motive der ersten Rede nicht weiter ausgewertet werden. So entsteht mit 16,16–33 eine neue und in sich geschlossene Abschiedsrede, die in eine gegenüber der ersten Rede veränderte Situation und Problematik der Gemeinde hineinspricht.

Die angestellten Beobachtungen haben Konsequenzen für die Frage des Verfassers von 16,16–33. *Ein* Autor geht schwerlich *gleichzeitig* mit *einem* Thema, dem Abschied Jesu und seinem erneuten Kommen, in der beschriebenen *doppelten* Weise um. Ist die erste Rede auf den Evangelisten zurückzuführen, so dürfte 16,16–33 von einem seiner Schüler geschrieben worden sein; jedenfalls wird so das eigenwillige Umgehen mit der Tradition der Jüngerflucht und dem Galiläaproblem (S. 239f) am ehesten erklärbar. Dabei hat der Schüler die Rede des Lehrers zu einem eigenen Entwurf benützt, mit dem er den Lehrer einerseits ergänzt, andererseits eines seiner Anliegen, die Existenz der nachösterlichen Gemeinde, intensiv und selbständig weiterführt.

Das Verfasserproblem stellt sich auch im Blick auf 15,1–16,15. Schon früher haben wir vermutet, daß die zweite Rede nicht auf den Evangelisten, sondern auf den Schülerkreis zurückgeht (S. 152). Daß der Autor oder die Autoren der zweiten Rede auch nicht mit dem Autor der dritten identisch sind (auch nicht mit dem von c. 17; S. 357f), ist vom Verhältnis der zwei Reden her ziemlich sicher (s.o.). Die Bedrückung durch die Welt, in 15,18–16,4a breit bedacht, wird in 16,16–33 nicht nur sehr anders dargestellt, sondern es wird ihr auch eine andere Antwort entgegengesetzt. Sieht 15,18ff die helfende Antwort im Verweis auf die Schicksalsgleichheit zwischen Jesus und der Gemeinde, so spricht 16,16ff von dem inneren Wandel, den die Gemeinde durch das nachösterliche Eintreten Jesu in ihre Existenz erfährt, und 16,8–15 konzentriert die Hilfe auf das besondere Wirken des Parakleten. – Es ergibt sich also der ziemlich eindeutige Eindruck, daß man der ersten, ihr Thema erschöpfenden Abschiedsrede später noch andere Reden angefügt hat, die von Schülern des Evangelisten verfaßt wurden, und um der Gewichtigkeit der Inhalte willen hat man den ursprünglichen Anschluß von 18,1ff an 14,31 preisgegeben. Dabei verhehlen wir uns nicht die Eigenständigkeit der Autoren, die in 15,1–16,33 zu Wort kommen. Sie haben das Anliegen des Lehrers in eigener Verantwortung aufgenommen und weitergeführt, und wir haben allen Anlaß, ihre theologischen Analysen, ihre ekklesiologischen Perspektiven zu durchdenken. Wir verhehlen uns ebenso wenig den Willen dieser Autoren, Schüler zu sein; sie verstehen ihre Reden als Ergänzungen der ersten Rede, als Aktualisierung einiger ihrer Anliegen. So haben sie es vermocht, ihre Entwürfe als Elemente des Johannesevangeliums diesem Werk zu integrieren.

D. Die vierte Rede 17,1–26
Das Gebet Jesu für die Gemeinde

I. Einleitung

1. Erster Zugang

Kein Abschnitt des Johannesevangeliums sperrt sich so gegen das Verstehen des heutigen Lesers wie c. 17. Wie soll man auch verstehend in einen Text eindringen, der sich darbietet als »monotones Glockengeläut, wo in beliebiger Folge die Elemente des selben Akkordes auf- und abwogen«?[1] Freilich wird über c. 17 auch ganz anders geurteilt. So liest man etwa bei Bühner: »Wir stehen hier offenbar auf dem Höhepunkt der johanneischen Lehrbildung, auf dem die größte inhaltliche Dichte sich mit einem Höchstmaß an sprachlicher Gedrängtheit paart«[2]. Wer so urteilt, dem klingt aus c. 17 kein monotones Glockengeläut entgegen, sondern ihm erscheint der Abschnitt als normativer Lehrtext, als Konzentrat johanneischer Theologie, das sich exegetischem Bemühen nicht verschließt. Aber haben wir in c. 17 wirklich einen lehrhaften Text vor uns und begegnet uns hier so etwas wie die Norm johanneischer Theologie, die sich mit den Mitteln exegetischer Analyse dem modernen Verstehen nahebringen läßt? Oder ist man nicht doch mit Wellhausens Charakterisierung näher an c. 17, zumal man »monotones Glockengeläut« auch als Hinweis auf den meditativen Charakter von c. 17 interpretieren kann? Dann wäre der Versuch eines meditativen Verstehens verheißungsvoll. In ungefähr diese Richtung weist Brown, wenn er c. 17 hymnischen Charakter zuschreibt[3]. Als ausdrückliches Lehrstück ist c. 17 sicher nicht anzusprechen. Nicht als ob Meditation oder Hymnus mit Lehre nichts zu tun haben könnten; aber sie setzen Lehre voraus, sind nicht selbst Lehre.

Seit David Chyträus (1531–1600)[4] spricht man von Joh 17 als dem hohenpriesterlichen Gebet Jesu, wohl im Anschluß an die kirchliche Lehre vom hohenpriesterlichen Amt Jesu[5]. Dieser problematische Titel könnte sich von v. 19

---

[1] Wellhausen 110.
[2] Bühner, Der Gesandte 224.
[3] Brown 745.
[4] P. F.Barton, TRE 8, 88–90.
[5] Vgl. Chr. E. Luthardt, Kompendium der Dogmatik, 14. Aufl., Leipzig 1937, S. 281–306; K. Barth, KD IV/1 S. 303f.

herleiten, wo von der Selbsthingabe Jesu die Rede ist, und solche Selbsthingabe ist laut Hb 9,11 f; 10,5–10.11–14 das signum Jesu als des wahren Hohenpriesters. Noch einleuchtender ist die Ableitung jenes Titels vom Gesamtcharakter von c. 17 her, dem interzessorischen Eintreten Jesu für die Seinen, und solches Eintreten für die Gesamtheit gehörte zum Auftrag des jüdischen Hohenpriesters[6]. Nun sind Hingabe und Eintreten Jesu für die Gemeinde in der Tat die tragenden Elemente von c. 17. Nirgends aber wird in c. 17 und im Johannesevangelium damit die Idee eines Hohenpriestertums Jesu verbunden, und insofern geht der Titel »Hohepriesterliches Gebet« am Inhalt von c. 17 vorbei. Nun wird man diesen Titel nicht ausmerzen wollen und können. Aber wir werden bei dem Versuch, c. 17 zu verstehen, uns nicht von der Idee des Hohenpriestertums Jesu leiten lassen. Sie gehört dem Hebräerbrief, nicht dem Johannesevangelium an.

2. Johannes 17 als Gebet

Eine der Besonderheiten von c. 17 liegt in seinem Charakter als Gebet. Vergleichbares gibt es weder im Johannesevangelium noch in den anderen Evangelien. Zwar erzählen auch sie von Jesu Beten und dies gerade im Kontext der Passion, und die Sätze von Lk 22,32 und 23,34a stehen als Fürbittgebete in gewisser Nähe zu c. 17. Aber weder von der Form noch vom konkreten Inhalt her haben sie etwas mit Joh 17 gemein. Ferner weiß die synoptische Passionsgeschichte vom Gethsemanegebet Jesu in Mk 14,35f, wo Jesus fragt, ob ihm das Todesschicksal nicht erspart bleiben könnte. Aber hier tritt der Unterschied nicht nur zu c. 17, sondern zur johanneischen Sicht insgesamt überdeutlich hervor: Das Johannesevangelium kennt jenes synoptische Gebet, wie 12,27 f beweist, und deutet es um: Es ist keine Rede davon, daß Jesus um Bewahrung vor dem Todesschicksal bittet, im Gegenteil: Um den Tod auf sich zu nehmen, ist er in diese Stunde gekommen.

Der Vergleich von c. 17 mit den sonstigen Gebeten Jesu, die in den Zusammenhang der Passionsgeschichte gehören, bringt seine Eigenart, aber auch seine Rätselhaftigkeit ans Licht. Was die Plazierung angeht, steht c. 17 nahe bei Lk 22,32: Nach dem letzten Mahl (das bei Johannes freilich nicht als Herrenmahl bzw. als Einsetzung des Herrenmahls fungiert) und vor der Gefangennahme. Aber was hat die Fürbitte von c. 17, die die Gemeinde, ihre Gegenwart und ihre Zukunft umfaßt, mit der auf Petrus und seine Aufgabe beschränkten Zusage von Lk 22,32 zu tun? Noch gravierender ist der Unterschied zu der schon in 12,27 f umgedeuteten Gethsemanebitte von Mk 14,35 f. In der johanneischen Gethsemane-Szene (18,1–11) wäre die Bitte von Mk 14,35 f völlig deplaziert. Der

---

[6] E. GRÄSSER, An die Hebräer (EKK XVII/1), Neukirchen 1990, S. 281; G. SCHRENK, ThWNT III 272 f.

Jesus, vor dem die Schar der Verhaftenden zu Boden stürzt (18,6), der die Frei-
gabe der Jünger anordnet und damit seine eigene Verhaftung nicht gehorsam
erduldet, sondern befiehlt (18,8f), der sich gegen das Trinken des Todeskelchs
nicht wehrt, sondern der ausdrücklich erklärt, ihn trinken zu wollen (18,11) –
der so geschilderte Jesus kann nicht ein Gebet wie das von Mk 14,35f sprechen,
so wenig wie der Jesus, für den das Sterben der Schritt in die Doxa des Vaters
ist, am Kreuz rufen kann, daß Gott ihn verlassen habe (s. zu 16,32).

So wenig wie das in Mk 14,35f wirkende Christusbild sich mit dem Johannesevangelium insgesamt verträgt, so wenig verträgt es sich mit c. 17. Aber
nun ist nicht zu übersehen, daß c. 17 genau wie Mk 14,35f der Verhaftungsssze-
ne unmittelbar vorgeschaltet ist. Beide nicht zur Übereinstimmung zu bringenden Gebete haben im Ablauf des Passionsdramas, hier bei Markus, dort bei
Johannes, denselben Platz. So steht man vor der Frage, ob nicht c. 17 vom
Autor als Gegenstück zu Mk 14,35f gedacht ist, durch das das synoptische
Gethsemanegebet ersetzt werden soll[7]. Das Ja auf diese Frage ist nicht zu umgehen, und wenn man nach der Ursache des johanneischen Vorgehens Aus-
schau hält, dann stößt man auf das Besondere der johanneischen Christologie:
An die Stelle des sich in seiner Angst an Gott wendenden und so die Angst
überwindenden Jesus wird der souveräne, seiner endgültigen Verherrlichung
entgegengehende Jesus gerückt, der die Vollendung der Seinen (17,24) zuver-
sichtlich fordert und der im Gespräch mit dem Vater von seiner Präexistenz
ebenso wie von seiner Postexistenz vor den Ohren der Jünger redet (17,5.24).
Läßt sich der Schluß umgehen, daß der Autor, indem er c. 17 an die Stelle von
Mk 14,35f setzte, damit das Überholtsein des bei Markus vertretenen Christus-
bildes proklamierte?

Freilich ist damit die Frage noch nicht beantwortet, weshalb er, um solche
Verschiedenheit zu beschreiben, die Form des Gebets wählte, weshalb er überhaupt dem weitgespannten Inhalt von c. 17 die Form des Gebets gab. Wir können hier nur eine vorläufige Antwort geben. Sie betrifft die Form von c. 17 als
Abschiedsgebet. In der Einleitung zu diesem Buch haben wir unter der Überschrift »Inhalte der Abschiedsreden« auch die Fürbitte des Scheidenden für die
Zurückbleibenden erwähnt (S. 10): In einigen, allerdings wenigen Abschiedsreden der jüdischen Tradition findet man dieses Element, und wir fragen, ob
Joh 17 als fürbittendes Abschiedsgebet im Rahmen dieser Tradition verstanden
werden kann.

Brown führt als Beispiel Dtn 32 und 33 an und sieht die zwei Kapitel als interessante
Parallele zu Joh 17 an[8]. Aber das Beispiel taugt nicht. In Dtn 32 und 33 handelt es sich
um einen Abschieds*rückblick* und Abschieds*segen*, nicht um ein Abschieds*gebet*. –
Bauer verweist auf das philosophisch-religiöse Gebet im hermetischen Traktat Poiman-

---

[7] BROWN 595.
[8] BROWN 744.

dres[9], das in der Tat gewisse parallele Ideen zu Joh 17 enthält, ohne davon abhängig zu sein. Das Element des Abschieds ist allerdings in diesem Traktat nur sehr schwach ausgeprägt. – Nach Bultmann gehört c. 17 zum »Typus der Gebete des aus der Welt scheidenden Gesandten, wie sie in verschiedenen Varianten aus der gnostischen Literatur bekannt sind«[10]. Aber die von Bultmann beigebrachten Belege sind durchweg nachneutestamentlich[11], und es ist problematisch, das Frühere vom Späteren her erklären zu wollen. Ein bedeutsames christlich-gnostisches Beispiel für ein Abschiedsgebet bieten die Thomasakten 142–149 in dem Abschiedsgebet des Judas[12]; nur handelt es sich auch hier um ein spätes, am Anfang des 3. Jh. n. Chr. entstandenes Dokument.

Es empfiehlt sich, da man den Ort des Johannesevangeliums im Judenchristentum des ausgehenden 1. Jh. anzusetzen hat, etwaige Parallelen nicht in gnostischer und späterer christlicher, sondern in jüdischer Literatur zwischen 150 v. Chr. und 100 n. Chr. zu suchen, und man sucht dort mit gewissem Erfolg.

– Jub 22,7–9.27–30: Vor seinem Sterben betet Abraham für Jakob[13].
– Vita Adae 50: Eva bittet unmittelbar vor ihrem Tod darum, an der Seite Adams begraben zu werden. Die Bitte, im Tod mit Adam zusammen zu sein, wie sie während des Lebens mit ihm zusammen im Paradies war, erinnert an die Bitte um Einheit in Joh 17,21–23[14].
– Ein doppeltes, besonders instruktives Beispiel liefert Ps-Philo, AntBibl 19,8 f: Der abschiednehmende Mose tritt fürbittend für Israel ein. Dabei reflektiert er Gottes früheres Tun an Israel und richtet schließlich den Blick in die Zukunft seines Volkes. Ähnliches begegnet in AntBibl 21,2–6: Vor seinem Tod bittet Josua für das Volk, und auch dabei werden Vergangenheit und Zukunft in den Blick genommen[15]. Hier werden also ähnliche Themen wie in Joh 17 angeschlagen, wo der abschiednehmende Jesus das Vergangene, sein Werk ebenso wie das Zukünftige, die spätere Gemeinde und ihre Vollendung bedenkt.

Von einer inhaltlichen Abhängigkeit zwischen Joh 17 und den genannten jüdischen Abschiedsgebeten kann keine Rede sein, wie auch jene jüdischen Gebete nicht voneinander abhängig sind. Die Fürbitte des scheidenden Führers für die Menschen, die er bisher geleitet, geschützt und gelehrt hat, ist vielmehr die zugrundeliegende Idee, der die nicht allzu zahlreichen jüdischen Abschiedsgebete entsprangen. Von dieser Voraussetzung her erklärt sich die Form von

---

[9] Corpus Hermeticum I; in Übersetzung abgedruckt bei BARRETT-THORNTON, Texte 129–131; griechischer Text bei REITZENSTEIN-SCHAEDER, Studien zum antiken Synkretismus, Leipzig 1926 (Nachdruck Darmstadt 1965), S. 159 f; ebenfalls Übersetzung und ausführlicher Kommentar bei J. HOLZHAUSEN, Der »Mythos vom Menschen« im hellenistischen Ägypten (Theoph. 33), Bodenheim 1994, S. 7–79.

[10] BULTMANN 374.

[11] BULTMANN, Bedeutung 87 f.

[12] DRIJVERS, NTA II 357–360.

[13] K. BERGER, JSHRZ II 435 f.438 f.

[14] KAUTZSCH II 525.

[15] CHR. DIETZFELBINGER, JSHRZ II 152.157 f.

c. 17 als Abschiedsgebet, erklärt sich auch seine Plazierung unmittelbar vor dem Abschnitt, in dem der Abschied geschildert wird. Der jüdischen Gattung Abschiedsrede gehört auch Joh 17 zu. Wir haben im Vorhandensein von c. 17 also eines der vielen Zeugnisse für die Verwurzelung des Johannesevangeliums in jüdischer Tradition.

Dabei ist Joh 17 inhaltlich eine Größe eigener Art ohne Parallele im Judentum. Aber auch in der frühesten christlichen Literatur steht c. 17 einzig da.

3. Die zeitlichen Ebenen von c. 17

Nach dem Erzählverlauf des Johannesevangeliums hat c. 17 seinen zeitlichen Ort in der Nacht, die Paulus in 1Kor 11,23 die Nacht der Auslieferung nennt. Man steht also unmittelbar vor dem Beginn der eigentlichen Passion, die mit der Verhaftung in Gethsemane einsetzt (18,1–11). Der Autor hat dieses Gebet sehr bewußt hierher gesetzt (auch abgesehen von der Absicht, Mk 14,35f zu verdrängen; vgl. S. 256); nirgendwo sonst als an dieser Stelle – die nötigen Anweisungen und Aufschlüsse für die Zukunft sind in 13,31–16,33 gegeben worden – hat es seinen sinnvollen Platz[16]. Das geht aus mehreren Äußerungen innerhalb von c. 17 hervor.

- v. 1. ἐλήλυθεν ἡ ὥρα. ὥρα ist hier wie oft bei Johannes die Stunde der Passion (S. 280–282).
- v. 4. τὸ ἔργον τελειώσας. Jesus steht am Ende seines Weges, auf dem er das Werk Gottes zu tun hatte (4,34). Er steht also, da er c. 17 spricht, unmittelbar vor der Passion.
- v. 5. δόξασόν με (s. auch v. 1). Der Vater möge mit dem Tod Jesu die Verherrlichung des Sohnes vollenden. Verherrlichung aber kommt in der Passion zu ihrem Ziel (S. 288ff).
- v. 11. Κἀγὼ πρὸς σὲ ἔρχομαι. Der Schritt in die Doxa des Vaters steht unmittelbar bevor (dasselbe in v. 13a).
- v. 12b: Das Bedenken des Judasproblems gehört in die Stunde vor der eigentlichen Passion (Mk 14,18–21; Joh 13,18f.21–30).
- v. 19. ὑπὲρ αὐτῶν ἐγὼ ἁγιάζω ἐμαυτόν. Hier wird auf den unmittelbar bevorstehenden Tod Jesu angespielt, der als Akt der Selbstheiligung interpretiert wird (s. zu v. 19).
- Die zahlreichen Rückblicke in c. 17 (v. 6.8.12.14.22) evozieren die Vorstellung von der alsbald zu erwartenden Vollendung des Weges Jesu.
- Es ist schließlich auch die komprimierte Fürbitte Jesu für die Jünger (v. 9.11.15.17. 20–23.24), die in der Abschiedsstunde Jesu ihren sachgemäßen Platz hat und die den Leser in eben diese Stunde versetzt.

Aber so eindeutig die johanneische Komposition das Gebet von c. 17 formal der Abschiedsstunde Jesu zuordnet, so eindeutig sind die Signale, die anzei-

---

[16] Nichts spricht für BULTMANNs Neuplazierung von c. 17 an den Beginn der Abschiedsreden (BULTMANN 349–351). Das Gebet versteht sich jetzt als Abschluß der Abschiedsreden. Über einen früheren Ort von c. 17 ist damit noch nichts gesagt.

gen, daß es sich dabei um literarische Gestaltung handelt und daß der Abschnitt in Übereinstimmung mit 13,31–16,33 geschichtlich und vom theologischen Inhalt her der nachösterlichen Epoche zugehört und aus ihr zu verstehen ist. Wir machen uns das an einigen bezeichnenden Stellen klar.

- v. 2. Hat der Jesus, den wir aus den Gleichnissen, den Streitgesprächen, den Heilungsgeschichten kennen, so gesprochen? Die unumschränkte Mächtigkeit Christi wird in Mt 28,18 als Signum des *Auferstandenen* proklamiert. Dann spricht in Joh 17 ebenfalls der Auferstandene. Der mögliche, sich auf Lk 10,22 berufende Einwand, daß v. 2 als proleptische Aussage gedacht ist, verfängt nicht angesichts des Gesamtcharakters von c. 17.
- v. 3 enthält ein christliches Bekenntnis, wie es erst nach Ostern möglich ist. Die Annahme, daß Jesus in der Stunde des Abschieds ein Bekenntnis formuliert hat, das in die nachösterliche Zeit gehört, ist zu gekünstelt, als daß sie Wahrscheinlichkeit für sich beanspruchen dürfte.
- v. 4. Laut 19,30 ist das Werk Jesu erst mit der Kreuzigung und dem Tod Jesu vollendetes Werk. Also spricht hier Jesus als der, der bereits durch den Tod hindurchgegangen ist.
- v. 10. δεδόξασμαι ἐν αὐτοῖς: Das gilt, sofern die Angeredeten Glaubende und Verstehende sind. Das aber sind sie erst nach Ostern, können sie erst nach Ostern sein (S. 90f).
- v. 11. οὐκέτι εἰμὶ ἐν τῷ κόσμῳ. Der Satz setzt das Abwesendsein Jesu als geschichtliche Gegebenheit voraus. Also spricht er aus der nachösterlichen Erfahrung der Gemeinde heraus. Für v. 12a gilt dasselbe.
- v. 14. Der Haß der Welt trifft, nicht anders als in 15,18–16,4a, die nachösterliche Gemeinde.
- v. 15 rechnet mit Verhältnissen, die die Lage der Gemeinde in der Welt so unerträglich gemacht haben, daß die Gemeinde danach verlangt, aus der Welt herausgenommen zu werden. Das erinnert an spätere Verfolgung, wie sie sich in Offb 6,9f andeutet. Die Erfahrung der Verfolgung aber stammt aus nachösterlicher Zeit.
- v. 18 meint nicht etwa eine vorösterliche Jüngeraussendung wie Mk 6,7–13 (s. zu v. 18), sondern reflektiert das grundsätzliche Gesendetsein der Gemeinde in die Welt, wie es auch in Mt 28,19f bedacht wird. Die Bedingungen, unter denen dieses Gesendetsein erfolgt, werden in v. 14f skizziert. Es sind die Bedingungen der späteren Gemeinde.
- v. 19. Die hier vertretene Deutung des Todes Jesu ist, wie die Exegese zeigen wird, Ergebnis späterer Besinnung.
- v. 20–23. Wann und wo hat solches Bedenken der Einheit von Kirche seinen historischen Ort? Sicher nicht in der Geschichte des vorösterlichen Jesus; Jesus hat keine Kirche gegründet und auch die nachösterliche Gründung einer Kirche nicht ins Auge gefaßt[17]. Also hat v. 20–23 seinen Platz nicht in der Verkündigung des vorösterlichen Jesus, gehört also historisch gesehen nicht in die Stunde des Abschieds vom Jüngerkreis. Wie sehr dagegen die Frage nach der Einheit die nachösterliche Kirche umtrieb, geht aus vielen Überlegungen des Neuen Testaments hervor. Die Erfahrung bedrohter oder schon verlorener Einheit, der v. 20–23 entwachsen ist, gehört zu den schmerzlichsten Erlebnissen der späteren urchristlichen Gemeinde (s. S. 335f).

---

[17] Vgl. ROLOFF, Kirche 15–19.31–46.

– v. 24–26 blickt vom nachösterlichen Standpunkt aus in die Zukunft, wie sich aus der Exegese ergeben wird. Wie der vorösterliche Jesus über die von der Gottesherrschaft bestimmte Zukunft dachte, zeigen etwa die Wachstumsgleichnisse oder *vielleicht* Logien wie Lk 17,20f.24.26–29.34–37.

Was für die Abschiedsreden insgesamt gilt und was ihre sachgemäße Exegese erst ermöglicht, gilt auch für c. 17: Der Text will als nachösterliches Christuswort verstanden werden. Hier wird aus der Realität der nachösterlichen Gemeinde und in diese Realität hinein gesprochen, und die literarische Plazierung von c. 17 in das letzte Zusammensein Jesu mit seinen Jüngern ist überlegt eingesetztes Stilmittel: Als Gebet des Abschiednehmenden unmittelbar vor der Passion hat c. 17 sein besonderes Gewicht. Darüber ist später noch zu sprechen. Jetzt halten wir das aus der vorausgehenden Überlegung sich ergebende Urteil fest, in dem literarisch-historische Realität und theologischer Anspruch sich treffen: In c. 17 spricht die johanneische Gemeinde (oder ihr Vertreter), und sie spricht in dem Wissen und mit dem Anspruch, daß in ihrem Wort sich die Fürbitte Christi Ausdruck verschafft[18].

Hören wir c. 17 als Wort der Gemeinde, die Christus als den für sie Bittenden und Eintretenden in ihrer Mitte weiß, dann erschließt sich anfangsweise der Abschnitt.

(1) v. 1–5. Hier faßt die Gemeinde ihre Christologie zusammen: Jesus, seit seinem Kommen Träger der göttlichen Exousia über alle Menschen, hat Gott in der Welt verherrlicht, indem er das ihm aufgetragene Werk vollendete, d.h. ewiges Leben vermittelte. Sein Sterben ist der Akt, in dem er, der auch als der Irdische nie vom Vater getrennt war, in die Doxa des Vaters zurückkehrt und damit die Doxa des Uranfangs wieder empfängt. So erfährt er die endgültige Bestätigung seines Werkes.

(2) v. 6–8. Die Christus zugehörige Gemeinde, die sich als die Gruppe der Empfangenden und Verstehenden begreift, möchte das Empfangene, das Wort Christi bewahren und sich so der Echtheit und Unverbrüchlichkeit ihrer Christuszugehörigkeit vergewissern.

(3) v. 9–19. Diese Gemeinde bittet darum, in der Welt bestehen zu können, in der sie ohne die erkennbare Gegenwart Jesu leben muß (v. 9–13), und sie hofft, kraft der Fürbitte Jesu in der Welt bestehen zu können. Solche Bitte hat ihren Anlaß in der seitens der Welt erfahrenen Feindschaft (v. 14–16); sie hat ihren Grund in der Hingabe Jesu an die Gemeinde (v. 17–19).

(4) v. 20–23. Die Gemeinde bittet um Bewahrung ihrer gefährdeten Einheit. Sie weiß, daß Einheit der Kirche nicht in der Kirche selbst gründet. Sie gründet in der Gott und Jesus verbindenden Einheit und ist deren geschichtlicher Ausdruck.

---

[18] Zum nachösterlichen Standort von Joh 17 s. die Zusammenfassung bei HOEGEN-ROHLS, Johannes 247–249.

(5) v 24–26. Die Gemeinde blickt in ihre Zukunft, auch in die Zukunft der nach ihr kommenden Generationen (v. 20). Es ist die durch das Mit-Christus-Sein bestimmte Zukunft.

Wir haben also eine meditative Selbstdarstellung der Gemeinde vor uns – eine Parallele zu 15,1–17 –, die in der Form eines Gebetes Jesu für die Gemeinde in der Nacht vor der Passion einhergeht. Zwei Ebenen, die der nachösterlichen Gemeinde und die des vorösterlichen Jesus, verschmelzen miteinander. Das Prinzip der hermeneutischen Horizontverschmelzung, das sich im Johannesevangelium auf Schritt und Tritt findet und ohne dessen ständiges Bedenken dieses Evangelium nicht verstanden werden kann (S. 83 f.242), wie es verstanden werden will, tritt dem heutigen Leser in c. 17 in entschiedener Ausprägung entgegen.

Wie das Johannesevangelium häufig nachösterliche Gemeindeerfahrung in vorösterliche Jesusgeschichten und Jesusreden einfließen läßt, zeigt eindrücklich etwa c. 9: Diskussionen zwischen der johanneischen Gemeinde und der ihr zeitgleichen, pharisäisch geführten Synagoge werden als Streit zwischen Jesus und den Pharisäern seiner Zeit dargestellt. Freilich hat man hier und an anderen Stellen, etwa 4,4 ff; 5,1 f zusätzlich zu fragen, welche vorösterlichen Realitäten mit nachösterlichen Erfahrungen sich verschmolzen haben, da etwa bei den johanneischen Wundergeschichten mit alten Traditionen zu rechnen ist. Für c. 17 aber gilt das Urteil, daß vorösterliche Elemente in diesem Abschnitt nicht enthalten sind, ausgenommen die Erinnerung an den Abschied Jesu von seinen Jüngern. Horizontverschmelzung hat hier insofern stattgefunden, als die christologische und ekklesiologische Meditation der Gemeinde in die Stunde des Abschieds verlegt wurde. Von da aus wird Bultmanns Urteil verständlich und verpflichtend: »Wer spricht das Gebet? Nicht der ›historische Jesus‹, sondern historisch gesprochen: die Gemeinde. Aber in der Gemeinde spricht er ja selbst als der δοξασθείς«[19].

4. Zur Struktur von c. 17

Das Thema führt in eine kaum auflösbare Problematik. Bei dem Versuch, c. 17 in sinnvolle Abschnitte zu gliedern, einigermaßen geschlossene Zusammenhänge und nachvollziehbare Gedankenfortschritte aufzuweisen, stößt man auf Schwierigkeiten, wie sie im sonstigen Evangelium nicht begegnen. Hier scheint sich in der Tat die Wellhausen'sche Rede vom monotonen Glockengeläut und der beliebigen Folge immer gleicher Akkorde (S. 254) zu bestätigen. Gleichwohl wird man nicht aufhören, sich um den Gedankengang von c. 17 zu bemühen und, sollte ein einleuchtendes Gliederungsprinzip unauffindbar bleiben, wenigstens nach Schwerpunkten zu suchen, um die diese Meditation kreist. Wir werfen einen Blick auf die bisher unternommenen Versuche.

---

[19] BULTMANN 401.

a) Gliederungssignale

Von Hubert Ritt wurden die verschiedenen Gliederungssignale – oder was man dafür hält – mit gebotener Sorgfalt untersucht[20] .

- Man wollte in der Vater-Anrede (πάτερ v. 1.5.21.24; πάτερ ἅγιε v. 11; πάτερ δίκαιε v. 25) ein solches Signal sehen; die Vateranreden sollten jeweils den Beginn eines Absatzes oder einer je eigenen Überlegungen markieren. Aber schon das nahe Nebeneinander der zwei Vateranreden in v. 24 und v. 25 sperrt sich gegen diese Vermutung.
- Man hat die Formel οὐκ ἐρωτῶ. …. ἀλλὰ … (v. 9.15.20) auf eine etwaige Gliederungsfunktion hin untersucht. Die Formel diskutiert jeweils zwei Möglichkeiten, um eine von ihnen auszuschließen. Aber man sieht nicht, wie dadurch das Ganze von c. 17 gegliedert werden sollte.
- Unter gleichem Gesichtspunkt hat man die Konjunktion καθώς (v. 2.14.16.18.23; dazu das die Einheit des Vaters und des Sohnes beschreibende καθώς in v. 11.21.22) und die von ihr anvisierten Verhältnisbestimmungen untersucht. Aber die Unterschiedlichkeit, in der c. 17 mit καθώς umgeht, stellt sich einer positiven Antwort in den Weg.
- Ist das dreimalige νῦν (v. 5.7.13) als Gliederungssignal tauglich? Dann wäre der Abschnitt v. 13–26 als *ein* Zusammenhang anzusehen, und dem widerspricht die Vielfalt dieses Abschnittes.

Die Befragungsergebnisse sind in allen Fällen negativ. Keines der genannten, an sich durchaus beachtenswerten Elemente fungiert als *strukturgestaltendes* Element im Aufbau von c. 17. Anders dürfte es mit einem anderen Gliederungssignal stehen, nämlich mit den vier Imperativen in v. 1 und 5 (δόξασον), in v. 11 (τήρησον), in v. 17 (ἁγίασον) und der einem Imperativ gleichzuachtenden Wendung θέλω ἵνα in v. 24[21]. Aber um aus diesen Imperativen gewisse Folgerungen ziehen zu können, bedarf es noch weiterer vorausgehender Erwägungen.

b) Gliederungsvorschläge

Auch unabhängig von den sog. Gliederungssignalen hat man versucht, einen aufweisbaren, c. 17 strukturierenden Gedankengang zu finden. Becker hat eine Zusammenfassung der diesbezüglichen Vorschläge erstellt, mit der die Unsicherheit der Exegeten belegt wird.[22]

- Man versucht es mit einer Dreiteilung: v. 1–5 (oder v. 1–8); v. 6–19 (oder v. 9–19); v. 20–26. Sie stützt sich auf die einleuchtende Beobachtung, daß Jesus zunächst für sich selbst bittet (v. 1–5), dann für die gegenwärtigen Jünger (v. 6–19), schließlich für alle Glaubenden in Gegenwart und Zukunft (v. 20–26). Die Mehrzahl der Exegeten hält sich an diese Einteilung.

---

[20] Ritt, Gebet 236–261.
[21] Becker, Aufbau 64
[22] Becker, Aufbau 56–60.

– Andere ziehen eine Einteilung in vier Abschnitte vor: v. 1–5; v. 6–19; v. 20–23; v. 24–26. Damit erkennt man dem eschatologischen Moment in v. 24–26 ein so hohes Gewicht zu, daß man die betreffenden Sätze einen eigenen Hauptteil bilden läßt. Eine weitere Differenz zwischen v. 20–23 und v. 24–26 wirkt dabei mit: Während v. 20–23 unter dem Einfluß von v. 20 an die *späteren* Generationen denken läßt, kehrt in v. 24 die Wendung »die du mir gegeben hast« wieder, die in v. 2.6.9 und dann wohl auch in v. 24 der *gegenwärtigen* Jüngergemeinde gilt.

– Bultmann vertritt eine Zweiteilung des Gebets: v. 1–5 und v. 6–26[23]. Damit gesteht er ihm zwei Schwerpunkte von freilich sehr verschiedenem Umfang zu: Die Verherrlichung Jesu (v. 1–5) und die Bewahrung der Gemeinde (v. 6–26). Der zweite Teil ist dann so umfangreich, daß Bultmann ihn unterteilen muß: Begründung der Gemeinde (v. 6–8); Bitte um Bewahrung und Heiligung der Gemeinde (v. 9–19); Bitte um Einheit der Gemeinde (v. 20–23); Bitte um Vollendung der Glaubenden (v. 24–26)[24]. Man fragt, weshalb nicht innerhalb von v. 9–19 noch einmal differenziert wird, wie Bultmanns Überschrift (»Bitte um Bewahrung und Heiligung der Gemeinde«) es eigentlich nahelegt.

– Dieses Anliegen wird bei einer Sechsteilung aufgenommen: v. 1–5; v. 6–8; v. 9–16; v. 17–19; v. 20–23; v. 24–26. Dabei versteht man v. 6–8 als Überleitung zu den Bitten für die Gemeinde, bezogen auf ihre Bewahrung (v. 9–16) und ihre Heiligung (v. 17–19), während v. 20–23 die künftige Gemeinde in den Blick nimmt und v. 24–26 der gesamten Gemeinde die eschatologische Schau der Herrlichkeit Jesu verheißt.

Dem ersten Eindruck eines ziemlichen Wirrwarrs stehen gewisse unübersehbare Konstanten bei den verschiedenen Versuchen entgegen. Man ist sich fast durchweg in der Eigenständigkeit von v. 1–5 einig, auch darin, daß v. 6–8 keine eigentliche Bitte enthält, daß v. 9–19 zwei Schwerpunkte in sich trägt, die zur Teilung des Abschnitts veranlassen können. Auch wird zwischen v. 19 und v. 20 von allen Exegeten eine Trennung anerkannt, und ebenso wird die Differenz gesehen, die zwischen v. 20–23 und v. 24–26 besteht. Uneinig ist man sich aber in der Gewichtung der unterscheidenden Elemente, und daraus erwächst die Verschiedenheit der Gliederungsvorschläge.

Besondere Aufmerksamkeit verdient Browns Dreiteilungsvorschlag und seine Erläuterung[25]. Jesus bittet um seine Verherrlichung (v. 1–8), für die Jünger, die ihm der Vater gegeben hat (v. 9–19), für die Jünger, die ihm der Vater geben wird (v. 20–26). Brown zieht also v. 6–8 zu der Bitte, die Jesus für sich selbst ausspricht; er versteht v. 6–8 als Begründung von v. 1–5: Jesus kann darum um seine Verherrlichung bitten, weil er den

---

[23] Bultmann 373.
[24] Bultmann 380.382.392.397.
[25] Brown 749–751.

Jüngern den »Namen« vermittelt hat. Andererseits bereitet v. 6–8 mit seinem Blick auf die Jünger die nächste Einheit vor, in der Jesus für die Jünger bittet, was er in v. 6–8 nicht tut. Und wie v. 6–8 die nächste Einheit vorbereitet, so lenkt v. 18 mit dem Stichwort Sendung zu den in v. 20ff bedachten späteren Generationen der Glaubenden hin. – Es fällt auf, daß Brown, darin einig mit der Mehrzahl der skizzierten Vorschläge, den Imperativen von v. 1.5.11.17.24 keine strukturierende Funktion zuerkennt.

c) Gattungen von c. 17

Einen neuen Weg in unserer Frage ist Jürgen Becker gegangen, als er die Frage nach bestimmten Redegattungen innerhalb von c. 17 stellte[26]. Er hat folgende Gattungen ausfindig gemacht.

(1) *Rechenschaftsbericht* des Offenbarers (v. 4.6–8.14.22f). Er besteht aus jeweils einem Hauptsatz mit vier Elementen: – Ich – Verbum im Präteritum – Objekt der Offenbarung im Akkusativ – Empfänger der Offenbarung im Dativ. Dazu treten weitere Sätze, die das Offenbarungsgeschehen nach verschiedenen Richtungen hin entfalten.

(2) *Einleitung zur Bitte* (v. 9–11a.15f). Sie soll mögliche Mißverständnisse der auf sie folgenden Bitte ausschließen. So grenzt v. 9f den Personenkreis ein, dem die Fürbitte gilt. v. 15f baut einem falschen Verständnis der Bitte von v. 17 vor.

Becker übergeht v. 20, obwohl die Wendung οὐκ ἐρωτῶ..... ἀλλὰ .... wie in v. 9 und 15, so auch in v. 20 ihren Platz hat. Das dürfte seinen Grund darin haben, daß Becker v. 20f als spätere Einfügung ansieht.

(3) *Bitte* (v. 1b.5.11b.17.24). Sie wird mit der nur in v. 17 fehlenden Vateranrede eingeleitet. In den Bitten haben die oben erwähnten Imperative ihre Funktion, die einzigen Imperative innerhalb von c. 17.

(4) *Nachgestellte Begründung zur Bitte* (v. 2.12.f.18f.25f), »das uneinheitlichste und wandelbarste Gattungselement im Gebet«[27]. Sie folgt der Bitte und schließt jeweils mit einem ἵνα-Satz ab.

In diesen Gattungen sieht Becker die Strukturelemente von c. 17 und erstellt mit ihrer Hilfe die Gliederung des Abschnitts[28].

A. Grundbitte, die eine Bitte und ihre Begründung enthält (v. 1b–2). Stichwörter: Herrlichkeit, Vollmacht, ewiges Leben.
B. Entfaltung der Grundbitte in vier Einzelbitten (v. 4–26)
    I. Der Sohn bittet um seine Verherrlichung (v. 4f). Stichwörter: Werk, Herrlichkeit.
       1. Rechenschaftsbericht v. 4
       2. Bitte v. 5

---

[26] BECKER, Aufbau 61–65.
[27] BECKER, Aufbau 64.
[28] BECKER 617f. Sätze, die Becker für sekundär hält, berücksichtigt er nicht. Dazu s. die Exegese.

II. Die Offenbarung des Namens Gottes und die Bewahrung der Gemeinde in der Einheit (v. 6–13). Stichwörter: Name, Freude.
　　1. Rechenschaftsbericht v. 6–8
　　2a. Einleitung zur Bitte v. 9–11a
　　2b. Bitte v. 11b
　　2c. Begründung zur Bitte v. 12a.13
III. Die Offenbarung des Wortes Gottes und die Heiligung der Gemeinde in der Wahrheit (v. 14–19). Stichwörter: Wort, Wahrheit.
　　1. Rechenschaftsbericht v. 14
　　2a. Einleitung zur Bitte v. 15
　　2b. Bitte v. 17
　　2c. Begründung zur Bitte v. 18f
IV. Das Schauen der himmlischen Herrlichkeit Jesu (v. 22–26). Stichwörter: Herrlichkeit, Name, Liebe.
　　1. Rechenschaftsbericht v. 22f
　　2a. –
　　2b. Bitte v. 24
　　2c. Begründung zur Bitte v. 25f

Es handelt sich um eine eindrucksvoll begründete Gliederung. Bei näherem Hinsehen freilich erwacht Kritik.

– ἐγώ mit einem Verb im Präteritum, bei Becker Kriterium für die Gattung Rechenschaftsbericht, begegnet mehrfach auch außerhalb der Sätze, die Becker den Rechenschaftsberichten zuordnet: v. 12.18.19.25. Vermutlich würde Becker seine Position verteidigen: Keines der hier vorkommenden Verben sei ein Verb des Offenbarens[29]; ferner fehle das Akkusativobjekt (was wird geoffenbart?) und das Dativobjekt (wem wird etwas geoffenbart?). Diese Verteidigung hat ein gewisses Recht. Aber v. 12a eignet so sehr der Charakter des Rechenschaftsberichtes, daß die Becker'sche Zuordnung nicht einleuchten kann.
– Ähnliche Bedenken sind zu v. 26a vorzutragen. Der Satz enthält, von dem fehlenden ἐγώ abgesehen, alle Elemente des Rechenschaftsberichtes. Becker indes gibt ihm seinen Platz unter der Gattung nachgestellte Begründung zur Bitte[30]. Aber welche inhaltliche Verbindung zeigt v. 26a zur Gattung nachgestellte Begründung, eine Verbindung, die man etwa bei v. 13b finden kann? Dasselbe gilt von v. 8a; er enthält ebenfalls das Element der Rechenschaft, steht aber nicht an dem der Rechenschaft von Becker zugewiesenen Platz. Darum wird v. 8 insgesamt zur Dublette von v. 6f erklärt[31].
– Die Sätze, die Becker der Gattung Rechenschaftsbericht zurechnet, enthalten Motive, die mit Rechenschaft nichts zu tun haben: v. 6b.7; v. 14f; v. 23, ganz abgesehen von v. 20f, der freilich laut Becker (und anderen) sekundär ist[32].

---

[29] BECKER, Aufbau 62.
[30] BECKER, Aufbau 64.
[31] BECKER, Aufbau 61 Anm. 36; S. 75.
[32] BECKER, Aufbau 74f.

– Die instabilste der von Becker erarbeiteten Gattungen ist die nachgestellte Begründung zur Bitte[33]. Am ehesten wird man v. 2.12a dieser Gattung zuordnen, sehr bedingt noch v. 18f, am wenigstens v. 25f. Das jeweilige ἵνα als Gattungsmerkmal (v. 2.13.19.26) ist fragwürdig angesichts der vierzehn weiteren ἵνα in c. 17 (v. 1b.3.4.11b.12b.15.15 [zweimal].21 [dreimal].22.23.24 [zweimal]).

– Instabil ist auch die Gattung Einleitung zur Bitte[34]. Becker findet sie nur an zwei Stellen. v. 9–11a ist, selbst wenn man, wie Becker vorschlägt, v. 10a ausscheidet, überladen. Auch hat der Satz »Ich bin in ihnen verherrlicht worden« mit der Einleitung zur Bitte nichts zu tun. Ferner ist v. 11a eher eine allerdings vorangestellte Begründung der Bitte als eine Einleitung zu ihr. v. 16, ebenfalls nicht zur Gattung Einleitung passend, wird von Becker, wohl zurecht, als Dublette zu v. 14b beurteilt[35].

– Die einzige durchgehend und korrekt plazierte Gattung ist die Bitte. – Nun wird von Becker den behaupteten Gattungen strukturierende Funktion für das Ganze zugeschrieben: Sie seien die Hauptelemente der einzelnen Teile. Aber die Gliederung zeigt, daß jene Gattungen nicht jeden der vier Teile gestalten. Wenn sie wirklich die ihnen von Becker zugeschriebene Funktion hätten, dann wäre zu erwarten, daß jeder Teil von c. 17 sie in vollständiger Anordnung bietet. Das ist nicht der Fall. Dann kann man ihnen auch nicht jene strukturierende Funktion zuschreiben.

Untergaßmair nennt die Becker'schen Gattungsbestimmungen in v. 6–13 »gewaltsam«. »Die Textvorlage zeigt eine Überschneidung der einzelnen von Becker genannten ›Gattungselemente‹«[36].

Ist die auch durch Becker nicht aufgehobene Uneinigkeit der Exegeten in der Frage Gliederung von c. 17 ein Indiz dafür, daß man sich bei der Suche nach dem Aufbau von c. 17 gemäß den üblichen Gliederungsgesetzen auf dem Holzweg befindet? Ist etwa c. 17 in einer Weise gestaltet, die sich den sonstigen Vorstellungen von Gliederung verweigert?

5. Schwerpunkte

Man findet im Johannesevangelium überaus exakt durchkomponierte Abschnitte. Die erste Abschiedsrede ist ein fast vollendetes Beispiel dafür (s. S. 70f). 15,1–16,15 steht dem nur wenig nach, und ebenso zeugt 16,16–33 von der Bemühung um einen sorgfältigen und durchsichtigen Aufbau (S. 247f). Vergleichbare Durchsichtigkeit findet man in c. 17 nicht. Aber auch von einem

---

[33] BECKER, Aufbau 64f.
[34] BECKER, Aufbau 63.
[35] BECKER, Aufbau 74.
[36] UNTERGASSMAIR, Name 81.

ungeordneten Durcheinander kann man, wie die seltsamen Konstanten im Wirrwarr der Gliederungsversuche beweisen (S. 263), nicht sprechen. Folgt der Abschnitt einem anderen Gesetz als die sonstigen Christusreden des Johannesevangeliums und kann man dieses Gesetz erkennen?

Die Isisaretalogie von Kyme[37] weist ebenfalls eine anscheinend undurchdachte Vermischung von Themen auf. Feierlich stellt sich die Göttin in ihrem Wesen und Tun vor, und in der Aufzählung ihrer Taten dokumentiert sie ihre Größe; man kann dabei an die Elemente der Rechenschaft in Joh 17 denken. Es wechseln sich doxologische, kosmologische, naturhafte, kulturelle, geschichtliche Motive in buntem Wechsel ab. Nun wird man das Problem des Aufbaus von c. 17 nicht durch einen Vergleich mit der Isisaretalogie lösen wollen. Aber dieses Dokument führt zu der Frage, ob nicht manche religiöse Texten einem nur ihnen eigenen Formgesetz folgen.

Fragen wir, welches Ordnungsprinzip c. 17 innewohnt, erinnern wir uns an die über das Kapitel ziemlich gleichmäßig verteilten Imperative (S. 262), denen, wie gleich zu zeigen ist, bestimmte Stichworte zuzuordnen sind. Kann man hier einsetzen und jene Imperative als Leitmotive erproben (wobei der Imperativ von v. 1b mit dem von v. 5 zusammenzuziehen ist; beide sind identisch)? Wir versuchen also, die Imperative von c. 17 als Schwerpunkte zu verstehen, um die die Besinnung kreist. Dann ergeben sich bestimmte Kreise mit bestimmten Inhalten, wobei zum Wesen dieser Kreise gehört, daß sie sich nicht voneinander abschließen. Sie sind vielmehr so füreinander geöffnet, daß gleiche Themen verschiedenen Schwerpunkten zugeordnet sein können, ohne daß die Schwerpunkte ihre gliedernde Funktion verlieren.

So steht etwa das Stichwort ὄνομα im Zusammenhang mit dem Imperativ τήρησον in v. 11 und taucht dann in v. 26 wieder auf. Das Thema λόγος beherrscht den Kreis um den Imperativ ἁγίασον in v. 17; aber der Begriff λόγος begegnet schon in v. 6, das gleichbedeutende Wort ῥῆμα in v. 8. Der Gegensatz zum Kosmos wird in v. 9 ebenso thematisiert wie in v. 15. Das Thema Einheit klingt bereits in v. 11 an, bevor es in v. 21–23 ausgeführt wird.

Die um bestimmte Schwerpunkte gelagerten Kreise überschneiden sich also inhaltlich zu einem Teil. Daraus ergeben sich notwendig und gewollt gewisse Wiederholungen, Vorwegnahmen, Nachklänge, ohne daß die Schwerpunkte und Kreise ihre relative Selbständigkeit aufgeben. Man kann dann mit gebotener Vorsicht das folgende Modell für einen Zusammenhang von c. 17 erstellen. *Erster Kreis v. 1–5.* Er lagert sich um den Imperativ δόξασον (v. 1b.5). Als theologisches Stichwort beherrscht δόξα den Abschnitt. Sein Thema ist die Verherrlichung des Vaters und des Sohnes (v. 2), die erfolgt, nachdem der Sohn das ihm aufgetragene Werk vollendet hat. v. 3 fügt sich, unbeschadet des ihm innewohnenden Gewichtes, diesem Zusammenhang nur schwer ein. Von daher stellt sich die Frage nach der ursprünglichen Zugehörigkeit von v. 3 zum Kontext.

---

[37] Vgl. Leipoldt-Grundmann, Umwelt II 96–98.

Zweiter Kreis v. 6–13. Er wird durch den Imperativ τήρησον bestimmt. Das theologische Stichwort ist sicher nicht λόγος (v. 6), sondern ὄνομα (v. 6.11 f). Gottes Name ist durch Jesus den Jüngern geoffenbart worden, und dadurch wurden sie befähigt, den Logos zu bewahren und Jesus zu begreifen (v. 6 f). Was aber geschieht, wenn der Offenbarer des Namens diejenigen verläßt, denen er den Namen offenbart hat und sie also nicht mehr bewahren kann? Damit sind die zwei diesen Kreis prägenden Probleme benannt, wobei das zweite die Abschiedssituation ausdrücklich aufgreift und damit den Gedankengang vorantreibt. Die Bemerkung über Judas in v. 12b läßt sich der sie umgebenden Meditation nur mit Mühe einfügen. Ist sie ursprünglich?

Dritter Kreis v. 14–19. Hier steht der Imperativ ἁγίασον (v. 17) im Zentrum. Hinsichtlich des theologischen Stichworts kann man im Zweifel sein: lautet es λόγος (v. 14.17) oder ἀλήθεια (v. 17.19)? Zwar löst sich die Alternative in v. 17 auf, wo ausdrücklich die Identität beider Größen erklärt wird. Gleichwohl dürfte λόγος im Vordergrund stehen, da der Begriff noch in v. 6.20 begegnet und so sein Gewicht für das Gesamte anmeldet, während ἀλήθεια nicht mehr erwähnt wird. Der Logos ist, wie der Name in v. 6, den Jüngern durch Jesus gegeben worden. Da er ihr Nicht-aus-der-Welt-Sein begründet, mußte für sie aus dem Empfang des Logos der Gegensatz zur Welt und der Haß der Welt folgen. Standhalten können sie dem, indem sie durch die Wahrheit des Logos geheiligt werden und geheiligt bleiben, und so allein können sie die Sendung Jesu in die Welt weiterführen (v. 18). Wie im zweiten Kreis beobachtet man auch im dritten einen deutlichen Fortgang der Gedanken. – v. 16 wiederholt v. 14b. Handelt es sich um eine Dublette?

Vierter Kreis v. 20–26. Er lagert sich um die einem Imperativ gleichzusetzende Wendung θέλω ἵνα (v. 24). Das theologische Stichwort ist wieder δόξα (v. 22.24.), in v. 22 in anderer Perspektive gebraucht als in v. 1–5. Die Doxa, die dort ein Geschehen zwischen Gott und Jesus beschrieb, geht in v. 22 von Jesus zu den Jüngern über und bewirkt ihre Einheit, die gleichzeitig eine Einheit mit Jesus und Gott ist. v. 24 dagegen spricht wieder von der Doxa als dem Geschehen zwischen Gott und Jesus. v. 20 f nimmt die Andeutung von v. 11 Ende über die Einheit unter den Jüngern erweiternd auf, und v. 22 f führt die Rede von der Einheit in eigener Weise fort. Zur Besonderheit des Abschnitts gehört der Blick einerseits in die geschichtliche Zukunft der Gemeinde (v. 20), andererseits (v. 24.26) in die Zukunft, in der Vollendung erreicht ist. In ihr gehört der Liebe das letzte Wort. – Die Frage nach der ursprünglichen Einheitlichkeit des Abschnitts stellt sich nicht nur im Blick auf den unterschiedlichen Gebrauch von Doxa. Auch die unvermutet einsetzende Rede von den künftig Glaubenden, die in v. 24ff keine Fortsetzung findet, läßt an der jetzt sich darstellenden Einheitlichkeit von v. 20–26 zweifeln.

Sichtlich sind der erste und vierte Kreis inhaltlich eng aufeinander bezogen. Entsprechendes gilt vom zweiten und dritten Kreis: Was über den bewahrenden Namen und das heiligende Wort gesagt wird, durchdringt und ergänzt einander so sehr, daß gewisse Parallelitäten entstehen (S. 308).

II. Der Text

Entsprechend den aufgezeigten vier Schwerpunkten werden wir die Exegese in vier Abschnitte aufteilen. Einem einführenden Abschnitt folgt wie in c. 13–16 die eigentliche Texterklärung. Ihr schließt sich die Besprechung der im Text enthaltenen Themen an. In einem jeweils letzten Schritt versuchen wir, anhand der Themen Züge der Gemeinde nachzuzeichnen, in der c. 17 ursprünglich lebendig war.

1. Der Sohn bittet den Vater um Verherrlichung 17,1–5

a) Einführung

Zu v. 1. ἐπαίρειν τοὺς ὀφθαλμούς erinnert an Ps 123,1; Hi 22,26. Es wird aber im Judentum diskutiert, ob beim Gebet das Angesicht nicht eher auf den Tempel und damit nach Jerusalem gerichtet sein solle als zum Himmel. Ein späterer Vorschlag lautet, daß das Auge nach unten, zur Erde, das Herz nach oben zu Gott gerichtet sei. In der Jesustradition begegnet einige Male das Aufheben der Augen beim Gebet (Mk 6,41; 7,34; Joh 11,41), eine Gebetshaltung, die nicht auf Jesus beschränkt werden darf, wie Lk 18,13 beweist (vgl. Apg 7,55)[38].

Zu v. 2. καθώς ist hier wie etwa in 15,9f (s.d.) nicht nur Vergleichspartikel, sondern trägt kausative Qualität in sich, so daß es mit »weil« wiedergegeben werden kann. – In πᾶσα σάρξ (alle Lebewesen, hier alle Menschen) liegt ein Semitismus vor; man findet ihn bei Johannes nur hier. Dabei steht σάρξ, anders als in 3,6, nicht im Gegensatz zu πνεῦμα (dieses Wort fehlt in c. 17)[39]. – Das im neutr. sing. stehende πᾶν wird mit αὐτοῖς (masc. pl.) fortgeführt, wie es ähnlich auch in 6,37 (anders dagegen 6,39) geschieht; eine paulinische Entsprechung findet sich in 2Kor 5,19: κόσμος – αὐτοῖς. Ein Neutrum kann sich auf Personen beziehen, »wenn es nicht auf die Individuen, sondern auf eine generelle Eigenschaft ankommt«[40]. Hier steht πᾶν im Nominativ, nicht im Akkusativ des ὅ im folgenden Relativsatz; man spricht in solchem Fall von einem vorangestellten, konstruktionslosen Casus (casus pendens), der durch den gewöhnlich folgenden Relativsatz näher bestimmt wird[41]. Die Volkssprache liebt derartige schwebende Konstruktionen.

Besondere Aufmerksamkeit verdient der Begriff ἐξουσία. Man kennt das Wort als ein Jesus zugehöriges Attribut etwa aus Mk 1,27; Mt 7,29 (auf die Rede

---

[38] BILL II 246f; J. JEREMIAS, ThWNT I 184f.185f; BULTMANN 311 Anm. 7.
[39] F. BAUMGÄRTEL, ThWNT VII 106,1–8.
[40] BDR 138,1 und Anm. 1; 283,3 und Anm. 4.
[41] BDR 466,2.3 und Anm. 4.

Jesu bezogen); Mk 2,10 (Vergebungsvollmacht); 3,15; 6,7 (Fähigkeit zum Exorzisieren); 11,28 (Recht zur Tempelkritik)[42]. Im Johannesevangelium hat das Wort, auf Jesus bezogen (5,27; 10,18; 17,2), einen eigenen Inhalt. In 17,2 meint es die »Verfügungsgewalt über Gottes ureigenste Rechte«. Jesus als der von Gott Gesendete wird als solcher »an Gottes ureigenstem Besitz beteiligt«[43] (S. 195), was hier präzisiert wird: Er gibt ewiges Leben. Dem entspricht 5,27, wo es heißt, daß ihm vom Vater das Gericht übertragen wurde, das sonst ausschließlich Gott zusteht. Und nicht das göttliche δεῖ, das Johannes sehr gut kennt (3,14; 9,4; 10,16; 12,34; 20,9), bestimmt sein Schicksal (vgl. Mk 8,31), sondern in eigener ἐξουσία, die freilich eins ist mit der des Vaters, gibt er sein Leben hin und empfängt es wieder (10,17f). In der Konsequenz dieses Ansatzes sind dann Gottes Worte und Werke auch Jesu Worte und Werke (8,28b; 14,10f), ohne daß der Begriff ἐξουσία erwähnt werden muß. Die ausführliche Begründung für solche Teilhabe Jesu an Gottes Vollmacht und Recht gibt 5,20–27. – Man spürt etwas von dem weiten Weg, den das Verständnis von Jesu Exousia von den alten mk Notizen bis zum Gebrauch des Wortes in der johanneischen Christologie zurückgelegt hat. Als Zwischenstation, die die Verknüpfung des Unterschiedlichen bezeugt, ist Mt 28,18 anzusehen. Dort freilich wird die göttliche Exousia Jesus erst nach der Auferstehung zuteil. Demgegenüber ist die johanneische Christologie dadurch charakterisiert, daß Gottes Vollmacht schon vom vorösterlichen Jesus in Anspruch genommen wird.

Zu v. 3. Es liegt ein Definitionssatz vor, wie er im johanneischen Schrifttum nicht selten begegnet (1,19; 3,19; 15,12; neunmal im ersten Johannesbrief). Seine Eigenart hat vielfach die Vermutung erweckt, daß er als sekundäre Erläuterung zu v. 2 anzusehen ist[44]. Wir bedenken die Gründe, die dafür sprechen, den Satz einem Späteren zuzuschreiben.

– v. 3 fällt, indem er lehrhaft das Wesen von ewigem Leben erklärt, aus dem Gebet und seinem Anredecharakter heraus.
– Von »Jesus Christus« wird im Johannesevangelium nur noch in 1,17 gesprochen, dort sachgemäß im Bekenntnis der Gemeinde (nicht hierher gehört 20,31). In v. 3 dagegen ist die Wendung, eingefügt in das Gebet, analogielose Selbsttitulatur Jesu.
– Die Reihenfolge αἰώνιος ζωή begegnet nur hier; sonst heißt es immer ζωὴ αἰώνιος. Ebenso ist die Wendung μόνος ἀληθινὸς θεός auf v. 3 beschränkt.
– Will v. 3 den Inhalt von v. 24.26 vorwegnehmen und in einer eigenen Formel zusammenfassen?

Diese Überlegungen, nimmt man sie zusammen, sprechen für den sekundären Charakter von v. 3. Damit wird sein Gewicht nicht herabgesetzt (s.u.). Aber

---

[42] I. BROER, EWNT II 25 f.
[43] BÜHNER, Der Gesandte 194 f.
[44] Vgl. SCHNACKENBURG III 195 f; BECKER, Aufbau 73; ONUKI, Gemeinde 169. BROWN 741 spricht von einer Einfügung, die »a confessional or liturgical formula of the Johannine church« reflektiere. Den parenthetischen Charakter des Satzes erkennt auch BARRETT 487 an, meint aber, daß die Parenthese vom Autor selbst stamme.

wenn v. 3 als sekundäre Einfügung anzusprechen ist, muß man noch an anderen Stellen in c. 17 auf nachträgliche Bemerkungen gefaßt sein.

Zu v. 4. Bultmann hält die Worte ἵνα ποιήσω für entbehrlich und wertet sie als Erweiterung des ursprünglichen Wortlauts durch den bearbeitenden Evangelisten[45]. Nun hat sich Bultmanns Theorie – der Evangelist hat in c. 17 wie auch sonst eine ihm vorgegebene Schrift bearbeitet – nicht bewährt. Die Wendung ἵνα ποιήσω im Blick auf das Jesus aufgetragene Werk findet sich noch in 4,34, ähnlich in 5,36. Sie ist sicher original (vgl. auch den Umgang mit ποιέω in Gen 2,2 f LXX). – γῆ für κόσμος nur hier; 3,31 kommt aber diesem Sprachgebrauch nahe. – Die Verwendung des Stamm τελ- konzentriert sich in der johanneischen Passionsgeschichte: τέλος 13,1; τελέω 19,28.30; τελειόω 4,34; 5,36 (Blick auf die Passion); 17,4; 19,28.

Zu v. 5. πρὸ τοῦ τὸν κόσμον εἶναι: Die Konstruktion πρὸ τοῦ mit Inf. Präsens kommt nur hier im Neuen Testament vor; sonst steht immer Inf. Aorist; vgl. 1,48; 13,19; freilich gibt es von εἶναι keinen Aorist[46]. – παρὰ σοί wird von manchen mit τὸν κόσμον verbunden: bevor die Welt bei dir existierte; der üblichen Übersetzung (die ich bei dir hatte, bevor die Welt war) gebührt der Vorzug, da auch das παρὰ σεαυτῷ sich auf das Sein Jesu bei Gott bezieht.

b) Exegese

v. 1. ταῦτα ἐλάλησεν … εἶπεν fungiert als verbindende Übergangsbemerkung (ähnlich 8,30; 14,25; 16,25; nicht 12,36). Sie verknüpft den Komplex 13,31–16,33 mit c. 17. Ursprünglich folgte auf die erste Abschiedsrede sofort die Passionsgeschichte 18,1 ff (S. 69.252). Man fragt, ob c. 17 zusammen mit c. 15 f eingeschoben worden ist oder ob c. 17 als Zufügung eigener Art zu beurteilen ist. Da sich uns später die literarische Eigenständigkeit von c. 17 erweisen wird, ist die zweite Möglichkeit die wahrscheinlichere.

v. 1b gibt zusammen mit v. 2 den Inhalt des gesamten Gebets an. Darum trennt Becker v. 1b.2 als Hauptbitte von den vier Durchführungen ab (S. 264). Indes wiederholt und erweitert v. 5 nur das erste Element der Bitte von v. 1b (verherrliche deinen Sohn), so daß eine inclusio entsteht. Sie rät dazu, v. 1b–5 als Einheit anzusehen.

Die Gottesanrede πάτερ findet sich außerhalb von c. 17 nur in 11,41; 12,27 f, sechsmal dagegen in c. 17. Man kann diese Häufigkeit mit dem Gebetscharakter von c. 17 erklären. Man kann in ihr auch einen Beleg für die Eigenständigkeit des Abschnitts innerhalb des Johannesevangeliums sehen.

ἐλήλυθεν ἡ ὥρα steht in gewisser Spannung zu der entsprechenden Wendung in 12,23; 13,1. Ist sie dort ganz am Platz, wirkt sie in 17,1 unnötig und deplaziert. Browns an sich richtige Erklärung, daß die »Stunde« bei Joh »a long period« sei, die mit 12,23 beginne und mit der Rückkehr Jesu zum Vater ende[47], beseitigt nicht die *schriftstelle-*

---

[45] BULTMANN 378 Anm. 8.
[46] BDR 403,6 und Anm. 3.
[47] BROWN 740.

rische Spannung zwischen 17,1 und 12,23; 13,1. Die Idee, daß die Stunde jetzt eingetreten sei, paßt nur zu 12,23; 13,1. Nimmt man dagegen c. 17 als ein eigenes Stück,
erregt die Wendung keinen Anstoß.

Eigenartig ist schließlich die Rede vom Sohn in der 3. Person, während von v. 4 an
Jesus immer in der 1. Person von sich spricht. Die Redeweise kann durch den Einleitungscharakter von v. 1b.2 veranlaßt sein, und einen ähnlichen Wechsel der Person findet man in Mt 11,27. Unnötig sind also literarkritische Operationen, unnötig auch die
Vermutung Browns, daß hier einst voneinander unabhängige Sätze verarbeitet worden
seien. Es liegt vielleicht eine gewollte stilistische Angleichung an 13,31f vor. Auch
dort spricht Jesus zunächst in der 3. Person, von 13,33 an in der 1. Person[48].

Jesus bittet um *seine* Verherrlichung, damit er den *Vater* verherrliche. Wir sto-
ßen hier auf ein zentrales Element der johanneischen Verherrlichungsidee: Die
Wechselseitigkeit der Verherrlichung. Während aber in v. 1b die Verherrlichung
Sache der Zukunft ist, weiß v. 4 von der bereits erfolgten Verherrlichung des
Vaters durch Jesus. Damit sind zwei Probleme genannt, die in dem Abschnitt
über die Verherrlichung zu bedenken sind.

v. 2. Dem Sohn wurde die Vollmacht des Vaters übertragen, damit er den
Menschen ewiges Leben vermittle. Der Finalsatz gibt also an, wie sich die
Verherrlichung des Vaters vollzieht: Indem Menschen durch den Sohn ewiges
Leben gewinnen. Gleichzeitig wird damit der Inhalt des Werkes von v. 4 defi-
niert.

Das Verhältnis der zwei Finalsätze in v. 1b.2 enthält ein gewisses Problem. Entweder
ist das ἵνα in v. 2 von dem καθώς – Satz abhängig und damit dem ersten ἵνα untergeordnet: Jesus hat Macht über alles Fleisch, damit er den Menschen Leben vermittle.
Oder die zwei ἵνα sind einander gleichgeordnet: Jesus bittet um einander Verherrlichung,
damit er den Vater verherrliche und damit er den ihm Gegebenen ewiges Leben gebe.
Der καθώς – Satz erhielte damit den Charakter einer erläuternden Parenthese. Brown
läßt beide Möglichkeiten ineinander fließen, während Barrett die erste Möglichkeit
bevorzugt[49]. Sie liegt vom johanneischen Denken her näher. Wir übersetzen also: Verherrliche deinen Sohn, damit der Sohn dich verherrliche, wie du ihm ja Vollmacht über
alles Fleisch gegeben hast, damit er allen, die du ihm gegeben hast, ewiges Leben gebe.
– Das διδόναι ist sehr gefüllt und hat umfassende Bedeutung für das Verhältnis Vater –
Sohn bei Johannes (S. 346–348). Denn im Geben des Vaters aktualisiert sich das Gesendetsein des Sohnes (vgl. 5,22.26.27.30; 6,37.39; 10,29; 11,22; 13,3 und oft in c. 17)[50].

Die Macht des johanneischen Christus ist also von vornherein soteriologisch
bestimmt nicht anders als die Macht des synoptischen Jesus, wenn auch auf
eigener theologischer Ebene (S. 269f). Er empfängt Macht, um Leben zu gewähren. Aber hier begegnet eine in c. 17 mehrfach wiederkehrende Spannung:
Zwar hat Gott dem Sohn jene heilvolle Macht über alle Menschen gewährt.
Aber nur denen wird die Gabe des Lebens zuteil, die Jesus vom Vater »gegeben« wurden. Es wird also zwischen der Gesamtheit der Menschen und einer

---

[48] BROWN 740; BLANK 254f.
[49] BROWN 740f; BARRETT 487.
[50] Vgl. die Zusammenstellung bei SCHNACKENBURG II 154f; RITT, Gebet 300–319.

Auswahl unter ihnen unterschieden: Nur sie empfängt ewiges Leben. Damit wird eine prädestinatianische Teilung von letzter Grundsätzlichkeit vorgenommen: Die Jesus von Gott Gegebenen empfangen Leben; die ihm nicht Gegebenen stehen und bleiben außerhalb des Lebens. Das erinnert an 15,16a (S. 143f); aber in c. 17 wird viel massiver gesprochen als in 15,16a. Wir stehen vor der Frage, wie Prädestination bei Johannes verstanden wird, und: Warum läßt man das Problem gerade im Abschiedsgebet Jesu unüberhörbar laut werden?

v. 3. Ist v. 3 wahrscheinlich spätere Erläuterung eines Bearbeiters, so ist er doch Element johanneischen Denkens und der mögliche Bearbeiter ist seinerseits Exponent der johanneischen Gemeinde. – Es wäre verfehlt, in dem Satz die Addition zweier Glaubensinhalte finden: Zum Erkennen Gottes tritt als Zweites und als Erläuterung das Erkennen Christi als des von Gott Gesendeten, und in solch doppeltem Erkennen ereignet sich die Gabe des Lebens. Vielmehr handelt es sich um *einen* Erkennensvorgang (s. zu 14,1): Gott wird dort erkannt, wo Jesus als der von ihm Gesendete erkannt wird, und im Erfahren Jesu als des von Gott Gesendeten erfährt der Mensch Gott als den, der Leben gibt.

Man wird sich vor einer gnostischen Interpretation dieses Erkennens zu hüten haben[51] ebenso wie vor der griechisch-philosophischen Interpretation auf ein objektives Wahrnehmen hin. Das johanneische γινώσκειν ist nicht aus dem Ansatz der Gnosis und des Griechentums, sondern aus dem des Altes Testament und des Judentums zu verstehen, und man sollte seine Nähe zum paulinischen Gebrauch des Wortes (etwa Gal 4,9; 1Kor 13,12) nicht übersehen. Schon im Alten Testament wird יָדַע nicht nur im kognitiven Sinn gebraucht. Vielmehr beschreibt das Verbum den Umgang mit dem Erkannten, die Vertrautheit mit ihm, die Anteilnahme an ihm. Nicht anders steht es mit dem Gebrauch des Wortes im Neuen Testament[52]. Gerade im Johannesevangelium gibt γινώσκειν – unbeschadet des kräftig mitschwingenden kognitiven Interesses – den umfassenden Bezug zweier sich erkennend begegnender Subjekte wieder, und in solcher Begegnung geschieht wechselseitiges Sich-Aufschließen und Sich-Verstehen (S. 38). Gibt Gott sich dem Menschen durch den von ihm gesendeten Jesus zu erkennen, dann erschließt er sich dem Menschen in der Lebendigkeit seines Gottseins, sich als den, der Leben gibt, und darin empfängt sich der Mensch als den Gott Erkennenden; er empfängt, heißt das, ewiges Leben.

Der Begriff »ewiges Leben«, durch unkritischen kirchlichen Gebrauch ebenso verdorben wie durch seine Verwendung in außerkirchlicher religöser Sprache (was hört der heutige Mensch, wenn der Satz »Jesus gibt ewiges Leben« schlagwortartig verwendet wird? Hört er etwas anderes als die Verheißung postmortaler Existenz: Daß die Grenzen des begrenzten Lebens ins Unendliche ausgedehnt werden sollen?), erfährt hier seine immer nötige Reinigung. Ewiges Leben besteht darin, daß man Gott erfährt als den, von dem allein der Mensch Leben empfängt, und in Christus tritt Gott als der Leben Gebende in

---

[51] Zu ihr vgl. etwa H. JONAS, Gnosis und spätantiker Geist (FRLANT 51), Teil I, 3. Aufl., Göttingen 1964, S. 374f.

[52] W. SCHOTTROFF, THAT I 690; R. BULTMANN, ThWNT I 688–716, vor allem 711–713.

die Geschichte des Menschen ein. Daß das zeitliche Element dabei nicht ausgeschlossen ist, steht von 11,25 f her fest und liegt im Wesen des Gemeinten: Die Todesgrenze kann für diese Art Leben keine Grenze sein. Aber das zeitliche Element ist lediglich Folge dessen, was in jenem Akt des Erkennens geschieht: Daß Gottes Wirklichkeit sich für den Menschen öffnet. – Man kann v. 3 ohne Mühe in den theologischen Kontext der Abschiedsreden einordnen: Was in 15,11; 16,24; 17,13 die »vollkommene Freude« genannt wird (S. 136 f), wird hier in den Begriff des im Erkennen gewährten Lebensempfangs gefaßt.

v. 4. Die Rede wechselt von der 3. in die 1. Person. Sehr klar trägt der Satz den Charakter des Rechenschaftsberichts. Der Begriff ἔργον wird definiert und gefüllt; er faßt die Sendung Jesu und ihr Ziel zusammen, die Vermittlung von Leben[53]. Das Verbum τελειόω zielt auf das Sterben Jesu, in dem die Vollendung seines Werkes geschieht. Indem Jesus dieses Werk vollendete, vollzog er die Verherrlichung des Vaters.

Auf die Rede vom Vollenden des Werkes trifft man noch in 4,34 und 5,36. Dort wird davon als von einem zukünftigen Geschehen gesprochen – erst der Sterbende kann vom vollbrachten Werk sprechen (19,30) –, während v. 4 mit den zwei Aoristen ἐδόξασα und τελειώσας auf das bereits vollbrachte Werk zurückschaut. Man kann v. 4 als Prolepse erklären: Der zur Passion gehende und sie bejahende Jesus ist der Vollendung so nahe, daß er sie als ein schon Geschehenes bezeichnen kann. Man kann aber auch fragen, ob wir mit jenen Aoristen nicht vor einer Eigenart von c. 17 stehen, wo Jesus noch entschiedener als sonst im Johannesevangelium schon als der Auferstandene spricht, als der, der sein Werk vollendet hat. In jedem Fall hat man ein besonders handgreifliches Beispiel der johanneischen Horizontverschmelzung vor sich.

Der vom Vater gesendete Jesus hat sein Werk zu erfüllen und in der Passion erfüllt er es. Wir stehen damit vor der johanneischen Sendungschristologie[54]. Sie hat ihren Ursprung in der alttestamentlich-jüdischen Auffassung von der Sendung der Weisheit durch Gott[55]; ausgebaut wurde sie mithilfe des jüdischen Gesandtenrechts. Der Hausherr oder der Besitzer, der König oder der Vater sendet seinen Boten und beauftragt ihn, seinen, des Sendenden Willen auszurichten. Indem der Bote, der auch der Sohn sein kann, die Sendung übernimmt, läßt er seine Existenz durch die Sendung beschlagnahmt sein. An dieser Stelle greift das johanneische Interesse gestaltend ein. Jesus, der als der Sohn Gottes zum Boten Gottes wird, ist durch sein Gesendetsein definiert. Er ist in der Welt nichts außerhalb seines Gesendetseins; Existenz und Sendung decken sich.

---

[53] BULTMANN 143 Anm. 3; 164 Anm. 3; vor allem S. 199 f. Dazu BÜHNER, Der Gesandte 203.238 f.

[54] Umfassend und in ihren vielfältigen Verzweigungen dargestellt von BÜHNER, Der Gesandte.

[55] E. SCHWEIZER, Zum religionsgeschichtlichen Hintergrund der ›Sendungsformel‹, in: ders., Beiträge zur Theologie des Neuen Testaments, Zürich 1970, S. 92.

Dann aber kann es nicht anders sein, als daß er in der Ausführung seiner Sendung nicht seine Doxa sucht, sondern die des Sendenden (7,18), daß er nicht sein Werk tut, sondern das Werk dessen, der ihn gesandt hat (5,36; 14,10). So erfüllt ist er von der Sendung, daß das Leben des ihn sendenden Vaters in ihm wohnt (5,26), und konsequenterweise ist sein Wort nicht sein Wort, sondern das Wort dessen, der ihn gesandt hat (12,49; 14,14,10 u.ö.). So sehr ist das Leben dieses Gesendeten von der Sendung getragen und erfüllt, daß er sich nährt, indem er den Willen des Vaters tut (4,34). Wenn dann der Bote sein Werk vollbracht hat und das τετέλεσται (19,30) gesprochen werden kann, kehrt er zum sendenden Vater zurück (16,28) und empfängt die Doxa des Vaters wieder, von der er einst ausging (17,5) und die ihn immer begleitete (12,28b).

v. 5. Die Bitte von v. 1b wird wiederholt, eingeschränkt auf die Verherrlichung des Sohnes, ausgeweitet durch die Qualifizierung der erbetenen Doxa. Sie soll der Doxa entsprechen, die Jesus einst in seiner Präexistenz eignete. Das νῦν ist Kurzfassung von »gekommen ist die Stunde« (v. 1). – Zwischen v. 5 und v. 24 bestehen enge Beziehungen. Beide Male spricht Jesus von der Doxa, die ihm in der Präexistenz eigen war und die ihm in der Postexistenz, nach seiner Rückkehr zum Vater, wieder zuteil wird. Der Unterschied zwischen v. 5 und v. 24 besteht darin, daß Jesus in v. 5 um das Wieder-Empfangen jener Doxa bittet, während er in v. 24 den Empfang jener Doxa wie selbstverständlich voraussetzt: Die Seinen sollen sie schauen, wenn sie bei ihm sein werden.

Ist dabei vorausgesetzt, daß Jesus als der Irdische auf einen bestimmten Aspekt oder Inhalt seiner Präexistenz-Doxa verzichtet hat und daß er erst als der zum Vater Gegangene Doxa in vollem Sinn wieder empfängt? Dann wäre im Johannesevangelium mindestens an dieser Stelle ein Art Kenosis-Lehre enthalten, die in Phil 2,7 ihren deutlichsten und bekanntesten Ausdruck gefunden hat. Freilich spricht das gesamte sonstige Evangelium dagegen. Am Fleischgewordenen sah man die Doxa des Vaters (1,14), und das ist eine Doxa ohne Abstrich und Einschränkung. Nirgends liest man, daß bei der Verherrlichung, die Jesus vom Vater her bereits als der Irdische empfängt, irgendetwas fehlt. Daß diese Verherrlichung sich von der Gegenwart in die Zukunft erstreckt und dort zu ihrer Vollendung kommt, mindert nicht die Qualität der gegenwärtigen Doxa, und so behauptet in 12,28 das Futur δοξάσω nicht ein Defizit des Aorists ἐδόξασα. Aber auch in c. 17 ist von einer minderen Qualität der Doxa des Irdischen sonst nicht die Rede. Der von sich sagt, daß er den Namen des Vaters offenbart (v. 6) und daß er die Seinen bewahrt habe (v. 12), der sie jetzt in die Welt sendet, damit sie seine Sendung weiterführen (v. 18), der für sie bittet mit der Vollmacht dessen, dem die Macht über alles Fleisch gegeben wurde (v. 2), – dessen Doxa bedarf nicht einer zukünftigen korrigierenden Auffüllung. Wie aber ist dann jene Unterscheidung von jetziger und zukünftiger Doxa in v. 5.24 zu erklären? Man kann vermuten, daß sie – in

Parallele zu dem Verstehen von 16,25 (s.d.) – im Erkennen der Seinen beruht. Jetzt sehen sie ihn als den Irdischen, den Weggehenden, und wenn sie auch ihn als den von Gott Gesendeten erkannt haben (v. 8), so muß darin noch nicht das ganze Erkennen seiner Doxa eingeschlossen sein, zumal sie jetzt der Bewahrung durch Jesus verlustig gehen (v. 11 f) und vom Haß der Welt gefährdet sind. Das ungeteilte und unangefochtene Erkennen der Glaubenden hat seinen Ort erst im vollendeten Sein (v. 24).

c) Theologische Themen

α) Die Präexistenz Christi im Johannesevangelium

Nicht nur das Johannesevangelium setzt die Präexistenz Christi voraus. Das tun andere neutestamentliche Autoren auch, und ihre Rede reicht in die frühe Zeit der Gemeinde zurück. Einige urchristliche Hymnen preisen Jesus als den, dessen Ursprung in der Präexistenz bei Gott liegt, und aus der Präexistenz trat er ein in die Zeitlichkeit der Geschichte (Phil 2,6; Kol 1,15–15; Hb 1,2–5)[56], und wo im Neuen Testament von Jesus als dem Schöpfungsmittler die Rede ist (Hb 1,2; 1Kor 8,6; Kol 1,15f; Joh 1,3), ist die Idee der Präexistenz des Schöpfungsmittlers mitgedacht. Nirgendwo im Neuen Testament aber wird diese Idee in solcher Breite und Tiefe und mit solcher Konsequenz verarbeitet wie im Johannesevangelium[57]. Dabei ist beachtlich genug, daß sie nicht als eigenes Thema bedacht und entfaltet (so wie das in 5,19ff mit dem Thema der Gottessohnschaft Jesu oder in c. 7 mit der Frage nach seiner Messianität geschieht), sondern daß sie vorausgesetzt wird, Anzeige dafür, daß sie nicht spekulativ, sondern soteriologisch verstanden werden will.

Fragt man, wie in der Christologie der frühen Kirche die Idee von der Präexistenz Jesu überhaupt gedacht werden konnte, hat man auf die im Judentum liegenden Voraussetzungen einzugehen. Das Judentum konnte über die Präexistenz der Tora spekulieren, über die Präexistenz der Buße, des Gartens Eden, des Gehinnom, der Wasser der Sintflut, der zweiten Gesetzestafeln, des Sabbats, der Bundeslade, des göttlichen Throns, des Namens des Messias (nicht des Messias selbst; vgl. äthHen 48,3; 69,26)[58]. Vor allem aber hat man von prv 8,22ff her über die schon vor der Erschaffung der Welt erschaffene Weisheit

---

[56] J. ROLOFF, Neues Testament, 4. Aufl., Neukirchen 1985, S. 247.

[57] Ausführlich dargestellt bei H.J. HOLTZMANN, Lehrbuch der neutestamentlichen Theologie, Bd. II, 2. Aufl., Tübingen 1911, S. 449–453; SCHNACKENBURG I 300; dort die Aufzählung sicherer oder umstrittener Stellen, die die johanneische Präexistenz-Christologie bezeugen; dazu K.J. KUSCHEL, Geboren vor aller Zeit? Der Streit um Christi Ursprung, München 1990; ferner K. HAACKER, Die Stiftung des Heils (AzTh I 47), Stuttgart 1972, S. 116–134.

[58] Vgl. das Register bei BILL IV 1253 s.v. Präexistenz; zur Präexistenz des Messiasnamens s. BILL II 335; III 531.

meditiert[59]. Nie allerdings hat man im Judentum daran gedacht, einem geschichtlichen Menschen Präexistenz zuzusprechen.

Demgegenüber hat Kl. Haacker (s. Anm. 57) die Meinung vertreten, daß in assMos die
Präexistenz des Mose vertreten werde: Mose, der unfaßbare Geist (spiritus incomprae-
hensibilis 11,16), der ab initio mundi von Gott als Bundesmittler ersehen worden sei
(1,14). Selbst wenn aus diesen spärlichen Andeutungen die Auffassung von der Präexistenz des Mose, einer der tiefen Vergangenheit angehörenden Gestalt, gefolgert werden dürfte, ist dieses Zeugnis zu vereinzelt und zu unbestimmt, als daß von ihm her die
obige Einsicht aufgehoben würde. Dagegen konnte man öfter von der Präexistenz der
geheimnisvollen Gestalt des Menschensohns sprechen[60]. Aber der war kein geschichtlicher, gegenwartsnaher Mensch.

Von da aus wird die Tragweite und das bestürzend Neue der Entwicklung erkennbar, die sich in bestimmten Gruppen des Urchristentums vollzog, als man
dort begann, von Jesus als dem Präexistenten zu sprechen. Man mache sich
klar: Jesus war Angehöriger einer den Zeitgenossen durchaus bekannten und
ihnen gegenwärtigen Familie; man kannte seine Herkunft und seine Geschichte (Mk 6,3); vor kurzer Zeit noch konnte man mit ihm umgehen, wie man mit
einem gewöhnlichen Menschen umgeht; man wußte von seinem Wirken und
Schicksal, seinem Ende. Plötzlich und in kurzem zeitlichen Abstand nach diesen Ereignissen wird über ihn die Aussage gewagt, daß er vor der Schöpfung
bei Gott lebte und daß er aus solcher Präexistenz heraus seinen Weg in die Welt
angetreten habe. Von jüdischen Voraussetzungen her konnte zwar idealen Größen Präexistenz zugeschrieben werden (s.o.), nicht aber geschichtlichen Menschen und zu allerletzt einem Zeitgenossen, dessen Scheitern, wie es bei Jesus
der Fall war, offen zutage lag. Wodurch also wurde in der frühen judenchristlichen Gemeinde die die Umwelt schockierende Rede von der Präexistenz Jesu
hervorgerufen, die zwar mit traditionell jüdischen Denkkategorien arbeitet, die
aber von jüdischen Voraussetzungen her für Jesus nicht möglich war?

Man kann die grundlegende Antwort nicht umgehen: Es war die Ostererfahrung und die von ihr in Gang gesetzte Reflexion, die die Voraussetzung für die
früheste Präexistenz-Christologie bildete. Die Ostererfahrung weiß und macht
sich klar: Zu dem von der Welt Verworfenen und Getöteten hat Gott sich im
Geschehen der Auferweckung bekannt. Damit hat er den galiläischen Wanderprediger und Verkündiger der Gottesherrschaft, den Propheten und Heiler als
Messias erwiesen, als den Kyrios aller, als seinen Sohn (Röm 1,3f). Mit solcher Proklamation ist der Anfang und das weiterdrängende Zentrum der nachösterlichen Christologie skizziert. Braucht in ihr anfänglich von Präexistenz
noch nicht die Rede gewesen zusein, so war doch der Weg zu dieser Rede
geöffnet, und mußte er nicht zwangsläufig begangen werden? Es ist schwer

---

[59] Vgl. M. Hengel, Judentum und Hellenismus (WUNT 10), 2. Aufl., Tübingen 1973,
S. 275–318; U. Wilckens, ThWNT VIII 498–503.508–510.
[60] Schnackenburg I 295.

denkbar, daß die Spekulation von der Präexistenz des Messiasnamens nicht in
frühchristliches Denken hineinwirkte, und in dem Augenblick, in dem diese
Spekulation sich mit der Ostererfahrung – der als falscher Messias Gekreuzigte
ist der wirkliche Messias – verband, konnte die Idee von Jesu Präexistenz gedacht werden.

Aber man kam noch von einer anderen Seite zu dieser Idee. Es war wohl die
Auseinandersetzung mit der Synagoge, die die frühchristliche Gemeinde dazu
zwang, das Verhältnis Jesu zu jüdischen Mittlergestalten, zu Mose, zur Tora,
zur Weisheit zu überdenken[61]. Und in dem Augenblick, in dem man den Gedanken dachte, daß nicht in der Tora, sondern in Jesus sich die Weisheit Gottes
verkörperte (1Kor 1,30), war aufgrund der Rede von der präexistenten Weisheit (s.o.) die Übertragung der Präexistenzidee auf Christus möglich und wurde
sie unausweichlich. Entsprechendes geschah, als man Jesus mit dem präexistenten göttlichen Logos gleichsetzte (Joh 1,1–3).

Weitere Schritte waren darin schon angelegt. Denn Weisheit und Logos galten im Judentum nicht nur als präexistente Größen. Sie übernahmen da und
dort auch die Rolle des Schöpfungsmittlers (für die Weisheit: prv 3,19; Sir 1,1–
10; sap 7,12; 7,25–8,1; für den Logos: sap 9,1 f; slHen 33,4). War man einmal
zum Bekenntnis zu Jesus als dem Logos und der Weisheit Gottes vorgestoßen,
dann wurde man schon zum nächsten Schritt gedrängt: Daß nicht nur die Idee
der Präexistenz, sondern auch die der Schöpfungsmittlerschaft auf Jesus übertragen wurde.

Solche Übertragung jüdischer Tora- und Weisheitsspekulationen auf Jesus
ging nicht ohne weitreichende Änderungen und Präzisierungen vor sich. So
eignet den präexistenten Größen im Judentum nur eine relative Präexistenz.
Sie sind zwar vor der Schöpfung der Welt geschaffen worden; aber sie sind
geschaffen worden, sind also nicht ungeschaffen von Anfang an da (prv
8,22f)[62]. Vergleicht man damit Joh 1,1–3; Hb 1,2f, dann erspürt man den tiefgreifenden und überlegt vorgenommenen Wandel, den jüdisches Präexistenz-
denken erfuhr, als gewisse Gruppen der frühen Kirche es in den Dienst ihrer
Christologie stellten. Der Logos, der schon ἐν ἀρχῇ war und der bei Gott (πρὸς
τὸν θεόν) war, ist von Anfang an unerschaffen bei Gott. Joh 1,2 versichert das
ausdrücklich, und als der Unerschaffene ist er der, durch den alles geschaffen
wurde (v. 3). Hier transzendiert frühchristliches Denken in einigen seiner Ausprägungen seine jüdische »Vorlage«, und man kann das schwerlich anders erklären denn als Auswirkung der von Ostern angestoßenen Christuserfahrung,
die jenem Denken neue Bereiche erschloß.

Fragt man schließlich nach dem theologischen Gehalt und Ziel der urchristlichen Rede von der Präexistenz Christi, darf man sicher nicht bei ihrer mytho-

---

[61] Hengel, Sohn 106; vgl. den ganzen Abschnitt S. 104–112.
[62] Bill IV 435f.

logischen Begrifflichkeit stehen bleiben. Eindrucksvoll haben Hengel und Kuschel dargestellt, wie entschieden sich frühchristliche Rede von der Präexistenz Christi der zeitgenössischen Tendenz zur Mythologisierung Jesu entzogen und ihr entgegengearbeitet hat[63]. Die Präexistenz Christi wird gerade im Johannesevangelium nicht losgelöst von seiner Sendung und seinem Auftrag gedacht (S. 133), sondern sie qualifiziert Sendung und Auftrag Christi. Die Präexistenzaussage steht im Dienst der Soteriologie, indem sie das Woher der Sendung Christi und ihren Ursprung angibt. Was mit Jesus in die Welt kam, ist in Gott verwurzeltes, nicht von der Welt her begründetes und begründbares Geschehen. Im Christusgeschehen spricht und wirkt sich nicht eine Möglichkeit der Welt, sondern Gottes Wesen aus, wie es von Anfang an ist. Also ist der geschichtliche Jesus die Verkörperung des in Gott von Ewigkeit her lebendigen Wollens für die Menschen, ist er Gott selbst in seiner Zuwendung für die Menschen. »Die Präexistenzaussagen kennzeichnen … im mythologischen Bilde den Charakter des begegnenden Wortes als eines nicht innerweltlich entsprungenen, und damit die Situation des Hörers als die der Entscheidung über Tod und Leben«[64]. Oder, mehr auf abgrenzende Klärung bedacht: »Nicht also um die Epiphanie eines Gottwesens geht es bei Johannes, sondern um die *Inkarnation* des Wortes Gottes selbst; nicht um die mirakulöse Gestaltwerdung eines göttlichen Wesens geht es, sondern um das Offenbarwerden Gottes in einem geschichtlichen Menschen; nicht um den apokalyptisch-visionär ausgemalten Weg des Abstiegs und Aufstiegs, sondern um die Beschreibung dessen, was einzig wirklich beschrieben werden kann: den geschichtlichen Offenbarungsweg des Inkarnierten, dessen Ende das Kreuz, die äußerste Niedrigkeitsform, ist, die aber zugleich – in paradoxer Verdichtung – die irdisch höchstmögliche Erhöhungsform bei Johannes bedeutet«[65].

Das Werk Kuschels zeichnet sich durch seinen umfassenden Horizont ebenso aus wie durch die Fähigkeit zum Vergegenwärtigen und durch seine Verständlichkeit. In unserem Zusammenhang interessiert vor allem der Abschnitt über die johanneische Präexistenz-Christologie[66], und hier gibt es Fragen an Kuschel zu stellen, an der Stelle vor allem, wo er der johanneischen Präexistenz-Christologie eine nicht nur der Synagoge, sondern auch kirchlichen Gruppen gegenüber spalterische und verurteilende Funktion zuschreibt. Aber der Gegensatz zur Synagoge entzündete sich nicht oder nicht primär an der Rede von der Präexistenz Christi, sondern daran, daß ein offiziell Verurteilter, ein ans Kreuz Geschlagener als Messias und Kyrios verkündigt wurde. Sollte die Synagoge an der Rede von der Präexistenz Jesu Anstoß genommen haben, dann war das allenfalls eine Verstärkung des schon vorhandenen Anstoßes. Spaltend mag johanneische Christologie auf bestimmte judenchristliche Gruppen gewirkt haben, die sich einer weiteren Entfaltung der frühesten Aussagen über Jesus widersetzten. Aber auch

---

[63] KUSCHEL 494; HENGEL 137–144.

[64] BULTMANN 191; vgl. ders., Theologie 303–305 zu den paulinischen Präexistenzäußerungen.

[65] KUSCHEL 495.

[66] KUSCHEL 468–511

an dieser Stelle dürfte die Präexistenzaussage nicht oder nicht allein genannt werden. Ein Blick auf Paulus führt zu Korrekturen. Auch Paulus hat innerkirchlich spaltend gewirkt, freilich nicht durch seine Präexistenz-Christologie (deren Vorhandensein Kuschel fatalerweise abstreitet[67]), sondern durch seine vom Kreuz Jesu her bestimmte Verkündigung. Sollte darum diese Verkündigung mit einem Fragezeichen versehen werden? Man darf auch nicht übersehen, daß die abgrenzenden Tendenzen, die in der Tat von der johanneischen Gemeinde ausgingen, Tendenzen einer kleinen Gruppe waren, und wir wissen kaum, welche geschichtlich wirkende Kraft ihnen innewohnte. Kuschel nimmt selbst die anklagenden Fragen von S.487 später, auf S. 490 ff zum Teil wieder zurück, und was er über die Chancen einer Präexistenz-Christologie zu sagen weiß, muß man weithin bejahen.

β) Die Stunde

Die Stunde ist gekommen, sagt Jesus in v. 1. Gemeint ist die Stunde der Passion. Geht man dem Gebrauch des Wortes »Stunde« im Johannesevangelium nach, wird man tief ins Innere des johanneischen Denkens geführt[68]. Das Verstehen wird freilich dadurch erschwert, daß der johanneische Sprachgebrauch um terminologische Klarheit wenig bemüht ist und daß in 2,4 wahrscheinlich auch die Geschichte des Textes dem Verstehen Hindernisse in den Weg legt. Wir gehen das Problem an, indem wir drei Weisen des Gebrauchs von »Stunde« unterscheiden.

Erste Gruppe. Die bloß chronologische Bedeutung von »Stunde«. Hierher gehören 1,39; 4,6.52 (zweimal).53; 11,9; 16,21; 19,14.27. An diesen Stellen ist ὥρα weitgehend als bloße Zeitangabe verstanden, wobei man etwa in 1,39; 16,21 häufig nach einem weitergehenden Sinn der Vokabel fragt. Das kann jetzt auf sich beruhen. Auch die Wendung πρὸς ὥραν = für kurze Zeit (5,35) ist hier zu nennen.

Zweite Gruppe. Hier geht es um den christologisch bestimmten Gebrauch der Vokabel, bei dem die johanneische Rede von der »Stunde« zu ihrem in sich differenzierten Höhepunkt kommt. Zwei Redeweisen sind zu unterscheiden: Die Stunde ist noch nicht gekommen – die Stunde ist gekommen.

(a) Die Stunde ist gekommen.

Diese Wendung begegnet in 12,23.27; 13,1; 17,1. Es ist die Stunde der Passion, die als die jetzt gekommene Stunde benannt wird, die Stunde der Verherrlichung, in der Jesus zum Vater, in die Doxa also zurückkehrt und die darum mit Emphase begrüßt wird. Laut 12,23 ist dies auch die Stunde, in der das Evangelium sich der Völkerwelt zukehrt (12,20 ff) und sich von der Synagoge abkehrt. Wir haben hier das Zentrum und den Höhepunkt der johanneischen Rede von der Stunde Jesu vor uns. Sie beginnt mit dem Kommen der Griechen

---

[67] KUSCHEL 390–392.

[68] Vgl. THÜSING, Erhöhung 75–100; G. KLEIN, Das wahre Licht scheint schon, in: ZThK 68 (1971), 261–326, hier 292–295; RITT, Gebet 410–416; BROWN 517 f; Sprecher 147–150; KNÖPPLER, theologia crucis 102–115.

zu Jesus (12,20ff) und der definitiven Abkehr des unverständigen Volkes von Jesus (12,27.29.34.36b; vgl. 12,37–41), und sie dehnt sich aus bis zum Augenblick des Sterbens Jesu (19,30).

Gewisse Spuren dieses Verständnisses von »Stunde« finden sich auch bei den Synoptikern: Mk 14,35.41; Lk 22,53. Johannes nimmt also ein auch sonst bekanntes Thema auf, bearbeitet es aber in einer höchst eigenen Weise. Daß die Stunde der Passion, des Jüngerversagens, der völligen Verlassenheit Jesu und seiner Niederlage in Wahrheit die Stunde ist, in der Jesus die Doxa des Vaters empfängt – zu dieser Aussage hat sich kein anderer neutestamentlicher Zeuge vorgewagt.

(b) *Die Stunde ist noch nicht gekommen.*
Diese Redeweise findet sich in 2,4; 7,30; 8,20. An den zwei letzten Stellen zielt sie unbestritten auf die Stunde der Passion. Weil sie noch nicht gekommen ist, darum kann Jesus nicht ergriffen werden. Das geschieht erst, wenn die Stunde gekommen ist, also in 18,5–9.12. Umstritten ist der Sinn der Redeweise in 2,4[69]. Auf die Stunde des Todes kann sich ὥρα nicht beziehen. Man hat darum vermutet, es sei die Stunde gemeint, in der Jesus das Wunder wirkt und darin seine Herrlichkeit offenbart (2,11). Dafür kann man auf 11,4.40 verweisen, wo ebenfalls, freilich ohne die Erwähnung der »Stunde«, im Wunder die Offenbarung der Doxa ergeht. Dann kann man Doxa im Wunder und Doxa in der Passion miteinander verbinden und folgern: In der Doxa-Offenbarung des Wunders kündigt sich die Doxa der Passion an. – Aber damit ist die Frage, weshalb in 2,4 die Redeweise »meine Stunde ist noch nicht gekommen« in Auseinandersetzung mit Maria gebraucht wird, nicht beantwortet. Nun ergibt sich aus der Erzählung, daß Maria nicht abgewiesen wird, weil sie ein Wunder erhofft – gleich darauf wird es von Jesus vollbracht. Auch hat die Abweisung nicht darin ihren Grund, daß Maria das Wunder zur unzeitigen Stunde verlangt (darin liegt allenfalls ein Nebenmotiv); denn ganz kurze Zeit später ist die Stunde offensichtlich da (v. 7). Vielmehr wird Maria abgewiesen, weil sie *von sich aus* das Wunder *verlangt*. 2,4ff setzt sich weniger mit der Unzeitgemäßheit der Bitte Marias auseinander als mit der Ungemäßheit menschlichen Verlangens.

Man hat dafür eine Parallele in 7,6–8, wo der Begriff καιρός gleichbedeutend mit ὥρα gebraucht wird. Dort verlangen die Brüder, daß Jesus nach Jerusalem geht, und er weist dieses Verlangen mit äußerster Schärfe zurück. Wenig später aber macht er sich auf den Weg nach Jerusalem (7,10). Wieder liegt es nicht an dem *Zeitpunkt* des menschlichen Verlangens, sondern daran, daß Menschen verlangen, was ausschließlich in der Entscheidung Jesu steht. Ähnliches findet sich, wenn auch nicht in dieser schroffen Ausprägung, in 11,3f.6f.

Maria erscheint in 2,4f als Prototyp des glaubenden Menschen, der es lernt, auf illegitimes Verlangen zu verzichten. Als so glaubender und darum bei Jesus aushaltender Mensch erscheint sie in 19,26f wieder[70]. – Also hat »Stunde« in

---

[69] Vgl. dazu SCHNACKENBURG I 333–336; THÜSING, Erhöhung 92–96.
[70] Vgl. CHR. DIETZFELBINGER, Bruder 388.

2,4 vermutlich nichts zu tun mit der Offenbarung der Doxa, die im Tun des Wunders erfolgt (v. 11), und so kann man auf den fragwürdigen Versuch verzichten, für 2,4 einen Zusammenhang zwischen Doxa im Wunder und Doxa in der Passion herzustellen. »Stunde« ist hier vielmehr die Stunde des Entscheidens Jesu, das in gänzlicher Unabhängigkeit vom menschlichen Verlangen erfolgt.

Hat diese Deutung von 2,4 Bestand, dann wird der Satz »Die Stunde ist noch nicht gekommen« doppelt gebraucht, einmal im Blick auf die Passion (7,30; 8,20), dann im Blick auf die Abwehr einer an sich plausiblen Forderung an Jesus, die aber als eine von Menschen kommende Forderung verfehlt ist.

Dritte Gruppe. Der ekklesiologische Gebrauch von »Stunde«. Hier treffen sehr verschiedene Ankündigungen zusammen, die durch einen immer auf Geschichte und Erfahrung der Gemeinde bezogenen Gebrauch des Wortes »Stunde« zusammengehalten werden. Von johanneischem Denken her versteht es sich, daß dieser ekklesiologische Gebrauch christologisch fundiert ist.

– 4,21.23 spricht von der Stunde, in der echte Anbetung möglich ist.
– 5,25.28. Die Stunde der Totenauferstehung ist da, wenn das Wort Jesu gehört wird, also jetzt im Augenblick des Verkündigens und Hörens (v. 24f). Leben und Auferwecktwerden ereignen sich im Geschehen des Hörens. Die in v. 28 eingetretene Verschiebung ist unübersehbar: Hier ist in traditioneller Weise an die Stunde der endzeitlich erwarteten Auferstehung gedacht (S. 97f.104).
– 16,2.4 nimmt die Stunde der Verfolgung in den Blick. Wie Jesus von der Welt gehaßt wurde, so müssen auch die Seinen von der Welt gehaßt werden (15,18), und gerade darin werden sie als die Seinen erwiesen.

16,21 kann ebenfalls auf die Stunde der Verfolgung anspielen[71]. Eher aber dürfte es sich im Rahmen des oft gebrauchten Bildes von der gebärenden Frau um den bloß chronologischen Gebrauch von »Stunde« handeln (s.o.).

– 16,25 weiß von der Stunde des endlich erreichten Jüngerverstehens. Der Satz spricht nicht von einer geänderten Redeweise Jesu, sondern von dem ans Ziel gekommenen Verstehen der Jünger (S. 235 f).
– 16,32 spielt auf die Stunde des Jüngerversagens in der Passion an, das in 18,1–11 keinen Platz hat.

Im Zusammenhang dieser Gruppe wird ὥρα durchweg ohne Artikel und ohne Pronomen gebraucht (in 16,4 ist αὐτῶν umstritten), während in der zweiten Gruppe regelmäßig entweder der Artikel (12,23; 13,1; 17,1) oder ein Pronomen (2,4; 7,30; 8,20; 12,27) gebraucht wird. Die inhaltliche Bestimmung erfolgt durch Relativsätze (5,28) oder durch Sätze mit ὅτε (4,21.23; 5,25; 16,25) und ἵνα (16,2.32). Daß 16,21 sich hier nicht einordnen läßt, rät noch einmal dazu, diese Stelle der ersten Gruppe zuzurechnen. Auch die Redeweisen ἔρχεται ὥρα καὶ ἐλήλυθεν (16,32) oder καὶ νῦν ἐστιν (4,23;

---

[71] KLEIN 292 Anm. 135.

5,25) sind auf die dritte Gruppe beschränkt, die damit bei aller inhaltlichen Variabilität eine gewisse Zusammengehörigkeit im Formalen erkennen läßt.

Die angeführten Sätze der dritten Gruppe sprechen durchweg von dem durch das Christusgeschehen qualifizierten Geschick oder Verhalten der Gemeinde. In 16,2.4 liegt das auf der Hand. Es gilt auch für 4,21.23: Anbetung im Geist und in der Wahrheit, damit verbunden der Verzicht auf einen herausgehobenen Kultort wird dort möglich, wo Jesus in seinem eigentlichen Wesen erkannt wird (4,42). Auferweckung geschieht dort, wo das Wort Jesu als das Wort des Leben gewährenden Vaters gehört wird (5,25f). Während die Jüngerflucht (16,32) Folge eines verfehlten Jesusverständnisses (16,31) ist, wird in 16,25 für die Zeit nach Ostern die Stunde wirklichen Verstehens angekündigt (vgl. 2,22; 12,16). »Stunde« in ekklesiologischem Aspekt wird also von christologischen Voraussetzungen her bestimmt. In *ihrer* Stunde erhält die Gemeinde Anteil an der Stunde *Jesu*, weil und sofern ihr Tun und Schicksal in enger Beziehung zum Tun und zum Schicksal Jesu steht. Damit – so läßt sich folgern, ohne daß es ausdrücklich gesagt werden muß – wird auch die Stunde der Gemeinde (16,32 ausgenommen), selbst wenn es die Stunde der Verfolgung ist, von der Doxa erfüllt, die der Stunde Jesu zugehört.

γ) Die Verherrlichung

Die Begriffe δόξα (Herrlichkeit) und δοξάζειν (verherrlichen) sind im Johannesevangelium häufiger vertreten als in den anderen Evangelien. Auch sie umschreiben ein Zentrum johanneischen Denkens. Bei unseren Überlegungen lassen wir die Stellen beiseite, an denen in der Wortgruppe die Bedeutung Ehre, Ruhm überwiegt (5,41.44; 9,24; 12,43)[72], und wir beschränken uns auf die Stellen, die von Verherrlichen und Herrlichkeit sprechen.

(1) *Annäherung.* δόξα ist in LXX Wiedergabe von כבוד, majestas und gravitas Gottes[73]. Diese kann sich in verschiedenen Erscheinungen darstellen, im Gewitter oder im Erdbeben, und so ist die Theophanie von Ex 19,16ff eine einzige große Offenbarung der Doxa Gottes. Man kann die Vokabel mit Macht, Pracht, aber auch mit Lichtglanz übersetzen, und in dieser Bedeutung, die eindrücklich in Ex 34,29ff hervortritt (dabei zeigt sich das auszeichnende und das bedrohliche Element in Gottes Doxa), wird der Begriff vielfach im hellenistischen und palästinischen Judentum gebraucht. Der Versuch legt sich nahe, aus dem Fragmentarischen der Doxa-Aussagen ein Gesamtbild zu erstellen[74].

– Der ursprüngliche Mensch, Adam vor dem Sündenfall, lebte im Bereich göttlicher Doxa. Der von Gott ausgehende Glanz spiegelte sich auf des Men-

---

[72] THÜSING, Verherrlichung 41f.199–201.
[73] G. VON RAD, ThWNT II 241,33ff.
[74] G. KITTEL, ThWNT II 249f.

schen Angesicht wider, und im Empfangen dieser Doxa empfing und lebte er
sein Leben im Gegenüber zu Gott in unversehrter Ganzheit.

– Durch den Sündenfall fiel der Mensch aus diesem Gegenüber heraus. Der
  Lichtglanz Gottes wurde für ihn zum unerträglichen und verzehrenden Feu-
  er, das er meiden muß, will er sein Leben bewahren (Ex 19,21; Jes 6,5). Der
  Mensch, der seine ursprüngliche Ganzheit verloren hat, kann nur noch in
  Gebrochenheiten leben.

– In der kommenden Welt wird das tödliche Verhängnis des Sündenfalls aufgehoben sein. In ihr werden die Gerechten leuchten wie der Glanz des Himmels (Dan 12,3 LXX: ὡς φωστῆρες τοῦ οὐρανοῦ bzw. ὡσεὶ τὰ ἄστρα τοῦ
  οὐρανοῦ). Ihr Gesicht wird wie die Sonne leuchten und sie werden dem
  Sternenlicht gleichen (4Esr 7,97), weil sie wieder Gottes Doxa schauen können (7,91). Sie werden sogar verwandelt werden in göttlichen Glanz (syrBar
  51,10); das meint: Der durch die Sünde dem Wesen Gottes entfremdete
  Mensch tritt wieder in das Gegenüber zu Gott ein; er wohnt in der vom
  Lichtglanz Gottes erfüllten Stadt (Offb 21,11) und in ihr wird er wieder Gottes Angesicht schauen (Offb 22,4). So wird er von neuem das Ebenbild Gottes, ein Gott entsprechender Mensch, und das Wesen Gottes, seine Doxa,
  zeichnet sich im Wesen des Menschen ab: Er ist in seine ursprüngliche
  Ganzheit zurückgekehrt.

Dieser Doxa-Begriff bestimmt die paulinische Idee von der apokalyptischen Verwandlung des Glaubenden durch das Hineinschauen in die Doxa des Kyrios (2Kor 3,18),
und Jesus, auf dessen Angesicht der Lichtglanz Gottes liegt (2Kor 4,4.6), ist das Urbild
des Menschen, der aus dem tödlichen Mangel an Doxa (Röm 3,23) in die Doxa Gottes
zurückgekehrt ist (1Kor 15,49).

Das Johannesevangelium geht bei seiner Rede von der Doxa einen besonderen
Weg. Es orientiert sich an solchen alttestamentlichen Geschichten, in denen
der unsichtbare Gott seine Doxa in sichtbaren Geschehnissen, in Ereignissen
der Natur oder der Geschichte kundtut[75]. Freilich manifestiert sich nach Johannes Gottes Doxa nicht in Ereignissen der *alttestamentlichen* Geschichte, also
auch nicht in der Tora, sondern im geschichtlichen Auftreten des in die Welt
gesandten Jesus (vgl. die Nähe zu 2Kor 4,4.6). So sehr ist der johanneische
Doxa-Begriff christologisch bestimmt, daß laut 12,41 Jesaja in seiner Vision
die Doxa *Jesu* geschaut hat, wo doch Jes 6,1.3 eindeutig vom Kabod Jahwes
spricht.

(2) *Die Wechselseitigkeit und der Inhalt der Verherrlichung.* Die Rede von
der wechselseitigen Verherrlichung führt einen Schritt weiter in die Eigenart
des johanneischen Doxa-Begriffs hinein: Jesus verherrlicht Gott und Gott verherrlicht Jesus, und beides liegt in einer noch zu klärenden Weise ineinander.
Dieses Ineinander tritt dem Leser unmittelbar in 13,31; 17,1.5, auch in 11,4 vor

---

[75] BROWN 503 f.

Augen, bildet aber die Basis für den gesamten Doxa-Komplex des Johannes-evangeliums. Dem widersprechen nicht die Stellen, an denen Jesus versichert, daß er nicht seine Doxa, sondern die des Vaters sucht (7,18; 8,50.54). Im Gegenteil: Gerade indem Jesus nicht seine Doxa, sondern die des Vaters sucht, empfängt er seine Doxa, wird er vom Vater verherrlicht.

Im Grund ist damit die Frage nach Sinn und Inhalt der Wechselseitigkeit von Verherrlichung schon beantwortet. Aber wir haben das Gemeinte noch an Einzelheiten zu konkretisieren und fragen, wie jene wechselseitige Verherrlichung geschieht und worin sie erfahren wird. Dabei bedenken wir zunächst die eine Seite: *Jesus verherrlicht Gott* (17,4). Wie tut er das? Eine das Ganze umfassende Antwort lautet: Indem er nicht seinen Willen tut, sondern den des Vaters (4,34; 5,30; 6,38). Zwar ist solche Unterscheidung zwischen dem Willen Gottes und dem Willen Jesu eigentlich überflüssig, da kraft der Einheit zwischen Gott und Jesus (10,30; 12,45; 14,9) sich der Wille des Sohnes in tiefer Selbstverständlichkeit mit dem Willen des Vaters deckt. Das Ergebnis solcher Willenseinheit zeigt sich etwa in 18,11b. Trotzdem hält man im Johannesevangelium an der Unterscheidung zwischen den zwei Willen fest, um keinen Zweifel daran zu lassen, daß der Wille des Sohnes durch den des Vaters nicht ausgelöscht wird, sondern gerade in der Bejahung des väterlichen Willens und in der Einheit mit ihm der eigenständige Wille des Sohnes bleibt (S. 346f).

Von da aus wird man weitergehen zu der Frage, wie der Wille des Vaters inhaltlich zu bestimmen ist und wie das Realisieren dieses Willens durch Jesus aussieht. Eine erste Antwort ergibt sich aus 9,3f; 11,4.40: In seinen Heilungen vermittelt Jesus das von Gott ausgehende Leben, und damit verwirklicht er den Willen Gottes. Weiter ins Zentrum stößt man vor, wenn man sieht, wie der johanneische Christus Gott, die Wahrheit Gottes, den Menschen bekannt macht (8,38a.40.47): Indem er ihnen den Namen und das Wort Gottes vermittelt (17,6.8), indem er keinen von dem ihm Gegebenen verliert (6,39; 10,28f; 17,2), indem er Gottes tötendes und lebendigmachendes Werk an den Menschen vollzieht (5,21–23), indem durch ihn als den Retter der Welt (4,42) sich das Gericht an der Welt ereignet (3,17–19; 12,46–48). In solchem Tun Jesu ereignet sich der Wille Gottes in der Welt, und so wird Gott durch Jesus verherrlicht. Jener Wille geschieht ferner – damit stehen wir im Zentrum selbst –, indem Jesus Gott als den ihn Sendenden bezeugt (5,37) und so, kraft der Einheit zwischen Sendendem und Gesendeten, in seiner Person Gottes Gegenwart und Wesen darstellt und in die Welt bringt (10,30; 14,9). Auf diese Weise macht er Gott in der Welt begreifbar als den, von dem Leben schlechthin ausgeht. Darum kann und muß er als Repräsentant Gottes sich selbst als Brot des Lebens (6,35), als Licht der Welt (8,12) vorstellen und damit stellt er Gott selbst als das Brot des Lebens und als das Licht der Welt dar. Denn als der Eine, der Gott gesehen hat und im Schoß des Vaters war, spricht er in der Welt authentisch von Gott (1,18). Das ist sein Werk, und so verherrlicht er Gott.

Damit ist der Platz gewonnen, an dem sich die reziproke Frage stellt: *Gott verherrlicht Jesus* – wie tut er das? Auch hier zeigt die Antwort verschiedene Aspekte, und sie meint dabei immer das Eine, das sich zusammenfassen läßt: Gott verherrlicht Jesus, indem er ihn beauftragt, seinen Willen zu tun, indem er ihn Gottes Werk tun und damit den Offenbarer Gottes sein läßt[76]. Solche Verherrlichung Jesu durch Gott wird etwa darin konkret, daß Gott Jesus nicht allein läßt (8,29; 16,32), sondern sich zu ihm als zu seinem Boten bekennt (5,32; 8,18). Ferner verherrlicht der Vater den Sohn, indem er ihm Macht über alles Fleisch gibt (17,2), ihn zum Vermittler des Lebens macht (5,21), zu dem also, der den Menschen die lebengewährende Beziehung zu Gott vermittelt und sie zum Vater kommen läßt (14,6). Man kann die Verherrlichung des Sohnes durch den Vater im Begriff der Sendung konzentrieren. Der Vater sendet den Sohn, damit die Welt durch ihn gerettet werde (3,17) – wie könnte der Sohn glanzvoller verherrlicht werden als durch diesen Auftrag! Es gibt in der Tat keine machtvollere Verherrlichung Jesu, als wenn Gott ihn sagen läßt »Ich bin die Auferstehung und das Leben« (11,25; vgl. 14,6; 15,5; 10,7.11) oder als wenn er den Sohn ermächtigt, sich mit der Gottesformel »Ich bin« vorzustellen (8,24.28; 8,58; 13,19; 18,5)[77]. Denn damit wird Jesus als der erwiesen, der den Leben gewährenden Vater, den die Menschen erleuchtenden (8,12) und bewahrenden (10,11) Gott in die Erfahrung der Menschen hineinbringt.

Jetzt kommt die Wechselseitigkeit des Verherrlichungsgeschehens ungehindert an den Tag. Jesus verherrlicht Gott, indem er sich von Gott senden läßt, das Werk des Sendenden tut und ihn als Gott in der Welt begreifbar macht. Und eben darin wird Jesus von Gott verherrlicht, der ihn den Gesendeten sein läßt, den Einen, in dem der Vater präsent wird – und alle anderen sind illegitime Gesandte (14,6b; 10,5.10.12f). – Man spürt die Überlegtheit dieser Konzeption der wechselseitigen Verherrlichung, und ihr Besonderes wird deutlich, wenn man sie mit dem vergleicht, was die sonstigen Schriften des Neuen Testaments zu diesem Thema zu bieten haben. Hier ist Mk 9,2–8 zu nennen, wo Jesus in apokalyptischer Vorwegnahme als der von himmlischer Doxa Umgebene erscheint. Lukas bringt Jesus einige Male mit der Doxa Gottes in Verbindung (2,9.14.32); Paulus steuert 2Kor 4,6 bei: Auf dem Angesicht Jesu liegt Gottes Doxa. Das ist viel. Gegenüber der johanneischen Konzeption ist es verschwindend gering. Welch einen Weg ist johanneisches Denken gegangen! Und wie kam es zu seiner Konzeption?

(3) *Die Zeit der Verherrlichung.* Fragt man nach dem Wann der Verherrlichung Jesu, so stößt man auf anscheinend widersprüchliche Antworten. 1,14 erklärt ausdrücklich, daß man am Menschgewordenen Gottes ganze Doxa geschaut habe; aber in 17,1 wendet sich der Abschiednehmende an den Vater mit

---

[76] Bultmann 199f.
[77] Brown 533–538.

der Bitte um Verherrlichung, wie wenn Doxa noch gänzlich ausstünde (s. auch 12,23). Gleichzeitig spricht er in 17,5.24 von der Doxa, die ihm schon in der Präexistenz eignete (in 1,1–5 ist sie als Prädikat des Logos vorausgesetzt), und laut 12,41 sah schon Jesaja Jesus in seiner Doxa. 13,31 f hingegen spricht auffälligerweise von einem Nebeneinander von bereits vollzogenem Verherrlichtsein und seinem Noch-Ausstehen (s.d.). Dazu gesellt sich das entsprechende Nebeneinander von ἐδόξασα und δοξάσω in 12,28, und hier hat man mit gewollter Sprachregelung zu rechnen. Eine extreme Äußerung enthält 7,39: In seiner vorösterlichen Existenz, in der die Glaubenden das Pneuma noch nicht empfangen hatten, war Jesus noch nicht verherrlicht worden; also erfolgt laut 7,39 die Verherrlichung erst mit Ostern (und das οὔπω von 20,17 könnte in die gleiche Richtung weisen; vgl. noch 12,16). Das aber läßt sich mit 1,14; 12,28; 13,31 und seinen Aoristen so wenig zur Deckung bringen wie mit den Präexistenzaussagen von 17,5.24. Wieder auf die Linie von 7,39 schwenkt 16,14 ein, wo die Verherrlichung Jesu das Werk des Parakleten ist, und der tritt erst nachösterlich in Aktion (s. zu 16,7). Demgegenüber sprechen Stellen wie 2,11; 17,10 ausdrücklich wieder von einer schon erfolgten Verherrlichung Jesu. Kann man eine leitende Idee in diesen scheinbar ungeordneten Gedankengängen finden?

Wir gehen von den folgenden Beobachtungen aus: Verherrlichung Jesu wird einmal als Geschehen der Vergangenheit, dann der Gegenwart, schließlich als Geschehen der Zukunft beschrieben, und in 12,28; 13,31 f wird beides ineinander verwoben. Vorausgesetzt daß solches Neben- und Ineinander beabsichtigt ist: Wie sieht die hier waltende Absicht aus?

Wir sprechen in diesem Zusammenhang nur von der Verherrlichung Jesu und ihrer Vergangenheit, Gegenwart oder Zukunft. Die Verherrlichung des Vaters wird nur am Rand von diesem zeitlichen Nebeneinander berührt. So wird in 14,13 das Verherrlichtwerden des Vaters von dem in die nachösterliche Zukunft blickenden ποιήσω abhängig gemacht. Ebenso verlegt 17,1b die Verherrlichung des Vaters in die Zukunft, freilich nicht so, daß die Herrlichkeit des Vaters in Vergangenheit und Gegenwart dadurch in Frage gestellt würde. Ähnliches gilt für 15,8. So können wir diesen Aspekt vernachlässigen.

In welchem Verhältnis steht nun die bereits empfangene bzw. ihm immer eigene Verherrlichung Jesu zu der für die Zukunft erbetenen? Eine zusätzlich zu beobachtende Differenz hilft weiter. In 11,4 wird von Herrlichkeit und verherrlichen gesprochen, wie wenn sich das Gemeinte in einem einzelnen Akt ereignete: Indem Gottes Doxa in der Auferweckung des Lazarus an den Tag kommt, empfängt Jesus seine Verherrlichung (ähnlich 2,1–11). Dagegen erscheint etwa in 1,14; 8,54; 12,41; 17,22 die Verherrlichung Jesu als ein das Ganze der Existenz Jesu umfassendes Geschehen. Die Differenz löst sich auf: Im umfassenden Prozeß der Verherrlichung Jesu stellen einzelne Akte von Verherrlichen wie 2,11; 11,4, vor allem die in der Passion sich ereignende Verherrlichung

Elemente dar, die zum Ganzen beitragen. Von da aus wird der Blick frei für die
Einsicht, daß für johanneisches Denken die Verherrlichung Jesu ein Geschehen
darstellt, das sich bereits in der Präexistenz Jesu vollzog (17,5.24), das während der Inkarnation bestimmte geschichtliche Gestaltungen und in der Passion seine entschiedenste Ausprägung erfuhr und das schließlich in das Verherrlichtsein in der Postexistenz einmündet. – Jetzt kann man die obige Frage
nach dem Verhältnis von Vergangenheit, Gegenwart und Zukunft im Verherrlichungsgeschehen beantworten: Immer und von Anfang an ist Jesus der Verherrlichte. Aber insofern seine Verherrlichung ein in immer neuen geschichtlichen Akten sich ereignender Prozeß ist, kann von ihr in der Tat sowohl als von
einem vergangenen bzw. gegenwärtigen als auch von einem zukünftigen Geschehen gesprochen werden.

Damit wird der These von Thüsing widersprochen, der im Johannesevangelium zwei
unterschiedliche Stadien des Verherrlichungsgeschehens finden möchte[78]. Das erste
Stadium umfaßt nach Thüsing die irdische Existenz Jesu, das zweite gehört in die Existenz nach seiner Erhöhung. Im ersten Stadium sind es vor allem die Wundertaten, in
denen sich die die Verherrlichung wirkende und demonstrierende Verbindung Jesu mit
dem Vater zeigt. Aber erst nachösterlich entfaltet sich Verherrlichung zu ihrer eigentlichen Wirklichkeit. Ins nachösterliche Stadium gehören die Doxa-Aussagen von c. 17
ebenso wie die Verherrlichung, die durch den Parakleten (16,14) erfolgt, dazu auch die
Verherrlichung Gottes durch die Werke der Jünger (14,13; 15,8; 21,19).
    Aber diese Unterscheidung zweier Stadien übersieht das Ineinandergreifen von ver-
gangener, gegenwärtiger und zukünftiger Verherrlichung Jesu, das auf dem grundlegenden und nie in Frage gestellten Verherrlichtsein Jesu von Uranfang an beruht. Vor
allem der innere Zusammenhang von Sendung und Verherrlichung verbietet Thüsings
Unterscheidung. Der Vater begleitet den von ihm Gesendeten auf seinem Weg
(8,16.29; 16,32). Damit ist der Gesendete während seiner Sendung Empfänger und
Träger der einen Doxa Gottes (8,54), der von Gott immer schon Bestätigte (6,27). Nirgends wird angedeutet, daß sich Verherrlichung in zwei Stufen vollziehe oder daß die
vorösterliche Verherrlichung von geringerer Qualität sei als die nachösterliche.

(4) *Verdeutlichungen.* An der Stelle, an der sich das Problem am handgreiflich-
sten präsentiert, liegt die Lösung am deutlichsten auf der Hand, dort nämlich,
wo die Passion als die Stunde der Verherrlichung bezeichnet wird (12,23; 13,1;
17,1). Diese Sätze sind Elemente einer Deutung der Passion, die in letzter Konsequenz die Kreuzigung als Akt der Erhöhung Jesu benennt, gestützt auf die
Erhöhungsaussagen von 3,14; 8,28; 12,32.34 und in c. 18 f in eine Erzählung
umgesetzt, die den Weg Jesu zum Kreuz als das die Welt angehende Inthronisa-
tionsgeschehen schildert. Da Erhöhung sachlich mit Verherrlichung gleichzusetzen ist, werden von solcher Deutung der Passion Äußerungen wie die von
7,39; 12,16 verständlich, die vor der Passion Jesus die Verherrlichung abzusprechen scheinen. Nur werden diese Äußerungen durch Sätze wie 1,14; 8,54; 12,28
und ganz entschieden durch die Idee des von der Doxa Gottes begleiteten Boten

---

[78] THÜSING, Erhöhung 48.101.159–165.226–233.

Gottes relativiert. Immerhin zwingen sie zu der Frage, wie angesichts bereits erfolgter oder erfolgender Verherrlichung die Passion als *der* Akt der Verherrlichung hervorgehoben werden kann. Die Antwort ergibt sich von der johanneischen Sicht der Passion her: Mit der Passion kehrt der Gesendete in die Doxa zurück, die ihm früher eignete. Im Rahmen des Gesamtentwurfs wird damit die Passion zur letztgültigen Bestätigung der Zugehörigkeit Jesu zum Vater, und in solcher Zugehörigkeit besteht seine Doxa von Anfang an. 7,39; 12,16 und die anderen von der zukünftigen Verherrlichung sprechenden Sätze haben ihre Gültigkeit, indem *diese* Bestätigung noch aussteht. Aber nur dieser letzte Schritt steht noch aus, und der Charakter Jesu als des von Gott Gesendeten und Bejahten (6,27) und damit schon Verherrlichten wird dadurch nicht in Frage gestellt.

Eine andere, sich damit verbindende Lösung des Problems ist im menschlichen Erkennen der Doxa zu finden (S. 275f). Die Doxa des Irdischen, von der Welt nicht erkannt (1,10f), gewinnt zwar keine höhere Qualität durch die Rückkehr Jesu zum Vater, der ihn nie allein gelassen hat (8,29; 16,32) und mit dem Jesus immer durch das Medium des Erkennens verbunden ist (8,55). Auch ist die in 1,14 genannte Doxa inhaltlich nicht zu überbieten, selbst nicht durch das Wiedereintreten Jesu in die Doxa seiner Präexistenz (17,5.24). Wohl aber ändert sich die Qualität menschlichen Erkennens gegenüber der Doxa Jesu. Zwar streitet Johannes nicht ab, daß es da und dort solches Erkennen schon vorösterlich gab. Aber es handelt sich etwa in 2,11 um ein faktisch eingegrenztes Erkennen (vgl. 16,29f, wo die Jünger in einem verfehlten Erkennen stehen). Und wenn in 2,22; 12,16 den Jüngern Unverständnis bescheinigt wird, dann bezieht sich das auch auf die Jesus eignende Doxa, wie denn der in 14,9 dem Philippus zuteil werdende Tadel wegen ungenügenden Erkennens grundsätzlich für die Qualität des vorösterlichen Erkennens nicht nur der Welt – die versteht von Jesus gar nichts –, sondern auch der Jünger gilt. Nach der Passion aber, sagt 8,28, wird man die Gültigkeit des »Ich bin es« erkennen. Dann wird den Jüngern das Wort Jesu wahrhaft verstehbar (16,25) und die Ereignisse um Jesus werden sich ihnen in ihrem wahren Sinn erschließen (12,16). Dann werden die Jünger auch die Doxa Jesu besser als vorher verstehen – wenn sie denn vorher überhaupt verstanden haben –, weil ihre in seinem Namen ergehende Bitte unbedingte Erhörung findet, und in solcher Erhörung ereignet sich für die Jünger die Verherrlichung des Vaters im Sohn (14,13). Dann werden die Jünger ihr Jüngersein als die wahrhaft Erkennenden leben und auf diese Weise den Vater verherrlichen (15,8), ebenso wie sie die Werke Jesu nachösterlich weiterführen und zu ihrer eigentlichen Geltung bringen werden (s. zu 14,12 und S. 89–92).

Wir beobachten an dieser Stelle eine exakte Parallele zur Rede vom Parakleten, der Jesus *nachösterlich* verherrlicht (16,14), indem er den Jüngern das wirkliche Verstehen Jesu gewährt (14,26), und darin ist das Verstehen seiner Doxa eingeschlossen. Von der Passion an also wird den Menschen die vorher unbegreifbare Doxa Jesu begreifbar, und erst als begriffene tritt sie wirkend in die Geschichte der Menschen ein. Man wird an den einzelnen Stellen zu fragen haben, wie weit die johanneische Rede von der erst zukünftigen Verherrlichung Jesu genau genommen nicht diese Verherrlichung selbst meint, sondern das menschliche Verstehen der Verherrlichung, und man wird regelmäßig zur zweiten Antwort geführt werden.

d) Verherrlichung Jesu als Antwort im Streit

Welche Voraussetzungen liegen dieser Besinnung über die Verherrlichung Jesu zugrunde? Was motivierte das Johannesevangelium als einzige Schrift des Neuen Testaments (die johanneischen Briefe schweigen davon), seine Christologie mithilfe der Idee der Verherrlichung Jesu so überlegt zu gestalten? Man kann hier die theologische Spekulation eines einzelnen am Werk sehen, der einer dem urchristlichen Enthusiasmus zuzuordnenden Sondergruppe angehörte[79]. Der Autor sei anders und tiefer als seine Zeitgenossen in das Geheimnis der Geschichte Jesu eingedrungen, habe die Herrlichkeit des Erhöhten schon in das Bild des Irdischen eingezeichnet. Freilich habe er für seine meditativen Einsichten einen hohen Preis zahlen müssen: Das Johannesevangelium mute infolge solcher Christologie »seltsam unirdisch« an[80]. Was hat es noch mit dem realen irdischen Jesus zu tun?

Nun ist johanneische Christologie in der Tat stellenweise merkwürdig weit entfernt von der Gestalt und Geschichte des galiläischen Wanderpredigers Jesus von Nazareth, so sehr sie in die Wirkung dieser Geschichte hineingehört. Aber solche Entfernung ist die Kehrseite der Aktualität, in der diese Christologie an den inneren und äußeren Auseinandersetzungen der johanneischen Gemeinde Anteil hat. Die Christologie des Johannesevangeliums ist nicht abseits der Geschichte gedacht und formuliert worden, sondern ist Zeugnis dieser Geschichte. So gehört es zu unserer Aufgabe, auch den Text von c. 17 als Zeugnis dieser Auseinandersetzungen zum Sprechen zu bringen. Man geht nicht zu weit, wenn man behauptet, daß johanneische Christologie insgesamt und also auch in c. 17 umso begreifbarer wird, je konsequenter man sie in den inneren und äußeren Kämpfen der Gemeinde verwurzelt sein läßt (von johanneischer Eschatologie ist dasselbe zu sagen, s. S. 100f). Gewiß wäre sie nicht entstanden ohne eine Persönlichkeit von ungewöhnlicher kirchlicher Stärke und theologischer Tiefe. Aber auch diese hat nicht jenseits der Geschichte gelebt und gedacht, sondern sie hat ihren Ort in den Auseinandersetzungen, die die johanneische Gemeinde vorwiegend mit der Synagoge auszufechten hatte. Daneben tritt die Tendenz, sich christologisch gegenüber anderen Gruppen der frühen Kirche zu profilieren, von dem Bewußtsein geleitet: Wir haben Jesus besser verstanden als andere[81]. Erkennt man also in der johanneischen Christo-

---

[79] Käsemann, Wille 50f.85–87.
[80] Käsemann 86.
[81] Brown, Ringen 58–70.

logie wohlbedachte Antworten auf synagogale Angriffe und Antworten auf
innerkirchliche Problemstellungen, dann dürfte man den geschichtlichen Bedingungen nahestehen, aus denen diese Christologie hervorgewachsen ist.

So verdankt sich die Rede von der Passion als der Verherrlichung nicht nur
einem besonders tief eindringenden Besinnen in die Passion Jesu. Sie ist ineins
damit auch Antwort auf synagogale Polemik. Die Synagoge konnte von ihrer
Tradition und ihrem Selbstverständnis her nicht anders, als die noch Jahrzehnte
zu ihr gehörenden jüdischen Jesusanhänger zu fragen, mit welchem Recht sie
den galiläischen Wanderprediger und Wundertäter zum Ziel ihrer Hoffnung,
zum Zentrum ihres Gottesdienstes und zum Fundament ihres Ethos machten,
wie sie dazu kämen, ihm Präexistenz zuzuschreiben und ihn so nahe an Gott zu
rücken, daß er – unerträgliche Lästerung – mit Gott gleichgesetzt werde (5,18).

Es bedarf nur geringer Anstrengung, die Dinge, die wir in christlicher Perspektive zu
sehen gewohnt sind, einmal mit den Augen der Synagoge anzusehen, und ihr Empfinden gegenüber den Jesusanhängern nachzuvollziehen. Welch eine Verblendung muß
über die hereingebrochen sein, die einen zurecht Verurteilten (11,49f;19,7), einen ans
Kreuz Geschlagenen zum Messias erhoben! Der Jesus, der die Tora nicht studiert hat
(7,15), der nicht aus Bethlehem stammt, wie es sich für den Messias gebührt (7,41f),
sondern aus dem schäbigen Nazareth (1,46), der ebenso wenig, wie man es von einer
bestimmten Messianologie her erwartet, der Verborgenheit Gottes entstiegen war – nur
zu genau kennt man seine Herkunft (6,42; 7,27) –, der nicht einmal seinen Auslieferer
durchschaut hat (6,64.70f), der erwiesenermaßen den Sabbat brach (5,9–11; 9,14–16),
der seinen verfehlten Weg schließlich am Kreuz, unter dem Fluch der Tora also (Dtn
21,22f, in 19,31 durchscheinend) beendet hat – hat er nicht mit all dem genug bewiesen,
daß es mit seiner Messianität nichts auf sich hat?[82]

Weite Teile des Johannesevangeliums sind der Auseinandersetzung mit diesen
Vorwürfen gewidmet. Man wird den betreffenden Passagen also nur in einge-
grenztem Maß gerecht, wenn man sie als sorgfältig ausgedachte Lehre oder als
theologische Besinnung des Evangelisten hinnimmt. Solche Besinnungen wurden herausgefordert durch die Polemik der Synagoge, und sie sind ihrerseits
Ausdruck der Gemeindepolemik gegen die Synagoge, sind also Zeugnisse einer von uns bis zu einem gewissen Grad nacherlebbaren Geschichte. Man wird
durch solche Einsicht allerdings zu der Frage geführt, wie weit diese Zeugnisse,
die in einen bestimmten historischen Kontext gehören, über ihren geschichtlichen Ort hinaus grundsätzliche Geltung beanspruchen können.

Aber von diesem Problem sehen wir jetzt ab und fragen, inwiefern die Rede
von der Verherrlichung Jesu aus dem geschichtlichen Zusammenhang, in den
sie gehört, erklärbar wird. Nun weiß man, daß die Synagoge von Anfang an
sich gegen die judenchristliche Verkündigung von Jesus als dem Messias Israels
mit dem Argument zur Wehr gesetzt hat, daß es widersinnig sei, einen ans
Kreuz Geschlagenen, einen von der Tora Verfluchten (Dtn 21,22f) als den von

---

[82] WENGST, Gemeinde 62–73.

Gott gesandten Messias zu proklamieren[83]. Hört man die johanneische Rede von der im Kreuzestod erfolgten Erhöhung Jesu zum Vater als Antwort auf diese synagogale Rede vom Fluchtod Jesu, dann erhält sie ein neues Profil: Der ans Kreuz erhöht (3,14; 8,28; 12,32.34) und damit der äußersten Schande und dem göttlichen Fluch preisgegeben wurde, hat dabei seine Erhöhung zu Gott erfahren. Wer zu sehen vermag, sieht, daß er im Akt der Erhöhung ans Kreuz den letzten Schritt in die Doxa des Vaters tat.

Dies ist – neben der paulinischen Deutung des Kreuzes in Gal 3,13f[84] – unter allen denkbaren Antworten auf die Polemik der Synagoge die kühnste. Man hat in der johanneischen Gemeinde das Wort vom Kreuz nicht zurückgedrängt, wie es etwa in den Missionsreden der Apostelgeschichte geschieht; man hat es nicht entschärft, wie das bei Ignatius von Antiochia[85] und dann in doketischer Christologie zu beobachten ist[86], und tut man nicht schon in Kol 2,14 und 1Pt 2,24 Schritte hin zur Entschärfung der schockierenden Rede vom gekreuzigten Christus? Das Johannesevangelium bestreitet auch nicht die geschichtliche Richtigkeit der synagogalen Angriffe; so behauptet es in 7,41f nicht die Bethlehemgeburt und läßt die Tat des Judas sein, was sie ist. Vielmehr begegnet dieses Evangelium den synagogalen Angriffen mit einem christologisch begründeten Gegenangriff, der sein Zentrum in der Rede von der Passion als der Stunde der sich vollendenden Doxa Jesu hat. In der Erfahrung vollendeter Nichtigkeit empfing Jesus die Verherrlichung, die ihm in seinem Sein beim Vater vor der Schöpfung der Welt eigen war (17,5.24). Umstürzender und kühner konnte das Kreuz nicht interpretiert werden. Und diese Interpretation wird umso verständlicher, je klarer man sieht, wie sie aus der Auseinandersetzung mit der Synagoge hervorgewachsen ist.

2. Der Sohn bittet um die Bewahrung der Gemeinde 7,6–13

a) Einführung

Der Abschnitt gliedert sich in drei Satzgruppen: v. 6–8 bedenkt die Offenbarung des Namens und der Worte; v. 9–11a grenzt die Fürbitte ab und begründet sie; v. 11b–13 enthält die Fürbitte und begründet sie erneut.

v. 6–8.
v. 6. σοί ist nicht Dativ des Personalpronomens (so in v. 9), sondern Nominativ Pl. des Possessivpronomens σός[87]. – λόγος fungiert hier nicht wie im Prolog als Jesustitel,

---

[83] Dietzfelbinger, Berufung 33–42.

[84] Dietzfelbinger, Berufung 129–137.

[85] IgnEph 9,1: Das Kreuz ist das Hebewerkzeug Christi, durch das die Glaubenden mittels eines Seils, nämlich des heiligen Geistes, zum Tempel Gottes hinaufgezogen werden.

[86] M. Hengel, Crucifixion, London 1977, S. 15–21.

[87] Zahn 609 Anm. 53; Bultmann 381 Anm. 6.

sondern meint das im Wort Jesu an die Menschen ergehende Wort Gottes[88]. – λόγον τηρεῖν: 8,51.52.55; 14,23 f (s.d.); 15,20.

v. 7. Eigentlich verlangt das pluralische Neutrum πάντα den Singular ἐστίν; so korrekt in v. 10[89]. – εἶναι παρὰ θεοῦ von Gott stammen[90].

v. 8. Durch ἀληθῶς (wahrhaftig, wirklich, tatsächlich) wird γινώσκειν als echtes, nicht irrendes Erkennen qualifiziert. – ῥήματα ist Plural zu λόγος[91].

v. 8. ist zu einem Teil variierende Parallele zu v. 6 f und wird darum von Becker als Dublette von v. 6 f und als sekundärer Einschub beurteilt[92]. Aber wenn man, wie auch Becker es tut, das doppelte ἔδωκας in v. 6 und das dreifache ὧν (ᾧ) δέδωκας in v. 9.11.12 akzeptiert, kann man den Parallelcharakter von v. 8 nicht gegen seine Originalität ausspielen. Wir übersehen nicht die Eigenwilligkeiten von v. 8 (s. u.), beurteilen ihn aber nicht als sekundäre Dublette, sondern als originale Variante zu v. 6 f. Man kann die Eigenart von v. 8 verdeutlichen.

v. 6. ἐφανέρωσα σου τὸ ὄνομα τοῖς ἀνθρώποις
  οὓς ἔδωκάς μοι ἐκ τοῦ κόσμου.
  σοὶ ἦσαν κἀμοὶ αὐτοὺς ἔδωκας
  καὶ τὸν λόγον σου τετήρηκαν.

v. 8. ὅτι τὰ ῥήματα ἃ ἔδωκάς μοι
  δέδωκα αὐτοῖς
  καὶ αὐτοὶ ἔλαβον

v. 7. νῦν ἔγνωκαν ὅτι πάντα ὅσα δέδωκάς μοι
  παρὰ σοῦ εἰσιν.

καὶ ἔγνωσαν ἀληθῶς
  ὅτι παρὰ σοῦ ἐξῆλθον
  καὶ ἐπίστευσαν
  ὅτι σύ με ἀπέστειλας.

Die letzte Zeile von v. 6 wird also in den ersten drei Zeilen von v. 8 erläutert, und die Legitimationsaussage von v. 7 wird zur doppelt formulierten Sendungsaussage in v. 8 (die letzten vier Zeilen), die sich damit als erklärende Parallele erweist. λόγος in v. 6 wird zu ῥήματα in v. 8. Der Weg dieser Worte von Gott über Jesus zu den Jüngern wird eigens benannt, so wie in 15,9 f der Weg der Liebe vom Vater über den Sohn zur Gemeinde benannt wird. τετήρηκαν v. 6 wird in v. 8 durch ἔλαβον ersetzt; auf diesem Wort liegt der Ton.

v. 9–11a.

v. 9. Zu ἐρωτάω vgl. die Aufstellung zu 16,5. In 17,9.15.20 wird ἐρωτάω ohne personales Objekt gebraucht, anders in 14,16; 16,26. – περί steht für ὑπέρ[93]. περὶ ὧν = περὶ τούτων οὕς.

v. 10. Das maskuline περὶ αὐτῶν wechselt ins neutrische τὰ ἐμά und σά und kehrt im maskulinen αὐτοί in v. 11 ff wieder; neutrum freilich auch in v. 2.4.

v. 11a. Das zweite καί ist adversativ zu übersetzen[94]. – Daß ἔρχομαι eine engere Beziehung zum Vater ausdrücke als πορεύομαι (14,2 u.ö.) und ὑπάγω (16,5 u.ö.)[95], ist von 14,12.28; 16,28; 16,10.17 so gut wie ausgeschlossen.

---

[88] RITT, EWNT II 885 f; BULTMANN, Theologie 90 f.
[89] BDR 133.
[90] Br s.v. παρά I 1.
[91] UNTERGASSMAIR, Name 77 f.
[92] BECKER, Aufbau 75.
[93] Br s.v. περί 1 f; BDR 229,1 und Anm. 4.
[94] BDR 442,1a.
[95] So BROWN 758 f.

Die Einleitung zur Bitte, die Becker hier finden möchte (s. S. 264 f), füllt v. 9–11a sichtlich nicht aus. Mindestens v. 10a geht darüber hinaus. Darum streicht Becker nicht nur v. 10a, sondern auch v. 11a[96]. So erhält er mit v. 9.10b einen gattungsgemäßen Text. Zudem schließt v. 10b gut an v. 9 an (und v. 11b ebenso gut an v. 10b). Trotzdem ist gegenüber dem Becker'schen Vorschlag Vorsicht geboten.

– Man kann in v. 9+10+11a drei kleine Einheiten finden, die ihrerseits jeweils aus drei Elementen bestehen. Das läßt fragen, ob man nicht mit einer wohlangelegten Satzfolge zu tun hat, aus der nichts herausgebrochen werden darf.
– Die reziproke Aussage in v. 10a kann (sie muß freilich nicht) originale Auslegung der Rede von der Besitzübergabe in v. 9b (für die, die du mir gegeben hast, weil sie dein sind) sein.
– v. 11a schließlich kann als sinnvolle Vorbereitung zu v. 11b–13 verstanden werden.

Zwar hat man offen zu sein für die Überlegung, daß ein ursprünglicher Text erweitert werden konnte, und für v. 3 ist das wahrscheinlich. Aber man sollte für das Urteil »sekundär« immer eine tragfähige Begründung fordern. Nimmt Becker hier Streichungen vor, um seine Gattung »Einleitung zur Bitte« zu retten? Davon abgesehen ist nicht zu vergessen: Selbst wenn der jetzige Text Ergebnis einer Erweiterung ist, müßte er als der uns vorliegende Text gewürdigt werden.

v. 11b–13.

v. 11b. Ist ἐν instrumental oder lokal zu verstehen? Vermutlich ist die Alternative nicht angebracht und der Leser soll beide Möglichkeiten wahrnehmen. – ᾧ ist die schwerere Lesart gegenüber οὕς[97].

Das Thema Einheit der Gemeinde rückt in v. 21–23 ins Zentrum und klingt hier nur an. Da einige Zeugen den ἵνα-Satz in v. 11b weglassen, beurteilt Brown (nicht Becker!) ihn als sekundäre Ergänzung. Vielleicht ist er das; aber ebenso ist auch die Originalität des Satzes möglich[98], und man hätte dann eines der Beispiele dafür, wie die Motive in c. 17 sich durchdringen (s. S. 267).

Ein Zwischengedanke füllt v. 12b: Die Ausnahme des einen nicht bewahrten Menschen. In Parallele zu 13,18 f wird das für die Gemeinde schwer ertragbare Rätsel des Judas angesprochen (6,64.71 f; 12,4–6; 13,2.26–30; 18,2–5), das ertragbar gemacht werden muß, und ertragbar wird das Judasgeschehen, wenn es als ein in der Schrift angesagtes Geschehen erkannt wird. Aber welche Funktion hat die Judas-Bemerkung in diesem Zusammenhang? Becker erklärt v. 12b für einen Einschub[99], weil für Judas eigentlich in c. 17 kein Platz sei. Auch stört

---

[96] BECKER, Aufbau 75.
[97] BROWN 759; BARRETT 491; ausführlich UNTERGASSMAIR, Name 90 f.
[98] BARRETT 492.
[99] BECKER, Aufbau 73; SCHNACKENBURG III 207 pflichtet ihm bei, ebenso RITT, Gebet 250. BROWN 760 denkt an einen prosaischen Einschub in den Hymnus c. 17, eine Entsprechung zu v. 3. Zu Judas im Joh-Ev s. KNÖPPLER, theologia crucis 217–227, hier S. 225 f.

v. 12b den engen Zusammenhang zwischen v. 12a und v. 13. Ein späteres Eindringen der Bemerkung über Judas läßt sich erklären: Man suchte Antwort auf
die aus v. 12a hervorgehende Frage, wie Judas, der zu den Jesus vom Vater
»Gegebenen« gehörte, zur apokalyptischen Unheilsfigur werden konnte.

υἱὸς τῆς ἀπωλείας ist Semitismus[100]; derselbe Begriff begegnet in prv 24,22a LXX,
ähnlich Jes 57,4 LXX. 2Thess 2,3 beweist seine Zugehörigkeit zur Sprache der Apokalyptik[101]. Seine johanneische Verwendung – denn auch wenn v. 12b sekundär ist,
kommt er aus der johanneischen Gemeinde – zeigt, wie man mithilfe apokalyptischer
Sprache die Gegenwart zu deuten sucht.

b) Exegese

v. 6–8 enthält einen ausführlichen Rechenschaftsbericht, der über das Thema
Rechenschaft weit hinausgreift. Von daher wird verständlich, daß manche diesen Abschnitt als eigenen Teil innerhalb von c. 17 werten oder daß man ihn mit
v. 1–5 zu einer größeren Einheit zusammenzieht (S. 263 f). Aber die Verwendung von ὄνομα in v. 6.11.12 (sonst nur noch in v. 26) bindet v. 6–8 an v. 9–13,
und auch das Verbum τηρέω, das in v. 6 einerseits, in v. 11 f anderseits steht
(sonst nur noch in v. 15), spricht für die Zusammengehörigkeit von v. 6–13.

v. 6. Jetzt wird die Behauptung »ich habe dich verherrlicht« (v. 4) mit Inhalt
gefüllt, wird die Frage beantwortet, wie sich die Verherrlichung des Vaters
durch Jesus ereignet: Indem Jesus den Menschen den Namen Gottes offenbarte,
hat er Gott für die Menschen verstehbar gemacht (für welche Menschen?).
Dadurch wurden sie befähigt, das Wort Gottes zu bewahren, zu verstehen und
verstehend daran festzuhalten (v. 8). So ereignet sich die Verherrlichung Gottes durch Jesus.

Die allgemeine und umfassende Wendung τοῖς ἀνθρώποις wird durch den
folgenden Relativsatz (die du mir aus der Welt gegeben hast) präzisiert und eingeschränkt, und durch die Begründung (denn sie sind die Deinen) näher bestimmt. Es handelt sich also nicht um die Menschen insgesamt, sondern um die
aus der Welt Ausgegrenzten, und ihr Ausgegrenztsein vollzieht sich darin, daß
Jesus ihnen den Namen Gottes offenbart. Seine Exousia über alles Fleisch (v. 2)
wird somit nur für einen Teil der Menschen soteriologisch aktuell und wirksam.
Das in v. 2 beobachtete prädestinatianische Element meldet sich verstärkt zu
Wort. Denn gehören nicht alle Menschen, auch die Jesus nicht »gegebenen«, zu
Gott, damit zur Schöpfung, sei es auch als Teil der sich gegen Gott verschließen-
den Schöpfung? So weiß es biblischer Schöpfungsglaube. Wie kann dann der
Satz σοὶ ἦσαν hier in unzweifelhaft ausschließendem Sinn gebraucht werden?

---

[100] Ausführlich Brown 760; auch E. Schweizer, ThWNT VIII 347,3 ff; E. Lohse,
ThWNT VIII 359 f.
[101] W. Trilling, Der zweite Brief an die Thessalonicher (EKK XIV), Neukirchen 1980,
S. 81–87.

Zwischen dem Empfang des Gottesnamens und dem Bewahren des Gottes-
wortes besteht ein ursächlicher Zusammenhang: Wem Gott durch die Offenbarung des Namens verstehbar geworden ist, der ist in der Lage, sein Wort zu
begreifen und zu bewahren. Denn »Name Gottes« besagt: Gott in seinem
durch Jesus geschehenden Sich-bekannt-Machen, und Logos meint die Rede,
durch die Gott bekannt gemacht wird. Sie wird von jenen Menschen verstehend festgehalten.

v. 7 gibt die Folge von v. 6 an und hebt das dort Gesagte auf eine neue Ebene.
Die Menschen haben erkannt, daß alles, was Jesus empfangen und was er ihnen
vermittelt hat, tatsächlich vom Vater stammt, also nicht erfunden oder wider-
rechtlich usurpiert wurde. Damit haben sie Jesus als den Boten erkannt, dem
Gott πάντα, seinen ganzen »Besitz« anvertraut hat. Diese Besitzübertragung
aktualisiert sich in der Sendung Jesu, in der Gottes Sein für die Menschen in
die Geschichte der Menschen eintritt. – Man spürt die Strenge der Beweisfüh-
rung. Verrät sich darin eine Art Legitimierungsdruck, unter dem die Gemeinde
steht?

Das νῦν hat sein besonderes Gewicht für das Erkennen der Menschen: Jetzt,
»angesichts des Todes, der sonst das Band zwischen Mensch und Mensch zer-
reißt, gewinnen sie erst das rechte Verhältnis zu ihm«[102]. Dabei liegt der Ton
nicht auf dem Tod als dem Ende Jesu, sondern auf der mit dem Tod erreichten
Vollendung des Gott offenbarenden Werkes Jesu. νῦν ἔγνωκαν spricht also
vom menschlichen Erkennen, das im Augenblick der Vollendung Jesu geschieht und das damit an dieser Vollendung teilhat. Das erinnert an die paulinische Rede vom eschatologischen Erkennen in 1Kor 13,12. Während aber Paulus solches Erkennen von der Zukunft erwartet, hat es in v. 7 seinen Ort in der
Gegenwart der glaubenden Gemeinde.

v. 8. Man kann die in v. 8 erfolgende Interpretation von v. 6 f etwa so bestimmen: Das Vermitteln des göttlichen Namens an die Jünger mit seinen Auswir-
kungen (v. 6 f) erfolgt durch das Vermitteln der Worte, die Jesus vom Vater
empfangen hat (v. 8), und dadurch wird nicht nur die Erkenntnis der legitimen
Bevollmächtigung Jesu (v. 7) vermittelt, sondern auch die Erkenntnis, daß er
vom Vater ausgegangen und somit der Gesendete ist. Solche Erkenntnis, die
auf dem verstehenden Erfassen der Worte Jesu (ἔλαβον) beruht, wird durch das
Adverb »wahrhaftig« charakterisiert. Wieder fragt man angesichts solcher Beteuerung, ob hier ein Zwang zur Legitimierung am Werk ist.

v. 9–11a. Erst hier beginnt die eigentliche Fürbitte Jesu für die Jünger. Dabei
tritt der Zusammenhang des für die Jünger Erbetenen mit der Verherrlichung
Jesu zutage: Indem die Jünger kraft der Fürbitte Jesu durch den Namen Gottes
bewahrt werden und als so Bewahrte in der Welt die Sendung Jesu fortführen
(v. 11b.18), wird Jesus durch sie verherrlicht (v. 10b).

---

[102] BULTMANN 381.

v. 9. Von dieser Fürbitte wird die Welt ausdrücklich ausgeschlossen. Eine derartige Abgrenzung findet man sonst nirgends im Neuen Testament. Wie ist sie hier gemeint? Vor einer gnostisierenden Interpretation, die in v. 9 eine grundsätzliche Verwerfung der Welt findet, warnt schon die Begründung, mit der die Welt aus der Fürbitte Jesu ausgeschlossen wird; es wird auf die Eigentumsverhältnisse verwiesen: Die Jünger sind die Gott Zugehörigen, während der Kosmos nicht zu dem gehört, was Jesus vom Vater gegeben wurde. Das Problem von v. 2.6 ist also weiter gegenwärtig, und der Satz ὅτι σοί εἰσιν entspricht dem σοὶ ἦσαν von v. 6b. Damit ist aber nur ein erster Schritt zum Verstehen getan.

Mit einer Interpretation, die aus v. 9 herausliest, daß der Kosmos überhaupt nicht zum Eigentum Gottes gehöre, verließe man nicht nur den Boden biblischen Denkens, sondern auch den des Johannesevangeliums und speziell seines 17. Kapitels (v. 18.21. 23). – Die ausdrücklich auf die Gemeinde beschränkte Fürbitte erinnert an 1Joh 5,16b. Dort freilich findet jene Abgrenzung nicht zwischen Gemeinde und Welt, sondern innerhalb der Gemeinde statt[103].

Der weitergehende Verstehensversuch wird von dem geschichtlichen Kontext ausgehen in der Hoffnung, von ihm her jene Ausgrenzung der Welt von der Lage der johanneischen Gemeine her erklären zu können. Diese sieht sich von der Welt, von der Synagoge und vielleicht nicht nur von ihr verfolgt (15,18– 16,4a), erfährt also die Welt, gerade die religiöse Welt als die sich Gottes Anspruch – er ergeht in der Verkündigung der Gemeinde – verschließende Welt, und dadurch erscheint sie »als der gnadenlose Bereich des Unglaubens und des Unheils«[104]. Dieser Welt gegenüber, so könnte man folgern, muß Jesu Fürbitte stumm bleiben, und wenn Fürbitte laut würde, könnte sie nur darauf abzielen, daß die Welt aufhörte, Welt im oben dargestellten Sinn zu sein. Dann wäre v. 9 als aktuelle Abgrenzung von der Welt zu interpretieren, als Akt der Selbstbehauptung in schlimmer Bedrängnis, aber ohne eine theologisch begründete Tendenz, dem Kosmos, gerade dem der Sünde verfallenen Kosmos, seinen Charakter als Schöpfung und Eigentum Gottes abzusprechen.

Aber vermutlich braucht man v. 9 gar nicht mit so schwerem Gewicht zu behängen, wenn man, den literarischen Kontext bedenkend, v. 9 als Vorbereitung der Bitte um Einheit der Gemeinde (v. 11b) versteht. Diese Bitte kann von ihrem Inhalt und vom Wesen der Gemeinde her nur der Gemeinde, nicht aber der Welt gelten[105]. Dann verneint also v. 9 nicht grundsätzlich jede Bitte Jesu (und damit auch der Gemeinde) für die Welt, sondern erklärt: Jene Bitte von v. 11b wäre im Blick auf die Welt gänzlich unangemessen, da sie Welt ist und nicht die aus der Welt ausgegrenzte *eine* Gemeinde. Diese Auslegung fügt sich

---

[103] Näheres bei KLAUCK, 1Joh 326–330.
[104] BLANK 269.
[105] BULTMANN 382.

in den Kontext von c. 17 ein und widerspricht nicht der Hoffnung für die Welt, die sich in v. 21.23 äußert.

v. 10 erinnert noch einmal an die »Besitzverhältnisse«. Gott hat Jesus seinen Besitz übertragen: Die ihm gehörenden Menschen hat er an Jesus übergeben, der nun für sie eintritt. Solche Besitzübertragung ist für das Johannesevangelium nichts anderes als Ausdruck für die zwischen Gott und Jesus bestehende Einheit im Sein und im Wirken[106]. – Durch v. 10a wird der gewichtige Satz in v. 10b vorbereitet. Ob man ἐν räumlich oder instrumental faßt, bleibt sich gleich. Jesus ist der in der Gemeinde und durch sie Verherrlichte; das Perfekt gibt das jetzt Gültige wieder. Das meint: Die Gemeinde ist der Ort, an dem Jesus zur Geltung kommt als der, der er ist, als der, in dem Gott in der Welt präsent wird und durch den Gottes schöpferisches und richtendes Wirken an der Welt sich vollzieht (5,21 f). Indem Jesus so durch die Gemeinde vergegenwärtigt wird (16,8–11), indem die Gemeinde in ihrem Wort und in ihrer Existenz Jesus als den von Gott Gesendeten bekennt, ist er der in der Gemeinde und durch sie Verherrlichte. Die Rede von der Sendung der Gemeinde in v. 18 kündigt sich an.

v. 11a ruft wie v. 2 und wie das νῦν von v. 5.7 dem Leser die Situation des Abschieds ins Gedächtnis. Dabei spricht v. 11a, wie wenn Jesus schon in die Doxa des Vaters zurückgekehrt wäre. Aber der Satz ist ein besonders beredtes Beispiel für die das Johannesevangelium und vor allem c. 17 durchziehende Horizontverschmelzung: Der zu den Jüngern sprechende Jesus spricht bereits als der zum Vater Gegangene; der Vergangene und der Gegenwärtige werden zur Einheit. Das Schwebende der Zeitangaben kommt auch in dem folgenden Satz »ich gehe zu dir« zum Ausdruck, der die Worte »ich bin nicht mehr in der Welt« als Vorwegnahme des erst Eintretenden erscheinen läßt. – Zum Inhalt von v. 11a: Während Jesus in v. 5 von der Folge seines Fortgehens für sich selbst spricht, kommt hier die für die Gemeinde eintretende Folge in den Blick: Sie bleibt schutzlos in der Welt zurück, und unvermeidlich wird die Frage laut, wer schützend an ihre Seite treten wird. Die weitere Frage ergibt sich daraus: Wer wird das, was laut v. 6–8 in der Gemeinde geschehen ist, fortsetzen und so die Gemeinde als Gemeinde erhalten?

v. 11b–13 antwortet darauf mit der Bitte und ihrer nachfolgender Begründung.

v. 11b. Die Anrede πάτερ ἅγιε oder die Gottesbezeichnung πατὴρ ἅγιος begegnen auch außerhalb des Neuen Testaments (Did 10,2; Test Jud 24,2), auch außerhalb des christlichen Bereichs[107]. Wir haben hier den biblischen

---

[106] BÜHNER, Der Gesandte 229 f.233 f.

[107] G. SCHRENK, ThWNT V 997 Anm. 310. – Man hat in v. 11b eine Beziehung zum Vaterunser sehen wollen; dazu vgl. W. SCHENKE, Die Um-Codierungen der matthäischen Unser-Vater-Redaktion in Joh 17, in: John and the Synoptics, ed. by A. DENAUX, Leuven, University Press 1992; aber das ist unwahrscheinlich.

Kontext von »heilig« zu bedenken. Heilig ist Gott, sofern er der der Welt gegenüber ganz Andere ist[108]. Die instrumentale Bedeutung in ἐν hat den Vorrang vor der lokalen, so sehr beide Bedeutungen mitzuhören sind[109]. Der Name Gottes ist als Machtinstrument verstanden, von dem bewahrende Kraft ausgeht. Wenn im Namen das Wesen des Namensträgers begreifbar und in welchem Grad auch immer verfügbar ist[110], wenn weiter der Namensträger von der Art ist, daß von ihm Schutz erhofft werden kann, dann steht man unmittelbar vor der johanneischen Auffassung, nach der vom Namen Gottes schützende Kraft ausgeht.

Ziel dieses Schutzes ist laut v. 11 Ende die Einheit der Gemeinde, die der Einheit zwischen Gott und Jesus entsprechen soll, wie sie ja auch in der Beziehung zwischen Gott und Jesus ihren Grund hat. Das Thema Einheit tritt in v. 21.23 ins Zentrum. Indem es hier bereits anklingt, zeigt sich sein Gewicht.

Der abschiednehmende Sohn bittet also den Vater, er möge die Gemeinde, die er, der Sohn, jetzt verläßt, in dem Namen bewahren, den er vom Vater empfangen hat und mit dem er während der Zeit seiner Sendung (v. 12: als ich bei ihnen war) die Gemeinde bewahrt hat.

v. 12 f erklärt und präzisiert v. 11 b: Was bisher Jesus getan hat, möge in Zukunft der Vater tun. Die dieser Bitte zugrundliegende Vorstellung hat Bühner beschrieben[111]. Als der, dem der Name Gottes gegeben war (v. 11b) und der darum Gottes bewahrende Macht verkörperte und vermittelte, hat Jesus das ihm aufgetragene Werk, die ihm gegebenen Menschen zu bewahren, jetzt zu Ende gebracht (die eine Ausnahme Judas wird erklärt: Die Schrift mußte erfüllt werden; das Herausfallen des Judas aus der bewahrenden Macht Jesu lag nicht am Unvermögen des Scheidenden). Da er zum Vater zurückkehrt und die Seinen verläßt (v. 13), kann er seine bisherige, die Gemeinde bewahrende Funktion nicht mehr ausüben. Darum bittet er den Vater, daß *er* diese Aufgabe übernehme. – Jesus gibt also die ihm vom Vater übertragene Aufgabe jetzt, am Ende seines Weges, dem Vater zurück; damit gibt er auch das ihm übertragene Recht auf die Menschen zurück (v. 2.6). Der Vater möge dieses Recht »zum Heil der Empfänger der Sendung«[112] selber wahrnehmen. In umfassenderer Perspektive gesehen heißt das: Gott hatte Jesus die Menschen, seinen »Besitz«, damit auch die Verantwortung für seinen Besitz übertragen, und die Betätigung dieser Verantwortung machte die Sendung Jesu aus. Diese ist auf die irdische Existenz Jesu begrenzt; folglich ist auch die darin eingeschlossene Verantwortung für die Menschen entsprechend begrenzt. Am Ende der Sendung angelangt bittet der Gesendete »den Auftrags- und Vollmachtgeber, seine

---

[108] Bultmann 384; Untergassmair, Name 83.

[109] Bultmann 385 Anm. 1; Brown 759; anders Untergassmair 86 f.

[110] H. Bietenhard, ThWNT V 248–251.

[111] Bühner, Der Gesandte 230.

[112] Bühner 261.

eigenen und ursprünglichen Rechte zu aktualisieren«, also wieder »selbst den Schutz über seinen Besitz wahrzunehmen«[113].

Nicht nur im Neuen Testament werden solche Überlegungen sonst nie vernommen. Auch innerhalb des Johannesevangeliums und sogar innerhalb von c. 17 stehen sie allein da, und eine gewisse Spannung zu der Idee von dem kraft seiner Bitte sich fortsetzenden Werk Jesu (s. S. 49f) ist unverkennbar. Zwar bedenken die vorhergehenden Abschiedsreden mehrfach die Folgen, die das Weggehen Jesu für die Gemeinde zeitigt, und in das vorausgesehene Alleinsein der Gemeinde und in ihre Bedrängnis tritt der Paraklet helfend und schützend ein (S. 219). Der Paraklet aber fehlt in c. 17, und v. 12f hebt dieses Fehlen mit Schärfe ins Bewußtsein. Es ist Gott selbst, der, das Werk Jesu übernehmend und fortführend, die Gemeinde in ihrer Zukunft bewahren soll und bewahren wird.

v. 13 fußt auf diesem Gedanken. Das Weggehen Jesu könnte die Gemeinde in die Leere absoluter Beziehungslosigkeit stürzen. Dann wäre sie, der Welt nicht zugehörig, aber in ihr bleibend (v. 11a), der Macht der Welt wehrlos preisgegeben. Angesichts dieser Bedrohung spricht Jesus ausdrücklich »in der Welt« und also für die Gemeinde hörbar die ihr geltende und unbedingt wirksame Fürbitte um künftige Bewahrung durch den Vater. Zu welchem Ziel hin wird die Gemeinde bewahrt? Damit wendet sich der Blick auf v. 14ff.

Woran ist bei ταῦτα gedacht? An die Bitte um Bewahrung von v. 11b.12? An das ganze c. 17? Oder an die Abschiedsreden insgesamt? Aber liegt eine exklusive Antwort in der Absicht des Textes? Ihm könnte am Schwebenden der verschiedenen Möglichkeiten gelegen sein.

Zur Rede von der vollendeten Freude sind die Überlegungen zu 15,11 zu vergleichen (S. 136f). Der besondere Beitrag von v. 13 zu diesem Thema liegt in der Verbindung von Fürbitte Jesu und vollendeter Freude. Als Bitte Jesu ist seine Fürbitte immer schon erhörte (11,41f; 12,28) und sich erfüllende Bitte. Also kann und soll die in der Welt bleibende Gemeinde zuverlässig sich als die Gemeinde verstehen, die kraft der Fürbitte Jesu bereits jetzt bewahrt ist. Damit ist ihr mitten in der tödlichen Bedrängnis durch die Welt der Horizont der endgültigen Bewahrung, der eschatologischen Erfüllung erschlossen, und damit spricht Jesus der angefochtenen Gemeinde die vollendete Freude zu, die ihm als dem unverrückt in der Einheit mit dem Vater stehenden Sohn eigen ist. Als der Sohn vermittelt er den Seinen seine Doxa, das Leben im Gegenüber zum Vater (v. 24), in der Liebe Gottes, die wie sie Jesus gilt, so auch die Gemeinde umschließt (v. 26).

---

[113] BÜHNER 230, auch 260f.

c) Theologische Themen

α) Glauben und Erkennen

Wir stießen in v. 8 auf das Nebeneinander der zwei Verben γινώσκειν und πιστεύειν[114]. Das Johannesevangelium macht sich hier wie in anderen Fällen nicht die Mühe, die genannten Begriffe in exakter Abgrenzung voneinander zu gebrauchen. Genauerem Zusehen zeigen sich gleichwohl bestimmte Tendenzen.

(1) An manchen Stellen lassen sich die zwei Verben austauschen, haben sie also den gleichen Inhalt; so in 14,7.10; 17,8; vielleicht auch 17,21.23[115]. Da und dort hat auch εἰδέναι dieselbe Bedeutung wie γινώσκειν, so in 4,42; 13,7. Und nicht selten ist πιστεύειν mit einem Inhalt gefüllt, der keiner Weiterführung bedarf, weil in ihm die Ganzheit der glaubenden Haltung eingeschlossen ist (etwa 6,35 u.o.).

(2) Mehrfach aber decken sich die zwei Verben nicht, so nahe sie einander stehen. Darauf führt die einfache Beobachtung, daß das Verhältnis Jesu zu Gott durch γινώσκειν bestimmt werden kann (10,15; 17,25), aber nie durch πιστεύειν ausgedrückt wird. Ferner läßt sich, auch wo die zwei Verben die Haltung der Menschen Jesus gegenüber beschreiben, dann und wann eine inhaltliche Abstufung zwischen »glauben« und »erkennen« feststellen, etwa in 8,31 f, wo Jesus zu Glaubenden sagt, daß sie nur unter der Bedingung des Bei-ihm-Bleibens zu Erkennenden werden. Eine ähnliche Abstufung ist in 10,38, indirekt wohl in 7,17 zu finden, und sie wirkt auch in 12,16; denn geglaubt haben die Jünger durchaus, aber zum wirklichen Erkennen stießen sie erst nach Ostern vor (so auch in 14,20). Die wegen der Wunder glaubenden Juden in 2,23–25 gehören hierher, denen Jesus sich nicht anvertraut, weil er das Ungenügen dieses Glaubens durchschaut, und bei Nikodemus, der Jesu Wunder ebenfalls anerkennt (3,2), wird ausdrücklich das Fehlen des γινώσκειν festgestellt (3,10). Vermutlich muß man auch bei den in 6,60 ff auftretenden Jüngern eine Differenz zwischen Glauben und Erkennen annehmen. Anfänglich waren sie sicher Glaubende; sonst würden sie nicht Jünger genannt. Aber weil ihnen das Erkennen mangelt, werden sie aus Glaubenden zu Abfallenden. πιστεύειν in diesem Kontext ist dann als »die erste Zuwendung«[116] zu definieren, der, wenn sie beharrlich ist, das γινώσκειν folgt, wie das Petrusbekenntnis in 6,69 mit seinem Fortführen des πιστεύειν im γινώσκειν bezeugt. Meint man aber, sich mit der ersten Zuwendung begnügen zu können, wird der Glaube der Gefährdung durch Angst und Ärger (6,60 f), durch verfehltes Gefangensein in der

---

[114] Dazu SCHNACKENBURG I 514 f; BROWN 513 f; BULTMANN 333 f und Anm. 6; ders., ThWNT I 711–713; F. HAHN, Das Glaubensverständnis im Johannesevangelium, in: Glaube und Eschatologie (FS W.G. Kümmel), Tübingen 1985, S. 51–69.

[115] BULTMANN, Theologie 425 f.

[116] BULTMANN, ThWNT I 713,5.

Tradition (8,37 ff) ausgesetzt und beim nächsten Ansturm verfällt er den verfehlten Maßstäben der Welt.

(3) Worin liegt das Besondere des Erkennens gegenüber dem Glauben? Etwas eigenartig spricht Schnackenburg von »größerer Glaubenshelle«[117]. Angemessener nennt Bultmann das johanneische γινώσκειν »das dem Glauben eigene Verstehen«[118]. Freilich bedarf dieser Begriff der Füllung; sie kann etwa aus 6,69; 17,25 gewonnen werden. Der Glaube tut den Schritt zum Erkennen, indem er über sich Klarheit gewinnt und indem er sich über seinen Grund und sein Ziel die Rechenschaft gibt (7,17; 8,31 f; 10,38), die ihn instandsetzt, sich gegenüber der ständig erfahrenen Infragestellung zu behaupten. So wird Nathanael, dem in 1,50 aufgrund seines Bekenntnisses von v. 49 der Glaube bescheinigt wird, aufgefordert, sich auf Größeres gefaßt zu machen (v. 51). Öffnet er sich dem, dann, so ist zu folgern, wird er ein Erkennender.

(4) Diese Beobachtungen führen zu dem Urteil, daß das Johannesevangelium zwar nicht an allen, aber an einigen Stellen, an denen neben πιστεύειν das γινώσκειν tritt, den Glauben in die Notwendigkeit zu weiterführender Besinnung versetzt und ihm kritische Reflexion abfordert. Ein Glaube, der nicht nach seinem Grund und Ziel fragt und der sich nicht über seine Konsequenzen Rechenschaft gibt, gilt dem Johannesevangelium bestenfalls als erster Schritt. Kritisches Bedenken des Glaubens, weiteres Fragen nach der Person Jesu, nach ihrem Woher und den Dimensionen ihres Auftrags haben dem ersten Schritt zu folgen. Solches Verständnis von Glaube schließt Glauben als sich unterwerfendes, das Denken ausschließendes Hinnehmen aus. Nun befindet sich der Evangelist damit im unausgesprochenem Einklang mit allen neutestamentlichen Autoren. Aber er ist es, der so, wie neben ihm nur Paulus es getan hat, den Glaubenden zum Verstehen, damit auch zu intellektueller Verantwortung ruft. Unüberhörbar fordert das Johannesevangelium dazu auf, daß christliche Verkündigung nicht zu naivem und unverstandenen Hinnehmen führen darf, sondern daß sie sich immer an das verantwortliche und nachdenkende Verstehen des Menschen zu wenden hat. Nur ein in solches Verstehen gefaßter Glaube ist in der Lage, sich in der Welt und gegen sie zu behaupten.

β) Der Name Gottes

Die Art, in der Joh 17 mit dem Namen Gottes umgeht, muß in dem weiten Kontext gesehen werden, in den sie hineingehört[119]. In erster Linie sind das Alte Testament und das Judentum zu nennen, wo vielfältig vom Namen Gottes

---

[117] SCHNACKENBURG I 515. Warum nur wehrt sich SCHNACKENBURG gegen die Interpretation dieses Erkennens durch größere »Verstandesklarheit«?

[118] BULTMANN, ThWNT I 713,21.

[119] UNTERGASSMAIR, Name 70–93.210.226; H. BIETENHARD, ThWNT V 242 f.252.270–279; L. HARTMAN, EWNT II 1268–1278.

gesprochen wird, auch in der Weise, daß man im Aussprechen des Namens von dem Angeredeten Hilfe erwartet[120]. Damit steht man nahe am Gebrauch von »Name« in Joh 17. Was aber wird aus der alttestamentlich-jüdischen Rede vom Namen Gottes in dem Gebet Jesu an den Vater?

Im Neuen Testament und hier am ausgeprägtesten in Joh 17 ist »Name Gottes«, die den Menschen zugewandte Seite Gottes, Gott, wie er sich den Menschen bekannt und verstehbar macht[121]. Indem Gott den Menschen seinen Namen gibt, sagt er »Ich bin da«, tritt er aus dem Fremden, Dunklen, Bedrohenden hervor und wird als der Gott erfahren, von dem eschatologische Bewahrung ausgeht (v. 6.11b). Wenn dann v. 6–8 sagt, daß Gott Jesus seinen Namen gab, damit er, Jesus, ihn den Menschen vermittle, dann wird das Geben und Vermitteln des göttlichen Namens in der Sendung Jesu lokalisiert: In Jesus, der als der Bote Gottes in die Welt gesandt wird, öffnet Gott sich den Menschen, wird er für sie als der Schöpfer und Richter gegenwärtig und verstehbar (5,21–23). Von da aus wird die Bitte von v. 11b verständlich: Der Name Gottes, Gott als der durch Jesus der Gemeinde bekannte und nahe Gott möge nach dem Weggang Jesu den Schutz der Gemeinde übernehmen.

Weit im Hintergrund mögen magische Vorstellungen stehen, in denen man sich den Namen einer Gottheit zum Beschwören, gegebenenfalls zum Schutz dienstbar macht[122]. Will man Gewalt über einen Dämon gewinnen, muß man seinen Namen kennen; aber auch umgekehrt: Der Dämon wehrt sich gegen seinen potentiellen Bezwinger, indem er ihm versichert, er kenne seinen Namen, sei also seinem Gegenspieler gewachsen, wenn nicht sogar überlegen (vgl. Mk 5,9).

Beim Gebrauch von »Name Gottes« in c. 17 sind eventuelle magische Vorstellungen tief abgesunken. Wort und Wortgebrauch sind ganz von johanneischem Denken durchdrungen. Werden Menschen angesprochen als die durch den Namen Gottes Bewahrten, dann ist damit gesagt, daß sie wissend im Gegenüber zu dem Gott stehen, der sich in der Sendung Jesu den Menschen schöpferisch öffnet, und in der Kraft dieses Gegenübers finden die Glaubenden die ihnen nötige Einheit[123]. – Hier zeigt sich die Nähe von »Name Gottes« zum johanneischen Verständnis von Doxa.

Soll der laut v. 12 von Gott an Jesus weitergegebene und von ihm den Menschen geoffenbarte Name (v. 6) eigens benannt werden? Schlatter bejaht die Frage mit gewisser Vorsicht: »In der Gemeinsamkeit des Namens ›Gott‹ erscheint das Einsein des Sohns

---

[120] G. von Rad, Theologie II 196 f; van der Woude, THAT II 952. Schnackenburg III 199 f referiert Texte aus gnostischer Literatur und meint, daß die Sprache von Joh 17, damit die Reflexion über den göttlichen Namen sich nicht nur der Auseinandersetzung mit dem Alten Testament und dem Judentum, sondern auch der Berührung mit der Gnosis verdanke.

[121] Vgl. Bietenhard 271; Bühner, Der Gesandte 225: »ὄνομα ist sowohl Umschreibung für Gott selbst als auch für seine weltliche Konkretion als machtvolle Offenbarung«.

[122] Deissmann, Licht vom Osten 222–225; vgl. auch Bietenhard, ThWNT V 250 f.

[123] Bietenhard 271,23–27; G. Schrenk, ThWNT V 999,13–22.

mit dem Vater«[124]. Dann stünde »Name« in v. 6, worauf Schlatter nicht eigens hinweist, in Zusammenhang mit der Anrede »mein Gott« an Jesus in 20,28. Die johanneische Rede von dem fast zum Titel gewordenen Namen Gott, der zum Namen Jesu würde, wäre dann eine Parallele zu dem urchristlichen Vorgang, in dem laut Phil 2,9; Röm 10,9; Apg 2,21 u.ö. das in LXX für den Jahwe-Namen gelesene Wort κύριος als Jahwe-Titel auf Jesus übertragen wurde[125]. Aber nichts im Text spricht dafür, daß das Geben des Namens an Jesus in dem von Schlatter für möglich gehaltenen Sinn zu verstehen ist. – Entsprechendes gilt für Browns Vermutung, daß der Name Gottes mit dem johanneischen »Ich bin« (ἐγώ εἰμι) gleichzusetzen sei[126]. Jenes »Ich bin«, das der johanneische Christus mehrfach absolut für sich gebraucht (8,24.28; 8,58; 13,19; 18,5), sei aufgrund von Jes 43,25; 51,12; 52,6 zum Gottestitel geworden; Gott habe diesen Titel auf Jesus übertragen, und seine schützende Funktion bewähre sich alsbald in 18,5–8, wo Jesus als der Ego-eimi die Jünger vor dem Zugriff der Verhaftenden schützt. Nun ist die Brown'sche Deutung des ἐγώ εἰμι zwar möglich, aber für c. 17 nicht wahrscheinlich. Zudem setzt der Bezug von »Name« in c. 17 auf 18,5–8 eine originale Verbindung von c. 17 mit c. 18 voraus, und diese Voraussetzung ist literarkritisch gesehen nicht gegeben (s. S. 357).

Ist es überhaupt nötig, den »Namen«, wie er in c. 17 gebraucht wird, eigens zu benennen? Der johanneische Kontext rät davon ab. Wenn »Name Gottes« Gott in seiner den Menschen zugewandten Seite meint, dann wird dieser Name durch Jesus insofern aktuell, als er, Jesus, den Menschen Gott offenbart, indem er das Zugewandtsein Gottes zu den Menschen lebt und Gott als den die Menschen Bewahrenden für sie anschaubar und erlebbar macht. Weil solches Offenbar-Werden Gottes in der Sendung Jesu geschieht, darum ist Jesus Träger des Namens Gottes, ohne daß ein besonderer Name genannt werden müßte.

γ) Prädestination

(1) Nicht nur in c. 17 tritt uns das Problem der Prädestination im Johannesevangelium entgegen[127]; aber in diesem Kapitel begegnet es in besonderer Massivität. Gott hat Jesus bestimmte Menschen »gegeben« (v. 2.6.9.24). Sie sind darum nicht »aus der Welt« (v. 14.16). Nur ihnen gilt die Fürbitte Jesu (v. 9), nur ihnen wird der Name Gottes geoffenbart (v. 6), nur ihnen werden die Worte Gottes gegeben (v. 8), nur sie können darum diese Worte bewahren und das Wesen Jesu erkennen (v. 6–8). Nur sie sollen darum durch den Namen Gottes bewahrt und durch sein Wort geheiligt werden (v. 11b.17), sollen Empfänger des Lebens (v. 2) und der vollendeten Freude sein (v. 13). Diejenigen, die Jesus von Gott nicht gegeben wurden, bleiben außerhalb dieser in c. 17 beschworenen, Leben gewährenden Beziehung. – Nun stellt sich, blickt man auf das Gan-

---

[124] Schlatter 321.
[125] Roloff, Apostelgeschichte 54; M. Hengel, »Setze dich zu meiner Rechten!«, in: Le Trône de Dieu, éd. par M. Philonenko (WUNT 69), Tübingen 1992, S. 137f und Anm. 81.
[126] Brown 764.
[127] Ausführlich bedacht bei Schnackenburg II 328–346; Becker 358–363.

ze des Johannesevangeliums, das Problem der Prädestination zunächst in zwei höchst unterschiedlichen Aussagereihen dar[128].

– Einerseits ist die Rede von denen, die unabhängig von ihrer eigenen Entscheidung Jesus von Gott gegeben wurden (auch 6,37.39). Niemand kann sie aus des Vaters Hand reißen (10,29). Von Gott zu Jesus gezogen kommen sie zu Jesus, und nur die von Gott Gezogenen können zu Jesus kommen (6,44.65). Hierzu fügt sich die Rede von den durch Jesus Erwählten (6,70; 13,18; 15,16.19), die als Erwählte, also nicht kraft ihres Entschlusses oder ihrer moralischen und religiösen Potenz Jesus angehören. Als Gegenstück treten im Johannesevangelium solche Menschen auf, die nicht glauben *können* (8,43; 12,39), und wer unter der Macht des Teufels steht, befindet sich außerhalb der Möglichkeit, sich Jesus verstehend zuzuwenden. Er ist Sarx und bleibt Sarx, wie der aus dem Pneuma Geborene Pneuma bleibt (3,6). Wer nicht »aus Gott« ist, kann Gottes Worte nicht vernehmen (8,47). – Entschiedener als die johanneischen Texte kann man die praedestinatio ad bonum und ad malum schwerlich in Worte fassen.

– Daneben steht die andere Aussagereihe, in der unermüdlich zum Glauben gerufen wird, und das hat nur Sinn unter der Voraussetzung, daß der Hörer, wer er auch sei, diesen Ruf hören, ihn bedenken, in seiner Verstehbarkeit und Wahrheit erfassen und dann aufgrund der gewonnenen Einsicht den Schritt zum Glauben vollziehen kann und soll. Belege dafür liefert das Johannesevangelium in Fülle[129]. Glaubensforderung ist nur sinnvoll, wenn den Angeredeten die Freiheit zu Einsicht und Entscheidung gewährt ist. Das wird mit derselben Entschiedenheit zum Ausdruck gebracht, wie bei jener prädestinatianische Reihe scheinbar das Gegenteil vertreten wird.

Nirgends im Johannesevangelium stößt man auf den leisesten Versuch, diese zwei anscheinend unvereinbaren Ideen miteinander auszugleichen, wie Paulus das in Röm 9,14 ff wenigstens ansatzweise tat. Hat man keine Nötigung dazu empfunden? Oder wollte man die Gegensätzlichkeit unabgeschwächt darstellen? Brauchte man etwa die zwei Reihen in der Unaufgelöstheit ihres Widerspruchs? Von da aus fragt man weiter: Weshalb hat man sie gebraucht? Wir finden eine Antwort – und vielleicht ist es die Antwort, die die johanneische Gemeinde selbst gab –, wenn wir sie in der Geschichte und in der Selbstdarstellung der johanneischen Gemeinde suchen.

(2) Mit der Rede von der praedestinatio ad malum gab die Gemeinde sich selbst die Antwort auf die Frage, die ihr im Unglauben Israels entgegentrat, und wir wissen, welch drückende Last dieser Unglaube für die frühe, weitgehend judenchristliche Kirche war, die anfangs mit tiefer Selbstverständlichkeit

---

[128] BULTMANN, Theologie 373–375.
[129] BULTMANN, Theologie 374f; SCHNACKENBURG II 330.

die Hinwendung ganz Israels zu dem Messias Jesus erwartet hat und die sich
im Fortgang ihrer Geschichte mit der immer unabweisbarer werdenden Enttäuschung ihrer Hoffnung konfrontiert sah. Die Synagoge verschloß sich mehr
und mehr der Verkündigung ihrer judenchristlichen Mitglieder, die ihr Geschichte und Auftrag Jesu nahebringen wollten. Dieser Enttäuschungsvorgang
spiegelt sich auch im Johannesevangelium wider. Wenn Jesus nach 1,49 der
König Israels ist, der im Namen des Herrn Kommende (12,13), und wenn der
Sinn von Ostern darin besteht, daß Gott ihn als diesen König erweist, dann
müßte Israel spätestens nach Ostern Jesus seinen König sein lassen. Das Gegenteil geschah. Das Drängen der »Juden« auf die Kreuzigung Jesu setzt sich
nachösterlich im Bedrängen der Gemeinde fort, und damit verwerfen sie laut
Johannes nicht nur die Einzelperson Jesus als Messias, sondern in eins damit
ihre messianische Hoffnung (19,15). Warum taten und tun sie, mußte man fragen, das schlechthin Sinnwidrige und ganz und gar nicht Erwartete und warum
verweigern sie das tief Selbstverständliche, die Anerkennung Jesu als des von
Gott gesandten Messias, der doch von Mose und den Propheten angekündigt
worden war (1,41.45; 5,46)? Warum verschließen sie sich der richtigen Erkenntnis, der sie von ihrer Tradition her nahe waren und sind? – Man fand
vielfach in der frühen Christenheit die Antwort auf diese quälende Frage in Jes
6,9f (vgl. Mk 4,10–12). Die jesajanische Verstockungsaussage wurde verstanden als Erklärung für die Verschlossenheit der Synagoge gegenüber der Jesusbotschaft. Das Johannesevangelium macht sich diese Erklärung zu eigen
(12,37–41) und baut sie planvoll in seine umfassende Antwort ein, und diese
lautet: Die nicht an Jesus glaubenden Juden – das ist die Mehrzahl der damaligen Judenschaft – gehört nicht zu den von Gott zu Jesus Gezogenen (6,44); sie
sind nicht eingeschlossen in die Zahl derer, die Jesus von Gott gegeben wurden. Darum können sie gar nicht glauben (12,39). In c. 8 wird diese Idee auf
ihren härtesten Ausdruck gebracht: Wer dem Teufel entstammt (8,42.44), ist
unfähig, dem Wort Jesu zu glauben (8,43), wird dort, wo Wahrheit laut wird,
sich der Wahrheit verschließen (8,45). Nach außen hin weniger schroff, inhaltlich aber nicht weniger entschieden wird den nicht glaubenden Juden ihr Sein
von unten, ihr Aus-der Welt-Sein vorgehalten (8,23), und wer aus der Welt und
also nicht aus Gott ist, kann Jesu Worte nicht vernehmen (8,47), kann nicht
anders als Jesus zu hassen (15,19). Dualistische Sprache ist das geeignete Instrument dafür, diesen prädestinatianischen Sachverhalt in das Verstehen der
Gemeinde zu heben (vgl. S. 185f). – Aus diesen Überlegungen folgt, daß aus
dem Johannesevangelium nicht eine ausgeführte Lehre von der praedestinatio
ad malum erschlossen werden darf. Die diesbezügliche johanneische Besinnung ist vielmehr »eine apologetische Aussage und will nicht über die menschliche Natur als solche reflektieren«[130]. Die prädestinatianischen Äußerungen

---

[130] ONUKI, Gemeinde 180.

hinsichtlich des erfahrenen Unglaubens sind also die Mittel, mit deren Hilfe man das eigentlich Unerträgliche, das Nein Israels zu seinem Messias, wenigstens bis zu einem gewissen Grad erträglich macht: Es ist Gott, der das Rätsel der Blindheit (9, 39–41) über Israel verhängt hat.

(3) Ist die Rede von der praedestinatio ad malum auf das Nichtglauben Israels gerichtet, so die von der praedestinatio ad bonum auf die Gemeinde, und hier hat man ein gewichtiges Element ihres Selbstverständnisses vor sich. Wieder hat man sich zu hüten, aus den hierher gehörenden Äußerungen das System einer umfassenden, die Gesamtgeschichte deutenden Lehre zu errichten. Indem die Gemeinde sich als die Gruppe der von Gott zu Jesus Gezogenen oder von Jesus Erwählten (15,16) versteht, verneint sie nicht die mit dem Glauben sich verbindende Einsicht, nicht den Weg denkenden Erkennens, den der Mensch zu gehen hat, wenn er sich zum Glauben hin aufmacht. Sie verneint auch nicht die Bewußtheit der Entscheidung, in die der Mensch mit seinem Willen und Verstand angesichts der Person Jesu gerufen wird; ist doch das Johannesevangelium in seiner Gesamtheit ein eindringlicher Beleg dafür, wie sehr der Glaubende oder der zum Glauben Gerufene auf sein Denken und die seinem Denken entwachsende Einsicht hin angesprochen wird (vgl. S. 301f), und etwa die Forderung, in Jesus das Brot des Lebens zu empfangen, verlangt die erkennende Zustimmung der Empfangenden, und die Gemeinde versteht sich als die Gemeinde der verstehend Empfangenden. Aber indem sie sich die Gruppe derer nennt, die Jesus von Gott gegeben worden sind, bekennt sie, daß die ihr gewährte Einsicht des Glaubens ebenso wie die dem Glauben vorausgehenden und ihm folgenden Schritte nicht Ergebnis ihres religiösen oder moralischen Einsatzes, sondern reine Gabe sind. Wir sind vermutlich sehr nahe an der johanneischen Intention von 6,44, wenn wir aus diesem christologischen *Lehrsatz* das *Bekenntnis* heraushören: Wir können nur Glaubende sein, weil wir von Gott zu Jesus gezogen wurden. Denn der Glaubende kann »seinen Glauben nicht als Werk seines zweckvollen Tuns verstehen, sondern nur als Werk Gottes an ihm«[131].

(4) Jene prädestinatianischen Sätze sind also der johanneischen Gemeindegeschichte und der sie begleitenden Reflexion entwachsen. Aber unschwer können sie aktualisiert werden und zur Klärung gegenwärtigen christlichen Selbstbewußtseins dienen. Dabei ist die in den johanneischen Überlegungen enthaltene Voraussetzung ausdrücklich zu nennen: Die skizzierten Aussagenreihen und die ihnen innewohnenden Funktionen lösen das Rätsel nicht, das christlicher Theologie im Problem der Prädestination[132] entgegentritt, und sie wollen dieses Rätsel nicht lösen; gerade ihr unverbundenes und unausge-

---

[131] BULTMANN, Theologie 375; vgl. auch CONZELMANN-LINDEMANN, Grundriß 397f; H. KOHLER, Kreuz und Menschwerdung im Johannesevangelium (AThANT 72), Zürich 1987, S. 270: »Wenn ich mich als Gezogenen erfahre, erfahre ich mich als Gottes Werk«.

[132] Vgl. die neue Darstellung des Problems bei MOLTMANN, Kommen Gottes 274–278.

glichenes Nebeneinander ist Beleg dafür. Aber sie weisen den Fragenden, sofern er Glaubender ist, in eine Richtung, in der ihm im Blick auf sich und auf andere zur Klärung des glaubenden Selbstbewußtseins geholfen wird. Er läßt das lastende Rätsel des Unglaubens in der Unzugänglichkeit göttlichen Entscheidens ruhen – und nie darf er sich der Hoffnung entziehen, daß diese Entscheidung einmal zurückgenommen wird[133]. Der Glaubende weiß ferner von der Verantwortung des Denkens, der Notwendigkeit des Fragens, der Unausweichlichkeit bewußter Entscheidung, in der der Glaube seiner selbst bewußt wird und sich als Glaube betätigt. Andererseits weiß er, daß Glaube, wo er echter Glaube ist, sich selbst nur als reine Gabe, als Geschenk der zuvorkommenden göttlichen Gnade verstehen kann; er wäre nicht Glaube, wenn er auch nur im geringsten von dem Vermögen und der Qualität des Glaubenden abhängig sein wollte. – Wir kennen also die zwei Ebenen, auf denen der Glaube seinen Platz hat, die Ebene menschlicher Entscheidung und die Ebene der göttlichen Gnade. Wir unterscheiden diese Ebenen, wissen auch, daß sie sich berühren. Aber wir kennen den Ort nicht, an dem die Berührung erfolgt, und wir brauchen ihn nicht zu kennen.

3. Der Sohn bittet um die Heiligung und Sendung der Gemeinde 17,14–19

a) Einführung

Vielfältige Parallelität verbindet v. 14–19 mit v. 6–13; sie spricht für die von uns vorgenommene Gliederung des Textes. So stehen sich in v. 6 und v. 14 die zwei im Aorist gehaltenen Rechenschaftsberichte gegenüber; Offenbarung des Namens und Gabe des Wortes, dazu die Herauslösung der Gemeinde aus der Welt führen das Gegenüber weiter. Die Wendung οὐκ ἐρωτῶ … ἀλλά begegnet in v. 9 wie in v. 15. Die Bitten in v. 11b und v. 17a bilden weitere Parallelen; dazu tritt das Nebeneinander von Bewahrung (v. 12) und Sendung der Gemeinde (v. 18). Auch sind Rückkehr (v. 13a) und Sendung des Sohnes (v. 18a) aufeinander bezogen. Jeweils ein ἵνα – Satz (v. 13.19) beschließt den Abschnitt. Aber man wird nicht auf eine vollkommene Parallelität der zwei Abschnitte drängen und von ihr her literarkritische Streichungen vornehmen; das widerspräche dem Charakter von c. 17, der Gliederung nach Schwerpunkten und Stichworten, um die sich die Sätze locker gruppieren. Also wird man sich mit der Auskunft begnügen, daß die zwei Abschnitte weitgehende und sicher beabsichtigte Parallelen aufweisen.

---

[133] THEISSEN, Aspekte 158–160 macht anschaulich, daß Verstockung durch Gott nach Paulus »kein endgültiges Urteil« einschließe. Man erfährt aber aus dem Johannesevangelium mindestens nicht direkt, ob es sich dieser Meinung des Paulus anschließt. In v. 21.23 wird das Problem noch einmal akut.

v. 14. εἶναι ἐκ gibt wie in 15,19 den Ursprung als die Wesen und Existenz bestimmende Macht an. Zu den Auffälligkeiten von c. 17 gehört es, daß die Wendung εἶναι ἐκ hier nur in negativem Bezug gebraucht wird (v. 14.16; mit etwas verschobener Bedeutung auch v. 6.15). Eine positive Verwendung wie in 7,19; 18,37 existiert in c. 17 nicht.

v. 15. In ἐκ τοῦ πονηροῦ ist πονηρός eher masculinum als neutrum: der Böse[134]. – Die Bitte um Bewahrung verbindet v. 15b mit v. 11b. Nur an diesen zwei Stellen in c. 17 und im gesamten Evangelium ist Gott Subjekt von τηρέω, sonst immer Jesus oder die Menschen (v. 6.12).

v. 16. Laut Becker ist v. 16 als Dublette anzusehen[135]. Vorsichtig urteilt Schnackenburg: Man kann »auch die Ursprünglichkeit verteidigen«[136]. Aber v. 16 als bloße Wiederholung von v. 14b bleibt dem Dublettenverdacht ausgesetzt, es sei denn, v. 16 wolle das Ergebnis des Bewahrens von v. 15b benennen (vgl. zu 14,14).

v. 17. Wieder muß man wie in v. 10.11.12 dem ἐν sowohl lokale als auch instrumentale Bedeutung zuerkennen; aber hier hat die lokale Bedeutung eindeutigen Vorrang. – v. 17b begegnet wörtlich gleich in Ps 118,142 LXX Sin. Dort freilich meint λόγος, wie es der sonstige LXX-Text in Übereinstimmung mit MT sagt, nichts anderes als die Tora: Dein Nomos ist die Wahrheit.

v. 19. Die Selbstheiligung Jesu erfolgt ὑπὲρ αὐτῶν, für die Jünger. Damit fügt sich v. 19 in den Kreis der durch ὑπέρ gekennzeichneten christologischen Sätze des Neuen Testaments ein: Röm 5,6.8; 8,32; 1Kor 1,13; 2Kor 5,14f.21; Gal 2,20; 3,13; Eph 5,25; 1Thess 5,10; 1Tim 2,6; Tit 2,14; Hb 2,9; 6,20; 1Pt 2,21; 3,18. Aus dem Johannesevangelium ist außer 17,19 zu nennen 6,51; 10,11.15; 11,50–52; 15,13. Diese Sätze haben ihren Ursprung in der frühchristlichen Besinnung über das Sterben Jesu und geben den Sinn dieses Sterbens an[137]. Daß auch v. 19 in diesen Zusammenhang gehört, wird durch den Gebrauch des Verbums ἁγιάζειν in Ex 13,2; Dtn 15,19 LXX sicher gestellt. Dazu wird durch dieses Verbum die Darbringung des zu opfernden Tieres qualifiziert: Es wird Gott geweiht. ἁγιάζειν in v. 19 spielt also auf den Tod Jesu an; dasselbe gilt für Hb 2,11; 10,10.14; 13,12[138].

Wir überblicken den sehr differenzierten Abschnitt.

v. 14. Die Gemeinde, die das Wort des Vaters verstehend empfangen hat, ist damit dem Haß der Welt verfallen, und eben dies ist Erweis für ihr Nicht-aus-der-Welt-Sein, in dem sie dem Nicht-aus der-Welt-Sein Jesu entspricht.

v. 15f. Unter dem Haß der Welt stehend verlangt die Gemeinde danach, aus der Welt herausgenommen zu werden. Diese Bitte wird ihr abgeschlagen. Wohl aber soll sie *in* der Welt vor dem Bösen bewahrt werden. So kann und soll sie in der Welt ihr Nicht-aus-der-Welt-Sein leben.

v. 17. Die Bewahrung vor dem Bösen geschieht, indem der Vater sie durch sein Wort heiligt, und dieses Wort ist mit der Wahrheit identisch.

v. 18f. Durch solche Heiligung wird die Gemeinde, anstatt aus der Welt herausgenommen zu werden, zur Sendung in die Welt befähigt. Die Selbstheiligung Jesu ist der Vorgang, durch den die Heiligung der Gemeinde bewirkt wird.

---

[134] BROWN 761; vorsichtig zustimmend BARRETT 493; BULTMANN 389 Anm. 3: »sachlich gleichgültig«.
[135] BECKER, Aufbau 74; auch RITT, Gebet 185.187.
[136] SCHNACKENBURG III 209.
[137] H. RIESENFELD, ThWNT VIII 511–513; SCHNACKENBURG III 212f.
[138] KNÖPPLER, theologia crucis 210–215.

b) Exegese

Der Abschnitt v. 14–19 führt das in v. 6–13 Gesagte auf neuer Ebene weiter. Die Gemeinde, in v. 6–13 als die den Namen Gottes empfangende, verstehende und durch ihn bewahrte Gemeinde angesprochen, wird jetzt auf ihre tiefe Unterschiedenheit von der Welt hingewiesen, und solche Unterschiedenheit hat ihren Grund eben darin, daß die Gemeinde den Namen Gottes in der in v. 6–13 beschriebenen Weise empfangen hat. Aber dieses Unterschiedensein führt – darauf liegt das Gewicht – nicht zur Preisgabe der Welt, sondern zur Sendung in sie.

v. 14 zieht die Verbindung zu v. 6–8 mithilfe des Stichworts vom vermittelten Logos. Während aber v. 6–8 das Erkennen der Glaubenden als Folge des Wortempfangs genannt wird, nennt v. 14 die Folgerung, zu der verstehender Glaube die Gemeinde in ihrem Verhältnis zur Welt führt: Der Haß der Welt wendet sich gegen die glaubende Gemeinde. Damit wird die Thematik von 15,18ff wieder aufgegriffen. Indem die Gemeinde das Wort hört, wird sie zu der Größe, die nicht »aus der Welt« ist, und eben damit tritt sie neben Jesus, von dem dasselbe gilt. Die Schicksalsgleichheit zwischen Jesus und der Gemeinde, in 15,18–20 breit entfaltet, wird hier knapp zusammengefaßt.

Wieder wie in v. 2 ist καθώς nicht nur vergleichende, sondern auch kausale Konjunktion: Weil Jesus nicht aus der Welt ist, darum sind die Seinen ihrerseits nicht aus der Welt. – Im Aorist ἐμίσησεν wirkt sich die nachösterliche Perspektive von c. 17 aus (S. 259).

v. 15 hat v. 9.12f zum Hintergrund. Jesus verläßt die Welt. In ihr läßt er die Jünger zurück, die so wenig wie er »aus der Welt« sind. Zum Wesen der Welt gehört es, das ihr Entgegengesetzte zu verneinen (7,7; 15,18–21). Um der damit angesprochenen Bedrängnis standhalten zu können, bedarf es der Heiligung der Jünger (v. 17). Aber bevor die dazugehörende Bitte ausgesprochen wird, bedenkt das Gebet die innere Situation der Gemeinde, die sich in ihrem Verlangen äußert, der Verlassenheit und dem Haß der Welt entnommen zu werden. Dieses Verlangen wird abgewiesen, wobei die Härte der Abweisung durch die Fürbitte von v. 15b aufgefangen wird. In ihr wird v. 17 zu einem Teil vorweggenommen. Als solche, die vor dem Bösen bewahrt werden, können die Glaubenden ihr Nicht-aus-der-Welt-Sein durchhalten (v. 16).

v. 17 bildet das Zentrum des Abschnitts. Spricht v. 14f von dem Geschehen, das die Bitte von v. 17a hervorruft, so v. 18 von ihrem Ziel und v. 19 von dem Grund, der ihre Erfüllung ermöglicht. Wir bedenken zunächst die wichtigsten Begriffe.

– *Heiligkeit* ist ein Grundwort der Religionen[139]. Für das johanneische Verständnis von Heiligkeit ist die alttestamentlich-jüdische Tradition maßge-

---

[139] G. Lanczkowski, RGG III 146–148; ders., TRE 14, 695–697; für das Alte Testament vgl. H.P. Müller, THAT II 597–601; G.von Rad, Theologie I 285f; D. Kellermann, TRE 14, 697–703.

bend. Sie wird christologisch interpretiert: Die Heiligkeit Gottes wird durch Jesus aktuell; denn ihn hat der Vater geheiligt (10,36) und darum ist er der Heilige Gottes (6,69), der dem πατὴρ ἅγιος von v. 11 entspricht.

- Der Begriff *Wahrheit* darf nicht mit dem in c. 17 abwesenden Parakleten identifiziert werden[140]. Vielmehr hat man ihn vom johanneischen Wahrheitsbegriff her zu füllen. Er meint die Wirklichkeit Gottes, wie sie in Christus in Erscheinung tritt (1,14), so daß Christus selbst als »Wahrheit« benannt werden kann und muß (14,6). Indem Menschen, wenn sie Christus kennenlernen, der Wahrheit Gottes ansichtig werden, können sie sich der Gewalt der Sünde entziehen (8,32.34) und in die Existenz in der Freiheit eintreten (8,31f).

- Diese Wahrheit wird in v. 17b mit dem Wort Gottes gleichgesetzt. Denn in ihm wird die Wahrheit Gottes laut. Wort Gottes aber tritt im Wort Jesu in die Welt ein (14,10).

Wenn v. 17b in gewollter Antithese zu Ps 119,142 formuliert sein sollte, dann stünde man hier vor einem der vielen Dokumente antisynagogaler Polemik im Johannesevangelium: Nicht die von der Synagoge zu letzter Verbindlichkeit erhobene Tora ist die von Gott kommende Wahrheit. Das von Gott in Jesus gesprochene Wort ist an die Stelle der Tora getreten.

Damit schließt sich v. 17 auf. Für die in der Welt lebende, aber nicht mehr von Jesus geschützte Gemeinde ist in v. 11b der durch den *Namen* Gottes vermittelte Schutz erbeten worden. Jetzt richtet sich die Bitte um Bewahrung an Gott als den, der die Gemeinde *heiligt*. Kraft seiner Wahrheit möge er die von der Welt bedrohte Gemeinde in seine schützende Heiligkeit aufnehmen. Das soll durch den Logos geschehen, in dem Gottes Wahrheit sich der Gemeinde vergegenwärtigt.

v. 18 antwortet auf die Frage, welche Folgen die erbetene Heiligung zeitigt. Dabei stößt man auf eine erhellende Überraschung. Geht man nämlich von der Grundbedeutung des Verbs »heiligen« aus – Aussonderung aus dem Bereich des Profanen, das als entschiedenster Gegensatz zum Heiligen erfahren wird –, dann müßte die erbetene Bewahrung der Gemeinde in ihrer das Physische mitumfassenden Entweltlichung, in ihrer Herausnahme aus der Welt bestehen, und diese Weise der Bewahrung war der Gemeinde in v. 15 verweigert worden. Jetzt wird der Grund für solche Verweigerung genannt. Die in v. 17 erbetene Aussonderung ist Aussonderung für den Gott, der Jesus in die Welt gesandt und so seinen Anspruch auf die Welt erhoben hat. Die von Gott ausgehende Heiligung der Gemeinde kann dann nicht darauf abzielen, sie aus der Welt herauszunehmen, der doch die Sendung Jesu gilt. Vielmehr hat Heiligung zum Ziel, daß die Geheiligten ihrerseits für die Sendung in die Welt instandgesetzt werden.

---

[140] Gegen Brown 766.

Zwar leben sie nicht »aus der Welt« (v. 14). Aber die in der Heiligung erfolgende Entweltlichung weist die Entweltlichten *in* die Welt.

Von da aus schließt sich ein weiterer Hintergrund von v. 18 auf. Der Sohn, der sein Werk, seine Sendung in die Welt vollendet hat (v. 4), überträgt die offenbar erforderliche Fortsetzung der Sendung auf die Gemeinde. Da der Vater es war, von dem die Sendung Jesu ausging, gründet in ihm auch die Sendung der Gemeinde, und diese soll wissen, daß bei ihrer Sendung durch Jesus, in der sie die Sendung des Sohnes weiterführt, der Vater Ursprung der Sendung bleibt, und nicht nur der Urspung, sondern auch das Ziel. Denn die Sendung der Gemeinde dient wie die des Sohnes der Verherrlichung des Vaters (15,8).

Für die Übertragung der Sendung Jesu auf die Gemeinde ist wieder das jüdische Botenrecht erhellend[141]. Wenn der gesendete Bote aus irgendeinem Grund ausfiel und nicht imstand war, seinen Auftrag weiterzuführen, konnte dieser Auftrag einem anderen übertragen werden, und dieser Andere stand dann zum Sendenden im gleichen Verhältnis wie der erste Bote. In c. 17 beobachten wir, wie diese Klausel des jüdischen Botenrechts christologisch aktualisiert wird: Jesus hat die Sendung, soweit sie ihn betrifft, zur Vollendung gebracht und kehrt darum zum Sendenden zurück. Da aber die Sendung wenn auch in anderer Weise weiterzugehen hat, werden nun die Jünger mit ihr betraut. Sie stehen dann grundsätzlich im gleichen Verhältnis zu Gott wie Jesus. Daß innerhalb dieser Gleichheit zu differenzieren ist, versteht sich. v. 19 zeigt es: Jesus heiligt sich selbst, die Jünger werden geheiligt. Er ist es, der sie in seine Sendung einfügt, und Gesendete des Vaters sind sie, indem sie *seine* Gesendeten sind.

Die Idee, daß die Sendung der Jünger der Sendung Jesu entspricht, begegnet bei Joh noch in 13,20; 20,21. Sie ist im frühen Christentum auch außerhalb des Johannesevangeliums da (vgl. Mk 9,37; Mt 10,40). Ein entsprechendes Logion, das vielleicht auf den vorösterlichen Jesus zurückgeht, hat sich in sehr verschiedenen Schichten der Evangelientradition niedergelassen[142]. Auch Paulus stellt in 2Kor 5,20 eine direkte Verbindung zwischen seiner Sendung und der Sendung Christi her und verankert dabei in der Weise von Mt 10,40 die Sendung des Apostels in Gott[143].

Auffälligerweise wird von der Sendung der Gemeinde im Aorist gesprochen (ἀπέστειλα), wie wenn auf ein vergangenes Ereignis zurückgeblickt würde. Aber man hüte sich, diesen Aorist auf eine vergangene Jüngeraussendung hin auszulegen, etwa auf das Ereignis von Mk 6,7–13 oder auf die Andeutung von 4,38[144]. Das Johannesevangelium weiß nichts von einer vorösterlichen Jüngeraussendung und will nichts von ihr wissen. Vor Ostern ist allein Jesus der Gesendete und die Jüngersendung wird erst durch die Gabe des Geistes möglich (20,21f). Der Aorist von 17,18 steht also nicht im Gegensatz zu dem Präsens

---

[141] BÜHNER, Der Gesandte 230f.250–256.

[142] DODD, Tradition 343–347; LUZ, Matthäus II 150.

[143] V. P. FURNISH, II Corinthians (Anchor Bible 32 A), New York 1986, S. 350; G. BORNKAMM, ThWNT VI 681f.

[144] So ZAHN 613 und Anm. 5: Auf die in 4,38 genannte Aussendung blicke 17,18 zurück; vgl. dagegen die Erwägungen bei BROWN 762. Zu 4,38 s. BULTMANN 147f.

mit futurischem Sinn (ἀποστέλλω) in 20,21. Wieder hat man mit einem Beleg für die johanneische Horizontverschmelzung zu tun. Die nachösterliche Jüngeraussendung wird vom vorösterlichen Jesus als jetzt schon Geschehendes angesagt[145].

v. 19 nennt die Basis der in v. 17 angesprochenen Heiligung: Darin, daß Jesus sich selbst heiligt und so die Heiligung der Jünger bewirkt, hat die laut v. 17 gewährte Heiligung ihren Ursprung und wirkenden Grund. Zwischen der durch Jesu Selbstheiligung bewirkten Heiligung der Jünger und ihrer Heiligung durch das Wort des Vaters besteht also keine Konkurrenz. Das ἁγιάζειν ἑαυτόν spielt auf den Tod Jesu an. In seinem Tod tut Jesus den Schritt in die Sphäre Gottes (v. 5.24), der in v. 11b »*heiliger* Vater« genannt wird. Damit vollendet er sein Werk (v. 4), dessen Ziel es war, Menschen das Leben zu vermitteln (v. 2f), ihnen den Namen Gottes zu offenbaren und das Wort zu geben (v. 6.8.14), das in der Wahrheit bewahrt (v. 17). Mit diesen Akten hat Jesus die Menschen geheiligt. Sein Tod, in dem er als Vollendung seines Werkes sich selbst heiligt, kann dann nur die Vollendung dieser Heiligung meinen, seiner eigenen wie der der Seinen. Aber deren Heiligung ist Sache der Zukunft, wie ja auch ihre Sendung der Zukunft angehört. Also bedarf ihre Heiligung zwar nicht der Ergänzung, aber der ständigen Fortsetzung. Folglich bittet Jesus in v. 17, daß der Vater in Zukunft tue, was er, Jesus, bisher getan und in seinem Sterben vollendet hat. Der Vater soll und wird es durch das Wort tun, in dem das von Christus ausgehende Geschehen der Heiligung jeweils aktualisiert wird. – Noch einmal wird die Parallele zu v. 6–13 offensichtlich: Wie dort der Vater gebeten wird, nach dem Weggang des die Gemeinde schützenden Jesus den Schutz der Gemeinde zu übernehmen, so richtet sich in v. 14–19 die Bitte darauf, daß der Vater die von Jesus durch seinen Tod vollbrachte Heiligung kraft seines Wortes fortsetze, durch das das Christusgeschehen in die Gegenwart verlängert wird.

Gewöhnlich verbindet sich mit dem christologischen ὑπέρ nicht nur die allgemeine Vorstellung des »zugunsten« und »zugute«, sondern die konkrete Füllung durch die Idee der Sühne und Stellvertretung[146]. Diesen Inhalt des ὑπέρ sucht man in v. 19 vergebens[147]. Jesu Selbstheiligung konzentriert sich darauf, die Seinen zur Fortsetzung der ursprünglich ihm aufgetragenen Sendung zu heiligen, d.h. sie zur Sendung zu befähigen.

---

[145] ONUKI, Gemeinde 170; HOEGEN-ROHLS, Johannes 245. Die Annahme eines gnomischen Aorists (BDR 333) erübrigt sich.
[146] RIESENFELD, ThWNT VIII 511–513.
[147] So auch KNÖPPLER, theologia crucis 214.

c) Theologische Themen

α) Der Tod Jesu in c. 17

In c. 17 wird der Tod Jesu in höchster Intensität meditiert – was geschieht in diesem Tod? Und wie verhält sich die Rede vom Tod Jesu in c. 17 zu der Weise, in der das Johannesevangelium insgesamt den Tod Jesu bedenkt? Wir wenden uns der ersten Frage zu. Durch seinen Tod geht Jesus in die Doxa des Vaters ein, um sowohl seine Verherrlichung als auch die des Vaters der letzten Vollendung zuzuführen (v. 1.5.24). Im Tod Jesu geschieht also nichts anderes als sein Gehen zum Vater (v. 11.13), und darum kann Jesus kraft seines Todes den Seinen den bewahrenden Namen Gottes und die vom Vater empfangene Liebe mitteilen (v. 26). Dem fügt sich v. 19 ein: In seinem Tod verläßt Jesus die Welt, um sowohl seine eigene Heiligung als auch die der Seinen zu vollenden. – Hier meldet sich die zweite Frage. Zunächst besteht keine Schwierigkeit, die Sicht des Todes Jesu in c. 17 dem Gesamten des Johannesevangeliums einzufügen. Durchweg ist dort die Stunde der Passion die Stunde der Verherrlichung (12,23.27; 13,1; so auch 17,1), und wie Jesus diese Stunde in 12,23 begrüßt, so tut er es auch in 17,1. Daß in seinem Sterben der Schritt zum Vater hin geschieht, ist Hauptinhalt vor allem der ersten Abschiedsrede (14,2f.12.28), und daß in der Kreuzigung Jesu die Erhöhung zum Vater sich vollzieht (3,14; 8,28; 12,32.24), stimmt mit c. 17 überein.

Aber nun wissen die diesbezüglichen johanneischen Äußerungen außerhalb von c. 17 nicht nur von der im Tod sich vollendenden Doxa Jesu. 13,31f etwa steht ganz im Schatten des unmittelbar vorhergehenden Satzes »es war aber Nacht« (13,30) und der Ansage des Judasverrats, die die Jünger in Ratlosigkeit stürzt (13,22). In 17,12b dagegen ist – unabhängig vom Problem der Ursprünglichkeit – diese Seite des Vorgangs ausgeblendet: Das Judasgeschehen dient nur der Schrifterfüllung. Ferner: Jene drei Stellen, die in der Kreuzigung Jesu seine Erhöhung geschehen lassen, wissen durchaus von der Realität der Kreuzigung, und wenn sie auch nicht die Entsetzlichkeit dieses Aktes artikulieren (das tun auch die synoptischen Berichte nicht), so ist sie ihnen doch gegenwärtig: Der antike Menschen wußte aus vielfältiger Anschauung, wie es bei einer Kreuzigung zugeht. In der johanneischen Passionsgeschichte, so sehr darin Passion als die Inthronisation Jesu zum wahren König geschildert wird[148], wird nichts von der Realistik des Geschehens weggenommen. Die Schrecklichkeit von Geißelung und Verspottung bleibt unverdeckt (19,1–3.5), und vom Kreuzigungsbericht in 19,18 gilt dasselbe. Bezeichnend dafür ist in c. 12 das Nebeneinander von Verherrlichung und der Gethsemaneproblematik (12,23.27), die, in 18,1–11 ausgeblendet, dem Leser in 12,27 zwar umgedeutet, gerade darin aber ausdrücklich vor Augen geführt wird. Der johanneische Passionsbericht

---

[148] Brown 912f.

läßt den Leser erleben, wie die Verherrlichung Jesu *in* der Furchtbarkeit der Kreuzigung erfolgt (S. 292).

Was aber erlebt der Leser bei der meditierenden Lektüre von c. 17? Er bleibt unangesprochen von jener Realistik, die, so wenig sie ausgemalt wird, vom Johannesevangelium sonst nirgends preisgegeben wird. Die Doppelbedeutung von Erhöhung Jesu, Erhöhung ans Kreuz und Erhöhung zum Vater, fehlt in c. 17. Nie wird der Tod Jesu als Tod benannt, und nicht einmal v. 19, wo mit dem ὑπέρ am hörbarsten darauf angespielt wird, gibt der Vorstellung vom Tod ausdrücklich Raum. Die Heiligung Jesu führt zur Heiligung derer, für die er sich heiligt – darauf richtet sich der Blick. Natürlich weiß man auch in c. 17 vom Sterben Jesu, aber handelt es sich hier um etwas anderes als um das Sterben dessen, der »durch den Tod unangefochten und jubelnd geht, weil er in das Reich der Freiheit zurückgerufen wird«[149]? Die Passion als die Verwerfung Jesu, als äußerste Erniedrigung (19,1–7), von der nicht nur die johanneische Passionsgeschichte, sondern das gesamte Evangelium weiß (vgl. nur 7,30; 10,39; 11,50), ist in c. 17 offenbar nicht vorhanden.

Eine weitere Überlegung schließt sich an. Durch seine Selbstheiligung, die ihn in die Sphäre des Vaters führt, heiligt Jesus die Seinen und eröffnet ihnen damit den Weg zum Vater. Zwar dient die empfangene Heiligung zunächst dazu, sie zur Sendung in die Welt zu befähigen (v. 18). Gleichzeitig drängt Jesu Selbstheiligung die durch ihn Geheiligten auf die in v. 22–26 beschriebene Vollendung hin, auf das ungehinderte Schauen der Doxa Jesu, auf das Sein mit ihm im Empfangen vollendeter und vollendender Liebe. Der Tod Jesu, in dem seine Selbstheiligung sich ereignet, wird damit erfahren und bedacht als das Geschehen, das die Glaubenden so der Sphäre des Vaters einfügt, wie Jesus selbst ihr sich durch seinen Tod einfügte. Noch einmal wird von da aus klar, daß ὑπέρ hier nicht mit der Idee der Sühne oder Stellvertretung verbunden ist.

Welche Konsequenzen ergeben sich aus den angestellten Beobachtungen? Zweifellos vertritt c. 17 die sonstige johanneische Deutung des Todes Jesu; aber zweifellos ist sie mit einer eigenen Nuance versehen. Indem die Erhöhungsaussage unterbleibt, tritt der Aspekt der *Kreuzigung* zurück. Im Tod Jesu ereignet sich nichts anderes als seine Verherrlichung; die Schrecklichkeit dieses Geschehens, die in der johanneischen Passionsgeschichte festgehalten wird, verschwimmt und wird für den Leser fast unsichtbar, und schwerlich wird man leugnen können, daß das beabsichtigt ist. Vielleicht muß man noch einen Schritt weitergehen. In c. 17 ist man dabei, sich von einem sonst nirgends aufgegebenen Aspekt der Passion zu lösen, und dadurch beginnt die Rede vom Kreuz sich von ihrer geschichtlichen Wurzel zu entfernen und diese Wurzel vergessen zu lassen. Von da aus fragt man weiter: Konnten etwa die Häretiker des ersten Johannesbriefs, die das Geschichtliche am Kreuzesgeschehen bis zur Bedeu-

---

[149] KÄSEMANN, Wille 48f.

tungslosigkeit herunterspielten[150], in ihrer Berufung auf das Johannesevangelium besonders auf c. 17 verweisen? Zwar ist in diesem Evangelium, wie es uns
heute vorliegt, durch Einbindung von c. 17 in das Gesamtwerk die geschichts-
ferne Seite dieses Kapitels weitgehend neutralisiert worden; man wird c. 17
immer im Rahmen des Gesamtwerkes auslegen. Nimmt man aber c. 17 aus seinem Kontext heraus, zeigt es hinsichtlich dessen, was man johanneische Kreu-
zestheologie nennen kann, seinen eigenen, nicht unproblematischen Charakter.

β) Die Sendung der Gemeinde in die Welt

(1) Durch v. 15 erhält man einen gewissen Zugang in die innere Verfassung der
Gruppe, in der c. 17 lebendig war. Die Abweisung der Bitte, aus der Welt
(S. 177ff) herausgenommen zu werden, setzt das Ergehen dieser Bitte voraus,
und daß diese Abweisung in seinem Gebet an den Vater von Jesus so entschieden betont wird, läßt auf das Gewicht schließen, das dieser Bitte innerhalb der
Gemeinde zukam. Anders ausgedrückt: Aus v. 15 ergibt sich die Einsicht in
eine starke Strömung, die wohl nicht die ganze Gemeinde, aber einen gewichtigen Teil von ihr erfaßt hatte. Man wollte die innere Trennung von der umgebenden Welt weitertreiben zur völligen Lösung von ihr. In welche Vorstellung
kleidete sich dieses Wollen?

Mit Käsemann kann man in v. 15 die konventikelhafte Absonderung der johanneischen
Gemeinde von der Welt konstatieren[151]. Oder man kann aus v. 15 das Verlangen einzelner nach ihrem individuellen Tod herauslesen, der sie in die unmittelbare Christusge-
meinschaft versetzen soll (vgl. Phil 1,21–23). Wahrscheinlicher aber spricht sich in
v. 15 eine apokalyptische Grundstimmung aus. Der von der Gemeinde erfahrene Haß
der Welt (v. 14), der sich bis zur Verfolgung gesteigert hat (15,18–16,4a), wird als Ausdruck ihres völligen Geschiedenseins von der Welt erfahren, und mußte man von da
aus nicht den Schluß zu ziehen, daß der Platz der Gemeinde nicht mehr in der Welt ist?
Auf die baldige Entrückung der Gemeinde dem auf den Wolken kommenden Christus
entgegen hat man in Thessalonich gehofft (1Thess 4,13–18). In dem Verlangen nach
der Vernichtung der Welt und der Umwandlung der verfolgten Gemeinde in die ecclesia
triumphans (Offb 17–20) hat sich die Hoffnung auf Trennung von der Welt einen
eigenen Ausdruck geschaffen. Als Beleg für solche Stimmungen ist etwa Offb 6,10 zu
nennen (wie lange dauert dieser Zustand der Welt noch an?), auch die Zusage »Ich
komme bald« aus Offb 22,20 und die Vision des neuen Jerusalem in Offb 21f. Selbst
Mk 13,20.24–27 ist hierher zu rechnen. Dagegen ist Phil 1,23 gelöst vom Wunsch nach
apokalyptischer Weltvernichtung oder enthusiastischer Weltflucht.

v. 15 widerspricht diesem Verlangen *im Namen Christi.* Der Gemeinde, vielmehr dem hier gemeinten Teil der Gemeinde wird das Bleiben in der Welt

---

[150] BROWN, Ringen 87–92; HENGEL, Frage 185–187; H.J. KLAUCK, Die Johannesbriefe
(EdF 276), Darmstadt 1991, S. 147–149.

[151] KÄSEMANN, Wille 134–136; vgl. zum Thema G.M. BURGE, The Anointed Communi-
ty (Grand Rapids 1987), S. 198–204, wo der Zusammenhang zwischen Sendung des Sohnes,
Gabe des Geistes und der Sendung der Gemeinde bedacht wird. In c. 17 fehlt allerdings die
Erwähnung des Geistes.

aufgetragen, zwar bedroht von der Welt, aber in ihr bewahrt vor der Gewalt des Bösen. Dabei lohnt es sich, auf das nicht Gesagte zu achten. Es wird der Gemeinde weder eine Entrückung angekündigt noch das baldige Ende der Welt noch ein göttlicher Strafakt, der die Verfolger vernichtet (2Thess 1,6–9). Ihr Bleiben in der Welt wird ihr vielmehr durch die Fürbitte Jesu ermöglicht, kraft deren sie den Schutz des göttlichen Namens und die Heiligung durch Gott erfährt und gerade in ihrer gegenwärtigen Situation im Horizont der vollendeten Freude (v. 13) steht.

Offensichtlich wird also in v. 15 der Widerspruch gegen ein wahrscheinlich apokalyptisch geprägtes Verlangen innerhalb der johanneischen Gemeinde laut. Wir werden ihn von der johanneischen Eschatologie her zu verstehen haben (S. 98ff). Hat die Gemeinde nicht das Gericht schon hinter sich (3,18)? Hat sie nicht, indem sie glaubende Gemeinde ist, auch den Tod hinter sich gelassen (5,24; 11,25f), da sie ja zu denen gehört, die, auf das Wort Christi hörend, den Tod nicht sehen werden (6,40.47; 8,51). Und wenn ihr im Haß der Welt der Fürst dieser Welt (14,30), der Böse (v. 15) drohend entgegentritt, dann soll sie sich daran erinnern, daß dieser eine schon gerichtete Größe (16,11) und also keine Größe mehr ist. Also hat sie kein Recht, sich ihrer Angst vor der Welt zu überlassen (16,33) und sich dem Verlangen nach dem Verlassen oder Vergehen der Welt hinzugeben.

Als die Gemeinde, die im Erkennen Gottes ewiges und also unzerstörbares Leben empfangen hat (v. 3) und durch die von Christus her ergehende Heiligung aus der Welt ausgegrenzt ist, hat sie in der Welt zu bleiben und die ihr gestellte Aufgabe wahrzunehmen. Welche Aufgabe?

(2) v. 18 gibt die Antwort. Nachdem der Sohn seine Sendung in der Welt abgeschlossen hat, überträgt er die Fortsetzung der Sendung an die Gemeinde. Da diese Sendung ihren Ort in der Welt hat und nicht außerhalb ihrer, hat die Gemeinde in der Welt zu bleiben, ihr Dasein in der Welt zu bejahen und es im Erfüllen ihres Auftrags zu leben.

Damit ist die Sendung der Gemeinde in die Welt angesprochen (s. auch 20,21f). Die liegt freilich im Johannesevangelium auf einer anderen Ebene als die weltumfassende Sendung bei Paulus (2Kor 10,12–18; Röm 1,14; 15,19–24) oder bei Matthäus (28,18–20), und die apokalyptische Zuversicht auf das baldige Durchdringen sei es ganz Israels (Mt 10,23; 19,28), sei es der gesamten Ökumene mit dem Evangelium (Mk 13,10) ist in c. 17 wie im ganzen Johannesevangelium abwesend. Man kann die Ursache dafür finden. Die Erfahrung gescheiterter Mission (s. zu 15,18ff) hat solcher Zuversicht den Boden entzogen, und wo mit einem Text wie 12,37–40 die missionarischen Aussichten der christlichen Verkündigung umrissen werden, wäre der in Mk 13,10 enthaltene, weltumspannende impetus fehl am Platz. Dazu hat das Nein der Synagoge zur Jesusbotschaft sich zum Ausschluß der Judenchristen aus der Synagoge gestei-

gert (9,22; 12,42; 16,2; s. S. 167 ff). Das vom Herrenbruder Jakobus propagier-
te Modell – wir bleiben in der Synagoge, weil wir *in* ihr und nicht *außerhalb*
ihrer den Juden Jesus als den Messias Israels zu bezeugen haben[152] –, war gescheitert. Mit welchem Recht und welchem Sinn kann man bei solchen Voraussetzungen noch für eine Sendung der Gemeinde eintreten? Soll man sich nicht
auf sich selbst und das eigene Heil zurückziehen und die Welt sich und ihrem
Unheil überlassen? Auf diese Frage gibt v. 18 eine denkwürdige Antwort: Was
immer geschehen mag, von Christus her hat sich die Gemeinde als die in die
Welt gesendete Gemeinde zu verstehen. In welcher Gestalt aber kann und soll
solche Sendung ergehen? Von dieser Frage her öffnet sich der Horizont unseres Problems.

Es muß in der johanneischen Gemeinde eine starke antimissionarische Strömung gegeben haben, die sich aus den oben erwähnten Erwägungen speiste
und sich in v. 15 sehr entschieden äußert. In ihr war die Tendenz zur Abkehr
von der Welt und zu ihrer apokalyptischen Preisgabe lebendig, und diese Tendenz fügt sich in einen weltverneinenden Dualismus ein, dessen Sprache im
Johannesevangelium nicht selten begegnet (s. S. 183).

Nun lebt man auch im Raum von c. 17 eine sehr bewußte Distanz zur Welt,
die vor allem in den prädestinatianischen Äußerungen greifbar wird, und insofern läßt c. 17 der weltfeindlichen Tendenz jener antimissionarischen Strömung
einen gewissen Raum. Aber man weigert sich zu vergessen, daß die Gemeinde,
unabhängig von ihrem jeweiligen Stand in der Welt, diese Welt mit der Wahrheit Gottes zu konfrontieren hat, wie Jesus selbst die Welt mit der Wahrheit
konfrontiert hat (8,32.40.45 f; 18,37). Die Gemeinde kann Gemeinde des von
Gott gesendeten Jesus nur sein, wenn sie sich als Ergebnis dieser Sendung
versteht, sich in sie hineinbegibt und sie in ihrer eigenen Existenz fortsetzt.
»Christliches Leben ist als solches Mission. Unüberhörbarer kann das nicht
ausgesprochen werden«[153].

(3) Wie aber soll Mission unter den Lebensverhältnissen der johanneischen
Gemeinde gelebt und organisiert werden? Wir fragen also: Wie hat diese Gemeinde ihre Mission gelebt? Nun finden wir im Johannesevangelium keinen
weltumspannenden missionarischen Entwurf wie bei Paulus, keine Regeln für
missionarisches Wirken wie in Lk 9f; Mt 10. Ein geographischer, die Ökumene
ins Auge fassender Plan wie in Apg 1,8 fehlt. Irren wir in der Annahme, daß er
fehlt, weil derartiges für die johanneische Gemeinde angesichts ihrer Erfahrungen mit der Welt, konkret: angesichts ihres missionarischen Scheiterns
nicht mehr sinnvoll war?

[152] Vgl. DIETZFELBINGER, Bruder 392 f.
[153] KÄSEMANN, Wille 134.

Trotzdem hat die Gemeinde sich als die in die Welt gesendete Gemeinde zu verstehen. Als die wesenhaft zu dem von Gott gesendeten Sohn gehörende Gemeinde ist ihr eigenes Gesendetsein Teil ihres Wesens, und durch die Selbstheiligung des Sohnes ihrerseits geheiligt versteht sie ihr Ausgesondertsein nicht als Freibrief zum Verlassen der Welt, sondern als Ausdruck der Verpflichtung, in der Welt bleibend die Welt mit dem Wort der Wahrheit zu konfrontieren und sie damit an ihren Ursprung, an ihr Schöpfungsein zu erinnern, unabhängig von meßbarem missionarischen Erfolg oder erlittenem Mißerfolg[154]. Damit steht man im Zentrum des johanneischen Verständnisses von Mission.

Zeigt sich im Johannesevangelium auch keine Andeutung von einer ins Breite gehenden Mission, so sind dafür kräftige Spuren einer sog. Individualmission sichtbar, vgl. Nikodemus, die Samaritanerin, der Blindgeborene[155]. Das fügt sich der besonderen Ausprägung des johanneischen Sendungsbewußtseins ein. – Die Behauptung, daß eine so verstandene Sendung bloße »Sammlung der Determinierten, nicht Mission als Ermöglichung von Glauben für jeden«[156] ist, schreibt dem johanneischen Dualismus eine Rolle zu, die er nicht innehatte[157], und dogmatisiert Prädestination in einer Weise, die schließlich zur Selbstgenügsamkeit führt, was im Bereich des Johannesevangeliums nicht geschah (vgl. S. 304ff).
Nicht zu übersehen ist die Parallele dieses Sendungsverständnisses zu dem vom Parakleten erhofften und der Gemeinde gewährten Wirken, wie es vor allem in 16,8–11 bezeugt ist. Aber c. 17 kennt die Gestalt des Parakleten nicht. Was in den Parakletsprüchen vom Wirken des Parakleten erwartet wird (Fortführung des Werkes Jesu, hier: des Schutzes und der Heiligung der Gemeinde) schreibt 17,11b.17 Gott selbst zu. Nicht einmal die in 20,21 zu erlebende Mitwirkung des Geistes bei der Sendung färbt auf c. 17 ab. Jesus ist der Sendende, und in der Sendung der Gemeinde wird die von Gott in Gang gesetzte Sendung Jesu weitergeführt.

Da die in die Welt gesendete Gemeinde nicht weiß, wer in der Welt zu denen gehört, die der Vater Jesus »gegeben« hat, da also potentiell jeder Mensch ein Jesus »Gegebener« ist, schuldet sie grundsätzlich jedem Menschen das Wort, durch das sie selbst geheiligt wurde. Darum kann sie bei aller Distanz zur Welt die Welt nicht preisgeben und sich selbst überlassen. – So begegnet c. 17 der innerhalb der Gemeinde virulenten und an der Welt verzweifelnden Resignation, die nicht nur auf traditionelle missionarische Aktivitäten verzichtet – das kann durch die Situation geboten sein –, sondern die, indem sie die Welt preisgibt, auch den missionarischen Charakter christlicher Existenz, damit christliche Existenz überhaupt preisgibt (vgl. noch S. 339f)[158].

---

[154] APPOLD, Oneness 195: »The manifestation of this consecration consists in their being sent into the world even as the Father sent the Son«. Zahlreiche missionarische Elemente (vielleicht zu viele) findet SCHNELLE, Johanneische Ekklesiologie, in: NTS 37 (1991), S. 41–43.

[155] ROLOFF, Kirche 292 Anm. 12; ONUKI, Gemeinde 66.

[156] BECKER 627.

[157] BECKER 174–179.

[158] ONUKI, Gemeinde 178–182.

4. Der Sohn bittet um die Einheit und Vollendung der Gemeinde 17,20–26

a) Einführung

(1) v. 20 f wird von verschiedenen Exegeten für eine spätere Einfügung gehalten[159]. Die wichtigsten dafür angeführten Argumente:

– v. 22 läßt sich an v. 19 unmittelbar anschließen; das ist zu beachten. Aber daß v. 20 f Beckers Gliederung stört und darum sekundär sein soll, ist ein fragwürdiges Argument.

– v. 20 f, vom Interesse an der künftigen Gemeinde bewegt, bedenkt nicht, daß c. 17 die Grenzen zwischen der Jesuszeit und der nachösterlichen Epoche bewußt aufhebt und also insgesamt von der künftigen Gemeinde spricht. Diese Überlegung hat Gewicht. Freilich kann man ihr entgegenhalten, daß v. 20 f diesen überall vorhandenen Zukunftsaspekt lediglich bewußt macht und damit aus dem Duktus des Kapitels nicht herausfällt[160].

– v. 22 kehrt mit seinen Aoristen wieder in die sonstige Redeweise zurück, wie wenn v. 20 f nicht existierte. – Das doppelte »weil du mich gesandt hast« (v. 21.23) stört (anders in v. 25).

– Im Blick auf das Thema »Einheit der Gemeinde« ist v. 20 f Dublette von v. 22 f. Auch läßt sich die Einfügung von v. 20 f erklären: v. 23 hat sie angeregt, auch v. 18 f. Denn wenn von der Sendung der Gemeinde gesprochen wird, denkt man alsbald an das Ergebnis der Sendung, also an die künftig Glaubenden.

– λόγος meint nur hier im gesamten Evangelium die Predigt der Gemeinde (so vielleicht noch 1Joh 2,7; schwierig ist 4,39 zu beurteilen, wo von 4,42 her der menschliche Logos abgewertet wird[161]), sonst immer, den Prolog ausgenommen, das Wort Jesu oder das des Vaters. Dadurch wird v. 20 f von seinem Kontext abgehoben.

Nun kann man für jeden Grund, der den Nachtragscharakter von v. 20 f plausibel macht, einen Gegengrund finden, und wortreich verteidigt Ritt mit linguistischem Rüstzeug die Ursprünglichkeit von v. 20 f[162]. Die Bedenken bleiben. Die Einfügung ist, wenn es sich um eine solche handelt, mit großer Einfühlung vorgenommen worden und mit dem Ergebnis, daß der Zusammenhang außerordentlich bereichert worden ist. Die jetzt angeredete Gemeinde wird auf die ihr folgenden Generationen hin angesprochen.

(2) v. 21 ergeht in drei ἵνα-Sätzen; das Ende der Satzfolge wird von einem ὅτι-Satz gebildet. In der gleichen Weise ist v. 22 f gestaltet.

---

[159] BECKER, Aufbau 74 f; SCHNACKENBURG III 215 f; Winter, Vermächtnis 255.

[160] BLANK 276 f leitet v. 20 f aus v. 18 ab; von ihm aus öffne sich der Blick auf die nächste Generation.

[161] BULTMANN 148 f; SCHNACKENBURG I 489 f.

[162] RITT, Gebet 254–265.

v. 20 οὐ περὶ τούτων δὲ ἐρωτῶ μόνον,
    ἀλλὰ καὶ περὶ τῶν πιστευόντων
    διὰ τοῦ λόγου αὐτῶν εἰς ἐμέ,

v. 21a <u>ἵνα</u> πάντες ἓν ὦσιν,
   b <u>καθὼς</u> σύ, πάτερ, ἐν ἐμοὶ κἀγὼ
     ἐν σοί,

   c <u>ἵνα</u> καὶ αὐτοὶ ἐν ἡμῖν (ἓν) ὦσιν,
   d   <u>ἵνα</u> ὁ κόσμος πιστεύῃ
   e   <u>ὅτι</u> σύ με ἀπέστειλας

v. 22 κἀγὼ τὴν δόξαν ἣν δέδωκάς μοι
    δέδωκα αὐτοῖς,

   a <u>ἵνα</u> ὦσιν ἓν
   b <u>καθὼς</u> ἡμεῖς ἕν. (v. 23) ἐγὼ ἐν
     αὐτοῖς
     καὶ σὺ ἐν ἐμοί
   c <u>ἵνα</u> ὦσιν τετελειωμένοι εἰς ἕν,
   d   <u>ἵνα</u> γινώσκῃ ὁ κόσμος
   e   <u>ὅτι</u> σύ με ἀπέστειλας καὶ
      ἠγάπησας αὐτοὺς
   f   καθὼς ἐμὲ ἠγάπησας.

Die Parallelität zwischen den zwei Abschnitten, die Sätze v. 20 und die erste Häfte von v. 22 ausgenommen, ist unbestreitbar. Nach den jeweils ersten ἵνα-Sätzen ist ein begründender καθὼς-Satz eingeschoben. Der jeweils dritte ἵνα-Satz faßt die Absicht des jeweils ersten und zweiten zusammen; er enthält eine Aussage über den Kosmos und gibt mit dem von ihm abhängigen ὅτι-Satz das Ziel des Gedankengangs an. Der jeweils zweite ἵνα-Satz entwickelt und füllt den jeweils ersten: Daß sie alle eins sind, vollzieht sich darin, daß sie in uns sind bzw. daß sie zur Einheit vollendet sind[163].

Zur Lesart ἕν in v. 21c: Vermutlich handelt es sich um eine überflüssige Ergänzung; denn wenn die Glaubenden in Gott und in Jesus sind, dann ist damit die in v. 21a angesprochene Einheit schon erreicht. Sie braucht nicht eigens genannt zu werden.

Auffälligerweise stimmt v. 21 d.e fast wörtlich mit 11,42 überein. Nur ist dort die Volksmenge Subjekt des Glaubens, und statt Konj. Präsens steht Konj. Aorist.

Schwierigkeiten bereitet die Übersetzung von v. 23c: Damit sie Vollendete seien zu Einem hin, d.h. zur Einheit; es empfiehlt sich eine Glättung: »Damit sie zu vollkommener Einheit gelangen«[164].

αὐτούς in v. 23e bezieht sich auf die Jünger, nicht auf den Kosmos, obwohl auch dieser Bezug im Rahmen von v. 21–23 möglich ist. Aber 15,9f spricht für die erste Möglichkeit: Die Liebe, mit der Gott sich den Jüngern zuwendet, ist von gleicher Art wie die Liebe, mit der er Jesus liebt. – Der Begriff ἕν steht für die johanneische Einheitsidee. Er begegnet viermal in v. 21–23 und einmal in v. 11 (sonst noch in 10,30; 11,52; auch 10,16 gehört hierher). Brown sieht in dem qumranischen יחד (Gemeinschaft, Einung) die annähernd genaueste sprachliche Parallele zu dem johanneischen ἕν und vielleicht das Vorbild dafür. Nicht zu übersehen ist dabei die inhaltliche Differenz. Der qumranische Begriff wird kultisch-rituell gefüllt und bezeichnet »die Darstellung des wahren Tempelheiligtums durch die Gemeinde«[165]. Dazu tritt die streng hierarchische Gliederung, in der sich die Einheit der Qumran-Gemeinde darstellt. Von all dem weiß der johanneische Zusammenhang nichts.

---

[163] BAUER 202; BULTMANN 394 Anm. 1 und 4 (ohne die quellenkritischen Folgerungen); H. RIESENFELD, Zu den johanneischen ἵνα-Sätzen, in: ST 19 (1965), S. 213–220.
[164] Br s.v. τελειόω 2e; vgl. BDR 207 Anm. 4; s. auch 11,52; G. DELLING, ThWNT VIII 83,4f.
[165] J. MAIER, Zum Begriff יחד in den Texten von Qumran, in: Qumran, hg. von K.E. Grözinger u.a. (WdF CDX), Darmstadt 1981, S. 247; BROWN 777.

(3) v. 24. ὃ δέδωκας steht wie in v. 2 statt οὓς δέδωκας (s. dagegen v. 6.9). Das neutrum ὅ bezieht sich auf die Glaubenden (s. zu v. 2). – Zu πρὸ καταβολῆς κόσμου vgl. v. 5; die Wendung gehört in die Präexistenzchristologie. Während aber v. 5 nur von der Doxa Gottes spricht, die Jesus schon vor dem Sein der Welt eigen war, ist es in v. 24 über die Doxa hinaus die Liebe Gottes zu Jesus (3,35), die schon die vorzeitliche Beziehung zwischen Gott und Jesus bestimmt[166].

v. 25. δίκαιος als Gottesattribut ist im Neuen Testament selten: Röm 3,26; 1Joh 1,9; Offb 16,5, wohl auch 1Pt 2,23. Die Gebetsanrede »gerechter Vater« ist auf v. 25 beschränkt. Häufiges Gottesattribut ist »gerecht« im Alten Testament und im Judentum; auch außerbiblisch wird oft Gott mit der Idee der Gerechtigkeit verbunden[167]. – Brown vermutet in dem Satz ἐγὼ δέ σε ἔγνων eine sekundäre Parenthese, die den durch das doppelte καί konstituierten Gedankengang unterbricht[168]. In der Tat entgeht man auf diese Weise der Überladenheit von v. 25 (s.u.), und der Gegensatz reduziert sich dann auf »Welt« und »Jünger«. Aber ist das genug, um die Brown'sche Vermutung zu rechtfertigen? καὶ – καί drückt jenen Gegensatz aus: Die Welt *zwar* hat dich nicht erkannt, während ich dich erkannt habe; *aber* auch diese (die Jünger) haben erkannt, daß ...[169]. Die Erweiterung durch den Satz ἐγὼ δέ σε ἔγνων (während ich dich erkannt habe) ist noch erträglich.

v. 26. γνωρίζω, im johanneischen Schrifttum nur noch 15,15 vorkommend, ist mit dem φανερόω von v. 6 synonym.

b) Exegese

Wie v. 6–13 läßt sich auch dieser Abschnitt in drei Satzgruppen gliedern: v. 20f. 22f. 24–26. Während aber v. 24–26 ein eigenes Thema verfolgt, gehören v. 20f und v. 22f kraft der Idee der Einheit eng zusammen. Ist dieselbe Idee auch in v. 24–26 wirksam?

(1) v. 20f. Die Formel »ich bitte nicht für ..., sondern ...« erinnert an v. 9.15. Aber in v. 9.15 wird ein Gegensatz angesprochen, während es sich in v. 20 um eine Ausweitung handelt. Der Blick wird auf die folgenden Generationen der Glaubenden gelenkt, die sich der in v. 18 angesprochenen Sendung verdanken, konkret: der Predigt der gegenwärtigen Gemeinde (διὰ τοῦ λόγου αὐτῶν).

Wir vergegenwärtigen uns die hermeneutische Problematik. Der eigentliche Adressat von c. 17 ist die johanneische Gemeinde in der Zeit des Johannesevangeliums. Blickt nun v. 20f ausdrücklich in die Zukunft, dann muß damit die Zukunft gemeint sein, die die zeitgenössische johanneische Gemeinde vor sich sieht. In v. 20f schaut sie also über ihre Zeit hinaus in die Zeit der künftigen Generationen von Glaubenden und macht für sie die gleiche Frage geltend, von der sie selbst bewegt gewesen sein dürfte: Die Einheit der Kirche.

---

[166] Vgl. F. HAUCK, ThWNT III 623; BILL I 974f; O. HOFIUS, EWNT II 630f.
[167] BULTMANN 399 Anm. 3; Br s.v. 2.
[168] BROWN 768.773.
[169] BDR 444,3; s. auch BULTMANN 400 und Anm. 1.

Das Thema Einheit, in v. 11 flüchtig berührt, tritt mit v. 21 ins Zentrum. Es wird im Blick auf »alle« bedacht, und in diesem Wort wird die jetzige Generation der Glaubenden (περὶ τούτων) mit den kommenden Generationen (περὶ τῶν πιστευόντων) zusammengefaßt. Dabei ist der Text nicht daran interessiert, die erbetene Einheit und ihre Gefährdung zur Anschaulichkeit zu bringen, wie das in 1Kor 10,16f; 12,14–26 geschieht. Vielmehr verharrt er in eigenartiger Formelhaftigkeit, die sich in den verschiedenen Ausprägungen der reziproken Einheitsformel oder Immanenzformel (S. 330f) darstellt. Die einzige Konkretion der Gemeinde-Einheit erfolgt durch ihre Begründung in der zwischen Gott und Jesus bestehenden Einheit, die »both the model and source of the unity of believers«[170] genannt wird. Aber kann man das Konkretion nennen, zumal auch die Einheit zwischen Gott und Jesus inhaltlich nicht beschrieben, sondern mit der Immanenzformel nur angezeigt wird? Immerhin kann man die Einheit zwischen dem Vater und dem Sohn vom johanneischen Kontext her bis zu einem bestimmten Grad vorläufig konkretisieren: Indem der Vater dem Sohn sein Handeln und Sprechen überträgt und der Sohn das Handeln und Sprechen des Vaters in der Welt vollzieht, leben sie ihre Einheit. Welche Konsequenzen hat das für die Einheit der Gemeinde, die aus der zwischen dem Vater und dem Sohn waltenden Einheit hervorwachsen soll?

Der zweite ἵνα-Satz (v. 21c) sagt dasselbe in kürzerer Form. Indem die Gemeinde ἐν ἡμῖν, d.h. in der zwischen Gott und Jesus bestehenden Einheit wurzelt, empfängt sie ihre eigene Einheit.

Der dritte ἵνα-Satz gibt das Ziel des Gedankengangs an: Kraft der eben skizzierten Einheit der Gemeinde soll die Welt glauben lernen, daß Jesus der vom Vater Gesendete ist. Damit ist ein Ziel genannt, das an die Zielangabe von 3,16 erinnert. Dort freilich wird anschließend (3,18ff) sofort von der gespaltenen Reaktion der Welt gesprochen: Auf die Zuwendung Gottes zur Welt antworten die einen mit Glauben, die anderen mit Unglauben. 17,21 dagegen blickt nicht auf die negative Möglichkeit, sondern spricht nur positiv vom kommenden Glauben der Welt (vgl. noch v. 23), eine Einmaligkeit innerhalb des Johannesevangeliums. Aber sofort ist zu fragen, ob es von v. 9.14f.25 her erlaubt ist, v. 21 eindeutig in Richtung einer für die Welt positiven Deutung zu verstehen?

Bevor wir uns dieser Frage zuwenden, konstatieren wir, daß das literarkritische Urteil, es könnte sich in v. 20f um einen literarischen Nachtrag handeln, nichts über das theologische Gewicht des kleinen Abschnitts besagt. Er nimmt v. 18f auf und bedenkt das Problem, das im Rahmen des frühen Christentums schon in der zweiten, spätestens der dritten Generation erwachen mußte: Ist den Späteren nicht die Unmittelbarkeit der Jesuserfahrung verwehrt, in der die erste, vielleicht noch die zweite Generation lebte?

---

[170] BROWN 769.

Dasselbe Problem begegnete schon in der ersten Abschiedsrede (S. 89–91); dort fand es in der Funktion des Parakleten seine Lösung. c. 17 kennt den Parakleten nicht und muß darum die Problemlösung auf einer anderen Ebene suchen. In der nachösterlichen Gemeinde, sagt c. 17 insgesamt und v. 20f sagt es mit besonderer Eindringlichkeit, setzt sich die Sendung Jesu fort, ohne daß von der Originalität Jesu etwas weggebrochen wäre (v. 18f). Er selbst hat der Gemeinde seine Sendung übertragen. Also kommt in der Sendung der nachösterlichen Gemeinde das Wort Jesu selbst zur Sprache. Die später Hörenden hören nichts anderes als die Hörer der ersten Generation, nämlich das Wort des Sohnes. Darum steht das verstehende Glauben »aus zweiter Hand« dem Glauben »aus erster Hand« in nichts nach[171]. Jeder Glaubende, gleich welcher Zeit, tritt, wenn er sich Christus öffnet, in die Gleichzeitigkeit mit Christus ein[172].

(2) v. 22f behandelt das Thema Einheit in Parallele zu v. 20f, so aber, daß nicht das Gebet Jesu, sondern die der Gemeinde vermittelte göttliche Doxa als das Instrument erscheint, durch das die Einheit herbeigeführt wird. Wir versuchen, den sehr verdichteten Zusammenhang zu entfalten. Dabei können wir die Einleitung von v. 22 zunächst übergehen.

– Wir sind eins, weil du in mir bist und ich in dir (Ergänzung aus v. 21b).
– Ich wohne in den Glaubenden (ἐγὼ ἐν αὐτοῖς); also wohnst auch du in ihnen; denn du wohnst in mir.
– Das bewirkt die Einheit der Gemeinde (v. 22a), und zwar handelt es sich um Einheit in Vollendung (v. 23c). Nichts wird darüber gesagt, wann das Eintreten dieser Vollendung zu erwarten ist.
– Die Einheit der Gemeinde soll dann das Erkennen des Kosmos bewirken. Er wird erkennen, daß du mich gesandt und daß du die Glaubenden mit derselben Liebe umfaßt hast, mit der du mich umfaßt hast.

Die Parallelität zwischen v. 20f und v. 22f ist allerdings nicht völlig durchgehalten. So wird v. 21c im Parallelsatz von v. 23 variiert. Der καθώς-Satz in v. 22b will offenbar seine Parallele in v. 21b erläutern, indem das ἕν hinzugefügt wird. Der ὅτι-Satz von v. 23e.f enthält gegenüber seiner Parallele in v. 21e eine erhebliche Erweiterung. Der auffallendste Unterschied: v. 22.23 spricht nicht mehr von den kommenden Generationen, sondern von der auch sonst (v. 6.8.12.14.18) gemeinten Jüngergruppe, die durch die johanneische Gemeinde repräsentiert wird. Nur auf sie kann sich der erste Satz von v. 22 beziehen. – Der Wille zur Parallelität wird dadurch nicht in Frage gestellt, sondern bestätigt. Die Änderungen in v. 22.23 sind als gewollte Erläuterungen von v. 20.21 zu verstehen.

v. 22. Die ersten zwei Zeilen stehen außerhalb der Parallelität und haben mit den ersten drei Zeilen von v. 20 wenig zu tun. Mit dem Stichwort Doxa lenken

---

[171] Bultmann 148f.
[172] S. Kierkegaard, Einübung im Christentum, Düsseldorf – Köln 1951, S. 61–66; ders., Gesammelte Werke, Registerband, 1969, S. 96f s.v. Gleichzeitigkeit.

sie zu v. 1–5 zurück und schaffen so eine inclusio, die in v. 24–26 durch weitere Elemente ergänzt wird. Während aber in v. 1–5 nur von der wechselseitigen Verherrlichung zwischen dem Vater und dem Sohn gesprochen wird, weitet sich der Verherrlichungsprozeß jetzt auf die Gemeinde aus: Sie empfängt von Jesus die Doxa, die er selbst vom Vater empfangen hat – eine im Johannesevangelium nicht wiederholte Äußerung, die in Teil e.f erläutert wird: Die der Gemeinde von Jesus vermittelte Doxa Gottes, die die Einheit der Gemeinde herstellt, geht auf die Liebe Gottes zur Gemeinde zurück, und die ist der Liebe gleich, mit der Gott Jesus geliebt hat.

Wir fragen zunächst, worin die Doxa sich konkretisiert, die Jesus vom Vater empfangen und an die Gemeinde weitergegeben hat. Man hat wohl an die Gaben zu denken, die er der Gemeinde vermittelt hat, den Namen Gottes (v. 6.26), das Wort Gottes (v. 6.8.14). In diesen Gaben, die Jesus vom Vater übertragen wurden, empfing die Gemeinde die Offenbarung des Gottes, der in Jesus als der Schöpfer und wahre Herr der Welt seinen heilvollen Anspruch auf die Welt zur Geltung bringt (S. 285f). Im Empfang dieser Gaben hat die Gemeinde Gott als den erkannt, der er ist. Sie hat ihn also in seiner Doxa erkannt, die in nichts anderem besteht als in seinem Sein als Schöpfer, Retter und Richter der Welt, wie es sich in Jesus konkretisiert. Denn Jesus hat solche Doxa vermittelt, indem er Gottes Wesen bei den Menschen und für sie lebte. – Die strenge gedankliche Einheit von c. 17 wird hier greifbar.

Weiter fragen wir nach den Folgen, die jene Weitergabe göttlicher Doxa an die Menschen für die Menschen zeitigt. Sie werden, antwortet der Text, in das Verherrlichungsgeschehen einbezogen, das sich zwischen Gott und Jesus ereignet und in dem sich ihr Einssein darstellt. Die Glaubenden werden ihrerseits eins kraft des Seins Jesu in ihnen, in dem das Sein Gottes in ihnen wahr wird. Man kann das vom johanneischen Kontext her füllen: Die Glaubenden werden in die Gott und Jesus verbindende Doxa einbezogen, indem sie an Jesus Gottes Doxa erkennen (1,14), indem ihnen in Jesus Gott als Schöpfer und Richter der Welt entgegentritt (5,21–23), indem sie ihrerseits Gott in der Welt verherrlichen (15,8) und also Gottes Doxa, sein Schöpfer- und Richtertum in der Welt vertreten. Das ist Inhalt und Ziel ihrer Sendung (v. 18), und darin finden sie zur Einheit der Gemeinde, durch die der Kosmos zum erkennenden Kosmos werden soll.

Die Steigerung des Gedankens – die Gemeinde erhält Anteil an der Doxa Gottes und bringt sie in der Welt wirksam zur Geltung – spiegelt sich in der Steigerung der Sprache wider: Damit sie zur vollendeten Einheit gelangen, zur Einheit hin vollendet werden. Hier wird von der eschatologischen Vollendung der Gemeinde gesprochen, die sich in ihrem vollendeten (vielleicht vorsichtiger: sich vollendenden) Einssein darstellt. Was ist das für ein Aspekt von Gemeinde?

Damit ist der dritte ἵνα-Satz in den Blick genommen, auf den, nicht anders als in v. 20f, die beiden parallel laufenden ἵνα-Sätze hinführen und dem darum ein besonderes Gewicht zukommt. Die Einheit der Gemeinde, sagt v. 23 noch betonter als v. 21, hat ihr Ziel nicht in sich selbst, sondern darin, daß die Welt zum Erkennen kommt. Wie vorher die Gemeinde, so wird jetzt, freilich in unübersehbarer Distanz zur Gemeinde, die Welt zum Offenbarungsgeschehen in eine positive Beziehung gesetzt. Denn das der Welt zugeschriebene Erkennen steht in offenkundiger Parallele zu dem Glauben der Welt in v. 21; es wird also nicht, wie vermutlich in 8,28, als Erfahren des Gerichts verstanden[173], sondern als Eröffnung und Angebot von Leben, wie denn nach v. 3 im Erkennen Leben erschlossen ist. Was soll die Welt erkennen? Daß Jesus der von Gott Gesendete ist und, daraus folgend, daß die von ihr gehaßte Gemeinde (v. 14) von Gott mit derselben Liebe getragen wird wie Jesus (15,9f). Kann man dem Schluß ausweichen, daß die Welt, indem sie zu solchem Erkennen gelangt, ihrerseits die Möglichkeit erhält, an dem Geschehen zwischen Gott und der Gemeinde teilzuhaben und also von ihrem Sein als gegen Gott verschlossene Welt[174] loszukommen?

Man muß zugestehen, daß man nirgends sonst im Johannesevangelium derart entschieden zu solcher Überlegung gedrängt wird, und Browns Nein zu ihr ist verständlich[175]; es ist aber nicht gerechtfertigt. Denn das Erkennen der Welt hat denselben Inhalt wie das Erkennen der Glaubenden in v. 25 (s. auch v. 3.8): Daß Jesus der von Gott Gesendete ist. Zwar ist nicht zu übersehen, daß die Unterscheidung zwischen Gemeinde und Welt auch in v. 21–23 gewahrt bleibt: Die Welt soll *künftig* glauben und erkennen, was die Gemeinde *jetzt schon* glaubt und erkennt. Aber auch das ist nicht zu übersehen, daß die Welt, die in v. 9 von der Bitte um Bewahrung durch den Namen Gottes und das damit verbundene Einssein ausdrücklich ausgeschlossen wurde, jetzt in eine neue Perspektive gerückt wird: Durch die Sendung der Gemeinde wird die Welt zu dem in Christus realisierten Heil in die Beziehung des Erkennens gesetzt. Das, was an der Gemeinde offenbar wird – ihr Einssein mit Gott und Jesus und das darin zur Wirkung kommende Christusgeschehen –, enthält für die Welt Möglichkeit und Aufruf, sich selbst diesem Geschehen zu öffnen und an ihm teilzuhaben. Geringeres wird hier nicht gesagt.

(3) v. 24–26. Der dritte Abschnitt ist durch die zweifache Vater-Anrede zweigeteilt. Eine formale und inhaltliche Parallelität zu v. 20f und v. 22f ist nicht erkennbar. Trotzdem ist ein innerer Zusammenhang von v. 24–26 mit den vorhergehenden Sätzen zu erwarten; wie stellt er sich dar? – v. 24 blickt in die Zukunft, v. 25 ins Vergangene; v. 26 wendet sich vom Vergangenen wieder in die Zukunft und führt das in v. 24 Gesagte zum Ziel.

---

[173] Zu 8,28 vgl. Bultmann 268; Brown 351; Schnackenburg II 256f hält sowohl den Gerichts- als auch den Heilsaspekt dieses γινώσκειν offen.

[174] Bultmann, Theologie 367–373.

[175] Brown 778f; vgl. dagegen Bultmann 394.

v. 24. Der Relativsatz ὃ δέδωκάς μοι ist Element der schon beobachteten inclusio. Auffällig ist die Wendung θέλω ἵνα: »Der Ausdruck ist sehr kühn«[176]. Jesus sagt zum Vater nicht mehr »ich bitte«, sondern »ich will«, und er sagt es in fragloser Gewißheit, die freilich auch den Bitten von v. 1.5.11b.17 eignet. Unverkennbar spricht er mit dem Satz ὅπου εἰμὶ ἐγώ (vgl. 12,26; 14,3) bereits als der verherrlichte Sohn in der ihm verliehenen Doxa des Vaters. Als solcher aber spricht er zu den Jüngern in der Nacht vor der Passion. Der damit gegebene zeitliche Widerspruch – der Jesus der Abschiedsstunde spricht als der in der Doxa des Vaters Lebende – ist gewollt; er ist Ausdruck des Selbstverständnisses, in dem die Gemeinde lebt: In unserer Gegenwart werden wir von dem in die Passion gehenden Jesus angesprochen.

Die kommende Trennung wird nicht mehr, wie in v. 11–13, mit der Frage bedacht, wie sie für die Gegenwart der Gemeinde ertragbar werden soll. Vielmehr richtet sich der Blick auf die eschatologische Überwindung der Trennung (wieder ist 12,26; 14,3 zu vergleichen). Die Worte μετ’ ἐμοῦ erinnern an die Rede von den himmlischen Wohnungen in 14,2f.23. Aber während in c. 14 die apokalyptische Erwartung von 14,2f auf ein *gegenwärtiges* eschatologisches Geschehen umgelenkt wird, bleibt in v. 24 der Aspekt der zeitlichen Zukunft erhalten[177].

Der Blick richtet sich also auf die Zukunft der Gemeinde. Sie, von der Jesus sich jetzt trennt, soll und wird in Zukunft bei und mit ihm sein. Dieses Bei-ihm-Sein wird dadurch bestimmt sein, daß sie die Doxa sieht, die Jesus gemäß der Bitte in v. 5 dann vom Vater erhalten hat. Solche Doxa-Gabe aber ist Ausdruck und Endziel der Liebe, mit der Gott Jesus schon vor der Grundlegung der Welt geliebt hat. – So wird eschatologische Vollendung beschrieben, und um die Eigenart der hier waltenden Vorstellung zu erfassen, vergleiche man etwa Offb 21f. Vollendung besteht nach v. 24 darin, daß die Gemeinde Jesus ungehindert in seiner Doxa sieht. Das erinnert an die Definition eschatologischen Seins in 1Joh 3,2, wo allerdings vom Sehen *Gottes* gesprochen wird. – Ist der in v. 24 angesagte Wille Jesu zur Erfüllung gekommen, dann ist die eschatologische Verwandlung eingetreten, von der Offb 21f in großen Bildern zu sprechen weiß. In v. 24 sieht man nichts von diesen Bildern, hört man nichts von apokalyptischem Kampf und Gericht (Offb 19,11–20,15), ist keine Rede vom dramatischen Kommen des Menschensohns unter den Erschütterungen des Kosmos (Mk 13,24–27) und von der Erschaffung eines neuen Himmels und einer neuen Erde nach dem gänzlichen Sich-Auflösen des Bisherigen (2Pt 3,10–13). Die in v. 24 angedeutete eschatologische Zukunft hat das gesamte apokalyptische Repertoire abgestreift und konzentriert sich ausschließlich auf das vollendete Sein der Glaubenden mit Christus.

---

[176] Bultmann 397 Anm. 5.
[177] Brown 773f.

v. 25 wendet den Blick von der Zukunft zurück in die Vergangenheit und auf die jetzt abgeschlossene Sendung Jesu. Die Anrede »gerechter Vater« ist liturgische Wendung und als solche hilfreich bei der Frage nach dem Sitz im Leben von c. 17 (S. 355–357). Der Inhalt des Adjektivs »gerecht« ergibt sich aus c. 17. Gerecht ist Gott, indem er die Bitten Jesu von v. 1.5.11.17 erfüllt, indem er gemäß dem in v. 24 sich äußernden Willen Jesu die Gemeinde in die beschriebene eschatologische Zukunft führt, indem er die Liebe, mit der er Jesus liebt, der Gemeinde zuwendet (v. 23.26). Sieht man genau hin, wird man eine merkwürdige Nähe zu den paulinischen Äußerungen über Gottes Gerechtsein in Röm 3,25 f finden.

Daß noch einmal an das Nichterkennen des Kosmos erinnert wird, stellt das zu v. 21.23 Gesagte nicht in Frage. Bei einem Rückblick auf das Werk Jesu *muß* ja die Verkehrtheit der Welt noch einmal zur Sprache kommen, ihr Nicht-Erkennen, durch das sie von der Gemeinde feindlich geschieden war. Mit dem Satz »die Welt hat dich nicht erkannt« wird ausdrücklich die Schuld der Welt konstatiert. Sie, die sich der im Logos wirkenden Schöpferkraft Gottes verdankt (1,1–3), hätte sich folglich als Schöpfung wissen können und müssen (Röm 1,19 ff). Sie hätte sich solchem Wissen spätestens in der Sendung Jesu aufschließen können. Verweigerung dieses Wissens ist darum offenkundige Schuld (9,39–41; 15,22.24), und schuldhaftes Nicht-Erkennen führt in Lebensverlust (8,47; 17,3). Es ist die Sendung der Gemeinde, die der Welt die vertane Möglichkeit zurückgibt: Welt kann ihr verfehltes Weltsein aufgeben, kann wieder zur Schöpfung werden (S. 182). Darauf blicken die jeweils dritten ἵνα-Sätze in v. 21.23. Wir haben mit einer denkwürdigen Manifestation johanneischer Weltverantwortung zu tun.

Dem gegenwärtigen Nichterkennen der Welt stehen der erkennende Jesus und die erkennende Gemeinde gegenüber. Jetzt braucht nur noch angedeutet zu werden, daß das Gott-Erkennen der Gemeinde durch die Sendung Jesu vermittelt wurde und im Bejahen dieser Sendung sich vollzieht. Gotteserkenntnis ist immer Christuserkenntnis – ein sich durchhaltendes johanneisches Thema (14,9). Es hat seine Kehrseite: Wo Jesus nicht erkannt wird, wird auch der Vater nicht erkannt (8,19; 16,3).

v. 26 enthält noch einmal ein Element des Rechenschaftsberichts[178]. Das Kundtun des Namens (v. 6) wird zum Titel für das gesamte Wirken Jesu. Jesus hat Gottes Namen, Gott als den sich Mitteilenden, als den die Menschen Bewahrenden (v. 1b) und sie Heiligenden (v. 17) zu den Menschen gebracht, ihn damit verherrlicht (v. 4) und den Menschen ewiges Leben vermittelt (v. 2). Wieder wie bei v. 22 tritt die gedankliche Verflechtung von c. 17 vor uns hin. – Das Futur γνωρίσω erklärt: Ich werde dieses Werk weiter tun, bis das in v. 26b genannte Ziel erreicht ist.

---

[178] BROWN 773: »This line is little more than a rephrasing of 6a.

Man spürt die Spannung zu v. 11–13. Dort hatte Jesus den Vater gebeten, das bisher von ihm, Jesus, verantwortete Werk in seine eigene Verantwortung zu übernehmen. Die Idee, daß Jesus seine Aufgabe an den Vater zurückgibt, ist in v. 26 unwirksam. Liegt ein Riß im Geflecht der Gedanken vor? Wieder bleibt der Paraklet unerwähnt, wo man doch von c. 14–16 her seine Erwähnung erwartet.

Das Werk Jesu setzt sich also in die eschatologische Zukunft fort, die hier anders als in v. 24, aber in ergänzender Parallelität dazu beschrieben wird. Erneut fällt das Stichwort ἀγαπάω und wieder wird damit die im Eschaton geschaute Doxa, das Sein in der Doxa, interpretiert. Dieselbe Liebe, mit der Gott Jesus von Uranfang an geliebt hat (v. 23.24; dazu 3,35; 10,17; 15,9), wird an den Glaubenden wirken und auf diese Weise wird Jesus in ihnen sein.

Zwar gilt die Liebe Gottes der Welt insgesamt und dies nicht erst seit der Sendung Jesu, sondern von der Schöpfung an. Denn wenn Gott die Welt durch den von ihm geliebten Christus schuf (1,3), dann steht die Liebe Gottes am Ursprung der Welt, und sie ist es, die als Urgrund der Welt die Welt über dem Nichts bewahrt und ihr Versinken ins Chaos verhindert (s. zu 15,9f). Aber diese Aussage, Zentrum der Rede von der Schöpfungsmittlerschaft Christi, übt in c. 17 keine erkennbare Wirkung aus. Es ist die Gemeinde, auf die sich die Liebe Gottes richtet, und über die Gemeinde erreicht sie die Welt (v. 21.23).

Sicher spricht v. 26 von keiner anderen Liebe als 3,16. Aber jetzt wird sie bedacht als die von den Glaubenden erkannte, als Grund und Ziel ihrer Existenz erkannte Liebe. Sie hat Christus zur Vollendung geführt (v. 5). Denn indem er die Doxa empfängt, die ihm in der Präexistenz eigen war, empfängt er auch die Liebe, die schon dem Präexistenten galt (v. 24). Doxa und Liebe des Vaters fließen hier zusammen. – Dieselbe Liebe aber, mit der Gott Christus vollendet, wendet er den Glaubenden zu. Indem die Christus vollendende Liebe in ihnen ist, entfaltet sie in ihnen ihre vollendende Kraft, und so ist Christus selbst in ihnen. Dabei erinnert die Wendung κἀγὼ ἐν αὐτοῖς daran, daß es Christus ist, in dem die Liebe Gottes zur geschichtlichen Wirkung und Erfahrung kommt (15,9f). Die Rede von der Einheit der Gemeinde untereinander und mit dem Vater und dem Sohn (v. 20–23) wird in v. 24–26 in die Rede von der vollendenden Liebe überführt. Der innere Zusammenhang des Abschnitts v. 20–26 ist damit erwiesen.

Nirgends sonst spricht das Johannesevangelium so eindrücklich von der Liebe als der Macht, von der die Vollendung der Menschen, ihre wirkliche und endgültige Menschwerdung ausgeht. Mit dieser Sentenz endet c. 17; in ihr erreicht der Abschnitt sein Ziel.

c) Theologische Themen

α) Die Immanenzformeln im Johannesevangelium

Die Einheitsaussagen im Johannesevangelium ergehen zwar nicht immer, aber mehrfach in den verschiedenen Ausprägungen der Immanenzformel[179]. Wir stellen diese Ausprägungen zusammen[180].

(1) 10,38; 14,10f: Christus im Vater und der Vater in ihm. Das hier bedachte wechselseitige Einssein ist Ausdruck für die Einheit zwischen Gott und Jesus. Damit wird die Basis johanneischer Christologie (10,30; 12,45; 14,9) in eine bekannte Formelsprache übergeführt. Die damit verbundene Absicht: In Jesus ist der Vater uneingeschränkt präsent als der, der über der Sendung Jesu wacht, ihre Echtheit gewährleistet und sie zu dem von ihm gewollten Ende führt. Jesus seinerseits ist nichts anderes als der, der den Willen des Vaters tut und damit den Vater in der Welt präsent sein läßt[181]. Damit ist die Grundlage benannt, auf der auch die anderen, teilweise ineinander gehenden Ausprägungen der Formel ruhen.

(2) 14,20 geht darin über 10,38; 14,10f hinaus, daß die Gemeinde in die Einheit zwischen Gott und Jesus einbezogen wird. Noch eindrücklicher geschieht das in 17,11.21–23.26. Die besondere Nuance von 14,20 (s.d.) wird von 14,19 her erkennbar: Wie Jesus lebt, indem er im Vater ist, so empfängt die Gemeinde Leben, indem sie in Jesus ist und er in ihr. Denn er ist Träger des Lebens, das vom Vater ausgeht (5,26; 6,57).

(3) Die Immanenzaussagen von 17,11.21.23 übersteigen die von 14,20 und 17,26 darin, daß aus dem wechselseitigen In-Sein zwischen Jesus, Gott und der Gemeinde die Einheit der Gemeinde erwächst, freilich ohne daß diese Einheit näher beschrieben wird.

(4) In 6,53–58 wird die reziproke Einheitsaussage ins Sakramentale gewendet (v. 56): Das wechselseitige In-Sein von Jesus und Gemeinde wird sakramental begründet und erlebt. Der Begriff des ἕν fehlt zwar; er muß mitgedacht werden.

Kein Recht dazu besteht, von 6,53–58 her 14,20 sakramental zu interpretieren[182]. Das verbietet nicht nur der vermutlich sekundäre Charakter von 6,51c–58[183]; es ist auch von 14,18–24 her nicht erlaubt. Der Text spricht von Ostern, nicht vom Sakrament.

(5) 15,1–8. Nur hier erscheint die Immanenzformel, beschränkt auf das Verhältnis Jesus – Jünger, im Imperativ, wenigstens in v. 4, und die Sätze v. 5c.6.7

---

[179] BULTMANN 560 spricht von Reziprozitätsformel, BÜHNER, Der Gesandte 215 von reziproker Einheitsaussage, SCHNACKENBURG II 94 von Immanenzformel.

[180] BROWN 602f; vgl. APPOLD, Oneness 157–236.

[181] BÜHNER, Der Gesandte 233.

[182] So BÜHNER 222f.

[183] Vgl. SCHNACKENBURG II 85–89.

unterstreichen den imperativischen Charakter des Ganzen. Die Formel macht
sich das Naturhafte der Bildrede zunutze – die Reben müssen, um Frucht zu
bringen, am Weinstock bleiben –, und so stellt sich die Immanenzformel in den
Dienst der Gemeindeparänese.

(6) 14,17. Der Paraklet wohnt und bleibt in der Gemeinde. Es ist kaum zufällig, daß die Entsprechung – die Gemeinde wohnt im Parakleten – ausbleibt.
Der Paraklet wird nicht als Person gedacht (S. 215), mit der man sich zur Einheit zusammenfinden kann. Soll man von einer fragmentarischen Anwendung
der Immanenzformel sprechen?

Damit sind alle Einheitsaussagen des Johannesevangeliums aufgezählt.
1Joh 5,20 ist noch zu nennen, wo die Formel aber auch nur fragmentarisch laut
wird. Das mit der Formel Gemeinte begegnet öfter; 14,23 ist ein bezeichnendes
Beispiel.

Es gibt zahlreiche religionsgeschichtliche Parallelen zu den johanneischen
Immanenzformeln und ihrem zentralen Begriff ἕν. So fragte die jonische Philosophie nach dem Einen, aus dem das Viele hervorging und in dem es seine
Einheit hat. Die Stoa fragte nach der Beziehung, in der der einzelne zur Gottheit, dem ἕν καὶ πᾶν steht, und man gießt die Antwort in Formeln wie »du bist
ich und ich bin du«[184]. Die Gnosis führte das weiter[185], und auch das Judentum
stellte sich in der Weisheitsliteratur und im esoterischen rabbinischen Schrifttum der Frage nach dem Einen und Verbindenden, die in Qumran mit der gemeindlichen Selbstbezeichnung יחד einer Lösung besonderer Art zugeführt
wurde (S. 321): Die Einheit der Gemeinde und damit ihre Gottzugehörigkeit
wird in ihrer kultischen Reinheit und ihrer hierarchischen Gliederung erfahren[186]. – Die johanneischen Immanenzaussagen sind, so sehr sie formal anderen Formeln entsprechen, inhaltlich ausschließlich aus dem theologischen
Kontext des Johannesevangeliums zu erklären. Wir brauchen hier nur anzudeuten: Das Sein Gottes in Jesus und Jesu Sein in Gott ist Ausdruck für die
uneingeschränkte Präsenz Gottes in Jesus. Diese Präsenz, damit die Einheit
zwischen Gott und Jesus, wird von den Menschen in der Sendung Jesu erfahren, und indem die Gemeinde Instrument jener Sendung wird, wird sie ihrerseits in jene Einheit aufgenommen (S. 335ff).

Léon-Dufour sieht in der johanneischen Einheitsidee das Äquivalent für die in der johanneischen Literatur abwesende Rede vom Bund Gottes mit Israel[187]. Aber Immanenzidee und die Vorstellung vom Bund decken sich nicht oder nur zu einem Teil. Johan-

---

[184] APPOLD 165f.

[185] Vgl. im Perlenlied der Thomasakten die Zeilen 77f: »Ich sah es (das Strahlenkleid)
(ganz) in mir, und in ihm sah ich (mich) auch (mir ganz) gegenüber, so daß wir Zwei waren
in Geschiedenheit und wieder Eins in einer Gestalt«; s. H.J.W. DRIJVERS, in: NTA II 347.

[186] APPOLD 182–186.

[187] X. LÉON-DUFOUR, Abendmahl und Abschiedsrede im Neuen Testament, Stuttgart
1983, S. 349.

neisches Denken hat sich von der Heilsgeschichte abgewendet[188]. Darum hat die Rede vom Bund Gottes, auch vom neuen Bund hier keinen Platz. Die Immanenzidee verdrängt nichts. Sie rückt auf einen leeren Platz.

β) Zukunftserwartung

v. 24.26 enthält eines der wenigen Zeugnisse für eine futurische Eschatologie innerhalb des Johannesevangeliums. Sonst begegnet man fast durchweg einem Denken, das vom Pathos der präsentischen Eschatologie erfüllt ist (S. 97ff). Trotzdem gerät die Zukunftserwartung nicht ganz aus dem Blick und Interesse des Johannesevangeliums, nicht nur darum, weil das Wissen von Zukunft mit menschlicher Existenz innerhalb bewußt erlebter Geschichte gegeben ist und sich selbst dann nicht aufheben läßt, wenn Gegenwart als Zeit der Erfüllung erlebt wird. Wo Hoffnung auf endgültig sinnerfülltes Menschsein in der Weise wachgerufen wurde wie in der Geschichte und Verkündigung Jesu, muß die Frage nach Einlösung dieser Hoffnung die Zukunft in den Blick rücken als den Raum, in dem das Gehoffte – die unangefochtene Identität des Menschen, das uneingeschränkte Schöpfungsein der Schöpfung – seine Verwirklichung findet, zumal auch erfüllteste Gegenwart nicht bleibt und so das ihr eigene Defizit an Erfülltsein nicht verbergen kann.

Im ersten Teil unserer Überlegungen (S. 97.104) berührten wir die Stellen, die zwischen futurischer und präsentischer Eschatologie innerhalb des Johannesevangeliums ausgleichen sollten. Sie lassen spüren, wie man in der johanneischen Gemeinde den beunruhigenden Mangel des Zukunftsaspekts innerhalb der präsentischen Eschatologie empfunden hat und wie man ihm abhelfen wollte. Daneben aber findet man einige Sätze, die ein eigenständiges Interesse an einer in der Zukunft liegenden Vollendung verraten. Man kann 12,25f dafür anführen, selbst wenn diese Sätze einer späteren Schicht des Evangeliums angehören sollten[189], wohl auch 19,37, wo allerdings das futurische ὄψονται präsentisch *und* futurisch verstanden werden kann und vielleicht schon innerhalb der johanneischen Gemeinde verschieden gelesen worden ist. Bei futurischem Sinn spricht 19,37 vom zukünftigen Gericht, bei präsentischem Sinn vom gegenwärtigen Sehen und Verstehen Jesu. Nicht hierher gehört 14,2f, auch nicht 16,13, wo sich τὰ ἐρχόμενα auf gegenwärtige oder jüngst erlittene Erfahrungen der Gemeinde bezieht (s.d.).

Die Sätze in 17,24.26 sprechen eindeutig von eschatologischer Zukunft. Das μετ' ἐμοῦ kann wegen 12,26 nicht ein jetzt sich verwirklichendes Sein Jesu bei den Seinen beschreiben wollen (s.u.). Wenn v. 21–23 in denselben Horizont gehört, dann beschreiben auch die jeweils dritten ἵνα-Sätze die eschatologische Vollendung. Glauben und Erkennen der Welt sind dann das eschatologische Ziel, auf das Existenz und Verkündigung der Gemeinde ausgerichtet sind.

Welchen Inhalt hat die Zukunftserwartung von v. 24.26? Wir knüpfen an die Rede von der Bedrohtheit der Gemeinde in der Welt an, ein Hauptthema der

---

[188] E. PLÜMACHER, TRE 6,18; E. GRÄSSER, Der Alte Bund im Neuen (WUNT 35), Tübingen 1985, S. 11–14.

[189] BECKER 448f.

Abschiedsreden, das auch in 17,14f zur Sprache kommt. Die glaubende Gemeinde, die in der Jesus feindlichen Welt lebt, hat von der Welt nichts anderes als Feindschaft zu erwarten. Denn wo innerhalb der Welt, die ihr Schöpfungssein leugnet, eine Gruppe sich zu eben diesem Schöpfungssein bekennt, muß die Welt sich im Zentrum ihres Selbstverständnisses in Frage gestellt sehen, muß sie um ihrer Selbstbewahrung und Selbstachtung willen sich gegen diese Gruppe wenden. Christliche Existenz in der Welt ist also nicht anders denkbar denn als der Welt widersprechende und darum von der Welt bedrohte Existenz. Dabei kann es nicht ausbleiben, daß aus dem erlittenen Widerspruch zwischen dem Schöpfungssein der Gemeinde und der ihr feindlichen Welt die Frage nach der eschatologischen Selbstdurchsetzung Gottes erwächst: Wann und wie bringt Gott seine Gottheit so zur Geltung, daß der Glaube nicht mehr als angefochtener Glaube gelebt zu werden braucht, weil die Welt aufgehört hat, gegen Gott verschlossene Welt zu sein und sich endlich zu ihrem Schöpfungssein bekennt?

Mit v. 24 wird eine Antwort eigener Art gegeben, indem der Gemeinde ein Horizont eröffnet wird, der sie im unbedrohten Sein mit Christus leben läßt, seine Doxa schauend und in ihr die Liebe erkennend, in der Gott von Uranfang an mit Christus verbunden war. Eben diese Liebe soll dann, sagt v. 26, unangefochten die Glaubenden erfüllen, und damit wird das Sein Christi in ihnen, das sie jetzt unter den Bedingungen der feindlichen Welt bewahrt und trägt, zu einer Erfüllung kommen, die durch keine Gefährdung eingeschränkt ist.

Denn das μετ' ἐμοῦ von v. 24 geht bewußt weiter als die Verheißung von 14,18–23; 16,20–24. Dort wird von dem *in der Gegenwart* erfolgenden Kommen Christi gesprochen, das als Parusie interpretiert wird, und diese Texte wissen selbst, daß das damit gewährte Sein Christi mit der Gemeinde durch neue Erfahrung von Verwaistsein (14,18), von Trauer (16,20.22), von fragwürdig gewordener Existenz (16,23) verdunkelt oder im Bewußtsein der Gemeinde unterbrochen werden kann, also jeweils der Erneuerung bedarf und damit sein Defizit an Endgültigkeit bezeugt. Auch ist das Schauen der Doxa in v. 24 von anderer Art als das Schauen in 1,14. Ist hier vom Schauen der Doxa inmitten der Dunkelheit der Welt (1,5) die Rede, so meint das Schauen in 17,24 das durch nichts beschränkte Erfahren Christi[190]. Die Doxa Christi gewährt sich dann der Gemeinde als die ungehindert wirkende Liebe, mit der der Vater den Sohn und in ihm die Gemeinde liebt (v. 26).

Solches Erfahren und Schauen hat seinen Platz dort, wo Jesus selbst ist (v. 24), nämlich beim Vater. Es ist der Platz der vollendeten und durch nichts gefährdeten Gottesbeziehung, der Platz, an dem 1Joh 3,2 wahr wird: Wir werden ihn sehen, wie er ist. Das in v. 15 voreilig Verlangte und darum Verweigerte wird den Glaubenden zuteil: Die Liebe Gottes zu Jesus wird ihnen als Liebe Gottes zu ihnen selbst ungebrochen erfahrbar, und ihre Existenz erfüllt sich in verstehendem Antworten auf diese Liebe.

---

[190] BROWN 502.

So wird in v. 24.26 eschatologische Vollendung beschrieben, und man wird die hier zu Wort kommende Erwartung dem gesamten c. 17 zuzuschreiben haben. Damit geht c. 17 über das hinaus, was das Stichwort »präsentische Eschatologie im Johannesevangelium« meint. Denn v. 24.26 beschreibt ein Sein, wie es unter den Bedingungen von Welt und Geschichte nicht realisierbar ist, während das Hinübergehen aus dem Tod ins Leben (5,24), der oft angesprochene Lebensempfang (3,36; 6,47; 8,51; 11,25f) innerhalb von Welt und Geschichte seinen Platz hat. Indem man die in v. 24.26 bedachte Vollendung dem Jenseits von Welt und Geschichte zuschreibt, wird die Selbstdurchsetzung Gottes in c. 17 von der durch Christi Präsenz erfüllten Gegenwart unterschieden, wie sie sonst im Johannesevangelium angesagt wird.

Wie sich die eschatologische Hoffnung von c. 17 von der präsentischen Eschatologie des Johannesevangeliums abhebt, so auch von den Fragmenten futurisch-apokalyptischer Eschatologie, die zwischen der traditionellen Eschatologie und der präsentischen Eschatologie vermitteln sollen. In v. 24.26 entdeckt man keine Tendenz zur Vermittlung, sondern hier begegnet man einem eigenständigen eschatologischen Denken. Zwar teilt die eschatologische Perspektive von v. 24.26 das sonstige Abstraktionsvermögen johanneischen Denkens in Sachen Eschatologie. Nichts von apokalyptischer Ausmalung ist geblieben und der Verzicht auf jede Bildhaftigkeit ist, blickt man auf das sonstige Neue Testament, in c. 17 so offenkundig wie im ganzen Johannesevangelium (s. zu v. 24). Auch setzt sich v. 24.26 ab von der alles ausschließenden Konzentration des eschatologischen Interesses auf die menschliche Existenz, die mit einem Ausblenden von Welt und Geschichte einhergeht und damit der Gefahr einer individualistischen und weltlos gewordenen Vollendungshoffnung, dem Verlust der Weltverantwortung zwar nicht erliegt, aber nahekommt (S. 103). In v. 24.26 und damit, wenn der Schluß erlaubt ist, in c. 17, wird solche Weltvernachlässigung nicht propagiert. Die hier denkende und sprechende Gemeinde, die ihre Zukunft im ungehinderten Schauen Christi erhofft, ist von dem Wissen erfüllt, daß sie vorher ihren Sendungsauftrag in der Welt wahrzunehmen hat (S. 316–319), und mit der auf ihre eigene Vollendung blickenden Hoffnung verbindet sie die Hoffnung auf das Glauben und Erkennen der Welt (v. 21.23). Wenigstens an dieser Stelle des Johannesevangeliums ist also die Welt in die Hoffnung der Gemeinde einbezogen. Es erhebt sich die Frage, ob und wie weit man von da aus die sonst beobachtete Haltung der johanneischen Gemeinde der Welt gegenüber modifizieren darf und muß. Waren es viele, waren es wenige in der Gemeinde, die dem von der Welt her erfahrenen Haß jene Hoffnung für die Welt entgegengestellt haben, die Zeichen und Akt der Solidarität der Gemeinde mit der Welt ist? Mindestens ist c. 17 als innerjohanneischer Ansatz zu verstehen, von dem her man versuchte, der Gefahr der Weltvernachlässigung zu begegnen.

γ) Die Einheit der Kirche

Das Thema »Einheit der Kirche« beherrscht den Abschnitt v. 21–23. Daß es schon in v. 11 anklingt, läßt sein Gewicht für das gesamte Kapitel erkennen. Von welchen Problemen ist eine frühchristliche Gruppe bewegt, die in der Weise von c. 17 nach der Einheit der Kirche fragt? Wir gehen diese Frage in verschiedenen Schritten an.

(1) *Gefährdete Einheit.* Von der Frage nach der Einheit der Gemeinde ist man auch sonst im Johannesevangelium umgetrieben. Die Rede von der *einen* Herde und dem *einen* Hirten in 10,16 ist Beleg dafür ebenso wie das seltsame Wort von den zerstreuten Gotteskindern, die zur Einheit (εἰς ἕν) zusammengeführt werden sollen (11,52). Nirgendwo aber wird das Thema Einheit mit solcher Intensität und Konzentration bedacht wie in c. 17. Derartiges geschieht nicht ohne Grund. Wo Einheit mit der hier zu beobachtenden Sorgfalt bedacht wird, ist sie als gefährdete Einheit erlebt worden, und die Überlegungen zur Einheit der Gemeinde entstammen der Auseinandersetzung mit der fragwürdig gewordenen Einheit. – Nun wird gefährdete Einheit der Kirche im Neuen Testament vielfach bedacht, und vermutlich schon die vorösterliche Tradition bezeugt Spannungen innerhalb der Jesusanhänger (Mk 9,38–40; Mt 12,30). In Apg 6,1–6 zeichnet sich eine Aufteilung der einen Gemeinde in Jerusalem an, die zur Spaltung zu werden drohte[191]. Mt 7,15–23 bezeugt ein böses innergemeindliches Gegeneinander[192]. Eph 4,3–6 benennt das Problem mit theologisch gefüllten Vokabeln. Auf dem Apostelkonvent (Gal 2,1–10) ringt man um die Konvergenz der Divergierenden, und die möglichen Bruchstellen betreffen das Zentrum des Gemeindeverständnisses: Muß man, um Angehöriger der eschatologischen Gemeinde werden zu können, erst Jude, Glied des alttestamentlichen Gottesvolk werden oder geht die eschatologische Gemeinde über die von der Tradition her gebotenen Voraussetzungen und Grenzen hinweg? In 1Kor 1–4 müht sich Paulus um die Einheit der in Parteien aufgespaltenen korinthischen Gemeinde, und in 1Kor 12–14 setzt er dem drohenden Auseinanderbrechen die Idee des durch den *einen* Geist konstituierten *einen* Christusleibs entgegen (1Kor 12,13), der theologisch durch das *eine* Bekenntnis zusammengehalten werden soll (1Kor 15,1–5). Bei Ignatius von Antiochia tritt dann ein anderer Garant der Einheit auf, der monarchische Bischof (IgnEph 4,1–5,1; Phld 8,1 u. ö), und damit wird eines der großen Themen der Kirchengeschichte eröffnet[193].

---

[191] M. HENGEL, Zwischen Jesus und Paulus, in: ZThK 72 (1975), S. 151–206.

[192] LUZ, Matthäus I 402–407.

[193] J. A. FISCHER, Die apostolischen Väter (Schriften des Urchristentums I), 9. Aufl., Darmstadt 1986, S. 126–129.

Gab es also christliche Gemeinden nie ohne innere Spannungen, so ist mit Gefährdung der Einheit auch innerhalb der johanneischen Gemeinde zu rechnen. Aus dem ersten Johannesbrief wissen wir vom Auseinanderbrechen dieser Gemeinde (1Joh 2,18f; 4,1–3), und wenn es auch unwahrscheinlich ist, daß hinter Joh 17 schon die im ersten Johannesbrief eingetretene Spaltung steht, so könnte sie sich doch angekündigt haben, und vielleicht sind die Sätze v. 11b.20–23 ein Versuch, ihr zu begegnen. Wenn v. 20f als Nachtrag anzusehen ist, dann wäre er Zeugnis dafür, wie das Heranwachsen der nächsten Generation das Problem der Einheit akut werden ließ. Freilich ergeben sich aus c. 17 keine Andeutungen über die geschichtlichen Gegebenheiten, die sich anschickten, die Einheit der johanneischen Gemeinde aufzulösen. Es werden nur Grund und Wesen kirchlicher Einheit bedacht.

(2) *Grund der Einheit.* Die Einheit der Kirche, sagt v. 21–23 mit hohem Pathos, wurzelt in der Einheit zwischen Gott und Christus. Mit dieser Behauptung wird eine starke Negation ausgesprochen: Die Einheit der Kirche hat ihr Fundament nicht in einer gelungenen Organisation (dabei muß die johanneische Gemeinde eine Mindestmaß von Organisation gekannt haben, von der freilich nie gesprochen wird[194]), nicht in der Einheitlichkeit der Lehre (obwohl das Johannesevangelium in sich konzentrierte Lehre darstellt), nicht in der Führung durch eine charismatische Persönlichkeit (obwohl der Evangelist ein Charismatiker von höchstem Rang gewesen sein muß[195]). Einheit der Kirche, sagt v. 21–23, gründet in der zwischen dem Vater und dem Sohn waltenden Einheit.

Man fragt, ob c. 17, wo sicher die johanneische Gemeinde im Blick ist, nur an die johanneische Gemeinde denkt oder ob gleichzeitig über die Einheit der Gesamtkirche nachgedacht wird. Man wird hier zwei Gesichtspunkte zu unterscheiden haben. Die johanneische Gemeinde war sicher eine gemischte, aus Juden und Griechen zusammengesetzte Gemeinde, in der zwar das jüdische Element noch die Oberhand besaß. Aber die Judenchristen mußten offen sein für Menschen verschiedenster Herkunft[196]. In dieser Vielfalt die Idee der Einheit zu erhalten und zu realisieren, war eine der großen Aufgaben, die sich das Evangelium stellte. Im Rahmen dieser Aufgabe dürfte die Besinnung über die Einheit der Kirche in c. 17 ihre Funktion gehabt haben. Aber das schließt nicht aus, daß gleichzeitig die Gesamtkirche und ihre gefährdete Einheit in den Blick genommen wurde. Die Grundsätzlichkeit, in der die Sprache von c. 17 einhergeht, macht dies wahrscheinlich. »Die du mir gegeben hast« (v. 2.6.9.24) – diese Charakterisierung der Gemeinde umgreift mehr als die johanneische Ein-

---

[194] Vgl. den wichtigen Aufsatz von H.J. KLAUCK, Gemeinde ohne Amt? in: BZ 29 (1985), S. 193–220, hier S. 201–208.

[195] HENGEL, Frage 219: »überragende Lehrerpersönlichkeit«.

[196] BROWN, Ringen 45–47.

zelgemeinde; hier tritt die gesamte Kirche in den Blick. Ihre Einheit hat ihren Grund in der Einheit zwischen Gott und Jesus.

Alsbald erhebt sich Streit darüber, wie diese Einheit in c. 17 gedacht ist. Eine Fülle von Vorschlägen hat man gesammelt[197], und Käsemanns Formulierungen tragen der Absage an jede innerweltliche Begründung der Einheit Rechnung: Einheit der Gemeinde kann nur darum »als irdisches Merkmal der christlichen Gemeinde bezeugt werden, weil sie zuvor im Verhältnis von Vater und Sohn vorgebildet war und durch beider Werk auf die irdische Gemeinschaft übertragen worden ist. Wir haben allen Grund, uns die Befremdlichkeit dieser Anschauungsweise vor Augen zu halten«[198]. Es gibt also christliche Einheit »immer nur als Reflex himmlischer Realität«, und die Gemeinde hat ihre Einheit kraft der »Integration in die Einheit von Vater und Sohn«. Daraus erwächst dann »dieses geradezu erschreckende Selbstverständnis der johanneischen Gemeinde«[199], die ihre Einheit »als Merkmal und Gegenstand der Offenbarung«[200] proklamiert. Gnostisierend nennt Käsemann darum das Selbstverständnis der johanneischen Gemeinde. Ist man mit solcher Benennung der in c. 17 verhandelten Sache auf der Spur? – Einen anderen Weg weist M.Th. Sprecher, wenn sie spätere rabbinische Äußerungen als erklärende Parallelen zum johanneischen Einheitsdenken heranzieht[201]. Die Rabbinen lassen die endgültige Einheit Israels und seine endgültige Erlösung zusammenfallen und weiten diese Einheit zu einer mystischen Einheit mit Gott aus: Zwischen Gott und Jakob hat sich eine solche Einung vollzogen, und in diese Einheit zwischen Gott und Jakob wird das wiederhergestellte Israel einbezogen. Hier habe man den »jüdischen Traditionshintergrund« der johanneischen »Einswerdung Jesu mit dem Vater, mit der die Einswerdung der Glaubenden korrespondieren soll«[202]. Eine derartige Ableitung ist freilich wenig wahrscheinlich schon von der späten Entstehung der entsprechenden rabbinischen Parallelen her. Außerdem steht es zwar fest, daß der Evangelist und mindestens ein Teil seiner Schüler tief im jüdischen Denken verwurzelt war[203]. Aber mystische Spekulationen von der oben angedeuteten Art sind sonst bei ihm nicht nachgewiesen. Von all dem abgesehen bleibt entscheidend, daß die johanneische Rede von der Einheit zwischen Gott und Jesus und dann auch von der Einheit der Gemeinde inhaltlich ganz der johanneischen Christologie entwachsen ist. Von da aus haben wir weiterzudenken.

(3) *Die Einheit zwischen dem Vater und dem Sohn.* Wodurch wird, fragt man c. 17 und darüber hinaus das gesamte Johannesevangelium, die Einheit zwischen dem Vater und dem Sohn konstituiert? Die Antwort ist eindeutig: Sie hat darin ihren Ursprung und ihren Bestand, daß der Sohn das ihm vom Vater aufgetragene Werk tut und das ihm vom Vater aufgegebene Wort spricht und daß er das *in der Welt* tut und spricht. Indem Jesus die Existenz des von Gott in die Welt Gesendeten lebt, lebt er in der Einheit mit Gott. Diese Einheit ist in der

---

[197] Vgl. das Referat bei BROWN 775f.
[198] KÄSEMANN, Wille 121.
[199] KÄSEMANN 144f.
[200] KÄSEMANN 142.
[201] SPRECHER, Einheitsdenken 164–173.
[202] SPRECHER 172.
[203] Vgl. HENGEL, Frage 276–284.

Immanenzformel gemeint, sofern sie vom Sein Gottes in Jesus und von Jesu Sein in Gott spricht.

Die Einheit von Vater und Sohn, in der Sendung des Sohnes durch den Vater gelebt, wird durch das Stichwort ἀγαπάω qualifiziert. Der Vater liebt den Sohn (s. zu v. 26), und die Sendung des Sohnes in die Welt ist eine Aktion seiner Liebe, die nicht nur Liebe zur Welt (3,16) ist, sondern darin auch Liebe zum Sohn (vgl. 3,35 und 10,17, wo der Zusammenhang zwischen Sendung und der Liebe Gottes zu Jesus unmittelbar hervortritt). Aktion der Liebe ist die Sendung aber auch vom Sohn her, der sich senden läßt, weil er den Vater liebt (14,31). In der Liebe zum Vater tut Jesus den Schritt in die Passion, in die Vollendung seines Gesendetseins, und eben daran soll man erkennen, daß er den Vater liebt.

Ereignet sich die Einheit zwischen Gott und Jesus in der Sendung Jesu und ist diese Sendung eine Aktion der Liebe zwischen Gott und Jesus, dann ist jene Einheit selbst Geschehen der Liebe zwischen Gott und Jesus. Aber dieser Satz bedarf der Ausweitung. Denn die Sendung, in der sich die liebende Einheit zwischen dem Vater und dem Sohn ereignet, meint die Welt. Das Werk des Sohnes geschieht nicht in der jenseitigen Unzugänglichkeit des Himmels, sondern in der Welt der Menschen. Im Geschehen der Sendung des Sohnes *in die Welt* leben Vater und Sohn ihre liebende Einheit, und darin offenbart sich deren dynamischer und zielgerichteter Charakter. Die Einheit zwischen Gott und Jesus ruht nicht in sich, sondern greift von ihrem Wesen her über sich hinaus zur Welt. Versteht man Sendung als Aktion der Liebe zwischen dem Vater und dem Sohn, so heißt das: Die Liebe zwischen Vater und Sohn, die in der Sendung des Sohnes in die Welt aktuell wird, ereignet sich als Liebe, mit der Gott sich der Welt zuwendet und wird in ihr geschichtlich erfahrbar. Das Füreinander zwischen Gott und Jesus – es gehört laut v. 5.24 in die Präexistenz Jesu – erhält seinen geschichtsmächtigen Ausdruck im Füreinander der Geeinten zugunsten der Welt.

(4) *Das Wesen der kirchlichen Einheit als Analogie zur Einheit zwischen Gott und Jesus.* Die Sendung des Sohnes durch den Vater, Akt des Einsseins zwischen Vater und Sohn, hat, da die Welt als ganze sich der Sendung versagt (3,18–21), die Gemeinde zum Ziel (1,11 f), die laut 17,11b.21–23 ihrerseits *eine* sein soll. Das Einssein des Vaters und des Sohnes bewirkt, so sagen diese Texte, die Kirche in ihrem Einssein. Was ist an Einsicht und Willen in diesem Satz enthalten?

(a) Zunächst wird darin die Einsicht ausgesprochen, daß die Gemeinde ihre Existenz als die *eine* Gemeinde nicht sich selbst verdankt. Radikaler kann der Ausschluß menschlicher Mächtigkeit nicht vorgenommen werden als mit der Erkenntnis, daß es das Einssein zwischen Gott und Jesus ist, das wie die Existenz so auch die Einheit der Kirche konstituiert. Einheit der Kirche ist wie ihre Existenz Gabe, und sie kann nur als Gabe erkannt, gelebt und bewahrt werden.

Es wäre reiner Widerspruch gegen c. 17, wollte man auf diesen Abschnitt eine Lehre von der ecclesia triumphans gründen.

(b) Das Einssein der Gemeinde steht strukturell in Analogie zum Einssein zwischen Gott und Jesus. Wenn es Liebe ist, die der Einheit zwischen Gott und Jesus ihre besondere Qualität gibt, dann muß die Gemeinde wissen, daß auch sie ihre Einheit in der wechselseitigen Liebe erlebt, und diese ist durch die Liebe qualifiziert, die die Einheit zwischen Gott und Jesus bestimmt (15,9f). Dieselbe Qualität der Liebe, die Jesus der Gemeinde gegenüber lebt (13,1) – es ist die Liebe, mit der der Vater ihn liebt, – wird im zwischenmenschlichen Bereich der Gemeinde gelebt (S. 132–137). Die in der Gemeinde vom einzelnen dem anderen gegenüber wahrzunehmende Liebe hat also nicht nur ihr Maß an der Liebe Christi (15,12f; auch 13,15.34f); sie ist in sich Aktualisierung der Liebe, die ihren Ort im Verhältnis zwischen dem Vater und dem Sohn hat. Wo in der Gemeinde geliebt und so die Einheit der Gemeinde gelebt wird, ist die Einheit stiftende Liebe zwischen Gott und Christus am Werk (s. auch 1Joh 4,12). Innergemeindliche Einheit gründet in der von der Liebe bestimmten Einheit zwischen Gott und Christus.

(c) Die Analogie im Einssein muß noch weiter gedacht werden. Das Füreinander zwischen Vater und Sohn, in dem sie ihre Einheit leben, aktualisiert sich in der Sendung Jesu und schafft, indem es über die zwei Personen hinaus auf die Welt (s. Absatz 3) greift, die Gemeinde in der Welt. Aus der Strukturgleichheit zwischen dem Füreinander von Vater und Sohn und dem Füreinander der Glaubenden folgt nun, daß auch das Füreinander, das die Gemeinde in der geschwisterlichen Liebe lebt, nicht in den Grenzen der Gemeinde bleiben darf, sondern über diese Grenzen hinausgreift; denn es hat das Für-die-Welt-Sein des Vaters fortzusetzen. Also drängt die Einheit, das Füreinander der Gemeinde, das sich aus dem Füreinander zwischen Gott und Jesus nährt, seinem Wesen nach über die Gemeinde hinaus. Die Gemeinde, die ihre Existenz und ihr Einssein dem zur Welt hin drängenden Einssein zwischen Vater und Sohn verdankt, darf nicht sich selbst genügen, sondern hat sich als die in die Welt gesendete Gemeinde zu verstehen. Sie wäre nicht die in Gott und Christus *eine* Gemeinde, wenn sie sich nicht als gesendete Gemeinde verstünde, die die Sendung des Sohnes in die Welt weiterführt und darin ihr Einssein mit dem Vater und dem Sohn wie ihr Einssein in sich selbst erfährt und lebt. Das Bedenken des Gegenteils gibt dem Gesagten schärfere Konturen: Verweigerte die Gemeinde sich ihrer Sendung, dann verlöre sie nicht etwas zur Not Entbehrliches; sie verlöre ihre in der Einheit zwischen Gott und Jesus gründende Einheit und zerfiele in eine Vielzahl belangloser religiöser Gruppen. Leugnet sie ihr Gesendetsein, dann leugnet sie ihren Ursprung, die Sendung Jesu; sie leugnet, heißt das, die Grundlage ihrer eigenen Existenz. So wenig wie das Füreinander zwischen Gott und Jesus im wechselseitigen Verhältnis aufgeht, so wenig darf das in der Gemeinde gelebte Füreinander sich in die Grenzen der Gemeinde einsperren lassen. Kirche, die nur sich und ihrer Selbstbewahrung lebt, hört auf, als Kirche zu existieren.

Diese Einsicht geht über das in 15,9–11 Gesagte hinaus. Dort führt die von Gott über Christus empfangene Liebe zur wechselseitigen Liebe innerhalb der Gemeinde; die Welt bleibt außerhalb des Horizonts. Ist 17,20–23 als kritische Reaktion auf eine sich selbst genügende Bruderliebe (s. zu 15,12–17 und S. 148–151) zu verstehen?[204]

(5) *Gemeinde und Welt.* Damit stehen wir vor dem Ziel des Gedankengangs, wie er im jeweils dritten ἵνα-Satz (v. 21.23) zum Ausdruck kommt. Durch das Einssein der Gemeinde, wie es sich in ihrer Sendung aktualisiert, soll die Welt zur glaubenden und zur erkennenden Welt werden. Die Gemeinde, die ihre Existenz als Gemeinde gemäß der sie begründenden Sendung Jesu und also gemäß dem Einssein zwischen Gott und Jesus lebt und darum sich als gesendete Gemeinde versteht, konfrontiert die Welt mit ihrem Schöpfer, der ihr in Christus als der sie bewahrende und rettende Gott entgegentritt. Indem die Gemeinde die Dynamik ihres innergemeindlichen Füreinanders – Abbild der Dynamik, von der die Gott und Christus umschließende Einheit bewegt ist – der Welt zuwendet und damit der Welt das in die Welt drängende Füreinander zwischen Gott und Jesus demonstriert, bringt sie Jesus als den von Gott Gesendeten und Geliebten vor die Augen der Welt, als den, in dessen Sendung die Liebe Gottes in die Welt eintritt. Das meint nichts Geringeres, als daß kraft der Sendung der Gemeinde das Verhängnis der Welt und ihrer Geschichte, die Verkehrung der Schöpfung in das angemaßte Selbst-sein-Wollen der Welt aufgebrochen werden soll[205]. Indem die Gemeinde das ihr gewährte Einssein als Auftrag zur Sendung in die Welt versteht und diesen Auftrag realisiert, stellt sie die Welt vor die Möglichkeit, zu ihrem Ursprung zurückzukehren und wieder als Schöpfung zu leben.

Wir geben uns Rechenschaft über die Höhe dieses Anspruchs, über das darin sich aussprechende Selbstbewußtsein und seine Gefahren. Eine Analogie dazu fand sich schon in der Rede vom Parakleten (16,8–11), der in der Existenz und Verkündigung der Gemeinde den eschatologischen Prozeß Gottes gegen die Welt führt. Die Gemeinde von c. 17 versteht ihren Anspruch zweifellos als Verpflichtung, wobei sie weiß, daß sie, was sie ist und tut, nicht aus sich selbst ist und tut. Wissend, daß sie ihre Existenz und ihren Auftrag aus dem in der Sendung Jesu sich aktualisierenden Sein Gottes für sie empfängt, kann es ihr nicht in den Sinn kommen, sich selbst als weltbeherrschende und weltüberwindende Größe zu verkünden, wie denn ihre Sendung nicht ihrem Willen und Selbstbewußtsein entspringt, sondern dem Für-die-Welt-Sein Gottes.

---

[204] Von einer »mystischen Vereinigung des Offenbarers und seines ihm treuen Volkes« (H. C. KEE, Das frühe Christentum in soziologischer Sicht [UTB 1219], S. 163) und damit von einer strukturellen Nähe johanneischen Glaubens zur Isisverehrung kann keine Rede sein.

[205] Vgl. ONUKI, Gemeinde 178–180. »Die gerichtete Welt bleibt … Aufgabe der Gemeinde. Ihr bleibt damit ständig die Möglichkeit erhalten, sich angesichts der Verkündigung der Gemeinde zum Glauben und zum Heil zu entscheiden« (ONUKI 179).

Wir blicken zurück und fragen, wie weit es gelungen ist, das komprimierte Ineinander von göttlichem und menschlichen Einssein, die Verschränkung von Liebe und Sendung, die Dynamik der in v. 21–23 angesprochenen Immanenzen aufzuschlüsseln. Man staunt über den hier erreichten Grad von Abstraktion und bedauert gleichzeitig, daß das Abstrakte nicht mit Konkretion, mit geschichtlicher Anschaulichkeit gefüllt wurde. Das Nachdenken über aktuelle und Schmerz bereitende Probleme wird in die strenge Meditation dieses Gebets überführt. Man erfährt also nichts über die Ursache der gefährdeten Einheit, nichts über die Bemühungen, die man zur Wahrung der Einheit ergriff, und man halte zum Vergleich dagegen die konkreten Anstrengungen des Paulus im Galaterbrief und im zweiten Korintherbrief ebenso wie die Maßnahmen, die im zweiten und dritten Johannesbrief sich abzeichnen. Stattdessen wird in konzentrierter Besinnung vom unangreifbaren Ursprung der Kirche und ihrer Einheit gesprochen und davon, wie die Kirche, ihren Urspung in sich tragend, ihr Wesen in ihrer Sendung, in der Öffnung für die Welt erfüllt.

III. Joh 17 in seinem geschichtlichen Kontext

Wir bekamen im Verlauf der Exegese mit einigen besondes betonten und also für die Gemeinde besonders wichtigen Problemen zu tun: Verherrlichung – Prädestination – Sendung – Einheit. Dazu kamen weitere Themen in den Blick wie Präexistenz, der Name Gottes, die eigene Sicht des Todes Jesu, die Zukunftserwartung. Dann und wann haben wir beim Bedenken dieser Themen nach der Geschichte und nach dem Profil der Gemeinde von c. 17 gefragt. Ist etwas davon anschaubar geworden? Die Aufgabe von Teil III besteht in dem Versuch, in dieser Richtung ein Stück voranzukommen.

1. Die Stellung von c. 17 innerhalb des Johannesevangeliums

An den zahlreichen Verbindungen zwischen c. 17 und dem Ganzen des Johannesevangeliums besteht nicht der mindeste Zweifel, und unsere Exegese fußte auf dem sich vielfach bestätigenden Eingebundensein von c. 17 in das Johannesevangelium. Nicht selten aber stieß sie auf Eigenheiten in c. 17, durch die sich der Abschnitt zwar nicht vom Gesamten des Evangeliums trennt, aber in ihm seine eigenen Akzente erhält. Sie veranlaßen Wellhausen zu dem Urteil: »Kap. 17 ist ein Anhang«[206]. Brown wird durch die Eigenarten von c. 17 zu der Überlegung geführt, ob es nicht von demselben Zirkel stammt wie der Prolog, selbständig gegenüber c. 15f und in enger Verbindung zu c. 13 stehend[207]. Wir

---

[206] WELLHAUSEN 77.
[207] BROWN 745. Gegen eine besondere ideelle Verwandtschaft mit dem Prolog spricht

vergegenwärtigen uns zunächst die Eigenarten, durch die sich c. 17 innerhalb des Johannesevangeliums auszeichnet. Dabei mag man an bestimmten Stellen zweifeln, ob es sich tatsächlich um *unterscheidende* Eigenarten handelt. In ihrer Summe aber geben die folgenden Beobachtungen einen gewichtigen Hinweis auf die innerjohanneische Eigenständigkeit von c. 17.

(1) Die Eigenart des Aufbaus, die sich herkömmlichen Gliederungsversuchen widersetzt (S. 266f), hat in den sonstigen Christusreden des Johannesevangeliums keine Entsprechung.

(2) Nur c. 17 spricht von der Doxa Jesu in seiner Präexistenz und Postexistenz (v. 5.24), ebenso von der Liebe Gottes zu Jesus in Präexistenz und Postexistenz. Postexistenz Jesu wird zwar auch sonst vorausgesetzt, etwa wenn der Tod Jesu als Rückkehr zum Vater gedeutet wird (14,28 u.o.). Aber nur in 17,5.24 wird sie ausdrücklich genannt.

(3) Die Rede vom Namen Gottes hat in c. 17 einen eigenen Charakter gegenüber der üblichen johanneischen Rede vom göttlichen Namen (1,12; 5,43; 10,25; 12,28). Nie sonst hat der Name Gottes bewahrende Funktion wie in v. 11. Auch spricht c. 17 nur vom Namen *Gottes*, nie vom Namen Jesu (s. dagegen 1,12; 2,23; 3,18; 14,13f.26; 15,16.21; 16,23f.26). Darin unterscheidet sich c. 17 auch von den anderen Abschiedsreden in 13,31–16,33, die nie vom Namen *Gottes*, dafür mehrfach vom Namen *Jesu* sprechen.

(4) Die Immanenzformeln werden außerhalb von c. 17 nie mit dem Begriff ἕν verbunden. Auch findet nur in c. 17 das Einssein der Gemeinde seine Begründung im Einssein zwischen Gott und Jesus, wie auch nur in c. 17 die Gemeinde in den Verherrlichungsprozeß zwischen dem Vater und dem Sohn einbezogen wird.

(5) Der überlegte Ausdruck futurischer Eschatologie in v. 24.26 hat im Johannesevangelium keine Parallele (S. 332–334).

(6) Es ist damit zu rechnen, daß in c. 17 vom Tod Jesu mit einer gegenüber dem sonstigen Text eigenen Nuance gesprochen wird (S. 314–316).

Wie weit meint κόσμος (v. 6.9.11.13.14.15.16.18.21.23.25) überhaupt noch die Synagoge, wie das sonst der Fall ist[208] (15,18ff ist ein besonders handgreifliches Beispiel dafür)? Wird nicht in 17,5.24 der Kosmosbegriff ausgeweitet auf die Menschenwelt überhaupt? Das läßt sich damit erklären, daß die johanneische Gemeinde nach oder neben der Feindschaft der Synagoge in steigendem Maß auch die Feindschaft der hellenistischen Umwelt erfahren hat[209].

---

allerdings der Gebrauch von λόγος in 1,1ff und 17,20, ebenso in 1,12 die Rede vom Namen Jesu, die in c. 17 völlig fehlt. Eine besonders enge Beziehung zwischen c. 13 und c. 17 hebt Sprecher, Einheitsdenken 20f hervor. Die Autorin versäumt allerdings, die zwischen den zwei Kapiteln bestehenden Differenzen in ihre Überlegungen einzubeziehen.

[208] Wengst, Gemeinde 55–58; Painter, Discourses 541: »Certainly the break from the synagogue lies in the past and the community experiences its life in the ›world‹«.

[209] Brown, Ringen 51–54; im Blick auf c. 17 ist Hengel, Frage 298–306 recht zu geben: ... »im entscheidenden Ausblick in die Zukunft bei der letzten Rede vor den Jüngern

(8) Es fehlt in c. 17 nicht anders als in 16,16–33 die Rede vom Parakleten und zwar gerade dort, wo man sie vom sonstigen johanneischen Denken her unbedingt erwartet. Wo es um die Bewahrung der Gemeinde nach dem Weggang Jesu geht, spielt er keine Rolle (s. zu v. 12). So wird auch, wo von der Sendung der Gemeinde gesprochen wird (v. 18), vom Geist geschwiegen. Vor allem vermißt man den Parakleten bei dem Bedenken der Einheit der Gemeinde (vgl. dagegen 1 Kor 12,13), ebenso beim Blick in die Zukunft in v. 20 f, während laut den Parakletsprüchen der Paraklet gerade für die Zukunft der Gemeinde die zuständige Größe ist (s. zu 16,12–15). Auch die Frage nach der Unmittelbarkeit der später Glaubenden zur Jesusverkündigung, die sonst mithilfe des Parakleten beantwortet wird, findet in c. 17 eine andere und eigene Antwort (S. 323 f). Die in den Parakletsprüchen dem Parakleten zugeschriebenen Funktionen werden in c. 17 von Gott selbst wahrgenommen[210]. Man kann das schwerlich anders erklären denn als gewollte Abgrenzung gegenüber der in c. 14–16 vertretenen Auffassung (S. 351 f). Hier tritt die Eigenständigkeit von c. 17 dem Leser eindrucksvoll entgegen.

(9) Einige sprachliche Beobachtungen gehören noch hierher.

– πρὸ τοῦ mit Inf. Präsens (v. 5; s.d.) ist singulär im Johannesevangelium, allerdings auch im ganzen Neuen Testament.
– Der Begriff ζωὴ αἰώνιος bzw. αἰώνιος ζωή begegnet innerhalb des zweiten Teils (c. 13–21) nur in 17,2 f.
– Gott als Subjekt von τηρέω findet sich im Johannesevangelium nur in 17,11.15.
– Singulär ist πονηρός für den Satan, ebenso die Wendung πᾶσα σάρξ in v. 2.
– Nur in v. 20 meint λόγος die Predigt der Gemeinde; nur in v. 4 steht γῆ für κόσμος.
– In keinem Abschnitt des Johannesevangeliums tritt das kausale καθώς (v. 2.11.14. 16.18.21.22.23) so gehäuft auf wie in c. 17.

Muß man aus den angeführten Beobachtungen schließen, daß c. 17 innerhalb des Johannesevangeliums eine nicht zu übersehende Eigenständigkeit innehat, so zeigen die folgenden Überlegungen, daß c. 17 dem Evangelium schwerlich von Anfang an zugehörte und daß Wellhausen mit seiner Charakterisierung »Anhang« Richtiges gesehen hat.

(10) Man weiß, daß der johanneische Passionsbericht sich von der synoptischen Tradition an nicht wenig Stellen entschieden absetzt[211]. Für unsere Fra-

---

öffnet sich der Blick in universaler Weise auf die ganze Menschenwelt hin« (S. 304). Damit ist freilich nicht gesagt, daß die Auseinandersetzung mit der Synagoge für das Evangelium schon der Vergangenheit angehöre, wie HENGEL meint.

[210] Gegen ONUKI, Gemeinde 171 f.174. Auch HOEGEN-ROHLS, Johannes 235–255 sieht in c. 17 überall die sonstige Rede vom Parakleten vorausgesetzt. Kann man diese Sicht auf der Ebene der synchronen Interpretation akzeptieren, so sicher nicht, wenn man c. 17 für sich nimmt. WINTER, Vermächtnis 287 Anm. 10 möchte harmonisieren: »Auch wenn in Joh 17 der Paraklet nicht expressis verbis begegnet, dürfte der Verfasser in v. 26 die von Jesus angekündigte zukünftige Offenbarungsvermittlung mit der Parakletenvorstellung verbinden«. Er hat das nicht getan.

[211] Vgl. DAUER, Passionsgeschichte, passim.

gestellung erhellend ist der Umgang mit der Tradition vom »Kampf in Gethsemane« (S. 255 f). Sie wird an der Stelle, an die sie eigentlich hingehört, in
18,1–11 also weggelassen, weil sie sich der johanneischen Passionschristolo-
gie nicht einfügt. Dabei ist sie dem Johannesevangelium bekannt. In 12,27 f
wird sie aufgenommen, wobei ihr freilich ein anderer und eigener Sinn gegeben wird: Nie hat Jesus sein Ja zu seinem Weg in der Weise von Mk 14,35 f in
Frage gestellt. Hier also, im Weglassen der Gethsemane-Tradition in 18,1–11
und in ihrer Neudeutung in 12,27 f haben wir die originale johanneische Interpretation jenes Gebets von Mk 14,35 f vor uns. Im jetzigen Aufriß des Johannesevangeliums aber tritt c. 17 an die Stelle des Gethsemanegebets, das nicht
interpretiert, sondern ersetzt wird. Also liegen zwei Arten des Umgangs mit der
Gethsemane-Tradition innerhalb des Johannesevangeliums vor, die nicht aufeinander abgestimmt sind, die also schwerlich aus *einer* Hand stammen.

(11) Der Satz, daß die Stunde gekommen ist (v. 1), wirkt hier deplaziert, wo
die »Stunde« schon weit über ihren Beginn hinausgeschritten ist (S. 271 f). 17,1
ist mit 12,23; 13,1 nicht abgestimmt.

(12) In c. 17 trägt der johanneische Christus eine Gemeinde und Welt umfassende Fürbitte vor, und in ihr faßt sich das Eintreten Jesu für die Gemeinde
zusammen. In 16,26b.27 wird solche Fürbitte als signum der Vorläufigkeit abgewertet.

Daraus ergibt sich, daß c. 17 nicht nur eine Größe eigener Art innerhalb des
Evangeliums, sondern auch innerhalb der anderen Abschiedsreden ist. Es gehörte auch schwerlich zur Erstgestalt des Evangeliums, von der wir freilich
wenig mehr wissen als dies, daß es sie gab[212]. Selbst wenn wir über die Geschichte, in deren Verlauf das Johannesevangelium zu seiner Jetztgestalt herangewachsen ist, so gut wie nichts sagen können, müssen wir zugeben, daß
c. 17 innerhalb dieser kaum gewußten Geschichte in einen Abschnitt eigener
Art gehört. Als eigenständiges Stück entstanden wurde es später dem Evangelium eingefügt, ohne daß man sich die Mühe gemacht hätte, die dabei entstehenden Spannungen auszugleichen.

2. Der theologische Wille von c. 17

Vor der Aufgabe stehend, den theologischen Willen und damit das Zentrum
von c. 17 zu beschreiben und die verschiedenen Inhalte auf dieses Zentrum hin
auszurichten, setzen wir bei der Form des Abschnitts ein. Es handelt sich um
ein Gebet an den *Vater*. Dieses Gebet wird vom *Sohn* gesprochen, der sich als
den vom Vater Gesendeten versteht. Es ergeht zugunsten der *Gemeinde*, die
sich der Sendung des Sohnes durch den Vater verdankt und die ihre Existenz in

---

[212] Vgl. die skeptischen Überlegungen bei HENGEL, Frage 224–274; knapper BARRETT
39–44; s. auch den Überblick bei THYEN, TRE 17, 209–211.

der Welt zu leben hat. Diese Dreiheit bestimmt c. 17. Sie soll jetzt entfaltet werden. Bei diesem Versuch sollten wir die Zugehörigkeit von c. 17 zum johanneischen Denken so wenig vergessen wie seine Eigenart innerhalb des Evangeliums.

a) Der Vater

Mit der Rede von Gott als dem Vater Jesu bewegt sich c. 17 im Rahmen des frühen Christentums und des Johannesevangeliums, in dem der Vatername für Gott ungleich häufiger als in den anderen Evangelien im Gebrauch ist. Von daher verwundert die Konzentration auf den Vater in c. 17 nicht, und in einem Gebet an den Vater versteht sie sich eigentlich von selbst[213]. Die Häufung der Vater*anrede* in c. 17 ist durch den Gebetscharakter des Abschnitts erklärbar und hat darum in der Aufzählung S. 342ff keinen Platz. – Andere Passagen im Johannesevangelium sind in ähnlicher Weise auf den Vater konzentriert, wenn auch nicht in der Breite und Intensität, die man in c. 17 findet. So ist der Satz »der Vater ist größer als ich« (14,28; s.d.) Ausdruck dafür, daß vom Vater das gesamte Christusgeschehen seinen Ausgang nimmt und in ihm sein Ziel findet; 10,29 meint vermutlich dasselbe. Zu nennen ist ferner 6,36–40, darüber hinaus die Stellen, an denen der Sohn explizit oder implizit davon spricht, daß er nicht seinen Willen tut, sondern den des Vaters (4,34; 5,30). Die Sendungsidee, die das gesamte Evangelium durchzieht, zeigt in dieselbe Richtung (etwa 16,27f), und wenn der Sohn sich in der Weise von 10,34–38 auf den Vater beruft, dann spricht er von ihm als von dem Ursprung und Telos des Welt- und Heilsgeschehens. Erhellend für diesen Komplex ist die Begründung der johanneischen Sohneslehre in 5,19–23, in der vom Vater gesprochen wird als von dem, der den Sohn liebt und ihm alles zeigt, was er selbst tut, und dadurch wird der Sohn dazu ermächtigt, das Werk des Vaters zu tun, d.h. seine Sendung auszuführen. Man mag noch die Beobachtung anfügen, daß von der Liebe des Vaters zum Sohn weitaus öfter gesprochen wird (3,35; 5,20; 10,17; 15,9.10; 17,23.24.26) als von der Liebe des Sohnes zum Vater (14,31; wohl auch 15,10); denn aus der Liebe des Vaters zum Sohn geht die Sendung des Sohnes hervor, und undenkbar ist etwa eine Behauptung des Sohnes, daß er sich selbst gesendet habe (vgl. die Abgrenzung in 5,43b).

Diese das johanneische Denken bedingende und gestaltende Konzentration auf den Vater prägt auch c. 17, das darin seine Zugehörigkeit zum Johannesevangelium unter Beweis stellt, und die Rede vom Vater erreicht hier ihre höchste gedankliche Dichte innerhalb des Evangeliums.

– Vom Vater nehmen die Doxa und die Exousia des Sohnes ihren Ausgang (v. 1f.5.22.24).

---

[213] RITT, Gebet 454f.

- Der Vater ist der Gebende (v. 2.4.6.7.8.9.11.12.22.24.24), wie er auch der Sendende (v. 3.8.18.21.23.25) ist.
- Er hat Jesus sein Werk (v. 4), seine Worte (v. 6.8.14), seinen Namen (v. 6.11 f), die Menschen (v. 2.6 f.9.24) gegeben.
- Vom Vater ist Jesus ausgegangen, zu ihm kehrt er zurück (v. 11.13). Von ihm empfängt er seine Verherrlichung.
- Vom Vater geht die Bewahrung der Gemeinde aus (v. 11.15); von ihm wird sie geheiligt (v. 17), und in der Heiligung durch den Sohn (v. 19) aktualisiert sich die Heiligung durch den Vater. In ihm, in seiner Einheit mit dem Sohn hat die Gemeinde ihren Ursprung und Bestand (v. 11.21.23); von ihm empfängt sie, durch Jesus vermittelt, mit der Doxa die sie vollendende Liebe (v. 23.24.26).
- An den Vater richtet sich darum, insgesamt und in allen Einzelheiten, das Gebet Jesu, das, als Gebet des Sohnes verschlüsselt, das Gebet der Gemeinde ist.

b) Der Sohn

Der Sohn ist, was er ist, durch den Vater; sein Werk und sein Wort sind Werk und Wort des Vaters. Wäre es anders, wäre er nicht der Sohn, käme er nicht im Namen des Vaters, sondern im eigenen Namen (5,43), wäre er nicht der legitime Hirt der Gemeinde, sondern einer der Diebe, Räuber und Mietlinge (10.8.10.12 f). Aber das umfassende Ausgerichtetsein des Sohnes auf den Vater engt den Sohn nicht ein und erdrückt ihn nicht. Der in c. 17 angesprochene Vater ist nicht das Über-Ich, demgegenüber es nichts als Unterwerfung und Aufgeben des eigenen Ich gibt. In c. 17 spricht vielmehr der Sohn, der wissend der Sohn ist und der sein will, was er ist. Zwar tritt er dem Vater als Bittender gegenüber, aber in v. 24 wird die Bitte zur Willensäußerung dessen, der weiß, daß sein Wille geschehen wird und dies darum, weil sein Wille eins ist mit dem Willen des Vaters, ohne doch aufzuhören, *sein* Wille zu sein (s. S. 285). Die vorhergehenden Bitten (v. 1.5.11b.17) stehen im selben Horizont.

Man kann das in c. 17 vorausgesetzte Verhältnis zwischen dem Vater und dem Sohn noch genauer ertasten. Der alles umfassende Raum des Vaters ist der Rahmen für das alles umfassende Wirken des Sohnes, und so wird der Raum des Vaters ganz ausgefüllt von der Lebendigkeit und dem Wirken des Sohnes. Alles, was vom Vater ausgeht und wieder auf ihn zuläuft, erhält seine geschichtliche Wirklichkeit im Sohn. Ohne den Sohn gäbe es nicht die Offenbarung des Namens an die Menschen (v. 6), nicht die Weitergabe der Worte Gottes an sie (v. 8), nicht die Sendung der Gemeinde in die Welt, die doch gerade als Sendung durch den Sohn die Sendung durch den Vater ist (v. 17–19). Ohne den Sohn bliebe also die Verherrlichung des Vaters in der Welt aus (v. 4), gäbe es nicht die im Vater und dem Sohn *eine* Gemeinde, durch deren Existenz und

Verkündigung die Welt zum Glauben und Erkennen kommen soll (v. 21–23). In der Existenz des Sohnes wird der Vater in der Welt vergegenwärtigt und im Wirken des Sohnes kommt der Wille des Vaters zur Wirkung. Hier stellt sich das Gewicht dar, das der Christologie im Johannesevangelium zukommt.

Dabei wird die Eigenständigkeit des Sohnes und seines Willens nicht in Frage gestellt. Nie handelt der Sohn als Willenloser oder als der, der seinen Willen preisgegeben hat an die Übermacht des Vaterwillens.

Unser Verstehen wird durch eine solche Verhältnisbestimmung vor nicht geringe Schwierigkeiten gestellt, und man versucht auf verschiedene Weise, ihrer Herr zu werden. Aber die Rede vom johanneischen Menschensohn, der nicht »ein Mensch unter anderen …, sondern Gott, in die menschliche Sphäre hinabsteigend und dort epiphan werdend« ist[214], trifft schwerlich den theologischen Willen, wie er im Evangelium insgesamt und auch in c. 17 zu Wort kommt. Ebenso wenig tut das die Vermutung, daß ihm, Jesus, »die sittliche Lebenstat zur Naturnotwendigkeit geworden« ist und daß er gemäß dem Grundsatz werde, »was du bist« »als menschliches Wesen werden (soll), was er als Gottwesen ist«[215]. Näher bei johanneischem Denken dürfte Bultmanns Bemerkung stehen: »Im Offenbarer sind Müssen und Dürfen, Recht und Pflicht eines. Sein Müssen ist sein freistes Verfügen«[216].

Der johanneische Christus will in der unangetasteten Freiheit und Eigenständigkeit seines Willens, was der Vater will, und sein Werk, so sehr es das Werk des Vaters ist, bleibt dabei *sein* Werk. Es wäre reizvoll zu untersuchen, in welcher Nähe oder in welcher Ferne diese johanneische Deutung des Christuswillens zum Selbstverständnis des geschichtlichen Jesus steht. Die Untersuchung könnte zu dem Ergebnis kommen, daß die Entfernung nicht sehr groß ist.

Welchen Inhalten wendet sich das Tun des Vaterwillens durch den Sohn laut c. 17 zu? Wir brauchen nach dem unter der Überschrift »Der Vater« Gesagten nur anzudeuten. Als der, der die Doxa des Vaters empfangen hat, gewährt er sie den Menschen, die der Vater ihm gegeben hat (v. 4.22). Als Inhaber göttlicher Exousia gibt er den Menschen Leben (v. 2), den Namen des Vaters (v. 6), die Worte des Vaters (v. 8.14). Er vermittelt ihnen die Bewahrung, die vom Vater ausgeht (v. 12.15), erbittet für sie die Heiligung, die Voraussetzung ist für die Sendung (v. 17f), und seine Selbstheiligung für die Gemeinde (v. 19) ist Instrument der Heiligung, die im Vater ihren Ursprung hat. Schließlich nennt er das Ziel seines Bittens für die Gemeinde: Das ungeteilte Sein bei ihm (v. 24), das gleichzusetzen ist mit dem Leben in der uneingeschränkten Liebe des Vaters (v. 26). – Dabei hat man sich zu vergegenwärtigen: Was als Bitte des Sohnes an den Vater ergeht, spricht nichts anderes aus als den Willen des Vaters. Der Sohn bittet also darum, daß der Vater durch den Sohn tue, was er will, und darin zeigt sich die Einheit zwischen dem Willen des Vaters und dem des Soh-

---

[214] Käsemann, Wille 35.
[215] Holtzmann, Lehrbuch der neutestamentlichen Theologie Bd. II (s. Anm. 57) 495.
[216] Bultmann 397.

nes. – An dieser Stelle haben wir Anlaß zur Wiederholung: Die Konzentration auf den Vater erdrückt den Sohn nicht und nimmt ihm nichts von seinem Ich. Vielmehr empfängt der Sohn sein freies Ich vom Vater her, der der Ursprung ist für die Lebendigkeit und das Wirken des Sohnes, und im Wirken des Sohnes vollzieht sich das Wirken des Vaters.

c) Die Gemeinde

Kraft des geschilderten Zusammenspiels zwischen dem Vater und dem Sohn entsteht die Gemeinde (S. 339). Als die Schar derer, die dem Sohn vom Vater gegeben wurden und die im Wirken des Sohnes den Vater erkannt haben, ist sie der Ort in der Welt, an dem man den Vater als den Schöpfer erkennt und an dem Vollendung gewußt und erhofft wird. Mit ihrer durch dieses Wissen bestimmten Existenz steht und wirkt die Gemeinde in der Welt, um auch ihr das Verstehen des Vaters als des Schöpfers, das Verstehen des gesendeten Sohnes und den Horizont der Vollendung zu vermitteln.

Insofern trifft, bei aller Distanz der johanneischen Gemeinde zur Welt, für die in c. 17 Sprechenden (aber nicht nur für sie) nicht die Charakterisierung der Gemeinde zu, »welche selbst im Bewußtsein ihrer Sendung dem Irdischen gegenüber keine Solidarität verspürt«[217]. Zwar lebten innerhalb der johanneischen Gemeinde Tendenzen, die jede Solidarität mit der Welt verweigerten, und diese Kräfte sind es, die mit Käsemanns Charakterisierung erfaßt werden. Ihnen tritt die Äußerung von v. 15 und ihr Hintergrund (S. 316 f) gegenüber, und in v. 21–23 wird die Gemeinde auf ihre Aufgabe an der Welt festgelegt. Sie soll wissen daß sie die eine Gemeinde, deren Einheit in der Einheit zwischen Gott und Jesus gründet, nur im Wahrnehmen ihrer Aufgabe bleibt (S. 339 f): Daß kraft ihrer Einheit die Welt zur glaubenden und erkennenden Welt wird.

Gemeinde entsteht also, indem die Jesus von Gott gegebenen Menschen vom Sohn die Gabe des Vaters empfangen: Leben (v. 2), die Worte des Vaters (v. 6.8.14.17), die Erfahrung der Doxa im Sohn (v. 1.4.22.24), die Erkenntnis des Sohnes (v. 7 f), die Bewahrung durch den Vater (v. 11), den Auftrag zur Sendung (v. 17 f), das Sein in der Einheit (v. 11), die in engstem Zusammenhang mit der Einheit zwischen Gott und Jesus steht (v. 21–23), schließlich die vollendende Liebe des Vaters, in der sie neben den Sohn gerückt wird (v. 26).

In der Dynamik, die die Einheit zwischen Gott und Jesus erfüllt, liegt der Grund dafür, daß die Gemeinde ihrerseits ihre Einheit als dynamisches, in die Welt drängendes Geschehen erlebt. Wie sie nicht aus sich selbst entstanden ist und nicht sich selbst gehört (ὅτι σοί εἰσιν v. 9), so kann sie auch nicht sich selbst genügen. Zwar ist sie ausgegrenzt aus der Welt, aber gerade in ihrem Ausgegrenztsein ist sie in die Welt gesandt (v. 14b.16.18), damit die bisher nicht erkennende Welt (v. 9.25) zur glaubenden und erkennenden Welt werde (v. 21.23). So ihr Einssein mit Gott und Jesus und in der geschichtlichen Ge-

---

[217] KÄSEMANN, Wille 137.

meinschaft lebend ist die Gemeinde der Ort in der Welt, an dem die Verherrlichung Jesu erfahren und begriffen wird (v. 10b). Und als verstehende Gemeinde bezeugt sie, daß Jesus der vom Vater in die Welt Gesendete ist, der Eine, in dem Gott seinen heilenden Anspruch auf die Welt geltend gemacht hat. Die Verherrlichung Jesu, so sehr sie jetzt nur der Gemeinde offenbar ist, wird nicht im frommen Sich-selbst-Genügen betrachtet, und nicht als die der Welt entfliehende Gruppe empfängt die Gemeinde die Doxa, die Jesus vom Vater empfangen hat (v. 22). Als gesendete Gemeinde und nur im verantwortlichen Weitervermitteln des Verstandenen und Empfangenen kann sie das Empfangene wahren. Ihr Sein und ihre Aufgabe fallen zusammen.

Die so in der Welt und für sie existierende Gemeinde schaut auf die Vollendung aus, in der sie ungehindert das Sein mit Jesus leben und seine Doxa, die die ihre geworden ist, sehen kann, damit Gott als den, der Jesus vor Grundlegung der Welt geliebt hat (v. 24), dessen Wesen also schöpferische Liebe ist, der solche Liebe der Gemeinde zuwendet und sie so zum Ziel bringt. In dieses Ziel ist die jetzt noch nicht erkennende Welt eingeschlossen. Denn wie könnte Gottes schöpferische Liebe eine Begrenzung kennen und also die Welt ausschließen? Sie wäre dann nicht *Gottes* schöpferische und vollendende Liebe (v. 25 f)[218].

Wir haben in diesem Abschnitt den jeweils gleichen Inhalt von c. 17 von drei verschiedenen Seiten her in den Blick genommen, haben jeweils dasselbe in verschiedener Perspektive gesehen. Darin wird die ungemeine, im Johannesevangelium sonst nicht mehr vorkommende gedankliche Verdichtung erkennbar, von der c. 17 bestimmt ist.

3. Der geschichtliche Ort von c. 17

Das Gebet Jesu für die Gemeinde, in der johanneischen Gemeinde entstanden und in ihr lebendig, ist jetzt Teil des Johannesevangeliums, überlegt zwischen den Komplex der Abschiedsreden und der Passionsgeschichte eingeschoben. Wie es bestimmte Linien des Evangeliums weiter auszieht, etwa die in der johanneischen Eschatologie gesetzten Akzente (S. 332–334), so wird es vermöge seines jetzigen Platzes auch vom sonstigen Inhalt des Evangeliums her interpretiert. Das ist legitim nicht nur vom Willen dessen her, der c. 17 an diesen Platz gesetzt hat, sondern auch von c. 17 selbst her, das ja aus johanneischem Denken herausgewachsen ist und Ausdruck dieses Denkens sein will. Ebenso legitim ist es aber auch, c. 17 aus sich selbst heraus zu verstehen, es auf seine Eigenständigkeiten hin abzuhorchen (S. 342–344), von ihnen her das eigene Profil dieses Abschnitts zu erkunden und wenigstens in einigen Zügen

---

[218] Vgl. MOLTMANN, Kommen Gottes 262–284.

nachzuzeichnen. Dabei können sich Einblicke in die Besonderheiten der Gruppe ergeben, für die c. 17 gedacht war.

a) Zur Lage der Gemeinde

(1) In v. 20 f wird ausdrücklich über die späteren Generationen der Glaubenden reflektiert. Damit artikuliert sich ein Interesse, das auch in den sonstigen Abschiedsreden am Werk ist, dort aber nie in Worten hervortritt. Alle Abschiedsreden wenden sich an die nachösterliche Gemeinde, bedenken deren Situation und Zukunft, und die Gestalt des Parakleten ist die Größe, die die Gemeinde in ihre Zukunft führen wird. Aber die Frage, wie die späteren Generationen der Glaubenden der ersten Generation der Glaubenden in ihrer Christusbeziehung gleich werden können, wird nur in 17,20 f in Worte gefaßt. Wir kennen den Anlaß nicht, der dazu geführt hat. Mit dem Blick auf die kommenden Geschlechter wird auch die missionarische Verantwortung der Gegenwart und Zukunft bedacht, was in den sonstigen Abschiedsreden ebenfalls nicht geschieht. Solches Bedenken hat zur Voraussetzung, daß man nicht in der Hoffnung oder Furcht der Naherwartung lebt, sondern mit einer gewissen Dauer der Geschichte und ihrer Einwirkung auf die Gemeinde rechnet.

(2) Die Gemeinde von c. 17 erfährt Anfeindung von der Welt her (v. 14f). Insofern steht c. 17 neben 15,18–16,4a, auch neben c. 9. So groß ist die Bedrängnis, daß manche nach radikaler, apokalyptisch vorgestellter Trennung von der Welt verlangen und auf diese Weise ihre Weltverneinung zum Ausdruck bringen. Das Woher dieser Bedrängnis wird nicht genannt; eine Gegnerschaft der Synagoge wird nicht erkennbar, und es spricht manches dafür, daß sich hier auch die bösen Erfahrungen widerspiegeln, die der Gemeinde inmitten der hellenistischen Welt widerfuhren (S. 342). Onuki vermutet: Die in die Welt gesandte Gemeinde wird von ihr zurückgestoßen, »kommt mit dieser negativen Erfahrung in Joh 17 zum Gebet zurück« und wird sich hier »ihrer andauernden Aufgabe gegenüber der Welt bewußt«[219]. Um mehr als um eine Vermutung handelt es sich nicht. Erkennbar ist aber, daß c. 17 dem in der Gemeinde wirkenden Verlangen nach radikaler Weltdistanz mit dem Beharren auf der Sendung der Gemeinde in die Welt entgegentritt. Mit dieser Bekundung von Weltbejahung unterscheidet sich c. 17 von 15,18–16,4a.

(3) Die Bedrängnis von außen wird von einer inneren Krise begleitet, und es ist vorstellbar, daß die innere Gefährdung aus der äußeren hervorwuchs: Der Druck von außen führt nicht automatisch zu verstärktem inneren Zusammenhalt; er kann den Zusammenhalt auch in Frage stellen. Die Krise äußert sich darin, daß der Gemeinde ihre Gemeinschaft fraglich wird, und solcher Krise

---

[219] Onuki, Gemeinde 179.

begegnet das Gebet mit jener eindrücklichen Besinnung über Grund, Wesen und Ziel der Einheit, die der Gemeinde in der zwischen Gott und Jesus waltenden Einheit vorgegeben ist (S. 335 ff). Die Entschiedenheit, mit der jede andere Begründung von Einheit zurückgewiesen wird, drängt zu der Überlegung, ob v. 21–23 nicht ein Gegenprogramm zu einer ganz anderen Begründung der Gemeindeeinheit darstellt.

Vielleicht läßt sich an dieser Stelle mehr sagen. Nach dem Auseinanderfallen der johanneischen Gemeinde, das im ersten Johannesbrief dokumentiert ist[220], scheint der eine Teil der Gemeinde sich zu einer christlichen Gnostikergruppe doketischer Prägung hin entwickelt zu haben, während der andere Teil sich der Großkirche anschloß, in der unter dem Einfluß des Ignatius von Antiochien sich der monarchische Episkopat als Garant der Einheit entwickelte[221]. Danach gründet die Einheit der Gemeinde auf Organisation, Lehre und Bischofsamt. Ist die These diskutabel, daß v. 21–23 bewußt gegen die episkopale Einheitsidee protestiert und ihr einen anderen, den wahren Grund für die Einheit der Kirche entgegenstellt? Die antihierarchischen Tendenzen des Johannesevangeliums (S. 146) erreichten dann in 17,21–23 einen neuen Höhepunkt. Dann müßte man freilich c. 17 zeitlich verhältnismäßig spät ansetzen, und das fügt sich zu dem Nachtragscharakter des Kapitels. Auch ließe sich von daher der geschichtliche Ort von c. 17 vermuten: Der Abschnitt hat zwar seinen Ursprung in dem Teil der Gemeinde, der nicht in Richtung des Doketismus abgewandert ist (hierher gehört wohl auch die Aversion gegen den Parakleten). Aber innerhalb dieses Teils erhebt eine besondere Gruppe Einspruch gegen die Unterwerfung unter den episkopalen Einheitsanspruch.

(4) In diese Richtung führt auch die Frage, weshalb vom Parakleten in c. 17 konsequent geschwiegen wird (S. 343), während die in c. 14–16 dem Parakleten zugeschriebenen Aufgaben durchaus aktuell sind; nur werden sie nicht vom Parakleten, sondern von Gott wahrgenommen. Man muß auch überlegen, ob man nicht darüber hinaus in dem die Fürbitte vortragenden Jesus eine Art Parakleten zu sehen hat (s. 1Joh 2,1), der die Figur eines besonderen Parakleten nach der Weise von c. 14–16 überflüssig macht. Denn wenn Fürbitte das Werk des Geistes ist, dann ist es in c. 17 Jesus, der dieses Werk vollbringt und der damit den Parakleten verdrängt.

So nimmt auch in Röm 8,34 der für die Gemeinde eintretende Jesus den Platz des laut 8,26f für die Gemeinde eintretenden Geistes ein. Im johanneischen Bereich ist die Ersetzung des Parakleten durch Jesus insofern vorgegeben, als der Titel Paraklet Jesus selbst zugeschrieben werden kann (1Joh 2,1), und nur das Gewicht der Parakletsprüche und die in ihnen vorgenommene Gleichsetzung des Parakleten mit dem heiligen Geist läßt diese Vorgegebenheit in den Hintergrund treten. Man ist also in der johanneischen Gemeinde nicht auf einen bestimmten und alles andere ausschließenden Umgang mit dem Paraklet-Titel festgelegt. Wenn aber in c. 17 dieser Titel dem Geist verweigert wird, dann dürfte sich damit eine bestimmte Distanz gegenüber dem Phänomen des Geistes artikulieren.

---

[220] KLAUCK, 1Joh 32–42.
[221] HENGEL, Frage 70.161–185.201f; BROWN, Ringen 113f.120–126.

Die Ersetzung des Parakleten durch Gott und durch die von Jesus vorgetragene Fürbitte muß Ausdruck einer gewissen Polemik sein. Denn was hätte näher gelegen, als in Fortsetzung der Parakletsprüche von c. 14–16 dem Parakleten außer den Funktionen des Bewahrens und Heiligens auch die Aufgabe der Fürbitte wenn nicht in der Gegenwart, so doch in der Zukunft zu übertragen? Offenbar haben sich neue Konstellationen ergeben, die es dem Autor von c. 17 geraten scheinen lassen, eine spürbare Distanz zum Parakleten herzustellen. Man wird dabei an den Mißbrauch denken, zu dem in Teilen der frühen Kirche die Berufung auf den Geist geführt hat (S. 212–214) und der sich für uns am erkennbarsten in den Mißständen innerhalb der korinthischen Gemeinde darstellt. Unter Berufung auf die im Pneuma gewährte Freiheit[222] wurde das Schlagwort »alles ist erlaubt« zur gängigen und alles rechtfertigenden Parole. 1Joh 4,1f nennt den in unserem Zusammenhang interessierenden Mißstand beim Namen: Unter Berufung auf den Geist hat man eine nach dem Urteil des Autors Christus verfälschende Lehre vorgetragen. Von daher fragt man sich, ob c. 17 sachlich nahe an den ersten Johannesbrief und also an die dort erkennbaren innergemeindlichen Spannungen und Separationen gehört. Hat man in c. 17 den Parakleten darum ersetzt, weil die in eine falsche Richtung abgleitenden Glaubensgenossen ein unzulässiges Spiel mit der Berufung auf den Geist trieben? Dann müßte man c. 17 unter die frühchristlichen Texte einreihen, die sich das Prüfen und Unterscheiden dessen, was Geist Gottes und was nicht Geist Gottes ist, zur Aufgabe machen[223].

Bei aller Vorsicht wird man also in der von jeder konkreten Geschichte abstrahierenden Meditation von c. 17 doch einige Andeutungen finden, die eine gewisse Anschauung der geschichtlichen Situation von c. 17 vermitteln.

b) Zum Selbstverständnis der Gemeinde

(1) Man kennt das Fürbittegebet des Abschiednehmenden aus jüdischer Tradition (s. S. 257). Der Inhalt der Fürbitte in c. 17 nährt sich ausschließlich aus den Themen johanneischer Theologie. Vieles von dem vorher vor allem in den Abschiedsreden 13,31–16,33 Verhandelten – Christologie und Gemeinde, Streit mit der Welt und die gefährdete Existenz in ihr, Auftrag und Zukunft der Gemeinde – wird noch einmal bedacht, aber nun auf einer anderen Ebene. Indem dieselben Dinge in der Form des Gebets verhandelt werden, tritt ein Perspektivenwechsel ein, der es erlaubt, die Dinge anders zu sehen, herausgenommen aus der Unmittelbarkeit des Konflikterlebens und versetzt in die Sphäre der großen, vom Gebet gewährten Gelassenheit. Der in der Fürbitte zu Wort

---

[222] H. CONZELMANN, Der erste Brief an die Korinther (KEK V), 2. Aufl., Göttingen 1981, S. 31.138f.

[223] KLAUCK, 1Joh 231f.

kommende Wille Jesu ist, wie man weiß (S. 347), eins mit dem Willen des
Vaters. Die in dieser Fürbitte erhoffte Bewahrung und Heiligung ebenso wie
die Hoffnung auf vollendete Zukunft werden damit von der Gemeinde als das
ihr von Gott her bereits zugesagte Gut bedacht. So hat das Gebet den Charakter
einer Selbstunterbrechung: Inmitten der bewegten und manchmal wohl auch
aufgeregten Auseinandersetzung, in der die Gemeinde steht, tritt sie mit c. 17
in den Raum des Gebets ein, in dem Auseinandersetzung und Unsicherheit als
schon überwundene Stufen erfahren werden. Hier empfängt man, was man vor
Gott hat und ist und sein wird, und Gefährdung und Angst sind darin aufgehoben. Hängt damit auch die große Äußerung der Hoffnung für die Welt in v. 21–
23 zusammen? Die Gefährdung durch die Welt und Abwehr der Welt, durchaus
Realität und im Bewußtsein der Gemeinde gegenwärtig (v. 9.14f), wird im
Bedenken der von Gott gewollten und erschlossenen Zukunft umgewandelt in
die Hoffnung darauf, daß Welt aufhört, Welt zu sein und wieder zur Schöpfung
wird.

(2) Als man c. 17 den Abschiedsreden anschloß, riskierte man einen gewissen Widerspruch zu 16,26f, wo die Fürbitte Jesu Ausdruck einer vorläufigen
Gottesbeziehung ist; und diese wird abgelöst durch eine vollendete Beziehung,
die der Fürbitte nicht bedarf (S. 236f). In c. 17 dagegen ist Fürbitte Symbol der
in Jesus gründenden Verbindung der Gemeinde mit Gott, die zwar auf Vollendung hin angelegt ist, die aber nicht als Ausdruck bloß vorläufiger Beziehung
abgewertet wird. Daß man den Widerspruch zu 16,26f in Kauf nahm, zeigt das
Gewicht an, das man dem Eintreten Jesu für die Gemeinde beilegte. Auf diesem
Eintreten ruht, so sagt der Text, die zukünftige Existenz der Gemeinde, die die
Leser als ihre gegenwärtige Existenz erleben. Nicht ihr Glaube und ihr Denken,
nicht ihr Ethos und ihre Lehre sind Basis dieser Existenz (wobei wir wissen, daß
Glaube und Denken, Ethos und Lehre im Johannesevangelium und in c. 17
hoch eingeschätzt werden). Vielmehr wird im fürbittenden Eintreten Jesu für
die Gemeinde das ihre Existenz begründende und erhaltende Sein Gottes für sie
vergegenwärtigt. Hatte sich dieses Sein Gottes in der Sendung Jesu in einem
bestimmten Raum der Geschichte ereignet, so aktualisiert es sich jetzt in der
jeweils ergehenden Fürbitte Jesu für die jeweils gegenwärtige Gemeinde.

(3) Die Fürbitte Jesu wird von der Gemeinde als gegenwärtiges Geschehen
erlebt, wie sie denn jeweils jetzt im Himmel ergeht (Röm 8,34; Hb 7,24f; 9,24
[νῦν]; 1Joh 2,1). Zunächst freilich stellt sie sich in dem irdischen und datierba-
ren Akt von c. 17 dar. In ihm spricht der Jesus, der als der Irdische schon der
Erhöhte ist. Aber diese geschichtlich fiktive Einordnung von c. 17 ist mit Bedacht gewählt. Die Fürbitte kommt aus dem Mund des Irdischen unmittelbar
vor der Passion und deren Ertrag vorwegnehmend; sie ergeht vor den Ohren
der Jünger, und diese Ohren sollen hören, was der für die Jünger eintretende
Sohn dem Vater zu sagen hat. Da die Jünger aber die gegenwärtige Gemeinde
repräsentieren, wird in c. 17 eben diese Gemeinde angesprochen. Sie soll sich

als die in der Fürbitte Jesu gemeinte Gemeinschaft verstehen; ihr Schicksal, ihre Zukunft, ihre Aufgabe wird als Gegenstand der Fürbitte Jesu bedacht.

(4) Darin spricht sich etwas vom Selbstbewußtsein der Gemeinde aus, in der c. 17 ursprünglich zu Hause war, auch vom Selbstbewußtsein der gesamten johanneischen Gemeinde, als sie dieses Gebet übernahm. Liest man c. 17 als Ausdruck solchen Selbstbewußtseins, schließt es sich in eigener Weise auf, so wie sich die prädestinatianischen Sätze aufgeschlossen haben, als wir sie als Selbstaussagen der Gemeinde interpretierten (S. 305–308). Wir sind diejenigen, sagt die c. 17 betende Gemeinde, die das heiligende Wort bewahren (v. 6.17); wir sind die Erkennenden, die Jesus als den von Gott Bevollmächtigten verstehen (v. 7). Wir sind es, die sein Wort als Wort des Vaters aufnehmen und seine Herkunft kennen (v. 8; vgl. 7,27–29; 8,24; 9,29; 19,9). Wir, nicht die uns bedrückende Welt (v. 14), sind Ziel der Fürbitte Jesu (v. 9), und darum sind wir es, in denen oder durch die Jesus verherrlicht wird (v. 10). Wir sind nicht aus der Welt, sondern die in der Welt vor der Welt Bewahrten (v. 15), die Geheiligten (v. 17), die Gesendeten (v. 18), und wir sind, was wir sind, durch das Für-uns-Sein Jesu (v. 19). Die uns gewährte Einheit leben wir und wollen wir leben als Folge und Abbild der Gott und Jesus verbindenden Einheit, und wir wissen wohl, welche Bedeutung unsere von daher gestaltete Existenz für die Welt hat (v. 21–23). Wir wissen es als diejenigen, denen das endgültige Sein mit Christus verheißen ist (v. 24) und darin die Erfahrung der alles, Gemeinde und Welt vollendenden Liebe Gottes (v. 26).

Solche Äußerungen erinnern an das paulinische πάντα ὑμῶν ἐστιν von 1Kor 3, 21–23, auch an Röm 8,38f. Höher kann christliches Selbstbewußtsein sich schwerlich erheben, und wie schnell hohes Selbstbewußtsein zu überhöhtem Selbstbewußtsein werden kann, ist den Äußerungen der korinthischen Enthusiasten zu entnehmen (1Kor 4,8; 6,12; 8,1; 2Kor 11,20 u.ö.). Dieser Gefahr, der auch die johanneische Gemeinde ausgesetzt war – der erste Johannesbrief ist Beleg dafür –, stellt sich in c. 17 die Rede von der Prädestination entgegen, dazu der Fürbittcharakter des Gebets. Denn damit, daß das Selbstbewußtsein der Gemeinde sich in der Gestalt der Fürbitte Jesu für die Gemeinde darstellt, wird erklärt: Glaube und das ihm entsprechende Selbstbewußtsein wird, so sehr der Mensch daran wissend und wollend beteiligt ist, als reine Gabe empfangen, und nur indem Glaube als Gabe verstanden und gelebt wird, bleibt er Glaube. Innerhalb des Textes von c. 17 heißt das: Daß wir Erkennende, Bewahrte, Geheiligte und Gesendete sind, hat seinen Grund und seine Kraft nicht in uns, sondern ausschließlich in dem Sein Gottes für uns, das sich dank der Fürbitte Jesu in die Gegenwart und Zukunft der Gemeinde erstreckt. Es bestätigt sich das oben Gesagte: Für eine triumphierende Kirche ist in c. 17 kein Platz (s. S. 339).

(5) Die Gemeinde, die sich ihrer Distanz zur Welt überaus bewußt ist, weiß sich gleichzeitig in die Sendung Jesu zur Welt und in die dieser Sendung entsprechende Verantwortung für die Welt einbezogen. Will die Gemeinde Gemeinde bleiben, will sie ihre in der Einheit zwischen Gott und Jesus wurzelnde Einheit bewahren, dann muß sie ihr Eins- und Füreinandersein zum Sein für die Welt werden lassen. Das kann angesichts der Feindschaft der Welt nur so geschehen,

daß sie die Wehrlosigkeit ihrer glaubenden Existenz in der Welt zugunsten der Welt lebt und sich damit der feindlichen Welt gegenüber aufs Spiel setzt. Es verdient alle Beachtung, daß in einem frühchristlichen Text, in dem die Distanz zur Welt unüberhörbar bewußt gemacht wird, ebenso eine unaufhebbare Verpflichtung der Welt gegenüber zur Sprache kommt. Hier äußert sich eine ganz undoketische und ungnostische Tendenz.

c) Zum Ort von c. 17 innerhalb der Gemeinde

Wo, fragen wir, lebte c. 17? Die Antwort gibt der Text selbst. Er ergeht als Gebet der Gemeinde. Dieses hat seinen Platz im Gottesdienst der Gemeinde. Also lebte die Fürbitte von c. 17 im Gottesdienst der Gemeinde. Wo sonst sollte sie sonst gelebt haben?

Man kann an manche johanneischen Texte mit der Aussicht auf Antwort die Frage nach ihrem vorliterarischen Sitz im Leben stellen. So gehört 15,18–16,4a in die Selbstvergewisserung der Gemeinde angesichts gescheiterter Mission (S. 174 f). Die Diskussionen in c. 7 haben ihren vorliterarischen Ort im Streit mit der Synagoge über die Messiasfrage. Die Abschiedsrede 13,31–14,31 ist innergemeindliche Besinnung über die Möglichkeit des Gemeindeseins in der nachösterlichen Epoche. Viele johanneischen Texte, die Christusreden vor allem, sind nicht nur Ergebnisse der Diskussion mit der Synagoge; auch die Diskussionen innerhalb der johanneischen Schule haben ihr Teil dazu beigetragen[224].

Dabei hat man die Erstabsicht des Autors zu unterscheiden von dem Gebrauch, den seine Meditation im Leben der Gemeinde fand, so eng beide Aspekte zusammengehören. Die Absicht des Autors oder des Autorenkreises liegt auf der Hand und wurde oft genug hervorgehoben: Die bedrängte, verunsicherte Gemeinde soll in der Fürbitte Jesu sich ihres Ursprungs, ihres Bestehens und Auftrags vergewissern. Das zu diesem Zweck erarbeitete meditative Gebet dürfte dann jeweils im Gottesdienst der Gemeinde gebraucht worden sein. Denn hier ist die gesamte Gemeinde anwesend. Hier bedenkt sie sich und ihre Problematik. Hier spricht sie ihre Ängste und Hoffnungen aus. Hier ist die Gelegenheit zu wechselseitiger Klärung, Tröstung und Mahnung. Hier empfängt die Gemeinde die autoritative Anrede durch den Logos (v. 8.14), reflektiert sie und gibt ihre Antwort darauf. Der Gottesdienst ist auch der Ort des Gemeindegebets, in dem die Gemeinde als ganze oder ein einzelner als ihr Vertreter Bitten und Fürbitten vorträgt[225].

---

[224] Wenig ergiebig sind für unser Problem die Überlegungen von Sprecher, Einheitsdenken 238–246. Sie bedenkt zunächst die mögliche Gattung, der c. 17 zuzuordnen ist (Hymnus, Klagelied, eucharistisches Gebet, priesterliches Gebet), mit negativem Ergebnis. Der Autor wollte weniger eine konkrete Situation erkennbar werden lassen als das kommunikative Element des Abschiedsgebets und seine Mitteilungsabsicht hervorheben.

[225] Über den urchristlichen Gottesdienst und die Rolle des Gebets darin hat Salzmann, (S. 210 Anm. 283) gearbeitet. Er gibt einen Einblick in die Funktion des Gebets zur Zeit

Lebte c. 17 als Gebet im Gottesdienst der Gemeinde, dann wurde es von einem oder von mehreren Menschen gesprochen. Das Gebet Jesu wurde auf diese Weise aktuell als Gebet der Gemeinde. Dann sollte also – man entgeht der Konsequenz nicht – im Gebet der Gemeinde das Gebet Jesu laut werden, und das Gebet Jesu hat seinen Ort im Gebet der Gemeinde. Ob diese Sachverhalte reflektiert wurden, ob sie an bestimmte Bedingungen, etwa die Anwesenheit eines Propheten geknüpft war, wissen wir nicht.

Das Stichwort Horizontverschmelzung, mit dessen Hilfe viele Probleme des Johannesevangeliums durchsichtiger werden, führt an dieser Stelle in eine neue Dimension. Es verschmilzt nicht nur die Vergangenheit mit der Gegenwart, sondern auch der Himmel mit der Erde, und das jetzt von dem Erhöhten vor Gott im Himmel gesprochene Wort wird im Gebet der Gemeinde irdisch hörbar. Die Gefährlichkeit solchen Ineinanderfließens von Wort Jesu und Wort der Gemeinde und die von daher mögliche Übersteigerung des Selbstbewußtseins soll nicht abgestritten werden. Man wird gleichwohl solches Ineinanderfließen in c. 17 und nicht nur da anerkennen müssen. In den Sendschreiben Offb 2f liegt ein entsprechendes Ineinssetzen von menschlich-prophetischem Wort mit dem Wort des himmlischen Christus vor. Auf der gleichen Ebene befindet sich Paulus, wenn er in Röm 8,26f das der Gemeinde helfende Seufzen des Geistes vor Gott im Seufzen der Gemeinde, in ihrem als ungenügend empfundenen Gebet ergehen läßt[226]. Jene Horizontverschmelzung von c. 17, zu wieviel Fragen sie auch Anlaß gibt, ist also nichts Einzigartiges im Neuen Testament, und man wird fragen, ob nicht in jeder christlichen Rede wenigstens ein Element solcher Horizontverschmelzung am Werk sein muß.

Bultmann sieht durch c. 17 das Herrenmahl ersetzt, das aus der johanneischen Passionsgeschichte verbannt worden ist[227]. Der Evangelist lasse »an Stelle des Sakramentes das Gebet Jesu treten«. Die Begründung: c. 17 nehme Elemente des Herrenmahls auf und wandle sie um in die Rede vom Tod Jesu für die Seinen, von der dadurch konstituierten Gemeinschaft zwischen ihm und der Gemeinde, vom Verbundensein der Glaubenden untereinander. Indem der Autor diese Elemente, die eigentlich dem Bereich des Herrenmahls zugehören, in Elemente des Gebets Jesu verwandelt, zeige er seine Distanz gegenüber dem Sakrament. Aber das ist eine kaum haltbare Theorie über die Motivierung von c. 17; welchen Anhalt findet sie im Text selbst? Manche halten denn auch im Gegenteil c. 17 für ein eucharistisches Gebet, für einen Teil des eucharistischen Gottesdienstes also. Aber Browns kritische Bedenken dagegen ebenso wie gegen den Vorschlag Bultmanns wiegen schwer[228].

Justins (SALZMANN 253–255), und man kann annehmen, daß man dabei von der Funktion des Gebets in den neutestamentlichen Gemeinden nicht sehr weit entfernt ist. – HEITMÜLLER 838 hat, beeindruckt von dem auf die Gemeinde bezogenen Charakter von c. 17, diesen Abschnitt »das Kirchengebet des Johannes-Evangeliums« genannt.

[226] E. KÄSEMANN, Der gottesdienstliche Schrei nach der Freiheit, in: ders., Paulinische Perspektiven, 2. Aufl., Tübingen 1972, S. 211–236.

[227] BULTMANN 370f.

[228] BROWN 745f; auch APPOLD, Oneness 196f. Anders CULLMANN 108 (S. 152 Anm. 134), der in c. 17 den „tiefsten eucharistischen Ausdruck" der Liebe Christi findet.

Wir begnügen uns mit der oben gegebenen Auskunft: c. 17, das Gebet Jesu für die Gemeinde, war als gottesdienstliche Anrede der Gemeinde an Gott lebendig. Eine neue, eine literarische Funktion erhielt es, als es zu einem Teil des Johannesevangeliums wurde.

d) Der Autor

Wir kennen ihn nicht. Nach den obigen Überlegungen (342–344) muß man zugestehen, daß er nicht mit dem Evangelisten, dem Hauptautor des Evangeliums identisch sein kann. Auch von den anderen Abschiedsreden setzt sich c. 17 ab, was am deutlichsten beim Bedenken des Parakletproblems wird (S. 351f). Wahrscheinlich ist c. 17 als Äußerung eines einzelnen oder einer kleinen Gruppe innerhalb der johanneischen Gemeinde entstanden, und diese Gruppe wollte mit c. 17 ihre besonderen Anliegen in Christologie, Ekklesiologie und Eschatologie zur Geltung bringen.

Daß der Verfasser oder die Gruppe der Verfasser von c. 17 die anderen Abschiedsreden kannte, daß also c. 17 zeitlich später als 13,31–16,33 anzusetzen ist, ergibt sich aus folgenden Beobachtungen.

– Man ignoriert die Parakletworte, gerade dort, wo man sie erwartet. Also kennt man sie.
– Mit der Wendung von der vollkommenen Freude (v. 13b) greift man auf 15,11; 16,24 zurück, mit bewußter Weiterführung freilich: Die Freude Jesu selbst ist die vollkommene Freude, und sie wird zur Freude der Gemeinde.
– v. 10a ist 16,15 nachgebildet.
– v. 14 greift auf 15,18f zurück und läßt das Nicht-aus-derWelt-Sein der Gemeinde in ihrem Logosempfang gründen.
– Vielleicht ist der Fürbittcharakter des Kapitels Korrektur von 16,26f.
– Das uneingeschränkte Erkennen der Gemeinde, von dem v. 7f.25 spricht, setzt sich von der kritischen Dialektik zwischen wirklichem und verfehlten Erkennen ab, die in 16,25–32 (S. 245f) dargeboten wird.
– Mit Sicherheit also gehörte der Autor der johanneischen Gemeinde an, und er dürfte einer ihrer herausragenden Vertreter gewesen sein. Nur ein Gemeindeglied, dem erhebliche Autorität eignete, konnte es wagen, c. 17 zu entwerfen und der Gemeinde vorzulegen, damit korrigierende Elemente ins Johannesevangelium einzutragen, der synoptischen Tradition ganz in der Weise des Evangelisten entgegenzutreten und das Gethsemanegebet von Mk 14,35f durch einen eigenen Entwurf zu ersetzen. Dieser Entwurf aber enthält nichts Geringeres als die Vollendung johanneischer Christologie, und durch c. 17 wird das Johannesevangelium zu einem Höhepunkt besonderer Art geführt: Der, den Gott in die Welt gesandt hat, um die Welt zu retten und ihr die Echtheit des Lebens aus Gott zu vermitteln (3,16f), legt nun Rechen-

schaft über das getane Werk ab, und als der, der in die Doxa seiner Präexistenz zurückkehrt, bittet er den Vater um Fortsetzung und Vollendung seines Werkes in der Zeit der Kirche. Der Autor war ein Theologe, der an Rang sich mit Evangelisten messen konnte.

4. Schlußbesinnung zu c. 17.

Wie weit sind wir diesem merkwürdigsten Abschnitt des Johannesevangeliums gerecht geworden? Es handelt sich in c. 17 um einen meditierenden Versuch der Gemeinde, sich selbst wahrzunehmen, die eigene Existenz zu begreifen, wie sie ganz und gar empfangene Existenz ist, wie sie als solche von der Energie des Gegenübers erfüllt ist, von dem her sie sich empfangen hat. Weil die Gemeinde ihre Existenz als empfangene Existenz lebt, darum kann sie die Welt ertragen, ist sie geschützt vor den äußeren und inneren Mächten der Zersetzung. Indem Existenz in solcher Bewußtheit empfangen wird, wird sie zur verantwortlichen Existenz. Die bewahrte Gemeinde bewahrt ihrerseits das ihr gegebene und von ihr verstandene Wort, ein Bewahren, das nur im Weitervermitteln dieses Wortes Bestand haben kann. Die Gemeinde wird, heißt das, zu der in die Welt gesendeten Gemeinde, die ihre Weltverantwortung wahrnimmt. Weil sie sich selbst im Horizont eschatologischer Hoffnung stehen sieht, darum hofft sie für die Welt und darf sich von solcher Hoffnung nicht dispensieren. Sie gäbe damit ihre Sendung und mit der Sendung ihre von Gott empfangene Existenz preis. – Wie weit kann in dieser Gemeindemeditation, die als Gebet Christi für die Gemeinde einhergeht, die heutige Gemeinde sich finden?

Die vier Abschiedsreden als *eine* Rede

Jede der vier Abschiedsreden ist ein in sich abgeschlossenes und eigenständiges Ganzes. Indem sie in einem uns nicht zugänglichen Stadium der Redaktionsgeschichte miteinander zu *einer* großen Abschiedsrede vereinigt wurden, entstand ein neues und größeres Ganzes (S. 12f). Was geschah dabei mit dem je eigenen Profil der vier einzelnen Reden? Wir vergegenwärtigen uns zunächst dieses Profil in Stichworten.

13,31–14,31 zeigt den abschiednehmenden Jesus als den, der die alleingelassene Gemeinde durch den Parakleten weiter begleitet und der auf diese Weise die Gemeinde in ihren gegenwärtigen Erfahrungen von neuem aufsucht. Diese Überlegung wird zum Anlaß christologischer Präzisierungen und grundlegender Erwägungen zur Existenz der nachösterlichen Gemeinde.

15,1–16,15 enthält die umfassendste ekklesiologische Besinnung innerhalb des Johannesevangeliums, auch sie mit eindeutiger christologischer Fundierung. Anders, mindestens deutlicher als in der ersten Rede wird das Aktuelle – das Erleben von Verfolgung (15,18–16,4a) – mit dem Grundsätzlichen verbunden: Die Gemeinde hat im Bleiben an Christus ihre Existenz (15,1–8), sie empfängt und lebt darin die die Welt tragende Liebe des Vaters (15,9–11) und erlebt sich dabei als die Gemeinschaft der aneinander gewiesenen Freunde Jesu (15,12–17). Auch die Funktion des Parakleten wird konkreter als in 14,16f.25f in das Erleben der Gemeinde hineingebunden (16,4b–15).

In 16,16–33 wird die auch im Johannesevangelium einzigartige Besinnung über die Dialektik christlichen Seins in der Welt vorgetragen: Ständig wird die Gemeinde aus der Trauer in die Freude gerufen, immer steht sie in der Gefahr eines sich verfehlenden Bekenntnisses, zu jeder Zeit kann sie den Ruf aus der Angst in die Angstüberwindung hören und ihm folgen.

In c. 17 schließlich stellt sich die Gemeinde als die Gemeinschaft derer dar, die kraft der Fürbitte Jesu in der Welt bewahrt bleibt, und in der Welt bleibend lebt sie ihre missionarische Existenz. Eben darin geht sie ihrer eschatologischen Verherrlichung entgegen.

Unterschiede und Eigenheiten der einzelnen Reden sind deutlich genug hervorgehoben worden. Trotzdem bereitet es kaum Schwierigkeiten, die vier Reden als einen großen Zusammenhang zu betrachten. Was der ersten Rede ihre Unverwechselbarkeit gibt – der Komplex der größeren Werke, die Interpretation des Osterglaubens, das Problem nachösterlicher Existenz und verfehlter

Nachfolge, dazu die Umformung der Eschatologie –, fügt sich dem jetzt vorliegenden Ganzen als je eigenes, aber nicht widersprüchliches Element eines großen und differenziert gestalteten Mosaiks ein. Es stört nicht, sondern unterstreicht die Eindringlichkeit des Ganzen, wenn in 16,29ff das Problem verfehlter Nachfolge (13,36–38) noch einmal aufgegriffen wird, und die eindeutig futurischen Elemente in 17,24.26 widerrufen die vorgenommene Umformung der Eschatologie nicht, sondern erweitern den in der ersten Rede gewonnenen eschatologischen Horizont.

Nichts anderes ist von den Eigenheiten von 15,1–16,15 zu sagen. Sie stehen der jetzigen Ganzheit der Abschiedsreden nicht im Weg, sondern tragen sie, indem sie die verschiedenen Aspekte nachösterlicher Existenz entfalten. Ebensowenig sperrt sich 16,16–33 merkbar gegen seine Einordnung in den Gesamtkomplex, obwohl hier das Fehlen des Parakleten, dazu die eigenartige hermeneutische Dialektik dem aufmerksamen Leser auffallen. Vielleicht wird er einen Unterschied konstatieren; ursprünglich gegensätzliche Elemente wird er schwerlich mehr empfinden.

Das gilt auch von c. 17, wo das Fehlen des Parakleten noch auffälliger ist als in 16,16–33. Jesus bzw. Gott selbst füllen den Platz des Parakleten aus (343.351f). Aber wie sollte hier ein Gegensatz erspürt werden, wo doch in 14,26; 16,13ff ausdrücklich gesagt wurde, daß das Werk des Parakleten sich mit dem Werk Jesu deckt? Andere Besonderheiten von c. 17 – die Idee der Prädestination, der Aspekt des Todes Jesu, die Sendung der Gemeinde, die Einheit der Gemeinde – lassen sich ohne Mühe in das Gesamte des Johannesevangeliums und der Abschiedsreden einfügen. Die gegensätzliche Stellung zur Fürbitte (c. 17 gegen 16,26b) konnte leicht neutralisiert werden, wenn man 16,26b als reine Zukunftsaussage auffaßte.

Das Gelingen des Zusammenfügens braucht den beobachtenden Leser nicht zu verwundern. Denn alle vier Reden entstammen der johanneischen Gemeinde, in der es zwar Spannungen gab, in der man sich aber – mindestens bis zu einem bestimmten Zeitpunkt – als zusammengehörige Einheit verstand. Das gilt auch für 16,12–15 (S. 198–201), und die im ersten Johannesbrief dokumentierte Spaltung ist noch abwesend. Alle vier Reden wollen auch in ihren Eigenheiten dazu beitragen, die nachösterliche Existenz der Gemeinde zu bedenken, zu klären und sie schließlich als die der Gemeinde angemessene Existenz zu erweisen.

Wie weit haben überhaupt die Zeitgenossen die jeweiligen Eigenheiten innerhalb der Einzelreden zur Kenntnis genommen (man wird dieselbe Frage an den heutigen Leser stellen)? Mußten sie schon sehr genau hinsehen, um in der Masse dieser sich vielfach verschließenden Texte das jeweils eigene Gesicht der einzelnen Rede zu entdecken, so bedarf es noch größerer Mühe, um eventuelle Widersprüchlichkeiten aufzudecken. Allenfalls konnte man sich fragen, wieso nach der erschöpfenden Darstellung des Problems in 13,31–14,31 eine Fortsetzung nötig sein solle. Aber auch diese Frage ließ sich befriedigend beantworten: Der abschiednehmende Jesus hatte seinen Jüngern eben noch mehr als das in 13,31–14,31 Gesagte mitzuteilen.

– Man konnte 13,31–14,31 als die grundsätzliche Äußerung über Abschied und Wiederkommen Jesu lesen, dazu als ebenso grundsätzliche Stellungnahme zu der theologischen Problematik, in der sich die nachösterliche Gemeinde vorfand: Wie soll sie über Ostern denken, wie die ausbleibende Parusie verkraften und wo soll sie die Quelle für ihre nachösterliche Verkündigung suchen?

– Eben dieses Thema wird in 15,1–16,15 in einer kritischen Selbstdarstellung der Gemeinde wieder aufgenommen und vertieft, und wie in einem Spiegel konnte die Gemeinde in dieser Selbstdarstellung ihr eigenes Gesicht prüfen. Sind die Angehörigen der Gemeinde, was sie sein wollen, Reben an dem Weinstock, der Christus ist (15,1–8)? Leben sie als diejenigen, die Jesus seine Freunde nennt (15,9–17)? Vermögen sie das Schicksal des Ausgestoßen- und Verfolgtseins zu ertragen, indem sie sich dabei in ihrer Parallelität zu Christus erfahren (15,18–16,4a)? Ist die Gemeinde in der Lage, ihr nachösterliches Sein zu bejahen, weil sie sich in ihrer Auseinandersetzung mit der Welt und mit sich selbst vom Parakleten geleitet weiß (16,4b–15)?

– In dieser Lage wird 16,16–33 zu der großen Hilfe, die eigene Situation in der erhellenden Dialektik von Angst und Angstüberwindung zu sehen. Wo immer die Gemeinde in Bedrängnis und in die Ratlosigkeit unbeantwortbarer Fragen gerät, öffnet sich ihr kraft des jeweiligen Kommens Jesu der Horizont, in dem sie in der Existenz fraglosen Bejahtseins lebt und von da aus sich dem angstfreien Nicht-mehr-fragen-Müssen entgegengehen sieht.

– c. 17 fungiert jetzt als der große, das Ganze tragende Abschluß: Das vorher Bedachte und Gesagte hat Geltung, weil die Fürbitte Jesu die Gemeinde erhält und ihr die Zukunft aufschließt, in der die endgültige Einheit der Gemeinde in der unangefochtenen Einheit der Gemeinde mit dem Vater und dem Sohn gelebt wird.

Es konnte nicht ausbleiben, daß bei der Endredaktion des Johannesevangeliums, als man die vier Abschiedsreden miteinander zu der einen großen Abschiedsrede von 13,31–17,26 verband, die zwischen den Reden bestehenden Unterschiede abgeschliffen wurden (s. etwa S. 315f), so daß die Eigenart der einzelnen Rede zu einem Teil verlorenging. Auf der anderen Seite ist der erzielte Gewinn nicht zu übersehen. Man schuf die umfassendste ekklesiologische Äußerung des Neuen Testaments, die in christologischer Perspektive durchdachteste Analyse der Gemeinde in ihrer Gegenwart und hinsichtlich ihrer Zukunft. Man bedachte den Grund der Gemeinde, die Regel ihres Miteinanderseins, die Hilfe in der Auseinandersetzung mit sich selbst und mit der Welt. Alles, was die anderen Evangelien zu diesem Problem zu sagen haben, ist Fragment gegenüber dem umfassenden Entwurf von 13,31–17,26, und die pau-

linischen Äußerungen zu diesem Themenkreis erreichen nicht die Grundsätzlichkeit des johanneischen Entwurfs.

Ein kritischer heutiger (und vielleicht nicht nur heutiger) Leser wird freilich
in dieser Ekklesiologie vieles vermissen. Er erfährt nichts über die Verfassung
der Gemeinde, über ihre Leiter und über die Geleiteten – welcher Herkunft sie
waren, wo und wovon sie lebten. Nichts erfährt man über die politischen Gegebenheiten, es sei denn, daß man indirekt das eine oder andere erschließen kann.
Über die wirtschaftlichen Verhältnisse der Gemeinde, über ihre soziologische
Zusammensetzung, über ihre Bedürfnisse, über Armut und Reichtum in der
Gemeinde schweigt sich das Johannesevangelium aus, und nicht einmal indirekt läßt sich hier etwas Konkretes erkennen. Das Verhältnis von Eltern und
Kindern, Mann und Frau, Herren und Sklaven – fällt es nicht völlig aus dem
Interesse des Evangelisten und seines Schülerkreises heraus? Natürlich hat
sich das Leben dieser christlichen Gemeinde, die in herausragender und entschiedener Weise Gemeinde sein will, unter bestimmten ökonomischen, politischen und soziologischen Bedingungen abgespielt, und insofern sollte man
erwarten, daß eine ekklesiologische Besinnung jenen Bedingungen Berück-
sichtigung schenken sollte. Das geschieht nicht, und das Gebot der geschwisterlichen Liebe bleibt, bei aller Dringlichkeit, in der es ergeht, in der Allge-
meinheit, in der es in 13,34f; 15,9f sich darstellt. Der Vergleich mit der
Konkretheit der paulinischen Paränesen führt vor Augen, was alles im Johannesevangelium ungesagt bleibt. – Man muß folgern, daß die welthaften Gegebenheiten der Gemeinde vom Evangelisten in seinem Evangelium bewußt
nicht bedacht wurden. Nicht daß sie geleugnet worden wären; aber ihnen wurde offenbar kein Mitspracherecht in Fragen der Ekklesiologie zugestanden. In
gewollter und fast gewaltsamer Konzentration wird der christologische Aspekt
der Ekklesiologie durchgehalten. Ihm verdankt sich diese Rede von der Kirche, die seither der Kirche die große Frage vorlegt, ob und wie weit sie daraus
helfende und verpflichtende Anrede für ihre eigene Besinnung und den zu be-
gehenden Weg zu schöpfen vermag.

Literatur

APPOLD, Oneness: MARK L. APPOLD, The Oneness Motif in the Forth Gospel (WUNT 2/1) Tübingen 1976

AUGENSTEIN, Liebesgebot: JÖRG AUGENSTEIN, Das Liebesgebot im Johannesevangelium und in den Johannesbriefen (BWANT 134), Stuttgart 1993

BARRETT: CHARLES K. BARRETT, Das Evangelium nach Johannes (KEK Sonderband), Göttingen 1990

BARRET-THORNTON, Texte: CHARLES KINGSLEY BARRETT – CLAUS-JÜRGEN THORNTON, Texte zur Umwelt des Neuen Testaments (UTB 1591), 2. Aufl., Tübingen 1991

BAUER: WALTER BAUER, Das Johannesevangelium (HNT 6), 3. Aufl., Tübingen 1933

BDR: BLASS – DEBRUNNER- REHKOPF, Grammatik des neutestamentlichen Griechisch, 15. Aufl., Göttingen 1979

BILL: PAUL BILLERBECK, Kommentar zum Neuen Tesament aus Talmud und Midrasch, 2. Aufl., Bd. I–VI, München 1956 ff

BECKER: JÜRGEN BECKER, Das Evangelium des Johannes (ÖTK 4/1 und 2), 3. Aufl., Gütersloh 1991 (GTB 505 und 506)

BECKER, Abschiedsreden: JÜRGEN BECKER, Die Abschiedsreden Jesu im Johannesevangelium, in: ZNW 61 (1970), S. 215–246

BECKER, Aufbau: JÜRGEN BECKER, Aufbau, Schichtung und theologiegeschichtliche Stellung des Gebetes in Joh 17, in: ZNW 60 (1969), S. 56–83

BERGMEIER, Glaube: ROLAND BERGMEIER, Glaube als Gabe bei Johannes (BWANT 12), Stuttgart 1980

BETZ, Paraklet: OTTO BETZ, Der Paraklet (AGSU 2), Leiden-Köln 1963

BLANK: JOSEF BLANK, Das Evangelium nach Johannes (Geistliche Schriftlesung 4/2), Düsseldorf 1977

BLANK, Krisis: JOSEF BLANK, Krisis, Freiburg 1964

BOUSSET-GRESSMANN, Religion: WILHELM BOUSSET – HUGO GRESSMANN, Die Religion des Judentums im späthellenistischen Zeitalter (HNT 21), 4. Aufl., Tübingen 1966

Br: WALTER BAUER, Griechisch-deutsches Wörterbuch zu den Schriften des Neuen Testaments und der frühchristlichen Literatur, 6. Aufl., hg. von KURT und BARBARA ALAND, Berlin 1988

BORIG, Weinstock: RAINER BORIG, Der wahre Weinstock (StANT XVI), München 1967

BROWN: RAYMOND BROWN, The Gospel according to John (The Anchor Bible 29 and 29 A), second edition, New York 1978

BROWN, Ringen: RAYMOND BROWN, Ringen um die Gemeinde, Salzburg 1982

BÜHNER, Der Gesandte: JAN ADOLF BÜHNER, Der Gesandte und sein Weg im 4. Evangelium (WUNT 2/2), Tübingen 1977

BULTMANN, Bedeutung: RUDOLF BULTMANN, Die Bedeutung der neuerschlossenen mandäischen und manichäischen Quellen für das Verständnis des Johannesevangeliums, in: ders., Exegetica, Tübingen 1967, S. 55–104

BULTMANN: RUDOLF BULTMANN, Das Evangelium des Johannes (KEK II), 14. Aufl., Göttingen 1956

BULTMANN, Theologie: RUDOLF BULTMANN, Theologie des Neuen Testaments, 6. Aufl., Tübingen 1968

CONZELMANN-LINDEMANN, Grundriß: HANS CONZELMANN, Grundriß der Theologie des Neuen Testaments (UTB 1446), bearbeitet von A. LINDEMANN, 4. Aufl., Tübingen 1987

CULPEPPER, Anatomy: R. ALAN CULPEPPER, The Anatomy of the Fourth Gospel, Philadelphia 1983

CULPEPPER, School: R. ALAN CULPEPPER, The Johannine School (SBLDS 26), Ann Arbor, Michigan 1975

DAUER, Passionsgeschichte: ANTON DAUER, Die Passionsgeschichte im Johannesevangelium (StANT 30), München 1972

DEISSMANN, Licht vom Osten: ADOLF DEISSMANN, Licht vom Osten, 4. Aufl., Tübingen 1923

DETTWILER, Gegenwart: ANDREAS DETTWILER, Die Gegenwart des Erhöhten (FRLANT 169), Göttingen 1995

DIETZFELBINGER, Berufung: CHRISTIAN DIETZFELBINGER, Die Berufung des Paulus als Ursprung seiner Theologie (WMANT), Neukirchen, 2. Aufl. 1989

DIETZFELBINGER, Bruder: CHRISTIAN DIETZFELBINGER, Der ungeliebte Bruder. Der Herrenbruder Jakobus im Johannesevangelium, in: ZThK 89 (1992), S. 377–403

DIETZFELBINGER, Osterglaube: CHRISTIAN DIETZFELBINGER, Johanneischer Osterglaube (ThSt 138), Zürich 1992

DIETZFELBINGER, Werke: CHRISTIAN DIETZFELBINGER, Die größeren Werke, in: NTS 35 (1989), S. 27–47

DODD, Tradition: CHARLES HAROLD DODD, Historical Tradition in the Fourth Gospel, Cambride 1965

GIEBEL, Geheimnis: MARION GIEBEL, Das Geheimnis der Mysterien (dtv 30360), München 1993

GNILKA, Markus I und II: JOACHIM GNILKA, Das Evangelium nach Markus (EKK II/1 und 2), Neukirchen 1978 und1979

HEITMÜLLER: WILHELM HEITMÜLLER, Das Johannes-Evangelium in: Die Schriften des Neuen Testaments Bd. II, hg. von JOHANNES WEISS, 2. Aufl., Göttingen 1908

HENGEL, Frage: MARTIN HENGEL, Die johanneische Frage (WUNT 67), Tübingen 1993

HENGEL, Schriftauslegung: MARTIN HENGEL, Die Schriftauslegung des 4. Evangeliums auf dem Hintergrund der urchristlichen Exegese, in: JBTh 4 (1989), S. 249–288

HENGEL, Sohn: MARTIN HENGEL, Der Sohn Gottes, Tübingen 1975

HOEGEN-ROHLS, Johannes: CHRISTINA HOEGEN-ROHLS, Der nachösterliche Johannes. Die Abschiedsreden als hermeneutischer Schlüssel zum vierten Evangelium (WUNT 2/84), Tübingen 1996

JAUBERT, L'image: ANNE JAUBERT, L'image de la Vigne, in: Oikonomia. Heilsgeschichte als Thema der Theologie (FS OSCAR CULLMANN), hg. von FELIX CHRIST, Hamburg 1967, S. 93–99

JEREMIAS, Gleichnisse: JOACHIM JEREMIAS, Die Gleichnisse Jesu, 9. Aufl., Göttingen 1977

JEREMIAS, Theologie: JOACHIM JEREMIAS, Neutestamentliche Theologie, Teil I, 3. Aufl., Gütersloh 1979

KAUTZSCH I und II: EMIL KAUTZSCH, Die Apokryphen und Pseudepigraphen des Alten Testaments, Tübingen 1900. Neudruck Darmstadt 1975.

Käsemann, Wille: Ernst Käsemann, Jesu letzter Wille nach Johannes 17, 4. Aufl., Tübingen 1980

Klauck, 1Joh: Hans-Josef Klauck, Der erste Johannesbrief (EKK XXIII/1), Neukirchen 1991

Klauck, 2 und 3Joh: Hans-Josef Klauck, Der zweite und dritte Johannesbrief (EKK XXIII/2), Neukirchen 1992

Knöppler, theologia crucis: Thomas Knöppler, Die theologia crucis des Johannesevangeliums (WMANT 69), Neukirchen 1994

Kroll, Spuren: Gerhard Kroll, Auf den Spuren Jesu, 9. Aufl., Stuttgart 1983

Leipoldt-Grundmann, Umwelt: Johannes Leipoldt-Walter Grundmann, Umwelt des Urchristentums Bd. I–III, Berlin 1965–1967

Luz, Matthäus, I und II: Ulrich Luz, Das Evangelium nach Matthäus (EKK I/1 und I/2), Neukirchen 1985 und 1990

Maier-Schubert, Qumran-Essener: Johann Maier – Kurt Schubert, Die Qumran-Essener (UTB 224) München 1973

Moltmann, Kommen Gottes: Jürgen Moltmann, Das Kommen Gottes, Gütersloh 1995

Müller, Parakletenvorstellung: Ulrich B. Müller, Die Parakletenvorstellung im Johannesevangelium, in: ZThK 71 (1974), S. 31–77

NTA I und II: Wilhelm Schneemelcher, Neutestamentliche Apokryphen, 5. Aufl., Bd. I, Tübingen 1987, Bd. II 1989

Onuki, Gemeinde: Takashi Onuki, Gemeinde und Welt im Johannesevangelium (WMANT 56), Neukirchen 1984

Painter, Discourses: John Painter, The Farewell Discourses and the History of Johannine Christianity, in: NTS 27 (1981), S. 525–543

Pauly 1–5: Der Kleine Pauly. Lexikon der Antike in fünf Bänden (dtv 5963), München 1979

Von Rad, Theologie I und II: Gerhard von Rad, Theologie des Alten Testaments, Bd. I, 6. Aufl., München 1969, Bd. II, 5. Aufl., München 1968

Reim, Jochanan: Günter Reim, Jochanan. Erweiterte Studien zum alttestamentlichen Hintergrund des Johannesevangeliums, Erlangen 1995

Ritt, Gebet: Hubert Ritt, Das Gebet zum Vater (FzB 36), Würzburg 1979

Roloff, Apostelgeschichte: Jürgen Roloff, Die Apostelgeschichte (NTD 5), Göttingen 1981

Roloff, Kirche: Jürgen Roloff, Die Kirche im Neuen Testament (GNT 10), Göttingen 1993

Rudolph, Gnosis: Kurt Rudolph, Die Gnosis (UTB 1577), 3. Aufl., Göttingen 1990

Schäfer, Geschichte: Peter Schäfer, Die Geschichte der Juden in der Antike, Stuttgart 1983

Schlatter: Adolf Schlatter, Der Evangelist Johannes, 4. Aufl., Stuttgart 1975

Schnackenburg I–IV: Rudolf Schnackenburg, Das Johannesevangelium Bd. I–IV (HThK IV 1–4); Bd. I, 5. Aufl., Freiburg 1981; Bd. II, 3. Aufl. 1980; Bd. III, 2. Aufl. 1976; Bd. IV 1984

Schnelle, Abschiedsreden: Udo Schnelle, Die Abschiedsreden im Johannesevangelium, in: ZNW 80 (1989), S. 64–79.

Sprecher, Einheitsdenken: Marie-Therese Sprecher, Einheitsdenken aus der Perspektive von Joh 17 (EHS 23 Th 495), Frankfurt/Main 1993

Theissen, Aspekte: Gerd Theissen, Psychologische Aspekte paulinischer Theologie (FRLANT 131), Göttingen 1983

THÜSING, Erhöhung: WILHELM THÜSING, Die Erhöhung und Verherrlichung Jesu im Johannesevangelium (NTA XXI), 3. Aufl., Münster 1979

UNTERGASSMAIR, Name: FRANZ GEORG UNTERGASSMAIR, Im Namen Jesu. Der Namensbegriff im Johannesevangelium (FzB 13), Stuttgart-Würzburg 1974

VERMES, Jesus: GEZA VERMES, Jesus der Jude, Neukirchen 1993

WELLHAUSEN: JULIUS WELLHAUSEN, Das Evangelium Johannis, Berlin 1908 (Nachdruck in: JULIUS WELLHAUSEN, Evangelienkommentare, Berlin -NewYork 1987, S. 601–746)

WENGST, Gemeinde: KLAUS WENGST, Bedrängte Gemeinde und verherrlichter Christus. Ein Versuch über das Johannesevangeliums, 4. Aufl., München 1993

WINTER, Vermächtnis: MARTIN WINTER, Das Vermächtnis Jesu und die Abschiedsworte der Väter (FRLANT 161), Göttingen 1994

WOLL, Conflict: D. BRUCE WOLL, Johannine Christianity in Conflict: Authority, Rank, and Succession in the First Farewell Discourse. SBLDS 60. Chico, Calif.: Scholar Press 1981

WOLL, Departure: D. BRUCE WOLL, The Departure of the Way: The first Farewell Discourse in the Gospel of John, in: JBL 99/2 (1980), S. 225–239

ZAHN: THEODOR ZAHN, Das Evangelium des Johannes (KNT IV), 5. und 6. Aufl., Leipzig-Erlangen 1921

Sachregister

Register ausgewählter Bibelstellen

Wissenschaftliche Untersuchungen zum Neuen Testament

Alphabetische Übersicht der ersten und zweiten Reihe

Anderson, Paul N.: The Christology of the Fourth Gospel. 1996. *Band II/78.*
Appold, Mark L.: The Oneness Motif in the Fourth Gospel. 1976. *Band II/1.*
Arnold, Clinton E.: The Colossian Syncretism. 1995. *Band II/77.*
Avemarie, Friedrich und *Hermann Lichtenberger* (Hrsg.): Bund und Tora. 1996. *Band 92.*
Bachmann, Michael: Sünder oder Übertreter. 1992. *Band 59.*
Baker, William R.: Personal Speech-Ethics in the Epistle of James. 1995. *Band II/68.*
Bammel, Ernst: Judaica. Band I 1986. *Band 37* – Band II 1997. *Band 91.*
Bauernfeind, Otto: Kommentar und Studien zur Apostelgeschichte. 1980. *Band 22.*
Bayer, Hans Friedrich: Jesus' Predictions of Vindication and Resurrection. 1986. *Band II/20.*
Bell, Richard H.: Provoked to Jealousy. 1994. *Band II/63.*
Betz, Otto: Jesus, der Messias Israels. 1987. *Band 42.*
– Jesus, der Herr der Kirche. 1990. *Band 52.*
Beyschlag, Karlmann: Simon Magus und die christliche Gnosis. 1974. *Band 16.*
Bittner, Wolfgang J.: Jesu Zeichen im Johannesevangelium. 1987. *Band II/26.*
Bjerkelund, Carl J.: Tauta Egeneto. 1987. *Band 40.*
Blackburn, Barry Lee: Theios Anēr and the Markan Miracle Traditions. 1991. *Band II/40.*
Bockmuehl, Markus N. A.: Revelation and Mystery in Ancient Judaism and Pauline Christianity. 1990. *Band II/36.*
Böhlig, Alexander: Gnosis und Synkretismus. Teil 1 1989. *Band 47* – Teil 2 1989. *Band 48.*
Böttrich, Christfried: Weltweisheit – Menschheitsethik – Urkult. 1992. *Band II/50.*
Büchli, Jörg: Der Poimandres – ein paganisiertes Evangelium. 1987. *Band II/27.*
Bühner, Jan A.: Der Gesandte und sein Weg im 4. Evangelium. 1977. *Band II/2.*
Burchard, Christoph: Untersuchungen zu Joseph und Aseneth. 1965. *Band 8.*
Cancik, Hubert (Hrsg.): Markus-Philologie. 1984. *Band 33.*
Capes, David B.: Old Testament Yaweh Texts in Paul's Christology. 1992. *Band II/47.*
Caragounis, Chrys C.: The Son of Man. 1986. *Band 38.*
– siehe *Fridrichsen, Anton.*
Carleton Paget, James: The Epistle of Barnabas. 1994. *Band II/64.*
Crump, David: Jesus the Intercessor. 1992. *Band II/49.*
Deines, Roland: Jüdische Steingefäße und pharisäische Frömmigkeit. 1993. *Band II/52.*
Dietzfelbinger, Christian: Der Abschied des Kommenden. 1997. *Band 95.*
Dobbeler, Axel von: Glaube als Teilhabe. 1987. *Band II/22.*
Dunn, James D. G. (Hrsg.): Jews and Christians. 1992. *Band 66.*
– Paul and the Mosaic Law. 1996. *Band 89.*
Ebertz, Michael N.: Das Charisma des Gekreuzigten. 1987. *Band 45.*
Eckstein, Hans-Joachim: Der Begriff Syneidesis bei Paulus. 1983. *Band II/10.*
– Verheißung und Gesetz. 1996. *Band 86.*
Ego, Beate: Im Himmel wie auf Erden. 1989. *Band II/34.*
Ellis, E. Earle: Prophecy and Hermeneutic in Early Christianity. 1978. *Band 18.*
– The Old Testament in Early Christianity. 1991. *Band 54.*
Ennulat, Andreas: Die ›Minor Agreements‹. 1994. *Band II/62.*
Ensor, Peter W.: Paul and His ›Works‹. 1996. *Band II/85.*
Feldmeier, Reinhard: Die Krisis des Gottessohnes. 1987. *Band II/21.*
– Die Christen als Fremde. 1992. *Band 64.*
Feldmeier, Reinhard und *Ulrich Heckel* (Hrsg.): Die Heiden. 1994. *Band 70.*
Forbes, Christopher Brian: Prophecy and Inspired Speech in Early Christianity and its Hellenistic Environment. 1995. *Band II/75.*
Fornberg, Tord: siehe *Fridrichsen, Anton.*

Fossum, Jarl E.: The Name of God and the Angel of the Lord. 1985. *Band 36.*
Frenschkowski, Marco: Offenbarung und Epiphanie. Band 1 1995. *Band II/79* – Band 2 1997. *Band II/80.*
Frey, Jörg: Eugen Drewermann und die biblische Exegese. 1995. *Band II/71.*
Fridrichsen, Anton: Exegetical Writings. Hrsg. von C. C. Caragounis und T. Fornberg. 1994. *Band 76.*
Garlington, Don B.: ›The Obedience of Faith‹. 1991. *Band II/38.*
– Faith, Obedience, and Perseverance. 1994. *Band 79.*
Garnet, Paul: Salvation and Atonement in the Qumran Scrolls. 1977. *Band II/3.*
Gräßer, Erich: Der Alte Bund im Neuen. 1985. *Band 35.*
Green, Joel B.: The Death of Jesus. 1988. *Band II/33.*
Gundry Volf, Judith M.: Paul and Perseverance. 1990. *Band II/37.*
Hafemann, Scott J.: Suffering and the Spirit. 1986. *Band II/19.*
– Paul, Moses, and the History of Israel. 1995. *Band 81.*
Heckel, Theo K.: Der Innere Mensch. 1993. *Band II/53.*
Heckel, Ulrich: Kraft in Schwachheit. 1993. *Band II/56.*
– siehe *Feldmeier, Reinhard.*
– siehe *Hengel, Martin.*
Heiligenthal, Roman: Werke als Zeichen. 1983. *Band II/9.*
Hemer, Colin J.: The Book of Acts in the Setting of Hellenistic History. 1989. *Band 49.*
Hengel, Martin: Judentum und Hellenismus. 1969, ³1988. *Band 10.*
– Die johanneische Frage. 1993. *Band 67.*
– Judaica et Hellenistica. Band 1. 1996. *Band 90.*
Hengel, Martin und *Ulrich Heckel* (Hrsg.): Paulus und das antike Judentum. 1991. *Band 58.*
Hengel, Martin und *Hermut Löhr* (Hrsg.): Schriftauslegung im antiken Judentum und im Urchristentum. 1994. *Band 73.*
Hengel, Martin und *Anna Maria Schwemer* (Hrsg.): Königsherrschaft Gottes und himmlischer Kult. 1991. *Band 55.*
– Die Septuaginta. 1994. *Band 72.*
Herrenbrück, Fritz: Jesus und die Zöllner. 1990. *Band II/41.*
Hoegen-Rohls, Christina: Der nachösterliche Johannes. 1996. *Band II/84.*
Hofius, Otfried: Katapausis. 1970. *Band 11.*
– Der Vorhang vor dem Thron Gottes. 1972. *Band 14.*
– Der Christushymnus Philipper 2,6 – 11. 1976, ²1991. *Band 17.*
– Paulusstudien. 1989, ²1994. *Band 51.*
Hofius, Otfried und *Hans-Christian Kammler:* Johannesstudien. 1996. *Band 88.*
Holtz, Traugott: Geschichte und Theologie des Urchristentums. 1991. *Band 57.*
Hommel, Hildebrecht: Sebasmata. Band 1 1983. *Band 31* – Band 2 1984. *Band 32.*
Hvlavik, Reidar: The Struggle of Scripture and Convenant. 1996. *Band II/82.*
Kähler, Christoph: Jesu Gleichnisse als Poesie und Therapie. 1995. *Band 78.*
Kammler, Hans-Christian: siehe *Hofius, Otfried.*
Kamlah, Ehrhard: Die Form der katalogischen Paränese im Neuen Testament. 1964. *Band 7.*
Kim, Seyoon: The Origin of Paul's Gospel. 1981, ²1984. *Band II/4.*
– »The ›Son of Man‹« as the Son of God. 1983. *Band 30.*
Kleinknecht, Karl Th.: Der leidende Gerechtfertigte. 1984, ²1988. *Band II/13.*
Klinghardt, Matthias: Gesetz und Volk Gottes. 1988. *Band II/32.*
Köhler, Wolf-Dietrich: Rezeption des Matthäusevangeliums in der Zeit vor Irenäus. 1987. *Band II/24.*
Korn, Manfred: Die Geschichte Jesu in veränderter Zeit. 1993. *Band II/51.*
Koskenniemi, Erkki: Apollonios von Tyana in der neutestamentlichen Exegese. 1994. *Band II/61.*
Kraus, Wolfgang: Das Volk Gottes. 1996. *Band 85.*
Kuhn, Karl G.: Achtzehngebet und Vaterunser und der Reim. 1950. *Band 1.*

Lampe, Peter: Die stadtrömischen Christen in den ersten beiden Jahrhunderten. 1987, [2]1989. *Band II/18.*

Lau, Andrew: Manifest in Flesh. 1996. *Band II/86.*

Lichtenberger, Hermann: siehe *Avemarie, Friedrich.*

Lieu, Samuel N. C.: Manichaeism in the Later Roman Empire and Medieval China. [2]1992. *Band 63.*

Löhr, Hermut: siehe *Hengel, Martin.*

Löhr, Winrich Alfried: Basilides und seine Schule. 1995. *Band 83.*

Maier, Gerhard: Mensch und freier Wille. 1971. *Band 12.*

– Die Johannesoffenbarung und die Kirche. 1981. *Band 25.*

Markschies, Christoph: Valentinus Gnosticus? 1992. *Band 65.*

Marshall, Peter: Enmity in Corinth: Social Conventions in Paul's Relations with the Corinthians. 1987. *Band II/23.*

Meade, David G.: Pseudonymity and Canon. 1986. *Band 39.*

Meadors, Edward P.: Jesus the Messianic Herald of Salvation. 1995. *Band II/72.*

Meißner, Stefan: Die Heimholung des Ketzers. 1996. *Band II/87.*

Mell, Ulrich: Die »anderen« Winzer. 1994. *Band 77.*

Mengel, Berthold: Studien zum Philipperbrief. 1982. *Band II/8.*

Merkel, Helmut: Die Widersprüche zwischen den Evangelien. 1971. *Band 13.*

Merklein, Helmut: Studien zu Jesus und Paulus. 1987. *Band 43.*

Metzler, Karin: Der griechische Begriff des Verzeihens. 1991. *Band II/44.*

Metzner, Rainer: Die Rezeption des Matthäusevangeliums im 1. Petrusbrief. 1995. *Band II/74.*

Mittmann-Richert, Ulrike: Magnifikat und Benediktus. *1996. Band II/90.*

Niebuhr, Karl-Wilhelm: Gesetz und Paränese. 1987. *Band II/28.*

– Heidenapostel aus Israel. 1992. *Band 62.*

Nissen, Andreas: Gott und der Nächste im antiken Judentum. 1974. *Band 15.*

Noormann, Rolf: Irenäus als Paulusinterpret. 1994. *Band II/66.*

Obermann, Andreas: Die christologische Erfüllung der Schrift im Johannesevangelium. 1996. *Band II/83.*

Okure, Teresa: The Johannine Approach to Mission. 1988. *Band II/31.*

Park, Eung Chun: The Mission Discourse in Matthew's Interpretation. 1995. *Band II/81.*

Philonenko, Marc (Hrsg.): Le Trône de Dieu. 1993. *Band 69.*

Pilhofer, Peter: Presbyteron Kreitton. 1990. *Band II/39.*

– Philippi. Band 1 1995. *Band 87.*

Pöhlmann, Wolfgang: Der Verlorene Sohn und das Haus. 1993. *Band 68.*

Prieur, Alexander: Die Verkündigung der Gottesherrschaft. 1996. *Band II/89.*

Probst, Hermann: Paulus und der Brief. 1991. *Band II/45.*

Räisänen, Heikki: Paul and the Law. 1983, [2]1987. *Band 29.*

Rehkopf, Friedrich: Die lukanische Sonderquelle. 1959. *Band 5.*

Rein, Matthias: Die Heilung des Blindgeborenen (Joh 9). 1995. *Band II/73.*

Reinmuth, Eckart: Pseudo-Philo und Lukas. 1994. *Band 74.*

Reiser, Marius: Syntax und Stil des Markusevangeliums. 1984. *Band II/11.*

Richards, E. Randolph: The Secretary in the Letters of Paul. 1991. *Band II/42.*

Riesner, Rainer: Jesus als Lehrer. 1981, [3]1988. *Band II/7.*

– Die Frühzeit des Apostels Paulus. 1994. *Band 71.*

Rissi, Mathias: Die Theologie des Hebräerbriefs. 1987. *Band 41.*

Röhser, Günter: Metaphorik und Personifikation der Sünde. 1987. *Band II/25.*

Rose, Christian: Die Wolke der Zeugen. 1994. *Band II/60.*

Rüger, Hans Peter: Die Weisheitsschrift aus der Kairoer Geniza. 1991. *Band 53.*

Sänger, Dieter: Antikes Judentum und die Mysterien. 1980. *Band II/5.*

– Die Verkündigung des Gekreuzigten und Israel. 1994. *Band 75.*

Salzmann, Jorg Christian: Lehren und Ermahnen. 1994. *Band II/59.*

Sandnes, Karl Olav: Paul – One of the Prophets? 1991. *Band II/43.*
Sato, Migaku: Q und Prophetie. 1988. *Band II/29.*
Schaper, Joachim: Eschatology in the Greek Psalter. 1995. *Band II/76.*
Schimanowski, Gottfried: Weisheit und Messias. 1985. *Band II/17.*
Schlichting, Günter: Ein jüdisches Leben Jesu. 1982. *Band 24.*
Schnabel, Eckhard J.: Law and Wisdom from Ben Sira to Paul. 1985. *Band II/16.*
Schutter, William L.: Hermeneutic and Composition in I Peter. 1989. *Band II/30.*
Schwartz, Daniel R.: Studies in the Jewish Background of Christianity. 1992. *Band 60.*
Schwemer, Anna Maria: siehe *Hengel, Martin*
Scott, James M.: Adoption as Sons of God. 1992. *Band II/48.*
– Paul and the Nations. 1995. *Band 84.*
Siegert, Folker: Drei hellenistisch-jüdische Predigten. Teil I 1980. *Band 20* – Teil II 1992. *Band 61.*
– Nag-Hammadi-Register. 1982. *Band 26.*
– Argumentation bei Paulus. 1985. *Band 34.*
– Philon von Alexandrien. 1988. *Band 46.*
Simon, Marcel: Le christianisme antique et son contexte religieux I/II. 1981. *Band 23.*
Snodgrass, Klyne: The Parable of the Wicked Tenants. 1983. *Band 27.*
Söding, Thomas: Das Wort vom Kreuz. 1997. *Band 93.*
– siehe *Thüsing, Wilhelm.*
Sommer, Urs: Die Passionsgeschichte des Markusevangeliums. 1993. *Band II/58.*
Spangenberg, Volker: Herrlichkeit des Neuen Bundes. 1993. *Band II/55.*
Speyer, Wolfgang: Frühes Christentum im antiken Strahlungsfeld. 1989. *Band 50.*
Stadelmann, Helge: Ben Sira als Schriftgelehrter. 1980. *Band II/6.*
Strobel, August: Die Stunde der Wahrheit. 1980. *Band 21.*
Stuckenbruck, Loren T.: Angel Veneration and Christology. 1995. *Band II/70.*
Stuhlmacher, Peter (Hrsg.): Das Evangelium und die Evangelien. 1983. *Band 28.*
Sung, Chong-Hyon: Vergebung der Sünden. 1993. *Band II/57.*
Tajra, Harry W.: The Trial of St. Paul. 1989. *Band II/35.*
– The Martyrdom of St.Paul. 1994. *Band II/67.*
Theißen, Gerd: Studien zur Soziologie des Urchristentums. 1979, [3]1989. *Band 19.*
Thornton, Claus-Jürgen: Der Zeuge des Zeugen. 1991. *Band 56.*
Thüsing, Wilhelm: Studien zur neutestamentlichen Theologie. Hrsg. von Thomas Söding. 1995. *Band 82.*
Twelftree, Graham H.: Jesus the Exorcist. 1993. *Band II/54.*
Visotzky, Burton L.: Fathers of the World. 1995. *Band 80.*
Wagener, Ulrike: Die Ordnung des »Hauses Gottes«. 1994. *Band II/65.*
Watts, Rikki: Isaiah's New Exodus and Mark. 1997. *Band II/88.*
Wedderburn, A. J. M.: Baptism and Resurrection. 1987. *Band 44.*
Wegner, Uwe: Der Hauptmann von Kafarnaum. 1985. *Band II/14.*
Welck, Christian: Erzählte ›Zeichen‹. 1994. *Band II/69.*
Wilson, Walter T.: Love without Pretense. 1991. *Band II/46.*
Zimmermann, Alfred E.: Die urchristlichen Lehrer. 1984, [2]1988. *Band II/12.*

Einen Gesamtkatalog erhalten Sie gern vom Verlag
Mohr Siebeck, Postfach 2040, D-72010 Tübingen.

DATE DUE

HIGHSMITH #45230

Printed
in USA